The business and the form of a contract
Yuhikaku

契約書作成の実務と書式

企業実務家視点の雛形とその解説

第 2 版

阿部・井窪・片山法律事務所／編

有斐閣

推薦の辞

　本書は，市場経済社会における契約の重要性に鑑み，経験豊富な弁護士の皆さんが，現在の我が国で実際に多く使われている重要な契約の諸類型を取り上げて，その取引社会における意義を明らかにした上，望ましい契約書のモデル（雛形）を示して，その各条項の法律的意味を明快に解説した法律実務書である。

　契約は，市場経済を構成する取引行為の最も中心的な法律形式である。われわれの日常の生活用品の売買から，大企業の大型合併に至るまで，市場経済の下での取引は，ほとんど全てが契約として行われる。契約は，言うまでもなく当事者間の合意によって成立し，それぞれの当事者がどのような権利を取得し，義務を負うかは，その合意の内容によって定められる。したがって，合意の内容は，後に争いを残さないよう明確・確実に定められなければならない。そこで，民法上は，契約は当事者の合意があれば書面を作成しなくても有効に成立することを原則としているが，取引の現実では，逆に重要な契約については契約書を作成するのが原則である。

　契約書を作成する目的は，先ずもって，将来，契約をめぐって当事者間に争いが生じた場合に備えて，予め証明力の強い証拠を確保しておくことにある。しかし，それに勝るとも劣らない重要な目的は，そもそも紛争が生じないように，各当事者が相互に契約によって取得する権利，負担する義務を正しく理解し，契約が信頼関係に基づいて円滑に履行されるための基礎を用意しておくことにある。いずれの当事者にとっても，争いが生じた後で訴訟に勝つことよりも，契約が円満に履行されることの方が望ましいに違いない。

　しかし，契約書が，この目的を達成し得るためには，各契約の本旨にしたがった各当事者の権利・義務を定める条項のほか，将来起こりうる事態を的確に予測し，できるだけ紛争の生ずることを予防するための条項，また万一争いが生じてしまった場合に，当事者の公正な利益を守ることのできるための条項を，もれなく備えていなければならない。しかも，それらの条項は，その意味自体が争われることのないよう，法

律上的確な表現で正確に記載されていることを必要とする。したがって，契約書の作成は，最新の法令・判例や学説を基礎とし，高度の専門的知識・技能を要する専門的実務なのである。

　本書は，まさしくこのような専門的知識・技能を駆使して，最も一般的に見られる生産物や部品の継続的売買，不動産売買，不動産賃貸借の各契約から，集合動産譲渡担保・将来債権譲渡担保契約，各種業務委託契約，さらにM&A契約，ソフトウェア開発契約などの先端的な契約に至るまで，多くの重要な類型の契約について，その利用者から見て一般的に望ましいと考えられる契約書のモデル（雛形）を示している。そして，何故それぞれの条項が望ましいかを学問的に裏づけるとともに，場合によって必要とされる代替的・追加的条項をも示している。したがって，本書を利用される読者の方々は，掲載されたモデルを基本としながら，個別の事情に合わせて修正を加え，それぞれのニーズに合った契約書を作成することができる。

　本書の執筆陣は，阿部・井窪・片山法律事務所の練達の，あるいは気鋭の弁護士からなる「AIK契約実務研究会」の皆さんである。皆さんは，同事務所の顧客（クライアント）である各種企業の契約担当者の方々と6回にわたって勉強会を開催し，いわば契約書の利用者側の意見・要望を聴いて，その成果をも本書の内容に反映させていると伺っている。その意味でも，本書は，利用者の期待に十分応えうる優れた実務書であると確信をもって言うことができる。

　そのような本書を，大小の企業の契約事務担当者，自ら契約を締結する事業主の皆さん，これらの方々に法的助言をされる弁護士，司法書士などの法律専門職の皆さんに，是非お薦めしたい。また司法修習生，法科大学院生，法学部の学生諸君にも，これまで教科書で勉強した各種の契約が実際にはどのような内容なのか，それは何故なのかを学ぶための絶好の教材として，本書を薦めたいと思う。

2014年4月10日
一橋大学名誉教授　竹下守夫

第 2 版はしがき

　本書は，2014 年に発行された『契約書作成の実務と書式』の改訂版である。
　初版は幸いにして多くの読者から好評を得，なかでも実務に携わる方々から高い支持を得たことは，執筆者らにとって望外の喜びである。
　その発行から約 3 年後の 2017 年 5 月に，民法の「第三編　債権」の改正を中心とする「民法の一部を改正する法律」（平成 29 年法律第 44 号）が成立し，一部の規定を除き 2020 年 4 月 1 日から施行されることとなった。民法は契約の内容や効力を規律する最も基本となる法律であり，その改正は契約書作成の実務に少なからず影響を与えるものである。そこで，この 2017 年民法改正に関する事項等を反映させるため，第 2 版の発行に至った。
　初版からの主な改訂内容は以下のとおりである。

①第 2 版の発行時点では，2017 年改正民法は未施行であり，改正前の法律に基づく実務が継続している段階にある。また，改正法の施行後も，旧法と新法の異同を確認したいという読者のニーズがあると思われる。
　そこで，今回の改訂にあたっては，初版における書式と解説を基本としつつ，改正法の施行後にどの条項をどのように変更すべきかを示すというスタイルを採った。
　そのため，雛形においては，初版の内容をベースとしつつ，改正法に基づく場合の条項例を，該当する条項のすぐ下に**「債権法改正後の条項例」**として網掛けで示すことにより，変更前後の内容を容易に対比できる構成とした。また，解説においても，初版の内容を継承しつつ，債権法改正により変更される事項を追記した。
②「契約実務総論」（第 1 章）に続けて，「債権法の改正について」という章（第 2 章）を設け，債権法改正が及ぼす契約書作成の実務への影響について概括的に記載した。

③改訂にあたり，初版では採り上げていなかった契約類型である「秘密保持契約」（第 12 章），「基本合意書」（第 13 章）の 2 章を追加し，また債権法改正に伴い新設すべき章として「定型約款」（第 15 章），「協議を行う旨の合意による時効の完成猶予」（第 16 章）の 2 章を設けた。

④各章において，初版発行当時から現在までの法令・ガイドライン等の制定・改正ならびに主要な裁判例を反映させた。

　第 2 版の執筆にあたっても，初版と同様，クライアント企業の法務部・総務部の皆様にお声がけし，契約書作成の実務に関する研究会（契約実務研究会）を開催した。研究会では実務を担当される皆様から多くの悩みや鋭いご指摘をいただいた。これらを踏まえて作成された本版も，クライアント企業の皆様と当事務所の弁護士との合作であると言える。

　第 2 版の刊行に際しては，初版に引き続きコンセプトの検討から編集作業，詳細にわたる校正やご指摘に至るまで，有斐閣の小野美由紀様に多大なるご尽力をいただいた。短期間で充実した改訂が行えたのは，ひとえに同氏の慧眼によるところである。この場をお借りして深謝申し上げる。

2019 年 7 月

執筆者を代表して　弁護士　伊藤　　尚
　　　　　　　　　弁護士　佐長　　功
　　　　　　　　　弁護士　本多　広和
　　　　　　　　　弁護士　服部　　誠
　　　　　　　　　弁護士　原田　崇史
　　　　　　　　　弁護士　藤松　　文
　　　　　　　　　弁護士　須崎　利泰

初版はしがき

1　本書の目的と成り立ち

　契約書作成・チェックは，企業法務に携わる者にとって日常的な業務であり，基本的なスキルの一つに属する。

　これらの業務を正しく効率的に進めるためには，民法・商法をはじめとする実体法の知識はもちろんのこと，税法や独占禁止法，各種業法等の公法的規制の知識も不可欠である上に，民事訴訟法や破産法等の手続法の知識も欠かせないことから，総合的な法律知識の裏付けが必要である。また一方で，経済のグローバル化の流れを受けて，日本語で作成された契約書であっても，英文契約書の影響を大きく受けるようになっている。一例を挙げれば，英文契約書では広く用いられている「表明保証条項」は，今日では日本語契約書でもよく見られるようになったが，20年程度前に遡ってみればこのような条項が盛り込まれた日本語契約書は皆無に近かった。日本語で作成され日本法を準拠法とする契約であっても，時代の流れやグローバル化の流れに応じて変化していくことは必須である。

　しかしながら，契約書作成・チェックの知識や手法，雛形について体系的に記載した書籍は多くなく，既刊書においても企業の法務担当者や弁護士等の実務家の需要を十分に満たしているとは言いがたい。また，法科大学院や司法研修所等の法律事務家・法曹養成機関においても，必要な教育は十分になされていないように思われる。

　本書は，かかる現状を踏まえた上で，契約書作成・チェックの実務に携わる実務家にとって有益な知識とスキルを得ることができる実務書となることを狙って，阿部・井窪・片山法律事務所に所属する弁護士が執筆し編んだものである。当事務所では，本書を執筆するに先立ち，クライアント企業の法務部・総務部のご担当者有志数十人にお声がけし，契約書作成・チェックに必要な知識と雛形に関する契約類型ごとの研究会（契約実務研究会）を約1年半合計6回に亘って開催した。本書は，これら一連の契約実務研究会の成果を盛り込んで執筆し編んだものであり，この意味で，クライアント企業のご担当者の皆様と当事務所所属弁護士との合作であるとも言える。

2 本書の特徴と使い方

　本書は，実務家にとって必要な，契約書作成・チェックに即利用可能で有益な知識と雛形を，契約類型ごとに提示している点に大きな特徴を有している。

　具体的には，まず，契約書作成の基本的なプロセスや考え方について総説的に述べた後に（第1章），売買契約・賃貸借契約等の基本的な契約類型から共同開発契約・企業提携契約・知的財産権のライセンス契約等の特殊な契約類型に至る各種契約に関して，契約書作成・チェックに必要な知識を解説し，即利用可能な雛形を多数提示している。その上で，これら雛形の各条項について必要に応じて詳しく解説を加え，また，契約上のそれぞれの立場（例えば売買契約であれば，売主，買主のそれぞれの立場）に立った場合に望ましい条項案も提示している（第2章〜第10章〔第2版第3章〜第11章〕）。さらに，各契約類型に共通して用いる条項について，基本的な考え方を解説するとともに条項案も提示している（第11章〔第2版第14章〕）。

　実務家，とりわけ若手実務家においては，本書を通読することによって，契約類型ごとに必要な知識とスキルを網羅的に得ることができる。もし，ある特定の契約類型に特化した知識とスキルを手早く得たいという場合には，契約書作成のプロセス・考え方について述べた第1章と双務・有償契約の典型である売買契約・賃貸借契約について述べた第2章〔第2版第3章〕および第3章〔第2版第4章〕を通読した後，当該特定の契約について記載がある章を精読し，さらに共通条項の理解のために第11章〔第2版第14章〕を読むことによって，当該特定の契約類型に特化した知識とスキルを得るという使い方もできるようになっている。

　企業法務実務家は忙しい。時と場合に応じて，臨機応変に活用していただきたい。

3 謝辞

　前述のとおり，本書は契約実務研究会にご参加いただいたクライアント企業のご担当者との合作とも言えるものであり，ご担当者の皆様のご協力なしには成立し得なかった。業務多忙のなか時間を割いて下さったご担当者の皆様に，まず深く御礼を申し上げたい。

　また，本書は多数の書式を盛り込んだばかりでなく文献や判例等も可能な限り引用

するように努めたため，編集・校正作業は複雑で長い時間を要することとなった。本書の企画を取り上げて下さった上に，前述の勉強会にも参加し，さらに，困難な編集作業にも根気よくお付合い下さった有斐閣の高橋均様，信国幸彦様，小野美由紀様にも御礼を申し上げたい。

　本書の執筆陣は，いずれも当事務所の井窪保彦弁護士の指導を受けたものである。同弁護士は昨年還暦を迎え，その法曹生活はまもなく40年になろうとしている。契約書作成の実務に関する各執筆者の知識・経験は，全て同弁護士の指導の結果として獲得されたものと言っても過言ではない。最後に，井窪保彦弁護士の長年の指導に対して，本書執筆陣の総意として本書面を借りて謝意を表するものである。

2014年5月

執筆者を代表して　　弁護士　佐長（さいき）　功
　　　　　　　　　　弁護士　本多　広和
　　　　　　　　　　弁護士　服部　誠
　　　　　　　　　　弁護士　藤松　文
　　　　　　　　　　弁護士　牧　恵美子
　　　　　　　　　　弁護士　小林　幹幸

執筆者紹介

第1章　契約実務総論
田口和幸（たぐち・かずゆき）

第2章　債権法の改正について
伊藤　尚（いとう・ひさし）
小島亜希子（こじま・あきこ）

第3章　売買契約
本多広和（ほんだ・ひろかず）
中村　閑（なかむら・のどか）
三澤　智（みさわ・さとし）

第4章　賃貸借契約
藤松　文（ふじまつ・あや）
小林幹幸（こばやし・もとゆき）

第5章　業務委託契約
佐長　功（さいき・いさお）

第6章　譲渡担保契約
飯田　岳（いいだ・がく）
松本卓也（まつもと・たくや）

第7章　M&A契約
須崎利泰（すざき・としやす）
梶並彰一郎（かじなみ・しょういちろう）

第 8 章　販売提携に関する契約

　　　　　大月雅博（おおつき・まさひろ）
　　　　　堀口　真（ほりぐち・しん）

第 9 章　合弁契約

　　　　　大月雅博（おおつき・まさひろ）
　　　　　米山朋宏（よねやま・ともひろ）
　　　　　辛川力太（からかわ・りきた）

第 10 章　ソフトウェア開発契約

　　　　　佐長　功（さいき・いさお）
　　　　　松田世理奈（まつだ・せりな）

第 11 章　知的財産に関する契約

　　　　　服部　誠（はっとり・まこと）
　　　　　牧　恵美子（まき・えみこ）
　　　　　岩間智女（いわま・ちたか）

第 12 章　秘密保持契約

　　　　　原田崇史（はらだ・たかふみ）

第 13 章　基本合意書

　　　　　佐々木英人（ささき・ひでと）

第14章 各契約に共通する条項

本多広和（ほんだ・ひろかず）
佐々木英人（ささき・ひでと）
原田崇史（はらだ・たかふみ）
小島亜希子（こじま・あきこ）
中村　閑（なかむら・のどか）
牧　恵美子（まき・えみこ）
三澤　智（みさわ・さとし）
松本卓也（まつもと・たくや）
小林幹幸（こばやし・もとゆき）
岩間智女（いわま・ちたか）
堀口　真（ほりぐち・しん）
梶並彰一郎（かじなみ・しょういちろう）
松田世理奈（まつだ・せりな）
辛川力太（からかわ・りきた）

第15章 定型約款

須崎利泰（すざき・としやす）

第16章 協議を行う旨の合意による時効の完成猶予

飯田　岳（いいだ・がく）

目次

第1章　契約実務総論　　001

1　契約書の意義・役割 …………………………………………………… 001
2　契約書の作成の過程 …………………………………………………… 002
3　雛形の効用と留意点 …………………………………………………… 004
4　契約書の要素とチェックポイント …………………………………… 005
　(1) 契約書の要素　005
　(2) チェックポイント　006

第2章　債権法の改正について　　009

1　総論 ……………………………………………………………………… 009
　(1) 債権法改正　009
　(2) 債権法改正の概要　009
　(3) 債権法改正が契約書作成の実務に与える影響　010
2　債権法の改正と契約書作成の実務に与える影響の概要 …………… 011
　(1) 消滅時効制度に関する改正　011
　(2) 法定利率に関する改正　012
　(3) 債務不履行による損害賠償の帰責事由に関する改正　012
　(4) 個人保証の保護の拡充　012
　(5) 債権譲渡に関する改正　013
　(6) 解除に関する改正　013
　(7) 約款に関する規定の新設　013
　(8) 瑕疵担保責任に関する改正　014
　(9) 消費貸借契約の諾成化　014
　(10) 賃貸借に関する改正　015
　(11) 請負に関する改正　015
3　債権法改正の経過措置について ……………………………………… 016

第3章　売買契約　　019

Ⅰ　総論 ……………………………………………………………………… 019
　1　売買契約の意義と種類 ……………………………………………… 019

xi

2　商品を目的物とする継続的売買契約の考慮要素 ……………………… 020
　　　(1) 契約の成立段階　020
　　　(2) 契約の履行段階　020
　　　(3) 契約の更新・終了　021
　　　(4) 非通常状態　021

　3　不動産売買契約の考慮要素 ……………………………………………… 022

II　取引基本契約書の条項例と解説 …………………………………………… 023

　雛形　023
　条項解説　031
　　1　適用範囲（第2条）……………………………………………………… 031
　　　(1) 取引基本契約と個別契約　031
　　　(2) 取引基本契約締結による受発注義務の発生　033
　　2　個別契約（第3条）……………………………………………………… 035
　　　(1) 個別契約の内容　035
　　　(2) 個別契約の成立　035
　　3　納品・検査・検収（第4条）…………………………………………… 038
　　　(1) 納品　038
　　　(2) 検査・検収　042
　　　(3) 買主に信用不安がある場合の納品拒絶　056
　　4　所有権の移転（第5条）………………………………………………… 057
　　　(1) 法律に基づく原則　057
　　　(2) 契約による修正　058
　　5　危険負担（第5条）……………………………………………………… 058
　　　(1) 法律に基づく原則　058
　　　(2) 契約による修正　059
　　6　仕様基準・品質保証（第6条）………………………………………… 060
　　　(1) 法律に基づく原則　060
　　　(2) 契約による修正　061
　　7　代金の定め・支払方法（第7条）……………………………………… 061
　　　(1) 代金の額および算定方法　062
　　　(2) 支払時期　062
　　　(3) 支払場所　062
　　　(4) 支払方法　063
　　　(5) 遅延損害金　063
　　8　相殺予約（第7条第2項）……………………………………………… 063

(1) 法律上の原則　063
　　　(2) 相殺に関する契約書の規定　064
　9　支給品・貸与品（第8条） ………………………………………… 065
　　　(1) 支給品　065
　　　(2) 貸与品　066
　10　瑕疵担保責任／契約不適合責任（第9条） ……………………… 067
　11　製造物責任（第10条） ……………………………………………… 069
　　　(1) 法律に基づく原則　070
　　　(2) 契約による修正　070
　12　知的財産権の帰属（第11条） ……………………………………… 071
　　　(1) 法律に基づく原則　071
　　　(2) 契約による修正　072
　13　第三者の知的財産権を侵害した場合の対応（第12条） ………… 073
　　　(1) 法律に基づく原則　073
　　　(2) 契約による修正　074
　14　再委託（第13条） …………………………………………………… 074
　　　(1) 法律に基づく原則　074
　　　(2) 契約による修正　075

Ⅲ　不動産売買契約書の条項例と解説 …………………………………… 076

　雛形　076
　条項解説　086
　1　目的物および売買代金（第1条） …………………………………… 086
　2　支払方法（第2条） …………………………………………………… 087
　3　売主による事実の表明および保証（第3条・別紙1） …………… 087
　4　境界の明示（第4条） ………………………………………………… 088
　5　売買対象面積（第5条） ……………………………………………… 088
　　　(1) 土地　089
　　　(2) 建物　090
　6　所有権移転の時期（第6条）および引渡し（第7条） …………… 091
　7　負担の消除（第8条） ………………………………………………… 091
　8　所有権移転登記手続（第9条） ……………………………………… 092
　9　買主の義務履行の前提条件（第10条） ……………………………… 093
　10　公租公課等の負担（第12条） ……………………………………… 093

xiii

11 手付解除（第13条） …………………………………… 094
12 危険負担（第14条） ……………………………………… 095
13 解除に伴う損害賠償（第15条第2項・第3項） …… 096
14 ローン条項（第17条） …………………………………… 097
15 瑕疵担保責任／契約不適合責任（第18条） ………… 097
　　(1) 瑕疵担保責任に関する契約書の定め　097
　　(2) 「瑕疵」／「契約不適合」の内容　098
16 土壌汚染（第19条） ……………………………………… 101
17 収益物件の売買 …………………………………………… 101
18 区分所有建物の管理費 …………………………………… 102

第4章　賃貸借契約　　　　　　　　　　　　　　　　105

Ⅰ　総論 ……………………………………………………………… 105
1　賃貸借の意義と本章の解説対象 …………………………… 105
2　賃貸借契約における当事者の義務 ………………………… 106
　　(1) 賃貸人の義務　106
　　(2) 賃借人の義務　107
3　民法，借地借家法，消費者契約法，各種ガイドラインの関係 …… 107
4　普通建物賃貸借と定期建物賃貸借 ………………………… 108
　　(1) 両者の違い　108
　　(2) 選択における判断要素　109
5　中途解約条項・中途解約禁止条項等 ……………………… 109
　　(1) 中途解約条項　109
　　(2) 中途解約禁止条項　110

Ⅱ　普通賃貸借契約書の条項例と解説 ………………………… 111
雛形　111
条項解説　117
1　賃貸借期間（第2条） ……………………………………… 117
　　(1) 賃貸借期間の設定　117
　　(2) 期間の定めがない場合　117
　　(3) 中途解約権の留保（民618条）　118
　　(4) 更新条項　118
　　(5) 更新料　119

  (6) 正当事由　121
  (7) 借家契約以外の建物利用契約と正当事由　121
  (8) 契約条項　123

 2　使用目的（第3条）……………………………………………………124
  (1) 使用目的について　124
  (2) 契約条項　124

 3　賃料（第4条）…………………………………………………………125
  (1) 賃料について　125
  (2) 契約条項　125

 4　共益費（第5条）………………………………………………………125
  (1) 共益費について　125
  (2) 契約条項　126

 5　消費税（第6条）………………………………………………………126
  (1) 消費税について　126
  (2) 契約条項　126

 6　賃料増減額請求（第7条）……………………………………………127
  (1) 賃料増減額請求とは　127
  (2) 賃料増減額に関する特約について　127
  (3) 契約条項　128

 7　敷金（第8条）…………………………………………………………129
  (1) 敷金とは　129
  (2) 保証金・建設協力金　132
  (3) 契約条項　133

 8　修繕（第9条）…………………………………………………………135
  (1) 修繕義務の意義　135
  (2) 修繕義務発生の要件　135
  (3) 賃貸人の修繕義務と賃借人の必要費償還請求権の関係および有益費　136
  (4) 契約条項　137

 9　原状の変更（第10条）………………………………………………140
  (1) 民法，借地借家法の原則　140
  (2) 契約条項　141

 10　禁止または制限される行為（第11条）……………………………142
  (1) 禁止事項，制限事項の定めについて　142
  (2) 契約条項　142

 11　中途解約禁止条項（第13条）………………………………………142
  (1) 中途解約条項について　142

(2) 中途解約禁止条項について　143
　　　(3) 中途解約の場合の違約金条項について　143
　　　(4) 契約条項　144
　12　契約解除（第14条） ……………………………………………… 145
　　　(1) 無断転貸借，賃借権の無断譲渡による解除　145
　　　(2) 判例理論による解除権の制限　147
　　　(3) 契約条項　149
　13　明渡し，原状回復（第15条） …………………………………… 150
　　　(1) 原状回復の対象　150
　　　(2) 原状回復義務と通常損耗について　150
　　　(3) 住宅賃貸と事業用賃貸の違い　151
　　　(4) 契約条項　152
　14　造作買取請求権等（第16条） …………………………………… 154
　　　(1) 造作買取請求権　154
　　　(2) 造作とは　154
　　　(3) 造作買取請求権，必要費償還請求権および有益費償還請求権の関係　155
　　　(4) 契約条項　156
　15　連帯保証（第19条） ……………………………………………… 156
　　　(1) 債権法改正の影響　156
　　　(2) 極度額の定め方　156

Ⅲ　定期建物賃貸借契約書の条項例と解説 ……………………………… 158
　雛形　158
　条項解説　164
　1　定期建物賃貸借契約総論 ……………………………………………… 164
　　　(1) 定期建物賃貸借契約成立の要件　164
　　　(2) 個々の要件の検討　164
　2　賃貸借期間（第2条） ………………………………………………… 167
　　　(1) 雛形2条1項および同条2項　167
　　　(2) 雛形2条3項　167
　　　(3) 雛形2条4項　167
　3　賃料改定特約（第4条・第7条第1項） …………………………… 168

第5章　業務委託契約　　　　　　　　　　　　　　　　　171

I　総論 …………………………………………………………… 171
1　業務委託契約の目的と法的性質 …………………………… 171
2　業務委託契約とその考慮要素 …………………………… 172
　(1)「偽装請負」と業務委託　173
　(2) 下請法と業務委託　176
　(3) 個人情報保護法と業務委託　178

II　業務委託契約書の条項例と雛形 …………………………… 183
雛形　183
条項解説　189
1　目的（第1条） ……………………………………………… 189
2　業務遂行上の義務（第2条） ……………………………… 190
3　業務・料金等（第3条） …………………………………… 191
4　再委託（第4条） …………………………………………… 192
5　権利の帰属（第6条） ……………………………………… 194
6　個人情報の取扱い，個人情報漏洩に関わる対応および監督
　等（第7条～第9条） ……………………………………… 195

第6章　譲渡担保契約　　　　　　　　　　　　　　　　　199

I　総論 …………………………………………………………… 199
1　譲渡担保とは ………………………………………………… 199
2　譲渡担保の法的性質 ………………………………………… 200
3　私的実行 ……………………………………………………… 201
4　受戻権 ………………………………………………………… 201
5　集合動産譲渡担保と将来債権譲渡担保 …………………… 202
　(1) 集合動産譲渡担保　202
　(2) 将来債権譲渡担保　202

II　動産譲渡担保権設定契約書の条項例と解説 ……………… 204
雛形　204
条項解説　208
1　被担保債権（第1条） ……………………………………… 208

xvii

2　目的物の特定（第1条） ……………………………………… 209
　3　対抗要件――引渡し（第2条） ……………………………… 209
　4　対抗要件――動産譲渡登記（第3条） ……………………… 210
　5　明認方法（第4条） …………………………………………… 212
　6　目的物の使用・管理（第5条） ……………………………… 212
　7　権利関係の調査（第6条第1号・第2号） ………………… 212
　8　担保動産の処分可能性，評価額等の調査（第6条第3号） … 214
　9　詐害行為，否認（第6条第4号） …………………………… 214
　10　目的物の保管場所の変更，第三者への譲渡等の禁止（第7条
　　　第1項・第2項・第5項） …………………………………… 214
　11　代担保（第7条第3項） ……………………………………… 215
　12　通知義務（第7条第4項） …………………………………… 215
　13　本件譲渡動産の管理状況の報告，調査（実査）（第8条） … 215
　14　期限の利益の喪失（第9条） ………………………………… 216
　15　譲渡担保の実行（第10条） ………………………………… 216

Ⅲ　集合動産譲渡担保権設定契約書の条項例と解説 …………… 218
　　雛形　218
　　条項解説　223
　1　集合動産の特定（第2条） …………………………………… 223
　2　対抗要件――引渡し（第3条） ……………………………… 223
　3　対抗要件――動産譲渡登記（第4条） ……………………… 224
　4　明認方法（第5条） …………………………………………… 224
　5　通常の営業の範囲内における処分（第6条） ……………… 225
　6　権利関係の調査（第7条） …………………………………… 225
　7　保管場所の調査（第7条） …………………………………… 225
　8　保管状況の報告，調査（実査）（第8条・第9条） ………… 226
　9　第三者所有物の搬入禁止（第10条第1項第2号） ………… 226
　10　新たな保管場所の追加の禁止（第10条第1項第3号） …… 226
　11　代替物の補充（第10条第1項第5号） …………………… 227
　12　期限の利益の喪失（第11条） ……………………………… 227
　13　物上代位（第15条） ………………………………………… 227

Ⅳ 将来債権譲渡担保権設定契約書の条項例と解説 …………………… 228
雛形　228
条項解説　232
1 将来債権の特定（第2条） …………………………………… 232
2 対抗要件──債権譲渡登記（第3条） ……………………… 233
3 設定者による目的債権の取立て（第4条） ………………… 234
4 譲渡禁止特約（譲渡制限特約）および債務者が有する抗弁等の調査（第5条第3号・第4号・第5号） …………………… 234
5 管理状況の報告，調査（実査）（第6条・第7条） ……… 235
6 譲渡禁止特約（譲渡制限特約）の禁止等（第8条第1項第2号・第3号・第4号） ……………………………………………… 236
7 期限の利益の喪失（第9条） ………………………………… 237
8 債権譲渡担保の実行（第10条・第11条） ………………… 237

第7章　M&A契約　239

Ⅰ 総論 ……………………………………………………………………… 239
1 M&Aの意義と手法 …………………………………………… 239
(1) 株式の取得　239
(2) 事業譲渡・譲受け　240
(3) 合併　241
(4) 会社分割　242
(5) 株式交換　243
(6) 株式移転　244
2 M&Aの手続の流れ …………………………………………… 245
3 M&Aに関する契約の概要 …………………………………… 245
(1) 株式譲渡契約　245
(2) 事業譲渡契約　246
(3) 組織再編行為に係る契約等　247

Ⅱ 株式譲渡契約書の条項例と解説 ……………………………………… 248
雛形　248
条項解説　259
1 株式譲渡の合意 ………………………………………………… 259
(1) 譲渡の合意（第1条）　259

xix

(2) 譲渡の対象となる株式の特定　260
　　　(3) 譲渡価格（第2条）　261
　2　クロージング（第3条） ………………………………………………… 263
　　　(1) クロージングの定義・日時・場所（第1項）　263
　　　(2) クロージングにおける同時履行の確保（第2項）　263
　　　(3) 株式譲渡に要する手続　264
　3　クロージングの前提条件（第4条） …………………………………… 264
　　　(1) 概要　264
　　　(2) 具体例　265
　4　クロージング前の義務 …………………………………………………… 265
　　　(1) 概要　265
　　　(2) 売主の義務（第7条）　265
　　　(3) 買主の義務（第8条）　266
　5　クロージング後の義務（第9条・第10条） …………………………… 266
　　　(1) 概要　266
　　　(2) 売主の義務（第9条）　266
　　　(3) 買主の義務（第10条）　267
　6　表明保証（第5条・第6条） …………………………………………… 267
　　　(1) 表明保証の意義　267
　　　(2) 表明保証の機能　267
　　　(3) 表明保証の対象となる個別事項　267
　7　終了（第11条） ………………………………………………………… 269
　8　解除（第12条） ………………………………………………………… 270
　　　(1) 解除可能期間　270
　　　(2) 解除事由　270
　9　補償（第13条） ………………………………………………………… 270
　　　(1) 意義　270
　　　(2) 補償の内容　271
　　　(3) 裁判例　271

Ⅲ　事業譲渡契約書の条項例と解説 ……………………………………………… 272
　雛形　272
　条項解説　275
　1　当事者（前文） ………………………………………………………… 275
　2　事業譲渡の合意（第1条） …………………………………………… 276
　3　譲渡日（第2条） ……………………………………………………… 276

    4 譲渡財産（第3条） 277
        (1) 総論　277
        (2) 譲渡資産（第1項）　277
        (3) 承継債務（第2項）　279
        (4) 承継する契約上の地位（第3項）　281
    5 譲渡対価（第4条） 281
    6 従業員の取扱い（第5条） 283
    7 表明保証（第6条） 284
    8 事業譲渡の前提条件（第7条） 285
    9 事業譲渡前の遵守事項（第8条） 286
    10 事業譲渡後の遵守事項（第9条） 286
    11 補償（第11条） 287
    12 解除（第12条） 288

Ⅳ 吸収分割契約書の条項例と解説 289
雛形　289
条項解説　291
    1 吸収分割の合意（第1条） 291
    2 当事者の商号および住所（第2条） 291
    3 効力発生日（第3条） 292
    4 承継する資産負債等（第4条） 292
    5 会社分割の対価（第5条） 294
    6 資本金および準備金（第6条） 294
    7 分割会社の新株予約権の取扱い 294
    8 株主総会の決議（第7条） 295
    9 会社財産の管理等（第8条） 295
    10 契約の変更・解除（第9条），契約の効力（第10条） 296
    11 定款の変更・役員の選任 296
    12 人的分割 296
    13 その他 297

xxi

第 8 章　販売提携に関する契約（販売店契約・代理店契約）　299

Ⅰ　総論 ……………………………………………………………… 299
Ⅱ　販売店契約書の条項例と解説 ……………………………… 301

　雛形　301
　条項解説　309

　1　独占販売権（第 1 条） ……………………………………… 309
　　(1) 独占販売権と非独占販売権　309
　　(2) 独占販売権とする場合の主な規定　310
　　(3) 営業地域の制限　310
　2　個別契約（販売店の注文手続）（第 2 条） ………………… 312
　3　納品・検査・検収（第 3 条） ……………………………… 313
　4　所有権の移転（第 4 条） …………………………………… 313
　5　危険負担（第 4 条） ………………………………………… 313
　6　仕様基準・品質保証（第 5 条） …………………………… 313
　7　瑕疵担保責任／契約不適合責任（第 6 条） ……………… 313
　8　製造物責任（第 7 条） ……………………………………… 314
　9　改良品の販売権（第 8 条） ………………………………… 314
　10　競合品の取扱い（第 9 条） ……………………………… 315
　11　最低購入数量等（第 10 条） ……………………………… 316
　12　商標の使用許諾（第 11 条） ……………………………… 318
　13　販売促進に関する義務（第 12 条） ……………………… 318
　14　報告に関する義務（第 13 条） …………………………… 319
　15　有効期間（第 16 条） ……………………………………… 322

Ⅲ　代理店契約書の条項例と解説 ……………………………… 324

　雛形　324
　条項解説　329

　1　販売代理の方法（第 2 条） ………………………………… 329
　2　通知義務（第 3 条） ………………………………………… 329
　3　販売手数料（第 4 条） ……………………………………… 330
　4　販売代金の取扱い（第 5 条） ……………………………… 330
　5　営業地域（第 9 条） ………………………………………… 331

6　保証金（第10条）……………………………………… 332
　　7　競合品の取扱い（第11条）…………………………… 332

第9章　合弁契約　　　　　　　　　　　　　　　　333

I　総論 ……………………………………………………………… 333
　1　合弁契約とは ……………………………………………… 333
　2　合弁契約の特色 …………………………………………… 335
　3　合弁企業の組織形態の選択 ……………………………… 336

II　合弁契約書の条項例と解説 ………………………………… 340
　雛形　340
　条項解説　348
　1　対象会社の設立および対象会社への出資比率（第1条）………… 348
　　(1)　新会社を設立するか既存会社を利用するか　348
　　(2)　出資比率について　350
　2　取締役会の設置および役員の選解任権（第2条）……………… 351
　　(1)　取締役会の設置について　351
　　(2)　取締役の指名権　351
　　(3)　議決権拘束条項（雛形2条3項）の効力に関する裁判例　354
　3　代表取締役の指名権（第3条）………………………………… 354
　4　従業員の確保・費用負担（第4条）…………………………… 355
　　(1)　従業員の確保について　355
　　(2)　引抜き防止　356
　5　重要事項に関する拒否権（第5条）…………………………… 356
　6　対象会社による情報提供（第6条）…………………………… 358
　7　資金調達（第7条）…………………………………………… 358
　8　剰余金の配当（第8条）……………………………………… 361
　9　知的財産権の処理（第9条）………………………………… 362
　　(1)　既存知的財産権の帰属　362
　　(2)　新規知的財産権の帰属　363
　10　競業禁止（第10条）………………………………………… 364
　　(1)　新たな競合事業の禁止　364
　　(2)　秘密保持等　365

11　株式の譲渡制限（第11条） ································· 365
　　（1）譲渡制限の有無　365
　　（2）株式の譲渡先について　367
12　コールオプションおよびプットオプション
　　（第12条・第13条） ··· 369
　　（1）オプションとは　369
　　（2）合弁契約にてオプション条項を設ける意義　370
　　（3）オプションの行使価格　371
13　デッドロック（第14条） ·· 372
　　（1）デッドロックの予防　372
　　（2）デッドロックへの対処　373
14　損害賠償（第15条） ·· 374
15　合弁契約の終了（第16条） ··· 374
　　（1）合弁契約終了に関する規定の意義　374
　　（2）合弁契約終了事由　375
　　（3）合弁契約終了の方法　375
16　解散時の処理（第17条） ··· 376
　　（1）処理方法についての規定の仕方　376
　　（2）残余財産（設備や在庫）の分配と損失の負担について　376
　　（3）従業員の取扱い　377
　　（4）合弁当事者との契約関係の処理　378
　　（5）合弁契約当事者以外の第三者との契約関係の処理　379
17　秘密保持（第18条） ·· 380
18　費用負担（第19条） ·· 380
19　契約上の地位等の譲渡の禁止（第20条） ···················· 380

第10章　ソフトウェア開発契約　　　　　　　　　　383

I　総論 ·· 383
1　ソフトウェア開発契約とは ··· 383
　　（1）総論　383
　　（2）ソフトウェア開発の流れ　385
2　ソフトウェア開発契約の契約類型 ·· 390
　　（1）総論　390
　　（2）各契約類型の特徴　392

3　裁判例にみる実務上の問題点 ································· 394
　　　　(1) 契約締結時の問題　394
　　　　(2) 契約締結後の問題　395
　　　　(3) 著作権等の帰属に関する問題　397
　　4　ソフトウェア開発契約における2つのモデル ················· 397
　　5　経済産業省「情報システム・モデル取引・契約書」············ 398
　　6　JEITA「ソフトウェア開発モデル契約」······················ 399
　　7　本章で提案するソフトウェア開発契約書式 ··················· 399

Ⅱ　ソフトウェア開発基本契約書の条項例と解説 ··················· 401
　　雛形　401
　　条項解説　423
　　1　用語の定義（システム仕様書）（第2条第4号）··············· 423
　　2　用語の定義（第三者ソフトウェア）（第2条第6号）··········· 424
　　3　用語の定義（要件定義，外部設計，内部設計，システム結合，システムテスト，導入・受入支援，運用テスト）（第2条第8号〜第14号）··· 424
　　4　適用範囲（第3条第1項）·································· 424
　　5　個別契約上の作業期間（第4条第1項第3号・第6条）········· 425
　　6　再委託（第7条）·· 426
　　7　協働と役割分担（第8条第1項・第2項）····················· 427
　　8　プロジェクト・マネジメントの責任（第13条）··············· 428
　　9　外部設計書作成業務（第19条〜第23条）···················· 428
　　10　ソフトウェア開発業務（第24条〜第29条）·················· 429
　　11　瑕疵担保責任（第29条）·································· 430
　　　　(1) 経産省モデル契約からの変更点　430
　　　　(2) 債権法改正の概要　431
　　　　(3) 債権法改正を踏まえた雛形第29条の見直し　432
　　12　ソフトウェア運用準備・移行支援業務（第30条）············ 432
　　13　業務の終了・確認（第32条）······························ 433
　　14　システム仕様書等の変更（第34条）························ 433
　　15　未確定事項の取扱い（第36条）···························· 433
　　16　変更の協議不調に伴う契約終了（第38条）·················· 434
　　17　秘密情報の取扱い（第41条）······························ 434

18　個人情報（第42条） …………………………………………… 435
19　納入物の著作権（第45条） …………………………………… 435
20　知的財産権侵害の責任（第47条） …………………………… 436
21　第三者ソフトウェアの利用（第48条） ……………………… 437
22　FOSSの利用（第49条） ……………………………………… 437
23　損害賠償（第53条） …………………………………………… 438
24　和解による紛争解決（第55条） ……………………………… 439
25　合意管轄（第56条） …………………………………………… 439
　Column　IBM対スルガ銀行訴訟　440

第11章　知的財産に関する契約　443

Ⅰ　総論 …………………………………………………………………… 443
　1　知的財産の意義 ……………………………………………………… 443
　2　知的財産に関する契約の種類 ……………………………………… 444
　　(1) 知的財産（ないし知的財産権）の成立や帰属に関わる条項を含む契約　444
　　(2) 知的財産（ないし知的財産権）の利用や処分に関わる条項を含む契約　445
　3　知的財産に関する契約の特殊性
　　　――ドラフティングの際の留意点 …………………………………… 446

Ⅱ　共同研究開発契約書の条項例と解説 ……………………………… 448
　雛形　448
　条項解説　452
　1　研究開発の目的および対象（第1条） ……………………………… 452
　2　研究開発の期間（第2条） …………………………………………… 453
　3　研究開発の場所（第3条） …………………………………………… 454
　4　業務の分担（第4条） ………………………………………………… 454
　5　参加者の特定（第5条） ……………………………………………… 454
　6　第三者への委託（第6条） …………………………………………… 455
　7　費用の負担（第7条） ………………………………………………… 455
　8　情報等の提供（第8条） ……………………………………………… 456
　　(1) 契約締結前から保有していた情報　456
　　(2) 共同研究開発期間中に取得した情報　457

9　進捗状況の報告（第9条） ……………………………………………………… 457
10　秘密保持義務（第10条） ……………………………………………………… 457
　　(1) 秘密保持の対象　457
　　(2) 秘密保持の期間　459
11　目的外利用の禁止（第10条） ………………………………………………… 459
12　競業禁止（第11条） …………………………………………………………… 460
13　成果の帰属（第12条） ………………………………………………………… 461
　　(1) 成果の定義　461
　　(2) 帰属の形態　462
　　(3) 共有　462
　　(4) 成果の区別　464
　　(5) 発明者の認定　465
14　知的財産権の取扱い（第13条） ……………………………………………… 466
　　(1) 出願　466
　　(2) 権利の維持，保全　467
15　成果の利用（第14条） ………………………………………………………… 467
　　(1) 一方当事者のみが実施する場合　468
　　(2) 各当事者がそれぞれ実施する場合　469
　　(3) 共同で事業化する場合　469
　　(4) 第三者に実施させる場合　469
16　成果の公表等（第15条） ……………………………………………………… 470
17　改良発明等（第16条） ………………………………………………………… 470
18　譲渡の禁止（第17条） ………………………………………………………… 471
19　契約の解除（第18条） ………………………………………………………… 471
20　契約の有効期間と契約終了後の措置（第19条） …………………………… 471
21　管轄（第21条） ………………………………………………………………… 472

Ⅲ　実施許諾契約書の条項例と解説 ……………………………………………… 473
雛形　473
条項解説　477
1　実施権の内容 …………………………………………………………………… 477
　　(1) 対象権利の特定(第1条)　478
　　(2) ライセンスの種類(第2条)　479
　　(3) 許諾対象行為(第2条)　480
　　(4) 再実施権の有無(第2条)　480

2　実施料（第3条） …………………………………………………… 481
　3　ロイヤルティ監査（第4条） ……………………………………… 481
　4　ライセンサーの義務 ………………………………………………… 482
　　　(1) 部品提供・技術指導　482
　　　(2) ライセンサーの保証義務(第6条)　483
　5　ライセンシーの義務（第8条・第9条） ………………………… 487
　　　(1) 独占禁止法との関係　487
　　　(2) 販売価格・再販売価格の制限　488
　　　(3) 研究開発活動の制限　488
　　　(4) 原材料・部品の制限　489
　　　(5) 競業避止義務　490
　　　(6) 不争義務(第8条)　490
　　　(7) 非係争義務　491
　　　(8) 一括ライセンス　491
　　　(9) 改良技術の取扱い(第9条)　491
　6　特許の表示（第10条） …………………………………………… 492
　7　秘密保持義務（第11条） ………………………………………… 493
　8　譲渡禁止（第12条） ……………………………………………… 493
　　　(1) 当然対抗制度の導入　493
　　　(2) 特許譲受人とライセンシーとの関係　494
　　　(3) 契約ドラフティング時の留意点　494
　9　解除（第13条） …………………………………………………… 495
　10　契約期間（第14条） ……………………………………………… 495
　　　(1) 契約期間の定め　495
　　　(2) 特許権存続期間満了後もライセンス契約が存続する場合　495
　　　(3) 更新拒絶について　496
　11　契約終了後の措置（第15条） …………………………………… 496

第12章　秘密保持契約　499

Ⅰ　総論 …………………………………………………………………… 499
Ⅱ　秘密保持契約書の条項例と解説 …………………………………… 501
　雛形　501
　条項解説　504
　1　目的（柱書） ……………………………………………………… 504
　2　秘密情報の定義（第1条） ……………………………………… 504

(1) 秘密情報の開示主体の確認（いずれの当事者から開示される情報を秘密情報とするか）　504
　　(2) 秘密情報の範囲　505
　　(3) 秘密情報の例外　507
　3　秘密保持義務（第2条） ·· 508
　4　目的外使用の禁止（第3条） ·· 510
　5　秘密情報の管理（第4条） ·· 510
　6　複製の禁止（第5条） ·· 510
　7　秘密情報の返還・破棄（第6条） ··· 511
　8　損害賠償（第7条） ··· 512
　9　差止め（第8条） ·· 512
　10　有効期間（第9条） ·· 512

第13章　基本合意書　　515

I　総論 ·· 515
　1　基本合意書の活用 ·· 515
　2　M&Aにおける基本合意書の役割と内容 ······································· 516
　　(1) 法的拘束力　516
　　(2) 最終的な取引の概要　517
　　(3) 秘密保持義務　517
　　(4) デューデリジェンスへの協力義務　517
　　(5) 独占交渉権（独占交渉義務）　517
　　(6) その他　518
　3　その他の考慮要素 ·· 518
　　(1) 独占交渉義務の法的拘束力およびその義務違反の効果　518
　　(2) 開示義務　520

II　基本合意書の条項例と解説 ·· 521
　雛形　521
　条項解説　524
　1　取引の概要（第2条） ·· 524
　2　デューデリジェンス（第4条） ·· 524
　3　独占交渉権（第5条） ·· 525
　4　秘密保持義務（第6条） ·· 525

xxix

5　地位の譲渡の禁止（第8条） ……………………………… 525
　　6　法的拘束力（第9条） ……………………………………… 525
　　7　有効期間（第11条） ……………………………………… 526
　　8　準拠法・合意管轄（第12条） …………………………… 526
　　9　その他の条項 ………………………………………………… 526
　　　(1) 公表　526
　　　(2) 損害賠償　527

第14章　各契約に共通する条項　　　　　　　　　　　　529

Ⅰ　総論 ………………………………………………………………… 529
Ⅱ　解説と条項例 …………………………………………………… 531
　　1　契約期間 ……………………………………………………… 531
　　　(1) 総論　531
　　　(2) 契約期間に関する基本知識　531
　　　(3) 自動更新条項　532
　　　(4) 中途解約条項　534
　　2　期限の利益喪失条項 ………………………………………… 536
　　3　解除条項 ……………………………………………………… 538
　　4　暴力団排除条項 ……………………………………………… 540
　　　(1) 暴力団排除条項とは　540
　　　(2) 暴力団排除条項に定める事項　540
　　5　損害賠償 ……………………………………………………… 543
　　　(1) 民法上の原則　543
　　　(2) 損害賠償条項に関する法律上の規制　546
　　　(3) 損害賠償条項に定める事項　547
　　6　不可抗力条項 ………………………………………………… 550
　　　(1) 総論　550
　　　(2) 法律に基づく原則　551
　　　(3) 契約による修正　552
　　7　秘密保持 ……………………………………………………… 557
　　　(1) 総論　557
　　　(2) 秘密保持条項に定める事項　557
　　8　個人情報の取扱い …………………………………………… 560
　　　(1) 総論　560

(2) 個人情報の取扱いに関する条項に定める事項　561
　9　譲渡禁止条項 ……………………………………………………… 563
　　　(1) 譲渡禁止条項とは　563
　　　(2) 法律に基づく原則　563
　　　(3) 契約による修正　567
　　　(4) Change of Control 条項　569
　10　通知に関する条項 ………………………………………………… 570
　11　分離(可能性)条項 ………………………………………………… 571
　12　完全合意条項 …………………………………………………… 572
　13　契約の終了時の取扱い ………………………………………… 573
　　　(1) 概要　573
　　　(2) 契約終了後の効力の存続　573
　14　紛争解決条項 …………………………………………………… 574
　　　(1) 総論　574
　　　(2) 誠実協議条項　575
　　　(3) 管轄条項　575
　　　(4) 仲裁条項　576

第15章　定型約款　　　　　　　　　　　　　　　　　581

I　総論 ……………………………………………………………… 581
　1　定型約款に関する規律が設けられた理由 …………………… 581
　2　定型約款の合意 ………………………………………………… 582
　　　(1) 概要　582
　　　(2)「定型取引」と「定型約款」の意義　582
　　　(3) 組入要件　583
　　　(4) 不当条項規制　584
　　　(5) 契約実務への影響　585
　3　定型約款の内容の表示 ………………………………………… 586
　　　(1) 概要　586
　　　(2) 契約実務への影響　587
　4　定型約款の変更 ………………………………………………… 587
　　　(1) 概要　587
　　　(2) 合理性基準　588
　　　(3) 契約実務への影響　589
　5　経過措置 ………………………………………………………… 589

xxxi

Ⅱ 定型約款の条項例と解説 ……………………………………… 591
 雛形　591
 条項解説　595
   1 約款の名称および目的（第1条） ……………………………… 595
   2 契約の成立（第2条） ……………………………………………… 595
   3 サービスの一時停止（第8条） ………………………………… 596
   4 相手方の解約権（第10条） ……………………………………… 596
   5 約款準備者の損害賠償責任（第12条） ……………………… 597
   6 通知（第15条） …………………………………………………… 598
   7 本規約の変更（第18条） ………………………………………… 598

第16章　協議を行う旨の合意による時効の完成猶予　601

Ⅰ 総論 ……………………………………………………………………… 601
   1 2017年改正民法における消滅時効の枠組み ……………… 601
     (1) 消滅時効の期間　601
     (2) 時効の完成を妨げる事由（時効障害事由）　602
   2 時効の完成猶予・更新事由 ……………………………………… 602
   3 協議を行う旨の合意による時効の完成猶予 ……………… 604
     (1) 立法された経緯　604
     (2) 時効の完成猶予が認められるための要件　605
     (3) 時効の完成猶予の効果　607
     (4) 再度の合意による期間延長　608
   4 施行日前後の合意の効力 ………………………………………… 608

Ⅱ 協議を行う旨の合意書の条項例と解説 ……………………… 609
 雛形　609
 条項解説　610
   1 協議を行う旨の合意（第1条） ………………………………… 610
   2 協議を行う期間（第2条） ……………………………………… 611
   3 協議の終了（第3条） …………………………………………… 611
   4 時効の完成猶予の確認（第4条） ……………………………… 612
   5 日付 ………………………………………………………………… 613

判例索引 …………………………………………………………………… 615
事項索引 …………………………………………………………………… 620

凡例

裁判例の表示

本文（地の文）
　例／最高裁昭和 58 年 10 月 7 日大法廷判決（民集 37 巻 8 号 1282 頁）

本文のかっこ内・脚注
　例／最大判昭和 58・10・7 民集 37 巻 8 号 1282 頁

＊最高裁の法廷名は，大法廷判決（決定）は「最大判（決）」として，小法廷については，単に「最判（決）」として示す。引用頁の表示は，その判例集の通し頁とする。

判決文・条文の引用

判決文・条文を「　」で引用してある場合は，原則として原典どおりの表記とするが，以下の点を変更している。また，解説文中では「　」を用いて判決文・条文の趣旨を書いているものもある。なお「　」内の〔　〕表記は執筆者による注であることを表す。

▶ 漢数字は，成句や固有名詞などに使われているものを除き算用数字に改める。
▶ 漢字の旧字体は新字体に改める。
▶ 促音や拗音を表すひらがなは原文にかかわらず小書きとする。
▶ カタカナ表記で濁点・句読点の用いられていない判決文・条文について，
　執筆者によってひらがな表記に改められたものや濁点・句読点が補われているものがある。

法令名等の略語

法令名等の略語は，原則として有斐閣刊『六法全書』巻末掲載の「法令名略語」によるが，以下に注意されたい。

▶ 「民法の一部を改正する法律」（平成 29 年法律第 44 号）による改正前の民法を「現行民法」，同法による改正後の民法を「2017 年改正後の民法」「2017 年改正民法」等と呼び，それぞれの条文をかっこ書きで掲げる際は，前者については（民○条）と，後者については（民新○条）と表記した。なお，2017 年民法改正の前後で条文番号に変更がない場合には，現行民法の条文で代表させた。
▶ 「民法の一部を改正する法律」の附則については単に「附則」と示している。
▶ 事象としての上記改正を「債権法の改正」「債権法改正」「2017 年民法改正」等と呼称する。

判例集等の略語

民(刑)録	大審院民(刑)事判決録
行録	行政裁判所判決録
民(刑)集	大審院，最高裁判所民(刑)事判例集
集民(刑)	最高裁判所裁判集民(刑)事
高民(刑)集	高等裁判所民(刑)事判例集
下民(刑)集	下級裁判所民(刑)事裁判例集
行集	行政事件裁判例集
労民集	労働関係民事裁判例集
交民集	交通事故民事裁判例集
審決集	公正取引委員会審決集
裁時	裁判所時報
新聞	法律新聞

法律雑誌・判例評釈書誌等の略語

判時	判例時報		法教	法学教室
判評(判時□号)	判例評論(判例時報□号添付)		法協	法学協会雑誌
判タ	判例タイムズ		法時	法律時報
金判	金融・商事判例		法セ	法学セミナー
金法	金融法務事情		民商	民商法雑誌
ジュリ	(月刊)ジュリスト		リマークス	私法判例リマークス
論ジュリ	(季刊)論究ジュリスト		労経速	労働経済判例速報
曹時	法曹時報		労判	労働判例
最判解	最高裁判所判例解説		論叢	法学論叢

The business and the form of a contract
Chapter 1

第1章

契約実務総論

1 契約書の意義・役割

　日本法上,保証契約等の一部の契約を除き,口頭の約束で契約は成立し,契約書の作成は必ずしも要求されていない。しかし,ごく単純な取引を除き,どういう内容で契約が成立したのかを後日証明し,紛争を予防し,また,紛争に至った場合に意図した権利の行使・義務の履行を実現するためには,契約書の作成は必須である。

　民法は,典型契約として,売買,消費貸借,委任,請負等,13の類型の契約を設けており,それぞれの類型に沿った意思表示の合致等が認められれば,所定の権利義務の発生が認められることになっている。また,商法にも一定の定めがある。しかし,取引が複雑化している現代においては,法令の定めと異なる内容や,法令に定めのない法律効果の発生をも求める場合がほとんどであろうし,典型契約以外の類型の契約を望む場合も当然あり得るから,別途の合意が必要となり,その合意を証する書面,すなわち契約書の作成が求められることになる。もちろん,典型契約の一つにあたる契約をする場合等において,民商法の定めどおりの効果を望む場合でも,契約当事者間の合意を明確にする

001

ために,契約書の作成が必要となることは論をまたない。

　この点,契約自由の原則が認められていることから,大まかにいえば,その内容等が法令等に抵触しない限り,契約当事者の意思の合致により,合致した内容に即した法律上の効果,すなわち権利義務の発生が認められる。

　したがって,後日の紛争を回避するためにも,どういう内容で契約当事者の意思が合致し,権利義務が発生するのかを明確にしておく必要がある。その手段として,契約書を作成し,発生する権利義務の内容を予め明確にすることが望まれる。

　以上のとおり,契約書は,主に,契約当事者の意思を明らかにし,権利義務の発生を明確にするための証明手段を残すことにより,万が一,契約当事者間に紛争を生じた場合にもその解決指針となり,かつ,生ずる可能性のある紛争を予防する役割を果たすものということができる。

2　契約書の作成の過程

　実際の契約書の作成過程については,唯一絶対の過程をたどるということではないが,上記1で述べた契約書の意義・役割からすると,例えば売買なら売買という典型契約において,契約書で特に定めを置かないとどうなるか(ア),という基本的な理解をベースにして,それをどう変えたいのか,との視点で契約書の条項を作った上で(イ),その条項が法令等への抵触により無効となるおそれなどはないか(ウ),との視点でチェックする,といった思考過程をたどることが考えられる。

| ア　希望する典型契約に応じ契約書で特に定めを置かないとどうなるかの理解 |

| イ　契約自由の原則⇒意図する法律効果(権利義務の発生)を明確化 |

| ウ　法令等への抵触がないかのチェック |

　上記の過程のうち,ウについては,例えば,公序良俗違反による無効,消費者契約法や借地借家法等の強行規定違反による無効等が考えられ,また,直ち

に契約の無効とはならなくても，何らかの取締規定に違反し，コンプライアンス上の問題を生ずることはないかにも留意しなければならない。

　ただし，上記の過程のうち，**ア**と**ウ**は，基本的な理解があることを前提に，その取引の類型に応じた契約書の雛形を活用する場合には，契約書の作成の都度，意識されないことが多いと考えられる（一方，上記**イ**の過程で盛り込んだ条項により，法令等の抵触の問題が生じていないかについては確認が必要となる）。

　そこで，次に，上記**イ**の過程をもう少し具体的にみてみる。ここでは，「意図する法律効果」，すなわち，どういう場合にどういう権利義務を発生させたいのか，が問題となる。すでに述べたとおり，契約書は，紛争に至ったときに意図する権利義務を発生させるものでなければならないとともに，紛争を予防するものでなければならない。したがって，これからある取引について契約に入ろうとするときに，取引の開始から終了まで，どういうリスクが生じ得るのかを想像し，その場合を想定してどういう契約上の手当てを講ずるのかを検討しなければ，紛争予防に役立つ契約書は作成できない。契約書の作成は，法的知識のみならず，そうした「想像力」が要求され，また，どういう取引にどういうリスクがあり得るかは経験（特に失敗事例）により蓄積されるものでもあるので，経験に裏づけられた勘所もまた重要となる。

　「想像力」について，もう少し具体的にみてみると，必要なのは，取引開始から終了までの間に，いつ，ある事実（仮にXとする）が起これば，あるいは起こらなければ，自らにどういう不利益が生ずるかを想像し，必要な手当ては何かを検討することである。事実Xについては，自らの行為，相手方の行為，第三者の行為，自然現象，不可抗力等様々なものを想定する必要がある。

　例えば，土地の売買であれば，買主として想定されるリスク・不利益は，土地の境界が確定していないことによる近隣とのトラブル，面積が登記簿の記載より少ない，土壌汚染や地中障害物がある，法令上の制限により意図する建物が建てられない等がすぐに思いつくであろう。これに対し，売主としては，できるだけ高く売りたい一方で，後日の責任追及は免れたいであろうから，買主との交渉により，上記のリスクに対して一定の合意をした上で，それを文章化し，契約書を作成することとなる。紛争の予防という観点からは，単に契約書において，リスクが顕在化した場合にどちらが責任（担保責任，損害賠償責任等）を負うかを定めるのみならず，例えば，契約締結後代金決済までの間に当

当初予期していなかったリスクが生じた際に代金を減額変更したり，契約関係からの離脱を可能とする等の中間的な手当てを定めることも考えられる。

また，リスクを並列的に並べるのみならず，「いつ」リスクが起こり得るかという時間の要素も重要である。例えば，契約後に売主が何らかの許認可や第三者の承諾を得ることを停止条件として代金授受を行うような契約をする場合には，その条件が成就しない限りはいつまでも契約に拘束されるというのでは困るであろうから，一定の時期までにその条件が成就しない場合にはどういう条件で契約の離脱が認められるのかということを予め定める必要がある。契約によって意図する取引が，契約当事者以外の第三者の行為（作為・不作為）により影響を受ける場合には，いつまでにその行為の有無や結果を見極め，それに応じてどういう効果を意図するのかを明確にしないと，紛争の種となることが容易に想像できるであろう。さらに，「いつ」という観点では，例えば，M＆Aや企業間の提携のような場合，いきなり本契約ではなく，守秘義務契約，デューデリジェンス（due diligence）を経て段階的に取引を深化させることも想定されるが，そのような場合には，その時々におけるリスクを段階的に検討することが必要な場合も出てこよう。一例として，取引が成就しないことが明らかになった時点に応じて，それまでに両当事者間に生じ得る費用の負担や損害賠償責任の有無等を明確にしておくことがポイントとなろう。

さらに，その取引に関連してどういうお金の出入りが考えられ，あるいはどのようにお金が流れるかを意識し，その点に疑義がないように表現することも重要となる。取引に関連して発生するおそれがある費用の項目に漏れがないかどうかを確認し，その負担関係を明確にすることが必要である。

また，契約書作成にあたっては，会計税務との関係も当然留意しなければならない。採用した法律構成や文言が，意図せぬ会計税務上のリスクを生じさせることがあり得るのであり，イレギュラーな取引については，そのような観点からのチェックも行わなければならない。

3　雛形の効用と留意点

契約書を作成する場合に，雛形を使うということは一般に行われている。売買，消費貸借，賃貸借といったように，一定の類型の取引を繰り返し行う場合において，雛形を使うことにより，類型的に検討すべき項目の漏れを防止し，

リスクを排除することができるとともに，その雛形からの逸脱について，チェックをかける体制にしておくことにより，業務の標準化，効率化を図ることができるという利点がある。

　他方，特殊な取引であったり，特別な状況にあるのに，取引の個性に応じて想像力を働かせリスクを抽出することなく，漫然と雛形に頼って契約を締結するようなことがあれば，意図した法律効果が得られなかったり，想定しなかったリスクの発生に対処できなかったりして，トラブルの素となる可能性が高い。したがって，これから行おうとする取引の内容を検討した上で，上述の雛形の効用を活かしつつ，個別の取引に応じて修正すべき点はないか，あるいは，雛形を活用せず一から契約書を作成すべきなのかを見極めることが重要なポイントとなる。

4　契約書の要素とチェックポイント

(1)　契約書の要素

　契約書の要素は，取引の類型によっても異なるが，一般的には，次のような内容が基本になる。そのほかに，取引類型に応じて瑕疵担保責任，危険負担，一定の事項についての表明保証等に関する条項を設けたり，各契約に共通する条項として，期限の利益の喪失，不可抗力の場合の免責，権利義務の譲渡禁止，秘密保持等に関する条項，契約終了時の残存条項，反社会的勢力の排除等に関する条項を定めることが考えられる。

　　(ア)　表題
　　(イ)　印紙
　　(ウ)　前文（当事者の表示を含む）
　　(エ)　目的
　　(オ)　権利義務の内容
　　(カ)　条件，期限，存続期間
　　(キ)　解除，損害賠償
　　(ク)　費用負担
　　(ケ)　規定外事項
　　(コ)　準拠法・合意管轄
　　(サ)　後文（契約書の作成通数を含む）

(シ) 契約書作成日
(ス) 当事者の署名押印もしくは記名押印

(2) チェックポイント

各条項の詳細については、各論に譲るとして、ここでは一般的な契約書のチェックポイントについて概略を述べる。

(ア) 表題

まず、契約書の表題をどうするか、が問題となる。不動産の売買であれば不動産売買契約書、金銭の貸借であれば金銭消費貸借契約書というように、契約の内容を端的に表現するのが原則である。他方、契約書の表題が「覚書」「合意書」といったものであっても、内容が当事者間に権利義務を生じさせるに十分なものであれば、その締結によって契約の効力を生ずることとなる。したがって、相手方から署名捺印してもらいやすいよう表題を工夫することはしばしば行われる。逆にいえば、相手方から契約書等の提示を受けた場合には、表題にとらわれることなく、内容を精査することが必要となる。

なお、契約書の各条文にも表題（見出し）が設けられることが多い。各条文の概要を明確にし、読みやすくする工夫であるが、表題（見出し）がその条文の全てではなく、他の内容が盛り込まれることもあるので、表題（見出し）にのみとらわれることのないよう注意する必要がある。

(イ) 印紙

当該契約書が印紙税法上の課税文書である場合には、作成される契約書の原本の通数に応じて、印紙を貼付し、消印する方法で印紙税を納付することとなる。意図した効果との関係で、思わぬ多額の印紙税の納付が必要とならないかについて留意が必要となる。

(ウ) 前文

誰と誰とがどういう内容の書面を締結しようとしているのか、権利義務の発生を意図する当事者を明確化すべく表現するのが一般である。

(エ) 目的

契約書作成の目的あるいは契約の目的を記載する。漫然と記載されている場合も見受けられるが、例えば、契約の目的を達しない場合に契約を解除できる、というような場合には、何が契約の目的なのかが重要な意味を持つことがあり

得るため，目的を明確化することが肝要である。
（オ）権利義務の内容
　契約の類型や具体的な事案によって，上述のとおり，意図する法律効果をイメージし，リスクを想定しながら作成することとなる。
　また，契約の目的物がある場合には，その目的物を別紙等でできる限り詳細に特定し，疑義が残らないようにする必要がある。特に，その目的物が契約時に存在せず，その契約に基づいて作られるような場合（例えば請負等）においては，その仕様を詳細に特定し，完成した目的物が契約の本旨に従っているかどうかを見極める基準を明確にしなければならない。
（カ）条件，期限，存続期間
　権利義務の発生に条件を付する場合には，何が条件なのかを明確に特定するよう努め，停止条件が成就しないときや解除条件が成就したときに，その後の契約関係をどのように処理するかについても併せて明確にしておく必要がある。
　また，権利義務の履行に期限を付する場合には，期限を経過した場合のペナルティ（例えば遅延損害金）や，期限の利益の喪失について定めることが検討されるべきこととなる。
　さらに，継続的な契約関係について，期間の定めを置く場合には，期間内解約の可否，期間満了時の取扱い（更新・延長の有無，更新拒絶等の場合の事前通知の要否など）を併せて定めるのが一般である。
（キ）解除，損害賠償
　相手方が契約の本旨に従った履行をしない場合においては，民法上も契約の解除が可能であるが（法定解除），これとは別に，一定の事由が生じた場合に解除できる旨を明確にしたり，無催告解除を可能としたりする特約を設け，契約関係からの離脱を早期に確実に行えるようにするのが一般的である（約定解除）。また，解除事由が生じたとき，あるいは解除したときに，併せて不履行当事者に対し，損害賠償請求をなし得る旨を定め，損害賠償の予定・違約金の定めを置くことも検討されるべきである。
（ク）費用負担
　契約の締結・履行に関連して費用が発生する場合には，その費用負担のルールを定めておくべきである。

(ケ) 規定外事項

契約書に定めのない事項や規定の解釈に疑義が生じた場合の取扱いを定める条項であり，法令に従い，当事者の協議により解決するとされていれば問題はないが，何らかの一方的な内容や不利益な内容が記載されていないかを確認する必要がある。

(コ) 紛争解決，準拠法・合意管轄

この点についても，権利の行使等について，思わぬ制約が課される結果とならないかについて注意が必要となる。

(サ) 後文（契約書の作成通数を含む）

契約書を何通作成し，原本を誰が所持するのかなどが記載されるのが一般的である。紛争に至ったときに，原本が何通作成され，誰が原本を所持しているのかが意味を持つ場合もあり得るため，記載されるものである。

(シ) 契約書作成日

実際に契約書が作成された日を記載するのが原則である。後日の証明手段という観点からは，いつ契約書が作成されたかが重要な意味を持つ場合があり，記入漏れのないようにする必要がある。

(ス) 当事者の署名捺印もしくは記名捺印

前文に記載された当事者について，権限のある者（法人であれば代表者等）が署名捺印もしくは記名捺印して契約書が作成されることとなる。

署名（記名）捺印欄には，どういう立場で署名（記名）捺印する者なのかを明確にすることが必要である（例えば，売買であれば，売主，買主，連帯保証人といった当事者のほかに，媒介業者や立会人などが署名〔記名〕押印することがあり得る）。

第2章

債権法の改正について

1 総論

(1) 債権法改正

　2017年5月26日，第193回国会において，現行民法のうち債権関係の規定を中心とする改正に関する「民法の一部を改正する法律」および「民法の一部を改正する法律の施行に伴う関係法律の整備等に関する法律」が成立し，同年6月2日に公布された（平成29年法律第44号，45号）。これらの法律は，一部の規定を除き，2020年4月1日から施行される。

　債権法の改正が契約書作成の実務に与える影響については，次章以下で各契約の類型に応じてそれぞれ詳述するが，以下では，まず2において，総論として債権法の改正が契約書作成の実務に与える影響の概要を示し，さらに3において，上記法律施行に伴う経過措置について述べることとする。

(2) 債権法改正の概要

　今般の債権法の改正は，現行民法制定後の年月の経過に伴って生じた社会・経済の変化に民法を対応させるとともに，併せて民法を国民一般に分かりやす

いものにする等の観点から行われた。そのため，上記改正法律には多くの改正点があるが，ごく大きく俯瞰すると，主要なものとしては，①「社会・経済の変化への対応を図る」との観点に出た改正と，②「国民一般に分かりやすい民法とする」との観点に出た改正との2つに着目することができる（法務省ウェブサイト「民法（債権関係）改正 Q&A」参照。そのほか，これまで判例により積み上げられてきた多くの判例法理，解釈に従い，これを明文化したり，判例法理に合わせて条文を整備する観点からの改正点も多い。これらも，現行民法と判例法理との文理上の乖離を解消する趣旨に出たもので，分かりやすい民法にするという観点に立った改正であると言いうる）。

上記のうち，①「社会・経済の変化への対応を図る」との観点からの改正項目としては，たとえば，消滅時効制度の見直し，法定利率の見直し，保証人保護の拡充，定型約款に関する規定の新設などがこれに該当する。また，債権譲渡制限特約の効力に関する改正も，近時の企業の資金調達手法の変化（債権譲渡担保などによる資金調達手段の拡充）に対応した改正と言える。

次に，②「国民一般に分かりやすい民法とする」との観点からの改正としては，たとえば，意思無能力者の法律行為の効力の明文化，賃貸借終了時の原状回復や敷金のルールの明確化などがあげられる。意思表示に錯誤があった場合の処理についての改正においても，判例法理に従って動機の錯誤について規定を整備している。契約解除の要件などに関しても，従来の判例法理を取り入れた改正がなされている。

なお，これらとはやや目的を異にするとも言いうるが，この機会に，危険負担，債権者代位権や詐害行為取消権などに関する改正もなされている。

(3) 債権法改正が契約書作成の実務に与える影響

(2)で見た改正項目のうち，②の観点によるものの多くは，前記のとおり，これまでの民法の条文では明示的に規定されていなかったが，判例の蓄積や，通説的な見解などによって実務に取り入れられてきたところを明文化する改正点であり，これらについては，契約書作成の実務においてもすでに取り入れられ，契約書の規定にも反映されてきているので，実務的に大きな変更を迫られるものではない。危険負担に関する改正も，これまでの契約実務における多くの扱いに近づいた改正と言える。なお，契約に関する大原則である「契約自由

の原則」は，これまで解釈で認められていたところ，債権法改正により明文化されたが，契約書の作成それ自体には実際に影響を及ぼすものではないであろう。

次に，①の観点の改正項目に関しても，消滅時効制度の変更は，債権の管理に関する改正であるので，契約書に時効期間を記載するわけではないし，法定利率は約定利率の定めがない場合の法規定であるので，ただちに契約書作成の実務に影響するところはないと言ってよかろう。

これに対し，保証人保護の拡充に関する改正は保証契約作成の際に，定型約款に関する規定新設はそのような性格を有する契約書の整備をする際に，これらに即した配慮をする必要のある改正点と言い得よう。債権譲渡を制限する特約に関する法制も変わったので，留意する必要がある。

なお，債権者代位権や詐害行為取消権の規定の改正等は，既発生の債権の行使や回収に際しての制度変更であって，ただちに契約書作成の場面の実務に大きな影響を及ぼす改正点ではない。

このように見てくると，今般の債権法改正において，契約書の作成という場面では，大きな影響を及ぼす改正点は意外に少ないということができよう。ただし，瑕疵担保責任については，契約不適合責任と用語が変わり，また，追完請求，代金減額請求などについての規定も整備されたので，今後契約書において任意の約定を置くにしても，その文言や規定振りについては，この改正を意識して検討していくことが望まれよう。

2　債権法の改正と契約書作成の実務に与える影響の概要

以下に，主要な改正点を列挙し，契約書作成の実務に与える影響に関して一言しておくこととする。なお，必要な留意点については，本書各章において触れるので，詳しくはそちらを参照いただきたい。

(1) 消滅時効制度に関する改正

契約に基づく債権の原則的な時効期間が，債権者が権利を行使することができることを知った時から5年間と改正され，商事時効と短期消滅時効制度が廃止された（民新166条1項1号）。また，時効完成猶予の事由として，当事者間で権利についての協議を行う旨の合意が書面でされたときが追加された（民新

151条)。この点については，第16章で解説する。

以上の改正は，契約に基づき発生する債権の管理に影響を及ぼすことになる。

(2) 法定利率に関する改正

法定利率が，現行の年5％から債権法改正時に年3％へと引き下げられた上で，以後3年ごとに市中の金利動向に合わせて利率を見直す変動制が導入され，商事法定利率が廃止された（民新404条2項～5項）。

債権法改正後に，利息や金銭債務不履行時の遅延損害金の利率を定めない場合には，市中金利の変動に注意を払う必要が生ずる。また，商行為による債務にも民事法定利率と同率が適用されることになる。ただし，法定利率の適用を避けるには，契約書において，利息や金銭債務不履行時の遅延損害金の約定利率を定めておけばよく，この点は従来と変わらない。

(3) 債務不履行による損害賠償の帰責事由に関する改正

現行民法は，履行不能による損害賠償に限って債務者の帰責事由が問題になるかのような規定となっているが（民415条後段），判例・通説は，履行不能に限らず債務不履行全般について，債務者に帰責事由がない場合に免責を認めている。2017年改正後の民法は，この点を明文化し，また，帰責事由の存否は，契約および社会通念に照らして判断される旨を規定した（民新415条）。

これらは，従前の判例・通説の理解を明文化したものであるので，契約書作成の実務に与える影響は少ないと考えられる。

損害賠償に関しては，第14章を参照されたい。

(4) 個人保証の保護の拡充

保証人が個人である全ての根保証契約について，極度額の定めを設けない場合には，当該保証契約の効力が生じないとされた（民新465条の2第2項）。また，いわゆる事業用融資に関して，経営者等以外の第三者が保証人となる保証契約について，公証人による意思確認の手続が要求されることになった（民新465条の6～465条の9）。

上記のうち，前者の改正により，賃貸借や継続的売買など主債務に貸金債務が含まれない契約についても，個人を保証人とする場合には，保証契約に極度

額の定めを設ける必要が生ずる（賃貸借契約における賃借人の債務の保証については第4章を参照されたい）。また，後者の改正により，事業用の融資に関して，第三者による保証契約をする際には，公証人による意思確認手続を経た公正証書の作成を要することになる。

(5) 債権譲渡に関する改正

将来発生する債権も譲渡対象とすることができることが明文化され（民新466条の6第1項），また，譲渡制限特約に反する債権譲渡も有効とされた（民新466条2項。ただし預貯金債権は除外）。

上記のうち前者の改正は判例を明文化したものであるから，契約書作成の実務に与える影響は少ないと考えられるが，後者の改正については，現在の契約書作成実務では，弁済先を固定するために譲渡制限特約を設けることが一般的であるので，影響が大きいと考えられる。2017年改正民法施行日以後は，契約書に譲渡制限特約を設けても，債権譲渡の効力が妨げられないことを前提として契約を締結し，取引を行う必要がある。この点に関しては，第14章を参照されたい。

(6) 解除に関する改正

債務不履行による解除一般について，債務者の帰責事由が解除の要件とされないこととなり，債務不履行がその契約および取引通念に照らして軽微である場合に解除は認められないこと（民新541条），債務不履行が債権者の帰責事由による場合には債権者は解除できないこと（民新543条）および無催告解除ができる場合の要件（民新542条）について明文化された。ただし契約において上記各条項の規定と異なる定めを設けることは可能である。

解除事由や解除権者については，契約で具体的に規定することが一般的であるので，上記の改正が契約書作成の実務に与える影響は少ないと考えられる。

解除条項に関しては，第14章を参照されたい。

(7) 約款に関する規定の新設

大量の同種取引を迅速・効率的に行う等のために作成された定型的な内容の取引条項を約款という（バスや鉄道などの運送約款や電気やガスの利用約款など。

法務省民事局「民法（債権関係）の改正に関する説明資料―主な改正事項―」30頁参照〔2019年8月1日現在。資料は随時更新される〕）。これらの約款のうち，定型約款に該当する約款について，その条項を相手方が認識していなくても合意したものとみなすための要件（組入要件）規定，契約の内容とすることが不適当な条項（不当条項）についての法的拘束力を否定する規定，定型約款の表示義務に関する規定，定型約款の条項を変更する場合の要件についての規定を新設した（民新548条の2～548条の4）。

改正法施行日の前後を通じて（後述のとおり，定型約款に関する改正法の規定は施行日前に作成された定型約款にも適用される），定型約款に該当する約款については，組入要件や不当条項等の改正法の規定に留意する必要がある。

定型約款については，第15章を参照されたい。

（8）瑕疵担保責任に関する改正

瑕疵担保責任の内容として，買主は売主に対して，①修補や代替物の引渡しなどの履行の追完請求，②損害賠償請求，③契約の解除および④代金減額請求が可能であることが明記された（民新562条～564条）。また，現行民法の「隠れた瑕疵」があるという要件が，「目的物が種類，品質又は数量に関して契約の内容に適合しないもの」であることに改正された（民新562条1項）。

上記改正により特定物についても追完請求が可能となったことから，（民新572条により，法律の規定による責任を負わない旨の特約は可能であるが）改正を踏まえての契約書条項の検討が必要になる。

これらの点については，第3章に詳しく解説を付した。

（9）消費貸借契約の諾成化

現行民法587条によると，金銭の借入れについて貸主と借主が合意しても，実際に金銭が交付されるまで契約は成立しないとされているが，実務上，諾成的消費貸借契約に基づく融資取引が行われていることや，判例上，諾成的消費貸借契約が認められていることから，消費貸借については合意のみで成立が認められることになった（民新587条の2）。以上に関連して，使用貸借と寄託についても，当事者の合意のみで契約が成立するように改正された（民新593条・657条）。

上記の改正が契約書作成の実務に与える影響は少ないと考えられる。

(10) 賃貸借に関する改正

判例に従い，賃貸不動産の譲渡に伴い賃貸人の地位が移転すること，賃借人は賃借物の原状回復義務を負うことおよびその範囲（通常損耗や経年変化については原状回復義務の対象とならない），敷金の定義とその返還時期（賃貸借契約が終了して賃貸物の返還を受けたとき）および返還の範囲（賃料等の未払債務を控除した残額について返還を要する）が明文化された（民新605条の2・621条・622条の2）。

いずれも判例や取引慣行に従った改正であるので，契約書作成の実務に与える影響は少ないと考えられる。ただし，賃貸借契約に基づく賃借人の債務について個人を保証人とする場合には，今般の改正により極度額を定める必要が生ずる。この点については，第4章で解説する。

(11) 請負に関する改正

注文主が受ける利益の割合に応じた報酬請求に関する規定が新設され（民新634条），請負の瑕疵担保責任の条項が削除されて売買の担保責任に関する規定が準用されることになり（契約内容に適合しない仕事の目的物が引き渡された場合には，注文主は，①履行の追完請求，②損害賠償請求，③契約の解除および④代金減額請求が可能である），担保責任の期間制限の起算点が，注文主がその不適合の事実を知った時に改正された（民新637条1項）。請負契約における瑕疵担保条項に関しては，第10章の記載を参照されたい。

上記改正により請負に関しても注文主の履行の追完請求が可能となったことから，改正を踏まえた契約書条項の検討が必要になる（ただし，実務的には，これまでも，契約目的物の内容や特性に応じて，瑕疵があった場合の対応についてはさまざまな約定を置いて対応してきたところと思われるので，その点では，この改正は，契約書作成の実務に対しては，それほど大きな影響は及ぼさないところと思われる）。

3 債権法改正の経過措置について

1(1)で述べたように，民法の一部を改正する法律（平成29年法律第44号）は，2020年4月1日に施行される。同法の附則の定めにより，一部の規定を除き，同日以後に締結された契約に関して改正後の民法が適用される（附則1条1号）。

これに対して，例外的な位置づけにある規定を列挙すると，**表1**の「例外」と記載した項目のとおりである。

表1 改正後の民法の適用の原則と例外

		改正後の民法の適用対象	備考
原則		2020年4月1日以降に締結された契約（附則1条）。	
例外	定型約款に関する規定	2020年4月1日より前に締結された定型取引に係る契約にも改正後の民法の定型約款に関する規定が適用される（附則33条1項）。	契約の一方当事者（契約関係から離脱不能な者に限る）が，2018年4月1日から2020年3月31日までの間に反対の意思の表示をすれば，改正後の民法は適用されない（附則1条2号・33条2項・3項）。
	第三者保証にかかる公証人による意思確認手続	公証人による意思確認手続が要求される事業用融資にかかる第三者保証（民新465条の6〜465条の9）について，2020年3月1日以後は，公正証書の作成が可能である（附則1条3号・21条2項・3項）。	
	更新後の賃貸借の存続期間の制限	2020年4月1日より前に締結された賃貸借契約が同日以後に更新される場合には，更新後の賃貸借の存続期間の上限は50年となる（附則34条2項，民新604条2項）。	

以上のとおり，原則として2020年4月1日以後に締結された契約に関して2017年改正後の民法が適用されるが，契約書作成の実務に関連する改正内容のうち主要なものについて，2017年改正後の民法の適用対象を示すと，以下のとおりとなる。

表2　改正後の民法の適用（契約書作成の実務に関する事項）

改正内容	2017年改正後の民法の適用対象	附則の条項
消滅時効	2020年4月1日以後に締結された契約に基づく債権	10条4項
法定利率	2020年4月1日以後に発生する利息	15条1項
債務不履行による損害賠償	2020年4月1日以後に締結された契約に基づく債務	17条1項
契約解除	2020年4月1日以後に締結された契約	32条
個人保証	2020年4月1日以後に締結された保証契約	21条1項
債権譲渡	2020年4月1日以後に締結された契約に基づく債権の譲渡	22条
売買，賃貸借，請負等の各契約に関する改正	2020年4月1日以後に締結された契約	34条1項

The business and the form of a contract
Chapter 3

第3章

売買契約

I 総論

1 売買契約の意義と種類

　売買契約は，財産権を移転し，それに対し代金を支払うことについての合意により成立する契約である（民555条）。売買契約と一口にいっても，一回限りの売買についての契約もあれば，継続的な売買についての契約もある。また，売買の目的物が何か（特定の動産，不特定の動産，不動産，債権，有価証券，知的財産権などのいずれか）によっても，売買契約書に定めるべき内容は異なる。さらに，単純に売買のみを行う場合だけでなく，むしろ，売買契約に他の契約類型を組み合わせた複合的な契約（取引基本契約などと称されることがある。以下「取引基本契約」という）が締結される場合も多い。例えば，ある仕様の商品を製造してもらい，それを買うという場合は，請負契約に近接してくるし，商品の製造のために買主が器具を有償または無償で貸与する場合は，賃貸借または使用貸借の要素を組み込んだ契約書となる。

　本章では，実務上例の多い商品を目的物とする継続的売買契約と，一回限りの不動産売買契約を中心に，説明することとしたい。

2　商品を目的物とする継続的売買契約の考慮要素

　商品である動産の継続的売買取引は，売主が買主に，ある仕様・品質・数量等の商品を継続的に販売・供給することを，両当事者が合意することで開始する（契約の成立）。売主は，個別の受発注等に基づき，商品を自ら製造し，あるいはメーカーから調達し，買主へ納品し，買主は商品の代金を支払う（契約の履行）。そして，予め定めた契約期間が満了すれば，そのまま取引を終了するか，あるいは契約がさらに一定期間更新され，また一方当事者が契約上の義務を履行しない場合には，期間満了を待たずに解除により契約が終了することもある（契約の更新・終了）。債務不履行のほか，取引に関わる不測の事態が生じる場合もある（非通常状態）。当事者は，これらの各段階における取引の条件を検討して，必要な条項を契約書に規定する。

（1）契約の成立段階
　売買契約の成立段階については，基本的な要素として，まずは，何を対象とする売買なのかという，目的物の名称，品番，仕様，数量，品質等の特定が必要である。仕様は売主，買主いずれが指定するのか，あるいは両者の協議事項か，品質については売主がどの程度まで保証し，実際の商品がその水準に満たない場合にはいかなる補償を行うのか，という点を検討するのが通常である。また，その目的物の対価である価格やその算定方法を規定する。さらに，どの事項を取引基本契約において定め，どの事項を個別契約に委ねるのかについても考慮が必要であるし，万一，取引基本契約の記載事項と個別契約の記載事項とに矛盾が生じた場合に，どちらの規定が優先されるのかについても定めておく必要がある。加えて，個別契約が，いつ，どのような要件で成立するのかも，明確に定めておくべき事項である。

（2）契約の履行段階
（ア）商品の引渡し，受入検査
　売主は，売買の目的物を，一定の日時に，特定の場所へ納品する。そこで，引渡しや納品の時期，場所，手続，費用負担等について検討する。これらの事項（以降の多くの事項も同じ）については，民法や商法で原則的なルールが規定

されているため（具体的には後述），これと異なる条件を定めたいときには契約書に明記することとなる。

他方，買主は，納品された目的物を検査し，検査に合格すれば検収するという手続をとることが多い。これらの検査や検収の時期，手続（不具合や数量不足があった場合の扱いも含む）等について規定する。

（イ）代金の支払

買主が代金をいつ，どのように（支払回数や支払方法）支払うか，その際に相殺を認めるのか否か，という支払条件に関する規定を設けるのが通常である。

（ウ）所有権・危険の移転

売買取引によって，商品の所有権や危険が売主から買主に移転するが，いつの時点で移転するか，担保目的のために所有権を売主が留保するのか等の条件を検討する。

（3）契約の更新・終了

契約の存続期間，更新の有無および更新されるための条件を定めるほか，契約解除事由，契約終了後の在庫や関係書類の取扱いなどを定めておく必要がある。

（4）非通常状態

目的物に瑕疵があることが判明した場合のルール，目的物の欠陥により第三者に損害が生じた場合の責任に関するルール，目的物が第三者の知的財産権を侵害する（またはその旨の警告を受けた）場合のルールなど，売買の目的物に関して売買契約に定めておくべき項目は多い。さらに，製造物責任その他の損害賠償責任，期限の利益の喪失，不可抗力により契約上の義務が履行できない場合の取扱い等といった，リスクが発生し得る状態におけるルールを規定する必要がある。さらに，売主側としては，代金の回収が困難となるおそれがある場合に，納品を拒める条件について，予め定めておくことが望ましい。

このほか，秘密保持，権利義務の譲渡，契約終了後も残存する条項，裁判管轄，協議条項等の各契約に共通する条項も規定するが，これらは売買契約に特有の条項ではないため，本章では取り上げない。

3　不動産売買契約の考慮要素

　民法上，売買契約は「諾成契約」とされており，本来，不動産売買契約は，双方の意思表示の合致だけで成立し，契約書の作成は契約成立の要件ではない。しかしながら，不動産売買の取引実務においては，購入希望がある買主から「買付証明書」が提出されるとともに，売却を応諾した売主からは「売渡承諾書」が提出され，それらを踏まえて「不動産売買契約書」が作成されることが通例である。また，高額な取引であったり契約交渉が長期化するような場合には，売買契約書の締結以前に，売買契約書の締結に向けた交渉過程における合意事項を「覚書」等の形で書面化することもある。さらに，宅地建物取引業者（以下「宅建業者」という）が売主または仲介業者として関与する場合，宅建業者は，当事者に対し，契約締結後直ちに，契約の内容に関する一定事項を記載した書面を交付しなければならず（宅建業37条。同条に基づく当該書面は「37条書面」と呼ばれる），また，「重要事項説明書」を交付して重要事項を説明しなければならない（宅建業35条）。このように，不動産売買においては，事実上または法律上，契約内容を書面化することが必要であり，その記載内容について慎重な検討を要する。

　不動産売買契約においては，その取引対象の重要性に鑑み，契約書の作成，契約の締結と，代金支払や所有権移転，登記手続等の「決済」とを同時に行わず，契約日と決済日とを間を空けて設定することも多い。この場合，契約書においては，決済に関する規定や決済までの事象に関する規定を設けることとなる。

　不動産は，一部の区分所有建物を除き，個別性が強い商品であり，契約書の内容もそれに応じて個別性が強くなると考えられる。もっとも，実務上は，目的物の種類や当事者の属性に応じて標準化されている点も多く，例えば，一般社団法人不動産流通経営協会は，FRK標準書式という不動産売買契約の書式を制定し，その中には「一般仲介用・土地建物（実測・清算）」や「一般仲介用・区分所有建物（敷地権）」というカテゴリごとの書式がある[1]。実務においては，こうした書式を出発点として，物件の個別性や当事者の事情を踏まえ，条項の修正や追加を検討していくこととなろう。

1）　FRK標準書式は，同協会のウェブサイトで閲覧・ダウンロードが可能である（URL：https://www.frk.or.jp/guide/standard-format-index.html）。

Ⅱ 取引基本契約書の条項例と解説

📄 雛形

※ 欄外の番号は条項解説の該当箇所を示す。

取引基本契約書

　○○（以下「甲」という）と○○（以下「乙」という）とは，乙の取り扱う○○に関する商品（以下「商品」という）の甲への継続的な売買取引に関する基本的事項について，以下のとおり契約（以下「本契約」という）を締結する。

第1条（目的）
　本契約に基づき，乙は，商品を甲に継続的に供給し，甲は，商品を継続的に購入するものとし，もって，共同の利益の増進と円滑な取引の維持を図る。

第2条（適用）
　本契約に定める事項は，本契約の有効期間中，甲乙間で行われる商品の個別取引（以下「個別契約」という）に共通に適用する。ただし，個別契約において本契約と異なる事項を定めたときは，個別契約の定めが優先して適用される。

第3条（個別契約）
1　乙から甲に売り渡される商品の品名，仕様，種類，数量，価格，納期，納品場所，受渡条件等売買に必要な条件は，本契約に定めるものを除き，個別契約にて別途定める。
2　個別契約は，甲が，商品の品名，仕様，種類，数量，価格，納期，納品場所，受渡条件等，乙が指定した事項を明示した所定の注文書により乙に発注し，乙が所定の注文請書を甲に送付し甲に到達した時に成立する。ただし，注文書送付後，○営業日以内に乙から諾否の回答がないときは，個別契約は成立したものとみなす。

第4条（商品の納品・検査・検収）
1　本契約に基づく商品の納品は，個別契約の定めに従う。甲は，商品受領後遅滞なく，甲乙別途協議した検査方法により，商品の数量及び内容の検査を行い，合格したものを検収する。商品に瑕疵又は数量不足があった場合は，甲は，商品の

受領後○営業日以内に，具体的な瑕疵又は数量不足の内容を示して，乙に通知する。
2　前項の通知を受けたときは，乙は，代品の納品，商品の修理又は部品の交換を行う。
3　甲が，商品受領後○営業日以内に第1項の通知を行わなかったときは，当該商品は，甲の検査に合格したものとみなす。
4　第1項の甲の検査の結果，不合格となった商品であっても，甲の使用目的に支障のない程度の瑕疵であると甲が認めたときは，甲乙の協議によりその対価を減額した上，甲はこれを引き取ることができる。なお，当該瑕疵により生じた損害については，甲の負担とする。
5　個別契約の定めにかかわらず，乙が債権の保全上必要と認めるときは，甲から適切な保証を受けるまで，商品の全部又は一部の引渡しを拒絶することができる。この場合，乙は，甲の損害について，何ら責任を負わない。

（債権法改正後の条項例）

1　本契約に基づく商品の納品は，個別契約の定めに従う。甲は，商品受領後遅滞なく，甲乙別途協議した検査方法により，商品の数量及び内容の検査を行い，合格したものを検収する。商品に種類，品質又は数量に関して本契約の内容に適合しないもの（以下「不適合」という）があった場合は，甲は，商品の受領後○営業日以内に，具体的な不適合の内容を示して，乙に通知する。
2　甲は，乙に対し，○営業日以上の期間を定めて，商品の修補，代替品の引渡し又は不足分の引渡しによる履行の追完を催告し，乙は，甲の選択に従い，履行の追完をする。
3　前項の履行の追完を催告したにもかかわらず，甲が定めた期間内に乙が履行の追完をしないときは，甲は乙に対し，不適合に応じた商品の代金の減額を請求することができる。
4　甲が，商品受領後○営業日以内に第1項の通知を行わなかったときは，当該商品は，甲の検査に合格したものとみなす。
5　第1項の甲の検査の結果，不合格となった商品であっても，甲の使用目的に支障のない程度の不適合であると甲が認めたときは，甲乙の協議によりその対価を減額した上，甲はこれを引き取ることができる。なお，当該不適合により生じた損害については，甲の負担とする。
6　個別契約の定めにかかわらず，乙が債権の保全上必要と認めるときは，甲から適切な保証を受けるまで，商品の全部又は一部の引渡しを拒絶することができる。この場合，乙は，甲の損害について，何ら責任を負わない。

第5条(所有権の移転・危険負担)

1 商品に係る所有権は,前条第1項に基づき甲が検収した時点をもって,乙から甲に移転する。ただし,甲が引き取った不合格品については,甲が引き取る旨の意思表示をした時に,乙から甲に移転する。また,代金の支払が完了するまで商品の所有権が移転しない旨の特約がある場合には,その特約による。
2 前条第1項に基づき甲が検収する前に生じた商品の滅失,損傷,変質その他の損害は,甲の責めに帰すべきものを除き乙が負担し,検収後に生じた商品の滅失,損傷,変質その他の損害は,乙の責めに帰すべきものを除き甲が負担する。

第6条(仕様基準・品質保証)

1 商品の仕様基準は,次の各号に準拠していなければならない。
 (1) 図面,仕様書,規格,標準,各種資料及びこれらに準ずる書類で甲が作成し,乙に貸与したもの
 (2) 図面及び仕様書で乙が作成し,甲が受領したもの
 (3) JIS等の公に定められた規格 ただし,公に定められた規格と(1)又は(2)の書類との間に不一致がある場合は,(1)及び(2)の書類が優先する。
 (4) 法令又は条例に定められた基準
 (5) 前各号のほか,甲乙が協議の上定めた基準
2 乙は,商品が前項に定める仕様に合致しており,かつ甲の満足する品質及び性能を備えることを保証する。
3 乙は,商品の全生産工程にわたる品質保証体制を確立,整備しなければならない。
4 甲が必要と認めるときは,甲は,乙の施設において,商品の製造工程その他の製造販売過程における品質管理状況を調査することができる。甲が改善点を指摘したときは,乙は速やかに必要な改善を行い,甲にその結果を報告する。
5 商品の仕様基準・品質に影響を与える原材料や工程の変更が必要となった場合は,乙は事前に甲の同意を得る。

第7条(代金の支払)

1 乙は,毎月末日(以下「締め日」という)を締切として,当月に甲が検収をした商品に関する甲の代金支払総額を集計し,所定の明細票により甲にこれを通知する。甲は,当該代金支払総額を締め日の翌月末日(甲の休業日の場合は翌営業日)限り,別途乙が指定する方法により支払うものとする。
2 甲又は乙は,相手方に対して金銭債権を有するときは,相手方への書面による通知をもって,弁済期にあるか否かを問わず,いつでも当該金銭債権と相手方に対する金銭債務とを対当額で相殺することができる。ただし,有償支給品の代金については,当該有償支給品を用いた商品の代金の支払日以降でなければ相殺することができない。

3　甲が代金の支払を怠ったときは，支払期日の翌日から完済に至るまで年14.6%の割合による遅延損害金を乙に支払う。

第8条（支給品・貸与品）
1　甲は，次の各号のいずれかに該当する場合には，乙と協議の上，商品の製造・納品に必要な原材料，部品又は包装資材等を有償又は無償で乙に支給する。
　(1)　商品の品質，性能又は規格を維持するため必要な場合
　(2)　その他正当な理由のある場合
2　乙は，支給品の引渡しを受けた後，遅滞なく検査し，瑕疵又は数量不足を発見したときは，直ちに甲に通知しなければならない。
3　無償支給品の所有権は，全て甲に帰属する。無償支給品の危険負担は，甲に帰属する。
4　有償支給品の所有権及び危険負担は，いずれも乙への引渡しの時に甲から乙に移転する。
5　支給品に起因して商品に瑕疵が生じた場合，乙は一切責任を負わない。また支給品に起因して乙に損害が生じた場合，甲はその損害を賠償する責任を負う。
6　甲は，必要に応じ，製造に要する機械，金型，図面，ソフトウェア等を乙に貸与することができ，その場合の条件（賃料，支払時期，返還期限等）については，別途甲乙協議の上定める。
7　乙は，支給品及び貸与品について，善良なる管理者の注意をもって管理，使用しなければならない。

第9条（瑕疵担保責任）
　商品に第4条第1項に定める検査では発見できない瑕疵があったときは，納品後6か月以内に甲が瑕疵を発見し，その旨を乙に通知した場合に限り，乙は代品の納品，商品の修理又は部品の交換に応じる。この場合，甲は，瑕疵を発見した後1週間以内に乙に代品の納品，商品の修理又は部品の交換のいずれかを求める旨を書面により通知しなければならない。なお，本条の規定は，甲による損害賠償の請求を妨げない。

> （債権法改正後の条項例）
> 第9条（契約不適合責任）
> 　1　商品に第4条第1項に定める検査では発見できない不適合（数量不足を除く。以下本条において同じ）があったときは，納品後6か月以内に甲が不適合を発見し，乙に対し，○営業日以内に具体的な不適合の内容を示して通知し，その後，同条第2項に定める履行の追完を催告した場合に限り，乙は，甲の選択に従い，同条第2項に定める履行の追完をす

る。
　２　前項の履行の追完を催告したにもかかわらず，甲が定めた期間内に乙
　　が履行の追完をしないときは，甲は乙に対し，不適合に応じた商品の代
　　金の減額を請求することができる。
　３　本条の規定は，甲による損害賠償の請求を妨げない。

第 10 条（製造物責任）

１　商品の欠陥に起因して，第三者の生命，身体又は財産に損害が生じたときは，
　甲及び乙はその対応につき協議する。
２　乙は，商品の欠陥に起因して，第三者の生命，身体又は財産に損害が生じたと
　きは，故意，過失の有無を問わず，その第三者又は甲が被った一切の損害（甲が
　第三者に支払った賠償額，甲が商品を市場から回収するために要した費用，弁護
　士費用を含むがこれらに限らない）を賠償する。

第 11 条（知的財産権の帰属）

　甲及び乙は，相手方から開示された図面，仕様書，試験データ，ノウハウ，アイ
ディアその他の情報に基づいて発明，考案，意匠の創作，回路配置の創作又は著作
物の創作（以下「発明等」という）をなした場合には，速やかに相手方にその内容
を通知するものとし，この発明等に関する権利の帰属については，甲乙協議の上定
める。

第 12 条（第三者の権利侵害）

１　乙は，商品が第三者の特許権，実用新案権，意匠権，商標権，著作権，ノウハ
　ウその他これらに類似する権利（出願中のものを含み，登録されているか否かを
　問わない）（以下「知的財産権」という）を侵害しないことを保証する。
２　甲及び乙は，商品及び商品の製造方法に関して第三者により知的財産権侵害を
　理由に何らかの請求を受け，又は提訴されたときは，遅滞なく相手方に通知する。
　甲及び乙は，協議の上，当該知的財産権の侵害問題の解決に向けて協力する。
３　乙は，前項の知的財産権の侵害問題に関し，甲に何ら迷惑をかけないものとし，
　これにより甲又は知的財産権の権利者その他の第三者に損害が発生した場合には，
　その損害を補償する。

第 13 条（再委託）

１　乙は，商品の製造にあたり，その業務の全部又は一部を，事前の甲の書面によ
　る同意がない限り，第三者に委託してはならない。
２　前項の甲の同意により第三者に委託した場合，乙は，本契約で自己が負うのと
　同等の義務を当該第三者にも負わせ，これらの業務の実施に係る一切の行為に関

して，乙が為したものとして，甲に対しその一切の責任を負う。

第 14 条（権利義務の譲渡禁止）
　甲及び乙は，相手方の事前の書面による同意なく，本契約及び個別契約により生じた契約上の地位を移転し，又は本契約及び個別契約により生じた自己の権利義務の全部若しくは一部を，第三者に譲渡し，若しくは第三者の担保に供することはできない。

第 15 条（不可抗力）
1　地震，台風，津波その他の天変地異，戦争，暴動，内乱，テロ行為，重大な疾病，法令・規則の制定・改廃，公権力による命令・処分その他の政府による行為，争議行為，輸送機関・通信回線等の事故，その他不可抗力による本契約の全部又は一部（金銭債務を除く）の履行遅滞又は履行不能については，いずれの当事者もその責任を負わない。ただし，当該事由により影響を受けた当事者は，当該事由の発生を速やかに相手方に通知するとともに，回復するための最善の努力をする。
2　前項に定める事由が生じ，本契約の目的を達成することが困難であると認めるに足りる合理的な理由がある場合には，甲乙協議の上，本契約の全部又は一部を解除できる。

第 16 条（守秘義務）
　甲及び乙は，商品の価格，及び取引を通じて知り得た相手方の機密情報を秘密として保持し，相手方の事前の書面による同意なく，第三者に開示又は漏洩してはならない。

第 17 条（通知義務）
　甲又は乙は，次の各号に定める事項を行う場合，事前に書面をもって相手方に通知しなければならない。
　(1)　合併，会社分割，株式交換，株式移転等の組織に関する重大な変更
　(2)　事業の全部又は一部の譲渡
　(3)　株主を全議決権の３分の１を超えて変動させる等，支配権に実質的な変動を生じさせる行為
　(4)　本店所在地，商号，代表者等の変更

第 18 条（担保の提供）
1　甲の信用状態が悪化するなど，乙の債権を保全する必要が生じたときは，乙の請求により，甲は直ちに乙が適当と認める担保を提供する。
2　乙が必要と認めたときは，甲は，乙の同意する連帯保証人を定めなければなら

ず，当該連帯保証人は，本契約及び個別契約に基づく甲の債務の履行につき，連帯して責任を負う。

第19条（有効期間）
1 本契約は，令和〇〇年〇月〇日より〇年間有効とする。ただし，期間満了の1か月前までに甲乙いずれからも本契約の変更又は終了の申入れのない場合には，本契約は同一の条件で自動的に1年間延長され，以降も同様とする。
2 本契約が期間満了又は解除により終了した時に存在する個別契約については，引き続き本契約の規定を適用する。
3 本契約の終了にかかわらず，本条，第9条（瑕疵担保責任），第10条（製造物責任），第12条（第三者の権利侵害），第16条（守秘義務），第23条（契約終了後の措置），第24条（損害賠償の範囲），及び第26条（合意管轄）の規定は，引き続きその効力を有する。ただし，第16条（守秘義務）については終了日から5年間に限る。

> **（債権法改正後の条項例）**
> 3 ……第9条（契約不適合責任），……。

第20条（任意解除）
甲及び乙は，前条に定めた契約有効期間中といえども，書面による6か月前の予告通知をもって，本契約を解除することができる。

第21条（契約の解除）
1 甲及び乙は，相手方が次の各号のいずれか一つに該当したときは，何らの通知，催告を要せず，直ちに本契約を解除することができる。
 (1) 本契約に定める条項に違反し，相手方に対し催告したにもかかわらず14日以内に当該違反が是正されないとき
 (2) 監督官庁より営業の許可取消し，停止等の処分を受けたとき
 (3) 支払停止若しくは支払不能の状態に陥ったとき，又は手形若しくは小切手が不渡りとなったとき
 (4) 第三者より差押え，仮差押え，仮処分若しくは競売の申立て，又は公租公課の滞納処分を受けたとき
 (5) 破産手続開始，民事再生手続開始，会社更生手続開始，特別清算開始の申立てを受け，又は自ら申立てを行ったとき
 (6) 解散，会社分割，事業譲渡又は合併の決議をしたとき
 (7) 資産又は信用状態に重大な変化が生じ，本契約に基づく債務の履行が困難になるおそれがあると認められるとき

(8) その他，前各号に準じる事由が生じたとき
2 前項の場合，本契約を解除された当事者は，解除によって解除をした当事者が被った損害の一切を賠償するものとする。

第22条（期限の利益の喪失）
1 当事者の一方が本契約に定める条項に違反した場合，相手方の書面による通知により，相手方に対する一切の債務について期限の利益を喪失し，直ちに相手方に弁済しなければならない。
2 当事者の一方に前条第1項各号のいずれかに該当する事由が発生した場合，相手方からの何らの通知催告がなくとも，相手方に対する一切の債務について当然に期限の利益を喪失し，直ちに相手方に弁済しなければならない。

第23条（契約終了後の措置）
1 本契約が期間満了又は解除により終了した場合，乙は，甲から提供を受けた図面，金型，無償支給品等を遅滞なく甲に返還しなければならない。
2 前項の返還に要する費用は，乙の負担とする。

第24条（損害賠償の範囲）
甲又は乙が，本契約に違反して相手方に損害を与えたときは，相手方に対し，直接かつ現実に生じた損害につき賠償する責任を負う。

第25条（反社会的勢力の排除）
1 甲及び乙は，それぞれ相手方に対し，次の各号の事項を確約する。
 (1) 自らが，暴力団，暴力団関係企業，総会屋若しくはこれらに準ずる者又はその構成員（以下総称して「反社会的勢力」という）ではないこと
 (2) 自らの役員（取締役，執行役，執行役員，監査役又はこれらに準ずる者をいう）が反社会的勢力ではないこと
 (3) 反社会的勢力に自己の名義を利用させ，この契約を締結するものでないこと
 (4) 自ら又は第三者を利用して，この契約に関して次の行為をしないこと
  ア 相手方に対する脅迫的な言動又は暴力を用いる行為
  イ 偽計又は威力を用いて相手方の業務を妨害し，又は信用を毀損する行為
2 甲又は乙の一方について，次のいずれかに該当した場合には，その相手方は，何らの催告を要せずして，この契約を解除することができる。
 (1) 前項(1)又は(2)の確約に反する表明をしたことが判明した場合
 (2) 前項(3)の確約に反し契約をしたことが判明した場合
 (3) 前項(4)の確約に反した行為をした場合
3 前項の規定によりこの契約が解除された場合には，解除された者は，その相手方に対し，相手方の被った損害を賠償するものとする。

4 第2項の規定によりこの契約が解除された場合には，解除された者は，解除により生じる損害について，その相手方に対し一切の請求を行わない。

第26条（合意管轄）
本契約に関連する訴訟については，○○地方裁判所を第一審の専属的合意管轄裁判所とする。

第27条（協議事項）
本契約に定めのない事項及び本契約の内容の解釈につき相違のある事項については，本契約の趣旨に従い，両当事者間で誠実に協議の上，これを解決する。

本契約の成立を証するため本書2通を作成し，各自記名押印の上，各1通を保有する。

　　　令和　年　月　日

　　　　　　甲

　　　　　　乙

条項解説

1　適用範囲（第2条）

（1）取引基本契約と個別契約
（ア）取引基本契約と個別契約の関係

売買は，「当事者の一方がある財産権を相手方に移転することを約し，相手方がこれに対してその代金を支払うことを約することによって，その効力を生ずる」（民555条）。

したがって，目的物や対価の額等を個別契約で定める場合，取引基本契約それ自体は，民法上の売買契約ではなく，個々の個別契約が売買契約にあたるも

のであり，売買は，個別契約の成立により効力を生ずることとなる。そこで，取引基本契約において，取引基本契約と個別契約それぞれの関係や位置付けを明らかにしておく必要がある（→個別契約については，後記2を参照）。

　取引基本契約は，個別契約の度に逐一詳細な条件を定めるよりも，ある取引に共通して適用される条件についてまとめて合意しておくことが便宜であることから締結される。そこで，いつ（期間），誰と誰との間で（当事者）締結される，どのような取引（対象）に，取引基本契約が共通条件として適用されるのかを明確にする必要がある。取引基本契約が適用される取引を限定しないと，ある部門が締結した1つの基本契約が，他部門による同じ当事者間の取引をも拘束することになるため，大企業などでは，ある部門の取引に，当該部門が認識していない既締結の取引基本契約が適用されるという不測の事態も考えられ，特に留意が必要である。

　また，取引基本契約と個別契約の条件に齟齬がある場合，どちらの条件を適用するのかを巡り紛争になるおそれがある。そこで，取引基本契約において，齟齬がある場合の優先関係を定める必要がある。雛形は，個別契約が優先するという前提で記載しているが，取引基本契約を優先させるという場合もある。しかし，その場合，例えば，注文書の裏面に約款が記載されており，そこに当該約款が取引基本契約などに優先する旨の定めがなされていると，優先関係が不明確になる。その場合には，その適用を排除しておくなどの対応が必要である。

（イ）2017年改正民法施行後の適用関係

　現行民法下において取引基本契約を締結し，2017年改正民法施行後に当該取引基本契約に基づく個別契約を締結した場合，法律や契約の適用関係はどのようになるか。

　まず，個別契約に適用される法律が現行民法か2017年改正民法かという，法律の適用関係については，一般に，取引の当事者は，個別の当該法律行為の時点において通用している法令の規定がその法律行為について適用されると考えるのが通常であると思われることから，原則としては，当該個別契約には2017年改正民法が適用されると解される。

　次に，2017年改正民法と契約で定めた条件の適用関係については，取引の当事者にとって，従前に合意した基本契約に定める条件の下で個別契約を締結

したものであると認識するのが通常であると考えられることから，通常は，改正前に締結した取引基本契約における合意内容は，2017年改正後の民法下における強行法規に反しない限りにおいてなお効力を有することになると解すべきであろう。この点，2017年改正民法における売買契約に関連する定めは，その大半が任意規定であることからすると，基本的には，2017年民法改正後も，従前どおり，現行民法下で合意した取引基本契約の定めによることとなる。ただし，現行民法下で締結した取引基本契約に定めのない事項であって，2017年改正民法が定めている事項については，2017年改正民法の適用を受け得ることになると解される。

いずれにしても，取引の相手方との間で，2017年改正民法の施行に伴う契約条件について確認し，不明瞭な点や不都合が生じる場合には，取引基本契約の修正を行う必要があろう。個別契約への適用法の如何にかかわらず，現行民法下で締結する取引基本契約に明示の定めのある条件のみが適用されることとしたい場合には，そのことを，取引基本契約において定めておくことも考えられよう。

また，現行民法下において締結した取引基本契約が，2017年改正民法施行後に更新された場合にも適用関係が問題となり得る。この点，契約の更新が当事者間の合意による場合，更新後の契約については2017年改正後の民法が適用されることへの期待があると考えられるため，2017年改正後の民法が適用されることになるとされる（筒井健夫＝村松秀樹編著『一問一答　民法（債権関係）改正』〔商事法務，2018年〕383頁。以下，本章において，同書を「一問一答」と略す）。また，当事者間の合意には，改めて更新の合意をする場合のほか，期間満了前に異議を述べない限り自動的に契約が更新されるとの合意による場合も含まれるとされる（同頁注1）。これに従えば，取引基本契約についても，更新後は，2017年改正民法が適用されることとなろう。

（2）取引基本契約締結による受発注義務の発生

上記のとおり，取引基本契約自体は売買契約ではなく，売買は個別契約の成立により効力を生じるのが通常であるが，取引基本契約の締結によって当事者に商品の発注義務や受注義務が生じたと解釈される場合もある。

例えば，売主が独占的に商品を供給する旨を定めた取引基本契約を巡る裁判

例では，原則として受注者側が基本契約に基づいて供給義務を負うと判断されている（東京地判平成12・8・28判時1737号41頁）。他方，売主の最低販売数量や買主の最低購入数量の規定や，双方が独占的に受注・発注する旨の規定を定めていない場合，原則として，取引基本契約のみで直ちに双方に具体的な発注義務・受注義務が生じるわけではないと解されている（東京地判昭和55・9・16判タ437号143頁参照）。

しかし，裁判例の中には，買主が売主に対して現に継続的に発注した経緯があり，売主が広告宣伝活動等で買主に貢献するなど，当事者間で強い協力関係を維持してきた事案において，両当事者が契約期間中は需要数量に応じて売主に発注することを当然の前提としていたことが推認できるとして，発注義務違反を認めた事例もある（東京地判平成20・9・18判時2042号20頁）。また，木材の継続的取引において，取引数量・代金額・品種・時期等を別途協議で定める旨の供給合意が成立している場合につき，裁判所は，買主の資産状態悪化により売主が個別売買契約の締結を拒絶したことが信義則上違法でないとした（東京地判昭和58・12・19判時1128号64頁）が，事情によっては信義則上の義務が発生する可能性はあろう。

このように取引基本契約の締結でこうした受発注義務が成立する可能性は否定できないことから，これを排除すべく，明示的に次のような条項を設けておくことも検討すべきである。

（条項例）　※ 甲は買主，乙は売主である。
　甲及び乙は，個別契約の締結状況，当事者の取引継続への協力体制その他事情の如何を問わず，本契約により，相手方に対し，受注義務又は発注義務を負うものではないことを確認する。

これとは逆に，買主が売主に対して受注義務を負わせたいと考える場合には，明示的に次のような条項を定めることが考えられる。

（条項例）　※ 甲は買主，乙は売主である。
　乙は，甲から本契約に基づく個別契約の締結を求められた場合，当該個別契約を締結できない合理的理由がある場合を除き，当該個別契約の締結に応じるものとする。

2 個別契約（第3条）

（1）個別契約の内容

　売買契約の成立には，「当事者の一方がある財産権を相手方に移転することを約し，相手方がこれに対してその代金を支払うことを約する」ことが必要であるが，具体的にどの事項について合意が必要かは必ずしも明確ではない。通常は，基本的な要素である目的物，数量，代金，財産権の移転や目的物引渡しの時期・方法，代金支払の時期・方法等をはじめ，Ⅰ2で述べた契約の各段階における要素で取引基本契約に定めのない事項を特定する。実際には，雛形第3条第1項のように，基本的な要素を列挙して「……等売買に必要な条件は，……個別契約にて別途定める」という包括的な表現とする。なお，下記の事項について，明示・黙示の合意があるかまたはそれを補う商慣習があれば，契約は成立すると解する見解がある（江頭憲治郎『商取引法〔第8版〕』〔弘文堂，2018年〕13頁）。

① 商品明細　　　品名，規格（品質），数量
② 価格　　　　　単価，総代金，数量過不足の場合の処理
③ 納入条件　　　引渡しの時期・方法・場所，包装
④ 代金支払条件　支払時期，支払方法

（2）個別契約の成立
（ア）法律に基づく原則
A　契約の成立時期
a　基本ルール

　個別契約においては，両者が立ち会って契約書を作成するというよりは，買い手が注文書を発送し，売り手がこれに承諾をしたり注文請書を送り返したりするという手順を踏むことが多い。そのような隔地者間の契約の場合には，申込みに対して，承諾の通知を発した時に契約が成立するというのが民法のルールである（民526条）。なお，双方が電話機を用いて対話する場合には，対話者における意思表示となるため，民法526条はそもそも適用されない。

　これに対し，2017年改正後の民法では，隔地者間の契約の場合の同法526条1項が削除され，一般原則たる同法97条1項により，承諾が相手方に到達

した時に契約が成立することとなった。また，対話者間の契約について，承諾期間の定めのない申込みは対話が継続している間いつでも撤回できることと，その間に申込者が承諾の通知を受けなかったときは原則としてその申込みは効力を失うことが規定された（民新525条2項・3項）。

以上の民法の原則に対し，商人である会社は，平常取引をする者からその営業の部類に属する契約の申込みを受けたときは，遅滞なく，契約の申込みに対する諾否の通知を発しなければならない（商509条1項）。申込みを受領した会社が遅滞なく諾否の通知を発しなかったときは，その会社はその申込みを承諾したものとみなされ（同条2項），通知等の意思表示をしなくとも契約が成立することになる。

b 電子消費者契約および電子承諾通知の場合の特例

隔地者間で承諾の通知を，申込者の電子計算機器等と接続された電子計算機器等を通じて送信する方法により行う場合（電子承諾通知）は，契約の成立時は発信時ではなく到達時となる（電子消費者契約及び電子承諾通知に関する民法の特例に関する法律4条）。電子計算機器等には，電子メール，ファクシミリ，テレックス，EDI（電子データ交換），留守番電話録音等が含まれる。また，電子承諾通知の到達時とは，申込者が通知に係る情報を記録した電磁的記録にアクセス可能となった時点をいい，例えば，電子メールにより通知が送信された場合は，通知に係る情報が申込者の使用するメールサーバーに記録された時と解されている（経済産業省「電子消費者契約及び電子承諾通知に関する民法の特例に関する法律 逐条解説」〔2001年12月〕26頁）。申込者が現実に当該電子メールを確認することまでは要求されていない点に留意が必要である。

なお，2017年民法改正に伴い，民法の原則も到達主義となるため，上記特例法4条は削除となる。

B 成立した契約の変更

契約内容は，両当事者が改めて変更内容につき合意すれば変更は可能であるが，一方当事者の意思で変更することは可能か。いったん成立した契約内容の変更については，従前の債務が更改によって消滅すること（民513条～518条参照）のほか，民法や商法に特段の定めはない。予期しない原材料の価格変動や為替変動等のために価格調整が必要となるような場合にいわゆる事情変更の原則が認められるかという議論はあるが，わが国で商人間の動産売買について事

情変更の原則が適用された裁判例は多くない（江頭・前掲書 24 頁）。

（イ）契約条項における修正

A 個別契約の成立時期

以上のように，契約の成立時期や申込みの有効期間については，民商法等にも詳細な規定があるが，個別契約がどのような場合に成立するのかは当事者の権利義務の発生の有無に関わる重要事項であるから，特にその成立時期については，契約書において明確にしておく必要性が高い。例えば「売主が受諾した時」という定めの場合，「受諾した」とは，承諾通知を発信した時なのか，承諾通知が買主に到達した時なのか，これでは趣旨が不明確であるから，発信主義・到達主義のいずれを採用したのかが明瞭になるような用語を入れるべきである。なお，2017 年民法改正後は，到達主義が原則となるため，例えば「買主が承諾の通知を発信した時に成立する」と規定している契約書を，改正に合わせて「承諾の通知が売主に到達した時に成立する」と改訂することも考えられる。

また，上記のように，契約の成立時期を「受諾した時」と定めると，商法 509 条の適用を排除していると解釈される可能性もある。商法 509 条の適用を維持したい場合には，雛形のように，一定期間内に諾否の回答がない場合には契約成立とする旨の規定を補う方が望ましいであろう。この場合，商法 509 条の「遅滞なく」のタイミングが不明確であるから，具体的な日数で特定しておくべきである。

B 個別契約の変更

両当事者の合意による契約内容の変更については，必要な場合に協議して改めて覚書等により変更を合意すればよい。取引基本契約書にその旨を規定する場合もあるが，あえて規定する必要はない。

ただし，一方当事者の意思による個別契約の変更を認める場合については，売主・買主どちらからの変更申出を認めるか，どの事項について変更を認めるかといった事項を予め定めておくことで，契約内容に柔軟性を持たせることが可能である（**条項例**参照）。変更時期・変更内容の明確化の観点からは，変更は書面によるものとするべきである。また，変更により生じた損害・費用についての補償条件も定めておく必要があろう。

> **(条項例)** ※甲は買主，乙は売主である。
> 　前項の定めにかかわらず，甲は，商品の仕様，納期又は納入場所について必要があるときは，乙に書面で通知することにより，個別契約の内容を変更することができる。この場合に売主に生じた損害又は費用の補償については，売主と買主の協議により決定する。

3　納品・検査・検収（第4条）

　売主の買主に対する目的物の納品，および，その際の買主の受入検査・検収に関する条項である。

(1) 納品

　納品は，売買契約における売主の債務である。債務の履行の時期，場所，履行に要する費用について民法に一定の条項があるが，これらの条件は売買契約における重要な要素であり，契約において特に規定するのが一般的であろう。ただし，継続的な売買の場合には，特に納品時期等はまさに個別の売買により異なるのであるから，取引基本契約においては特定をせず，個別契約の定めに基づき納品をする，という包括的な規定とすることが多い（雛形4条1項は，かかる記載例である）。

(ア) 納品の時期

　契約書または注文書等に納品時期を定める場合には，期日，期間といった確定期限を特定することとなる。売主は，定められた納期の到来した時から遅滞の責任を負う（民412条1項）。ただし，売主の住所での引渡しとされているときは，買主が引渡場所に引取りに来ない限り，期限を徒過しただけでは遅滞とならない。

　やや細かいことであるが，期間の末日が日曜日，国民の祝日に関する法律に規定する休日，その他の休日にあたるときは，その日に取引をしない慣習がある場合に限り，期間は，その翌日に満了する（民142条）。また，納品は，法令または慣習により商人の取引時間の定めがあるときは，その取引時間内になされなければならない（商520条）。納期について，これらと異なる条件を設定したい場合には，契約書に具体的に規定することとなる[2]。なお，2017年改

正民法では，商法520条と同趣旨の規定として「法令又は慣習により取引時間の定めがあるときは，その取引時間内に限り，弁済をし，又は弁済の請求をすることができる」と定められ（民新484条2項），商法520条は削除される。

売主の納品が納期に間に合わない場合，買主は，債務不履行による損害賠償請求または契約の解除を行う余地はあるが，例えば他の調達先から同種の商品を仕入れて対応したい場合，損害賠償や解除により，二重仕入れのリスクを回避できるか，受領拒絶が認められるかは，不明確なところもある。そこで，納期遅れの場合に買主が受領拒絶をすることができることや，他からの調達に要した費用を賠償請求し得るよう規定することが有益である。さらに，買主が代替品の調達等のアクションを速やかに起こせるよう，納期に遅れる場合に売主に通知させることを規定することも考えられる。

(イ) 納品の場所

A 契約書に規定しない場合

民法によれば，①特定物の引渡しは，債権発生時にその物が存在した場所において，②その他の場合は，債権者の現在の住所においてする（民484条）。一方，商行為による納品の場合は，商法が適用され，納品すべき場所がその行為の性質または当事者の意思表示によって定まらないときは，①特定物の引渡しはその行為の時にその物が存在した場所において，②その他の債務の履行は債権者の現在の営業所（営業所がない場合にあっては，その住所）においてする（商516条1項）。

B 納品場所に関する契約書の規定

企業間の契約では，取引基本契約または個別契約において，売主工場渡し，発駅貨車積渡し，着駅オンレール渡し，買主工場渡し，買主指定場所据付け渡し等，具体的な合意がなされる。これらのうち，買主工場渡しとする条件がもっとも広く行われているようであり，この場合，細かくみれば，例えばトラックからの荷卸作業は売主・買主いずれの負担かという解釈問題が生じ得る。これを買主負担（買主工場渡しといっても実質的には「持込み車上渡し」の意味）と解するのが合理的であるという説もある（江頭・前掲書21頁）が，荷卸しの費用が高額に上る場合や荷卸しの際の事故リスクが高いと思われる場合などは，

---

2) なお，納品の期限を定めなかったときは，売主は，買主から納品の請求を受けた時から遅滞の責任を負う（民412条3項）。

契約で明確に定めておく必要がある。

また，納品の方法としては，現物を買主に提供する方法のほか，売主を発行者とする受寄者（倉庫業者等）宛ての荷渡指図書の交付を受けた買主が，受寄者から現物を受け取る方法がとられることもある。

(ウ) 納品費用

納品に要する運送費等の費用について契約書に規定しない場合，民法によれば，原則は売主の負担となるが，買主が住所の移転その他の行為によって納品費用を増加させたときは，増加額は買主の負担となる（民485条）。

(エ) 買主による納品拒絶

約定どおり納品されない状態が，売主側の事情によるのではなく，買主側の事情，つまり買主の納品拒絶による場合，当事者がどのような責任を負うかを検討しておく必要がある。

A 民法上のルール

買主が目的物の納品を拒み，または目的物を受け取らないとき（受領遅滞）は，買主は納品（履行の提供）があった時から遅滞の責任を負う（民413条）。

受領遅滞の効果としては，以下のように，売主としての義務や責任の軽減，免除が認められる。

① 債務不履行責任の不発生（民492条）
② 双務契約の場合，債権者（買主）の同時履行の抗弁権の喪失（民533条）
③ 特定物の引渡しにおける注意義務（民400条）の軽減
④ 増加費用の負担（民485条）
⑤ 危険の移転
⑥ 供託による免責（民494条以下）

他方，売主が，受領遅滞に陥った買主に対し，損害賠償請求をしたり売買契約を解除したりすることはできるか。受領遅滞のみを理由に売主から損害賠償請求や解除をなし得るかについて，判例は，特約または信義則上買主に特別の引取義務が存する場合でない限り，売主にそのような権利はないとする（最判昭和40・12・3民集19巻9号2090頁，最判昭和46・12・16民集25巻9号1472頁[3]）。

---

[3] 学説の中には，商人間の売買においては，取引の迅速性への配慮から，一般的に，相当の期間を定めて受取りを催告した後契約を解除する権利が，売主に認められるべきとする見解がある（江頭・前掲書28頁）。

これに対し，2017年改正後の民法では，受領遅滞の効果に関する規定が新たに設けられた。
　具体的には，保存義務に関し，債務の目的が特定物の引渡しであるときは，債務者は，「自己の財産に対するのと同一の注意」をもって保存すれば足りると規定され（民新413条1項），受領遅滞によって履行の費用が増加したときは，その増加額は債権者の負担と規定された（同条2項）。
　また，危険負担については，まず，一般的なルールとして，①受領遅滞の場合，債務者による履行の提供以後に当事者双方の責めに帰することができない事由によってその債務の履行が不能となったときは，その履行の不能は債権者の責めに帰すべき事由によるものとみなし（民新413条の2第2項），②債権者は反対給付の履行を拒むことができない（民新536条2項）。次に，売買の特則として，売主が契約の内容に適合する目的物をもって債務の履行を提供したにもかかわらず，買主の受領遅滞があった場合，履行の提供以後に当事者双方の責めに帰することができない事由によって目的物が滅失または損傷したときは，買主に危険が移転し，買主は代金支払を拒むことができず，滅失・損傷を理由として履行の追完，代金減額，損害賠償の各請求や契約解除をすることができない（民新567条2項）。
　他方で，受領遅滞に基づく債務者側（売主）からの損害賠償請求や契約解除については規定しておらず，その可否は引き続き解釈に委ねられている（一問一答73頁注1）。したがって，債権法改正後も，損害賠償請求や契約解除について必要があれば契約書に規定する意義はある。

B　商法上のルール

　商人間の売買においても，基本的には上記の民法のルールが適用されるが，商法には，売主の供託権に関する定めが別途設けられている（商524条1項[4]）。また，商人間の売買における受領遅滞の場合，売主は相当の期間を定めて催告した後[5]，これを競売に付することができ，競売代価の全部または一部を代金に充当することができる（商524条，民497条参照）。しかし，任意処分は認められず，また競売の代価は，弁済期の到来した売買代金にしか充当できない（買主の代金支払債務は当然に期限の利益を喪失するわけではない）という点で，

4）　民法との違いは，供託したことに関する買主への通知が，発信主義となっている点である。
5）　損傷その他の事由による価格低落のおそれがある物の場合は，催告不要である。

売主からすれば,使い勝手の悪い定めとなっている。

　C　買主の受領拒絶に関する契約書の規定

　一般に,買主が納品を拒む場合の条件等について定めを設けている契約は多くはないと思われるが,必要があれば,法律の原則に従った場合の不都合を回避するような定めを設けておくべきである。また,個別契約の成立日から納品期限までに長期間を要するような商品である場合,その間の市場の変動や買主の組織再編等により,買主において,発注済みの商品が不要となることも起こり得るから,念のため条項を設けておくことは有用である。例えば,買主が納品を拒む場合の対応として,競売を行うための買主への催告を不要とする,競売によらず任意の方法で処分することを可能にする,代金の弁済期が未到来であっても買主の期限の利益を喪失させて代金支払に充当することを可能とする,売主に解除権を認める,などの定めを設けることが考えられる。

> **(条項例)**　　※ 甲は買主,乙は売主である。
> 　乙は,甲が合理的理由なく納品日が到来しても商品の受領を拒絶する場合であって,2週間以上の期間を設けて書面により催告してもなお受領しないときは,本契約若しくは個別契約の解除又は商品の第三者への売却その他の処分をすることができ,これらとともに,又はこれらに代えて,売主の被った損害について買主に賠償を請求することができる。売主が商品につき第三者への売却その他の処分をした場合,買主が売主に対し〇日以上の猶予期間を設けて納品を求める旨を通知しない限り,売主は新たな商品の納品をする義務を負わないものとする。

(2) 検査・検収
(ア) 検査・検収に関する規定の必要性

　売買契約の買主は,納品を受ける際に,商品が所定の仕様や品質基準を満たすか,瑕疵や数量不足がないかどうかを検査することが通常である。買主は,検査に合格したものを「検収」すなわち受け入れるものとし,この検収の時点が売上計上や所有権移転,危険負担の移転,代金支払の基準等とされる場合も多いので,検査や検収に関する規定を設ける必要性は高い。

　民法上,不特定物の売買契約では,目的物である商品に瑕疵や数量不足があった場合は売主の債務不履行(不完全履行)であるから,買主は,改めて完

全な履行を求めて代品や数量不足分の追加品の納品等を求めることができる。しかし，商人間の売買においては商法が適用され，買主は，納品を受けた後遅滞なくその目的物を検査し，瑕疵や数量不足を発見した場合には直ちに通知する義務が課され，これを怠ると救済を受ける権利を喪失する（商526条）。同条の趣旨は，善意の売主に善後策（買主の主張に対する反証の用意，瑕疵ある商品の転売，仕入先との交渉等）を講じる機会を与え，かつ，買主が売主の危険において投機をなすこと（解除するか否かを相場の動向をみて決める等）を防止する必要のある半面，商人として専門知識のある買主は容易に瑕疵を発見し得ることに基づくとされる（江頭・前掲書29頁参照）。

　この商法526条の適用範囲や，適用により喪失する権利については後述するが，同条は，商人間の売買に広く影響する規定であるといえる。そこで，検査に関する当事者間のルールを契約書に規定して，同条やその他の瑕疵担保等に関する規定が不利に働かないよう手当てをする必要がある。

　この瑕疵担保責任については，2017年民法改正により，いわゆる特定物ドグマ（特定物の売買において，その性質は契約の内容にならないとの法理）が否定され，債務不履行責任の特則として位置づけられることとなった。これに伴い，現行民法における瑕疵担保責任に関する規定は全面的に整理された。瑕疵や数量不足については，「引き渡された目的物が種類，品質又は数量に関して契約の内容に適合しないもの」として規定されることとなった（民新562条1項）。

　もっとも，従来，瑕疵や数量不足の有無は，具体的な契約の趣旨に照らして判断されてきたため，実務に沿った形に用語が改められたにすぎない。2017年改正後の民法における「契約の内容」も，契約書の記載のみならず，契約の性質，目的，締結に至る経緯その他の契約をめぐる一切の事情に基づき，取引通念を考慮して判断されることにはなるが（法務省民事局参事官室「民法（債権関係）の改正に関する中間試案の補足説明」〔2013年4月，同年7月4日補訂〕478頁），後に「契約の内容」をめぐる争いが生じることを避けるべく，「契約の内容」が契約書の記載そのものから一義的に理解できるものにしておくことが望ましい。

　また，商法526条の規律についても，債権法改正に伴う用語の整理や救済内容の修正はなされたが，基本的に維持されている。したがって，検査に関する当事者間のルールを契約書に規定しておく必要性はなお高いといえる。

（イ）目的物に瑕疵や数量不足があった場合の取扱い

A 不特定物に瑕疵や数量不足があった場合の責任

　瑕疵や数量不足があった場合，特定物については，瑕疵担保責任（民570条）のみを追及できるのか，債務不履行責任を問えるのか，といった議論があるが，この取引基本契約書の解説で扱う企業間の売買契約の目的物は，不特定物である商品（動産）である。したがって，売主は瑕疵のない製品を供給する義務があり，買主は，債務不履行（不完全履行）に基づく責任を追及し得る。この場合，不特定物でも，引渡しの際には梱包等により「特定[6]」されるのであり，これにより，瑕疵があっても特定物のように瑕疵担保責任しか問えなくなるのではないか，という議論もあるが，最高裁ではこの考え方は排斥され，商品の受領後であっても債務不履行責任を問うことは可能と判断されている（最判昭和36・12・15民集15巻11号2852頁）。

　したがって，買主は，売主に対し，完全履行請求，つまり瑕疵のない代品や不足分の追加品の納品を請求することができ，完全履行にあたり買主が余分な費用の負担を余儀なくされたときはその賠償を請求し，売主の履行が遅滞した場合には損害賠償請求，契約解除をすることができる。また，前掲昭和36年最判では，買主は履行と認めて瑕疵担保責任を問うことも認められており，これによれば，瑕疵担保責任の内容として，損害賠償，解除，（数量不足の場合の）代金減額請求が可能である。数量不足ではなく瑕疵があるにすぎない場合には，判例は代金減額請求を認めないが（最判昭和29・1・22民集8巻1号198頁），瑕疵に基づく損害賠償請求権を自働債権とする相殺を買主に認めることにより，事実上代金減額請求に類似する効果を認めたものがある（最判昭和50・2・25民集29巻2号168頁）。

　瑕疵担保責任を追及する場合には，売主がその瑕疵等に関して悪意であるか否かは問われないが，買主は瑕疵の存在について善意無過失であることが要求される。

　他方，2017年改正後の民法下では，引き渡された目的物が種類，品質または数量に関して契約の内容に適合しないものである場合，買主は，当該契約不適合について買主に帰責事由があるときを除き，売主に対し，目的物の修補，

6）　不特定物（種類物）については，売主が給付をするのに必要な行為を完了し，または買主の同意を得てその給付すべき物を指定したときに「特定」される（民401条2項）。

代替物の引渡しまたは不足分の引渡しによる履行の追完を請求することができる（買主の追完請求権。民新562条1項本文・2項）。追完請求権として，目的物の修補，代替物ないし不足分の引渡しのいずれを求めるかは，一次的には買主が選択できることとされているが（もっとも，買主は，追完の方法を選択して履行の追完を請求しなければならないものではなく，何らかの方法で履行の追完をするよう請求することも可能であると解される。一問一答277頁注1），買主に不相当な負担を課するものではないときは，売主は，買主の選択した方法とは異なる方法で，履行の追完をすることができる（民新562条1項ただし書）。このような規律の適用を排除したい場合には，契約書において定めておく必要がある。

また，2017年改正後の民法下では，買主は，当該契約不適合について買主に帰責事由があるときを除き，相当の期間を定めて履行の追完を催告したにもかかわらず，その期間内に履行の追完がないときは，その不適合の程度に応じた代金減額請求をすることができる（買主の代金減額請求権。民新563条1項・3項）。ただし，履行の追完が不能であるとき，履行の追完を受けても意味がないとき，履行の追完を受ける見込みがないことが明らかであるときなどの一定の場合には，履行の催告は不要であり，直ちに代金減額請求をすることができる（民新563条2項）。減額される代金額をどのように算定するかについて，2017年改正後の民法に規定はないが，実際に引き渡された目的物の現に有する価値と契約の内容に適合していたならば目的物が有していたであろう価値とを比較して，その割合を代金額に乗じたものが想定されている（一問一答279頁注）。また，この価値の基準時は，契約時であると解されている（同頁）。

2017年改正後の民法下での追完請求と代金減額請求のいずれにおいても，売主の帰責事由は不要である。また，債務不履行責任においては，売主が契約の内容に適合した履行をしたか否かが問題となることから，買主が契約不適合の存在について善意無過失であることは要求されない。もっとも，契約締結当時から契約不適合となることが予想された場合には，買主の主観が「契約の内容」の解釈に影響を与えることになろう。

さらに，2017年改正後の民法下では，債務不履行の一般原則に従い，買主は，損害賠償請求および解除が可能である。もっとも，代金減額請求をしつつ解除をすることはできない。また，完全な履行を求める追完請求をしつつ履行利益に係る損害賠償請求をすることもできない。これらは，その性質からして

両立し得ないことによるものであるが，契約書には，疑義を避けるべく，どのような条件でどの救済方法を認めるのかを，明確に定めることも一案である。

B 商法526条の適用――検査義務，通知義務

前述のとおり，商人間の売買に関する規定の一つとして，目的物の検査義務，瑕疵や数量不足を発見した場合の通知義務を定める商法526条がある。同条が適用される場合，検査義務，通知義務を怠ると，損害賠償請求や解除が認められなくなる。この点については，2017年民法改正により瑕疵や数量不足が契約不適合とされたことに伴う用語の整理がなされた上で，改正後の商法においても維持されている。では，どのような場合に同条が適用されるか。

まず，商人間の売買であれば，目的物が特定物に限らず不特定物の場合にも適用される（最判昭和35・12・2民集14巻13号2893頁）。ただし，売主が目的物の瑕疵または数量不足（債権法改正後の商法下では，契約不適合）を認識していた場合（商526条3項）や，売買の目的物と全く異なるものが給付された場合（東京地判平成2・4・25判時1368号123頁）には，適用されない。

次に，商法526条は，瑕疵担保責任の追及のみを制限している規定にみえるのであるが，判例は，同条に規定する通知をしなければ，瑕疵・数量不足を理由に解除・代金減額・損害賠償請求ができないのみならず，その後は，完全給付が可能だとしても，もはや完全な給付を請求することはできないとする（最判昭和47・1・25集民105号19頁）。

したがって，商事売買では，すべからく，商法526条が適用され，検査義務，通知義務を怠ると，瑕疵担保責任に基づく請求のみならず債務不履行に基づく完全履行請求も行使し得ないこととなる，と捉えておくべきである。その上で，商法526条や瑕疵担保責任に関する規定が基本的に任意規定であることから，契約上，当事者の権利義務関係を正確に反映する規定を設けることが必要となる。瑕疵担保責任が債務不履行の特則と位置づけられた債権法改正後も同様である。以下では，そうした規定についての解説も随時行う。

なお，「検査・検収」との表題で規定する条項は，「商品の納品時」に行われる検査とその結果に応じた責任分担を定めていることが一般であるが，瑕疵や数量不足が納品時のみならずその後に発見される事態も考えられ，そのような場合に上記の完全履行請求や損害賠償請求，解除が可能であるか否かも検討対象となる。このような事後に発見された瑕疵等の扱いも「検査・検収」の条項

に加える場合もあるが，別途「瑕疵担保責任」との条項を設けることもある。雛形は9条に別途「瑕疵担保責任」の条項を設けた例である。

2017年民法改正後においても，「商品の納品時」に行われる検査とその結果に応じた責任分担に関する条項と，納品後に発見された契約不適合に関する条項とを，一つの条項で規定することも，分けて規定することもあると思われる。

(ウ) 検査の時期

買主は，目的物の現物の納品を受け，検査し得る状態になったときは，遅滞なく検査しなければならない。買主が売主から直接受け取らず，倉庫営業者に寄託されている目的物について売主から倉庫営業者宛ての荷渡指図書を交付される形で引渡しを受けた場合であっても，遅滞なくその一部を出庫して検査する義務を負うと解される。ただし，流通業者が買主である場合のように，買主が目的物を第三者に転売することを予定しており，第三者の下で初めて検査が可能になることを売主が了解しているときは，検査義務は目的物が第三者に到達した時に発生する。

ただし，「遅滞なく」とは具体的にいつまでを指すのかについては，目的物の性質や引渡場所を考慮して判断するほかはなく，不明瞭となることを回避するために，契約書において「受領から3日以内に」といった具体的な期限を設けることもある。

(エ) 検査方法・検査基準

A 検査に関する一般論

検査は，当該目的物の瑕疵，数量不足を発見するため合理的と考えられる方法で，かつ合理的注意を尽くして行うことを要する（江頭・前掲書31頁参照）。目的物の瑕疵とは，性質，形状，効用，価値等が約定された基準に満たないものであることをいう。包装の瑕疵等については商法に明示の定めはないが，物品の使用に支障を生じない瑕疵であっても，外観上売行きに影響するときは瑕疵となると解される（同書32頁参照）。売主の立場からは，「瑕疵」という表現ではやや曖昧さが残るため，商品の仕様・品質基準を定めている場合には，例えば「瑕疵とは，当事者間で定めた『○○仕様書』との不一致をいう」といった瑕疵の定義規定を設け，瑕疵の範囲を限定することが考えられる。

2017年改正後の民法・商法下における検査は，契約不適合，すなわち「引き渡された目的物が種類，品質又は数量に関して契約の内容に適合しないも

の」であることを発見するため合理的と考えられる方法で，かつ合理的注意を尽くして行うことが必要である。種類・品質の不適合については，契約書上は，現行民法下と同様に，「契約不適合」の定義規定を設けることが考えられる。

B 検査方法・検査基準に関する契約書の規定

契約書においては，検査の方法や基準を定め，合否の判定について紛争が生じないようにすることが多く行われる。ただし，具体的な内容は別紙に記載したり，取引基本契約書とは別途に定めたりするのが一般であろう。

この場合，検査方法や基準を当事者のいずれが定めるのかが対立点となり得る。買主が定めた場合も，合理的な内容であればそれによることで問題のないことが多いが，売主としては，当該検査方法・基準について，少なくとも事前に開示を受けるか，両者協議の上，定めることとしたいところである（→雛形4条1項参照）。一方当事者が定めた検査方法・基準に従う場合には，雛形の「甲乙別途協議した検査方法」に代えて「甲（又は乙）の定めた検査方法」と規定する。

数量については，一定範囲（例えば全量の5％等）の数量の過不足は容認する旨の定めを設けることもある。その場合は，過不足分の代金精算方法も定める必要がある。

（条項例）

本条第1項の検査の結果，商品の数量の過不足が明らかとなった場合であって，当該過不足が個別契約で定めた数量の5％を超えないときは，納品された数量を合格として検収するものとする。本項の場合，商品の価格に過不足割合を乗じた調整金を商品の価格に加除した金額を，商品の価格とする。

また，現実の取引では，検査を省略したり，検査を売主に依頼したりすることもある。売主が下請事業者に該当する場合に検査を省略すると，納入された商品がすべて合格とみなされることなど，下請代金支払遅延等防止法（以下「下請法」という）下における帰結に注意する必要がある。

（オ）瑕疵や数量不足の通知

商法526条によれば，買主は，瑕疵や数量不足を発見したときは直ちに通知しなければならない。もちろん，契約で通知義務を排除することも可能であるが，単に「瑕疵があるときは代品請求ができる」とだけ規定した場合，通知義

務を排除していると読めるかどうかは明確ではない。下級審裁判例には，通知期間について何ら定めがなく，保証期間を引渡後1年間とすることのみ定められている契約について，「本件売買契約に基づく被控訴人会社の瑕疵担保責任の存続期間（民法第570条，第566条所定の除斥期間）を本件印刷機の控訴人会社に対する引渡後1か年とすることを約定したものにすぎないと解するのが相当であり，これをもって，本件印刷機の瑕疵の存否に関する控訴人会社の検査期間ないしその瑕疵が発見された場合の被控訴人会社に対する通知期間（商法第526条第1項所定の検査ないし通知の期間）を控訴人会社に対する引渡後1か年に延長することを約定したものと解するのは困難である」との解釈を示し，保証期間の定めは通知義務を排除ないし変更するものではなく，商法526条の定めがなお適用されるとしたものがある（東京高判昭和56・10・7判タ462号151頁）。

　例えば「通知の如何を問わず請求ができる」と規定すれば通知義務を排除する目的は達せられるのかもしれないが，あまり現実的な規定とはいえない。売主に適切な善後策を講ずる機会を速やかに与えるという同条の趣旨に沿って，通知自体は行うとするのが一般であろう。なお，かかる趣旨から，通知の内容としては，瑕疵の種類およびおおよその範囲を明らかにすることで足り，詳細かつ正確な内容であることを要しない（大判大正11・4・1民集1巻155頁）。

　通知の時期は，条文上，「直ちに」としか規定されていない。「直ちに」通知したかは，取引慣行，売主が損害を被る可能性（売主が他から買い入れた目的物か否か，時間の経過により補修・目的物の契約適合性の立証が困難となるか）等を考慮して決せられる（江頭・前掲書33頁）ともいわれるが，不明確さを回避するため，「発見したときから10営業日以内に」「商品を受領した日から30日以内に」と具体的に期限を設けることもある（→雛形4条1項）。また，これらの期限内に買主から通知がなかった場合には検収したものとし，買主の救済策の適用を制限するという効果を明確に規定することも考えられる（→雛形4条3項）。

　また，商法上，直ちに発見することのできない瑕疵を6か月以内に発見したときも同様の通知義務が課せられているが，裏を返せば，6か月経過後にかかる瑕疵を発見しても買主は救済を受けられないということになる（前述のとおり，完全履行請求も商法526条の通知義務を果たさねばもはや行使できないと解す

べきであるから，6か月以内にかかる瑕疵を発見しなかった場合は完全履行請求もできないであろう）。しかし，この期間も任意規定であるから契約により短縮，伸長することは可能であり，例えば「1年以内に発見したときは」とすることがある（この点は，検査後に瑕疵が発見された場合の規定であり，後述する）。

以上の現行商法下における通知に関する理解は，2017年改正後の商法下でも，同様にあてはまるものと解される。

（カ）不合格品等の取扱い

A　買主が売主に対して請求する内容

検査に不合格となった商品があった場合や数量の過不足があった場合に，法律上の，あるいは契約で修正したルールに基づく通知義務を果たした買主としては，まず完全履行請求として代品や追加品の納品の請求について規定するのが通常である。これに加えて，必要に応じ，損害賠償請求や解除権，履行の際の費用負担の定め等を検討することとなる。責任追及のあり方としては，強行規定に反しない限り当事者間で自由に定め得るから，例えば，解除と同等の効果をもたらす方法として「不合格品を納入価格で買い戻す」ことを規定することもある。

また，請求の選択権を買主に与えるか否かを明記する場合もある。

上述したとおり，2017年民法改正後は，追完請求，代金減額請求，損害賠償請求および解除について，同改正法下における規律をどこまで維持するかを検討し，契約書に明確に規定しておく必要がある。例えば，買主において，追完請求における追完方法について，買主側で指定した方法によらなければならないものとし，2017年改正後の民法562条1項ただし書の規定を排除したい場合には，契約文言上，その点が明確になるように定めておくべきである。また，買主において，代金減額請求前の追完の催告を不要としたい場合には，契約書に明確に定めておくべきであろう。他方，売主において，追完請求における追完方法として，例えば，代替物の引渡しではなく納品物の修補によることとしたいなどの事情があれば，予め契約書に定めておくことが考えられる。

B　買主の権利行使の時期

瑕疵担保責任については，民法上，瑕疵等の発見時から1年以内に損害賠償請求等の権利行使をしなければならないと規定されているが（民570条，566条3項），この点は商法526条が適用される商事売買であっても同様であり，

買主は，瑕疵担保責任を問う場合，同条の通知義務を果たした上で，瑕疵等の発見時から1年以内に権利を行使しなければならない。そして，商人間の売買の場合，債務不履行責任であっても，1年以内に完全履行，解除または損害賠償の請求をしなければ，もはや当該瑕疵を理由にこれらの請求はできないという裁判例がある（東京高判平成11・8・9判時1692号136頁）。瑕疵担保責任との均衡から，他の事案でも同様の判断がなされる可能性はあり，結局，買主が売主に責任追及をするには，すべからく「瑕疵等の発見時から1年以内」に権利行使を行う必要がある。

　もっとも，判例では，この1年以内の権利行使は，裁判外で，具体的瑕疵内容を告げ，損害賠償請求等の意思を表明し，損害算定の根拠を示す等，売主の担保責任を問う意思を明確にすれば足りるとされている（最判平成4・10・20民集46巻7号1129頁）。いわば，1年以内という期間は，損害賠償請求等の権利を保存すべく裁判外で意思を表明する，という行為のための期間である。その上で，保存された権利を行使する（相手方が任意に履行しない場合には裁判上の請求も行う）ということになる。かかる「保存された権利」の行使については，別途，消滅時効期間が定められており，判例上は，引渡しから（瑕疵を発見した時や権利を保存した時からではない），10年（商事の場合は5年）とされている（最判平成13・11・27民集55巻6号1311頁）。

　これらの法律・判例上のルールに対し，具体的に請求し得る内容や請求可能な期間を明確化し，あるいは限定するためには，契約書にこれらを規定することとなる（→雛形4条2項）。

　よくみられるのが，「引渡しから6か月以内に限り請求することができる」「瑕疵を発見した時から2年間，請求することができる」というように，「請求」の期間を規定している例である。しかし，この期間は，上記の整理からすると，「権利保存」の「1年」を短縮・伸長しているのか，それとも時効期間を限定しているのか，必ずしも明らかではないということになる。通常は，「権利保存」の意思表示をなした後，速やかに瑕疵等の解消や損害賠償のための協議が当事者間で行われ，解決していくことが期待されるが，請求期間が「6か月」「1年」と短期間に定められ，かつ瑕疵の有無に争いがあるという場合には，かかる期間の意味が問題となるリスクが高まる。これを回避する必要性が高い場合であれば，例えば次の**条項例①**のように「書面をもって……意思

表示をする」と規定することで，前掲平成4年最判のいう権利保存の内容を指すものであることを明らかにするということが考えられる。他方，期間を限定したい売主側としては，次の**条項例**②のように「〇か月以内／〇年以内に限り」と規定することで，権利行使期間を限定したものと主張する余地を残すということが考えられる。

> **（条項例①）** ※甲は買主，乙は売主である。
> 　前項の通知をしたときは，甲は，当該瑕疵又は数量不足を発見した時から〇年間，乙に対し，甲の選択により，書面をもって，代品の納品請求，代金減額請求又は個別契約の解除の意思表示をすることができる。なお，甲から乙に対する損害賠償の請求を妨げない。

> **（条項例②）** ※甲は買主，乙は売主である。
> 　前項の通知をしたときは，甲は，乙に対し，商品の引渡しから6か月以内に限り，代品の納入請求又は損害賠償請求をすることができる。

　2017年改正後の民法では，契約不適合の内容が「種類・品質」か「数量」かによって規律が異なる。「種類・品質」の契約不適合の場合は，売主が契約不適合について悪意・重過失であるときを除き，買主は，その不適合を知った時から1年以内にその旨を売主に通知しないと救済を受けることができない（民新566条）。これに対し，「数量」の契約不適合の場合は，期間制限は設けられておらず，一般の消滅時効の適用を受けるにとどまる。すなわち，買主が権利を行使することができることを知った時（主観的起算点）から5年間，あるいは権利を行使することができる時（客観的起算点）から10年間で，これらの権利は時効消滅する（民新166条1項）。

　通知すべき内容は，現行民法とは異なり，「不適合の事実の通知」で足りることとされ，現行民法において前掲平成4年最判が要求している売主の契約不適合責任を問う意思を明確にすることは不要である。もっとも，単に契約との不適合がある旨を抽象的に伝えるのでは足りず，細目にわたるまでの必要はないものの，不適合の内容を把握することが可能な程度に，不適合の種類・範囲を伝える必要がある（一問一答285頁）。

　また，1年の始期は，買主が「不適合を知った時」であり，買主が売主に対

し契約不適合を理由とする責任を追及し得る程度に確実な事実関係を認識したことまでは必要ではない（潮見佳男『民法（債権関係）改正法の概要』〔きんざい，2017年〕267頁）。

　商法526条が適用される商事売買においては，契約不適合についての通知期間が短縮される。すなわち，「種類・品質」と「数量」のいずれについても，目的物受領後の検査により契約不適合を発見したときは，直ちに売主に対してその旨の通知を発しなければ，その不適合を理由とする救済を受けることができない。「種類・品質」に関する契約不適合を直ちに発見することができない場合において，買主が6か月以内にその不適合を発見したときも，同様である（2017年改正後の商法526条2項）。

　さらに，2017年民法改正により，売主が引渡しの時に契約不適合について悪意・重過失であった場合には1年の短期期間制限が適用されないことが明記された（民新566条ただし書）。また，商法526条が適用される商事売買においても，権利保存のための通知の期間制限については，契約不適合について売主が悪意であった場合には，適用されない（2017年改正後の商法526条3項）。これらの規律を踏まえ，期間制限に関する売主の帰責事由についていかなる定めを設けるか検討する必要がある。

　以上のような通知により保存された権利の行使期間については，「種類・品質」の契約不適合についても，一般の消滅時効の規律に従い，買主が契約不適合を知った時から5年の消滅時効が妥当する（民新166条1項）。

　C　**売主の帰責事由の有無や買主側の原因による権利行使の制限**

　瑕疵が売主の責めに帰すべき事由によるものではない場合や，瑕疵に買主側の原因が寄与している場合等に，買主側の権利を禁止したり制限したりする必要があるということであれば，そのような限定を施すこともできる。なお，2017年改正後の民法では，履行の追完や代金の減額については，売主の責めに帰すべき事由の有無を問わず請求することが可能であるが，損害賠償請求や契約の解除については，債務不履行責任に関する一般の規定により行うこととなる（民新564条）。また，損害賠償請求については，売主に責めに帰すべき事由がない場合には免責され（民新415条1項ただし書），解除については，売主の責めに帰すべき事由の有無を問わず可能となる（民新541条等参照）。他方，契約不適合が買主の責めに帰すべき事由によるものであるときは，履行の追完

や代金の減額を請求することができない旨の規定が設けられた（民新562条2項・563条3項）。契約の解除も認められない（民新543条）。

雛形の「責めに帰すべき事由」とは，現行民法の伝統的な見解によれば，故意，過失および信義則上これと同視し得る事由をいうとされており（例えば，履行補助者の故意・過失も含まれる），2017年改正後の民法においても，同様に解される。

売主が，「売主の責めに帰すべき事由による場合に限る」との限定を付したのに対し，買主から，「売主の故意又は重大な過失による場合を除く」という追記を要請されることがある。そもそも，故意や重過失がある場合に免責を認める条項については，信義則ないし公序良俗に反する場合にはその効力が否定されるものであるところ，判例は故意の場合を免責とする条項は無効としている（大判大正5・1・29民録22輯200頁）ほか，約款については，故意または重過失の場合の全面的な免責条項は有効性に疑義があるとされている（最大判平成14・9・11民集56巻7号1439頁，最判平成15・2・28判時1829号151頁）。当事者の交渉の結果締結される契約においては，約款とは異なり，個別具体的な事情に基づき，重過失の場合の免責が信義則等に反するかが判断される。

では，「重大な過失」とは何か。重過失の定義について，裁判例では，従来，「わずかの注意さえすれば，たやすく違法有害な結果を予見することができた場合であるのに，漫然これを見すごしたような，ほとんど故意に近い著しい注意欠如の状態」という定義が用いられてきた（最判昭和32・7・9民集11巻7号1203頁）。この点，近時の裁判例である東京高判平成25年7月24日（判時2198号27頁）は，この最高裁の示した定義を前提に，「今日において過失は主観的要件である故意とは異なり，主観的な心理状態ではなく，客観的な注意義務違反と捉えることが裁判実務上一般的になっている。そして，注意義務違反は，結果の予見可能性及び回避可能性が前提になるところ，著しい注意義務違反（重過失）というためには，結果の予見が可能であり，かつ，容易であること，結果の回避が可能であり，かつ，容易であることが要件となるものと解される。このように重過失を著しい注意義務違反と解する立場は，結果の予見が可能であり，かつ，容易であることを要件とする限りにおいて，判例における重過失の理解とも整合するものと考えられる。そうすると，重過失については，以上のような要件を前提にした著しい注意義務違反と解するのが相当である」

と判示し,「重過失」とは,「結果の予見が可能であり,かつ,容易であること,結果の回避が可能であり,かつ,容易であること」をいうとしている。この東京高判の重過失の定義は,従来の最高裁の定義と近時の学説や裁判例の流れを統一的に解釈したものといえるが,下級審判決であり,現時点では,判例上確立されたものとはいいがたい。そこで,上記買主提案のような文言を入れるとしても,「重大な過失」の解釈について当事者間に齟齬が生じないよう,例えば,「重大な過失とは,……をいう」など上記平成25年東京高判の定義を用いた定義規定を設けておく意味はあろう。また,故意または重過失の場合に,どの範囲の規定が適用にならないのか(請求期間についてなのか,請求可能な事項の制限についてなのかなど)を意識して定める必要がある(東京地判平成20・11・19判タ1296号217頁は,土地売買についてであるが,重過失の場合の瑕疵担保期間の制限条項を有効としている)。

また,故意・過失という概念のほか,(特に損害賠償請求・解除については)買主の仕様書や図面の指示による瑕疵の場合は除外する,という限定の仕方をすることもある。

(キ) 買主の義務

商人間の売買において,売主から買主に対して引き渡された物品が目的物と異なり,または注文数量を超過している場合,買主は,当該物品および超過分を,売主の費用をもって相当期間保管するか,供託することを要する(商528条,527条)。ただし,売主および買主の営業所(営業所がない場合はその住所)が同一の市町村の区域内にある場合には適用がない(商527条4項)。かかる義務に違反した場合,買主には損害賠償責任が発生するが,他方,義務を履行すれば,商人である買主は売主に対し,相当の報酬を請求することができる(商512条)。

このような商法上の買主の保管・供託義務については,買主側としては適用を排除する旨の特約をするか,売主が引取義務を履行すべき期間を具体的に定め,当該期間の経過後は買主が任意売却をなし得る旨を定めておくことを検討すべきである。

> **(条項例)**
> 商法第528条及び第527条の規定は,適用されないものとする。

(条項例)　※甲は買主，乙は売主である。
　本条第1項の甲の検査の結果，不合格となった商品については，乙は，自己の費用負担で同項の通知の日から○営業日以内に引き取るものとし，当該期間の経過後も乙が引き取らない場合は，甲は，裁量により，当該不合格品について第三者への売却その他の処分をすることができる。当該処分により甲が利益を得た場合，甲は当該利益相当額を不合格品の納品により自己が被った損害の補填に充てることができるものとし，補填後の残金について，乙に支払うものとする。

（3）買主に信用不安がある場合の納品拒絶

　一般的な継続的売買契約においては，まず売主が納品を行い，納品後に買主が代金を支払う，すなわち商品の納品が先履行になっているものが多い。このような取引関係にあっても，買主が前期分の代金の支払を遅滞しているような場合には，売主は，買主の債務不履行を理由に，今期分の商品の納品を拒絶することができる（最判昭和42・6・29集民87号1279頁）。他方，買主に債務不履行はない場合であっても，買主の信用不安を理由に，売主が納品を拒絶する可能性を留保したいと考えることもあると思われる。

（ア）裁判例

　この点，民商法には，かかる場合に納品を拒絶できるという明示の定めはない。しかし，下級審であるが，売主の納品拒絶が買主に対する債務不履行にあたらないとする裁判例がある。

　例えば，東京地判平成2年12月20日（判時1389号79頁）は，「原告〔売主〕において，既に成約した本件個別契約の約旨に従って更に商品を供給したのではその代金の回収を実現できないことを懸念するに足りる合理的な理由があり，かつ，後履行の被告〔買主〕の代金支払いを確保するために担保の供与を求めるなど信用の不安を払拭するための措置をとるべきことを求めたにもかかわらず，被告〔買主〕においてこれに応じなかったことによるものであることが明らかであって，このような場合においては，取引上の信義則と公平の原則に照らして，原告〔売主〕は，その代金の回収の不安が解消すべき事由のない限り，先履行すべき商品の供給を拒絶することができるものと解するのが相当である」と判示している。

そのほか，継続的商品供給契約関係にあったメーカーの販売代理店に対する代金不払，信用不安，指定地域外での商品販売，供給者商品についての無断商標登録出願行為を理由としてした出荷停止措置は正当で，債務不履行の責任を負わないとされた事例（名古屋地判昭和59・2・21判時1132号152頁）や，継続的売買契約において被供給者に信用不安があるため，供給者が先履行すべき商品納入を遅らせた場合について，債務不履行（履行遅滞）の責任を負わないとした事例（東京地判昭和58・3・3判時1087号101頁）などがある。

他方で，売主の信用不安の抗弁が否定され，売主が納品しなかったことについて売主の債務不履行責任が認められた事例（神戸地判昭和60・8・8判時1168号127頁）や，買主に著しい信用不安は認められないとして売主による解除を否定した事例（東京地判昭和56・1・30判時1007号67頁）などもあり，事案によって裁判所の結論が異なっている。

(イ) 売主による納品拒絶に関する契約書の規定

以上のような裁判例の状況に照らすと，売主としては，契約に何ら根拠なく，納品を拒絶すると，かえって損害賠償責任を負うリスクがある。そこで，買主の会社規模や資産状況等に照らして，買主に信用不安があると思われるときには，担保の供給を受けるまで納品を拒絶できるとする定め（→雛形4条5項）を設けておくことが有用である。

4 所有権の移転（第5条）

所有権とは，物を全面的に支配する権能であり，物の使用，収益および処分を自由になし得る権利である。本条は，売買の目的物の所有権が，いつ売主から買主に移転するかについて定める。

(1) 法律に基づく原則

民法は，「物権の設定及び移転は，当事者の意思表示のみによって，その効力を生ずる」（民176条）と定める。判例によれば，売主の所有に属する特定物を目的とする売買においては，特にその所有権の移転が将来なされるべき約旨に出たものでない限り，契約成立時に買主に対して直ちに所有権移転の効力を生じる（最判昭和33・6・20民集12巻10号1585頁）。ただし，他人の物を売買する際には，売主が他人から目的物の所有権を取得した時に効力を生じる

(最判昭和40・11・19民集19巻8号2003頁)。

また，不特定物の売買においては，所有権を留保する特約があるなどの特段の事情のない限り，目的物が特定（民401条2項）した時に買主に所有権が移転する（最判昭和35・6・24民集14巻8号1528頁）。

(2) 契約による修正

以上のように，所有権の移転時期は，法律上，特定物の場合は契約成立時，不特定物の場合は目的物の特定時となるところ，これらの定めは任意規定であるから，当事者の合意によって変更が可能である。売主の立場からは，所有権の移転時期を後らせるような交渉努力を行うべきである。また，買主の立場からしても，不特定物の特定時がいつなのかは一義的に明らかでない場合が多いから，明示的に定めておく必要性は高い。具体的には，納品時，検収時，代金完済時などが考えられる。目的物の性質によるものの，納品時または検収時とすることが多い。

買主に信用不安がある場合は，代金完済まで所有権を留保することが考えられる（→雛形5条1項）。とはいえ，目的物が転売された場合には，善意無過失の第三者が即時取得（民192条）をする可能性が高く，実効性は薄い。

5　危険負担（第5条）

危険負担とは，当事者の責めによらない事由により売買の目的物が滅失ないし損傷してしまった場合に，買主が代金支払義務を負うか，支払義務を負うとして，目的物の滅失，損傷が取引のどの段階で生じた場合にそれを負うのか，という問題である。

(1) 法律に基づく原則

危険負担における危険の移転時は，目的物が特定物か不特定物かによって異なる。

特定物の売買契約については，民法は債権者主義（目的物が滅失した場合に代金支払義務は消滅しない）をとっているため（民534条1項），特定物が売主の下にある時点で滅失した場合でも，買主は代金を支払わなければならないことになる。他方，不特定物の売買における危険負担は，目的物の特定前は債務者主

義（売主の負担。民536条1項），特定後は債権者主義（買主の負担。民534条2項）と規定されている。

買主の帰責事由によって目的物が滅失ないし損傷した場合も，債権者主義により，買主は代金を支払わなければならない（民536条2項）。ただし，売主が自己の債務を免れたことによって利益を得たときは，利益相当額を買主に償還する必要がある。

これらの定めは売主に責めに帰すべき事由がないことを前提としている。買主に帰責事由があるが売主にも帰責事由がある，という場合は，危険負担の問題にはならず，売主は履行不能による損害賠償義務を負うが，買主にも帰責事由があるため過失相殺がなされ，買主の代金支払義務も存続することとなる。

2017年改正後の民法においては，現行民法における危険負担の規律が全面的に改められた。2017年改正後の民法の下では，売主が買主に目的物を引き渡した時以後にその目的物が当事者双方の責めに帰することができない事由によって滅失または損傷したときは，買主に危険が移転し，買主は，代金支払を拒むことができず，滅失・損傷を理由として，履行の追完，代金減額，損害賠償の各請求や契約解除をすることができない（民新567条1項）。売主が契約の内容に適合する目的物をもって債務の履行を提供したにもかかわらず，買主の受領遅滞があった場合であって，履行の提供以後に当事者双方の責めに帰することができない事由によって目的物が滅失または損傷したときも同様である（民新567条2項）。この2017年民法改正により，現在の契約実務で一般に定められている危険負担の内容と同改正後の民法下における規律の内容とが近づいたことになる。

もっとも，民法における危険負担の規律が任意規定であることに変わりはない。契約書において，2017年改正後の民法下におけるルールを一部変更し，または補足するものとして，上記要素を含めた危険負担のルールを別途契約書で定めておくことは，同改正後においても有効であると考えられる。

（2）契約による修正

危険負担に関する上記の民法の規定は，買主が目的物を取得できないのに代金支払義務を負う場面が多く，不平等感を否めず，学説上も，債権者主義については立法論的に問題があると批判されているところである。商事売買では，

通常，不特定物が目的物となるが，特定は買主への引渡以前に生じていることが大半であろうから，特定によって危険が買主負担となるのは買主にとって酷とも思える。

そこで，当事者は黙示的に債権者主義を排除する合意をしているものとして，妥当な結論を導こうという主張がある（加藤雅信「危険負担・原始的不能・契約締結上の過失」法教164号〔1994年〕24頁，平野裕之『民法総合(5)契約法〔第3版〕』〔信山社，2007年〕121頁ほか）が，危険負担に関する民法の規定は任意規定であることから，契約において明示的に妥当な危険負担を規定することが望ましい。なお，本来，民法の危険負担の規定は，売主の引渡し等の債務が目的物の滅失等により不能となった場合の規律であり，引渡後は売主の債務は履行済みであるから，危険負担は問題とならない（売主が引渡後に故意または過失により目的物を損傷させるといった例外的な場合のみ問題となる）ともいえる。しかし，実務上は，引渡後は買主に危険が移転するということを規定するのが一般である。いわば当然のことを定めているともいえるが，引渡しまでは売主が危険を負担するということをより明確にする意味もあるし，また規定しても特段問題となるものではないであろう。

現物を倉庫営業者に寄託したまま，売主発行の荷渡指図書を交付することにより引渡しがなされる場合には，危険の移転は，買主が倉庫営業者から現物をいつ出庫したかにかかわらず，原則として，出庫の時または寄託者台帳を買主名義に書き換えた時に生ずると実務上解されている。その実質的理由は，倉庫営業者に寄託された物品には，通常，出庫時または名義変更時まで倉庫営業者を保険契約者，寄託者を被保険者とする火災保険が付保されているからであるといわれる（江頭・前掲書22頁）。

6 仕様基準・品質保証（第6条）

売買の目的物が，どのような仕様・品質を備えたものでなければならないかを定める。

（1）法律に基づく原則
（ア）目的物の品質
売主の債務である目的物の提供は，債務の本旨に従って現実にしなければな

らない（民493条）。何をもって「債務の本旨」に従った「現実」の提供といえるかは、当事者の意思によって定まる。特定物が売買の目的物である場合には、その引渡時の現状でその目的物を引き渡せば足りる（民483条）。種類物の場合には、何を納品すべきかは売買契約の趣旨や当事者の意思によるが、その品質を定めることができないときは、売主は「中等の品質を有する物」を給付すれば足りる（民401条1項）。

（イ）品質保証体制

目的物の性質によっては、製造業者である売主に、品質保証体制の確立・整備義務が業法により定められている場合がある（医薬品、医療機器等の品質、有効性及び安全性の確保等に関する法律等）。

（2）契約による修正

買主としては、求める仕様基準を詳細に定めておく必要がある[7]。他方、売主としても、「買主の満足する品質・性能」といった漠然とした定めの場合、義務の範囲が広がりすぎるおそれがあるため、より具体的な定めを設けておくべきである。

業法に定めがない場合であっても、品質保証体制の確立・整備義務を定め、相手方の製造所の品質管理体制を調査することについて定めを設けることは有用であるし、業法上詳細な規定がある場合には、品質保証体制の調査に関し、頻度・時期・調査項目・調査への応対義務、改善点の指摘に対する改善・報告義務、調査に要する費用の負担等を具体的に定めておくべきである。

また、材料変更や工程変更の際に、事前に買主に通知する義務を設けることもある。売主としては、通知義務は重大な変更の場合に限ることとしたい。

7　代金の定め・支払方法（第7条）

売買代金の額、支払時期、支払方法、支払を遅延した場合の遅延損害金等について定める。

---

[7] なお、納入仕様図面に買主が承認していることが文書上明らかである場合は、契約内容の変更または補充の事実を証する文書に該当し、課税文書となる。

(1) 代金の額および算定方法

　代金額やその算定方法は，当然のことながら，契約において特定すべき事項である。ただし，別紙扱いとする場合や，取引基本契約では「所定の方法により算定し」と包括的に規定して，具体的には個別契約や別途合意で定めるという方法もある。

　また，包装費用，運賃，保険料等が当該代金額に含まれるか否かを明確にしておく必要がある。弁済の費用について定めがない場合は，民法上は弁済者，つまり包装費用等ならば売主，振込手数料等ならば買主の負担となる（民485条本文）。ただし，売買契約に関する費用（目的物の評価，印紙代，公正証書作成手数料等が考えられる）は，当事者双方が等しい割合で負担する（民558条）。外貨建ての契約の場合は，為替換算方法等を明確に定めておくべきである。

(2) 支払時期

　民法上，売買代金の支払期限は，目的物の引渡期限と同一と推定される（民573条）。しかし，実務上は，売主が商品の引渡義務を先履行し，買主が一定期間ごとに取引を締めて当該期間の合計代金を後払いする契約が圧倒的に多い。この場合，契約書または別途合意により，締め日および支払期限を規定する（→雛形7条1項）。代金の算定は，締め日までに納品のあった取引を基準とするのか，検収された取引を基準とするのか等を明確にする。なお，売主が下請法上の下請事業者にあたるときは，同法の支払期限に関する定めに留意が必要である（下請法2条の2第1項）。

(3) 支払場所

　民法574条は，目的物の引渡しと同時に代金を支払うべきときは，その引渡しの場所で支払わねばならないと定めるが，判例によれば，目的物がすでに引き渡された後は，民法484条が適用され，債権者の住所において弁済すべきこととされている（大判昭和2・12・27民集6巻743頁）。これにより，実務で多くとられている後払いの場合には，支払場所を別途定めなければ，債権者の住所において支払うべきこととなる。

（4）支払方法

民法上，金銭債権の場合は，債務者はその選択に従い各種の通貨で弁済をすることができるとの規定があるのみである（民402条1項）。実務上は，銀行振込等による送金，売主を受取人とする約束手形の振出・交付が多いと推察される。2008年12月に電子記録債権法（平成19年法律第102号）が施行され，2009年8月以降サービスが開始したことから，売主を電子記録権利者とする電子記録債権の発生が記録されることによる決済が増えることが期待されている。

（5）遅延損害金

買主は，支払期限の経過後は，利息を支払う義務を負う（民575条2項）。利率は，別途合意されない限り，現行民法上は年5分（民404条），現行商法上は年6分である（商514条，手5条2項・48条1項2号・49条2項，小44条2項・45条2項）。なお，利息制限法の規定は，金銭を目的とする消費貸借契約を対象としているから，売買契約上の義務の不履行にかかる約定には適用がない。

この点，2017年改正民法施行後は，法定利率についていわゆる緩やかな変動制が採用され（民新404条），商事法定利率も廃止される。

売主としては，より重い遅延損害金を課し，代金支払の遅延を防止することを検討することが考えられる。この場合には，より高率の遅延損害金を契約書に規定することとなる（→雛形7条3項）。実務上は，国税通則法に定められた国税の延滞税の割合である年14.6％（税通60条2項）を用いる例が多くみられる。

8　相殺予約（第7条第2項）

売主と買主が互いに相手方に対する債権と債務を有する場合，対当額でそれらの債権債務を消滅させることができる。

（1）法律上の原則
（ア）民法

相殺をしたい当事者は，相手方に対し，相殺する旨の意思表示を行うことを

要する（民506条1項）。意思表示は相手方に到達する必要があり，また，意思表示があったか否か，その時期がいつであったか等を後日に立証する場合に備えて，内容証明郵便等による書面での通知を行うのが一般である。

相殺をするには，双方の債権が弁済期にあることを要する（民505条1項）。もっとも，相殺をする者に対する債権は，その者が期限の利益を放棄することによって，弁済期が到来したことと同じことになる。したがって，実際には，相殺をする者が有する債権の弁済期が実際に到来しているかどうかによって，相殺の可否が決まる。

（イ）商法

商法上，商人と平常取引をなす相手方との間に，相互に債権債務が発生する関係にある場合に，一定期間内の取引から生ずる債権債務の総額につき相殺し，その残額を一方が支払う特殊な支払決済方法として，交互計算に関する定めがある（商529条〜534条）。一定期間内とは，特約がなければ6か月である（商531条）。交互計算に組み入れられた債権は，期間中，個別に譲渡・質入れ等の処分ができず，善意の第三者がそれを差し押さえることもできない（大判昭和11・3・11民集15巻320頁）。期間の満了により，交互計算に組み入れられた債権債務の総額につき一括相殺がなされ，当事者が計算書を承認すると，以後計算書の各項目について異議を述べることができないとされるが（商532条本文），別に不当利得返還請求を行うことまで禁ずるものではないと解される（同条ただし書）。

（2）相殺に関する契約書の規定

先にみたように，民法上は，自分の持つ債権の弁済期が到来していなければ相殺はできない。しかし，相手方が手形の不渡りを起こすなど信用不安の状態に陥った場合，契約上，自分の債権は2か月先にしか決済できないというのでは，債権回収に支障が生じる。そこで，契約において，債務の履行に支障を来す状態やその他の信用不安の状態といえる一定の事由が生じた場合に「期限の利益を喪失する」という条項を設けることで，自動的に弁済期を到来させ，相殺を可能にする，という対応をすることが考えられる（→雛形22条）。

さらに「弁済期にあるか否かを問わず相殺することができる」と規定して，予めそのような相殺を当事者が了解した形とする方法もある（→雛形7条2項）。

相殺は，債権回収の一つの選択肢として行われるものであり，一刻を争う場合がある。その際に，意思表示，すなわち郵便での通知を必要とするのでは間に合わないということもあり，契約において，「通知を要することなく相殺されたものとする」と規定することが考えられる。

9　支給品・貸与品（第8条）

（1）支給品

　目的物の製造に必要な資材（材料・部品）を売主に対して支給する場合に定める。有償支給の場合と無償支給の場合がある。

　下請法の適用に留意する必要はあるが，民商法には，特段の定めはない。有償支給の場合は当該資材の売買であり，無償支給の場合は贈与に近いが，売主が当該資材を売買の目的物の製造に用いる義務を併せて負うという意味では，典型契約である売買・贈与とも異なる。

　買主としては，品質・コスト・納期などの政策的観点から，大量購買契約によって，安定した品質の材料・部品を安い価格で購入し，それを売主に支給することによってコスト低減を図ることがある。

　有償支給と無償支給のいずれであるかによって，所有権や危険負担の危険の移転時期について異なる定めをするのが一般的である（→雛形8条3項・4項）。

　また，価格については，無償支給の場合，商品販売価格には支給品自体の価格は含まれないとし，有償支給の場合には，商品販売価格に支給品自体の価格も含むとすることが一般的である。

　売主としては，支給品を受け入れることが売主の既存の取引先への発注減やコストアップとなることもあるため，支給品の種類，規格，価格，数量等についてよく検討することが必要である。

　下請法の適用がある場合，買主が，発注した商品の品質，性能，規格を維持するために必要であるなどの正当な理由がないのに，買主の指定する材料や部品を有償支給と称して強制的に購入させる行為は同法に違反する（下請法4条1項6号）。また，有償支給品を用いて製造または修理した場合に，目的物の下請代金の支払期日より早い時期に支給品の対価を下請事業者に支払わせたり，下請代金と相殺したりして，下請事業者の利益を不当に侵害した場合も下請法違反となる（下請法4条2項1号）。有償支給品の支払条件については，代金と

の相殺を行うことを前提とし（→雛形7条2項），別途の規定を設けない場合のほか，有償支給品の支払条件を別途取り決める場合もあり得る。

支給品の納入・検査・不良品の通知などについての定めも必要である（→雛形8条2項）。

売主としては，支給品に起因して自己に損害が発生したり，商品に瑕疵が生じたりした場合における契約当事者それぞれの責任に関する定めを設けたいところである（→雛形8条5項）。

また，支給品の管理について，売主に善管注意義務を課す定めを設けることも多い（→雛形8条7項）。支給品の棚卸しや在庫管理状況の調査に関する定めを設けることもある。損耗率を予め決定しておき，それを超えて減損している場合に責任を負うこととする場合もある。

（2）貸与品

目的物の製造に必要な機械，設備，計測器，金型などを売主に対して貸与する場合に定める（→雛形8条6項）。支給品と同様に，有償貸与と無償貸与がある。金型については，その製造費が高額になる場合に買主がその費用で製造して売主に貸与することがあり，また，将来売主を変更する場合に備えて買主が所有することがある。

（ア）無償貸与の場合

無償貸与の場合，その権利義務関係は民法上の使用貸借（民593条〜600条）に類するが，売買に伴う使用貸借である以上，当該売買の目的物の製造以外の目的で使用してはならない義務を負うと解される。

使用貸借は要物契約であり，売主が貸与品を受け取ることによって効力を生じる（民593条）。売主は，契約またはその貸与品の性質により定まった用法に従って貸与品の使用・収益をしなければならず，売主がこれに反した場合は，買主は貸与契約を解除できる（民594条1項・3項）。

売主は，貸与品の通常の必要費（例えば機械を動かす際の円滑剤など）を負担し（民595条1項），それ以外の費用については，買主に対して支出額等の償還を請求できる場合がある（民595条2項，583条2項）。契約においては，貸与品に関して生じた費用の分担・費用償還期限等について，上記の法律の規定と異なる定めを設けることも考えられる。

返還の時期は，通常，契約において定めるが，返還の時期を定めなかった場合は，契約に定めた目的に従って使用・収益を終えた時（売買であれば，目的物の製作完了時ないし引渡時に該当しよう）に返還する（民597条2項本文）。ただし，売買目的物の引渡期限の経過後は，直ちに返還を請求することができると解される（同項ただし書）。この点，2017年改正民法では，使用貸借の期間を定めなかった場合，使用貸借は，①使用・収益の目的を定めたときは，借主がその目的に従い使用・収益を終えることによって終了し（民新597条2項），②使用・収益の目的をも定めなかったときは，貸主がいつでも契約を解除することができる（民新598条2項）と規定する。

費用の償還と契約の本旨に反する使用・収益によって生じた損害の賠償は，買主が貸与品の返還を受けた時から1年以内に請求しなければならない（民600条）。

（イ）有償貸与の場合

有償貸与の場合，その権利義務関係は民法上の賃貸借（民601条〜621条）に類する。賃貸借は諾成契約であるから，貸与の合意のみで効力を生じる（民601条）。使用貸借と同様，契約またはその貸与品の性質によって定まった用法に従って貸与品の使用・収益をしなければならない（民616条，594条1項）。

有償貸与の場合は，買主が貸与品の使用・収益に必要な修繕費を負担し，売主は買主に対して必要費・有益費の償還を請求できる（民608条）が，償還・損害賠償請求の期限は無償貸与と同様である（民621条，600条）。また，動産である貸与品の賃料は毎月末までに支払うものとされる（民614条）。返還期限を定めなかった場合や期間内解約申入権を留保した場合は，動産の場合，解約申入れの日から1日を経過することによって終了する（民617条）。

契約においては，賃料の額や支払時期，貸与品の返還期限，費用負担の定め等を行うべきであるが，別途の契約で定めることが一般的である（→雛形8条6項）。また，貸与品の取扱いについて，（有償か無償かにかかわらず）売主に善管注意義務を課す定めを設けることも多い（→雛形8条7項）。

10　瑕疵担保責任／契約不適合責任（第9条）

納品・検査・検収に関する規定（→雛形4条）に従うことを前提として，個別契約に基づき納品され検査を経た商品について，後日，品質・性能が基準を

満たさない場合やキズや腐敗などがあった場合，買主として売主にどのような対応を求められるかを規定する。

　納品・検査・検収に関する規定で解説したとおり（→前記3），商法上，買主は納品を受けた目的物の検査を行う必要があるが，その際に瑕疵や数量不足を発見した場合に，代品請求や損害賠償請求を行うには，直ちに売主に通知をせねばならない。他方，瑕疵が納品時に合理的な検査をしても発見できず，後日，発見されることがある。この場合，買主が商品の受領後6か月以内に瑕疵を発見したときは，受領時に瑕疵があった場合と同様，直ちに売主に通知を発しなければ，救済を受けられない（商526条2項）。買主がこの期間内に瑕疵を発見できなければ，過失の有無を問わず，買主は売主に対して権利を行使できなくなる（最判昭和47・1・25集民105号19頁）。

　通知を行った買主が請求し得る内容や請求期限については，前記3の解説のとおりであり，明確化したり限定したりすることを検討し，必要に応じて契約書に規定することとなる。前記3で示したとおり，雛形は，検査時に瑕疵等を発見した場合のルールを4条で，検査後に瑕疵等を発見した場合のルールを9条で，それぞれ定めている。しかし，実際には「瑕疵担保責任」という表題で，「瑕疵があった場合には損害を賠償する」といった漠然とした規定がなされていることが多い。このような規定は，瑕疵がどの段階で発見された場合の規定であるのか，検査時の通知義務等を果たさない場合でも後日の賠償請求を認める趣旨なのか，また前記3でも指摘したとおり，権利行使がいつまで可能なのか，などが実は不明確である場合が多い。したがってこれらについて，任意規定が適用されても不測の損害が生じることのないよう，詳細に規定をすべき場合もあろう。雛形9条では，納品後6か月以内に買主が瑕疵を発見し，かつ通知した場合に，代品の納品，修理交換等を選択して売主に請求することができ，かつ損害賠償請求もなし得る旨を定めている。これに対し，買主側としては，例えば次の**条項例**①のように，買主は検収後1年間以内に瑕疵を発見してその旨を通知すればよい内容とすることが考えられる。他方，売主側としては，次の**条項例**②のように，代品の納品等に応じる瑕疵を，売主の責めに帰すべき事由によるものでかつ納品後6か月以内に発見，通知されたものに限定し，さらに，損害賠償請求をなし得る場合を制限する内容とすることも考えられる。

> **(条項例①)** ※ 甲は買主，乙は売主である。
> 　商品に第4条第1項に定める検査では発見できない瑕疵があり，甲が検収後1年以内にその旨を通知したときは，乙は，甲に対し，甲の選択に従い，代品の納品，商品の修補又は部品の交換に応じる。なお，甲の乙に対する損害賠償の請求を妨げない。

> **(条項例②)** ※ 甲は買主，乙は売主である。
> 1　商品に第4条第1項に定める検査では発見できない瑕疵があり，乙の責めに帰すべき事由による瑕疵で，かつ納品後6か月以内に甲が瑕疵を発見し，通知したときは，乙は，甲に対し，甲の選択に従い，代品の納品，商品の修補又は部品の交換（以下「代品の納品等」という）に応じる。
> 2　乙が前項の定めによる代品の納品等をなし得なかった場合に限り，甲は，乙に対し，代品の納品等に代えて損害賠償を請求することができる。

　2017年改正後における契約不適合責任についても，上記現行民・商法に関する解説のとおりである。すなわち，商事売買では，納品時の検査で発見できなかった種類または品質に関する契約不適合について，買主が商品の受領後6か月以内に契約不適合を発見したときは，直ちに売主に通知を発しなければ，救済を受けられない（2017年改正後の商法526条2項）。買主がこの期間内に瑕疵を発見できなければ，現行民・商法と同様，過失の有無を問わず，買主は売主に対して権利を行使できなくなると解される。通知を行った買主が請求し得る内容については，前記3の解説のとおりであり，追完請求，代金減額請求，損害賠償請求，解除の各要件について，明確化したり限定したりすることを検討し，必要に応じて契約書に規定する。また，通知の期間制限についても，前記3の解説のとおり，必要に応じて調整し，契約書に規定することとなる。

11　製造物責任（第10条）

　売買の目的物それ自体について瑕疵（契約不適合）がある場合の買主の救済策については，すでに検査・検収の箇所で述べたとおりである（→前記3参照）。ここでは，目的物の欠陥が原因で目的物以外に損害が発生する場合（いわゆる拡大損害）について定めるものである。

(1) 法律に基づく原則

　拡大損害の場合も，民法上の瑕疵担保責任，債務不履行責任，不法行為責任等の要件を満たせば，買主は売主に対してそれらに基づく損害賠償請求をなし得る。

　また，売主が製造業者の場合で，目的物の「欠陥」から拡大損害が生じたときは，製造物責任法（平成6年法律第85号）における製造物責任と重なり得る。「欠陥」とは，当該製造物の特性，その通常予見される使用形態，製造業者が製造物を引き渡した時期その他の当該製造物にかかる事情を総合的に考慮して，当該製造物が通常有すべき安全性を欠いていることをいう（製造物2条2項）。そのため，安全性にかかわらないような単なる品質上の不具合は，製造物責任法の賠償責任の根拠とされる欠陥にはあたらない。

　また，製造物責任法は，「人の生命，身体又は財産に係る被害が生じた場合における」，これらの人に対する製造業者の責任を定めているにすぎず，商人間での売買契約の場合の買主から売主に対する責任追及ないし売主・買主間の責任分担に関して規律するものではない。そこで，買主が欠陥のある目的物を組み入れた商品を第三者に販売したことによって，第三者から製造物責任を問われたような場合に，買主が被った損害を売主に求償できる範囲については，当該欠陥によって「通常生ずべき損害」を原則とし，特別の事情によって生じた損害の場合は売主がその事情を予見し，または予見し得たとき（債権法改正後は，その事情を予見すべきであったとき。民新416条2項）に限り，賠償を請求できることになる（民416条）。また，欠陥に関して買主に過失がある場合には，損害賠償について過失相殺がなされる（民418条）。

(2) 契約による修正

　上述のとおり，欠陥に起因して生じた第三者への拡大損害について売主に責任を問うには，通常損害か否かや予見可能性の有無をめぐり，合意を得ることが困難な場合が予想されることから，買主としては，雛形10条2項のように契約に明記することにより，売主への求償権を予め確保しておきたいところである。また，買主の立場からは，買主が被害者に支払った賠償額のみならず，商品を市場から回収するために要した費用も含むとしておきたい。

　他方，売主としては，拡大損害の範囲がどこまでも広がることを避けるため，

「欠陥を直接の原因とする（損害）」「通常損害」というように損害の範囲を限定したり，損害賠償の額に上限を設けたりするなどの対応を検討すべきである。また，欠陥について売主に故意または過失がある場合のみ責任を負うよう明記しておくことが考えられる。

12　知的財産権の帰属（第11条）

売買契約の履行の過程で提示された情報に基づいて発明，考案または創作がなされた場合について規定するものである。

(1) 法律に基づく原則
(ア) 特許
特許を受ける権利は，発明者である自然人に原始的に帰属する（特許29条1項）。使用者である企業等が，就業規則等により，従業員がなした職務発明に関し，特許を受ける権利ないし特許権を取得・承継することとしたときは，当該企業等が権利者となる（特許35条）。なお，誰が発明者ないし共同発明者となるかについては，第11章Ⅱ13(5)の解説を参照されたい。発明について特許を受ける権利を有していない者が出願し，特許を受けること（いわゆる冒認出願）は許されないし（特許49条7号），共同発明のように，特許を受ける権利が共有にかかるときは，共有者全員が共同で出願しなければならない（特許38条）。これらに反して誤って登録された特許は，無効審判により無効とされ得る（特許123条1項2号・6号）が，2011年の特許法改正（平成23年法律第63号）により，真の権利者からの移転請求が可能となった（特許74条）。

(イ) 実用新案，意匠
実用新案および意匠にかかる権利についても，上記(ア)と同様である（新案3条1項・11条1項および3項・17条の2・37条1項2号および5号，意匠3条1項・15条1項および3項・17条1号および4号・26条の2・48条1項1号および3号）。

(ウ) 著作物
企業の従業員が職務上作成する著作物で，当該企業が自己の著作の名義の下に公表するものの著作者は，就業規則等に別段の定めがない限り，当該企業となる（著作15条1項）。従業員が職務上作成するプログラムの著作物について

は，公表名義にかかわらず，当該企業が著作者となる（著作15条2項）。共同して創作した著作物であって，その各人の寄与を分離して個別的に利用することができないものは共同著作物（著作2条1項12号）として，両者の共有となる（著作65条）。

(エ) 回路配置

回路配置（半導体集積回路の回路配置に関する法律2条2項）についても，従業員が職務上創作したものについては，就業規則等に別段の定めがない限り，当該企業が創作者となる（同法5条）。創作者でない者またはその承継人でない者による設定登録申請は却下されるし（同法8条1項1号），創作者が2人以上あるときは，これらの者が共同で設定登録の申請をしなければならない（同法8条1項2号）。これらに反して誤って設定登録がされた場合は抹消される（同法9条）。

(オ) まとめ

以上のとおり，使用者である企業が取得・承継する発明，考案および意匠（以下「職務発明等」という）にかかる権利や，職務上作成された著作物および職務上創作された回路配置（以下「職務著作等」という）にかかる権利は，当該職務発明等や職務著作等をなした従業員が所属している当事者に，単独保有または共有として，帰属することとなる。

(2) 契約による修正

知的財産権の帰属に関する定めを設けなかった場合，売主および買主は，自らの判断で権利化を行うこととなる。発明者ないし創作者が誰か，またそれにかかる権利が売主・買主のどちらに帰属するかについては，理論上の基準はあるものの，実務上は，当事者間に認識のずれが生じ，紛争に発展するおそれがあることから，売買契約の履行の過程で授受された情報に基づき，職務発明等または職務著作等がなされ得る場合には，当該職務発明等または職務著作等にかかる権利が，売主・買主のいずれかのみに帰属するか，または共有とするかについて，当事者間で認識を共通にしておく必要がある。前述のとおり，権利者でない者や共有者の一部によって設定登録がなされた場合には移転請求が可能ではあるが，移転請求手続の煩雑さを考慮すると，事前に通知し，協議の上で帰属を決すること（→雛形11条）は，両当事者にとってメリットがあると考

えられる。そのほか，法律の定めに従って権利が帰属することを注意的に定めておく例もみられるが，発明者ないし創作者の認定は，経済的貢献度に基づく当事者の意図とは必ずしも合致しない面もあることから，権利が誰に帰属するかの認識のずれに基づく紛争を防止するという観点からは，雛形のように，通知・協議を行うことを定めておくことが望ましい。

13　第三者の知的財産権を侵害した場合の対応（第12条）

　売買の目的物が第三者の知的財産権を侵害するとの主張がなされた場合の対応および責任の分担について規定するものである。

(1) 法律に基づく原則

　売買の目的物が第三者の特許発明等の技術的範囲に属する場合，売主が当該特許権者から許諾を受けてその目的物を製造し販売しているのであれば，その目的物については特許権はその目的を達したものとして消尽し，もはや特許権の効力は目的物の使用・譲渡等には及ばず，特許権者がさらに買主や転売先に対して特許権を行使することは許されない（最判平成9・7・1民集51巻6号2299頁〔BBS並行輸入事件〕）。したがって，売主が目的物に関する必要な許諾を権利者から受けていれば，買主が当該権利者から権利行使を受けても，買主が損害賠償義務等を負うことはない。売主が，特許権者や許諾を受けている者から目的物を購入して買主に転売するという場合も同様である。他方，売主が必要な許諾を受けていない場合，売主のみならず買主も，当該権利者から特許権等の侵害を理由に，目的物の転売等の差止請求および廃棄請求や損害賠償請求を受けることがあり得る。

　必要な許諾を受けないで売買の目的物を引き渡したとしても，当該売主の行為は，債務の本旨に従った履行とはいえず，売主は買主に対して，債務不履行（不完全履行）に基づく責任を負う（民415条）。損害賠償請求においては，例えば買主の指示により定めた仕様に関して第三者の知的財産権の侵害を惹起したような場合には，過失相殺がなされ得る。

　また，当該特許権者との関係では，当該特許権者が買主のみを被告として訴訟を提起した場合，売主は当該訴訟の結果に利害関係を有する者として補助参加をすることができ（民訴42条），売主が自ら参加しない場合には買主から売

主に対し訴訟告知をすることができる（民訴53条）。しかし，知的財産権の侵害に関する主張が訴訟外で第三者から買主に対してなされた場合に，売主に積極的に関与させる旨の定めは，法文上存しない。

（2）契約による修正

そこで，契約において，目的物に関し，第三者の知的財産権の侵害問題が生じた場合には，速やかに相手方に通知し，協力して解決することを定めておくことが有用である（→雛形12条2項）。買主としては，特に製法特許の侵害を主張されているような場合，売主が採用している製法が不明であることから反論が困難となることも多い。そのため，売主の積極的な関与を求める必要性が高い。

また，売主としても，自己の関与しないままに買主が敗訴したり，損害賠償の合意をするなどし，その全責任について賠償を求められる可能性が生じるよりも，予め訴訟手続や和解交渉に関与する機会を与えてもらうことで，より有効な反論を行い，危険を低減できた方がよい。

かかる観点からは，売主・買主の双方にとって，第三者の知的財産権の侵害問題が生じた場合の対応を事前に検討し，契約事項として定めておくメリットがあるといえよう。

14 再委託（第13条）

買主は，売主の技術力や信用に期待し，当該売主を取引先として選定しているのが通常であり，売主自らが目的物を製造することを望む場合も多い。また，機密性の高い商品である場合，買主にとっては，再委託による機密漏洩も懸念されるところである。他方，売主が，経営効率化，コスト低減等の要請から，その販売する商品の全部または一部の製造を他社に再委託することは一般的に行われており，売主として再委託の必要性が高い場合も多い。本条は，かかる再委託に関する定めである。

（1）法律に基づく原則

法律上，再委託の可否に関する特段の定めはなく，商慣習ないし取引上の信義則に照らしてこれを否定すべきであるような例外的場合を除き，原則として，

売主は，買主の承諾を得ることなく，自由に再委託することができるものとされる。売主と再委託先との関係は，通常は請負に関する法令の定めによることとなる（→第5章）。

なお，再委託したとしても，売買契約上の買主に対する売主の義務が緩和されるものではなく，再委託先の行為に起因して売主が契約上の義務に違反した場合には，売主が買主に対して全責任を負うことは当然である。

(2) 契約による修正

そこで，買主として，再委託を制限したい場合には，再委託について買主の事前の書面承諾を要するなどの条項を設けることが有用である（→雛形13条1項）。また，再委託を承諾した場合であっても，売買契約上の売主の義務の履行に支障を来さないようにすることや，再委託先に守秘義務を負わせることなどを目的として，再委託先に売主の義務と同等の義務を負わせる旨の包括的な規定を設ける例が多くみられる（→雛形13条2項）。

他方，売主としては，再委託先が多数に上る場合など，かかる条項を設けることの不都合が大きい場合には，当該条項の削除や，商品の重要部品の再委託に限るという限定を設けることが考えられる。

Ⅲ 不動産売買契約書の条項例と解説

雛形

※ 欄外の番号は条項解説の該当箇所を示す。

不動産売買契約書

○○（以下「甲」という）と○○（以下「乙」という）とは，不動産の売買に関し，以下のとおり契約（以下「本契約」という）を締結する。

[1] 第1条（目的物及び売買代金）
　甲は，乙に対し，甲が所有する末尾記載の土地建物（以下土地を「本土地」，建物を「本建物」という。また，本土地及び本建物を総称して「本物件」という）を，次のとおり，計金○円で売り渡し，乙は，○○の目的でこれを買い受ける。

1	土地	金	○円
2	建物	金	○円
3	上記2に係る消費税	金	○円
合計		金	○円

[2] 第2条（支払方法）
1　乙は，甲に対し，前条に定める金員（以下「売買代金」という）のうち，この契約の締結と同時に，手付金として，金○円を以下の口座に振り込む方法により支払う。なお，振込手数料は乙の負担とする。また，手付金は無利息とし，売買代金の全額を支払う際に，売買代金の一部に充当する。

　　金融機関　　○銀行○支店
　　種　　別　　普通預金
　　口座番号　　○○○○○
　　名 義 人　　○○○○○

2　乙は，甲に対し，売買代金のうち，手付金額を差し引いた残額金○円を，本物件の所有権移転登記手続及び引渡しを受けるのと引き換えに，令和○年○月○日

限り上記同様に支払う。ただし，甲及び乙双方において同期限前に引渡し及び登記手続並びに代金決済の準備が完了した場合は，双方協議の上，同期限を早めることができる（以下令和○年○月○日又は本条ただし書に基づいて甲と乙が別途合意した令和○年○月○日より前の日を総称して「決済日」という）。

第3条（甲による事実の表明及び保証）

1　甲は，乙のために，本契約締結日及び決済日現在において，別紙1に定める事項が正確かつ真実であることを表明し，保証する。ただし，別紙1に定める事項のうち2(1)及び(4)については決済日現在に限る。
2　甲は，本条に定める自己の表明及び保証に関し誤りがあり又は不正確であったことが判明した場合には，直ちに乙に対しその旨書面により通知する。
3　第1項の表明保証の違反又は前項の通知義務の違反は，甲の本契約違反を構成するものとし，甲は，乙が当該違反により被った一切の損害，損失及び費用（弁護士等の専門家の報酬を含む。以下総称して「損害等」という）につき，乙に対してこれを賠償し又は補償する。

第4条（境界の明示）

1　甲は，乙に対し，決済日までに，現地において隣地との境界を明示する。
2　甲は，その責任と負担において，隣地所有者等の立会を得て，測量士又は土地家屋調査士に本土地について実測図を作成させ，決済日までに乙に対し交付する。

第5条（売買対象面積）

1　前条第2項に定める実測の結果，実測図の面積と登記簿面積との間に相違が生じても，甲は，乙に対し，地積更正登記の責めを負わない。
2　甲及び乙は，本土地について，前条第2項に定める実測図の面積と末尾記載の面積が異なる場合には，その異なる面積に次の単価を乗じた額を第2条第2項に定める残代金支払時に精算する。

売買代金精算の場合の土地単価　1㎡あたり　金○円

3　甲及び乙は，本建物については，実測の実施及び実測による売買代金の精算を行わない。

第6条（所有権移転の時期）

本物件の所有権は，甲が乙から第1条に定める売買代金の全額の支払を受けた時に，甲から乙へ移転する。

第7条（引渡し）
1 甲は，乙に対し，第1条に定める売買代金の全額の支払を受けるのと引き換えに，本物件，本物件及び付帯設備の鍵類一式，建築確認通知書，検査済証及び図面・仕様書並びに本物件に付属する給排水・電気・防災等の諸設備について甲が現に保有する関係書類（保守管理契約書・保守点検報告書・保証書・取扱説明書等）を引き渡す。
2 乙は，甲に対し，引渡確認書を交付して，前項に定める本物件の引渡し（以下「本引渡し」という）の確認を行う。
3 甲は，乙に対し，末尾記載の付帯設備一覧表の設備のうち，「有」と記したもの（以下「本付帯設備」という）を，本物件と同時に引き渡す。ただし，本付帯設備については，第18条（瑕疵担保責任）の規定は適用されない。
4 甲は，本契約締結後，本引渡しに至るまで，本物件を善良なる管理者の注意をもって管理し，本物件の所有名義の変更，占有の移転，抵当権等の担保権又は用益権の設定等，その他現状を変更する一切の行為を行わない。
5 本物件の管理責任は，本引渡し時をもって甲から乙に移転するものとし，以後乙が自己の責任と負担において本物件を管理する。

> （債権法改正後の条項例）
> 3 ……第18条（契約不適合責任）……。

第8条（負担の消除）
1 甲は，第6条に定める所有権移転の時期まで（同時を含む）にその責任と負担において，本物件に設定されている抵当権等の担保権及び賃借権等の用益権その他乙の完全な所有権の行使を阻害する一切の負担を消除する。
2 公租公課，その他の賦課金及び負担金の未納等がある場合には，甲は本引渡しの時までに，当該公租公課等の支払を完了しなければならない。
3 甲は，その法令違反行為又は本契約に違反する行為に起因又は関連し，第三者から，乙，その関連会社，それらの取締役又は従業員（以下「乙側被補償者」という）に対してなされる一切の要求，請求又は訴訟（法律上正当な根拠があるか否かを問わない）について，乙側被補償者に一切の経済的負担（かかる要求等に対応するための一切の費用及び弁護士等の専門家の報酬を含む）が生じないように取り計らうものとし，万一乙側被補償者に何らかの経済的負担が発生した場合は，その金額を乙側被補償者からの請求後速やかに当該乙側被補償者に支払い，その経済的負担を補償する。

第9条（所有権移転登記等）
1 甲は，乙による第1条に定める売買代金の全額の支払と引き換えに，本物件に

ついて乙が所有権移転登記手続をするのに必要となる，登記義務者として法務局に提出すべき一切の書類を，乙に対し提供する。
2　乙は，前項の書類を受領後直ちに，本物件についての所有権移転登記手続をその費用負担において行う。

第10条（乙の義務履行の前提条件）
1　本契約に基づく乙の義務履行の前提条件は，次の各号に定めるとおりとする。ただし，乙が任意に係る条件の全部又は一部を放棄することを妨げない。
　(1)　第2条第1項の手付金支払義務履行の前提条件は，以下に記載する事項が本契約締結時において充足されることを条件とする。
　　ア　第3条の甲による事実の表明及び保証が，本契約締結日において真実かつ正確であること。
　　イ　甲が乙に対し，甲の商業登記簿謄本（1か月以内），印鑑証明書（1か月以内）を交付していること。
　　ウ　（乙が求めた場合には）甲が乙に対し，本契約の締結及び履行につき甲の社内承認が得られたことを証する書面，定款，取締役会規則の原本証明付写しを提出していること。
　　エ　その他，乙が甲に対して合理的に要求した書面が乙に提出されていること。
　(2)　本物件を買い取る乙の義務及び第2条第2項の売買残代金を支払う義務履行の前提条件は，以下に記載する事項が，決済日当日において，決済の実行以前に充足されることを条件とする。
　　ア　第3条の甲による事実の表明及び保証が，本契約締結日及び決済日において真実かつ正確であること。
　　イ　本物件に関し第8条に定める権利及び負担が存在しないことを示す決済日の前日付の不動産登記事項証明書が甲から乙に提出されていること又は第8条に定める権利及び負担（もしあれば）を抹消するために必要な書類の交付があること。
　　ウ　甲が本契約上決済日までに履行すべき義務を全て履行していること。
2　前項に定める前提条件の全部又は一部を乙が放棄した場合であっても，甲は当該前提条件を充足しなかったことにより本契約又は法令に基づき生じる義務又は責任を免れるものではない。ただし，甲と乙との間に別段の明示的合意がある場合はこの限りでない。

第11条（印紙の負担区分）
本契約書に貼付する印紙の費用は，甲乙それぞれが平等に負担する。

第12条（公租公課等の負担）
甲及び乙は，本物件から生ずる収益又は本物件に対して賦課される固定資産税，

都市計画税等の公租公課並びにガス，水道，電気料金及び各種負担金等の諸負担について，引渡完了日の前日までの分を甲の収益又は負担とし，引渡完了日以降の分を乙の収益又は負担として，引渡完了日又はその後速やかに精算する。なお，公租公課の起算日は令和〇年1月1日とする。

第13条（手付解除）

1　甲は，乙に対し，受領済の手付金の倍額を支払い，また，乙は，甲に対し支払済の手付金を放棄して，それぞれ本契約を解除することができる。
2　相手方が本契約の履行に着手したとき，又は令和〇年〇月〇日を経過した日以降は，前項に定める解除をすることができない。

第14条（引渡前の滅失・損傷）

1　本引渡前に，天災地変その他甲又は乙のいずれの責めにも帰することができない事由によって本物件が滅失したときは，乙は本契約を解除することができる。
2　本引渡前に，前項に定める事由によって，本物件が損傷したときは，甲は，本物件を修復して乙に引き渡す。この場合，修復によって本引渡しが第2条第2項に定める期日を超えても，乙は，甲に対し，その延期について異議を述べることができない。ただし，かかる場合，同条項に定める乙の支払は，同条項にかかわらず，甲が本引渡しをするのと引き換えに行う。
3　甲は，前項に定める修復が著しく困難なとき，又は過大な費用を要するときは，本契約を解除することができるものとし，乙は，本物件の損傷により本契約の目的が達せられないときは，本契約を解除することができる。
4　第1項又は前項によって，本契約が解除された場合，甲は，乙に対し，受領済みの金員を無利息で遅滞なく返還する。

第15条（契約違反による解除）

1　甲又は乙が，本契約に定める債務を履行しないとき，その相手方は，自己の債務の履行を提供し，かつ，相当の期間を定めて催告した上，本契約を解除することができる。
2　前項に従い解除をした当事者は，相手方当事者に対し，損害賠償として以下に定める違約金に限り請求することができる。

　　　　違約金の金額（売買代金の〇%相当）　　　金〇円

3　違約金は，以下の定めに従い遅滞なく精算する。
　(1) 甲の債務不履行により乙が解除したときは，甲は，乙に対し，受領済みの金員に違約金を付加して支払う。
　(2) 乙の債務不履行により甲が解除したときは，甲は，乙に対し，受領済の金員

から違約金を控除した残額を無利息で返還する。この場合において，違約金の額が，支払済の金員を上回るときは，乙は，甲に対し，その差額を支払う。
4 乙が，本物件の所有権移転登記を受け，又は本引渡しを受けているときは，前項の精算と引き換えに，当該登記の抹消登記手続，又は本物件の返還をしなければならない。

第16条（反社会的勢力の排除）

1 甲及び乙は，それぞれ相手方に対し，次の各号の事項を確約する。
  (1) 自らが，暴力団，暴力団関係企業，総会屋若しくはこれらに準ずる者又はその構成員（以下総称して「反社会的勢力」という）ではないこと。
  (2) 自らの役員（取締役，執行役，執行役員，監査役又はこれらに準ずる者をいう）が反社会的勢力ではないこと。
  (3) 反社会的勢力に自己の名義を利用させ，この契約を締結するものでないこと。
  (4) 自ら又は第三者を利用して，この契約に関して次の行為をしないこと。
    ア 相手方に対する脅迫的な言動又は暴力を用いる行為
    イ 偽計又は威力を用いて相手方の業務を妨害し，又は信用を毀損する行為
2 甲又は乙の一方について，次のいずれかに該当した場合には，その相手方は，何らの催告を要せずして，この契約を解除することができる。
  (1) 前項(1)又は(2)の確約に反する表明をしたことが判明した場合
  (2) 前項(3)の確約に反し契約をしたことが判明した場合
  (3) 前項(4)の確約に反した行為をした場合
3 前項の規定によりこの契約が解除された場合には，解除された者は，その相手方に対し，相手方の被った損害を賠償するものとする。
4 第2項の規定によりこの契約が解除された場合には，解除された者は，解除により生じる損害について，その相手方に対し一切の請求を行わない。

第17条（融資利用の場合の特約）

1 乙は，本契約締結後速やかに，次の融資のために必要な書類を揃え，その申込手続をしなければならない。

金融機関	○○○○
取扱支店	○○○○
融資承認予定日	令和○年○月○日
融資額	金○円

2 前項に定める融資承認予定日までに，前項に定める融資の全部又は一部について承認が得られないときは，乙は，次の期日までは本契約を解除することができる。

融資未承認の場合の契約解除期限　令和○年○月○日
　3　前項により本契約が解除された場合，甲は，乙に対し，受領済の金員を無利息で遅滞なく返還する。
　4　本条による解除の場合，第13条（手付解除）及び第15条（契約違反による解除）の規定は適用されない。

第18条（瑕疵担保責任）

1　乙は，甲に対し，本物件に瑕疵（地中障害物・地中埋蔵物・埋蔵文化物等を含むがこれらに限られない）があり，本契約を締結した目的を達せられない場合は本契約の解除を，その他の場合は損害賠償の請求をすることができる。
2　本建物については，乙は，甲に対し，前項の損害賠償に代え，又はこれとともに修補の請求をすることができる。
3　乙は，前2項に基づく権利を行使するには，本引渡後2年以内に，甲に対し，書面により権利を行使する意思を通知しなければならない。
4　商法第526条は本契約に適用されない。

> **（債権法改正後の条項例）**
> **第18条（契約不適合責任）**
> 1　乙は，甲に対し，本物件に契約不適合（地中障害物・地中埋蔵物・埋蔵文化物等を含むがこれらに限られない）があったときは，乙が不適合を知った時から1年以内に甲にその旨を通知し，かつ相当の期間を定めて履行の追完を催告した場合に限り，履行の追完を請求することができる。
> 2　前項の履行の追完を催告したにもかかわらず，乙が定めた期間内に甲が履行の追完をしないときは，乙は，甲に対し，不適合に応じた本物件の代金の減額を請求することができる。
> 3　本条の規定は，乙による損害賠償の請求又は解除を妨げない。
> 4　商法第526条は本契約に適用されない。

第19条（土壌汚染）

1　乙の土壌汚染調査の結果，本物件に土壌改良が必要となる汚染が発見された場合には，甲は，甲の責任と負担にて土壌改良を行うものとする。なお，乙が通知した相当の期間内に甲が土壌改良を行わなかったときは，乙は，土壌改良を行い，それに要した一切の費用を甲に請求することができる。
2　乙は，前項の土壌汚染によって乙が被った一切の損害等の賠償を甲に請求することができる。

第 20 条（諸規約の承継）

　甲は，乙に対し，環境の維持又は管理の必要上定められた規約等に基づく甲の権利義務を承継させ，乙はこれを承継する。

第 21 条（合意管轄）

　本契約に関する一切の紛争については，○○地方裁判所を第一審の専属的合意管轄裁判所とする。

第 22 条（協議条項）

　本契約に定めのない事項及び本契約の内容の解釈につき相違のある事項については，本契約の趣旨に従い，両当事者間で誠実に協議の上，これを解決する。

　本契約の成立を証するため本書２通を作成し，各自記名押印の上，各１通を保有する。

　　　令和　年　月　日
　　　　　　　　　　　　甲

　　　　　　　　　　　　乙

　　　本物件の表示
　　　　土　　地：
　　　　　　所　　在：
　　　　　　地　　番：
　　　　　　地　　目：
　　　　　　地　　積：　　　㎡
　　　　建　　物：
　　　　　　所　　在：
　　　　　　家屋番号：
　　　　　　種　　類：
　　　　　　構　　造：
　　　　　　床面積：　　　㎡

　　　　　　　　　　　　　　　　　　　　　　　　　　　以上

付帯設備一覧表（略）

別紙１
甲による表明保証事項
1 甲に係る事項
　　　（略）
2 本物件に係る事項
(1) 甲は，本物件の唯一の所有者であり，本物件を譲渡するために必要な権利一切を保有しその対抗要件を具備していること。本物件について，第三者に対する譲渡，担保設定，第三者の賃借権その他の利用権の設定その他本契約に基づく乙の権利に損害を及ぼす又はそのおそれのある処分が一切行われておらず，如何なる負担（請負人の先取特権，留置権，不動産質権，譲渡担保権，抵当権，根抵当権，仮登記担保権，第三者の買取権，第三者の管理運営権その他形式の如何を問わない）も存在しておらず，かつ，甲が第三者のためにそのような処分を行う義務（書面又は口頭，登記の有無その他の方法若しくは態様を問わない）を負っていないこと，また，本契約の締結，本契約上の義務の履行又は本契約で企図されている取引の実行の結果としてそのような義務を負うこととはならないこと。
(2) 本物件に関して財産権の得喪を生ぜしめる判決，決定，命令又は裁判上若しくは裁判外の和解はなく，また本物件に係る訴訟その他の法的手続若しくは行政手続が裁判所若しくは政府機関に係属しておらず，また係属するおそれもないこと。
(3) 本物件につき第三者による保全処分，強制執行若しくは競売等の申立，又は保全差押若しくは滞納処分が行われておらず，またそのおそれもないこと。
(4) 本物件の境界標及び境界線は，乙に交付された実測図に示されたとおりであること。本物件に隣接する全ての土地の所有者との間で隣地との間の境界についての確認は全て完了していること。本物件の境界について，隣接する土地の所有者又は占有者との間で，訴訟，調停，仲裁その他の法的手続又は紛争解決手続は一切存在せず，隣地の所有者又は占有者から境界につき，クレーム，異議，不服，苦情はなく，またそのおそれもないこと。本物件に対する隣地の構造物による不法な侵害は存在しないこと。隣地に対する本物件による不法な侵害は存在しないこと。本物件には都市計画道路その他都市計画決定のなされた都市施設の敷地は含まれないこと。また，本物件には土地収用，土地区画整理事業，都市再開発事業その他類似の手続は行われておらず，またその予定もないこと。
(5) 本物件の運営・管理又は価値に重大な悪影響を及ぼす本物件の瑕疵はないこと。本建物は，建築当時の法令，条例及び建築実務慣行に基づき合理的な品質の素材を使用して適法かつ適切に建築されており，構造上強固であること。
(6) 本建物の構造計算書が適法に作成されており，本建物が建築確認通知書に従い，建築基準法，その他関連法令又は条例に従って適法に建築され，法律上の耐震基準を満たす耐震性を有すること。
(7) 本物件の所有，管理，占有又は処分による適用法令又は条例（土地利用，建築基準，公害規制，消防及び環境保全に関する法令又は条例を含むが，これらに限

られない）の違反は存在せず，また，甲は所轄行政機関からかかる適用法令又は条例に違反がある旨の通知を受けていないこと。
(8) 甲は，本物件の所有，賃貸，運営，管理に関して締結した全ての契約において，不履行を行っていないこと。
(9) 本物件の如何なる部分も産業廃棄物を処理・処分する事業，又は特別管理産業廃棄物を排出する事業に利用されたことはなく，また規制有害物質又は価値減損有害物質の保管，製造，加工又は処分のために利用されたことはないこと。本物件の如何なる部分においても日本国の法令に定められた基準値を超える規制有害物質及び価値減損有害物質が現存しないこと。本物件に関し，甲は，政府機関，裁判所又は第三者から，環境法令に違反し又は違反するおそれがある旨の通知又は連絡を受けたこともないこと。ここにいう産業廃棄物とは，廃棄物の処理及び清掃に関する法律における定義とする（特別管理産業廃棄物も同様とする）。規制有害物質とは，土壌汚染対策法（平成14年法律第53号，その後の改正を含む）に定める特定有害物質及び日本国の法令上本物件に対する使用が禁止又は制限されている物質をいう。価値減損有害物質とは，本物件の所有，使用，改良（建物の改装，改修，改築若しくは取壊しを含むが，これらには限定されない），又は譲渡が行われる場合に，当該物質に関して日本国の法令上適用ある規制を遵守し，又は日本国の法令上負担するおそれのある責任を回避するために，費用，義務又は何らかの制限を負うこととなると合理的に予想することのできる物質（アスベスト又はアスベストを含む物質，PCB〔ポリ塩化ビフェニル〕又はPCB〔ポリ塩化ビフェニル〕を含む物質又は備品，放射性物質，ダイオキシン，油汚染を含むが，これらに限られない）をいう。
(10) 本物件は，本物件の現況に適用される環境法規その他の法令に違反していないこと。本物件については，土壌汚染対策法に基づき，特定有害物質によって汚染されている区域として指定されていたことがなく，現に指定されておらず，かつ，指定されるおそれもないこと。甲は，土壌汚染対策法に基づき，本物件について土壌の特定有害物質による汚染の状況について調査を行うよう通知を受けたことがなく，かつ，かかる通知を受けるおそれもないこと。本物件に特定有害物質は存在しないこと。
(11) 本物件については，文化財保護法（昭和25年法律第214号，その後の改正を含む）に基づく埋蔵文化財の調査のための発掘が行われたことがなく，また現に行われておらず，その予定もないこと。
(12) 本契約により企図された本物件の移転，売却，並びに，対抗要件の具備その他の取引は，本物件及び売買代金について隠匿，無償の供与その他甲の債権者を害すること（以下「隠匿等」という）にはならず，甲は隠匿等の認識若しくは意図又はその他の不法な意図を有していないこと。
(13) 本物件に関して違法行為（不法占有及び犯罪行為を含むが，これらに限定されない）が行われているという事実（又は，行われていたという事実）は存在しな

いこと。
　⒁　本物件に対する公租公課その他の賦課金は，納付期限の到来しているものは全て支払われており，何らの滞納もないこと。
　⒂　甲は，乙に対し，本物件に関する全ての重要な文書及び情報を提供しており，提供した文書は原本か又はその真実かつ正確な写しであり，また提供した情報及び文書は真実かつ正確なものであり，乙に誤解を生じさせないために必要な事実又は情報の記載を欠いていないこと。物件概要書及び重要事項説明書の記載は，虚偽の内容を含んでおらず，記載すべき重要な事項又は乙に誤解を生じさせないために必要な重要な事実の記載を欠いていないこと。
　⒃　甲は，本物件の所有，運営又は管理に関して締結した全ての契約（もしあれば）における一切の債務を履行し，かつ義務を遵守していること。また，本物件の建設，所有，仕様に関して法律上必要な許認可の取得及び届出は全てなされていること。
　⒄　本物件において，水道，ガス，電力供給，公衆衛生，下水処理設備，その他の公共設備の利用が確保されており，公道への接続も確保されていること。
　⒅　前各号のほか，甲が本物件の所有者として合理的に知り得る限りにおいて，本契約の目的に従った乙による本物件上の建物の建築その他の本物件の利用を妨げ，又は制約する適用法令，政府機関・裁判所その他の者からこれらの法令に違反している旨又はこれらの法令に違反するおそれがある旨の通知又は連絡，行政機関からの命令，指導又は勧告その他の事実はないこと。

📖 条項解説

1　目的物および売買代金（第1条）

　売買契約の基本的な要素は，目的物および代金の確定と，売主が当該目的物を買主に売り渡し，買主がこれを買い受けることの意思表示である（民555条）。雛形では，第1条にこの点を規定している。目的物は，不動産登記簿謄本の記載に従い，土地の場合には，①所在，②地番，③地目，④地積で特定し，建物の場合には，①所在，②家屋番号，③種類，④構造，⑤床面積で特定する。必要に応じて，図面を添付して特定する場合もあろう。目的物の特定事項がこのように複数の事項にわたることから，目的物（場合により代金も）を本文ではなく別紙や別表の形式で記載することがむしろ多い。

また，通常の不動産売買では，上記の各要素を簡潔に規定することが一般であるが，目的を特定する場合もある。不動産の買主としては，(転売目的であれば別であるが) およそ何らかの利用目的を想定しており，購入したもののその目的が達せられないことが判明したり，目的を達するために不測の負担を被ったりした場合，売主に対して金銭的な請求をする，あるいは契約を解除するための手がかりを契約書に規定したいと考えるであろう。そのために，買主側の規定案として，例えば「高層マンション建設の目的で (買い受ける)」といった目的を追記することが考えられる。

2　支払方法 (第2条)

　上記で特定した売買代金について，支払方法を規定する。

　売買代金の支払が，引渡しや所有権移転登記手続と同時に履行される場合には，契約書上，支払時期と振込先の口座を記載する等で足りる。しかし，実務上は，まず手付金を支払い (場合によっては，さらに中間金が設定されることがある)，引渡しや所有権移転登記手続と引き換えに残金を支払う形態をとることが一般的であり，雛形もこの形態に沿った例である。この場合，手付は残代金支払時に代金の一部として充当する旨を規定する。なお，手付の取扱いについて別途規定することもある (→雛形13条，後記11)。

3　売主による事実の表明および保証 (第3条・別紙1)

　不動産売買における瑕疵には，物理的瑕疵や法律的瑕疵のみならず心理的・環境的瑕疵も含むとされており (→後記15)，その内容は複雑かつ多岐にわたり，また土壌汚染や過去の入居者の自殺など契約締結までの調査では予見することが困難な性質のものも多く，一般的な瑕疵担保責任の規定のみによって網羅的に瑕疵に起因する経済的損失のリスクを回避することが難しい場合も想定される。そのような場合，買主としては，M&A契約で行われるのと同様 (→第7章 II 6)，売主に表明保証[8]を求めることで，売主にリスクを部分的に転嫁することが考えられる。

------

8) 表明保証とは，契約の一方当事者が他方当事者に対して，当該契約の目的物等に関する所定の事実が，所定の時点で真実かつ正確である旨を証明し，保証するものをいう (金丸和弘＝森田恒平「M&A取引における説明義務と表明保証責任 (中)」判タ1354号〔2011年〕13頁参照)。

4 境界の明示（第4条）

不動産売買の目的物を特定する要素としては，前記のとおり，所在，地番等が挙げられるが，特に土地については，その範囲を示す境界が確定していることが必要となる場合がある。通常は，売主が目的物を所有しているのだから，売主が目的物を特定すべきということになり，境界を明示したり確認したりする義務を負うこととなる。売主においては，隣地の所有者の立会いを求めた上で，実測図を作成する等の方法により，境界を確認することが重要である。

もっとも，場所によっては境界確定が困難な場合もあり，また，隣地所有者が立会いを望まない場合や連絡が取れない場合，境界確定について争いがあるような場合には，上記のような境界の確認は困難であろう。こうしたケースでは，売主側としては，境界の明示や確認をしないことや，契約後に隣地所有者との紛争が生じても自身は責任を負わない旨を規定することが考えられる（その場合の条項例は次のとおり）。買主としては，境界についての紛争リスクを価格交渉に反映させる等により対応することとなろう。

> **(条項例)** ※ 甲は売主，乙は買主である。
> 甲は，乙に対し，本物件と隣地との境界については，境界標の設置及び境界の明示並びに確認を行わず引き渡すものとする。なお，万一，将来，各隣地と紛争等が生じても，甲は，その解消等の責めを一切負わず，乙は自己の責任と負担において解決することを了承の上，本物件を買い受けるものとする。

5 売買対象面積（第5条）

不動産の売買契約においてはその対象となる目的物の範囲（面積）を確定する必要がある。不動産の場合，登記簿に面積（地積または床面積）が記載されてはいるが，実際に測量した場合の面積と異なることもあるため，いずれの基準による面積で特定するかを明確にする必要がある。また，売買代金は面積に応じて決定するのか，面積の如何にかかわらず一定額と定めるのかも規定しておくことが望ましい。

(1) 土地

　土地の面積については，実測面積を基準とする「実測売買」と登記簿記載の面積を基準とする「公簿売買」とがある。また，契約時には登記簿記載の面積を基準とするが，引渡時（所有権移転日）までに測量を行い，その実測面積により売買代金を精算するという中間的な方法もある。

(ア) 実測売買

(i) 売主が隣地との境界を確認の上で，測量を行うことにより実測面積を確定し，買主もこの実測面積どおりの物件として購入する。売買契約締結前に実測を行い，実測面積を確定させて契約書にこれを記載する場合は，当事者は，基本的にはその実測面積を有する土地の売買をするという認識である。しかし，その後に測量を行った結果，実際の面積が契約書上の実測面積よりも少なかったという場合もある。この場合，当初の実測面積に基づいて売買代金を算定していたのであれば，民法上は，いわゆる数量指示売買として，面積が少ないことを知らなかった買主は，代金の減額を請求し，また残存部分のみでは契約しなかったという場合には契約を解除することができる（民565条，563条）。ただし，これは任意規定であるから，契約書において代金の精算をするか否か，また精算する場合の算定方法等を適宜定めることができる。なお，代金額を実測面積とは無関係に決定していた場合でも，契約書に代金精算の規定を設ければ精算は可能である。

　これに対し，本章Ⅱ3の瑕疵担保責任に関する解説でも述べたとおり，2017年改正後の民法下においては，数量不足も契約不適合責任により規律されることとなる。具体的には買主に帰責事由がない限りは追完請求（民新562条）または代金減額請求（民新563条）を行使でき，債務不履行を理由とする損害賠償請求・解除（軽微な場合を除く）も可能である（民新564条）。また，任意規定である点にも変更はないので，例えば，契約不適合（数量不足）であっても代金の精算はしない旨を規定することも可能である点も変わりはない。

(ii) 上記(i)のような，後日になって面積不足が判明する場合のトラブルを回避したい場合，または契約締結までに実測は間に合わないが実測面積を確定させたい場合には，契約締結時には登記簿記載の面積を基準とした上で，引渡時までに測量を実施し，その実測面積と契約書上の面積との差異に応じて代

金額を調整するという方法が広く採用されている。雛形は，このような代金額の調整を行う場合の例である。

　かかる場合には，売買対象面積，実測対象面積，精算対象面積をそれぞれ明確に把握する必要がある。売買対象面積とは，売買の対象として特定された目的物の面積である。実測対象面積とは，売主負担により測量を実施する義務がある土地の面積であり，通常は売買対象面積と一致することになるが，数筆の土地の売買において一部公簿売買をする場合や私道部分を除く場合は異なることになる。また，精算対象面積とは，売買対象面積のうち，予め決めた精算単価に基づき精算の対象とする面積であり，建築基準法上の有効敷地部分とされることが多く，売買対象面積からセットバック部分や私道部分が除かれることが通例である。

(ⅲ)　さらに，測量結果に関するトラブルを予防するために，誰に測量を依頼するか，どのような方法で測量を行うのか，という点について規定することもある。そのほか，代金精算時には，測量後の面積やそれに基づいた精算金額等について確認書を作成することが必要である。

(イ)　公簿売買

　測量を行う時間的余裕がない場合やそのコストをかけることが経済合理性に欠ける場合（例えば，売買金額が低廉），または登記簿記載の面積について客観的信頼性が高い場合（例えば，既分譲地，区画整理済地）には，実測をすることなく登記簿上の面積をもって目的物を特定することが多い。なお，この場合には，将来の紛争を防止するために，後日実測面積と公簿面積が異なることが判明した場合であっても代金の精算は行わないことを明記しておく必要がある。

　公簿売買の場合の条項例は，以下のとおりである。

> **(条項例)**　　※　甲は売主，乙は買主である。
> 　甲及び乙は，本土地の売買対象面積を末尾記載の表示面積とし，同面積が測量による面積と差異が生じたとしても，互いに売買代金の変更その他何らの請求もしない。

(2)　建物

　建物については，土地と異なり，登記簿記載の面積を基準とし，かつ実測面

積との差異について売買代金の精算をしない公簿売買であることが一般的である。

　もっとも、増改築が行われ、登記簿記載の面積と現況面積が異なっている場合も多く、そのような場合には、固定資産課税台帳等を参考に、現況面積を併記する等して、対象物件を正確に把握できるよう留意する必要がある。

　また、区分所有建物の場合も、同様に登記簿記載の面積を基準とすることが一般的である。ただし、区分所有建物の場合、登記簿記載の面積は、壁その他の区画の内側線で囲まれた部分の「水平投影面積（内法面積）」で表示されるが、新規分譲では建物が竣工しないと面積が確定しないため、建築基準法による「壁芯面積」により表示されている。「水平投影面積（内法面積）」は、「壁芯面積」より約6％前後広くなるとされているので[9]、どの面積で表示したのかを明確にする必要がある。

6　所有権移転の時期（第6条）および引渡し（第7条）

　本章Ⅰ3で述べたとおり、不動産売買契約においては、契約書の締結日と決済日とが異なる場合が多い。そのようなスケジュールを立てたときは、決済日において、代金の支払と物件の引渡しが行われ、所有権移転の時期も契約日ではなく決済日とするのが一般的である。雛形は、かかる実務に基づいて記載している。

　なお、建物の引渡しは、鍵の交付により行われることが通常である。他方、土地の引渡しは観念的なものになるので、その事実を明確化するために、引渡確認書を作成し、売主が買主に交付することが一般的である。

7　負担の消除（第8条）

　売買対象物件に抵当権、用益物権等の負担が付されており、それが第三者に対抗し得る権利である場合には、契約書に規定がないと、買主はその負担が付されたままの物件を引き受けねばならず、購入目的を達することができないおそれがある。第三者に対抗し得ない権利であっても、法的措置を講じなければ負担を除去できないとなれば、買主は不測の損害を被るおそれもある。そこで、

9）　千葉喬監修、不動産総合研究会編『不動産取引の実務〔改訂第13版〕』（週刊住宅新聞社、2015年）253頁参照。

契約書に，売主がかかる負担を取り除いて買主に引き渡すことを義務づける規定を設けることが考えられる。登記簿や現地の見分では発見できない権利が存在する可能性もあるため，買主としては，雛形に記載したように，「完全な所有権の行使を阻害する一切の負担を消除する」といった包括的な規定をしておくことが望ましい。他方，売主は，上記の表現であると，典型的な担保権，利用権にとどまらずあらゆる「負担」の除去を義務づけられていると解釈される可能性もあることから，例えば抵当権など登記簿上明確な負担に限定することを求めることが考えられる。また，負担の消除を確実にするために，買主としては，例えば抵当権の抹消を前提とした売買において，売主が抵当権者から「金〇円の受領により抵当権を抹消する」旨の書面を徴求することを規定したり，契約外で要請したりするとともに，最終的に抵当権を抹消できなかった場合を想定した条項，すなわち，抵当権者の「承諾」（具体的には，雛形10条1項2号イの「第8条に定める権利及び負担（もしあれば）を抹消するために必要な書類」として抹消登記手続に必要な書類の交付を受けること）を売買契約の停止条件とする等の条項を挿入することも検討する必要がある。

さらに，買主側としては，通常，公租公課等の未払があることや，負担のない完全な権利の移転を妨げる事情が発生し，その解消や除去のために買主側に予期せぬ経済的損失が発生すること等は想定せずに，売買価格について合意しているのであるから，かかる合意に織り込まれていない不測の事態が発生した場合には，売主側の責任で対応することを明記することが考えられる（→雛形8条2項・3項）。

他方，担保物権や用益物権の負担を承継する売買を行うような場合には，事後の紛争を予防するために，契約書上にその旨を明示することが望ましい。

8　所有権移転登記手続（第9条）

不動産取引においては，第三者対抗要件である移転登記手続が必須であるが，移転登記手続は売主と買主の双方による申請が必要であるところ，契約書上に何ら規定がない場合，売主が手続に協力してくれるのか否かが明確でなく，買主の権利が確保されないという事態が起こり得る。そこで，移転登記手続に関する規定を設けるのが通常である。

移転登記手続は共同で行う建前であるが，実際には，売主が手続に必要な書

類を買主に交付し，買主側で登記申請を行うことが一般である。売主としては，必要書類の交付をもって移転登記手続に関する義務を履行したことになる。その時期は当事者間で適宜定めればよいが，買主の中核的な義務である代金の支払と同時とするのが通常である。

　必要な書類としては，登記申請に必要な委任状，権利証または登記識別情報，商業登記簿謄本，住民票，印鑑証明書等がある。書類に不備がないかどうかを確認するため，司法書士が専門家として決済に立ち会うことが一般的である。また，登記申請手続に要する費用（登録免許税や司法書士費用）についても定めておく必要がある（買主負担とするのが通例であろう）。

9　買主の義務履行の前提条件（第10条）

　表明保証条項を設ける場合には，契約締結時および決済時において，表明保証が真実かつ正確であることを義務履行の前提条件とすることが一般的である。そのほかにも，契約において，売主に対し商業登記簿や取締役会議事録など一定の資料の提供を義務づける場合や担保権の抹消を義務づける場合（→前記7）には，当該資料や抹消に必要な書類の提供を義務履行の前提条件とすることが考えられる。

10　公租公課等の負担（第12条）

　不動産に関する公租公課には，固定資産税および都市計画税，不動産取得税があるが，不動産取得税は買主が当然に負担する租税であり，特段規定することもないであろう。固定資産税および都市計画税は，市町村が毎年1月1日付けの固定資産課税台帳に記載された名義人に対し課税するもので，4月以降，納付書が送付される。1年を単位に課税されるので，365日の日割計算により，引渡日の前日までは売主負担，引渡日以降は買主負担とするのが一般的である。なお，納税義務者は1月1日時点の名義人，すなわち売主なので，買主が，売主に対し，買主負担分を支払うことにより精算することになる。

　納付書が送付される以前に引渡日が到来する場合にどの時点の金額を基準として精算するかについては，①引渡時には精算せずに，納付書が送付された時点で精算する，②前年度の税額により精算する，③前年度の税額で仮精算をし，納付書が送付された時点で再精算する，④固定資産税の評価替えによ

り公租公課の上昇が予測される場合に前年度の税額に推定上昇率を乗じて算出された金額により精算する，などの方法が考えられるので，事前によく協議し，場合によっては契約書上に明記する。

11　手付解除（第13条）

　不動産売買は，一般に高額な取引であり，かつ，これまで述べたとおり，契約日と決済日との間隔が空いていることが多いため，雛形2条のとおり，買主が，売主に対して，引渡し等の手続に先立ち，売買代金の一部を手付金として支払うことがある[10]。買主が売主に手付を交付したときは，当事者の一方が契約の履行に着手するまでは，買主はその手付を放棄し，売主はその倍額を償還して，契約の解除をすることができる（民557条1項）。

　この手付金は，決済時において代金に充当される。手付金の額は，通常，売買代金の10～20％程度とされることが多いが，民法上は特に上限は設けられていない。なお，宅建業者が自ら売主になる宅地建物の売買契約においては，宅建業者は代金額の10分の2を超える額の手付を受領することができないとされている（宅建業39条1項）。手付金の支払時期としては，契約締結時，契約締結後一定期間経過した特定の日，契約締結時とその後の一定の日（中間金）などがある。

　判例によれば，手付が交付された場合，反対の意思表示がない限り，解除権を留保する「解約手付」と推定されるが（大判昭和7・7・19民集11巻1552頁），雛形のように，民法557条1項と同趣旨の規定を設けて解約手付である趣旨を明確にすることも多い。また，契約書上，「当事者が契約上の義務を怠った場合，損害賠償として手付金を没収する」といった損害賠償額の予定の規定を設けている場合，手付は「違約手付」の趣旨を有するが，判例上は，解約手付と違約手付は併存するとされており（最判昭和24・10・4民集3巻437頁），「違約手付」の定めがあるだけでは，「解約手付」を排斥する反対の意思表示とはならない。解約手付の趣旨を含めないようにするには，契約書にその旨を明記する必要がある[11]。

　また，手付解除が可能な時期については，「当事者の一方が契約の履行に着

---

10)　なお，売買契約締結以前に，買主の順位確保や購入意思の確認を目的に交付される「申込証拠金」や「予約金」は，「手付金」とは異なる。

手するまで」という民法557条1項の規定に従うほか[12]，契約書において「○年○月○日まで」と期限を区切ることも考えられる。雛形13条2項のように，「相手方が履行に着手したとき，又は令和○年○月○日を経過した日以降は……解除をすることができない」として「履行の着手」と一定の日付を並列して規定する例があるが，規定の仕方次第では，解除が可能な期間が不明確になる場合もあるので，留意する必要がある[13]。なお，宅建業者が売主になる場合は，民法上の規定より買主に不利益な特約は無効となるため（宅建業39条3項），「履行の着手」より前に手付解除を制限することはできない。

12　危険負担（第14条）

　契約締結後に，当事者双方いずれの責めにも帰することができない事由により，不動産が滅失または損傷した場合，売主が当該不動産を引き渡す義務は消滅するが，反対に買主の代金支払等の義務が存続するのか否かという問題である。

　本章Ⅱ5の危険負担に関する解説で述べたとおり，特定物の売買契約については，現行民法は債権者主義（目的物の滅失の場合に代金支払義務は消滅しない）をとっている（民534条1項）ため，不動産の売買契約では，特定物たる不動産が売主の下にある時点で滅失した場合でも，買主は代金を支払わなければならないことになる。しかし，学説上の批判が強いということも上記の解説で触れたとおりである。そこで実際には，民法534条は任意規定であることから，契約書上は危険負担のルールを別途定めることが大半である。規定すべき事項としては，

（ⅰ）　物件の引渡前に，双方の責めに帰さない事由で物件が滅失，損傷等した場合であること（いわば規定内容の前提）。

---

11) なお，宅建業者が自ら売主になる宅地建物の売買契約の締結に際し「手付」を受領した場合は，当該手付は「解約手付」とみなされ（宅建業39条2項），これに反する特約で買主に不利なものは無効である（同条3項）。

12) 判例は，相手方がまだ履行に着手していない場合には，履行の着手をした者から解除権を行使することを認めている（最判昭和40・11・24民集19巻8号2019頁）。なお，2017年改正後の民法下においては，「その相手方が契約の履行に着手した後は」（民新557条1項）と定めて，履行に着手した側の解除権の行使を認める判例法理を明文化している。

13) 解除が可能な期間が争われたケースとして名古屋高判平成13・3・29判時1767号48頁がある。

(ii)　物件が滅失した場合に，代金債権が存続するか否か。場合によっては，代金債務を免れるために買主が契約を解除する権利を認める。
　(iii)　物件が損傷したにとどまる場合，代金債権の全額が存続するか否か。売主が物件を修復して引き渡す義務を課すか。修復の費用負担と代金額の調整。修復する場合の引渡期限の延長を認めるか。
　(iv)　上記(iii)において，修復が過分の費用を要する場合，引渡義務を消滅させるか，その場合に代金債権が存続するか否か，契約の解除権を認めるか（売主，買主，両当事者）。
　(v)　契約を解除し，その他当事者の義務を消滅させた場合の，受領済みの金銭や引渡済みの物の返還，精算等。

などが考えられ，雛形14条もかかる要素の一例を記載したものである。
　これに対し，本章Ⅱ5の危険負担に関する解説でも述べたとおり，2017年民法改正においては，危険負担の規律が全面的に改められ，特定物に関する債権者負担の原則を定める現行民法534条1項等は削除された。売買契約における危険負担については2017年改正民法567条が適用されることとなり，債権者主義の適用を契約書により制限・変容させていた契約実務に近づくことになった。もっとも，同条が任意規定であることに変わりはないので，契約書において，2017年改正後の民法下におけるルールを一部変更し，または補足するものとして，上記要素を含めた危険負担のルールを別途契約書で定めておくことは，依然として有効であると考えられる。

13　解除に伴う損害賠償（第15条第2項・第3項）

　民法では予め損害賠償額を合意することを認めており，その場合には仮に実損額が合意した損害賠償額を上回っても下回ってもその差額は請求できない（民420条1項）。雛形では，契約違反による解除を行うとともに，相手方に対し損害賠償を請求する場合について，損害賠償額の予定としての違約金を定めている。
　また，かかる場合において，すでに交付した手付金等がある場合，本来であれば売主・買主相互に金銭の移動が発生することになるが，雛形では簡便な精算が可能となる規定を置いている。すなわち，売主の債務不履行により買主が解除した場合，売主は，買主に対し，受領済みの手付金相当額を返還するとと

もに，違約金相当額を支払う必要がある。他方，買主の債務不履行により売主が解除した場合には，売主は，受領済みの手付金相当額から違約金相当額を控除して，なお残額があれば買主に返還することとし，違約金の額が支払済みの手付金額を上回るときは，その差額について買主が売主に対し支払うものとしている。

14　ローン条項（第17条）

不動産は一般的に高額なため，買主がローンを利用して購入することが多い。しかし，買主が，金融機関からローンの承認を得られず，購入資金を用意することができなくなった場合に，買主が契約不履行の責任を問われるのでは不合理である。そこで，買主が金融機関からローンの承認を得られなかった場合に，買主に解除権を与える等の手当て（いわゆるローン条項）を設けることが一般的である。

他方，売主にとっては，売買契約が履行されるか不安定な立場に置かれることになり，また，買主に売買契約を解除するための口実として利用されるおそれもあるため，売主の立場からは，ローン条項を設ける場合には，買主にローン承認が得られるよう努力義務を課す（→雛形17条1項），融資承認までの想定スケジュールを考慮した上で解除権行使の期間制限を設ける（→同条2項参照），等の対応が必要となる。

15　瑕疵担保責任／契約不適合責任（第18条）

（1）瑕疵担保責任に関する契約書の定め

現行民法上，売買の目的物に「隠れた瑕疵」があった場合には，買主は，売主に対する損害賠償請求，および当該瑕疵の存在により契約の目的を達成できないときには契約の解除をすることができる（民570条，566条1項）。ただし，商人間の売買の場合は，買主に検査義務，瑕疵や数量不足を発見したときの通知義務が課せられる（商526条）。

瑕疵担保責任に関する現行の民法，商法の規定はその多くが任意規定であり，不動産売買においても，契約書において瑕疵担保責任の内容を適宜修正し，あるいは一切免除するということが行われている。本章Ⅱ3で解説したとおり，検査義務，通知義務，瑕疵担保責任の内容や権利行使の期間等を具体的に定め

ることは不動産の売買でも同様であるが，不動産の場合，「瑕疵」として何を想定するか，どのような事象について売主が責任を負うのか，といった点が注目される。契約書に詳細に規定する（多くは特約条項として記載する）場合もあれば，その点を一切明確にせずに「瑕疵があった場合には損害賠償を請求できる」とだけ規定し，後日，特定の不具合が生じた際に瑕疵担保責任を問い得るか否かが問題となる場合もある。瑕疵の内容については，次の**(2)**で詳しく述べる。

　これに対し，本章Ⅱ3の瑕疵担保責任に関する解説でも述べたとおり，2017年改正後の民法下においては，瑕疵担保責任は契約不適合責任として再構成されたが，契約不適合の場合に認められる追完請求または代金減額請求もしくは債務不履行としての損害賠償請求・解除について，かかる規律をどこまで維持するかを検討し，契約書に明確に規定しておく必要がある。

　他方，法令により一定の瑕疵担保責任を強制されることもある。宅地建物取引業法では，売主が宅建業者で，買主が非業者である場合には，瑕疵担保責任の行使期間を引渡時から2年以上とする特約を除き，民法の規定よりも買主に不利な特約は無効とされる（宅建業40条）。消費者契約法では，売主が事業者で，買主が消費者の場合，瑕疵担保責任を免責する特約は無効とされる。また，住宅の品質確保の促進等に関する法律では，新築住宅の売主は，引渡時から10年間は「主要構造部分」の瑕疵担保責任を負う義務がある。これらの規定は強行規定であるから，これに反する契約条項を定めることはできない。

(2)「瑕疵」／「契約不適合」の内容
(ア) 総論

　瑕疵には，目的物が取引上，通常有すべきものとされる品質または性能の欠陥（客観的瑕疵）と，客観的瑕疵には該当しないが，当該契約において当事者が特に契約の内容として合意した品質または性能の欠陥（主観的瑕疵）とが考えられ，瑕疵の有無の判断においては，主観的瑕疵をベースとしつつ，客観的瑕疵の要素を加味して判断する。また，内容に応じて，物理的瑕疵，法律的瑕疵，心理的・環境的瑕疵などに分類することができる。

　不動産取引のトラブルの大半は，「隠れた瑕疵」の有無やその内容をめぐる争いであり，多数の司法判断が出されているが，以下では物理的瑕疵，心理

的・環境的瑕疵に関する裁判例を挙げる。これらの事例を踏まえ，個々の取引におけるリスクを勘案して，必要に応じて特約事項等に具体的な瑕疵を記載し，それらが発見された場合の責任の所在について明確にすることが肝要である。

なお，上述したとおり，2017年改正後の民法下においては，「瑕疵」は「契約不適合」として再構成され，「契約不適合」の有無は，契約書の記載のみならず，契約の性質，目的，締結に至る経緯その他の契約をめぐる一切の事情に基づき，取引通念を考慮して判断されることになる。しかしながら，現行民法下においても，従来「瑕疵」の有無は具体的な契約の趣旨に照らして判断されてきたのであり，実務的に大きな変化はない。すなわち，現行民法下における「瑕疵」の有無の争いは，そのまま「契約の内容」をめぐる争いに置き換わることになるので，2017年改正後の民法下においても「契約の内容」が契約書の記載そのものから一義的に理解できるものにしておくことが望ましい。

(イ) 物理的瑕疵

物理的瑕疵とは，土地の場合，地中に埋蔵物がある，公道に接していない等の欠陥であり，建物の場合，雨漏り，土台の腐食，給排水設備の不具合等がある。近年では，工場跡地などの土壌汚染が問題となることが多い。

(i) 1991年に土地の売買契約が締結されたが，2005年に土壌汚染を調査したところ，基準値を超える「フッ素」が含まれることが判明した事案において，最高裁は，「売買契約の当事者間において目的物がどのような品質・性能を有することが予定されていたかについては，売買契約締結当時の取引観念をしんしゃくして判断すべき」とした上で，東京都の条例が「フッ素」を規制対象として指定したのは2003年であることから「瑕疵」に該当しないと判示した（最判平成22・6・1民集64巻4号953頁）。なお，本件の目的物である土地は，人の居住の用に供するものではなかったため，居住用の宅地の場合も同様に判断されるかは今後の事例を待つこととなる。

(ii) 土地に基準値を超える「ベンゼン」等が含まれることが判明した事案において，裁判所は，「本件土地の土壌に本件売買契約当時から有害物質が人の生命，身体，健康を損なう危険がないと認められる限度を超えて含まれているかどうか，有害物質の存在は，本件売買契約当時は取引上相当な注意を払っても発見することができないものであったかどうか，という観点から検討すべきである」とした上で，有害物質が人の生命・身体・健康

を損なう危険がないと認められる限度を超えて含まれているとまで認定できないとして,「瑕疵」に該当しないと判示した(東京地判平成22・3・26判例集未登載,小澤英明『土壌汚染対策法と民事責任』〔白揚社,2011年〕291頁)。本裁判例は,基準以上の汚染を認定しつつ,「瑕疵」を否定した点が注目される。

(iii) 他方,土地に高濃度の「油分」が含まれることが判明した事案において,裁判所は,「油分」は土壌汚染対策法が定める特定有害物質には該当しないが,水質汚濁防止法が定める排出基準を超える濃度であること,土地から掘削した土壌を普通の土として処分しようとしたところ処分業者から拒絶されたこと等を認定し,「瑕疵」に該当すると判示した(東京地判平成21・3・19判例集未登載,小澤・前掲298頁)。

(iv) さらに,「瑕疵」の程度について,不法行為責任が問題となった事案であるが,最高裁は,建物としての基本的な安全性を損なう「瑕疵」とは,居住者等の生命,身体または財産を危険にさらす瑕疵をいい,建物の瑕疵が,居住者等の生命,身体または財産に対する現実的な危険をもたらしている場合に限らず,当該瑕疵の性質に鑑み,これを放置するといずれは居住者等の生命,身体または財産に対する危険が現実化することになる場合も含むと判示している(最判平成23・7・21判時2129号36頁)。

(ウ)心理的・環境的瑕疵

心理的・環境的瑕疵として挙げられる瑕疵は,物理的瑕疵や法律的瑕疵に比較すると,該当基準が不明確な概念である。特に近年,紛争事例として増えているのは,入居者が自殺した場合,近隣に暴力団事務所,宗教施設またはトラブル住民等が入居・居住していた場合である。

(i) まず,自殺事例については,マンションの購入者が,2年前に当該マンションで居住者が飛び降り自殺をした事実を告知・説明されなかったとして,マンション販売業者に対し,説明義務違反に基づく損害賠償を求めた事案において,業者の説明義務違反を認定し,2500万円の損害賠償を認めたケース(東京地判平成20・4・28判タ1275号329頁)がある。また,瑕疵担保責任ではないが,10戸用のワンルームマンションの売買契約後引渡前にマンションの一室で賃借人が自殺したので,買主が売主に対し価値毀損相当分の不当利得の返還請求をした事案において,約324万円(売買

代金8680万円の約3.7%)の支払を認めた判決(横浜地判平成22・1・28判タ1336号183頁)もある。
(ii) 近隣者の問題については,土地の購入者が住宅を建設しようとしたところ,隣地の住人から脅迫的言辞をもって設計変更を要求される等して,事実上住宅建築が制限されたため,売主に対し,瑕疵担保責任または債務不履行責任に基づく解除および損害賠償を求めた事案において,東京高裁は,一般人に共通の重大な心理的欠陥があるとして「瑕疵」を認めた原審判断を維持した(東京高判平成20・5・29判時2033号15頁)。

16 土壌汚染(第19条)

瑕疵の中でも土壌汚染については特に問題となることが多い。この場合,民法上の規定(錯誤,瑕疵担保責任,不法行為,不当利得等)や表明保証の活用等により一定の解決を図ることも可能であるが,買主として土壌汚染リスクが想定される場合には瑕疵担保責任とは別個に規定を設けることが考えられる。

雛形では,買主側が実施した土壌汚染調査に基づき汚染が確認された場合には,売主の責任と負担で対処することを規定している。

17 収益物件の売買

雛形には記載していないが,収益物件の売買においては,収益の帰属や賃借人の敷金・保証金の取扱いに留意する必要がある。

収益の帰属については,公租公課と同様,引渡日の前日までの分は売主に,引渡日以降の分を買主に帰属させるというのが一つの考え方である。その他,具体的に時期や金額を明記しておくことが望ましい。

敷金については,民法上,不動産の売買に伴い賃貸人の地位の移転が発生した場合,賃借人が対抗要件を具備していれば,新たな賃貸人に対し賃借権を主張することができるとともに,新たな賃貸人は自動的に賃貸人に対する敷金返還債務も承継し(大判昭和11・11・2民集15巻1939頁),旧賃貸人との間に未払賃料がある場合には敷金が充当され,残額が新たな賃貸人に承継される(最判昭和44・7・17民集23巻8号1610頁)。したがって,売買契約の締結に際しては,買主としては,承継する敷金返還債務の金額やその処理方法(通常は売買代金から減額するであろう)について合意しておく必要がある。

他方，保証金については，敷金と同様の性質のものから建設協力金のような金銭消費貸借契約のものまで幅広く存在するので，その性質に応じた取扱いをする必要がある。特に，金銭消費貸借契約と判断されるものであれば，債務者である賃貸人は，債権者である賃借人の承諾なく，その債務を新たな賃貸人に承継させることはできない。

18　区分所有建物の管理費

　区分所有建物にあっては，前記10で述べた公租公課のほかに，管理費，修繕積立費などの管理経費についても精算する必要がある。すなわち，建物の区分所有等に関する法律（以下，「区分所有法」という）では，区分所有者が「共用部分，建物の敷地若しくは共用部分以外の建物の附属施設につき他の区分所有者に対して有する債権又は規約若しくは集会の決議に基づき他の区分所有者に対して有する債権」（区分所有法7条1項）について，「特定承継人」も負担する旨規定されており（同法8条），売主が管理費等を滞納していれば，買主がその債務を承継することとなる。したがって，中古マンションの売買契約締結においては，事前に管理組合に対し，管理費等の未納状況を確認し，費用負担について契約書に定めることも検討することが肝要である。

　なお，負担の可能性のある債務の範囲に関し，電気・水道等の公共料金は，共用部分の管理使用に関するものではないが，特定承継人の債務の承継を認めた事例もあるので注意を要する。大阪高裁は，区分所有法7条1項の「規約……に基づき他の区分所有者に対して有する債権」について，「建物又はその敷地若しくは附属施設の管理又は使用に関する区分所有者相互間の事項は，規約で定めることができるものの，それ以外の事項を規約で定めるについては団体の法理による制約を受け，そのような事項についても自由に定めることが許されるものではない」とした上で，「各専有部分の水道料金や電気料金は，専ら専有部分において消費した水道や電気の料金であり，共用部分の管理とは直接関係がなく，区分所有者全体に影響を及ぼすものとはいえない事柄であるから，特段の事情のない限り，規約で定めうる債権の範囲に含まれない」と判示した（大阪高判平成20・4・16判時2018号19頁）。したがって，一般論としては専有部分の公共料金については，規約で何らかの規定をしたとしても区分所有法7条1項の債権とはならないということになるが，同判決は，当該事案では

水道料金について各戸別計量・各戸別収納制度が実施できないことおよび電気料金についても戸別契約が締結できないことからそれぞれ管理組合が全戸分の使用料をいったん立替払していることを踏まえ，区分所有者全体に影響を及ぼす特段の事情があるとして，特定承継人の責任を認めた。

第4章 賃貸借契約

I 総論

1 賃貸借の意義と本章の解説対象

　賃貸借とは，賃貸人がある物を賃借人に使用収益させ，これに対して賃借人が使用収益の対価（賃料）を支払う契約をいう（民601条）。

　賃貸借契約においては，賃貸人と賃借人の双方が，相手方に対する義務を負う。したがって，賃貸借契約は有償の双務契約であるといえ，有償契約である点で売買契約に関する担保責任の規定（民560条以下，559条）が，双務契約である点で民法533条以下が適用される。

　使用収益に対し対価を支払う関係にあれば，動産でも不動産でも賃貸借の対象となり得る。もっとも，本章においては，実務上接する機会の多い「建物賃貸借」に対象を絞った上，雛形は，賃貸借の基本的条項を定めることの多いオフィスビル賃貸借を対象とし，これに解説を加えることとする。なお，建物賃貸借において，賃借人が建物の建築段階から関わる場合や，ショッピングセンター等にテナントとして入店する場合等には，賃貸借契約の要素に様々な特約を付加することとなるが，基本条項はオフィスビル賃貸借と同様である。

2 賃貸借契約における当事者の義務

　賃貸人の中心的な義務は，賃借人に目的物を使用収益させること（およびそのために必要な措置をとること）であり，賃借人の中心的な義務は賃料を支払うことである。

(1) 賃貸人の義務
　賃貸人は，賃借人に対し，賃貸借契約の目的となる物を使用収益させる義務を負うが，さらに，かかる義務を遂行するにあたり必要となる目的物の維持や管理についても賃貸人の義務とされる。具体的には，以下のような義務を負っている。

(ア) 使用収益させる義務（民601条）
　賃貸人が賃借人に対し目的物を使用収益させる義務は，賃貸借契約の本質である。例えば，賃貸人は，賃借人が目的物を使用するに際して，それを妨害している第三者がいる場合には，これを排除しなければならない，という形で現れる。

(イ) 修繕義務（民606条1項）
　賃貸人には，目的物の使用収益に必要な修繕をする義務がある。例えば，賃貸住宅に雨漏りが発生した場合に，当該雨漏りを修繕するのは賃貸人の義務とされる。なお，賃貸人が修繕しないことにより，賃借人の使用収益が不可能である場合には，賃借人は賃貸人に対し賃料を支払う必要はない，とした裁判例がある（大判大正4・12・11民録21輯2058頁，大判昭和9・11・20大審院裁判例8巻民275頁）。

(ウ) 費用償還義務（民608条）
　賃貸人は，賃借人が支出した必要費および有益費を償還しなければならない，という費用償還義務を負っている。
　必要費とは，目的物を使用収益できる状態に維持するために必要な費用のことをいう。前述した修繕義務を賃貸人が果たさない場合，賃借人が代わりに修繕を施して，その費用を賃貸人に請求することも，これにより認められることになる。必要費は支出後直ちに請求しなければならない。
　有益費とは，目的物の改良のために支出した費用をいい，契約の終了時に価

値が残存する場合に，実費か，または改良による価値の増加額を償還しなければならない（民608条2項・196条2項）。

(2) 賃借人の義務

賃借人は，契約の規定に従って目的物を使用収益する権利を有し，これに対して賃料を支払う義務を負う（民601条）。また，賃借人は，契約終了時に目的物を原状に復して返還すべき義務を負う（民616条，597条1項，598条）。

原状回復とは，目的物を契約時の状態に戻すことである。通常の方法で使用収益していた場合以上に目的物が傷んでいたときには，それを修繕し，あるいはその分の損害を賠償する義務として現れる（なお，敷金が交付されている場合は，賃貸人は敷金から充当することができる）。他方で，目的物が契約時よりも物理的に増加している場合も原状回復の問題であり，賃借人はこれらを除去して返還する必要がある。

なお，現行民法では，賃貸借の節に目的物の返還義務を独自に定める条文はなく，使用貸借における借用物の返還時期について定めた同法597条1項を同法616条で準用するのみであった。しかし，賃貸借における目的物返還義務は，賃借人の基本的な義務の一つであって，各種契約のうちで賃貸借を特徴づけている重要な要素であるから，2017年改正後の民法では，賃貸借の冒頭規定において，賃借人が目的物返還義務を負う旨が明記された（民新601条）。また，原状回復義務についても同様に，現行民法では，同法616条で使用貸借に関する同法598条を引用するのみであったが，2017年改正後の民法では，賃貸借独自の規定として原状回復義務が明記された（民新621条）。

3 民法，借地借家法，消費者契約法，各種ガイドラインの関係

賃貸借契約に関しては，民法601条以下に規定があり，契約期間，修繕義務・費用償還義務等の当事者の権利義務，賃料減額，賃借権の譲渡・転貸，契約の解約申入れ，解約権の留保，契約更新推定等の規定が置かれている。もっとも，これらはすべて任意規定であり，契約においてこれらの条項と異なる定めをすれば，当該定めが有効となる。

かかる民法の規定は，借家人保護の精神から，借地借家法により変容されている。すなわち，借家に関しては，借地借家法26条以下に規定があり，契約

期間，契約の更新，賃料増減請求，定期建物賃貸借等の規定が置かれている。これらの条項の多くは強行規定であり，契約においてこれらの条項と異なる定めをしても，当該定めは無効となり，強行規定が適用される。

さらに，賃借人が個人の場合には，消費者契約法が適用され，より賃借人保護に傾く傾向にある。近時は，消費者契約法に絡んで，敷引特約の有効性に関する判決（最判平成23・3・24民集65巻2号903頁，最判平成23・7・12判時2128号43頁）や，更新料の有効性に関する判決（最判平成23・7・15民集65巻5号2269頁）がなされている。

なお，賃貸住宅に関しては，賃借人の居住の安定の確保と賃貸住宅の経営の安定を図るという観点から，「賃貸住宅標準契約書」が国土交通省から発表されている[1]（1993年1月）。「賃貸住宅標準契約書」は，2012年2月10日に改訂版が発表されているが，さらに2017年改正民法の施行に向けて，2018年3月に「賃貸住宅標準契約書 平成30年3月版・家賃債務保証業者型」および「賃貸住宅標準契約書 平成30年3月版・連帯保証人型」が発表された。また，国土交通省からは，賃貸住宅に関して特にトラブルの多い退去時における原状回復の指針を示した「原状回復をめぐるトラブルとガイドライン」（1998年3月，最終改訂：2011年8月）が発表されている。かかるガイドラインは，行政庁が定めた指針であり，拘束力はないが，近時の裁判例や取引等の実態を考慮の上作成されているものであるため，賃貸住宅をめぐる原状回復に関する紛争の解決や契約条項の解釈においては，大きな役割を果たすものといえる。

4　普通建物賃貸借と定期建物賃貸借

(1) 両者の違い

従来型の賃貸借契約は，「正当事由」がある場合でなければ，賃貸人から契約の更新拒絶や解約の申入れができない。これに対し，契約で定めた期間が満了することにより，更新されることなく，確定的に賃貸借が終了する建物賃貸借のことを定期建物賃貸借という。定期建物賃貸借は，更新の可否のほかに，1年未満の期間でも設定できること（通常は，1年未満の期間の定めは期間の定めのないものとみなされる〔借地借家29条1項〕），特約により賃料増減額請求を排

---

1) このほかに，「定期賃貸住宅標準契約書」「サブリース住宅原賃貸借標準契約書」「終身建物賃貸借標準契約」等の雛形が発表されている。

除できることが，通常の賃貸借と異なる主な点である。

(2) 選択における判断要素

賃貸人の立場としては，一定期間経過後に必ず契約関係を終了させることのできる定期建物賃貸借の方が便宜と思われる。すなわち，普通建物賃貸借の場合，更新拒絶には正当事由が必要で，いったん契約を締結すると，契約を終了することが困難となる場合が多く，自らの都合により契約期間のコントロールができなくなる可能性が高い。この点，定期建物賃貸借であれば，その要件を満たす限り，契約に定める期間の満了により契約関係を必ず終了させることができる。なお，定期建物賃貸借は，契約の更新は認められないが，契約期間満了後に再度定期建物賃貸借契約を締結することは可能であり，両者が望めば更新と同様の効果も得ることができる。また，特約により，賃料増減額請求等の煩雑な紛争の可能性を除去できるというメリットもある（通常は，家賃を増額しない特約以外の特約をしても，借地借家法32条の賃料増減額請求権を完全には排除できない〔→Ⅱ6(3)〕）。

他方，賃借人の場合，普通建物賃貸借であっても，契約期間満了により契約関係を終了させることができるため，この点では，普通建物賃貸借も定期建物賃貸借も同じである。ただし，契約関係を長期に継続したい場合に，定期建物賃貸借とすると，契約期間満了ごとに契約が終了する危険があり，また継続する場合にも必ず再度契約書を締結し直さなければならないという煩雑さがある。

5　中途解約条項・中途解約禁止条項等

(1) 中途解約条項

中途解約条項は，主に賃借人の利益となる規定である。すなわち，賃貸借契約において中途解約条項を設けた場合には，契約期間の途中での解約が認められることとなるが（民618条），たとえ中途解約条項を設けたとしても，賃貸人からの中途解約申入れには正当事由が必要となるため（借地借家28条），実際に賃貸人が中途解約をするにあたっては高いハードルが存在する。これに対し，賃借人からの中途解約申入れについては，借地借家法上の制約は存在しないため，契約書どおりに中途解約ができることとなる。そのため，中途解約条項を設けた場合，賃借人には，終了させたいときに終了させることができると

いうメリットが与えられることとなる。

(2) 中途解約禁止条項

　一定期間必ず賃貸借契約を継続させたい場合には中途解約禁止条項を設けることが多い。

　例えば，賃借人に賃貸することを前提に，賃借人仕様にて建設した建物を賃貸する場合，汎用性がないため，当該賃借人からの賃料収入等にて建設費等の支出分を賄う必要がある。そのため，賃貸借期間は投下資本を回収できるだけの期間に設定した上で，中途解約禁止条項を設けておくことが望ましい。または，中途解約は認めた上で，中途解約の場合には，契約期間満了までの賃料相当額を違約金として回収できる条項を定めておくことも考えられる。

　なお，契約期間の記載のみがあり，中途解約に関する条項がない場合には，契約期間を定める趣旨からして，当該期間は契約が継続し，中途解約できないのが原則である。もっとも，契約書に記載されていない事情を持ち出して，契約の意思解釈として中途解約が認められると主張されることも皆無ではないと思われるため，争いの芽を摘んでおくためにも，明確に中途解約禁止条項を規定しておくことが望ましい。

Ⅱ 普通賃貸借契約書の条項例と解説

📄 雛形

※ 欄外の番号は条項解説の該当箇所を示す。

建物賃貸借契約書

賃貸人○○（以下「甲」という）と賃借人○○（以下「乙」という）とは、次のとおり建物賃貸借契約（以下「本契約」という）を締結する。

第1条（契約の目的）
　甲は乙に対し、下記②記載の物件（以下「本物件」という）を賃貸し、乙はこれを賃借する。

記

①建物の表示
　　所　　在　　東京都中央区××××
　　家屋番号　　○○番○○
　　種　　類　　事務所
　　構　　造　　鉄骨鉄筋コンクリート造地上3階建
　　床 面 積　　1階　○○.○○平方メートル
　　　　　　　　2階　○○.○○平方メートル
　　　　　　　　3階　○○.○○平方メートル
②本物件の表示
　　上記①記載の建物のうち3階部分
　　（ただし添付平面図のうち赤枠斜線部分　○○.○○平方メートル）

第2条（賃貸借期間）
1　賃貸借の期間は、令和○○年○○月○○日から令和○○年○○月○○日までの2年間とする。
2　前項の賃貸借期間は、甲又は乙が期間満了の6か月前までに相手方に対して書面にて更新しない旨の通知をした場合を除き、2年間更新され、以後も同様とする。本契約を更新する場合は、乙は甲に対し、更新後の新賃料の1か月分を更新料として支払う。

1

第3条（使用目的）
乙は，本物件を事務所として使用し，他の用途に使用してはならない。

第4条（賃料）
1 賃料は月額金〇〇〇円とし，乙は甲に対し，毎月〇〇日までにその翌月分を甲の指定する銀行口座に振り込んで支払う。なお，振込手数料は乙の負担とする。
2 1か月に満たない期間の賃料は，当該月の日割計算によるものとし，1円未満の端数は切り捨てる。

第5条（共益費）
1 乙は，階段，廊下等の共益部分の維持管理に必要な水道光熱費，清掃費，保守点検費，設備管理費等に充てるため，前条の賃料とともに，共益費として月額金〇〇円を甲に支払う。なお，振込手数料は乙の負担とする。
2 1か月に満たない期間の共益費は，当該月の日割計算によるものとし，1円未満の端数は切り捨てる。

第6条（消費税・地方消費税）
1 乙は，甲に対して支払う賃料，共益費，その他消費税等が課税される債務に係る消費税及び地方消費税を負担する。
2 乙は，法令の改正により消費税率に変更があった場合には，変更後の税率に従った消費税及び地方消費税を負担する。

第7条（賃料等の改定）
1 甲及び乙は，賃料が，経済事情の変動，公租公課の増減，近隣の家賃との比較等により不相当となったときは，契約期間中であっても，相手方に対し，賃料の増減額の請求をすることができる。
2 甲及び乙は，共益費が，維持管理に係る負担の増減により不相当となったときは，契約期間中であっても，協議の上，共益費を改定することができる。

第8条（敷金）
1 乙は，本契約に基づく乙の債務を担保するため，本契約締結日に，甲に対し，敷金として賃料の〇か月分に相当する金〇〇〇円を預託する。ただし，敷金には利息を付さない。
2 賃料の増額があった場合，乙は，直ちに，増額された賃料の〇か月相当額に満つるまで敷金の差額を預託しなければならない。
3 乙に，賃料の支払遅滞等，本契約に基づく乙の債務の不履行があるときは，甲は，任意に敷金の一部又は全部を賃料その他の債務の弁済に充当できるものとする。この場合，乙は，甲より敷金の不足分の補塡について通知を受けた場合，7

日以内に敷金の不足分を甲に支払わなければならない。
4　賃貸借期間中，乙は，敷金をもって，賃料その他本契約に基づく乙の債務の弁済に充当することができない。
5　本契約が終了し，乙が本物件を原状に復して甲に明渡したときは，甲は，敷金を本契約に基づく乙の未払いの債務の弁済に充当し，その残額を乙に返還する。
6　乙は，敷金返還請求権を第三者に譲渡し又は担保に供してはならない。

第9条（修繕等の費用負担及び実施方法）
1　甲は，本物件及び甲所有の造作設備の保全及び修繕に必要な措置を自己の費用負担において行う。
2　前項にかかわらず，乙の故意又は過失により，本物件及び甲所有の造作設備に保全又は修繕の必要が生じた場合には，これに要する費用は乙の負担とする。この場合，修繕後の造作設備や修繕に伴い新たに設置された設備等につき，乙に，所有権が発生するものではない。
3　前2項による保全又は修繕の必要が生じた場合には，乙は，直ちにこの旨を甲に通知しなければならない。
4　本物件及び甲所有の造作設備の保全又は修繕のために甲が必要な措置を行う場合は，甲は予め，その旨を乙に通知しなければならない。この場合において，乙は，正当な理由がある場合を除き，当該措置の実施を拒否することができない。
5　乙は，乙所有の造作設備の保全及び修繕に必要な措置を自己の費用負担において行う。
6　甲から乙に対し，乙所有の造作設備の保全又は修繕のための措置の実施につき要請があった場合には，乙は，乙の費用負担により速やかに必要な措置を実施しなければならない。ただし，乙に速やかに実施できない正当な理由がある場合には，甲乙協議の上，実施時期を決定する。

第10条（原状の変更）
乙が，本物件の増改築，改造，模様替え，新たな造作設備の設置等，原状の変更をする場合には，事前に甲に説明の上，甲からの書面による承諾を得なければならない。なお，原状変更に関する費用は，全て乙の負担とする。

第11条（禁止又は制限される行為）
乙は，次の各号に挙げる行為をしてはならない。
(1)　賃借権の一部又は全部を譲渡し，又は担保に供すること
(2)　本物件の一部又は全部を転貸すること（使用貸借，その他これに準ずる一切の行為を含む）
(3)　ペットの飼育
(4)　爆発物，危険物，重量物等の持ち込み，その他甲及び他の賃借人，近隣住民

等に危険又は迷惑を及ぼす行為
　(5) 本契約の条項に違反する行為

第12条（反社会的勢力の排除）
1　甲及び乙は，それぞれ相手方に対し，次の各号の事項を確約する。
　(1) 自らが，暴力団，暴力団関係企業，総会屋若しくはこれらに準ずる者又はその構成員（以下総称して「反社会的勢力」という）ではないこと。
　(2) 自らの役員（取締役，執行役，執行役員，監査役又はこれらに準ずる者をいう）が反社会的勢力ではないこと。
　(3) 反社会的勢力に自己の名義を利用させ，この契約を締結するものでないこと。
　(4) 自ら又は第三者を利用して，この契約に関して次の行為をしないこと。
　　ア　相手方に対する脅迫的な言動又は暴力を用いる行為
　　イ　偽計又は威力を用いて相手方の業務を妨害し，又は信用を毀損する行為
2　甲又は乙の一方について，次のいずれかに該当した場合には，その相手方は，何らの催告を要せずして，この契約を解除することができる。
　(1) 前項(1)又は(2)の確約に反する表明をしたことが判明した場合
　(2) 前項(3)の確約に反し契約をしたことが判明した場合
　(3) 前項(4)の確約に反した行為をした場合
3　前項の規定によりこの契約が解除された場合には，解除された者は，その相手方に対し，相手方の被った損害を賠償するものとする。
4　第2項の規定によりこの契約が解除された場合には，解除された者は，解除により生じる損害について，その相手方に対し一切の請求を行わない。

第13条（中途解約の禁止）
甲及び乙は，本契約を中途解約することはできない。

第14条（契約解除）
1　乙が次のいずれかの事由に該当したときは，甲は催告なしに，直ちに本契約を解除することができる。
　(1) 第4条の賃料，第5条の共益費，第6条の公租公課の支払を怠り，滞納金額がこれらの3か月分以上の金額に達したとき
　(2) 第3条の使用目的を遵守しなかったとき
　(3) 本契約に定める条項に違反し，甲が催告したにもかかわらず14日間以内に当該違反が正されないとき
　(4) 監督官庁より営業の許可取消し，停止等の処分を受けたとき
　(5) 解散，会社分割，事業譲渡又は合併の決議をしたとき
　(6) 資産又は信用状態に重大な変化が生じ，本契約に基づく債務の履行が困難になるおそれがあると認められるとき

(7) 甲乙間の信頼関係が破壊されたと甲が認めたとき
(8) その他，前各号に準じる事由が生じたとき
2　前項の場合，乙は，解除によって甲が被った損害の一切を賠償するものとする。

第 15 条（原状回復）
1　本契約が終了したときは，乙は，本物件及び造作設備の破損及び故障を補修し，新たに床の張替え，壁紙の張替え，電球の交換を行った上，本契約締結当初の原状に復して甲に明け渡す。乙は，第 10 条に基づき甲の承諾を得て行った原状の変更についても，変更前の原状に復するものとする。ただし，甲が原状回復を免除した場合にはこの限りでない。
2　乙は，原状回復にあたり，本契約期間内に乙が設置した造作設備及び乙所有の動産（甲の承諾を得て設置したものを含む）を乙の費用をもって収去する。乙が，これに違反して動産等を残置したときは，乙は当該動産に対する所有権を放棄したものとみなし，甲は任意にこれを処分し，当該処分に要した費用を乙に請求する。
3　第 1 項の原状回復に伴う工事は，甲又は甲が指定する者がこれを行い，その費用は乙が負担する。

第 16 条（造作買取請求権等）
乙は，本物件の明渡しに際し，その事由及び名目の如何を問わず，本物件及び造作設備について支出した諸費用の償還請求又は移転料，立退料，権利金等一切の金銭請求をすることはできず，本物件内に乙の費用をもって設置した造作設備の買取りを甲に請求することはできない。

第 17 条（損害保険の付保）
乙は，乙が本物件に搬入又は設置した商品，什器，造作設備その他の動産について火災事故等により生ずる損害を塡補するため，その費用と負担において，損害保険を付し，これを本契約期間（本契約が更新された場合にはその期間も含む）継続する。

第 18 条（立入点検）
1　甲又は甲の指定する者は，本物件の保守管理，安全管理又は防犯のため，本物件に立ち入ることができる。
2　前項の場合，甲は予めその旨を乙に通知するとともに，乙の執務等の妨げにならないよう留意する。ただし，緊急を要する場合にはこの限りでない。

第 19 条（連帯保証）
連帯保証人は，乙と連帯して，本契約から生じる乙の一切の債務を負担するもの

とする。

> **（債権法改正後の条項例）**
> 　連帯保証人は，金○○円を限度として，乙と連帯して，本契約から生じる乙の一切の債務を負担するものとする。

第 20 条（変更事項の届出）

　甲又は乙は，次の各号に定める事項を行う場合，事前に書面をもって相手方に通知しなければならない。
(1)　合併，会社分割，株式交換，株式移転等の組織に関する重大な変更
(2)　事業の全部又は一部の譲渡
(3)　株主を全議決権の 3 分の 1 を超えて変動させる等，支配権に実質的な変動を生じさせる行為
(4)　本店所在地，商号，代表者等の変更

第 21 条（協議）

　本契約に定めのない事項及び本契約の内容の解釈につき相違のある事項については，本契約の趣旨に従い，両当事者間で誠実に協議の上，これを解決する。

第 22 条（合意管轄）

　本契約に関する一切の紛争については，○○地方裁判所を第一審の専属的合意管轄裁判所とする。

　本契約の成立を証するため本書 2 通を作成し，各自記名押印の上，各 1 通を保有する。

　　　令和　年　月　日

　　　　　　甲

　　　　　　乙

　　　　　　連帯保証人

条項解説
1 賃貸借期間（第2条）
（1）賃貸借期間の設定
　賃貸借は，当事者の一方がある物の使用および収益を相手方にさせることを約し，相手方がこれに対してその賃料を支払うことを約することによって，その効力を生じる（民601条）。

　建物賃貸借の場合，相手方に建物を使用させ，使用の対価として賃料を得ることが重要な要素となり，法律上，期間の定めは必須の要件とはされていない。しかし，実務上は賃貸借期間を設定することが一般的である。

　賃貸借の期間であるが，期間を1年未満とする建物賃貸借については，期間の定めのないものとみなされる（借地借家29条1項）。他方，期間の上限は存在しない。すなわち，民法上，賃貸借の最長期間は20年とされているが（民604条），借地借家法において，建物賃貸借に関しては民法604条の規定を適用しないと定められているため（借地借家29条2項），建物賃貸借の期間に関する上限はないこととなる。なお，2017年改正後の民法では，賃貸借の最長期間は50年とされた（民新604条）。ただし，建物賃貸借については借地借家法において民法における賃貸借の期間制限の適用が排除されているため，債権法改正の影響はない。

（2）期間の定めがない場合
　期間を定めない場合には，民法617条1項柱書により，当事者はいつでも解約の申入れをすることができる。

　建物の賃貸借の場合には，解約申入後3か月経過により賃貸借契約は終了することとなる（民617条1項2号）。そのため，賃借人からの解約申入れについては，当該規定が適用され，契約書において別の定めをしない限り，解約申入後3か月経過により賃貸借契約は終了する。

　これに対し，賃貸人からの解約申入れについては，借地借家法27条によりかかる取扱いが修正されている。すなわち，建物の賃貸人が賃貸借の解約を申し入れた場合には，建物の賃貸借は，解約申入れの日から6か月を経過することによって終了するとされており，賃貸人からの解約申入れは6か月前にしな

ければならない。そして，かかる規定は強行規定であるため，これに反する特約で賃借人に不利な条項は無効となる（借地借家30条）。さらに，賃貸人からの解約申入れには「正当事由」が必要とされるため，正当事由のない解約申入れの場合には，中途解約は認められない（借地借家28条）。

(3) 中途解約権の留保（民618条）

賃貸借の期間を定めた場合であっても，その一方または双方がその期間内に解約をする権利を留保したときは（特約が必要となる），解約申入後3か月経過により賃貸借契約は終了する[2]。

そのため，契約書において中途解約特約を定めた場合の賃借人からの解約申入れについては，当該規定が適用され，契約書において別の定めをしない限り（例えば，解約の申入れから契約終了までの期間を3か月ではない期間として定めた場合等），解約申入後3か月経過により賃貸借契約は終了する。

これに対し，賃貸人からの解約申入れについては，借地借家法27条により修正されている。修正内容は，上記**(2)**「期間の定めがない場合」と同様である。

(4) 更新条項

建物の耐久年度や経営上の事情あるいは個人的事情を考慮して，更新しない旨を定める契約がある一方で（定期建物賃貸借契約については，本章Ⅲを参照），通常のオフィスビルの賃貸借契約等においては，比較的短期の賃貸借期間を設定した上で，契約の更新条項を設けることが多い。更新条項がある場合には，その条項に従った手続を踏むことにより，その条項に定まった条件にて契約が更新されることとなる。

では，更新条項がない場合には，どうであろうか。

まず，契約の一般原則として，期間満了により契約が終了するのが原則である。例外として，賃貸借の期間が満了した後，賃借人が賃借物の使用を継続す

---

[2] 中途解約特約については，その有効性につき争いがあったが，解約権留保特約に基づく解約申入れの場合にも正当事由の存在を必要とするから，必ずしも賃借人に不利にならないとして，特約の有効性を認めるのが通説であり，現在の下級審裁判例も同様の立場をとっている（東京地判昭和55・2・12判時965号85頁。同裁判例は，解約権留保特約自体は有効としつつ，解約申入後直ちに明け渡す旨の特約は借家法に反し無効とした）。

る場合において，賃貸人がこれを知りながら異議を述べないときは，従前の賃貸借と同一の条件でさらに賃貸借をしたものと推定するとし，この場合，賃貸借の期間は期限の定めのないものとなる（民619条）。

しかし，借地借家法26条は，かかる原則を修正し，期間の定めのある賃貸借については，当事者が期間満了の1年前から6か月前までの間に，相手方に対して更新をしない旨の通知または条件を変更しなければ更新しない旨の通知をしない限り，法律上当然に更新されるものとみなしている（1項本文）。この場合，更新後の契約は従前と同様の条件であるが，期間だけは期間の定めがないものとなる（同項ただし書）。さらに，更新拒絶の通知がなされた場合でも，賃借人が期間満了後に建物の使用を継続するときに賃貸人から遅滞なく異議が述べられない場合には，契約が更新されるものとみなして（同条2項），賃借人の保護を図っている。

また，賃貸人側からの更新拒絶には正当事由が必要となる（借地借家28条）。

以上はいずれも強行規定である。ただし，賃借人からの更新拒絶の通知期間は，合意により6か月より短い期間を定めることは可能である（借地借家30条）。

以上をまとめると，契約書に賃貸借の期間の定めはあるが，更新条項がない場合，当事者の一方から他方に対し，期間満了の1年前から6か月前までの間に，更新をしない旨の通知をしない限り，契約は従前と同一の条件で（ただし，期間は定めのないものとなる）更新されることとなる（法定更新）。

そのため，賃借人が期間満了により賃貸借契約を終了させる場合には，期間満了の1年前から6か月前までの間に，賃貸人に対し，更新しない旨の通知をすればよい（通知の期間は短縮可能である）。

他方で，賃貸人が期間満了により賃貸借契約を終了させる場合には，期間満了の1年前から6か月前までの間に，賃借人に対し，更新しない旨の通知をする必要があるとともに，更新拒絶には「正当事由」が必要となる。

(5) 更新料

賃貸借契約は，賃貸人が目的物を賃借人に使用させることを約し，賃借人がこれに対して賃料を支払うことを約することによって効力を生ずるのであり（民601条），更新料は賃貸借契約の要素とはなっていないことから，契約書に

記載しない限り発生しない。

　もっとも，特に賃貸住宅においては，一般に更新料の定めが存在しているが，かかる消費者を相手とした賃貸住宅における更新料については，その定めが消費者契約法 10 条[3]に反し無効ではないかが争われていた。これにつき，地裁の判断は分かれていたが，2011 年に最高裁判決が下された（最判平成 23・7・15 民集 65 巻 5 号 2269 頁）。

　最高裁は，「賃貸借契約は，賃貸人が物件を賃借人に使用させることを約し，賃借人がこれに対して賃料を支払うことを約することによって効力を生ずる（民法 601 条）のであるから，更新料条項は，一般的には賃貸借契約の要素を構成しない債務を特約により賃借人に負わせるという意味において，任意規定の適用による場合に比し，消費者である賃借人の義務を加重するものに当たるというべきである」としつつ，当該条項が信義則に反して消費者の利益を一方的に害するものであるか否かについては，「賃貸借契約書に一義的かつ具体的に記載された更新料条項は，更新料の額が賃料の額，賃貸借契約が更新される期間等に照らし高額に過ぎるなどの特段の事情がない限り，消費者契約法 10 条にいう『民法第 1 条第 2 項に規定する基本原則に反して消費者の利益を一方的に害するもの』には当たらないと解するのが相当である」と判示した。

　その上で，期間 1 年，月額賃料 3 万 8000 円，更新料を賃料の 2 か月分とする賃貸借契約における 1 年ごとの更新料の支払は，消費者契約法 10 条により無効にすることはできないとした。なお，最高裁は，「本件条項を，借地借家法 30 条にいう同法第 3 章第 1 節の規定に反する特約で建物の賃借人に不利なものということもできない」とも判示している。

　以上より，更新料は，賃借人が個人であっても，その金額が高額に過ぎない限り，契約書に明記していれば有効である。また，賃借人が法人の場合には，そもそも消費者契約法の適用がないのであるから，公序良俗違反のような法外な金額でない限り，契約書に明記しておけば有効である。

---

3) 2016 年改正前の消費者契約法 10 条「民法，商法（明治 32 年法律第 48 号）その他の法律の公の秩序に関しない規定の適用による場合に比し，消費者の権利を制限し，又は消費者の義務を加重する消費者契約の条項であって，民法第 1 条第 2 項に規定する基本原則に反して消費者の利益を一方的に害するものは，無効とする。」（なお，2016 年改正で条文の文言は変更されたが，条文の趣旨に変更はなく，2016 年改正後も判旨は妥当する）。

(6) 正当事由

　賃貸人からの更新拒絶あるいは解約申入れに必要な「正当事由」については，借地借家法28条にその判断基準が列挙されている。同条によると，「正当事由」の有無は，「当事者双方の使用の必要性」を主たる判断基準とした上で，「賃貸借に関する従前の経緯」，「建物の利用状況」，「建物の現況」，「立退料等の提供」を総合的に考慮して決定される[4]。

　すなわち，「当事者双方の使用の必要性」が最初にかつ主として判断されるべき事情で，その他の基準は従たる要素にとどまることになる。そのため，一方当事者の使用の必要性が高く，他方当事者の使用の必要性が低い場合には，当事者双方の使用の必要性を考慮しただけで正当事由の有無が判断される。これに対し，当事者双方の使用の必要性にそれ程差がない場合には，その他の要素である「賃貸借に関する従前の経緯」，「建物の利用状況」，「建物の現況」，「立退料等の提供」を考慮して正当事由の有無を判断することとなる[5]。

(7) 借家契約以外の建物利用契約と正当事由

　ビル内の店舗の利用契約（賃貸借契約，テナント契約等，契約書の名称は問わない）が行われる場合に，それが「建物」の賃貸借として借地借家法の適用があるか否かが争われることがある。当該契約が借地借家法にいう「建物」の賃貸借に該当すれば，賃貸人からの解約申入れや更新拒絶時の「正当事由」が必要となるが，当該契約が借地借家法にいう「建物」の賃貸借に該当しないということとなれば，それらは不要となり，契約書の記載どおりに解約申入れや更新拒絶が認められることとなるため，この判断は重要となる。

　この点，最高裁は，一般的な基準として，「建物の一部であっても，障壁その他によって他の部分と区画され，独占的排他的支配が可能な構造・規模を有するものは，借家法1条にいう『建物』であると解すべき」と判示する（最判昭和42・6・2民集21巻6号1433頁）。具体的な事例では，「建物」に該当すると判断した事例と，反対に「建物」に該当しないと判断した事例の両方が存在

---

4) 稲本洋之助＝澤野順彦編『コンメンタール借地借家法〔第3版〕』（日本評論社，2010年）214頁。
5) 正当事由の要件ごとの内容は，稲本＝澤野編・前掲注4) 214頁〜226頁［本田純一］に詳述されている。

する。

　まず，旧法下の事案であるが，スーパーマーケットの一部を賃借してパンを製造販売していた事例において，本件売場部分は原告の経営するスーパーマーケット部分とは明瞭に区画され，また，被告は，内装工事費や設備機材等をすべて自己負担の上，独自の経営判断と計算において，自ら開発した焼き立てパンの製造販売技術を用いて，営業を行っているとして，本件売場を借家法にいう「建物」であると判示した事例がある（東京地判平成8・7・15判時1596号81頁）。

　他方で，デパート上階の1区画について賃貸借契約を結び，洋食レストランを営業していた事例において，契約面積中には賃料の対象とならない通路等の部分が含まれ，独自の施錠設備や独立した外部からの出入口がないこと，営業，休業，営業時間，営業品目，店員の採用等までデパート側からの様々な制約が課せられている状況等においては，借地借家法上の適用がある「建物」ということはできないと判示した事例がある（東京地判平成20・6・30判時2020号86頁）。

　以上のような裁判所の判断によると，借地借家法における「建物」に該当するか否かの判断においては，構造上の独立性と，使用上の独立性の2つの要素で判断されることとなるが，障壁などによって他と全く区別されていない場合はともかく，ビルへのテナントとしての入店の場合には店ごとに区画され仕切りがあることが通常である。そのため，判断において重要なのは，使用上の独立性の有無にあると考えられる。すなわち，当該営業空間の使用方法について，オーナー側からどの程度の独立性，排他性を与えられていたかが重要なメルクマールとなると解する[6]。具体的には，商品の種類や価格等につきオーナー側が干渉することができ，また従業員の採用等についてもオーナー側の指示に従う等の事情がある場合には，場所貸しという賃貸借の域を超えるものとして，借地借家法の適用のある「建物」には該当しないこととなる可能性が高いと思われる。

6）　本田純一『借家法と正当事由の判例総合解説』（信山社，2010年）26頁。

(8) 契約条項
(ア) 契約期間

　雛形2条1項は，契約期間に関する定めである。定期建物賃貸借と異なり，普通建物賃貸借の場合には，期間設定は必須の要件ではないが，実務上，契約期間は設定されている。契約期間を何年とするかは，中途解約条項の有無や更新料の有無等も考慮の上，実態に即して決定すべきである。

　すなわち，特に賃借人の場合，契約期間に拘束されることとなるため，中途解約条項がないにもかかわらず長期の契約期間を設定すると，その間，移転等の必要性が生じたとしても，契約期間満了までの賃料を支払わなければならないという事態が生じ得る。他方で，賃貸人の場合には，契約期間を設定しても，更新を拒絶するためには「正当事由」が必要となるため，賃借人ほど契約期間の長短は重要とはならない。もっとも，「正当事由」の有無を判断する機会を設けるという意味では，短期契約を繰り返すことが有用と思われる。

　また，更新料の定めがある場合には，契約更新を行うごとに更新料の支払が発生することとなるから，賃借人において，当初より長期契約となることが確定している場合には，長期契約とした方がよい場合もある（ただし，更新料の設定により毎月の賃料が低く抑えられているような場合は異なる考慮が必要である）。

(イ) 更新条項と更新拒絶

　雛形2条2項は，「甲又は乙が期間満了の6か月前までに相手方に対して書面にて更新しない旨の通知をした場合を除き，2年間更新され，以後も同様とする」と定めている。

　賃貸人から更新拒絶をする場合，条項上は6か月前の通知のみが要件とされているが，実際には借地借家法上の「正当事由」が必要となるため注意が必要である。

　他方で，賃借人として更新拒絶するには，条項どおり6か月前の通知のみが必要となる。もっとも，借地借家法における「6か月前予告」を賃借人の有利に変更することは可能であるため，契約において賃借人からの予告を6か月より短い期間に設定しておくことは可能である。

(ウ) 更新後の契約期間

　雛形2条2項は，更新後の契約期間として「2年間」と定めている。借地借家法に基づく法定更新の場合，契約条件はそのまま引き継がれるが，契約期間

は定めがないものとなる（いつでも解約申入れができる状態）。そのため，更新条項を設ける場合には，更新後の契約期間を明記しておくことが望ましい。

(エ) 更新料

　雛形2条2項は，更新料の定めを置いている。更新料については法律に規定はなく，任意に定めるものである。そのため，賃貸人としては，規定を設けておかないと更新料を受け取れなくなる。なお，更新料を定めることにより，賃借人に更新するか否かの判断の機会を与えることとなるため，安定した賃料収入を得たい場合には諸刃の剣になる可能性もある。

　他方で，賃借人としては，更新料の定めを置かない方が有利と思われるが，更新料の存在により，毎月の賃料が低く抑えられるという場合もあるため，ケース・バイ・ケースで判断すべきである。

2　使用目的（第3条）

(1) 使用目的について

　賃貸借は，当事者の一方がある物の使用および収益を相手方にさせることを約し，相手方がこれに対してその賃料を支払うことを約することによって，その効力を生じるとされており（民601条），使用目的の定めは契約成立の要件ではない。

　しかし，使用目的を限定しておかないと賃貸場所をいかようにでも使用できることとなり，賃貸人の望まない態様での使用により，近隣との関係の悪化や建物自体の劣化等の問題を引き起こすおそれがある。そのため，使用目的を限定し，使用目的に反する使用をした場合には賃貸人側から解除できる条項を定めるのが一般的である。

(2) 契約条項

　雛形3条においては，使用目的が「事務所」としての使用に限定されており，賃借人がこれ以外の目的での使用を行った場合には契約解除事由となる（→雛形14条1項2号）。

　上記のとおり，賃貸人としては，このような規定を設けて使用目的を限定しておくべきであるが，他方，賃借人としては，契約期間中に使用目的を変更する可能性が存するのであれば，賃貸人と協議して使用目的を変更できるよう，

その旨の確認規定を設けておくのが望ましい。

3　賃料（第4条）

（1）賃料について

　賃貸借における必須規定である。賃料の定めがない場合には使用貸借となる。

　民法614条によると賃料は毎月末に支払わなければならないとされ，支払時期の定めがなければ，賃料は月単位の当月払となる。

　支払は，賃貸人の住所に賃料を持参して支払うのが民法の原則であるが（民484条），その他の定めがあればそれに従うこととなる。

　1か月に満たない期間の賃料については，民法89条2項により日割計算となる。

（2）契約条項

　上記のとおり，民法上の原則は月末当月払であるが，月末に翌月分を前払するのが一般的であり，この旨を契約書に明記している。

　また，上記のとおり，民法上の原則によれば，賃料を賃貸人の下に持参することとなるが，実際には振込送金の方法によることがほとんどであり，雛形においてもその旨を契約書に明記している。なお，振込手数料は賃借人の負担となるのが通常であろう。

　1か月に満たない期間の賃料については，上記のとおり民法上の原則によれば日割計算することになるが，この計算方法について，1か月を「30日」とするか「暦日数」とするか，1円未満の端数処理をどうするかなど，細かな計算方法については明確ではない。そのため，無用の争いを避けるために，この点についても契約書に明記しておくべきである。雛形においては，暦日数にて日割計算するものとし，また1円未満については切り捨て処理をする旨，明記している。

4　共益費（第5条）

（1）共益費について

　共益費は，建物およびその敷地の共用部分もしくは共用施設の管理などに必要な実費を賃料とは別に賃借人が負担するものである。したがって，毎月実費

がいくらかかるかを計算して金額を設定すべきである。

支払方法，日割計算についての民法上の原則は賃料と同様である。

なお，実費に増減があった場合には，共益費も増減されるべきであるが，共益費の負担や金額については民法や借地借家法には規定がないことから，契約書に基本的なルールを定めておく必要がある（→雛形7条2項）。

（2）契約条項

雛形4条の賃料の規定と同様に，支払時期，支払方法，振込手数料の負担，日割計算の方法につき明記している。

5　消費税（第6条）

（1）消費税について

土地の譲渡や賃貸は，消費税の課税の対象とならないとされている（非課税取引）。そのため，土地賃貸借契約における地代や更新料などは消費税の課税の対象にはならない（消費税6条1項，別表第一1）。

他方で，事務所などの建物を貸し付ける場合の賃料等については消費税の課税の対象となる。この場合，家賃を土地部分と建物部分とに区分している場合でも，その総額が建物の貸付けの対価として取り扱われることとなる。なお，住宅用建物の賃貸借契約における賃料等は，賃貸借期間が1か月に満たない場合などを除き非課税となる（消費税6条1項，別表第一13。マンションの賃貸借契約など居住用建物の賃料等に消費税が課税されないのはこのためである）。

（2）契約条項

雛形は，居住用ではない事務所建物の賃貸借契約について定めるものであるから，賃料，共益費，更新料等に消費税が課税されることになる。そのため，消費税が課税されることを確認するために本条を規定した。もちろん，本条のように特に1条を設けずに，賃料，共益費等の各条項において消費税が別途付加されることを規定してもかまわない。

6 賃料増減額請求（第7条）

（1）賃料増減額請求とは

一定の事情の変化により賃料が不相当となったときには，契約条件にかかわらず，当事者は，将来に向かって建物の借賃額の増減を請求することができる（借地借家32条1項）。

賃料増減額請求には，以下の要件の充足が必要となる。

① 建物の借賃が，土地もしくは建物に対する租税その他の負担の増減により，土地もしくは建物の価格の上昇もしくは低下その他の経済事情の変動により，または近傍同種の建物の借賃に比較して不相当となったこと
② 一定期間賃料を増額しない旨の特約がないこと

要件①は，賃料の「不相当」性判断における要素の例示にすぎず，例えば，現行賃料が定められてからの相当期間の経過の有無，従来の賃料額の相当性，当事者間の特殊事情（友人関係，縁戚関係等），等々の事情も総合的に考慮して決定される。

また，要件②とは逆に，一定期間賃料を増額しない特約が存在する場合には，従前の家賃が「不相当」な状態になったとしても，増額請求は認められない。ただし，この不増額特約の期間がかなり長期にわたり，その間に経済的事情の激変があり，その激変が特約当時の当事者の予測を大きく超えたものであって，特約の拘束力をそのまま認めると著しく公平に反する結果となるときは，「事情変更の原則」の適用によって，本条の増額請求権が認められることがある[7]。

（2）賃料増減額に関する特約について

（ア）原則

借地借家法32条は強行法規ではあるが，片面的強行法規（賃借人に不利なもののみを無効とする）ではないため（借地借家37条），家賃の改定や増額につき賃借人に不利な特約をしてもこれが直ちに無効とされるわけではなく，家賃改定は基本的に当事者の合意に委ねられている。

ただし，以下のとおり，「家賃を増額しない特約（賃料不増額特約）」以外の

---

7) 稲本＝澤野編・前掲注4) 242頁。

特約をしても，本条の賃料増減請求権の行使は妨げられない。

(イ) 賃料増減額は当事者の協議により決定するという特約（協議特約）

　このような特約がある場合に，相手方と協議をせず，または協議を尽くさずに増減額請求をすることができるかにつき，最高裁は，そのような特約は，できる限り訴訟によらないで解決しようという合意にすぎず，当事者間に協議が成立しない限り賃料の増減を許さないとする趣旨ではないとして，協議を経ない増減額請求も有効であるとした（最判昭和56・4・20民集35巻3号656頁）。

(ウ) 家賃を自動的に一定の割合で改定する旨の特約（賃料自動改定特約）

　賃料自動改定特約について，判例は，「地代改定基準を定めるに当たって基礎となっていた事情が失われることにより，本件増額特約によって地代の額を定めることは，借地借家法11条1項の規定の趣旨に照らして不相当なものとなったというべきである。したがって，土地の価格の動向が既に下落に転じ，当初の半額以下になった……時点においては，本件増額特約の適用を争う上告人〔賃借人〕は，もはや同特約に拘束されず，これを適用して地代増額の効果が生じたということはできない。また，このような事情の下では，……上告人〔賃借人〕は，借地借家法11条1項に基づく地代減額請求権を行使することに妨げはないものというべきである」と判示した（最判平成15・6・12民集57巻6号595頁）。

(エ) 地代を減額しないという特約（賃料不減額特約）

　「賃料改定においては，従前の賃料に消費者物価指数の変動率を乗じ，公租公課の増減額を加算または控除した額とするが，消費者物価指数が下降してもそれに応じて賃料の減額をすることはない」との特約が存する場合，最高裁は，このような特約があっても賃料減額請求の行使を妨げないと判示した（最判平成16・6・29判時1868号52頁）。

(3) 契約条項

　上記の判例が示すとおり，賃料を増額しない旨の特約以外の特約は，賃料増減額請求権の行使を必ずしも排除するものではないが，他方で，特約に基づく賃料額が借地借家法32条の趣旨に照らして不相当にならない限りは，当事者

間では一応有効である，ということがいえる。そのため，賃貸人，賃借人ともに，有効と判断されるであろう範囲内で自己に有利な特約を規定するよう求めるべきである。

　賃貸人としては，賃料不増額特約を規定してしまうと，上記のとおりこれに拘束されて賃料増額請求ができなくなってしまうのでこれは避けるべきである。
　そして，常に賃料増額請求によらなければ賃料を増額できないとなると，賃料値上げに多大な時間・労力を要することになるため，賃料自動改定特約を設けておくことが望ましい。
　もっとも，これらの特約を設けたとしても，必ずしも賃借人からの賃料減額請求権の行使を排除できないのは上記判例の示すとおりである。
　他方で，賃借人としては，賃料増額請求を確定的に排除できる賃料不増額特約を規定するよう求めるべきである。
　それが難しい場合であっても，賃料自動改定特約により自動的に賃料が増額され，賃料減額請求をしなければ賃料を減額できないとなると，賃料の値下げのために多大な時間・労力を要することになるため，このような条項が規定されないように留意すべきであろう。
　なお，協議特約を規定しておくのも，上記判例の示すとおり，協議を経ない賃料増額請求権の行使を排除するものではないが，当事者間の合意としては有効であり，少なくとも賃貸人の契約違反にはなることから，賃料値上げに対する一定の抑止力は期待できよう。
　なお，共益費については，賃料増減額請求のような一方当事者からの意思表示のみによって増減額が発生するような制度が法律上定められておらず，共益費を増減額するためには賃貸人と賃借人で協議して新たな合意をする必要がある。雛形7条2項は，その旨を注意的に確認した規定である。

7　敷金（第8条）

(1) 敷金とは
(ア) 意義
　敷金とは，賃借人がその債務を担保する目的で金銭を賃貸人に交付し，賃貸借終了の際に賃貸人に債務不履行がないときはその全額を返還するべく，もし債務不履行があるときは，その金額中から当然にその債務不履行にかかる債務

の弁済に充当されることを約して授受する金銭である（大判大正15・7・12民集5巻616頁）。

なお，2017年改正後の民法では，敷金を「いかなる名目によるかを問わず，賃料債務その他の賃貸借に基づいて生ずる賃借人の賃貸人に対する金銭の給付を目的とする債務を担保する目的で，賃借人が賃貸人に交付する金銭をいう」と定義する（民新622条の2第1項かっこ書）。

（イ）敷金の性質1——当然充当

賃貸借終了の際，延滞賃料その他賃借人が負担する債務があれば，敷金は当然にこの弁済に充当される。意思表示により「相殺」されるのではなく，「当然充当」されるという点が，敷金を考える上での大きなポイントである。なお，2017年改正後の民法で新設された敷金の条項（民新622条の2）も，当然充当を定めている。

契約期間中は，当然充当は生じることはなく，賃貸人において敷金を延滞賃料その他の債務に充当することは自由であるが，他方，賃借人の側から充当を主張することはできない（大判昭和5・3・10民集9巻253頁）。なお，2017年改正後の民法で新設された敷金の条項も，契約期間中における賃貸人による充当を定めている（民新622条の2第2項）。

（ウ）敷金の性質2——返還請求権の発生時期

賃貸借終了後に賃借人がなお占有を継続する場合には，明渡終了までの賃料相当額の支払にも敷金は充当される（最判昭和48・2・2民集27巻1号80頁）。賃貸借終了後の目的物返還請求義務と敷金返還義務は，特別の約定のない限り同時履行の関係にはなく，前者が先履行とされる（最判昭和49・9・2民集28巻6号1152頁）。

このように敷金は，建物明渡しまでに生じる一切の債務を担保するものであるから，敷金返還請求権は建物明渡時に発生するという点も敷金を考える上でのポイントとなる。つまり，建物を明け渡さない限り，賃借人の側から敷金の返還や，敷金返還請求権による相殺を主張することはできない。なお，2017年改正後の民法で新設された敷金の条項も，敷金返還請求権は，賃貸借が終了し，かつ，建物の返還を受けたときに発生すると定めている（民新622条の2第1項1号）。

もっとも，上記昭和49年最判も「特別の約定のない限り」との留保を付し

ているとおり，当事者双方の合意により，敷金返還請求権の発生時期を建物明渡時と異ならせることは当然可能である。

（エ）敷金関係の承継

賃貸借契約存続中に目的建物の所有権が移転されると，賃貸借関係は建物譲受人と賃借人との間に移転し，敷金返還債務もまた移転する（最判昭和44・7・17民集23巻8号1610頁）。逆に，借地権が賃貸人の承諾を得て譲渡された場合には，敷金返還請求権が譲渡されるなどの特段の事情がない限り，新賃借人には譲渡されない（最判昭和53・12・22民集32巻9号1768頁）。なお，2017年改正後の民法で新設された敷金の条項も，敷金返還請求権は，賃借人が適法に賃借権を譲り渡したときに発生すると定め（民新622条の2第1項2号），賃借権が適法に譲渡された際に，敷金返還請求権も同時に譲渡されるなどの特段の事情がない限り，敷金返還請求権は新賃借人には譲渡されないことを定めている。

（オ）敷引特約の有効性

いわゆる敷引特約については，当事者間で合意が成立している以上，原則有効である。

しかし，災害時に賃借家屋が滅失して賃貸借契約が終了した場合においては敷引特約は無効であるとした最高裁判例（最判平成10・9・3民集52巻6号1467頁），賃借人が個人である事例において消費者契約法10条により敷引特約を無効とした裁判例（神戸地判平成17・7・14判時1901号87頁，大阪地判平成19・3・30判タ1273号221頁，最判平成23・3・24民集65巻2号903頁）などがある。

（カ）賃料債権の差押えとの優劣関係

賃料債権の差押えと敷金との優劣関係について，最高裁は，敷金が授受された賃貸借契約にかかる賃料債権につき，抵当権者が物上代位権を行使してこれを差し押さえた場合においても，当該賃貸借契約が終了し目的物が明け渡されたときは，賃料債権は，敷金の充当によりその限度で消滅するというべきであると判示した（最判平成14・3・28民集56巻3号689頁）。

これまで最高裁は差押えと相殺の優劣関係につき，自働債権（敷金返還請求権）が差押え前に取得されているのであれば，相殺への期待権を重視して，相殺を優先させていた（最大判昭和45・6・24民集24巻6号587頁）。しかし，そうすると，差押え時においては敷金返還請求権が発生していないため，差押え

が優先するようにも思える。上記平成14年最判は，相殺ではなく当然充当であるという敷金の性質に適合した判断であるとの評価を受けている。

(2) 保証金・建設協力金
(ア) 意義

賃貸借契約時に，敷金に加えて，保証金，建築協力金などの名目で金員が授受されることがある。これらは，その金額等から実質的に敷金と解されるものを別として，金銭消費貸借契約上の金員と解されており，敷金とは法的性質を異にする（最判昭和51・3・4民集30巻2号25頁）。

保証金・建設協力金は，金銭消費貸借上の金員とされるのであるから，その授受と同時に貸金債権が発生するのであり，その弁済期が約定によって定められ当該弁済期が到来すれば，保証金返還請求権が発生する。

そのため，相殺禁止特約がない限り，相殺適状に達してさえいれば，賃貸人・賃借人いずれの側からも相殺することができる。

(イ) 敷金か保証金か

事業用物件の場合，敷金としての性質を有する金員を，保証金という名目で差し入れさせることが多い。この場合は，名目は保証金であっても，実質的には敷金として扱われることになる。

結局のところ，敷金か保証金かは，その名目にかかわらず，その金員が敷金としての性質を有しているのか，金銭消費貸借上の金員であるのか，という基準で判断することになる。

したがって，敷金に関する各種判例法理の適用を潜脱する目的で，その名目だけを「保証金」としてみても，実質的に敷金としての性質を有しているのであれば，敷金に関する判例法理に服することになろう。なお，2017年改正後の民法では，前述のように，敷金の定義を「いかなる名目によるかを問わず，賃料債務その他の賃貸借に基づいて生ずる賃借人の賃貸人に対する金銭の給付を目的とする債務を担保する目的で，賃借人が賃貸人に交付する金銭をいう」（民新622条の2第1項かっこ書）と定めており，保証金等の敷金とは異なる名目を使用していたとしても，それが，賃貸借契約に基づいて生ずる賃借人の賃貸人に対する金銭の給付を目的とする債務を担保する目的で交付されている場合には「敷金」として扱うことが明確にされた。

(3) 契約条項
(ア) 雛形8条1項

雛形8条1項は、敷金の預託に関する定めである。敷金については、強行法規等によって強制的に設定させられるものではないため、賃貸人にとっては、賃料その他賃貸借関係から生じた債務（例えば、賃借人が目的物を毀損したことによる損害賠償債務等）を担保するために、必ず必要な条項となる。

なお、賃貸借関係が継続している間は、特約のない限り敷金に利息は発生しない（民404条参照）。敷金返還請求権自体が、賃貸借契約期間は発生しないことにもよる。しかし、賃貸借関係を終了させるべく目的物の返還を受けた後においては、敷金をいつまでに返還しなければならないかは明確ではない。そのため、いつから遅延損害金（民419条）が発生するかも明確ではなく、建物明渡しから相当程度時間が経ってからの敷金返還については、遅延利息を請求される可能性も理論的には皆無とはいえないように思われる。そこで、かかる無用な争いをなくすために、返還すべき敷金に利息を付さないことは記載しておいた方がよいであろう。

(イ) 雛形8条2項

雛形8条2項は、賃料改定の際の敷金追加に関する定めである。

同条1項では、「賃料の○か月分に相当する金○○○円」を敷金として預託するよう規定しているが、賃料が増額されると、すでに預託している敷金が「賃料○か月分」に不足することになる。その不足分の追加を求めることは当然に認められるものではなく、特約に基づいて行われるものであるから、差額を請求するためには、賃料が増額された場合、すでに預託している敷金と「賃料の○か月相当額」との差額分の敷金を追加で差し入れさせるよう定めておくことが必要となる。

(ウ) 雛形8条3項

雛形8条3項は、敷金の充当に関する定めである。

前述のとおり、敷金は、建物明渡時に未払債務に当然に充当され、その残額が返還請求権として発生するものである。もっとも、賃貸借継続中に賃貸人の側から敷金の一部を未払債務に充当することは自由であるが、敷金不足分の追加を求めるというようなことは当然に認められるものではなく、特約に基づいて行われることである。

そのため，賃貸人としては，契約期間中に未払債務に敷金を充当し，その場合に充当分の敷金を再度差し入れさせたいのであれば，賃借人に対し敷金の追加支払を請求できることおよびその支払方法を契約書に記載しておく必要がある。

（エ）雛形8条4項および同条5項

雛形8条4項は契約期間中における賃借人側からの敷金充当禁止，同条5項は敷金の返還に関する定めである。

前述のとおり，敷金返還請求権は充当後の金額について建物明渡時に発生するにすぎない。雛形8条4項および5項は，建物明渡前には敷金返還請求権が発生していないのであるから賃借人から敷金の充当を主張することはできず，建物の明渡しによって初めて敷金返還請求権が発生し，賃貸人において未払債務へ充当した残額を賃借人に返還するという，敷金の性質からして当然のことを確認的に規定したものである。もっとも，敷金の性質は法律上に規定がなく，あくまで判例において確立されたものであるから，当事者間で判例の内容を確認し，無用な紛争を避けるという意味で，記載することは望ましいといえる。なお，2017年改正後の民法では，かかる判例法理を条文化（民新622条の2）したため，債権法改正後は，2017年改正後の民法の条項を確認する意味を有することになる。

（オ）雛形8条6項

雛形8条6項は敷金返還請求権の譲渡および担保供与禁止を定めている。

債権は自由に譲渡できることが原則である（民466条1項）。そして，敷金返還請求権の第三者への譲渡および担保提供の可否については，法律上も判例上も何ら制限がなされていないことから，当該条項を設けておかないと，第三者への譲渡や担保提供を阻止できないことになる。

なお，2017年改正後の民法では，債権譲渡に関して，譲渡制限条項に違反する譲渡も有効とされたことから，債権譲渡自体を制限することはできなくなった。ただし，譲渡制限条項を設けておけば，債務者である賃貸人は，悪意・重過失の譲受人に対して敷金返還債務の履行拒絶権の抗弁権等を対抗することができるため，2017年民法改正後の下においても，譲渡制限条項を設けておく実益はある（→第14章参照）。

8 修繕（第9条）

（1）修繕義務の意義

賃貸人は，賃借人に賃貸物の使用収益をさせる義務を負う（民601条）。かかる義務を負う当然の帰結として，賃貸人には，賃貸物を修繕する義務がある（民606条1項）。なお，2017年改正後の民法では，賃借人の責めに帰すべき事由によってその修繕が必要となったときは，賃貸人は，賃貸物を修繕する義務を負わない旨が明記された（民新606条1項ただし書）。

賃貸人の修繕義務は，賃貸人が賃借人に賃貸物の使用収益をさせる義務を負うことの当然の結果として認められるものであるから，賃貸人の修繕義務は，賃借人の賃料支払義務との対応関係において認められるものである（ゆえに，使用貸借の貸主は修繕義務を負わない）。

他方で，賃貸人の修繕が賃貸物の保存に必要な行為に関する場合には，修繕は賃貸人の権利でもある（民606条2項）。

（2）修繕義務発生の要件

修繕義務は，修繕が必要で，かつ可能な場合に発生する。具体的な要件の内容は，以下のとおりである。

（ア）修繕の必要性

修繕が必要とは，抽象的には，修繕しなければ賃借人が契約によって定まった目的に従って使用収益することができない状態となったことをいうとされているが，どの程度の破損をもって賃借人の使用収益を妨げる状態とみなすかは，個々の事案ごとに異なっている。

使用収益がほとんど不可能な状態であれば，修繕義務が生じることに問題はないが，一応賃貸物を使用できる状態ではあるものの完全な使用を享受することができないという場合には判断はまちまちである。

結局，どの程度の破損があれば「必要な修繕」といえるかの判断は，家賃水準との関係をも考慮して，当該事案における賃貸人に修繕義務を負わせることが妥当か否かの判断に帰着する[8]。

---

8) 幾代通＝広中俊雄編『新版注釈民法(15)〔増補版〕』（有斐閣，1999年）212頁〔渡辺洋三＝原田純孝〕。

（イ）修繕の可能性

　修繕義務は，修繕が可能な場合にのみ生じ，修繕が不可能な場合には，賃貸物の全部または一部の滅失（ないし使用不能）による履行不能の問題を生ずるが，修繕義務の問題は生じない。修繕不可能で，使用収益が全部不能の場合には，賃貸借は終了する。これに対し，一部不能の場合には，賃借人は，使用収益可能な部分に応じ割合的に減少した賃料支払義務のみを負うこととなる（民536条1項・611条参照）。

　修繕可能と不能との区別を何に求めるかにつき，通説は，単に物理的ないし技術的不能だけでなく，経済的ないし取引上の観点からみて不能な場合も含むと解している。ここで，経済的不能とは，借家で全部不能に相当する場合のように，経済上新築とほぼ同一の費用を要する場合と解している[9]。これは，賃貸人による修繕義務の負担は，経済的にみれば，その費用を賃貸人が賃料の収受によって賄うことを前提としているから，賃料額に比較して不相当に過大な費用を要する修繕をもすべて賃貸人の義務とすることは，当事者間の経済的公平に反するからである。

（3）賃貸人の修繕義務と賃借人の必要費償還請求権の関係および有益費

　賃貸人が負う修繕義務の範囲内の修繕を賃借人が行った場合には，賃借人は賃貸人に対し直ちに費用償還請求ができる（民608条1項）。民法608条1項は，「賃借人は，賃借物について賃貸人の負担に属する必要費を支出したときは，賃貸人に対し，直ちにその償還を請求することができる」と規定しており（必要費償還請求権），賃貸人が修繕義務を履行しない場合には，賃借人が修繕を行い，当該費用を賃貸人に請求できることとされている。賃借人による必要費償還請求は，支出後直ちに請求することができ，賃貸借契約終了時においても支払がなされない場合には，賃貸物の返還につき留置権を行使することができる。なお，2017年改正後の民法では，賃借人による修繕の規定が明文化された（民新607条の2）。もっとも，賃借人が自ら修繕を行えるのは，賃借物の修繕が必要である場合で，①賃借人が賃貸人に修繕が必要である旨を通知し，また

---

[9] 幾代＝広中編・前掲注8）214頁［渡辺＝原田］。

は賃貸人がその旨を知ったにもかかわらず，賃貸人が相当の期間内に必要な修繕をしないとき，②急迫の事情があるとき，のいずれかの場合のみに限定された（民新607条の2各号）。これは，賃借物の修繕は，賃借物の物理的変更を伴うことが多いため，処分権限を有する所有者である賃貸人が行うことが原則と考えられるからである。

　また，民法608条2項は，「賃借人が賃借物について有益費を支出したときは，賃貸人は，賃貸借の終了の時に，第196条第2項の規定に従い，その償還をしなければならない。ただし，裁判所は，賃貸人の請求により，その償還について相当の期限を許与することができる」と規定している（有益費償還請求権）。有益費とは，賃貸借契約の目的から客観的に判断して目的物の価値を増加させる費用であり[10]，賃借人がかかる有益費を支出した場合には，賃貸借終了の時にその価値が現存する場合に限り，賃貸人の選択に従い，支出した金額または増加額の償還請求ができる（民608条2項，196条2項）。もっとも，期限の許与ができるとされているため，期限が許与された場合には，賃貸借契約終了の時において支払がなされない場合にも，賃借人は賃貸物の返還につき留置権を行使することができないこととなる。

(4) 契約条項
(ア) 雛形9条1項および同条4項

　雛形9条1項は，本物件に関する賃貸人の一般的な修繕義務を，また同条4項は，本物件に関する賃貸人の一般的な修繕の権利を記載している。

　建物賃貸借の対象は建物であり，雛形においては「本物件」（雛形1条）と定義している。ここにいう「本物件」には，賃貸借当初から本建物に付加して一体となっている物（例えば，壁に埋め込まれた書棚等）も含まれると解するのが通常である。これに対し，本物件の付加一体物ではない独立の造作設備（例えば，壁に取り付けられたクーラー等）は，「本物件」には含まれない。しかし，当初から当該造作設備が存在し，これも賃貸借の対象に含めている場合には，これらの造作設備も含めて賃料等を決定している場合がある。その場合には，当該造作設備も賃貸借契約における賃貸人の貸す義務の対象となることから，

---

10) 幾代＝広中編・前掲注8) 238頁［渡辺＝原田］。

当該造作設備についても，賃貸人に修繕義務が認められることとなる。この場合，賃借人の立場にたった場合には，争いを避けるためにも，「本物件」のほかに，「賃貸人所有の造作設備」も保全および修繕の対象に含めて記載することが望ましい。

また，本条では，「修繕」のみではなく「保全」もその対象としている。「修繕」は，すでに対象物が破損等をしてその機能が失われている状態を回復することを指すため，そのような状態になるまで賃貸人の修繕義務または賃貸人の修繕の権利は生じないこととなる。しかし，本物件の機能が失われるおそれがある場合に，機能が失われるまで待つよりは，機能が失われないように事前に保全措置をとる方が，使用を継続する賃借人にも，また所有者である賃貸人にも望ましいと思われる。そのため，賃貸人の義務の対象にも，また賃貸人の権利の対象にも「保全」措置を挿入している。

ところで，いかなる状態になった場合に修繕義務が生じるかについては，上述のとおり，賃料の高低によっても変わってくるし，また契約当初に将来いかなる破損が生じるかは予測できないことから，予め契約書に類型化して記載することは困難である。もっとも，修繕義務の対象を明確にすることはでき，その場合の原則は，引き渡した時の建物および建物に備え付けられていた物である（これらが賃料の対象と推定されるため）。当初より造作が備え付けられていた場合には，これも対象となる。もっとも，あくまでサービスで備え付けていた物について修繕義務が生じるのは避けたいため，この場合には，修繕義務の対象に含まれないことを明記しておくことが必要となる。これらを明確にするためには，以下のような条項例が考えられる。

> **（条項例）** ※甲は賃貸人である。
> 1 甲は，次に掲げるものを除き，本物件及び甲所有の造作設備の保全及び修繕に必要な措置を自己の費用負担において行う。
> 　　壁紙の張替え，ブラインドの取換え，床仕上材の塗装（張替え），電球・蛍光灯・LED照明・ヒューズ・給排水栓の取替え，その他費用が軽微な修繕。

> **（条項例）** ※甲は賃貸人，乙は賃借人である。
> 1 甲は，本物件の基礎構造部分の修繕に必要な措置を自己の費用負担において

行う。甲及び乙の具体的な修繕費の負担区分は，別紙「修繕区分表」に従う。
＊別紙「修繕区分表」にて具体的に記載。

（イ）雛形9条2項

　雛形9条2項は，賃借人の故意過失により生じた保全または修繕については，賃貸人が保全または修繕を行うものの，賃借人がその費用を負担する旨を記載している。この場合，賃借人が保全または修繕を行ってもよいが，費用を安く抑えるために手抜き工事をされても困るため，費用だけを賃借人負担としている。もっとも，費用だけを負担するとなると，例えば，賃借人に帰責性のある破損箇所の修繕を行うために本当にそれだけの費用がかかるのか等につき，後々争いになる可能性もあることから，実際には，賃借人に見積もり等を事前に見せ，了解を取得してから工事を行うのが望ましい。また，賃借人の立場としては，費用の点で争いになることを避けるために，賃借人の故意過失により生じた修繕については，費用負担のみではなく修繕義務までを賃借人が負担することとする条項を設けることもあり得る。

　また，雛形9条2項後段は，賃借人の費用負担により行った保全または修繕箇所の所有権の帰属に関する規定である。建物のような不動産であれば，その一部の修繕をしたところで，所有権が賃貸人から移ることはない。しかし，動産の場合，破損の程度が著しく，修繕のために賃借人が費用を負担することにより賃借人の所有物となった材料等を多量に使用する場合には，民法の原則によると，修繕後の動産の所有権が賃借人に移転する，または賃借人との共有になる可能性も存在する（民243条・244条・246条）。そのため，かかる危険を排除するために，「本物件及び賃貸人所有の造作設備について賃借人の負担による修繕が行われた場合でも修繕後の造作設備や修繕に伴い新たに設置された設備等につき，賃借人に，所有権その他これに類する権利が発生するものではない」との条項を設けている。これは賃貸人側の事情により設ける条項である。

（ウ）雛形9条3項

　雛形9条3項は，賃借人が使用する過程で，本物件に修繕が必要な箇所があることを発見した際には，賃貸人に通知する義務を課す条項である。賃貸人の修繕義務の範囲に含まれるものについては，賃借人が修繕を行った場合には，賃借人から賃貸人に対し必要費償還請求ができるのが民法の原則である。しか

し，賃貸人の知らない間に賃借人が修繕をした場合，果たして修繕が必要であったのか，修繕にそれだけの費用がかかるのか等，後々争いになる可能性が高くなる。そもそも，本物件は賃貸人の所有物であるため，賃貸人が自らの費用で修繕する方が，賃貸人にとっても自らが納得する費用で修繕ができ，賃借人としても費用を負担しなくて済むという点で便宜である。そのため，賃借人に賃貸人への通知義務を課し，賃貸人に修繕の機会を与える条項を設けている。なお，上記（3）で記載したとおり，2017年改正後の民法では，賃借人が自ら修繕を行えるのは，賃借物の修繕が必要である場合で，①賃借人が賃貸人に修繕が必要である旨を通知し，または賃貸人がその旨を知ったにもかかわらず，賃貸人が相当の期間内に必要な修繕をしないとき，②急迫の事情があるとき，のいずれかの場合のみに限定されたため（民新607条の2各号），賃借人において修繕が必要な箇所を発見した場合に賃貸人への通知義務を課す本条項は，2017年改正後の民法の趣旨にも沿う内容である。

（エ） 雛形9条6項

雛形9条6項は，賃借人により本物件に備え付けられた，賃借人所有の造作について，保全や修繕が必要な状況が生じた場合に，賃借人に速やかな保全修繕義務を課す条項である。当該造作は，賃借人の所有物であるため，本来賃貸人には関係のないことである。しかし，建物に備え付けられた造作の不具合等により，建物自体が毀損するおそれもあるため（例えば，ガス設備の不具合により爆発が起きて建物が破損するおそれがある等），賃借人の所有に属するものではあるものの，建物に備え付けられた造作の不具合については，賃借人に速やかな保全修繕義務を課すこととしたものである。これは賃貸人側の事情により設ける条項である。

9　原状の変更（第10条）

（1）民法，借地借家法の原則

本条で問題とするのは，原状の積極的な変更である（破損した状態を原状に回復させるための修繕とは異なる）。例えば，増改築，改造，模様替え，新たな造作設備の設置等が考えられる。これらの原状の変更は許されるのであろうか。

まず，増改築のような原状の大幅な変更の場合には，信頼関係が破壊されたとして解除事由になることもある。そのため，原状の大幅な変更は許されない。

もっとも、そのレベルまでいかない範囲の変更については、民法や借地借家法には、これを積極的に禁止する規定は存在しない。むしろ、有益費償還請求権（民608条2項）や造作買取請求権を認めており（借地借家33条。ただし、賃貸人の同意を得ている場合のみ）、これらの請求権の対象となる行為（原状の変更）を許容していると思われる。さらに、賃貸借の場合、賃借人には、契約終了時において原状回復義務が課されており、いかなる変更を行っても結局は原状回復義務を履行しさえすれば賃貸人としても問題が生じることはない。そのため、大幅な修繕でない限り、少なくとも建物の価値を増加させる変更については、認められていると考えられる。

(2) 契約条項

　上述のとおり、民法等においては、大幅な修繕ではない限り、少なくとも建物の価値を増加させる変更については認められていると考えられるが、実際には、大幅な修繕か否か、また建物の価値を増加させるものであるか否かが不明確で、これらの原則に従う場合には、争いになる可能性が高い。そこで、かかる紛争を防止するという観点から、特約を定めておくことが望ましい。

　雛形10条は、「乙が、本物件の増改築、改造、模様替え、新たな造作設備の設置等、原状の変更をする場合には、事前に甲に説明の上、甲からの書面による承諾を得なければならない。なお、原状変更に関する費用は、全て乙の負担とする」と規定する。

　これは、すべての原状変更に賃貸人の承認を必要とすることにより、賃貸人において事前に原状変更の内容を把握できるというメリットがある。他方で、賃借人にとっても、いかなる変更でも賃貸人の承認さえあれば行うことができるというメリットがある。

　なお、賃貸人としては、原状変更につき承認はするが、かかる変更が有益費償還請求や造作買取請求の対象となる場合にも、かかる請求を受けることは避けたいということがある。その場合は、かかる請求権を特約により排除しておくことが考えられる（→雛形16条参照）。また、原状変更につき承認はするが、建物の返還を受ける際には原状に復して返還してほしいという場合には、当該変更も原状回復義務の対象となることを定めておくことが考えられる（→雛形15条1項2文参照）。

10　禁止または制限される行為（第11条）

（1）禁止事項，制限事項の定めについて
　権利関係や使用方法等に関する禁止事項や制限事項を定めるものである。
　これらの事項は賃借人の義務を構成する，すなわち賃借人はこれらの禁止事項に対する不作為債務を負い，かかる不作為債務の不履行があった場合には債務不履行に基づく解除（民541条），損害賠償（民415条）請求をされる場合がある。
　もっとも，解除（民541条）については，当該債務が「要素たる債務」に該当する場合にしか認められないとされているため（最判昭和43・2・23民集22巻2号281頁），契約において別途解除条項を設けるのが通常であるが，賃貸借契約の解除においては別途の考慮が必要になる（→ 12参照）。

（2）契約条項
　雛形11条のうち，1号および2号の無断譲渡，無断転貸は，民法612条1項により禁止されているため，規定をせずとも禁止されることに変わりはない。もっとも，賃借人に対する注意喚起という趣旨から記載しておくことが望ましい。
　また，3号および4号については，記載がないと義務違反に問えない可能性があるため，記載が必要となる。そのほか，建物やその周囲の状況等からして禁止すべき行為等があれば，具体的に記載する必要があろう。

11　中途解約禁止条項（第13条）

（1）中途解約条項について
　民法は，期間の定めがある契約においても，特約により中途解約権を留保できるとしている（民618条）。そのため，中途解約を認めるためには，中途解約条項を規定する必要がある。
　中途解約条項は，主に賃借人の利益となる規定である。すなわち，賃貸借契約において中途解約条項を設けた場合には，契約期間の途中での解約が認められることとなるが，たとえ中途解約条項を設けたとしても，賃貸人からの中途解約申入れには正当事由が必要となるため（借地借家28条），実際に賃貸人が

中途解約をするにあたっては高いハードルが存在する。これに対し，賃借人からの中途解約申入れについては，借地借家法上の制約は存在しないため，契約書どおりに中途解約ができることとなる。そのため，中途解約条項を設けた場合，賃借人には，出たいときに出ることができるというメリットが与えられることとなる。

(2) 中途解約禁止条項について

契約期間を定めた場合には，当該期間は契約が継続し，中途で解約できないのが原則となる。そのため，中途解約条項を設けなければ中途解約ができないのであり，別途中途解約禁止条項を設けなくとも不都合はない場合が多い。もっとも，例えば，契約書に記載されている以外の事情等により，契約の意思解釈として中途解約を認める趣旨であった等の主張をされる可能性も皆無とはいえないため，かかる可能性を完全に排除するためには，中途解約禁止条項として明記することが望ましい。

中途解約禁止条項を設定しておけば，例えば，賃借人が実際には使用をしていなくても，賃借人からの賃料の支払は継続することとなる。

もっとも，中途解約がなされても，契約期間満了までの賃料相当額を得られるのであれば，賃貸人として投下資本回収という目的は達成できる。そのため，賃借人に中途解約権を認める条項を置いた上で，賃借人に契約期間満了までの賃料相当額を解約金として支払う義務を課しておくという方法も一つの手である。

(3) 中途解約の場合の違約金条項について

ただし，中途解約した場合に，残存期間分の賃料相当額を違約金として支払う旨の約定は，状況により，公序良俗違反として無効とされる可能性がある点には留意が必要である。

裁判例においては，賃貸借期間を4年間として契約を締結した後，10か月後に賃借人が賃貸借契約を解約した事例につき，残期間である約3年2か月分の賃料相当額にあたる違約金は，金額が高額である上，賃借人の明渡後，賃貸人が数か月程度で新たな賃借人を確保していることを考慮すると，賃貸人に著しく有利であるとして，公序良俗違反を理由に，1年分の賃料相当額を超える部分を無効と判断したものがある（東京地判平成8・8・22判タ933号155頁）。

投下資本の回収という面からみると，次の賃借人が見つかった場合には，それ以降は投下資本の回収ができるのであり，かかる具体的な事情が考慮される可能性があることには留意が必要である。

（4）契約条項

雛形13条は，シンプルな中途解約禁止条項である。かかる規定を設けることにより，契約の意思解釈を持ち出して賃借人から中途解約を主張される可能性を排除することができる。これは，賃貸人側に有利な規定である。

他方で，賃借人にとっては中途解約条項を定める方が有利である。この場合，以下のような条項例が考えられる。

> **（条項例）** ※甲は賃貸人，乙は賃借人である。
> 1 乙は，6か月以上の予告期間をもって甲に書面にて通知することにより，本契約を中途解約することができる。
> 2 乙は，6か月分の賃料を支払うことにより，即時に解約することができる。また，6か月の予告期間が不足する場合，不足月分の賃料合計を支払うことにより解約することができる。

かかる条項例は，中途解約条項を設けつつ，6か月前予告ができない場合には，6か月分の賃料を支払うことにより即時解約ができる旨の条項である（あるいは，6か月に満たない予告期間の場合には，6か月に不足する月額賃料合計を支払えば解約できる条項である）。なお，民法の原則からすると，中途解約条項がある場合，中途解約申入後3か月で契約は終了することとなるから（民618条，617条），賃借人の立場としては，3か月前予告とすることも可能である。

その他，中途解約を認めつつ，中途解約の時期に応じて，賃借人に一定額の解約金の支払を要求する条項も考えられる。

> **（条項例）** ※甲は賃貸人，乙は賃借人である。
> 1 乙は，6か月以上の予告期間をもって甲に書面にて通知することにより，本契約を中途解約することができる。
> 2 乙は，中途解約の申入れをした場合には，甲に対し解約金として，次の基準に基づく金額を支払わなければならない。
>
>   　契約日から1年未満の解約　　○○円

>   1年以上2年未満の解約　　　　○○円
> 3　前項の規定は，本契約に基づく乙の債務不履行による甲の損害賠償請求を妨げない。

　かかる条項例は，解約金の定め方にもよるが，中途解約の場合にも賃貸人に一定額の投下資本回収の機会を保証しようとするもので，賃貸人側に有利な規定である。

　また，「違約金」とすると，通常は損害賠償額の予定と推定され（民420条），実際の損害額に応じて増減額はできないこととなる。投下資本の回収ができる額を違約金として設定したとしても，例えば，賃借人が物件を毀損しており賃貸人に別途損害が発生している場合には，別途損害賠償請求できる道を残しておく方が賃貸人にとっては有利である。そのため，「違約金」ではなく，「解約金」とした上で，賃貸人に損害があれば解約金のほかに損害賠償請求ができる旨の条項を置いている。これは賃貸人に有利な規定である。

12　契約解除（第14条）

（1）無断転貸借，賃借権の無断譲渡による解除
（ア）無断転貸・賃借権の譲渡

　賃借人は，賃貸人の承諾がなければ目的物を転貸したり，賃借権を譲渡したりすることはできない。承諾なしに行ったときは，賃貸人は契約を解除することができる（民612条）。

　ただし，後述のとおり，土地の無断転貸が，賃貸人に対する背信行為と認めるに足りない特段の事情がある場合においては，解除権は発生しない（最判昭和28・9・25民集7巻9号979頁）。これは，無断譲渡（最判昭和39・6・30民集18巻5号991頁）や借家権についても同様である。

（イ）承諾がある転貸

　賃貸人の承諾を得て行った転貸や賃借権の譲渡は，当然有効であるし，解除原因とならないことも当然である。

　転貸の場合，転貸を受けた者（転借人）が，賃貸人に対して直接義務を負うことになる（民613条1項前段）。したがって，賃貸人は転借人から直接賃料を受け取ることもできる。

なお，転借人が負担する転貸人と賃貸人に対する賃料支払義務は，連帯債権の関係にあるといわれることがある。また，転借人は賃料を賃借人（転貸人）に前払している場合であっても，賃貸人に対抗することができない（民613条1項後段）。

賃貸人と賃借人がもとの賃貸借契約を合意解除した場合でも，特段の事情がない限り，転借人に合意解除の効力を対抗することはできず，転借人は引き続き目的物を使用収益することができる（最判昭和62・3・24判時1258号61頁）。

一方，賃貸人がもとの賃貸借契約を債務不履行によって解除した場合には，転借人は目的物を使用収益する権利を失うとされている（最判平成9・2・25民集51巻2号398頁）。

（ウ）承諾がある賃借権の譲渡

賃借権が譲渡された場合，それまでの賃借人は契約関係から離脱し，従前からの賃貸人と新たな賃借人の間に契約関係が移転する。

ただし，敷金の返還請求権は，新たな賃借人（賃借権の譲受人）には移転しないと解されている。

（エ）借地借家法による修正等

借地借家法が適用される場合，転貸や賃借権の譲渡が比較的容易に認められる場合もある。すなわち，借地契約については，一定の場合，賃貸人の承諾がなくても，裁判所の許可を得れば，転貸や賃借権の譲渡をすることができる（借地借家19条・20条）。

これらの規定（特に借地借家20条）では，借地上の建物に抵当権が設定されている場合などが想定されている。つまり，抵当権が実行されて借地上の建物が競売にかけられ，買い受けられた場合，建物の所有権とともに土地の賃借権も「従たる権利」として買受人に移転する（民87条2項準用）。しかし，それは賃借権（借地権）の無断譲渡にほかならず，借地契約の解除原因になってしまうのが原則である。これでは抵当権を設定することが事実上不可能となるため，このような規定が必要になる。

また，解除の効果は民法545条によるのではなく，遡及効がないとする民法620条による。

（2）判例理論による解除権の制限

賃料不払等の債務不履行が存在する場合には民法541条の規定に基づき賃貸借契約を解除することも可能である。

しかしながら，賃貸借契約が当事者間の信頼関係を基礎とする継続的契約であることから，以下のとおり判例理論による変容を受けている。

（ア）信頼関係法理による解除権の制限

すなわち，債務不履行の事実が存在したとしても，それが軽微なものであり，信頼関係を破壊したといえない場合には，解除権の行使は信義則に反し許されない（最判昭和39・7・28民集18巻6号1220頁ほか）。なお，2017年改正後の民法では，解除を，「催告による解除」と「催告によらない解除」の二類型に分け，催告による解除の場合，債務不履行がその契約及び取引上の社会通念に照らして軽微であるときには解除できないことが明記された（民新541条ただし書）。そのため，2017年民法改正後は，現行民法下で信頼関係法理の問題として扱われてきた事例の一部は，債務不履行の軽微性の解釈の問題として扱われることになると思われる。ただし，解除の一般条項である2017年改正民法541条ただし書により，現行民法下で賃貸借契約特有の問題として扱われてきた信頼関係法理が全て包摂される訳ではないと思われるし，いずれにしても，現行民法下における信頼関係法理による解釈は，2017年改正民法541条ただし書の解釈としてまたは今までどおり信頼関係法理の解釈の問題として踏襲されることとなる。

信頼関係が破壊されたか否かは，具体的な事案に応じて判断されることになるが，最判昭和43年11月21日（民集22巻12号2741頁）は，4か月分の賃料不払があり，他に特段の事情の認められない事例につき，無催告解除特約に基づき，無催告で解除権を行使することも不合理であるとは認められないと判示している。そこで，典型的な賃料の不払の場合，賃料の額やその他の事情にもよるが，3か月が一つの目安になるのではないかと思われる。

（イ）信頼関係法理による催告解除の原則の変容

民法541条に基づく解除の場合，相当期間を定めた催告が必要となるのが原則である。

しかしながら，当事者の一方にその義務に違反し信頼関係を裏切って賃貸借関係の継続を著しく困難ならしめるような不信行為のあった場合には，催告を

要せずに解除権を行為できる（最判昭和27・4・25民集6巻4号451頁，最判昭和31・6・26民集10巻6号730頁等）。

（ウ） 無催告解除特約の有効性

　上記のように，賃貸借契約においては，当事者間の信頼関係が破壊された場合には催告解除の原則に変容が加えられているが，当事者間の特約の解釈においても，かかる観点からの変容が加えられている。

　例えば，家屋の賃貸借契約において，賃借人が賃料を1か月分でも滞納したときは催告を要せず契約を解除することができる旨を定めた特約条項に関し，最高裁は「賃貸借契約が当事者間の信頼関係を基礎とする継続的債権関係であることにかんがみれば，賃料が約定の期日に支払われず，これがため契約を解除するに当たり催告をしなくてもあながち不合理とは認められないような事情が存する場合には，無催告で解除権を行使することが許される旨を定めた約定であると解するのが相当である」（前掲最判昭和43・11・21）と判示し，この限度において無催告解除特約の効力を肯定している。

　すなわち，無催告解除特約が規定されている場合であっても，信頼関係が破壊されていない段階で無催告解除をした場合には，解除が無効となる可能性があることに留意が必要である（無催告解除特約に基づく解除を認めなかったものとして，最判昭和51・12・17民集30巻11号1036頁，東京地判平成14・11・28判例集未登載，東京地判平成18・9・29判例集未登載など）。

（エ） 民法612条2項に基づく解除の場合

　民法612条2項の文言上は，賃借人が賃貸人に無断で第三者に賃借権の譲渡または転貸をした場合には，例外なく解除できる規定となっている。

　もっとも，賃貸借契約特有の解除を定める同条項も，信頼関係法理により判例上制限を受けている。

　すなわち，賃貸人に実害が生じない形の無断転貸がなされた事案において，判例は，「賃借人が賃貸人の承諾なく第三者をして賃借物の使用収益を為さしめた場合においても，賃借人の当該行為が賃貸人に対する背信的行為と認めるに足らない特段の事情がある場合においては，同条の解除権は発生しないものと解するを相当とする」と述べており（最判昭和28・9・25民集7巻9号979頁），賃借人が，「背信的行為と認めるに足らない特段の事情」を立証した場合には，解除権は発生しないとしている。判例上，「背信的行為と認めるに足らない特

段の事情」が認められたものは，例えば親族間の賃借権の譲渡等で，利用主体に実質的な変更がない場合などである。

(3) 契約条項

上述のとおり，判例法理からすると，当事者間で信頼関係の破壊が認められなければ，解除権が制限を受けることとなる。

もっとも，当事者間においてはあくまで契約内容が基準となることから，第一義的には契約条項に従った解除権を行使することとなり，特段，賃借人から異議がなければ当該解除は実質的に有効となること，仮に争われたとしても，当該契約内容に合意していることは信頼関係破壊の判断においても賃貸人に有利に働くとも考えられることから，賃貸人としては，具体的な解除事由を記載した解除条項を設けておくことが望ましい。

また，契約上の義務違反がなくとも，信頼関係を破壊するような事情がある場合に解除権を行使できるように（例えば，アパートの賃借人が隣の部屋が空いていたので勝手に使用していた，借家人が家屋の敷地に勝手に建物を建てた，楽器やステレオによる生活妨害行為等がある場合），雛形 14 条 1 項 7 号のような包括的な解除条項を記載しておくべきである。

なお，雛形では無催告解除特約を規定しているが，上記のとおり，無催告解除特約は，催告をしなくてもあながち不合理とは認められないような事情が存する場合に限り有効とされることから，信頼関係破壊に至っていない段階でこの特約に基づいて無催告解除をしても，解除が無効とされる可能性がある点に注意が必要である。

他方で，賃借人としては，解除事由に合意していること自体が信頼関係破壊の判断においても賃借人に不利に働くことから，解除事由は少ない方が望ましい。

また，雛形 14 条 1 項 6 号，同 7 号のように，解除事由を賃貸人の判断にかからせるような規定は避けるべきであろう。解除事由は客観的に判断できるようにすべきである。

さらに，雛形 14 条 1 項 3 号ないし 8 号の解除事由については，このような事由が賃貸人に生じた場合には，賃借人から解除できるような規定にすることも考えられよう。

13　明渡し，原状回復（第15条）

（1）原状回復の対象

　賃借人は，賃貸借契約が終了した場合には，賃借物件を原状に回復して賃貸人に返還する義務がある（民616条，597条，598条）。現行民法では，賃貸借における原状回復義務は使用貸借の規定を準用するのみであったが，2017年改正後の民法では，賃貸借の節に原状回復義務の条項が新設された（民新621条）。

（2）原状回復義務と通常損耗について
（ア）原状回復義務の範囲に通常損耗が含まれるか

　民法の定める原状回復義務の範囲に通常損耗が含まれるか，すなわち，賃借物を通常の状態で使用した場合の物件の劣化や価値の減少についても原状回復義務の範囲に入るとして，賃借人に補修等の原状回復義務が生ずるかであるが，判例においては，「賃借人が賃貸借契約終了により負担する賃借物件の原状回復義務には，特約のない限り，通常損耗に係るものは含まれず，その補修費用は，賃貸人が負担すべきであるが，これと異なる特約を設けることは，契約自由の原則から認められる」（最判平成17・12・16判時1921号61頁）と判示されている。

　そのため，通常損耗は，原則，原状回復義務の範囲に含まれない。もっとも，通常損耗についても賃借人の原状回復義務の範囲に含まれる旨の特約は有効である。

　なお，2017年改正後の民法で新設された原状回復義務の条項では，「通常の使用及び収益によって生じた賃借物の損耗並びに賃借物の経年変化」については原状回復義務を負わないことが明記された（民新621条かっこ書）。

（イ）通常損耗に関する特約（判例）

　では，通常損耗についても賃借人に原状回復させるためには，具体的にどのような合意をすればよいのであろうか。この点，前掲最判平成17年12月16日は以下のように判示する。

> 「建物の賃借人にその賃貸借において生ずる通常損耗についての原状回復義務を負わせるのは，賃借人に予期しない特別の負担を課すことになるから，賃借人に同義務が認められるためには，少なくとも，賃借人が補修費用を負担することに

なる通常損耗の範囲が賃貸借契約書の条項自体に具体的に明記されているか，仮に賃貸借契約書では明らかでない場合には，賃貸人が口頭により説明し，賃借人がその旨を明確に認識し，それを合意の内容としたものと認められるなど，その旨の特約が明確に合意されていることが必要であると解するのが相当である。」

当該判例の事案は，賃貸住宅に関するものである。しかし，事業用物件を排除する旨の記載はないため，事業用物件にも適用があることを前提に検討する必要がある[11]。

そのため，上記判例を前提とすると，原状回復義務として「通常損耗を含む」と抽象的に記載することでは足りず，いかなる修復まで必要であるかを具体的に契約条項に落とし込む必要がある。

例えば，いわゆる居抜きの場合の賃貸借において，汚れの程度にかかわらず，退去時に壁紙や天井の張替えを要求する場合には，これらを個別具体的に，原状回復義務の範囲に含まれるものとして明記する必要がある。

（3）住宅賃貸と事業用賃貸の違い

原状回復義務に関しては，賃貸住宅を賃借する場合と，事業の一環として事業用物件を賃借する場合とで，各種法律や指針の適用が異なる。

すなわち，事業用物件の賃貸借の場合には，民法および借地借家法のみが適用されるが，民間住宅の賃貸借の場合には，民法および借地借家法の適用のみならず，消費者契約法の適用がある。そのため，事業用賃貸借の場合よりも，賃借人である消費者の保護が図られることとなる。

---

[11] 従前，事業用賃貸借に関する原状回復義務については，東京高判平成12・12・27判タ1095号176頁が参考とされていた。
　同裁判例は「本契約が終了するときは，乙（賃借人）は賃貸借期間終了までに……造作その他を本契約締結時の原状に回復しなければならない」との原状回復義務の定めにつき，オフィスビル賃貸借の特殊性（賃借人の使用方法により額が大きく異なり，損耗の状況によっては相当高額になることがあるが，これを賃料の額に反映させるのは困難）に基づき，「本件原状回復条項は，前記のような文言自体及び造作等に関する特約の内容に照らして，造作その他の撤去にとどまらず，賃貸物件である本件建物を『本契約締結時の原状に回復』することまで要求していることが明らかであるから，被控訴人らに対し，控訴人らから本件建物を賃借した時点における原状に回復する義務を課したものと解するのが相当である」と判示した。
　しかし，その後，本文中で触れた最判平成17・12・16が出て，同最判がオフィスビルのような事業用賃貸借への適用を排除していないことから，同最判に従い検討する必要がある。

また，賃貸住宅を賃借する場合，退去時における原状回復につきトラブルが多く発生したことから，これらトラブルの未然防止と円滑な解決のため，国土交通省住宅局より，原状回復につき一般的な基準を定めた「原状回復をめぐるトラブルとガイドライン」(1998年3月，2011年8月再改訂) が作成されている。かかるガイドラインは，行政が定めた指針であり，拘束力はないものではあるが，近時の裁判例や取引等の実態を考慮の上，作成されているものであるため，賃貸住宅をめぐる原状回復に関する紛争の解決や契約条項の解釈においては，大きな役割を果たすものといえる。

　さらに，賃貸住宅に関する紛争防止のため，各都道府県において，条例で一定の定めを設けている都道府県もあり，例えば，東京都においては，2004年10月1日に賃貸住宅紛争防止条例が施行され，またこれと同時に，主に原状回復の一般的な範囲を具体的に記載した「賃貸住宅トラブル防止ガイドライン」(2018年3月に第3版に改訂) を定めている。当該ガイドラインも法的な拘束力はないが，賃貸住宅の原状回復義務をめぐる紛争の解決や契約条項の解釈においては，大きな役割を果たすものといえる。

(4) 契約条項
(ア) 雛形15条1項1文
　雛形15条1項1文は，返却時における床の張替え，壁紙の張替え，電球の交換を要求し，通常損耗に該当する場合でもこれらについては原状回復義務の範囲に含まれることを明記している。上述のとおり，通常損耗について原状回復義務の範囲に含ませるためには，いかなる修復まで必要であるかを具体的に契約条項に落とし込む必要がある。

(イ) 雛形15条1項2文
　雛形15条1項2文は，10条に基づき，賃借人が賃貸人の承諾を得て行った原状の変更についても，原状変更前の状態に戻して返却することを要求している。賃貸人としては，原状の変更につき承諾はするが，返却時には元に戻してほしいという場合がある。そのため，原則，承諾を得て行った原状変更についても原状回復義務の対象に含めることとしつつ，原状を変更したままでもよい場合には，別途原状回復義務を免除すればよい建て付けとしている。他方で，賃借人の立場からは，承諾を得て行った原状の変更については原状回復義務を

負わない方が有利であり，かかる文言を契約書に規定できればベストである。しかし，賃貸人から難色を示されることが予想され，また，その場合には，賃貸人が原状の変更への承諾を与えることを躊躇する等の弊害もあることから，雛形15条1項2文を削除し，個別の話合いに委ねる余地を残すことが望ましい。

(ウ) 雛形15条2項

　雛形15条2項1文は，賃貸借期間中に賃借人が設置した造作設備およびその他の持込物について，返却時にすべて撤去することを定めている（造作設備については原状の変更に該当するため，同条1項2文と重複することとなる）。同項2文は，賃借人が撤去義務に違反して賃借人の所有物を残置した場合の所有権放棄を定める。賃借人の所有物が残置された場合，あくまで賃借人の所有物であるため，賃貸人が勝手に処分すると，後々紛争になる可能性もある（不法行為等の主張をされる可能性がある）。そのため，残置した場合の所有権放棄の規定を設け，明渡後は賃貸人として残置物を処分できる状態にしておくことが望ましい。

(エ) 雛形15条3項

　雛形15条3項は，原状回復義務を履行するための原状回復工事を行う業者を賃貸人が指定することにつき規定する。原状回復工事を行う場合には，工事の範囲等につき賃貸人側との摺り合わせも必要となることから，賃貸人の関連会社や常時使用している業者を使用する方が簡便で費用も安く収まる可能性がある。そのため，賃貸人側の事情としてかかる特約が入ることが多い。ただし，費用は賃借人が負担するため，工事の範囲と費用については，事前に賃借人に十分説明しておく必要がある。なお，賃借人の側からは，どの業者を使用してもよい方が便宜と思われるため，かかる条項は不要である。

(オ) 簡易な条項例

　そのほか，原状回復義務の範囲に通常損耗を含めず，原状回復の内容と方法については賃貸人と賃借人の協議により決するとする条項例も考えられる。

> **(条項例)** ※ 甲は賃貸人，乙は賃借人である。
> 1　本契約が終了したときは，乙は，通常の使用にともない生じた本物件の損耗を除き，本物件を原状に復して甲に明け渡す。

2 甲及び乙は、前項により乙が行う原状回復の内容及び方法について協議するものとする。

賃借人としては、判例法理のとおり、通常損耗は原状回復義務の範囲に含めず、承諾を得て行った原状の変更についても、原状回復するか否かは別途協議の上で決定するのが費用面で便宜であり、これは賃借人に有利な内容といえる。

14 造作買取請求権等（第16条）

(1) 造作買取請求権
　借地借家法33条1項は、「建物の賃貸人の同意を得て建物に付加した畳、建具その他の造作がある場合には、建物の賃借人は、建物の賃貸借が期間の満了又は解約の申入れによって終了するときに、建物の賃貸人に対し、その造作を時価で買い取るべきことを請求することができる。建物の賃貸人から買い受けた造作についても、同様とする」と規定し、造作買取請求権を認めている。
　もっとも、造作買取請求権は任意規定であるため（強行規定を定める借地借家法37条で、造作買取請求権に関する同法33条を挙げていない）、特約により排除できる。

(2) 造作とは
　「造作」とは、「建物に付加された物件で、賃借人の所有に属し、かつ建物の使用に客観的便益を与えるもの」である（最判昭和29・3・11民集8巻3号672頁）。
　例えば、ガス設備、配電設備、水洗便所、シャワー設備、レストラン用店舗の調理台・レンジ・食器棚・空調・ボイラー・ダクト等設備一式がこれにあたるとされている。借地借家法33条1項では「畳、建具」を例示するが、実情にそぐわないとされる。
　他方で、家具、重機のように独立性が高く、容易に取払可能で、取り払っても価値を減じないものは、造作ではない。逆に、その物が建物に付合してしまう場合には、「賃借人の所有に属」さないから、造作買取請求権は問題にならず、有益費償還請求の問題が残るのみであるとするのが、判例である。したがって、造作は両者の中間にあるもので、借家人が収去できるが、建物に付属

することによってその効果を全うし，収去するとその利用価値を減ずるもの，と解されている[12]。

（3）造作買取請求権，必要費償還請求権および有益費償還請求権の関係

　造作買取請求権，必要費償還請求権および有益費償還請求権は，すべて，賃借人が建物につき支出した費用の回収を図る手段である。

　必要費とは，賃貸人が修繕すべきことを賃借人が行った場合にかかる費用であり，必要費償還請求権は，賃借人によるかかる費用の回収手段である。本来，賃貸人がすべき修繕であるため，支出後直ちに償還請求ができ，賃貸借終了時にも支払を受けられていない場合には，建物の返還につき留置権の行使が認められている。

　これに対し，有益費償還請求権と造作買取請求権は，賃貸人にも賃借人にも義務のない事項につき，賃借人が建物の便益のために費用を支出し，賃貸借契約終了時において価値が現存する場合における，賃借人の費用回収手段である。

　賃借人が費用を支出し，当該物が建物の不可一体物となり（民242条），賃貸人所有となった場合には，有益費償還請求の問題となる。これに対し，当該物に独立性がある場合には，賃借人所有となり，賃借人は当該物につき収去する権利（民616条，598条）と義務を負うこととなる（なお，2017年改正後の民法では，使用貸借の借主の収去する義務と権利が民新599条1項・2項として条文化され，これを賃貸借の民新622条で準用することとされている）。ただし，当該物が建物の使用に客観的便益を与えるものであれば，造作買取請求権が認められることとなる（例えば，流し台の改良工事は有益費の支出であり，有益費償還請求権の対象となる。また，ガス設備一式を設置する場合は，ガス設備一式が造作となり，造作買取請求権の対象となる。なお，ソファー等の家具は独立性が強く，建物の使用に客観的便益を与えているとはいえない）。

　理論的には以上のとおり区分される。ただし，必要費と有益費または有益費と造作については，その境界線が曖昧で，いずれに属するかが判然とせず，争いになる可能性もある。そのため，不明確で問題となりそうな事態が事前に想

12）　稲本＝澤野編・前掲注4）261頁。

定される場合には，具体的な事例ごとに，どのように扱うかを契約書の中に明記することが望ましい。なお，必要費償還請求権，有益費償還請求権および造作買取請求権に関する条項は，すべて任意規定であるため，特約により排除もでき，実態に即していかようにも規定することが可能である。

（4）契約条項

　雛形16条は，賃貸人の立場から規定した条項であり，造作買取請求権のみではなく，有益費償還請求権や必要費償還請求権もすべて行使しないとする内容である。さらに，これら以外も，名目の如何を問わず，一切の金銭請求を排除している。
　賃借人の立場であれば，かかる排除条項は規定しないことが望ましい。

15　連帯保証（第19条）

（1）債権法改正の影響

　現行民法では，個人が根保証契約（一定の範囲に属する不特定の債務を主たる債務とする保証契約）をする場合に，主たる債務の範囲に金銭の貸渡しまたは手形の割引を受けることによって負担する債務が含まれる場合にのみ，極度額の定めをしなければその効力が生じないと定めている（民465条の2）。これに対し，2017年改正後の民法では，主たる債務の範囲に金銭の貸渡しまたは手形の割引を受けることによって負担する債務が含まれるか否かにかかわらず，個人が根保証契約をする場合には極度額を定めることが要求され，極度額を定めなければ根保証契約は効力を有しないとされる（民新465条の2）。
　賃貸借契約における保証人は，当該賃貸借契約から生じる賃借人の一切の債務を保証することが一般的であり，これは一定の範囲に属する不特定の債務を主たる債務とする保証契約といえる。したがって，2017年改正後の民法施行後においては，個人を保証人とする場合，極度額の定めを置かなければならない。

（2）極度額の定め方

　雛形19条における**債権法改正後の条項例**は，確定額を極度額とするため，一番シンプルな定めである。もっとも，賃貸借契約から生じる一切の債務には，

賃料だけではなく、賃借人が賃借物件を破損した場合に生じる損害賠償債務や原状回復義務不履行による損害賠償債務なども含まれるため、確定額を定める場合には、これらの可能性も考慮に入れて計算する必要がある。もっとも、極度額を大きくしすぎた場合には、消費者契約法により無効とされる可能性も存在するため、合理的な根拠をもって算出できる額とすることが望ましい。

そのほかに、以下のような条項例も考えられる。

> **（条項例）**
> 　連帯保証人は、賃料〇か月分を限度として、乙と連帯して、本契約から生じる乙の一切の債務を負担するものとする。

これは、「賃料〇か月分を限度」とする極度額の定めである。賃料の額は定まっており、賃料の〇か月分と限定すれば確定額が計算できるため、かかる定めも有効であると考えられる。もっとも、途中で賃料が増額された場合に、増額後の賃料をもとに計算した額を極度額とできるかは問題である。増額後の賃料をもとに算出した額を極度額とすることは、極度額の定めがその後に変動することを認めることとなり、個人根保証を行う個人の利益保護の観点から極度額の定めを要求した債権法改正の趣旨に反することとなるため、かかる解釈は認められないと考えられる。

逆に、「連帯保証人は、賃料〇か月分を限度として、乙と連帯して、本契約から生じる乙の一切の債務を負担するものとする。賃料が増額された場合には、増額後の賃料額をもとに極度額を算出する。」という条項を設けた場合には、額が一定ではなくなるため、極度額を定めたとはいえないとして、保証条項自体が無効とされる可能性があるものと考えられる。

また、「連帯保証人は、賃料〇か月分及び原状回復費用を限度として、乙と連帯して、本契約から生じる乙の一切の債務を負担するものとする。」と定めた場合も、原状回復費用がいくらとなるかは明確ではないため、極度額を定めたとはいえないとして、保証条項自体が無効とされる可能性があるものと考えられる。

極度額の定め方については、今後の事例の集積を待つことになるが、実例のない現時点においては、一定の根拠をもって算出された確定額を極度額と定める方法が安全であると考えられる。

Ⅲ 定期建物賃貸借契約書の条項例と解説

雛形

※ 欄外の番号は条項解説の該当箇所を示す。

定期建物賃貸借契約書

賃貸人○○（以下「甲」という）と賃借人○○（以下「乙」という）とは、次のとおり定期建物賃貸借契約（以下「本契約」という）を締結する。

第1条（契約の目的）
　甲は乙に対し、下記②記載の物件（以下「本物件」という）を賃貸し、乙はこれを賃借する。

　　　　　　　　　　　　　記

　①建物の表示
　　　所　　在　　東京都中央区××××
　　　家屋番号　　○○番○○
　　　種　　類　　事務所
　　　構　　造　　鉄骨鉄筋コンクリート造地上3階建
　　　床面積　　1階　○○.○○平方メートル
　　　　　　　　2階　○○.○○平方メートル
　　　　　　　　3階　○○.○○平方メートル
　②本物件の表示
　　　上記①記載の建物のうち3階部分
　　　（ただし添付平面図のうち赤枠斜線部分　○○.○○平方メートル）

第2条（賃貸借期間）
　1　賃貸借の期間は、令和○○年○○月○○日から令和○○年○○月○○日までの10年間とする。
　2　本契約に基づく賃貸借は、前項に定める期間の満了により終了し、更新はない。
　3　甲は、第1項に規定する期間の満了の1年から6か月前までの間（以下「通知期間」という）に、乙に対し、第1項に規定する期間の満了により本契約に基づく賃貸借が終了する旨を書面によって通知するものとする。
　4　甲は、前項に規定する通知をしなければ、賃貸借の終了を乙に主張することが

できず，乙は，第1項に規定する期間の満了後においても，本物件を引き続き賃借することができる。ただし，甲が通知期間の経過後，乙に対し，期間の満了により賃貸借が終了する旨の書面による通知をした場合においては，その通知の日から6か月を経過した日に賃貸借は終了する。

第3条（使用目的）
　乙は，本物件を営業用店舗として使用し，他の用途には使用してはならない。

第4条（賃料）
1　賃料は月額金○○○円とし，乙は甲に対し，毎月○○日までにその翌月分を甲の指定する銀行口座に振り込んで支払う。なお，振込手数料は乙の負担とする。
2　1か月に満たない期間の賃料は，当該月の日割計算によるものとし，1円未満の端数は切り捨てる。

第5条（共益費）
1　乙は，階段，廊下等の共益部分の維持管理に必要な水道光熱費，清掃費，保守点検費，設備管理費等に充てるため，前条の賃料とともに，共益費として月額金○○円を甲に支払う。なお，振込手数料は乙の負担とする。
2　1か月に満たない期間の共益費は，当該月の日割計算によるものとし，1円未満の端数は切捨てる。

第6条（消費税・地方消費税）
1　乙は，甲に対して支払う賃料，共益費，その他消費税等が課税される債務に係る消費税及び地方消費税を負担する。
2　乙は，法令の改正により消費税率に変更があった場合には，変更後の税率に従った消費税及び地方消費税を負担する。

第7条（賃料等の改定）
1　甲及び乙は，第4条に定める賃料の改定は行わないこととし，本契約に借地借家法第32条の適用がないことを確認する。
2　甲及び乙は，維持管理の増減により共益費が不相当となったときは，協議の上，共益費を改定することができる。

第8条（敷金）
1　乙は，本契約に基づく乙の債務を担保するため，本契約締結日に，甲に対し，敷金として賃料の○か月分に相当する金○○○円を預託する。ただし，敷金には利息を付さない。
2　乙に，賃料の支払遅延等，本契約に基づく債務の不履行があるときは，甲は，

任意に敷金の一部又は全部を賃料その他の債務の弁済に充当できるものとする。この場合，乙は，甲より敷金の不足分の補塡について通知を受けた場合，7日以内に敷金の不足分を甲に支払わなければならない。
3　賃貸借期間中，乙は，敷金をもって，賃料その他本契約に基づく乙の債務の弁済に充当することができない。
4　本契約が終了し，乙が本物件を原状に復して甲に明渡したときは，甲は，敷金を本契約に基づく乙の未払いの債務の弁済に充当し，その残額を乙に返還する。
5　乙は，敷金返還請求権を第三者に譲渡し又は担保に供してはならない。

第9条（修繕等の費用負担及び実施方法）
1　甲は，本物件及び甲所有の造作設備の保全及び修繕に必要な措置を自己の費用負担において行う。
2　前項にかかわらず，乙の故意又は過失により，本物件及び甲所有の造作設備に保全又は修繕の必要が生じた場合には，これに要する費用は乙の負担とする。この場合，修繕後の造作設備や修繕に伴い新たに設置された設備等につき，乙に，所有権が発生するものではない。
3　前2項による保全又は修繕の必要が生じた場合には，乙は，直ちにこの旨を甲に通知しなければならない。
4　本物件及び甲所有の造作設備の保全又は修繕のために甲が必要な措置を行う場合は，甲は予め，その旨を乙に通知しなければならない。この場合において，乙は，正当な理由がある場合を除き，当該措置の実施を拒否することができない。
5　乙は，乙所有の造作設備の保全及び修繕に必要な措置を自己の費用負担において行う。
6　甲から乙に対し，乙所有の造作設備の保全又は修繕のための措置の実施につき要請があった場合には，乙は，乙の費用負担により速やかに必要な措置を実施しなければならない。ただし，乙に速やかに実施できない正当な理由がある場合には，甲乙協議の上，実施時期を決定する。

第10条（原状の変更）
乙が，本物件の増改築，改造，模様替え，新たな造作設備の設置等，原状の変更をする場合には，事前に甲に説明の上，甲からの書面による承諾を得なければならない。なお，原状変更に関する費用は，全て乙の負担とする。

第11条（禁止又は制限される行為）
乙は，次の各号に挙げる行為をしてはならない。
(1)　賃借権の一部又は全部を譲渡し，又は担保に供すること
(2)　本物件の一部又は全部を転貸すること（使用貸借，その他これに準ずる一切の行為を含む）

(3)　ペットの飼育
　(4)　爆発物，危険物，重量物等の持ち込み，その他甲及び他の賃借人，近隣住民等に危険又は迷惑を及ぼす行為
　(5)　本契約の条項に違反する行為

第12条（反社会的勢力の排除）
1　甲及び乙は，それぞれ相手方に対し，次の各号の事項を確約する。
　(1)　自らが，暴力団，暴力団関係企業，総会屋若しくはこれらに準ずる者又はその構成員（以下総称して「反社会的勢力」という）ではないこと。
　(2)　自らの役員（取締役，執行役，執行役員，監査役又はこれらに準ずる者をいう）が反社会的勢力ではないこと。
　(3)　反社会的勢力に自己の名義を利用させ，この契約を締結するものでないこと。
　(4)　自ら又は第三者を利用して，この契約に関して次の行為をしないこと。
　　ア　相手方に対する脅迫的な言動又は暴力を用いる行為
　　イ　偽計又は威力を用いて相手方の業務を妨害し，又は信用を毀損する行為
2　甲又は乙の一方について，次のいずれかに該当した場合には，その相手方は，何らの催告を要せずして，この契約を解除することができる。
　(1)　前項(1)又は(2)の確約に反する表明をしたことが判明した場合
　(2)　前項(3)の確約に反し契約をしたことが判明した場合
　(3)　前項(4)の確約に反した行為をした場合
3　前項の規定によりこの契約が解除された場合には，解除された者は，その相手方に対し，相手方の被った損害を賠償するものとする。
4　第2項の規定によりこの契約が解除された場合には，解除された者は，解除により生じる損害について，その相手方に対し一切の請求を行わない。

第13条（中途解約の禁止）
　甲及び乙は，本契約を中途解約することはできない。

第14条（契約解除）
1　乙が次のいずれかの事由に該当したときは，甲は催告なしに，ただちに本契約を解除することができる。
　(1)　第4条の賃料，第5条の共益費，第6条の公租公課の支払を怠り，滞納金額がこれらの3か月分以上の金額に達したとき
　(2)　第3条の使用目的を遵守しなかったとき
　(3)　本契約に定める条項に違反し，甲が催告したにもかかわらず14日間以内に当該違反が是正されないとき
　(4)　監督官庁より営業の許可取消し，停止等の処分を受けたとき
　(5)　解散，会社分割，事業譲渡又は合併の決議をしたとき

(6)　資産又は信用状態に重大な変化が生じ，本契約に基づく債務の履行が困難になるおそれがあると認められるとき
　(7)　甲乙間の信頼関係が破壊されたと甲が認めたとき
　(8)　その他，前各号に準じる事由が生じたとき
2　前項の場合，乙は，解除によって甲が被った損害の一切を賠償するものとする。

第 15 条（原状回復）
1　本契約が終了したときは，乙は，本物件及び造作設備の破損及び故障を補修し，新たに床の張替え，壁紙の張替え，電球の交換を行った上，本契約締結当初の原状に復して甲に明け渡す。乙は，第 10 条に基づき甲の承諾を得て行った原状の変更についても，変更前の原状に復するものとする。ただし，甲が原状回復を免除した場合にはこの限りでない。
2　乙は，原状回復にあたり，本契約期間内に乙が設置した造作設備及び乙所有の動産（甲の承諾を得て設置したものを含む）を乙の費用をもって収去する。乙が，これに違反して動産を残置したときは，乙は当該動産に対する所有権を放棄したものとみなし，甲は任意にこれを処分し，当該処分に要した費用を乙に請求する。
3　第 1 項の原状回復に伴う工事は，甲又は甲が指定する者がこれを行い，その費用は乙が負担する。

第 16 条（造作買取請求権等）
　乙は，本物件の明渡しに際し，その事由及び名目の如何を問わず，本物件及び造作設備について支出した諸費用の償還請求又は移転料，立退料，権利金等一切の金銭請求をすることはできず，本物件内に乙の費用をもって設置した造作設備の買取りを甲に請求することはできない。

第 17 条（損害保険の付保）
　乙は，乙が本物件に搬入又は設置した商品，什器，造作設備その他の動産について火災事故等により生ずる損害を填補するため，その費用と負担において，損害保険を付し，これを本契約期間継続する。

第 18 条（立入点検）
1　甲又は甲の指定する者は，本物件の保守管理，安全管理又は防犯のため，本物件に立ち入ることができる。
2　前項の場合，甲は予めその旨を乙に通知するとともに，乙の営業等の妨げにならないよう留意する。ただし，緊急を要する場合にはこの限りでない。

第 19 条（連帯保証）
　連帯保証人は，乙と連帯して，本契約から生じる乙の一切の債務を負担するもの

とする。

> **(債権法改正後の条項例)**
> 連帯保証人は、金○○円を限度として、乙と連帯して、本契約から生じる乙の一切の債務を負担するものとする。

第20条（変更事項の届出）
甲又は乙は、次の各号に定める事項を行う場合、事前に書面をもって相手方に通知しなければならない。
(1) 合併、会社分割、株式交換、株式移転等の組織に関する重大な変更
(2) 事業の全部又は一部の譲渡
(3) 株主を全議決権の3分の1を超えて変動させる等、支配権に実質的な変動を生じさせる行為
(4) 本店所在地、商号、代表者等の変更

第21条（協議）
本契約に定めのない事項及び本契約の内容の解釈につき相違のある事項については、本契約の趣旨に従い、両当事者間で誠実に協議の上、これを解決する。

第22条（合意管轄）
本契約に関する一切の紛争については、○○地方裁判所を第一審の専属的合意管轄裁判所とする。

本契約の成立を証するため本書2通を作成し、各自記名押印の上、各1通を保有する。

　　令和　年　月　日

　　　　甲

　　　　乙

　　　　連帯保証人

条項解説
1 定期建物賃貸借契約総論

定期建物賃貸借契約と普通建物賃貸借契約の違いは，主に，①「正当事由」に関係なく期間満了により賃貸借契約が終了すること，②特約をすれば賃料増減額請求権を排除できること，の2点に集約できる。そこで，以下では，定期建物賃貸借契約の要件につき検討した上で，定期建物賃貸借契約の雛形のうち，賃貸借期間および賃料の条項につき解説を行う。

（1）定期建物賃貸借契約成立の要件

定期建物賃貸借契約については，借地借家法38条に規定があり，以下の要件を満たすことが必要とされている。

① 公正証書による等，書面によって契約をすること
② 期間の定めをし，かつ契約の更新がないこととする旨を定めること
③ 賃貸人から賃借人に対し，契約締結前に予め，契約の更新がなく，期間満了により契約が終了することを記載した書面を交付し，説明すること
④ 賃貸人から賃借人に対し，期間満了の1年前から6か月前までの間（通知期間）に，期間満了により契約が終了する旨を通知すること（ただし，契約期間が1年以上の場合に限る）

（2）個々の要件の検討
（ア）書面による契約について（要件①）

条文上では，書面による契約の例として公正証書が規定されているが，これはあくまで例示であり，書面に記載され，両当事者の押印がなされていれば，通常の契約書の形で問題はない（借地借家38条1項）。

（イ）契約書への必要的記載事項（要件②）

契約書への必要的記載事項としては，「契約期間の定め」および「契約の更新がなく，期間満了により契約が終了する旨」の2点が挙げられている（借地借家38条1項）。なお，期間の定めは1年未満の期間でも有効となる（同項[13]）。必要的記載事項としては，これら2点を記載すれば問題はないが，通常は，手続として要求される「賃貸人から賃借人に対し，期間満了の1年前から6か月

前までの間に，期間満了により契約が終了する旨を通知すること」についても契約書に記載し，要件を明確にするとともに，通知忘れを防いでいる。

（ウ）予めの通知（要件③）

借地借家法は，契約締結に先立って，「契約の更新がなく，期間満了により契約が終了する」旨の説明と書面の交付を要求している（38条2項）。

ここでいう「書面」は，契約書とは別個の書面である必要があるかにつき争いがあったが，最判平成24年9月13日（民集66巻9号3263頁）において，契約書とは別個の書面が必要と判示されたことから，決着がついた[14]。

かかる説明を怠った場合には契約の更新がない旨の定めは無効となる（借地借家38条3項）。また，更新排除特約が無効となるだけでなく，契約全体が通常賃貸借契約となってしまい，1年以上の期間を定めた場合にはその約定期間

---

[13] 「期間の定め」が要件とされる定期建物賃貸借契約において，契約書中に，期間条項とともに，賃借人からの中途解約を認める旨の条項を入れた場合，「期間の定め」の要件を充足しているといえるのかが問題となり得る。すなわち，中途解約条項を入れることは，予め定めた期間の途中で契約期間が終了することを認めることとなり，契約の期間が明確に定まっていないとも評価され得るためである（賃借人からの中途解約を認める条項については，賃借人保護という借地借家法の趣旨や条文自体で例外が認められていることからしても認められると思われる）。この点，賃貸人からの中途解約を認める条項の挿入を認めるのが一般的な考えのようである（稲本＝澤野編・前掲注4）301頁参照）。しかし，契約の更新がないことを前提に契約期間の明確な定めを要求し，また正当事由の有無の判断を避ける法の建て付けからして，契約を途中で終了させることを予定しかつ正当事由の判断を持ち出す中途解約条項を設けることについては，その有効性につき疑問なしとはしない。

[14] 次の判示がなされた。「法38条1項の規定に加えて同条2項の規定が置かれた趣旨は，定期建物賃貸借に係る契約の締結に先立って，賃借人になろうとする者に対し，定期建物賃貸借は契約の更新がなく期間の満了により終了することを理解させ，当該契約を締結するか否かの意思決定のために十分な情報を提供することのみならず，説明においても更に書面の交付を要求することで契約の更新の有無に関する紛争の発生を未然に防止することにあるものと解される。

以上のような法38条の規定の構造及び趣旨に照らすと，同条2項は，定期建物賃貸借に係る契約の締結に先立って，賃貸人において，契約書とは別個に，定期建物賃貸借は契約の更新がなく，期間の満了により終了することについて記載した書面を交付した上，その旨を説明すべきものとしたことが明らかである。そして，紛争の発生を未然に防止しようとする同項の趣旨を考慮すると，上記書面の交付を要するか否かについては，当該契約の締結に至る経緯，当該契約の内容についての賃借人の認識の有無及び程度等といった個別具体的事情を考慮することなく，形式的，画一的に取り扱うのが相当である。

したがって，法38条2項所定の書面は，賃借人が，当該契約に係る賃貸借は契約の更新がなく，期間の満了により終了すると認識しているか否かにかかわらず，契約書とは別個独立の書面であることを要するというべきである。」

の賃貸借が，また1年未満の期間の場合には，期間の定めのない賃貸借が成立することになる（借地借家29条）。法定更新（同26条），6か月の解約期間（同27条）および正当事由（同28条）の規定も適用されることになる。さらには，賃料増減額請求権排除特約や賃料改定特約も無効になると解されている。

なお，一般の建物賃貸借では，仲介業者が仲介することも多いと思われるが，仲介業者が，賃貸人から事前説明義務を履行する代理権を授与された上，代理人として賃借人に説明をして説明書面を交付した場合には，賃貸人の義務は履行されたことになると考えられる[15]。ただし，仲介業者が作成する重要事項説明書をかかる説明書面としてよいかについては，肯定説と否定説がある。この点，前掲平成24年最判の調査官解説では，「少なくとも賃貸人自身による説明書面と評価し得るものであることを要すると考えられる」とされており[16]，この見解からすると，宅地建物取引業法35条により宅地建物取引業者に作成と説明が義務づけられている重要事項説明書を借地借家法38条2項の説明書面とすることは困難であると思われる。したがって，重要事項説明書とは別に，借地借家法38条2項の説明書面を交付することが必要と考えられる。

(エ) 通知期間における通知（要件④）

更新されないことを賃借人に再度通知することにより，賃借人の記憶を喚起し，不意打ち的明渡請求となることを防止するため，期間満了の1年前から6か月前までの間に，期間満了により契約が終了する旨を賃借人に通知することが，賃貸人に義務づけられている。なお，契約期間が1年未満の場合には，かかる義務は免除されている（借地借家38条4項）。

ところで，借地借家法38条4項ただし書では，「建物の賃貸人が通知期間の経過後建物の賃借人に対しその旨の通知をした場合においては，その通知の日から6月を経過した後は，この限りでない」と定めている。通知期間経過後に通知した場合，当該通知から6か月が経過すれば，賃貸人は契約の終了を賃借人に対抗できることを定めているが，では，契約期間経過後に通知した場合にも6か月経過すれば契約の終了を賃借人に対抗できるのであろうか。この点は争いがあり，契約期間経過後の通知でも契約の終了を対抗できるという説や裁

---

[15] 借地借家法制研究会編『一問一答　新しい借地借家法〔新訂版〕』（商事法務研究会，2000年）191頁。
[16] 森田浩美・最判解民事篇平成24年度（下）649頁。

判例[17]がある一方で，契約期間経過後の通知でも対抗できるとするのは，一定の期間を定め，終了時の予測可能性を確保しようとする定期建物賃貸借制度にとって背理であるとして，これに反対する説もある。そのため，契約期間満了後の通知は認められないという前提で実務上の措置を行うことが望ましい。

2　賃貸借期間（第2条）

（1）雛形2条1項および同条2項

　雛形2条1項の契約期間の定めおよび同条2項の更新しない旨の定めは，定期建物賃貸借契約の成立に必要不可欠な記載事項である。

　上述のとおり，契約期間は1年未満でもよく，また上限もない。更新されないことを前提に契約期間を決める必要がある。賃借人が，賃貸人の承認を得て内装を変更の上，使用する場合には，あまりに短い契約期間だと内装費用が無駄に終わることもあるため注意が必要である。

　なお，更新はされないが，当事者が合意すれば，契約終了後に新たに定期建物賃貸借契約を締結することは可能である。

（2）雛形2条3項

　雛形2条3項は，「賃貸人から賃借人に対し，期間満了の1年前から6か月前までの間に，期間満了により契約が終了する旨を通知すること」という上記要件④の手続を注意的に記載したものである。かかる手続的要件は，実際に手続を行えば問題がなく，契約書に必ず記載しなければならない事項ではない。しかし，かかる手続を怠った場合には，定期建物賃貸借としての効果が認められなくなることから，注意喚起を行う趣旨で契約書にも明記することが望ましい。

（3）雛形2条4項

　雛形2条4項前段は，同条3項の通知をしなかった場合の効果を注意的に記

---

17) 東京地判平成21・3・19判時2054号98頁は，契約期間を平成16年8月1日から平成19年7月31日までとする契約において，契約期間満了後である平成19年11月19日に通知をした事例で，賃貸借契約は平成19年7月31日の期間満了により終了し，通知から6か月（平成20年5月19日）経過後は，賃貸人は賃借人に賃貸借契約の終了を対抗できると判示した。

載している規定である。すなわち，期間満了の1年前から6か月前までの間に期間満了により終了する旨の通知を行わない場合には，定期建物賃貸借の要件を満たさないため，通常どおり，「正当事由」がなければ更新拒絶ができなくなる。

雛形2条4項後段は，「賃貸人が通知期間（期間満了の1年前から6か月前までの間）の経過後賃借人に対し期間の満了により賃貸借が終了する旨の通知をした場合においては，その通知の日から6か月を経過した日に賃貸借は終了する」と規定する。これは，借地借家法38条4項ただし書の規定そのままの規定である。上述のとおり，借地借家法38条4項ただし書の解釈として，通知期間経過後の通知が契約期間満了後になされた場合にも，当該通知から6か月を経過した日に賃貸借は終了するのかについては争いがあり，同条項をそのまま規定している雛形も同様の解釈結果に従うこととなる。

賃貸人としては，本条項を記載せずとも借地借家法38条4項ただし書により同様の効果を得られることから，記載しないという方法もあるが，通知期間経過後の通知であっても終了することを契約書に明示することにより，かかる事態が生じた場合の対応において賃借人への説明が容易になるというメリットもある。他方で，賃借人としては，借地借家法38条4項ただし書の解釈において，契約期間満了後の通知の場合には当該条項は適用されないということを明確にした契約内容にすることが望ましい。

> 【条項例】　※甲は賃貸人，乙は賃借人である。
> 4　……。ただし，甲が，通知期間経過後，契約期間までの間に，乙に対し期間の満了により賃貸借が終了する旨の通知をした場合においては，その通知の日から6か月を経過した日に賃貸借は終了する。

例えば，上記のように記載することにより，自己の権利をより守ることができると同時に，将来の紛争の可能性も除去することができる。

3　賃料改定特約（第4条・第7条第1項）

定期建物賃貸借の場合，借地借家法32条の適用を排除して，賃料増減額請求権を認めないとする賃料改定特約も有効となる（借地借家38条7項）。

雛形7条1項では，賃料の改定はしない旨の特約を規定している。賃貸人と

しては，賃料増額請求はできないものの契約期間中は安定収入を得ることができる。他方，賃借人としても，少なくとも賃料増額請求がなされることはないという意味ではメリットがある。

また，賃貸人としては，本章Ⅱ6(**2**)(ウ)にて述べた賃料自動改定特約などを規定すれば，賃料が自動的に改定されていくので，有利となる場合が多いであろう。

ただし，定期建物賃貸借契約における賃料改定特約は，賃料を客観的に定めるものでなければならない。例えば「協議の上，賃料を改定することができる」といった規定では，賃料を客観的に定めるものといえず，賃料改定特約として認められない。そのため，賃料自動改定特約を規定するのであれば，賃料額が客観的に定まるようにしなければならない点に留意が必要である。

賃借人としては，雛形7条1項のように賃料を改定しないとした場合，賃料増額がなされないという点では安心であるが，他方，契約期間が長期間の場合，賃料が相場に比して高くなってくる可能性がある。そのため，契約時において，地価の下落等が予想される場合には，将来的に賃料減額請求ができるよう，本条項の削除を要請することも一案であろう。

The business and the form of a contract
Chapter 5

第5章

業務委託契約

Ⅰ 総論

1 業務委託契約の目的と法的性質

　業務委託契約は，企業が行う業務を外部の第三者に委託する場合に用いる契約である。事務の処理を目的とする場合には，委任（準委任）契約としての性格を有するのに対して，例えば物の製造やソフトウェアの構築を目的とするような場合には，請負契約としての性格を有することが多い。

　委任契約は，当事者の一方が法律行為をすること（事務を処理すること）を相手方に委託し，相手方がこれを承諾することによって，その効力を生じる（民643条）。委任契約は，法律行為の委託・受託に関するものであるが，法律行為に限らず，事務の委任を目的とする場合もあり，これを準委任という。この場合も民法の委任の規定が適用される（民656条）。

　請負契約は，当事者の一方がある仕事を完成することを約し，相手方がその仕事の結果に対して報酬を支払うことを約することによって，その効力を生じる（民632条）。請負契約は，例えば，建物を建てるといったような「仕事の完成」を目的とするのに対して，委任（準委任）契約は，一定の事務を処理す

ることを目的とするものであって「仕事」の完成を目的とするものではない点において，両者は異なっている。しかしながら，仕事・事務処理の遂行にあたって，請負人・受任者が注文者・委任者の指揮命令に服さない点においては共通しており，この点において雇用契約（民623条）と異なっている。

このように委任（準委任）契約と請負契約とは，異なる契約類型に属するものであるが，実務上，ある契約が「仕事の完成」を目的とするか否かは不分明なことも多く，委任（準委任）契約と請負契約との峻別が困難な場合も多い。

2　業務委託契約とその考慮要素

業務委託契約は，企業活動の様々な分野で用いられている。

製造業の分野におけるOEM（Original Equipment Manufacturer，製造受託）は，業務委託契約によって実施されている場合がある。また，コールセンター業務の外注化も，通常は，業務委託契約を締結することにより実施される。前者の場合は，製品の完成（仕事の完成）を目的とするものであるから，請負契約としての性格を強く有しているのに対して，後者の場合は，コールセンター業務という事務の処理を目的とするものであり，仕事の完成を観念しがたく，準委任契約としての性格を強く有している。

業務委託契約は，委託者が受託者に対しある業務を委託し，受託者がこれを受託することを合意することで成立する。受託者は，受委託の趣旨に従って仕事を完成させて，当該仕事の目的物の委託者への納品，もしくは委託者への業務の提供を行い，一方で，委託者は受託者に対して，その対価として料金を支払う。委任（準委任）の場合，予め定めた契約期間が満了すれば契約は終了するが，一方当事者が契約上の義務を履行しない場合には，期間満了を待たずに解除により契約が終了することもある。債務不履行のほか，取引に関わる不測の事態が生じる場合もある。

当事者は，これらの各段階における取引の条件を検討して，必要な条項を契約書に規定する。業務委託契約で取り扱われる業務は多種多様であり，適切な契約書を作成するためには，委託の対象となる業務の内容を理解して個別に条項を検討する必要がある。この意味では，定型的な書式に馴染まないともいえる。しかしながら，一方で，業務委託契約の作成にあたっては，考慮要素として後述するような規制・制約を念頭に置いて条項を検討する必要がある上に，

企業によっては様々な業務分野で多数の取引先と業務委託契約を締結することが予想されるゆえに，書式の必要性は高いともいえる。そこで，本章では，委託業務の詳細や料金の額・支払方法等を個別に覚書で定めることを前提として，基本契約として使用に耐える雛形を提示するように努めた。

以下においては，雛形の解説に先立って，業務委託契約において考慮すべき偽装請負の問題，いわゆる下請法の問題，個人情報保護の問題について説明する。

(1)「偽装請負」と業務委託
(ア) 業務委託と労働者派遣

前述のとおり業務委託には，受託者に仕事の完成を請け負わせるもの（請負型の業務委託）の場合と受託者に事務の処理を委託するもの（準委任型の業務委託）の場合がある。いずれの場合も，作業の実体に即してみれば，受託者自身もしくは受託者が雇用する従業員の労働力を委託者が利用するものであり，この点において労働者派遣に類似する（→**図1**）。

図1　業務委託と労働者派遣

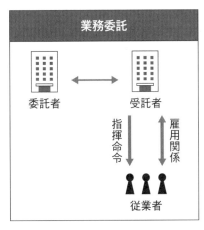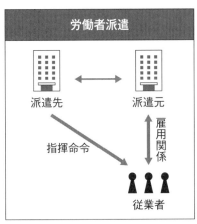

労働者派遣とは，「自己の雇用する労働者を，当該雇用関係の下に，かつ，他人の指揮命令を受けて，当該他人のために労働に従事させること」（労働者

派遣事業の適正な運営の確保及び派遣労働者の保護等に関する法律〔昭和60年法律第88号，以下「派遣法」という〕2条1項）を意味する。労働者派遣は，従来は，労働者供給事業の一つとして禁止されていた（職業安定法44条）が，1986年に施行された派遣法によって一部の業務について派遣が認められるところとなった。その後，徐々に対象業務が拡大され，2004年の改正では物の製造業務についても派遣が可能となった。これによって，製造業の分野でも労働者派遣が広く行われることとなった。

　しかしながら，派遣法に基づく労働者派遣の場合には，派遣期間の制限があるほか（派遣法40条の2），派遣契約を書面化することが義務づけられ（同26条1項），また，派遣先における派遣先責任者の選任（同41条）や派遣先管理台帳の作成も義務づけられる（同42条）などの種々の制約を受ける。さらには，派遣先は，派遣法44条の特例の範囲で，派遣労働者との関係で労働基準法などの適用を受ける使用者として取り扱われる。このような制約を回避するために，実体としては労働者派遣と評価すべき就労形態であるにもかかわらず，請負や業務委託の形式で契約が締結される例が多く見られるようになった。これが，いわゆる「偽装請負」の問題である。

　「偽装請負」の横行を受けて，厚生労働省は，「偽装請負の解消に向けた当面の取組について」と題する通達を発している[1]。同通達では，「契約の形式は請負等とされているものの，発注者が直接請負労働者を指揮命令するなど労働者派遣事業に該当するいわゆる偽装請負が少なからず見られるところである」とされており，請負労働者に対する直接の指揮命令の有無を，偽装請負の一つのメルクマールと捉えていることがわかる。偽装請負の範疇に入る「請負等」には，民法上の請負にとどまらず，業務委託も含まれる。

　受託業務の処理が委託者の事業所内で行われる場合には，委託者が受託者の従業者に対して直接指揮命令を行うことがあり得る。製造業の工場内で受託者の従業者が作業を行う場合が典型例であるが，非製造業でも，例えば，コールセンター業務の業務委託において，受託者の従業者が委託者の事業所内で業務に従事する場合にも，同様の問題が生じ得る。

　「偽装請負」にあたる場合は，派遣法違反の問題が生じるとともに，委託者

---

1) 厚生労働省通達平成18・9・4基初第0904001号・職発第0904001号。

が派遣契約の派遣先としての責任を負うこともあり得る。さらに，特段の事情がある場合には，労働契約上の使用者としての責任を負うこともあり得る（最判平成21・12・18民集63巻10号2754頁）。

　そこで，受託者の従業者が委託者の事業所内で作業を行うことが予定されているような業務委託契約を締結する場合には，「偽装請負」との指摘を受けないための配慮が必要である。

（イ）「請負」と労働者派遣の区別

　1986年に派遣法が施行されるに際して，当時の労働省は，「労働者派遣事業と請負により行われる事業との区分に関する基準」と題する告示（昭和61年労働省告示第37号）を出している。各都道府県労働局においては，現在でも，労働者派遣と請負（業務委託）を区分する基準として，これに従った指導が行われている。この基準は，請負人（業務受託者）から見た場合の基準であるが，これによれば，「請負の形式による契約により行う業務に自己の雇用する労働者を従事させることを業として行う事業主であっても，当該事業主が当該業務の処理に関し，①自己の雇用する労働者の労働力を自ら直接利用するものであること及び②請負契約により請け負った業務を自己の業務として当該契約の相手方から独立して処理するものであることのいずれにも該当する場合を除き，労働者派遣事業を行う事業主とする」ものとされている。

　その上で，①の判断においては，㋑業務の遂行に関する指示その他の管理を自ら行うものであること，㋺労働時間等に関する指示その他の管理を自ら行うものであること，㋩企業における秩序の維持，確保等のための指示その他の管理を自ら行うものであることを要するものとされ，また，②の判断においては，㋑業務の処理に要する資金につき，すべて自らの責任の下に調達し，かつ，支弁すること，㋺業務の処理について，民法，商法その他の法律に規定された事業主としてのすべての責任を負うこと，㋩単に肉体的な労働力を提供するものでないことを要するものとされている。

　業務委託契約書の作成にあたっては，上記の基準を念頭に置き形式面を整えることが必要であるが，真に問題とされるのは業務遂行の実態である。

（2）下請法と業務委託
（ア）下請法の適用対象

　一般的な傾向として，業務委託契約における受託者は，委託者に比して規模の点で零細な業者であることが多い。

　下請代金支払遅延等防止法（以下「下請法」という）は，下請取引における親事業者の優越的地位の濫用行為を規制するために制定されたものであり，取引の種類および親事業者と下請事業者の資本金の額という形式基準によって適用される。民法上の請負契約のみを対象としたものではなく，役務提供を目的とする業務委託契約も規制対象とされる。

　下請法で対象となる取引は，「製造委託[2]」・「修理委託[3]」・「情報成果物作成委託[4]」・「役務提供委託[5]」の4類型があり，取引類型ごとに，親事業者と下請事業者との資本金の額により，適用対象となるか否かが決まる。その概要は，**図2**記載のとおりである。

---

2) 製造委託には，以下の4つの類型がある（下請法2条1項）。1つ目は，①販売用物品の製造委託であり，事業者が業として販売する物品もしくはその半製品，部品，付属品，原材料，金型の製造を他の事業者に委託することを意味する。2つ目は，②受注生産用物品の製造委託であり，事業者が業として請け負う製造の目的である物品もしくはその半製品，部品，付属品，原材料，金型の製造を他の事業者に委託することを意味する。3つ目は，③自家修理用物品の製造委託であり，事業者が業として行う物品の修理に必要な部品，原材料の製造を他の事業者に委託することを意味する。4つ目は，④自家使用，自家消費する物品の製造委託であり，事業者が自家使用または自家消費する物品の製造を業として行う場合に，その物品もしくはその半製品，部品，付属品，原材料，金型の製造を他の事業者に委託することを意味する。
3) 修理委託には，以下の2つの類型がある（下請法2条2項）。1つ目は，①請け負った物品の修理委託であり，物品の修理を請け負った事業者が修理業務を他の事業者に委託することを意味する。2つ目は，②自家使用する物品の修理委託であり，事業者が自家使用する物品の修理を業として行っている場合にその修理業務を他の事業者に委託することを意味する。
4) 情報成果物作成委託における，情報成果物とは，プログラム，映画・番組等のコンテンツ，設計図・ポスターのデザイン等のことを意味する（下請法2条6項）。情報成果物作成委託には，以下の3つの類型がある（同条3項）。1つ目は，①第三者に提供するための情報成果物の作成委託である。2つ目は，②受注した情報成果物の作成委託である。3つ目は，③自家使用する情報成果物の作成委託であり，事業者が自家使用する情報成果物の作成を業として行う場合に，その業務を他の事業者に委託することを意味する。
5) 役務提供委託とは，事業者が第三者のために行っている役務提供（ただし，建設工事に関する役務提供を除く）を他の事業者に委託すること意味する（下請法2条4項）。役務提供委託は，製造委託，修理委託，情報成果物作成委託と異なり，元請的な業務がなく自家使用的な業務について委託する場合には，これに該当しない。

図 2　下請法の適用対象

適用対象①
●物品の製造委託・修理委託
●プログラム作成にかかる情報成果物作成委託
●運送，物品の倉庫における保管および情報処理に係る役務提供委託

【親事業者】		【下請事業者】
資本金 3 億円超の法人	➡	資本金 3 億円以下の法人（または個人）
資本金 1 千万円超 3 億円以下の法人	➡	資本金 1 千万円以下の法人（または個人）

適用対象②
●情報成果物作成委託（プログラムの作成を除く）
●役務提供委託（運送，物品の倉庫における保管および情報処理を除く）

【親事業者】		【下請事業者】
資本金 5 千万円超の法人	➡	資本金 5 千万円以下の法人（または個人）
資本金 1 千万円超 5 千万円以下の法人	➡	資本金 1 千万円以下の法人（または個人）

（イ）下請事業者と契約をする場合の留意点

　下請法上の下請事業者と業務委託契約を締結するにあたっては，代金の支払時期に留意を要するのみならず，合意内容を記載した書面の交付義務，取引内容を記載した書面の保管義務，遅延利息の支払義務にも留意する必要がある。

　① 代金支払期日については，以下のような制約がある（下請法 2 条の 2）。
　　ア 当事者間で支払期日を定めなかったときは，給付を受領した日
　　イ 当事者間で合意された取決めがあっても，給付を受領した日から起算して 60 日を超えて定めたときは，受領した日から起算して 60 日を経過した日の前日

　支払期日までに代金を支払わなかった場合には，給付を受領した日から起算して 60 日を経過した日から 14.6 ％の割合による遅延損害金の支払を要する（下請法 4 条の 2）。

　② 直ちに交付すべき書面の記載事項は以下のとおりである（下請法 3 条，下請

代金支払遅延等防止法第3条の書面の記載事項等に関する規則1条)。
　ア　親事業者および下請事業者の名称
　イ　製造委託,修理委託,情報成果物作成委託または役務提供委託をした日
　ウ　下請事業者の給付の内容
　エ　下請事業者の給付を受領する期日（役務提供委託の場合は,役務が提供される期日または期間）
　オ　下請事業者の給付を受領する場所
　カ　下請事業者の給付の内容について検査をする場合は,検査を完了する期日
　キ　下請代金の金額
　ク　下請代金の支払期日
　ケ　手形を交付する場合は,手形の金額および手形の満期
　コ　一括決済方式で支払う場合は,金融機関名,貸付けまたは支払可能額,親事業者が下請代金債権相当額または下請代金債務相当額を金融機関へ支払う期日
　サ　電子記録債権で支払う場合には,電子記録債権の額および電子記録債権の満期日
　シ　原材料等を有償支給する場合は,品名,数量,対価,引渡しの期日,決済期日および決済方法

　下請法は,下請契約の締結にあたって契約書の作成を必須としているわけではないが,親事業者に対して,上記の内容を記載した書面を,下請事業者に直ちに交付すべき義務を課している。交付書面の記載事項については,契約書中に取り込むことでも対応可能であるが,この場合には,上記の記載事項を網羅するような内容としなければならない（もし,網羅しない場合には当該事項については,別途,書面の交付を要する）。
　また,下請法は,親事業者は,自己のために金銭,役務その他の経済上の利益を提供させることによって,「下請事業者の利益を不当に害してはならない」と定めている（下請法4条2項3号）。かかる観点からの留意も必要である。

(3) 個人情報保護法と業務委託
(ア) 業務委託と個人情報
　業務委託契約の遂行過程では,委託者と受託者との間で個人情報のやりとりがなされることが多い。メーカーが顧客から回収した顧客カードやアンケート

の記載を電子化するためにデータベースへの入力を外注する場合や，顧客からの問い合わせや苦情等を処理するためのコールセンター業務を外注する場合等が挙げられる。

個人情報のやりとりは，いわゆる B to C（Business to Consumer）取引に関する業務の受委託の場合に限られない。例えば，メーカーが小売事業者との間で与信取引を行う場合に，小売事業者の代表者個人の信用情報を与信判断に用いることがある。このメーカーが，与信管理情報をデータベースに入力する業務を外注する場合にも，委託者であるメーカーと受託者であるデータ入力業者との間で，個人情報のやりとりが行われることになる。また，会社によっては，従業員の給与計算業務等を外注化しているところもあるが，このような場合にも，従業員の個人情報が委託者と受託者との間でやりとりされることになる。

したがって，いわゆる B to B（Business to Business）取引を主体とする事業者であっても，業務委託契約を締結するに際しては，個人情報の保護に関する法律（以下「個人情報保護法」という）を念頭に置いた上で，個人情報の取扱いに留意する必要がある。

(イ)「個人情報」の定義および個人情報保護法の適用対象

個人情報保護法上の個人情報とは，①生存する，②個人に関する情報であって，③特定の個人を識別できるもの，または，個人識別符号が含まれるもの，を意味する（個人情報2条1項1号・2号）。

また，個人情報保護法の適用対象となる個人情報取扱事業者とは，「個人情報データベース等を事業の用に供している者」（個人情報2条5項）である。2015年改正前には，「個人情報の量及び利用方法からみて個人の権利利益を害するおそれが少ないものとして政令で定める者」（2015年改正前個人情報保護法2条3項5号）は個人情報取扱事業者の定義から除外されており，政令によって5000人分以下の個人情報を取り扱う事業者は適用除外とされていたが，改正によりこの適用除外はなくなった。

(ウ) 個人情報の保護にあたって遵守すべき規範

個人情報保護法は，第4章（個人情報15条以下）において，個人情報取扱事業者の義務等について定めている。しかし，これは様々な事業分野に共通する必要最小限の事項を定めたものにすぎない。そこで，各個別の分野の実情に応じた対応を講ずるべく，政府は，個人の権利利益の一層の保護を図るため特に

その適正な取扱いの厳格な実施を確保する必要がある個人情報について，保護のための格別の措置が講じられるよう必要な「法制上の措置その他の措置」を講ずるものとすると規定する（同6条）とともに，国は，事業者等が講ずべき措置の適切かつ有効な実施を図るための「指針の策定その他の必要な措置」を講ずるものとすると規定した（同8条）。「法制上の措置」とは，各分野の実情に応じた個別法の制定を予定したものであり，「その他の措置」および「指針の策定」とは，個人情報保護法に基づき設置された個人情報保護委員会（同59条1項）や各分野の主務大臣がいわゆる「ガイドライン」を策定することを予定したものである。2018年9月末時点では，個別法が制定された例はない。ガイドラインは，個人情報保護委員会が定めるもののほかに，分野ごとに主務大臣が定めたものが，個人情報保護委員会のホームページで公表されている[6]。

ガイドラインには，個人情報保護法の規定の解釈に関する記載と，当該分野の実情に応じて追加的に行われることが望ましい事項に関する記載がある。前者は，各省庁の解釈を記載したものにすぎず司法の判断を拘束するものではないが，主務大臣は，当該解釈に基づき行政指導を行い，あるいは命令等を発することが予定されているので，この限りにおいて規範性を有するものといえる。

ガイドラインには，個人情報保護委員会や主務大臣が定めるもののほかに，認定個人情報保護団体が定めるものもある（個人情報53条1項）。認定個人情報保護団体とは，個人情報の適正な取扱いの確保を目的とする法人であって個人情報保護委員会の認定を受けたものである（同47条1項）。認定個人情報保護団体は，団体の構成員等の対象事業者に対して，ガイドラインを遵守させるため必要な指導，勧告その他の措置をとることが求められている（同53条4項）。例えば，経済産業省の所管する信用取引分野については，一般社団法人日本クレジット協会が，認定個人情報保護団体として認定されており，「個人情報保護指針」を公表している[7]。認定個人情報保護団体が定めるガイドラインは，指導，勧告その他の措置の根拠となる法令の解釈指針となるものであるから，対象事業者にとっては規範性を有するものといえる。

したがって，個人情報の取扱いに関して法令を遵守するためには，事業者は，① 個人情報保護法（施行令および規則），② 自己の事業分野に関する個別法

---

6) https://www.ppc.go.jp/personal/legal/guidelines/
7) https://www.j-credit.or.jp/association/download/170530_individual_a.pdf（2017年5月版）。

(制定されれば)，③主務大臣の定めるガイドラインおよび④認定個人情報保護団体の定めるガイドラインを，適宜参照し，これに従うことが必要である。

(エ) 受託者の遵守すべき規範

上述のとおり，事業者は，個人情報保護法令，ガイドライン等に従う必要があるが，業務委託契約によって委託者から業務を受託する受託者としても，当該委託者に適用される法令およびガイドライン等を遵守することが求められる。個人情報取扱事業者が，個人データの取扱いの全部または一部を委託する場合には，委託を受けた者に対する必要かつ適切な監督を行わなければならないとされているからである（個人情報22条）。

(オ) 業務委託契約において留意すべきポイント

個人情報取扱事業者である委託者はもちろんのこと，その業務を受託する受託者においても，個人情報の漏洩等があってはならない。したがって，業務委託契約においても，個人情報の安全管理に関して必要かつ適切な措置が講じられていなければならない（個人情報20条）。このためには，委託者は，安全管理に必要な措置が十分に講じられているか否かに関して，受託者を監督する必要がある（同22条）。業務委託の場合，受託者が，受託業務の全部または一部を第三者に再委託することも想定されるが，この場合であっても，委託者は再委託先における安全管理についても監督する必要がある。

個人情報取扱事業者は，個人情報を取り扱うにあたっては，利用目的をできる限り特定しなければならず（個人情報15条1項），特定された利用目的の達成に必要な範囲を超えて個人情報を取り扱ってはならない（同16条1項）。業務委託契約に基づく受託者においても同様である。

なお，個人情報取扱事業者は，予め本人の同意を得ないで，個人データを第三者に提供（第三者提供）してはならないとされている（個人情報23条1項）が，利用目的の達成に必要な範囲内において個人データの取扱いの全部または一部を委託することに伴って当該個人データが提供される場合には，第三者提供にあたらないとされている（同条5項1号）。これを裏返していえば，受託者が受領した個人データを委託者の利用目的の範囲を超えて利用（他目的利用）した場合には，第三者提供にも該当することになり，当該個人データの本人から予め同意を得ていない限り，法令違反を構成することになる。したがって，業務委託契約においては，他目的利用が生じないように情報の管理・利用につ

いて制限を設けておく必要がある。

Ⅱ 業務委託契約書の条項例と雛形

📄 雛形

※ 欄外の番号は条項解説の該当箇所を示す。

業務委託契約書

　○○（以下「甲」という）と○○（以下「乙」という）とは，業務の委託に関し，以下のとおり契約（以下「本契約」という）を締結する。

第1条（目的）

　甲は乙に対し，本契約に基づき，甲がなすべき業務の一部（以下「本件業務」という）を委託し，乙はこれを受託する。

第2条（業務遂行上の義務等）

1　乙は，甲と緊密に連絡をとり，本契約に定められた各条項を誠実に遵守し，善良なる管理者の注意をもって本件業務を遂行する。
2　乙は，本件業務の遂行に関して甲に適用される法令，監督官庁の告示・通達及び業界の自主ルール等を遵守しなければならない。
3　甲及び乙は，それぞれ，本件業務の統括責任者を定め予め相手方に通知し，これを連絡窓口とすることにより，双方の業務の円滑かつ効率的な遂行に協力する。

第3条（業務・料金等）

1　甲及び乙は，次に掲げる事項について別途覚書に定める。
　(1)　本件業務の内容及び範囲（本件業務の成果（以下「成果物」という）を納品する場合にはその内容）に関する事項
　(2)　委託の期間並びに料金，その支払期日及び方法（手形で支払う場合には満期）等に関する事項
　(3)　作業の時間及び場所等に関する事項
　(4)　作業に係る報告の方法及び形式に関する事項
　(5)　原材料等を支給する場合には，その品名，数量及び引渡しの期日・方法並びに原材料等の対価支払の要否及び支払期日・方法
　(6)　成果物を納品する場合は，その期日，場所，検収の条件及び手順並びに権利の移転に関する事項

(7)　作業の指示に関する事項
　(8)　災害時等における緊急対応計画に関する事項
　(9)　第7条第4項に定める個人情報並びにその記録媒体及びデータの授受に関する事項
　(10)　第7条第6項に定める個人情報並びにその記録媒体及びデータの返却，破棄又は消去に関する事項
　(11)　その他甲乙協議の上定める事項
2　本契約に定める内容と前項の覚書に定める内容に相違がある場合は，前項の覚書に定める内容が優先される。

第4条（再委託）

1　乙は，次に掲げる再委託先候補に関する事項を甲に通知し，甲の事前の書面による承諾を得た場合に限り，乙と業務委託契約又はこれに類する契約（以下「再委託契約」という）を締結した第三者（以下これらを「再委託先」という）に，本件業務を必要な範囲で再委託することができる。
　(1)　住所及び名称又は商号
　(2)　乙と再委託先候補との間の取引関係及び取引実績
　(3)　再委託する業務の内容及び範囲
　(4)　その他，甲が必要とする情報
2　乙が，再委託先候補に対して再委託する場合，書面をもって再委託契約を締結しなければならない。
3　乙は，再委託先が本契約の各条項を遵守するよう管理監督するとともに，それらの業務の実施に係る一切の行為に関して，乙が為したものとして，甲に対し一切の責任を負う。

第5条（秘密保持）

1　甲及び乙は，本契約の遂行により知り得た相手方の技術上又は営業上その他業務上の一切の情報を，相手方の事前の書面による承諾を得ないで第三者に開示又は漏洩してはならず，本契約の遂行のためにのみ使用するものとし，他の目的に使用してはならないものとする。ただし，情報を受領した者は，自己又は関係会社の役職員若しくは弁護士，会計士又は税理士等法律に基づき守秘義務を負う者に対して秘密情報を開示することが必要であると合理的に判断される場合には，同様の義務を負わせることを条件に，情報を受領した者の責任において必要最小限の範囲に限って秘密情報をそれらの者に対し開示することができる。また，法令に基づき行政官庁，裁判所から開示を求められた秘密情報についても，必要最小限の範囲で開示することができる。
2　前項の規定は，次のいずれかに該当する情報については，適用しない。
　(1)　開示を受けた際，既に自己が保有していた情報

(2) 開示を受けた際,既に公知となっている情報
(3) 開示を受けた後,自己の責めによらずに公知となった情報
(4) 正当な権限を有する第三者から適法に取得した情報
(5) 相手方から開示された情報によることなく独自に開発・取得していた情報
3 甲及び乙は,相手方の事前の書面(ファクシミリ及び電子メール等を含む)による承諾がない限り,秘密情報の情報開示日から3年間は,当該秘密情報を秘密に保持し,第三者に開示,提供してはならない。

第6条(権利の帰属)

成果物について生じ又は本件業務遂行の過程で生じる発明,考案又は創作について,特許権,実用新案権,意匠権,商標権,回路配置利用権等の知的財産権を受ける権利及び当該権利に基づき取得される知的財産権は甲に帰属する。

第7条(個人情報の取扱い)

1 「個人情報」とは,乙が本件業務を遂行するために,甲が乙に預託した一切の情報のうち,個人の氏名,生年月日その他の記述等により特定の個人を識別することができる情報,または,個人識別符号が含まれる情報,並びにこれに付随して取り扱われるその他の情報をいい,第5条に定める秘密情報であるものに限らない。
2 甲及び乙は,本件業務の遂行に際して個人情報を取り扱う場合には,それぞれ,個人情報の保護に関する法律(平成15年5月30日法律第57号)及び本契約の定めを遵守して,本件業務の目的の範囲において個人情報を取り扱うものとし,本件業務の目的以外に,これを取り扱ってはならない。
3 甲及び乙は,個人情報の取扱いに関わる責任者を選任し,かつ本件業務に関して個人情報を取り扱う者を特定しなければならない。
4 甲乙間における個人情報の記録媒体及びデータの引渡しについては,その場所及び担当者を特定するものとし,記録媒体及びデータの移送は,甲が定める基準に合致した安全で確実な方法によるとともに,露出せぬよう封緘・施錠を確実に行う。
5 乙は,個人情報の記録媒体及びデータを施錠可能な場所に保管し,又は情報システム内で管理する。乙は,施錠可能な場所に保管する場合には鍵の管理者を特定し,情報システム内で管理する場合には特定された利用者のみが個人情報にアクセスできるように,識別情報(ID,パスワード等)を設定する。
6 乙は,本件業務が完了した場合,又は甲の指示のある場合には,甲から預託された個人情報並びにその記録媒体及びデータを,第3条第1項第10号に基づき別途定める方法により,直ちに返却し,破棄し又は消去する。
7 乙は,個人情報への不当なアクセス又は個人情報の紛失,盗難,改ざん,漏洩等の危険に対し,合理的な安全対策を講じる。また甲は乙に対して個人情報の管

理に必要な情報セキュリティ基準を別途指定することができるものとし，この場合において，乙は甲の指定した基準を遵守する．
8 乙は，乙及び再委託先における個人情報の目的外利用・漏洩・流出等が発生しないよう情報管理の制度，システムの整備・改善，社内規定の整備，従業員の教育，再委託先の監督等適切な措置を講じる．
9 乙は，甲より受領した個人情報を，本件業務の目的の範囲を超えて，加工，利用，複写又は複製してはならず，これを取り扱ってはならない．
10 乙は，以下の各号のいずれかの場合を除くほか，第三者に対して個人情報を提供してはならない．
(1) 当該個人が明示的に同意している場合であって，甲の書面による事前の同意がある場合
(2) 当該個人の同意を得ることが困難な場合であって，人の生命，身体又は財産の保護若しくは公衆衛生の向上又は児童の健全な育成の推進のために特に必要がある場合であって，甲の書面による事前の同意がある場合
(3) 各種法令の規定により提出を求められた場合，及びそれに準ずる公共の利益のために必要がある場合

第8条（個人情報漏洩に関わる対応）

1 乙及び再委託先において，万一，個人情報の漏洩・流出等（以下「漏洩」という）の事故が発生した場合は，乙は甲に対し，直ちに，漏洩の発生の日時・内容その他詳細事項について報告しなければならない．
2 前項の場合，乙は，直ちに漏洩の原因の調査に着手するものとし，甲に対し，速やかに調査の結果を報告するものとする．前項の報告並びに本項の調査及び報告は，乙の費用負担にて行う．
3 前項の調査の有無にかかわらず，甲が必要と認める場合には，甲は，乙の費用負担にて，漏洩の原因究明を調査する会社等を選定し調査を依頼することができるものとし，乙は当該会社等の調査に協力する．
4 第1項の場合，乙は，再発防止措置を策定の上，甲に対し遅滞なくその内容を書面にて通知するものとする．なお，甲が独自に再発防止策措置等を策定し，乙又は再委託先に実施を求めた場合は，乙は，その内容を遵守するものとし若しくは再委託先をしてその内容に従わせる．
5 第1項の場合，乙は，前4項に定めるほか，次に掲げる事項について甲の指示に従った対応をとる．
(1) 初期対応の検討への協力及び実施
(2) 行政・警察への報告・相談，司法当局への対応
(3) 報道機関への公表
(4) 顧客対応
(5) 被害拡大防止のための措置

(6) 再発防止措置の公表等
(7) 社内処分の決定・公表等
6 甲は，第三者において個人情報の漏洩の事故等が発生し，類似の事故等を防止する対策を講じる必要が生じた場合，又は甲が独自に漏洩の事故等を防止する対策が必要と認めた場合には，乙に対し，個人情報の管理に関する必要な措置・指導を行うことができるものとし，乙はこれに従う。

第9条（監査等）
1 甲は，乙の本件業務の遂行状況，秘密情報の管理状況及び個人情報の管理状況に関して監査をすることができるものとし，年1回以上，必要に応じて，乙の事業所の立入検査ができる。
2 甲は，乙に対して，乙の本件業務の遂行状況，秘密情報の管理状況及び個人情報の管理状況について，随時，必要に応じて，報告を求めることができる。
3 甲は，第1項の監査及び前項の報告徴求又は立入検査の結果，必要と認める場合には，乙に対し，本件業務の遂行状況，秘密情報の管理状況及び個人情報の管理状況について改善を求めることができる。

第10条（契約期間及び更新）
1 本契約の有効期間は，本契約締結の日から1年間とする。
2 前項の規定にかかわらず，期間満了日の3か月前までにいずれの当事者からも何らの意思表示なき場合，同じ条件でさらに1年間更新されるものとし，その後も同様とする。
3 本条により本契約が終了した場合，又は第11条により本契約が解除された場合でも，第5条，第6条，第7条，第8条，第11条第2項，第12条，第13条及び第17条は有効に存続する。

第11条（契約の解除）
1 甲は，乙が次の各号のいずれか一つに該当したときは，何らの通知，催告を要せず，直ちに本契約の全部又は一部を解除することができる。
(1) 本契約に定める条項に違反し，相手方に対し催告したにもかかわらず14日以内に当該違反が是正されないとき
(2) 監督官庁より営業の許可取消し，停止等の処分を受けたとき
(3) 支払停止若しくは支払不能の状態に陥ったとき，又は手形若しくは小切手が不渡りとなったとき
(4) 第三者より差押え，仮差押え，仮処分若しくは競売の申立て，又は公租公課の滞納処分を受けたとき
(5) 破産手続開始，民事再生手続開始，会社更生手続開始，特別清算開始の申立てを受け，又は自ら申立てを行ったとき

(6)　解散，会社分割，事業譲渡又は合併の決議をしたとき
　(7)　資産又は信用状態に重大な変化が生じ，本契約に基づく債務の履行が困難になるおそれがあると認められるとき
　(8)　その他，前各号に準じる事由が生じたとき
2　前項の場合，乙は，解除によって甲が被った損害の一切を賠償する。

第12条（反社会的勢力の排除）
1　乙は，甲に対し，次の各号の事項を確約する。
　(1)　自らが，暴力団，暴力団関係企業，総会屋若しくはこれらに準ずる者又はその構成員（以下総称して「反社会的勢力」という）ではないこと。
　(2)　自らの役員（取締役，執行役，執行役員，監査役又はこれらに準ずる者をいう）が反社会的勢力ではないこと。
　(3)　反社会的勢力に自己の名義を利用させ，この契約を締結するものでないこと。
　(4)　自ら又は第三者を利用して，この契約に関して次の行為をしないこと。
　　ア　相手方に対する脅迫的な言動又は暴力を用いる行為
　　イ　偽計又は威力を用いて相手方の業務を妨害し，又は信用を毀損する行為
2　甲は，乙が次のいずれかに該当した場合には，乙に対し何らの催告を要せずして，この契約を解除することができる。
　(1)　前項(1)又は(2)の確約に反する表明をしたことが判明した場合
　(2)　前項(3)の確約に反し契約をしたことが判明した場合
　(3)　前項(4)の確約に反した行為をした場合
3　前項の規定によりこの契約が解除された場合には，乙は甲に対して，甲の被った損害を賠償する。
4　第2項の規定によりこの契約が解除された場合には，乙は，解除により生じた損害について，甲に対し一切の請求を行わない。

第13条（損害賠償）
　甲又は乙は，本契約に違反し，相手方に損害を与えた場合には，相手方に対しその損害を賠償しなければならない。

第14条（契約内容の変更）
　甲及び乙は，本件業務量の増減，経済情勢の変動等の諸事情により，本契約又は覚書の内容の変更の必要性が生じた場合は，相手方に対し，契約又は覚書の内容の変更を求めることができる。この場合，甲及び乙は，誠実に協議を行う。

第15条（契約の協議）
　甲及び乙は，本契約の規定に関する解釈上の疑義，又は規定に定めのない事項については，法令及び商慣習によるほか，信義誠実の精神に基づき協議を行い解決す

る。

第16条（譲渡禁止）

甲及び乙は，相手方の事前の書面による承諾を得ることなく，本契約及び覚書上の地位を他に譲渡し，若しくは承継し，又は本契約に基づく権利義務を他に譲渡し，承継し，若しくは担保に供してはならない。

第17条（合意管轄裁判所）

本契約に係る一切の紛争については，○○地方裁判所を第一審の専属的合意管轄裁判所とする。

本契約の成立を証するため本書2通を作成し，各自記名押印の上，各1通を保有する。

令和　年　月　日

甲

乙

条項解説

1　目的（第1条）

委任（準委任）契約は，当事者の一方が法律行為をすること（事務を処理すること）を相手方に委託し，相手方がこれを承諾することによって，その効力を生じる（民643条，656条）。請負契約は，当事者の一方がある仕事を完成することを約し，相手方がその仕事の結果に対して報酬を支払うことを約することによって，その効力を生じる（民632条）。

雛形では，甲が乙に対して「本件業務」を委託し，乙が受託する旨記載して

いる。「本件業務」の具体的な内容は、雛形3条1項で、別途覚書に定めるものとしている。覚書で定めた本件業務の内容が、仕事の完成を目的とするもの（例えば、ダイレクトメール発送業務において、発送物を封筒に封入する業務等）であれば、請負的性格を帯びる。これに対して、事務の処理を目的とするもの（例えば、コールセンター業務において、顧客からの受電に対応する業務等）であれば、準委任的性格を帯びる。

2　業務遂行上の義務（第2条）

　本契約に基づき受託した業務を遂行するにあたって遵守すべき法令等のルールを定めるとともに、総括責任者を定めて、甲乙の総括責任者を窓口として、業務遂行に関する指示を行うことを明確にするものである。

　1項は、受託者である乙が善管注意義務を負うことを注意的に記載したものである。

　2項は、受託業務の遂行にあたって、委託者に適用される法令、告示、通達、業界の自主ルールを受託者が遵守することを定めたものである。一例を挙げれば、上述したとおり、業務委託においては委託者・受託者間で個人情報の授受を伴うことが多い。委託者が個人情報取扱事業者である場合には、受託者が業務を遂行するにあたって、委託者に適用される個人情報保護法、個別法（制定されれば）、主務大臣が定めたガイドラインおよび認定個人情報保護団体が定めたガイドラインを遵守して業務を進める必要がある。しかしながら、委託者としては、受託者が当然にこれら諸法令等を遵守することを期待している反面、受託者としては、委託者に適用される諸法令等を知悉することが必要となり、負担が重い。そこで、下記のような条項とし、受託者側の立場にたてば、委託者に対して諸法令等の存在およびその内容を受託者に通知する義務を課し、受託者はこの限りで諸法令等を遵守すればよいものとすることも考えられる。

> **（条項例）**　※甲は委託者、乙は受託者である。
> 　甲は乙に対し、本件業務の遂行に関して乙に適用される法令、監督官庁の告示・通達及び業界の自主ルール等の存在及び内容を通知するものとし、乙は、これらを遵守するものとする。

　3項は、受託業務の遂行にあたって、委託者・受託者の双方が、それぞれ総

括責任者を定め，これを連絡窓口として業務を遂行することを定めるものである。上述したように，委託者の事業所内で受託業務が遂行される場合には，委託者が受託者の従業者に直接に指揮命令することが，しばしばみられる。これが常態化した場合には，「偽装請負」の問題が生じる。また，「偽装請負」の問題が生じないようなケースでも，業務委託に際して連絡体制が確立していないことによって，委託者から受託者に対する具体的な手順の指示等が混乱することがあり，トラブルに繋がりがちである。このような問題や混乱を回避するためには，委託者・受託者の双方で，連絡窓口を定めることが必要である。

3　業務・料金等（第3条）

　業務の内容，範囲，期間，料金，その支払方法等を含む詳細について，別途締結する覚書において定めることを内容とする条項である。委託業務の内容および料金等については，別途の覚書で決まることになるので，覚書の作成にあたっては，1項各号記載の項目を記載したチェックシートを設けて，漏れがないようにすることが望ましい。上述のとおり，下請法との関係では，親事業者は下請事業者に対して取引内容を記載した書面を交付する義務があるが，業務委託契約書を締結し，当該契約書の記載をもってこれに代えることでも差し支えないものとされている[8]。雛形3条1項1号～6号の記載に従って覚書を定めれば，下請法3条の交付書面の記載事項（→Ⅰ2(2)(イ)②〔以下，「書面記載事項」という〕）を充たすことができるようになっている。

　以下，各号の事項について，順を追って説明する。

　1項1号は，委託業務の内容およびその範囲に関する事項を具体的に定めることを求めるものである。本件業務の成果（成果物）を受領する場合にはその内容も具体的に定める（書面記載事項ウ）（カタカナは，Ⅰ2(2)(イ)②の書面記載事項の記号を指す。以下同じ）。

　同2号は，委託の期間，料金およびその支払方法について具体的に定めることを求めるものである（書面記載事項エ，キ，ク，ケ，コ，サ）。

　同3号は，作業の時間および場所について具体的に定めることを求めるもの

8）　公正取引委員会が公表している「下請代金支払遅延等防止法第3条に規定する書面に係る参考例」（https://www.jftc.go.jp/shitauke/legislation/index_files/article3.pdf）の冒頭に，同趣旨の記載がある。

である（書面記載事項ウ，オ）。

　同4号は，作業に関する報告の方法および形式について具体的に定めることを求めるものである（書面記載事項ウ）。

　同5号は，原料を支給する場合に，その品名，数量，引渡しの期日・方法，対価の支払の要否およびその支払期日・方法を定めることを求めるものである（書面記載事項シ）。

　同6号は，成果物を納品すべき場合に，その期日，場所，検収の条件・手順ならびに権利の帰属について定めることを求めるものである（書面記載事項エ，オ，カ）。

　同7号は，作業の指示に関する事項について具体的に定めることを求めるものである。雛形2条3項に基づき，委託者・受託者双方は，総括責任者を置いて連絡窓口としているが，委託業務の遂行にあたって具体的な指示が必要な場合には，委託者側の総括責任者から受託者側の総括責任者に対して，いつまでに，どのような方法で指示をするのか，具体的に定めることが必要である。

　同8号は，災害時等における緊急対応計画（Contingency Plan）に関する事項について具体的に定めることを求めるものである。災害時においても事業を継続するためには，業務委託における受託者を含めた緊急対応計画の策定が必要である。本条項は，かかる観点から，覚書において緊急対応計画に関する事項を定めることとしたものである（委託業務の種類によっては，緊急対応計画を定める必要のないものもあるものと思われる。この場合には，覚書には，「緊急対応計画に関する事項については定めない」と記載しておけばよい）。

　同9号および10号は，個人情報の取扱いにおいて必須となる，情報およびその媒体の授受，業務終了時における媒体の返却，破棄等について定めることを求めるものである。

4　再委託（第4条）

　委託者は，受託者の能力や技能を評価した上で，業務委託先として選定しているのであるから，受託者が委託者の同意なく受託業務を第三者に再委託し得るものとするのは望ましくない。そこで，雛形4条1項では，再委託を原則禁止とし，委託者が書面で同意した場合に限って，再委託し得るものと定めている。なお，現行民法では，委任契約において復委任の可否を直接規定しておら

ず，復代理人に関する民法104条の類推適用により，委任者の許諾を得たときまたはやむを得ない事由があるときでなければ復委任が認められないと解されていたが，債権法改正により，この点が明文化された（民新644条の2第1項）。

　個人情報保護法22条では，個人情報取扱事業者は，個人データの取扱いの全部または一部を委託する場合には，「委託を受けた者に対する・必・要・か・つ・適・切・な監督を行わなければならない」と定めている（強調は引用者。以下，本章において同じ）。個人情報保護委員会が定めた「個人情報の保護に関する法律についてのガイドライン（通則編）」(2016年11月〔2019年1月一部改正〕，個人情報保護委員会。以下，「個人情報保護法ガイドライン（通則編）」という）では，「必要かつ適切な監督」を行っていない場合の例として，「再委託の条件に関する指示を委託先に行わず，かつ委託先の個人データの取扱状況の確認を怠り，委託先が個人データの処理を再委託した結果，当該再委託先が個人データを漏えいした場合」が挙げられている（同ガイドライン3-3-4-(3)事例3)）。また，「個人情報保護法ガイドライン（通則編）」を受けて制定された「信用分野における個人情報保護に関するガイドライン」(2017年2月，個人情報保護委員会・経済産業省。以下，「信用分野ガイドライン」という）では，「与信事業者は，委託契約において，個人データの取扱いに関して委託元，委託先双方が同意した内容を契約に盛り込まなければならない」と定めるとともに，当該契約書に盛り込むべき事項の例の一つとして，「再委託に関する事項」も挙げている（同ガイドラインⅡ-2-(4)-4)-②)。このように，個人情報保護法およびこれに関するガイドラインとの関係においても，再委託の可否，再委託先の選定および管理に関する条項は重要である。

　雛形では，再委託をする場合には，委託者の事前の書面による承諾を要するものとし，さらにその承諾を得る前提として，再委託先候補に関する事項を委託者に通知しなければならないものとした（雛形4条1項）。また，受託者には，再委託先との間で書面をもって再委託に関する契約を締結する義務および再委託先の業務遂行を監督する義務を課し（同条2項・3項），さらに再委託先の行為に対して受託者が一切の責任を負うことを明記した（同条3項）。

　再委託については，雛形とは異なり原則的に受託者の裁量によって再委託をなし得るものとする場合もある。この場合には，次に示す条項例のように，事後的に，委託者が再委託先の適正を判断し，再委託を中止させるような条項を

設けることも考えられる。

> **(条項例)** ※甲は委託者，乙は受託者である。
> 第○条
> 1 乙は，乙の責任において，各個別業務の一部を乙が業務委託契約又はこれに類する契約を締結した第三者（以下これらを「再委託先」という）に，本件業務を必要な範囲で再委託することができる。ただし，乙は，甲が要請した場合，再委託先に関する以下の情報を書面をもって甲に報告するものとする。
> (1) 住所及び名称又は商号
> (2) 乙と再委託先との間の取引関係及び取引実績
> (3) 再委託する業務の内容及び範囲
> (4) その他，甲が必要とする情報
> 2 前項の場合，当該再委託先に再委託することが不適切となる合理的な理由が存する場合，甲は乙に，書面により，その理由を通知することにより，当該第三者に対する再委託の中止を請求することができる。
> 3 乙が，再委託先に対して再委託する場合，書面をもって再委託契約を締結しなければならない。
> 4 乙は，再委託先が本契約の各条項を遵守するよう管理監督するとともに，それらの業務の実施に係る一切の行為に関して，乙が為したものとして，甲に対し一切の責任を負う。

5 権利の帰属（第6条）

　受託業務の成果物について知的財産権が生じる場合，あるいは，受託業務遂行の過程で知的財産権が生じる場合の権利の帰属について定めた条項である。雛形では，委託者に帰属すると定めているが，委託者が下請法における親事業者に該当する場合には，注意を要する。

　下請法4条2項3号では，親事業者は，「自己のために金銭，役務その他の経済上の利益を提供させること」によって，下請事業者の利益を不当に害してはならない旨定めている。「下請代金支払遅延等防止法に関する運用基準」（平成28年12月14日公正取引委員会事務総長通達第15号。以下「下請法ガイドライン」という）では，「情報成果物等の作成に関し，下請事業者の知的財産権が発生する場合において，親事業者が，委託した情報成果物等に加えて，無償で，作成の目的たる使用の範囲を超えて当該知的財産権を親事業者に譲渡・許諾さ

せることは，法第4条第2項第3号に該当する」とされている（下請法ガイドライン第4-7-(4)）。

そこで，委託者が下請法の親事業者に該当する場合には，同法違反の懸念を払拭するために，以下のような条項にすることも検討すべきである。

> **(条項例)** ※ 甲は委託者，乙は受託者である。
> 　成果物について生じる発明，考案又は創作について，特許権，実用新案権，意匠権，商標権，回路配置利用権等の知的財産権を受ける権利及び当該権利に基づき取得される知的財産権（以下「知的財産権等」という）は，甲に帰属する。また，本件業務遂行の過程で成果物以外について生じる知的財産権については，原則として発明，考案，使用又は創作をした者に帰属するものとするが，乙は，本件業務遂行に必要な範囲において，当該知的財産権を無償で使用し得る。

6 個人情報の取扱い，個人情報漏洩に関わる対応および監督等（第7条～第9条）

　前述のとおり，個人情報保護法22条では，個人データの取扱いの全部または一部を委託する場合には，「委託を受けた者に対する必要かつ適切な監督を行わなければならない」と定めている。個人情報保護法ガイドライン（通則編）では，「必要かつ適切な監督」には，①委託先を適切に選定すること，②委託先に個人情報保護法20条に基づく安全管理措置を遵守させるために必要な契約を締結すること，③委託先における委託された個人データの取扱状況を把握すること，が含まれるとされている（同ガイドライン3-3-4）。また，信用分野ガイドラインでは，上記②に関して，委託先との契約に盛り込むべき事項の例として，以下の17項目を挙げており（同ガイドラインⅡ-2-(4)-4)-②），他分野のガイドラインでも委託先との契約に関しては，同様の事項を盛り込むように求めている。

【契約書に盛り込むべき事項の例】

(1) 委託業務に係る個人情報の利用目的（委託先における利用目的の特定）に関する事項
(2) 委託元および委託先の責任の明確化に関する事項
(3) 個人データの取扱いに係る責任者の選任および個人データを取り扱う従業

者の特定に関する事項
　(4)　個人データおよび委託業務結果の授受および配送に関する事項
　(5)　個人データおよび記録媒体の保管方法・保管場所に関する事項
　(6)　個人データおよび記録媒体の保有期間および返還・消去・廃棄方法に関する事項
　(7)　個人データの漏えい防止，盗用禁止に関する事項
　(8)　委託契約に係る個人データの第三者提供等の禁止に関する事項
　(9)　委託契約範囲外の加工，利用の禁止
　(10)　委託契約範囲外の複写，複製の禁止
　(11)　委託契約の目的のために必要となるもの以外の個人データの取扱いの禁止に関する事項
　(12)　再委託に関する事項
　(13)　個人データの取扱状況に関する委託元への報告の内容および頻度に関する事項
　(14)　委託先への立入検査，報告徴収に係る事業者の権利に関する事項
　(15)　委託先における監査の実施または事業者による監査実施の権利に関する事項
　(16)　漏えい等の事故発生時の危機管理・危機対応手順等に基づいた対応・措置に関する事項
　(17)　契約に違反した場合における損害賠償および契約の解除に関する事項

　以下，雛形7条から9条の条項について，ガイドラインとの対応関係について説明する。
　雛形7条1項は，「個人情報」の定義に関する条項である。雛形では，個人情報保護法2条1項の規定にならって個人情報に該当する情報を特定しつつ，法律上の規定より若干広い範囲を個人情報と定め，かつ，当該情報が秘密情報であるものに限らないことを明記した。
　同条2項は，個人情報保護法および本契約の規定を遵守し，本件業務の目的の範囲内で甲および乙が個人情報を取り扱うことを定めたものであり，上記「**契約書に盛り込むべき事項の例**」（以下，単に「例」という）(1)および(2)に対応するものである。
　同条3項は，個人情報の取扱責任者の選定および取り扱う従業者の特定に関する定めであり，例(3)に対応するものである。

同条4項，5項および6項は，それぞれ，個人情報の記録媒体およびデータの授受に関する定め，個人情報の保管に関する定め，個人情報の返却に関する定めであり，例(4)，(5)および(6)に，それぞれ対応するものである。個人情報の漏洩は，情報の受渡しや保管の局面で起こりがちであることから，4項ないし6項では，受渡しおよび保管に関する基本的な手順を明記し，これを遵守することを受託者に求めている。

同条7項および8項は，個人情報の安全管理ならびに盗用および漏洩禁止等に関する措置について定めたものであり，例(7)に対応するものである。

同条9項は，個人情報の目的外の加工，利用，複写，複製ならびに取扱いを禁止するものであり，例(9)，(10)および(11)に対応するものである。

同条10項は，個人情報の第三者への提供を禁止するものであり，例(8)に対応するものである。同項では，個人情報を第三者に提供できる場合の例外についても定めているが，これは個人情報保護法23条1項の規定を踏まえたものである。

雛形8条は，個人情報の漏洩等の事故が発生した場合の危機管理・対応に関する手順，責任分担，原因調査，措置および費用負担等について定めたものであり，例(16)に対応するものである。個人情報の漏洩等が発生した場合には，迅速に初期対応に着手することが肝要であるとともに，原因の解明と再発防止策の早期の公表が重要である。このため，特に対応手順等については，詳細に定める必要がある。雛形8条では，1項で，漏洩事故が発生した場合に，受託者が委託者に対して直ちに報告する義務を課すとともに，2項では，受託者が漏洩の原因調査に着手すること，その結果を速やかに委託者に報告することを義務づけている。また，3項では，委託者が必要と認めるときには，受託者の費用負担で漏洩の原因究明に関して第三者を選定して調査を依頼することができる旨を定めている。さらに，4項では，受託者において再発防止策を定め，その内容を委託者に通知することと求めるとともに，委託者においても再発防止策を定めることができるものとし，受託者はこれを遵守しなければならないものとした。加えて，5項では，初期対応の検討への協力および実施，行政・警察への報告・相談，司法当局への対応，報道機関への公表，顧客対応，被害拡大防止のための措置，再発防止措置の公表等，社内処分の決定・公表等に関して委託者の指示に従うことを規定するとともに，6項では，受託者ではない第

三者において情報漏洩に関する事案が生じた場合を想定し，受託者においても同様の漏洩事故が発生しないよう，委託者が必要な措置・指導を行えることとした。

　雛形9条は，業務の監査，秘密情報および個人情報の管理状況の報告，立入検査の頻度等について定めた条項であり，例(13)，(14)および(15)に対応する。

　なお，例(12)では，再委託に関する事項を定めるよう求めているが，雛形では，上述のとおり4条にてその定めを置いている。また，例(17)では，損害の賠償と契約の解除に関する事項についても定めるよう求めているが，雛形では，11条および13条にて，その定めを置いている。

The business and the form of a contract
Chapter 6

第6章

譲渡担保契約

I 総論

1 譲渡担保とは

　譲渡担保とは，担保の目的で目的物の所有権を債権者に移転させる約定担保物権である。

　民法に定められた約定担保物権には抵当権と質権があるが，これだけでは経済社会の要請に十分応えることができない。すなわち，抵当権の目的物は，不動産に限られている（特別法による動産抵当も自動車抵当，機械抵当など特定の動産に限られている）。質権は，動産にも設定することができるが，動産質権は質権者による質物の占有継続が第三者対抗要件とされているため（民352条），質権設定者が目的物の利用を続けることができない。また，担保の実行の場面においても，抵当権や質権は，民事執行法により厳格な強制執行手続が定められ，配当までにかなりの時間を要する。

　そこで，この問題点を回避するために，商慣習上譲渡担保が生み出され，判例もその有効性を認めてきた。譲渡担保は，担保目的物に制限がなく，不動産，動産，債権のほか，株式や知的財産権などにも設定することができる。また，

譲渡担保設定者（以下「設定者」という）が目的物の占有・利用を継続することが可能である。さらに，譲渡担保は，後述のとおり（→3），いわゆる私的実行が認められ，簡易かつ早期に優先弁済を受けることが可能である。

このように譲渡担保は，民法に規定がなく，商慣習の中で約定担保物権として判例上認められてきたものであることから，その内容・範囲等については，原則として設定契約の条項により画されることとなる（一部は判例により画される）。そのため，民法に定めのある抵当権および質権の設定契約書と比べて，譲渡担保権設定契約の条項は自由度が高く，設定者と譲渡担保権者の交渉によって定まる条項が多い。そこで，本章の譲渡担保権設定契約書の雛形においては，設定者と譲渡担保権者の利害が対立しやすい条項について，それぞれに有利と考えられる条項を提案している。なお，本章では，機械設備などの個別動産を目的とする譲渡担保権設定契約書，在庫商品など構成部分の変動する集合動産を目的とする譲渡担保権設定契約書，将来債権を目的とする譲渡担保権設定契約書の3種類の雛形を提示している。

2　譲渡担保の法的性質

譲渡担保は，「所有権移転」という法形式と「担保」という実質との間にギャップがある。譲渡担保の法的性質については，このギャップをどのように法律構成するかをめぐって，所有権的構成と担保的構成の2つの考え方がある。

所有権的構成は，「所有権移転」という法形式を重視し，目的物の所有権が譲渡担保権者に移転するという構成である。担保的構成は，「担保」という実質を重視し，目的物の所有権は設定者に残ったままで，譲渡担保権者は担保権を有するにすぎないという考え方である。

判例は，譲渡担保の設定により，目的物件の所有権は一応譲渡担保権者に移転するが，それは債権担保の目的を達するのに必要な範囲にとどまり，なお設定者に一定の物権が残存しているという立場をとっており，基本的には所有権的構成によりつつも，事案に応じて担保としての処遇を行っているといわれる。例えば，最判昭和62年11月10日（民集41巻8号1559頁）は，集合動産譲渡担保において目的動産上に第三者が動産売買の先取特権を有していても，譲渡担保権者は第三取得者（民333条）にあたり，先取特権には追及力がないとした。これは譲渡担保権者が所有権を取得したことを前提とした論理である。他

方で，最判昭和41年4月28日（民集20巻4号900頁）は，設定者に会社更生手続が開始された場合に，譲渡担保を更生担保権者に準じた取扱いをすることを認めた。これは譲渡担保が担保であることを前提とした論理である。

3　私的実行

譲渡担保は，抵当権や質権のように民事執行法において実行手続が規定されておらず，その実行は，民事執行法によらない私的実行によることになる。私的実行の方法は，譲渡担保の対象が動産や不動産の場合と債権の場合とで異なる。

譲渡担保の対象が動産や不動産の場合，被担保債権の期限の利益の喪失などの譲渡担保の実行事由が生じると，まず，譲渡担保権者は設定者に対して実行通知を行い，その後，目的物を第三者に処分してその処分代価を被担保債権に充当するか（処分清算型），目的物を適正な価額で評価の上，確定的に所有権を取得してその評価額をもって被担保債権に充当する（帰属清算型）。私的実行の方法を，処分清算型とするか，帰属清算型とするか，その双方を可能とするかは，契約当事者が譲渡担保権設定契約で定めることが可能である。実務上は，帰属清算型は，担保目的物を譲渡担保権者自ら使用する場合に選択される。譲渡担保権者が目的物を自ら使用することができない場合や，使用する意思がない場合には，処分清算型が選択されることとなる。

譲渡担保の対象が債権の場合，被担保債権の期限の利益の喪失などの譲渡担保の実行事由が生じると，譲渡担保権者は，まず設定者に対して実行通知を行い，その後，担保として取得した債権を自ら取り立てて回収するか，債権を第三者に売却して被担保債権に充当することにより，私的実行を行う。

4　受戻権

設定者は，弁済期の経過後であっても，譲渡担保権者が譲渡担保の実行を完了するまでの間は，被担保債権の全額を弁済して譲渡担保を消滅させ，目的物の所有権を回復することができる（最判昭和62・2・12民集41巻1号67頁。これを設定者の受戻権という）。譲渡担保権者が譲渡担保の実行を完了するまでの間とは，具体的には，帰属清算型の譲渡担保においては，譲渡担保権者が設定者に対し，目的物の適正評価額が被担保債権の額を上回る場合は，清算金の支

払またはその提供をするまでの間であり，目的物の適正評価額が被担保債権の額を上回らない場合はその通知をするまでの間である。また，処分清算型の譲渡担保においては，その処分の時までの間である（前掲最判昭和62・2・12）。もっとも，譲渡担保権者が清算金の支払または提供前に目的物を第三者に処分した場合は，譲受人は確定的に所有権を取得し，設定者は受戻権を失う（最判平成6・2・22民集48巻2号414頁）。また，被担保債権の弁済期後に譲渡担保権者の債権者が目的不動産を差し押さえ，その旨の登記がされたときは，設定者は差押登記後に被担保債権の全額を弁済しても，第三者異議の訴えにより強制執行の不許を求めることはできない（最判平成18・10・20民集60巻8号3098頁）。

受戻権を行使する場合，設定者は目的物の返還に先立って弁済を行う必要がある（設定者の弁済義務と譲渡担保権者の目的物返還義務との履行の先後関係は，前者が先履行となる。最判平成6・9・8判時1511号71頁）。また，被担保債権の弁済期が到来した場合に，設定者が受戻権を放棄して譲渡担保権者に清算金を請求することはできない（最判平成8・11・22民集50巻10号2702頁）。

5　集合動産譲渡担保と将来債権譲渡担保

(1) 集合動産譲渡担保

譲渡担保は，工場の機械設備等の個別の動産について設定することができることはもとより，倉庫内の商品や，工場内の原料・仕掛品・完成品といった，所有者の事業活動によって絶えず構成部分が入れ替わる個別動産の集合体（集合動産）についても，その種類，所在場所および量的範囲を特定するなどの方法によって目的物の範囲が特定される場合には，1個の集合物として譲渡担保の目的とすることができる（最判昭和54・2・15民集33巻1号51頁，前掲最判昭和62・11・10）。

(2) 将来債権譲渡担保

将来債権譲渡は，現行民法では明文規定はないが，判例上認められている。例えば，最判平成11年1月29日（民集53巻1号151頁）は，将来債権の発生の可能性が低いことは，将来債権を目的とする債権譲渡契約の効力を当然には左右しないとしている。この点，2017年改正民法は，将来債権譲渡ができる

ことを明文で明らかにした（民新466条の6第1項）。したがって，現行民法下でも2017年改正民法下でも，譲渡担保は，設定契約時に既に発生している債権のみならず，設定契約締結後に発生する将来債権についても設定することができる。

Ⅱ 動産譲渡担保権設定契約書の条項例と解説

📄 雛形

※ 欄外の番号は条項解説の該当箇所を示す。

動産譲渡担保権設定契約書

　○○（以下「甲」という）と○○（以下「乙」という）とは，乙が甲に対し負担する債務を担保するため，乙が有する動産につき譲渡担保権を設定するべく，以下のとおり契約（以下「本契約」という）を締結する。

[1・2] 第1条（動産譲渡担保権の設定）
　乙は甲に対し，本日，下記の債権を担保するため，別紙記載の機械（以下「本件機械」という）を譲渡した。

記

　(1)　極度額　　　金○円
　(2)　債権の種類　甲と乙との令和○年○月○日付取引基本契約に基づき
　　　　　　　　　甲が乙に対して有し又は将来有する一切の債権

[3] 第2条（引渡し）
　乙は甲に対し，本日，本件機械を占有改定の方法により引渡しを完了した。

[4] 第3条（動産譲渡登記）
　甲と乙は，乙の費用にて本契約締結後直ちに本件機械について，動産及び債権の譲渡の対抗要件に関する民法の特例等に関する法律に基づき，存続期間を10年とする動産譲渡登記を行うものとする。

[5] 第4条（明認方法）
　乙は，本件機械が甲の所有に属することを公示する明認方法を施すものとする。明認方法の具体的様式等は，甲が別途定めるものとする。

[6] 第5条（本件機械の使用・管理）
　1　甲は乙に対し，乙が本件機械を通常の使用方法に限り使用することを認める。

2　乙は，本件機械を善良なる管理者の注意義務をもって甲のために無償で管理するものとする。本件機械の管理に要する費用及び公租公課は，乙の負担とする。

第6条（表明・保証）
　乙は甲に対し，以下の事項が本契約締結日において真実に相違ないことを表明し，保証する。
　(1)　本件機械について，乙は完全かつ唯一の所有権者である。
　(2)　本件機械につき，所有権，用益物権，担保物権その他甲の譲渡担保権を害するような第三者の権利関係は存在せず，また，差押え，仮差押え，滞納処分，その他の甲の譲渡担保権の行使を阻害する法的負担も存しない。
　(3)　本件機械につき，その品質，保存状態及び性能等に何らの物理的瑕疵及び法律的瑕疵は存しない。
　(4)　本契約に基づく本件機械に対する譲渡担保権の設定及び対抗要件の具備は，乙の詐害の意図その他の不当な意図に基づくものではない。

第7条（乙の遵守事項）
1　乙は，甲の事前の承諾なく，本件機械の保管場所を変更してはならない。
2　乙は，本件機械について，甲以外の第三者に対する占有の移転，譲渡，用益物権の設定又は担保物権の設定をしてはならない。
3　乙は，本件機械について故障，品質劣化，毀損等の担保価値が減少し，その価額が第1条に定める被担保債権の額を下回るおそれがあるときは，甲に対し直ちにその旨を通知し，甲の求めがあるときは，追加担保を差し入れなければならない。
4　乙は，本件機械につき第三者が所有権その他の権利主張をした場合又は第三者が仮差押え，仮処分，強制執行，滞納処分による差押えを行った場合には，甲に対し直ちにその旨を通知するものとする。
5　甲は，必要と認めるときは，本条に定める事項の遵守の有無について，乙の事務所，工場，倉庫等に立ち入り，本件機械の調査を行うことができ，乙はこれに協力しなければならない。

第8条（本件機械の管理状況の報告，調査）
1　甲は乙に対し，自ら必要と認めるときは，本件機械の管理状況について資料の提出又は報告を求めることができる。乙は，かかる資料又は報告の内容について，提出時又は報告時において真実かつ正確なものとしなければならない。
2　甲は，本件機械の管理状況を把握するため，甲が別途定める時期及び甲が必要と認めたときに，本件機械を保管する場所へ立入調査を行うことができるものとし，乙はこれに協力しなければならない。

第 9 条（期限の利益の喪失）
次の各号のいずれかに該当する事由が発生した場合，乙は，甲の乙に対する何らの通知なくして，第 1 条に定める被担保債権について当然に期限の利益を喪失し，直ちに甲に弁済しなければならない。
(1) 第 6 条各号に定める表明保証事項について違反があったことが判明したとき
(2) 本契約に定める条項に違反し，乙に対する是正催告後 14 日以内に当該違反が是正されないとき
(3) 監督官庁より営業の許可取消，停止等の処分を受けたとき
(4) 支払停止若しくは支払不能の状態に陥ったとき，又は手形若しくは小切手が不渡りとなったとき
(5) その財産（本件機械を含むが，これに限られない）に対し第三者より差押え，仮差押え，仮処分若しくは競売の申立て，又は公租公課の滞納処分を受けたとき
(6) 破産手続開始，民事再生手続開始，会社更生手続開始，特別清算開始の申立てを受け，又は自ら申立てを行ったとき
(7) 解散，会社分割，事業譲渡又は合併の決議をしたとき
(8) 資産又は信用状態に重大な変化が生じ，本契約に基づく債務の履行が困難になるおそれがあると認められるとき
(9) その他，前各号に準じる事由が生じたとき

第 10 条（譲渡担保の実行）
1 第 1 条に定める被担保債権につき期限が経過した場合又は乙が甲に対する期限の利益を喪失した場合には，甲は乙に対し，本件機械について，第 1 条に定める譲渡担保権を実行する旨の通知を行うことができる。甲がかかる通知を行ったときは，乙は本件機械の使用権限を失う。
2 乙は，前項の定めにより本件機械についての使用権限を失ったときは，甲の求めに応じ，本件機械を甲又は甲の指定する者に現実に引き渡さなければならない。
3 乙は，第 1 項の定めにより本件機械についての使用権限を失った後も，本件機械の占有を有する限り，本件機械を善良なる管理者の注意をもって保管しなければならない。
4 第 1 項の定めにより乙が本件機械の使用権限を失ったときは，甲は，本件機械を適正な価格により評価し，その評価額をもって乙の甲に対する債務の弁済の全部又は一部に充当することができる。また，第 1 項の定めにより乙が本件機械の使用権限を失ったときは，甲は，本件機械を自ら適当と認める方法，時期，価格等により処分し，処分代金から公租公課その他の諸経費を差し引いた残額をもって乙の甲に対する債務の弁済の全部又は一部に充当することができる。なお，甲は，自ら適当と認める順序，方法により充当を行うことができるものとする。
5 前項に定める債務の弁済充当後に残余金を生じたときは，甲は乙に対し，これ

を清算金として返還するものとする。ただし，当該清算金には利息又は損害金を付さないものとする。

第 11 条（地位の譲渡の禁止）
乙は，甲による事前の書面の承諾がある場合を除き，本契約に基づく地位の全部又は一部につき，譲渡，質入れその他の処分をしてはならない。

第 12 条（契約の疑義）
本契約の解釈について疑義を生じた場合又は本契約に定めのない事項については，甲乙協議の上，信義誠実の原則の下，その対応を決定するものとする。

第 13 条（合意管轄）
本契約に関連する訴訟については，甲の本店所在地を管轄する裁判所を第一審の専属的合意管轄裁判所とする。

本契約の成立を証するため本書 2 通を作成し，各自記名捺印の上，各 1 通を保有する。

　　　令和　年　月　日

　　　　　　甲

　　　　　　乙

（別紙）
動産の表示
種類　　油圧式プレス機
特質　　製造番号：ABC 001
型式　　AB - 01
製造社名　　○○

条項解説

1 被担保債権(第1条)

　譲渡担保とは、担保の目的で目的物の所有権を債権者に移転させる約定担保物権であるから、被担保債権の特定が必要である。実務上は、雛形のように継続的取引から生じる一切の債権を被担保債権とする根譲渡担保の場合が多いが、既発生の特定債権を被担保債権とする場合もある。ただし、「甲(債権者兼譲渡担保権者)が乙(債務者兼設定者)に対して現在及び将来有する一切の債権」を被担保債権とする包括根譲渡担保は、公序良俗に反し、無効とされるおそれがあるので注意が必要である。なお、抵当権によって担保される利息、遅延損害金を最後の2年分に限るという民法375条は、動産譲渡登記、債権譲渡登記では被担保債権が登記事項とされておらず、第三者の信頼を保護する必要がないこと等の理由により、譲渡担保には類推適用されないと解されている。

　既発生の特定債権は、発生原因(契約日、契約名称等)、債権額等で特定する。請負契約に基づく代金債権を被担保債権とする場合の記載例、金銭消費貸借契約に基づく貸金返還請求権を被担保債権とする場合の記載例を挙げると次のとおりである。

> **(条項例)　請負契約に基づく代金債権を被担保債権とする場合**
> 　　　　※ 甲は債権者兼譲渡担保権者、乙は債務者兼設定者である。
> 　甲と乙との令和○年○月○日付請負契約に基づく請負代金債権金○円

> **(条項例)　金銭消費貸借契約に基づく貸金債権を被担保債権とする場合**
> 　　　　※ 甲は債権者兼譲渡担保権者、乙は債務者兼設定者である。
> 　甲と乙との令和○年○月○日付金銭消費貸借契約に基づく貸金債権金○円及びこれに対する利息、遅延損害金

　なお、根譲渡担保の場合に極度額(被担保債権の上限額)の定めが必要かという点については、必要説と不要説がある。必要説は、被担保債権が際限なく膨らむと設定者に酷な結果となることを指摘する。判例の態度は明らかではないが、実務上は、契約が無効となるリスクを避けるべく、極度額を設けることを検討すべきであろう。

2　目的物の特定（第1条）

　譲渡担保は約定担保物権であるから，契約で担保の目的物を明確に特定する必要がある。個別動産は，①動産の種類および②動産の記号，番号その他の同種類の他の物と識別するために必要な特質によって特定する（動産・債権譲渡登記規則8条1項1号参照）。②の具体例としては，製造番号や製品番号が挙げられる。製造番号や製品番号がない場合，他の動産と識別できる管理番号や標識をネームプレートなどに記載して目的物に貼り付けることも考えられる。

3　対抗要件――引渡し（第2条）

　譲渡担保は，法形式上，目的物の所有権を債権者に移転させるものであるから，対抗要件は動産の譲渡に準ずる。

　動産の譲渡の対抗要件は，民法によれば目的物の「引渡し」である（民178条）。そして民法は，具体的な動産の引渡しの方法として，「現実の引渡し」「簡易の引渡し」「占有改定による引渡し」「指図による占有移転による引渡し」の4つを定めている（民182条～184条）。

　「現実の引渡し」とは，譲受人に物に対する現実の支配を移転することである（民182条1項）。例えば，譲渡人Aが譲受人Bに売買の目的物であるカメラを手渡す場合である。

　「簡易の引渡し」とは，譲受人が現に物を所持する場合に譲渡人の意思表示のみによってする引渡しである（民182条2項）。例えば，カメラの賃借人Bが賃貸人Aから当該カメラを譲り受けた場合，BがいったんAにカメラを返還して，その後Aから現実の引渡しを受けるのは迂遠であるため，Aの意思表示のみによる引渡しを認めたものである。

　「占有改定による引渡し」とは，物の占有者が，その物を手元に置いたまま，以後譲受人のために占有すべき意思を表示することによってする引渡しである（民183条）。例えば，譲渡人Aがカメラを手元に置いたまま，譲受人Bにカメラを譲渡するとともに，カメラをBから借り受ける場合に用いられる。

　「指図による占有移転による引渡し」とは，占有代理人が占有する物を譲渡する場合に，その物を占有代理人の手元に置いたまま，譲渡人が占有代理人に対して以後譲受人のためにその物を占有すべき旨を命じ，譲受人がこれを承諾

することによって行う引渡しである（民184条）。例えば，譲渡人Aが譲受人Bに対し，Cに賃貸している自己のカメラをCの手元に置いたまま譲渡する場合に用いられる。

　以上の4つの引渡方法を，動産譲渡担保の場面で考えると，動産譲渡担保においては，通常，設定者が目的物を継続して占有・利用することとなるから，原則として，設定者が直接占有する動産については占有改定による引渡しがなされ，倉庫業者等の第三者が直接占有する動産については指図による占有移転による引渡しがなされることとなる。

　占有改定による引渡しを行うには，契約書中に「占有改定の方法により引渡しを完了した」と書いておけばよい。実務では，占有改定による引渡しを行った日（対抗要件を備えた日）を明確にするため，契約書に確定日付を取得することが多い。確定日付は公証役場に請求することにより取得することができる。

　指図による占有移転は，設定者と倉庫業者等の第三者が，覚書を交わすことにより行うことが多い。この覚書についても，引渡しを行った日を明確にするため，確定日付を取得することがある。

　なお，理論上は動産譲渡登記（→後記4参照）を行えば，重ねて占有改定や指図による占有移転を行う必要はないが，実務では，動産譲渡登記の申請までのタイムラグを補完するため，占有改定や指図による占有移転と動産譲渡登記を重畳的に行うことが少なくない。指図による占有移転は，直接占有者への通知が要件とされているため，設定者に信用不安が生じることを回避すべく，指図による占有移転をしないこともある。

4　対抗要件——動産譲渡登記（第3条）

　前記3のとおり，民法の定めによれば，自社倉庫のように設定者が自ら保管する動産について譲渡担保を設定する場合の対抗要件は，占有改定である。しかし，占有改定では目的物に関する占有の外形が変わらないため，占有改定により権利が移転したことについての公示性に乏しい。

　そして，動産は不動産よりも頻繁に取引されるから，売主に売却権限がなかったがために買主が買ったものを常に取り戻されてしまう事態が生じると，取引の安全を害し，経済活動に支障が出る。このため民法は，目的物を占有する無権利者から過失なく目的物を譲り受けた者は目的物を原始的に取得すると

の即時取得の制度を設けている（民192条）。

　この即時取得制度を，動産譲渡担保の場面で考えると，担保目的物の買主が，占有改定によって行われた公示性の乏しい譲渡担保の存在を過失なく知らずに設定者から動産を譲り受けると，その買主が即時取得により原始的に完全な所有権を取得し，その反面として，担保目的物に設定されていた譲渡担保が消滅してしまうこととなる。

　また，倉庫業者等の第三者が直接占有する動産について譲渡担保を設定する場合には，前記3のとおり，民法によれば指図による占有移転を行うことになるが，指図による占有移転は，直接占有者への通知が必要であるから，譲渡担保の設定を直接占有者に知られることとなる。このため，債務者としては，信用不安が生じかねないとして，指図による占有移転に及び腰となることが少なくなかった。

　このように，民法の定める占有改定や指図による占有移転という引渡方法は，動産譲渡担保の場面では，使い勝手の悪いものとなっており，それが動産譲渡担保の普及を阻む原因となっていた。

　そこで，民法の定める引渡方法以外に，新法によって新たな動産の引渡方法を設けるべく，2004（平成16）年に「動産及び債権の譲渡の対抗要件に関する民法の特例等に関する法律」（以下「特例法」という。債権譲渡の対抗要件に関する民法の特例等に関する法律〔平成10年法律第104号〕の題名改正）が制定された。特例法では，動産譲渡登記がなされたときは，民法178条の引渡しがあったものとみなされる（特例法3条）。動産譲渡登記の概要は，法務局に請求することにより誰でも見ることができる点で，占有改定と異なり一定の公示性があるため，第三者が無過失で取引に入ったとは認められにくく，その結果，即時取得が成立しにくくなる（ただし，特例法は第三者に過失があったことを擬制するものではないので，即時取得を完全に排除することまではできないと考えられている）。また，動産譲渡登記は，直接占有者の関与なく登記することができるため，指図による占有移転のように，直接占有者への通知等も必要でない。このように，特例法により，動産の譲渡担保について，一定の公示性を有し，直接占有者への通知も不要な対抗要件制度が整えられたといえる。

　動産譲渡登記を行うことができるのは，法人が譲渡人となる場合に限られる（特例法1条）。また，特別法により登記または登録が対抗要件とされている動

産（船舶，建設機械，自動車など）については，動産譲渡登記の対象とならない。

動産譲渡登記の存続期間は，特別の事由がない限り10年を超えることができない（特例法7条3項）。

動産譲渡登記は，譲渡人と譲受人との共同申請による（特例法7条2項）。

5 明認方法（第4条）

前記4で述べたとおり，動産譲渡登記は，一定の公示性を有する点で即時取得を成立しにくくするが，即時取得を制度的に排除するものではないため，実務では，動産譲渡登記による公示に加えて，目的物それ自体に，目的物が担保権者の所有であることを明示する明認方法が施されることがある。明認方法により，買主が設定者から無過失で目的物を譲り受けることを防ぐ趣旨である。

機械設備に対する明認方法は，譲渡担保権者の所有物であることが記載されたシールの貼付け，プレートの取付けなどによって行われる。

ただし，目的物を担保に供したことが公になれば，設定者の信用不安を招いたり，風評被害が生じるおそれがあることから，明認方法を留保することもある。

6 目的物の使用・管理（第5条）

譲渡担保においては，通常，設定者が目的物を継続して占有・利用することとなるから，それに伴う義務として，設定者が通常の方法により使用すること，目的物を善良なる管理者の注意義務をもって管理すること，その管理に要する費用を負担すること等を定めるのが一般的である。

7 権利関係の調査（第6条第1号・第2号）

設定者は，他人の所有する動産を譲渡担保に供することはできない。動産譲渡担保が有効に成立するためには，設定者が担保目的物を所有していることが必要である。しかし，設定者が目的物を所有しているかどうかは，占有の外形からは必ずしも分からない。設定者が動産を直接占有していても，当該動産は設定者が第三者から賃借している動産かもしれないし，販売委託を受けている動産かもしれない。また，目的物の仕入先と設定者との間の売買契約書等の契約書に所有権留保の条項が存在するかもしれない。したがって，譲渡担保を取

得しようとする者としては，目的物の仕入先と設定者との間の売買契約書等の契約書を確認したり，設定者へヒアリングをしたりして，目的物を設定者が所有しているかどうかを確認する必要がある。そして，契約書においても，目的物を所有していることについて設定者から表明保証を受けることを検討すべきである。

　また，目的物について，他人の質権，譲渡担保等の担保権が既に設定されている可能性も検討する必要がある。質権は，質権者が目的物を直接占有しているから，占有の外形から確認することができる。他方，譲渡担保は，通常は設定者が目的物を直接占有しているから，その設定の有無は，占有の外形からは分からない。同一の目的物を対象とする複数の譲渡担保との優劣は，対抗要件の具備の先後で決まるが，通常は先行する譲渡担保について何らかの対抗要件が具備されている。後順位の譲渡担保は，一応有効には成立するものの，担保権の実行ができないとされている（最判平成18・7・20民集60巻6号2499頁）。したがって，譲渡担保を取得しようとする者としては，譲渡担保権設定契約書や動産譲渡登記の確認，設定者へのヒアリングなどにより，先行する譲渡担保が存在するかどうかを確認する必要がある。また，契約書においても，先行する質権，譲渡担保等がないことについて，設定者より表明保証を受けることを検討すべきである。

　目的物について質権，譲渡担保等の約定担保物権のほか，商事留置権等の法定担保物権が存在する可能性もある。法定担保物権は，当事者の約定によらずに発生し，また，担保権者に権利の不行使を応諾してもらうことが難しく，設定者が法定担保物権の不存在について表明保証をすることが困難な場合がある。このような場合，設定者としては，契約書に次に示すとおり「法定担保物権を除き」という文言を加えることも考えられる。

（条項例）
　本件機械につき，法定担保物権を除き，所有権，用益物権，担保物権その他甲の譲渡担保権を害するような第三者の権利関係は存在せず，また，差押え，仮差押え，滞納処分，その他の甲の譲渡担保権の行使を阻害する法的負担も存しない。

　なお，譲渡担保の目的動産について，買主たる設定者と売主たる第三者の間の売買契約において，当該目的動産の代金の完済をもって当該第三者から設定

者に所有権が移転するとの約定があった事例において，目的動産のうち，担保権者において設定者による代金の完済を主張立証した動産を除く部分については，その所有権は設定者に移転しておらず，当該部分について譲渡担保は効力を有しないと判断した裁判例がある（東京高判平成29・3・9金法2091号71頁）。

8 担保動産の処分可能性，評価額等の調査（第6条第3号）

　譲渡担保は目的物の交換価値を把握する担保物権であるから，譲渡担保権者は，設定者から譲渡担保の設定を受ける前に目的物の処分可能性や市場価額等を調査する必要がある。そして，目的物の品質や性能等に瑕疵があると，目的物の処分可能性や市場価額に大きな影響が生じる。したがって，譲渡担保権者としては，設定を受ける前に目的物の品質や性能等を調査するとともに，契約書においても，瑕疵がないことについて設定者より表明保証を受けるべきである。

9 詐害行為，否認（第6条第4号）

　譲渡担保の設定が他の債権者を害する場合には，譲渡担保権者は他の債権者より詐害行為取消権（民424条。2017年改正民法においても同じ）の行使を受ける可能性がある。また，設定者の危機的な状況で譲渡担保の設定や対抗要件の具備が行われた場合には，設定者の倒産時に，譲渡担保の設定や対抗要件の具備が倒産手続の中で否認されるおそれがある（破162条・164条。民事再生法，会社更生法にも同様の規定がある）。

　そのため，譲渡担保権者としては，契約書において，譲渡担保の設定と対抗要件の具備が，設定者の詐害の意図その他不当な意図に基づくものではないことについて，設定者より表明保証を受けることが考えられる。

10 目的物の保管場所の変更，第三者への譲渡等の禁止（第7条第1項・第2項・第5項）

　動産は不動産と異なり保管場所を移動させることが可能なため，設定者による隠匿や処分がなされることがある。また，目的物が第三者に譲渡されると，当該第三者が即時取得（民192条）により原始的に完全な所有権を取得し，その反面として譲渡担保が消滅するおそれがある。そのため，契約書において，

目的物の保管場所の変更や第三者への譲渡等を禁止する条項を設けることが一般的である。また，雛形7条5項のように，設定者の遵守状況を調査するため，譲渡担保権者が実査を行うことができる旨を定めることも有用であろう。

11　代担保（第7条第3項）

　動産は，滅失，毀損，劣化等により交換価値が減少しやすい。そこで，目的物について，滅失，毀損，劣化等により交換価値が減少した場合に，設定者に代担保の設定を義務づける規定が設けられることがある。

12　通知義務（第7条第4項）

　譲渡担保権者の権利の保全の観点から，目的物につき第三者が所有権その他の権利を主張した場合の設定者の通知義務が設けられることがある。

13　本件譲渡動産の管理状況の報告，調査（実査）（第8条）

　動産は，不動産と比較して，滅失，毀損，劣化等により交換価値が減少しやすい。また，動産は保管場所を移動させることができるため，設定者による隠匿や処分がなされることがある。そのため，契約書において，設定者が譲渡担保権者に対して目的物の管理状況を定期的に報告する旨の条項を定めることが多い。また，担保権者が定期的に保管場所に立ち入って目的物の管理状況を調査（実査）することができる条項が定められることもある。

　他方，目的物の管理状況の実査は設定者への負担が大きいことから，設定者としては，以下の条項例の下線部のような文言を加えることも考えられる。

（条項例）　※甲は債権者兼譲渡担保権者，乙は債務者兼設定者である。
　　甲は，本件譲渡動産の管理状況を把握するため，甲が別途定める時期（1年に1回程度の割合とする）及び甲が必要と認めたときに，本件譲渡動産を保管する場所へ立ち入り調査を行うことができるものとし，乙はこれに協力しなければならない。ただし，甲は，乙の営業の妨げとならぬよう配慮して調査を行わなければならない。

14　期限の利益の喪失（第9条）

　動産譲渡担保は，被担保債権の弁済期が到来した時に実行することができる。そのため，設定者に譲渡担保権設定契約の違反があった場合には，被担保債権の期限の利益が失われる旨の規定を設けることが一般的である。いかなる事由を期限の利益喪失事由とするかは，取引基本契約書（→第3章Ⅱ1参照）等の他の契約書の期限の利益喪失事由との整合性にも配慮して決定することとなる。

　雛形9条1号では，「第6条各号に定める表明保証事項について違反があったことが判明したとき」が，期限の利益の喪失事由の一つとして定められている。もっとも，設定者の立場からすれば，例えば，本件機械に些細な物理的瑕疵があることが判明した場合に，表明保証違反（雛形6条3号）を問われ，被担保債権の期限の利益を喪失するのは避けたいものと思われる。そこで，設定者としては，以下の条項例のように，表明保証事項のうち「重要な点」について違反があった場合に限り，期限の利益の喪失事由とすることも考えられる。

（条項例）
　(1)　第6条各号に定める表明保証事項のうち重要な点について違反があったことが判明したとき

15　譲渡担保の実行（第10条）

　譲渡担保は，抵当権や質権のように民事執行法において担保権の実行手続が規定されておらず，その実行は，民事執行法によらない私的実行によることになる。

　被担保債権の期限の利益の喪失などの譲渡担保の実行事由が生じると，まず，譲渡担保権者は，設定者に対し，実行通知を行う。実行通知の様式に定めはない。証拠化の観点からは，内容証明郵便により行うことが望ましいが，担保価値維持のため直ちに実行した方がよければ，書面の手渡しや口頭によることも可能である。

　その後，譲渡担保権者は，設定者から目的物の引渡しを受けて，目的物を第三者に処分してその処分代価を被担保債権に充当するか（処分清算型），目的物を適正な価額で評価の上，確定的に所有権を取得してその評価額をもって被担

保債権に充当する（帰属清算型）。

　設定者が任意の引渡しに応じない場合には，譲渡担保権者は，設定者を被告として目的物の引渡請求訴訟を提起することになる。この場合，判決までに時間がかかることから，譲渡担保権者が引渡請求訴訟の勝訴判決を得ても，その間に目的物が散逸したり，隠匿・処分されたりして，引渡しの強制執行を実現できないおそれがある。そこで，譲渡担保権者としては，引渡請求訴訟に先立ち，占有移転禁止の仮処分，処分禁止の仮処分，断行の仮処分等の民事保全手続を行うのが通常である。なお，実務上は，譲渡担保権者が仮処分の申立てを行い，設定者に審尋期日に出席してもらうことによって，裁判所を交えた和解による解決を目指すこともある。

　譲渡担保権者は，設定者に対して清算義務を負っており，処分清算型の場合に目的物の売却代金が被担保債権の額を上回るときはその差額を，帰属清算型の場合に目的物の評価額が被担保債権の額を上回るときはその差額を，それぞれ清算金として設定者に支払わなければならない（最判昭和46・3・25民集25巻2号208頁）。契約書では，清算金には利息または損害金を付さない旨を規定することが多い。

Ⅲ 集合動産譲渡担保権設定契約書の条項例と解説

雛形

※ 欄外の番号は条項解説の該当箇所を示す。

集合動産譲渡担保権設定契約書

　○○（以下「甲」という）と○○（以下「乙」という）とは，乙が甲に対し負担する債務を担保するため，乙が有する動産につき譲渡担保権を設定するべく，以下のとおり契約（以下「本契約」という）を締結する。

第1条（被担保債権）
　本契約によって担保される甲の乙に対する債権は，極度額○円として，甲と乙との令和○年○月○日付取引基本契約に基づき甲が乙に対して有し又は将来有する一切の債権とする。

1　第2条（動産譲渡担保権の設定）
　乙は甲に対し，前条に定める債権を担保するため，本日，下記の場所（以下総称して「本件保管場所」という）に現在保管し将来搬入するコイルバネ，板バネ等一切の在庫商品（以下総称して「本件譲渡動産」という）を譲渡した。

記

　①　〒104-0028
　　　東京都中央区八重洲2丁目8番7号
　　　○○本社工場及びその敷地
　②　〒104-0031
　　　東京都中央区京橋3丁目3番3号
　　　××京橋倉庫及びその敷地

2　第3条（引渡し）
　1　乙は甲に対し，本件譲渡動産のうち所在場所を前条①記載の場所とする動産について，本日，占有改定の方法により引渡しを完了した。
　2　乙は甲に対し，本件譲渡動産のうち所在場所を前条②記載の場所とする動産に

ついて，本契約締結後速やかに，指図による占有移転の方法により，甲に対する引渡しを行うものとする。

第4条（動産譲渡登記）
甲と乙は，乙の費用にて本契約締結後直ちに本件譲渡動産の全部について，動産及び債権の譲渡の対抗要件に関する民法の特例等に関する法律に基づき，存続期間を10年とする動産譲渡登記を行うものとし，相互にその手続に協力する。登記の任意的記載事項その他の細目事項については，甲が別途定めるものとする。

第5条（明認方法）
乙は，本件保管場所において，本件譲渡動産が甲の所有に属することを公示する明認方法を施すものとする。明認方法の具体的様式等は，甲が別途定めるものとする。

第6条（本件譲渡動産の管理処分）
1　甲は乙に対し，乙が本件譲渡動産の一部又は全部を通常の営業の目的のために限り，自ら使用し又は第三者に相当価格で譲渡することを認める。
2　乙は，本件譲渡動産を善良なる管理者の注意義務をもって甲のために無償で管理するものとする。本件譲渡動産の管理に要する費用及び公租公課は，乙の負担とする。

第7条（表明・保証）
乙は甲に対し，以下の事項が本契約締結日において真実に相違ないことを表明し，保証する。
(1)　本件譲渡動産について，乙は完全かつ唯一の所有権者である。
(2)　本件譲渡動産につき，所有権，用益物権，担保物権その他甲の譲渡担保権を害するような第三者の権利関係は存在せず，また，差押え，仮差押え，滞納処分，その他の甲の譲渡担保権の行使を阻害する法的負担も存しない。
(3)　本件譲渡動産につき，その品質，保存状態及び性能等に何らの物理的瑕疵及び法律的瑕疵は存しない。
(4)　本件保管場所以外に本件譲渡動産と同種の動産を保管する保管場所は存しない。
(5)　本契約に基づく本件譲渡動産に対する譲渡担保権の設定及び対抗要件の具備は，乙の詐害の意図その他の不当な意図に基づくものではない。

第8条（保管状況の報告）
1　乙は甲に対し，毎月15日（甲の休業日の場合は翌営業日）までに，前月末日時点の保管場所別の在庫残高明細表を提出しなければならない。

2 乙は，前項に基づき提出する資料の内容について，提出時において真実かつ正確なものとしなければならない。

第9条（実査）
1 甲は，本件譲渡動産の状況を把握するため，甲が別途定める時期に，本件保管場所へ立ち入り実査を行うことができるものとし，乙はこれに協力しなければならない。
2 甲は，自ら必要と認めるときは，乙に予め通知の上，臨時に前項に定める実査を行うことができる。

第10条（遵守事項）
1 乙は甲に対し，以下の事項を遵守することを確約する。
(1) 本件譲渡動産の全部又は一部について，甲以外の第三者に対する占有の移転，譲渡，用益物権の設定若しくは担保物権の設定をせず，又は通常の営業に必要な限度を超えて本件保管場所から搬出しないこと。ただし，甲の事前の同意があった場合又は本契約の定めにより認められた場合を除く。
(2) 本件保管場所に，第三者が所有権，用益物権又は担保物権を有する本件譲渡動産と同種の動産を搬入しないこと。
(3) 本件保管場所以外に，本件譲渡動産と同種の動産を保管する店舗，倉庫等を新たに取得若しくは借り受けず，又は本件保管場所の名称を変更しないこと。ただし，甲の事前の同意があった場合を除く。
(4) 本件譲渡動産が品質劣化，毀損，移転等を要因として甲による担保評価額を著しく下回ることとなったときは，担保評価額に相当する追加担保を差し入れること。
(5) 本件譲渡動産について，乙が本契約の定めに従って第三者に譲渡した場合には，同種，同等，同量の代替物を補充すること。
(6) 本件譲渡動産につき第三者が所有権その他の権利主張をした場合又は第三者が仮差押え，仮処分，強制執行，滞納処分による差押えを行った場合には，甲に対し直ちにその旨を通知すること。
2 甲は，必要と認めるときは，本条に定める事項の遵守の有無について，乙の事務所，工場，倉庫，物流センター等（本件保管場所を含むがこれに限られない）に立ち入り，帳簿その他の書類の閲覧，謄写などの調査及び在庫（本件保管場所を含むがこれに限られない）の調査を行うことができ，乙はこれに協力しなければならない。

第11条（期限の利益の喪失）
次の各号のいずれかに該当する事由が発生した場合，乙は，甲の乙に対する何らの通知なくして，第1条に定める被担保債権について当然に期限の利益を喪失し，

直ちに甲に弁済しなければならない。
 (1) 第7条各号に定める表明保証事項について違反があったことが判明したとき
 (2) 本契約に定める条項に違反し，乙に対する是正催告後14日間以内に当該違反が是正されないとき
 (3) 監督官庁より営業の許可取消し，停止等の処分を受けたとき
 (4) 支払停止若しくは支払不能の状態に陥ったとき，又は手形若しくは小切手が不渡りとなったとき
 (5) その財産（本件譲渡動産を含むが，これに限られない）に対し第三者より差押え，仮差押え，仮処分若しくは競売の申立て，又は公租公課の滞納処分を受けたとき
 (6) 破産手続開始，民事再生手続開始，会社更生手続開始，特別清算開始の申立てを受け，又は自ら申立てを行ったとき
 (7) 解散，会社分割，事業譲渡又は合併の決議をしたとき
 (8) 資産又は信用状態に重大な変化が生じ，本契約に基づく債務の履行が困難になるおそれがあると認められるとき
 (9) その他，前各号に準じる事由が生じたとき

第12条（処分権限の喪失等）

1　第1条に定める被担保債権につき期限が経過した場合又は乙が甲に対する期限の利益を喪失した場合には，甲は乙に対し，本件譲渡動産の全部又は一部について，第2条に定める譲渡担保権を実行する旨の通知を行うことができる。甲がかかる通知を行ったときは，乙は，その通知に定められた範囲において本件譲渡動産の使用処分権限を失う。

2　乙は，前項の定めにより本件譲渡動産についての使用処分権限が消滅した後も，本件譲渡動産の占有を有する限り，本件譲渡動産を善良なる管理者の注意をもって保管しなければならない。

第13条（本件譲渡動産の引渡し等）

1　乙は，前条の定めにより乙が使用処分権限を失った動産について，甲の求めに応じ，甲又は甲の指定する者に対して現実の引渡しをしなければならない。

2　乙が前条の定めにより本件譲渡動産の全部又は一部についての使用処分権限を失ったときは，甲は，直ちに第9条に定める実査を行うことができるものとし，乙はこれに協力しなければならない。

3　乙が前条の定めにより本件譲渡動産の全部又は一部についての使用処分権限を失ったときは，乙は甲に対し，直ちに使用処分権限消滅時点における本件譲渡動産の内容，数量，簿価，保管場所その他甲が定める事項について書面により報告しなければならない。

第 14 条（甲による本件譲渡動産の処分）

1 　甲は，第 12 条の定めにより乙が使用処分権限を失った動産を適正な価格により評価し，その評価額をもって乙の甲に対する債務の弁済の全部又は一部に充当することができる。また，甲は，第 12 条の定めにより乙が使用権限を失った動産を自ら適当と認める方法，時期，価格等により処分し，処分代金から公租公課その他の諸経費を差し引いた残額をもって乙の甲に対する債務の弁済の全部又は一部に充当することができる。なお，甲は，自ら適当と認める順序，方法により充当を行うことができるものとする。
2 　前項に定める債務の弁済充当後に残余金を生じたときは，甲は乙に対し，これを清算金として返還するものとする。ただし，当該清算金には利息又は損害金を付さないものとする。

第 15 条（物上代位）

　本件譲渡動産の賃貸，滅失，損傷によって乙が受けるべき金銭その他の物にかかる請求権を取得したときは，甲は，当該請求権に対し，直ちに物上代位権を行使することができる。

第 16 条（地位の譲渡の禁止）

　乙は，甲による事前の書面の承諾がある場合を除き，本契約に基づく地位の全部又は一部につき，譲渡，質入れその他の処分をしてはならない。

第 17 条（契約の疑義）

　本契約の解釈について疑義を生じた場合又は本契約に定めのない事項については，甲乙協議の上，信義誠実の原則の下，その対応を決定するものとする。

第 18 条（合意管轄）

　本契約に関連する訴訟については，甲の本店所在地を管轄する裁判所を第一審の専属的合意管轄裁判所とする。

　本契約の成立を証するため本書 2 通を作成し，各自記名捺印の上，各 1 通を保有する。

　　　令和　　年　　月　　日

　　　　　　甲

　　　　　　乙

条項解説
1 集合動産の特定（第2条）

　集合動産を譲渡担保の目的とするためには、その種類、所在場所および量的範囲を特定するなどの方法によって集合動産を特定する必要がある（最判昭和54・2・15民集33巻1号51頁、最判昭和62・11・10民集41巻8号1559頁など）。

　判例は「第一ないし第四倉庫内及び同敷地・ヤード内に存在する普通棒鋼、異形棒鋼等一切の在庫商品」を譲渡担保の目的とした事案につき、特定がなされているものとした（前掲最判昭和62・11・10）。他方、「本件建物内に存すべき運搬具、什器、備品、家財一切のうちA所有の物」を譲渡担保の目的とした事案では、「家財」にはテーブル、箪笥等様々なものが含まれることから特定性が否定された（最判昭和57・10・14判時1060号78頁）。また、「食用乾燥ネギフレークのうち28トン」を譲渡担保の目的とした事案では、食用乾燥ネギフレークのうちのどの部分の28トンかが定まっていないことから特定性が否定された（前掲最判昭和54・2・15）。

　実務上は、これらの判例を参考に、動産の種類については、包括的な分類（家財、貴金属）は避け、なるべく具体的な名称により特定することが一般的である。また、所在場所については、倉庫名と住所等で特定し、量的範囲については「一切の」「すべての」などとして制限を設けないことが一般的である。

> **(条項例)**
> 種類及び量的範囲：切削工具、測定工具、ポンプ、ブロア、作業工具等一切の在庫商品
> 所在場所：〒104-0028
> 　　　　　東京都中央区八重洲2丁目8番7号
> 　　　　　〇〇本社工場及びその敷地

2 対抗要件——引渡し（第3条）

　動産譲渡担保を第三者に対抗するためには、目的物の引渡しが必要である（民178条）（→Ⅱ3）。民法の定めによれば、自社倉庫のように設定者が自ら保管する動産の引渡方法は、占有改定であり、倉庫業者が保管する動産のように

第三者が直接占有する動産の引渡方法は，指図による占有移転である。この対抗要件具備の効力は，その後に集合物の中の構成部分が変動したとしても，集合物としての同一性が損なわれない限り，新たにその構成部分となった動産を包含する集合物について及ぶと解されているから（前掲最判昭和62・11・10），譲渡担保設定後に搬入される動産について個別に引渡しを行うことは不要と考えられる。

なお，理論上は動産譲渡登記（→3参照）を行えば，重ねて占有改定や指図による占有移転を行う必要はないが，実務では，動産譲渡登記の申請までのタイムラグを補完するため，占有改定や指図による占有移転と動産譲渡登記を重畳的に行うことが少なくない。

指図による占有移転をするには，直接占有者への通知が必要であるから，譲渡担保の設定を直接占有者に知られることとなる。このため，設定者としては，信用不安を懸念する場合には，指図による占有移転をしない（第三者が直接占有する動産の譲渡担保については，対抗要件を動産譲渡登記のみとする）ことも考えられる。

3 対抗要件——動産譲渡登記（第4条）

集合動産についての譲渡担保（以下「集合動産譲渡担保」という）も，個別動産についての譲渡担保（以下「個別動産譲渡担保」という）と同様に，動産譲渡登記によって，対抗要件を具備することができる。動産譲渡登記については，II 4参照。

4 明認方法（第5条）

明認方法を実施する趣旨は，個別動産譲渡担保の場合と同様である（→II 5）。集合動産譲渡担保の明認方法としては，倉庫の出入口に，倉庫内の動産が譲渡担保権者の所有物であることを明示する看板を掲げる方法がある。もっとも，かかる方法では設定者に無用な信用不安が生じる可能性もあることから，集合動産譲渡担保では，明認方法を契約と同時に実施するのではなく，設定者に一定の業績悪化の兆候が生じてからとするケースもある。その場合の条項例として，例えば以下のようなものが考えられる。

> **(条項例)** ※ 甲は債権者兼譲渡担保権者,乙は債務者兼設定者である。
> 乙に以下の事由が生じたときは,乙は,本件保管場所において,本件譲渡動産が甲の所有に属することを公示する明認方法を施すものとする。明認方法の具体的様式等は,甲が別途定めるものとする。
> (1) 各事業年度の決算において2期連続で経常損失を計上したとき
> (2) 各事業年度の決算において分配可能額のマイナス(欠損)を生じたとき
> (3) 本契約のいずれかの義務に違反したとき
> (4) 第1条に定める被担保債権につき期限が経過したとき又は乙が甲に対する期限の利益を喪失したとき

5 通常の営業の範囲内における処分(第6条)

　集合動産譲渡担保においては,設定者には,「通常の営業の範囲内」において,集合物を構成する個別の動産を処分する権限が当然に与えられていると解されており(最判平成18・7・20民集60巻6号2499頁参照),その権限内で行われた処分の相手方は目的物につき完全な所有権を承継取得することができる。

6 権利関係の調査(第7条)

　譲渡担保権者が,先行する第三者の権利の有無等,目的物に係る権利関係を調査し,設定者より表明保証を受けることを検討すべき点については,個別動産譲渡担保の場合と同様である(→Ⅱ7)。

7 保管場所の調査(第7条)

　集合動産は,その種類,所在場所および量的範囲によって特定するのが一般的である。このような特定方法が用いられた場合,特定された所在場所以外の場所に保管された動産は,譲渡担保の対象とならない。そうすると,設定者が,自らが危機的状態に陥ったときなどに,契約書で特定した所在場所以外の場所に動産を移動させることによって,譲渡担保の対象から外す可能性がないとはいえない。そのため,譲渡担保権者としては,譲渡担保を取得するにあたり,設定者の動産の保管場所を調査した上で,すべての保管場所の動産について譲渡担保の設定を受けることが考えられる。そして,すべての保管場所の動産について譲渡担保の設定を受ける場合には,契約書において,特定された保管場

所以外に目的物と同種類の動産の保管場所が存在しないことについて，設定者から表明保証を受けるべきである。

8 保管状況の報告，調査（実査）（第8条・第9条）

　動産は，不動産と比較して滅失，毀損，劣化等により交換価値が減少しやすい。また，上述のように動産は保管場所を移動させることができるため，設定者による隠匿や処分がなされることがある。さらに，集合動産の場合には，保管場所の在庫量の減少により，担保価値が下落することとなる。そのため，集合動産の譲渡担保権設定契約においては，設定者が譲渡担保権者に対して目的物の保管状況を報告する旨の条項が設けられることが少なくない。報告の頻度や基準日から報告までの日数は案件によって異なり，設定者の負担・能力を考慮して定めることとなる。

　また，担保権者が定期的に保管場所に立ち入って目的物の管理状況を確認（実査）することができる条項が設けられることもある。なお，実査は，設定者への負担が大きいことから，設定者としては，頻度等を制限することも考えられる（→Ⅱ 13）。

9 第三者所有物の搬入禁止（第10条第1項第2号）

　集合動産の場合，契約書において特定した所在場所の中に，担保目的物と同種の第三者の所有物が混入すると，担保実行時の引渡請求が執行不能となるおそれがある。譲渡担保権者としては，担保権実行に際して設定者が任意の引渡しに応じない場合には，民事保全手続を行うのが通常であるが（→Ⅱ 15），かかる場合には，保全の執行を担う裁判所の執行官，担保目的物と第三者の所有物を区別できず，どの範囲で執行を行えばよいかの判別が困難となるためである。

　そのため，設定者によるこのような混入を防ぐべく，集合動産の譲渡担保権設定契約においては，第三者所有物の搬入の制限や分別管理の条項を設けることを検討すべきである。

10 新たな保管場所の追加の禁止（第10条第1項第3号）

　集合動産は，その種類，所在場所および量的範囲によって特定するのが一般的である。このような特定方法が用いられた場合，特定された所在場所以外の

場所に保管された動産は，譲渡担保の対象とならない。設定者によって新たに保管場所が追加される場合には，担保の目的となっている所在場所から担保の目的となっていない保管場所に動産が運び出される可能性がある。

そのため，集合動産の譲渡担保権設定契約においては，設定者が新たに保管場所を追加することを制限したり，追加する際には設定者に事前通知を義務づけたりすることを検討すべきである。

11　代替物の補充（第10条第1項第5号）

集合動産の場合には，設定者は「通常の営業の範囲」において動産を処分することができる。しかし，設定者が所在場所の動産の処分を行ったままでは，保管場所の動産の量が減少し，譲渡担保権者が当初把握した集合動産の担保価値が下落することとなる。そのため，集合動産の譲渡担保権設定契約においては，設定者が動産を処分した場合に，集合動産の担保価値を維持するための条項が設けられることがある。例えば，設定者が動産を処分した場合には，同種，同等，同量の代替物を補充すべきことを定める条項や，一定量の在庫を維持すべきことを定める条項等が考えられる。なお，季節によって在庫量が大きく変動するような業態である場合には，在庫量の減少を許容する幅について検討が必要である。

12　期限の利益の喪失（第11条）

期限の利益の喪失については，個別動産譲渡担保と同様である（→Ⅱ14）。

13　物上代位（第15条）

物上代位とは，担保の目的物の売却，賃貸，滅失または損傷によって債務者が受けるべき金銭その他の物に対しても担保権を行使することをいう（民304条）。個別動産譲渡担保の物上代位については，契約書に明記しなくても認められるが（最判平成11・5・17民集53巻5号863頁），集合動産譲渡担保の物上代位については，直ちに物上代位権を行使することができる旨が合意されているなどの特段の事情がない限り許されないとした判例がある（最判平成22・12・2民集64巻8号1990頁）。そこで，その合意条項を契約書に加えることが考えられる。

Ⅳ 将来債権譲渡担保権設定契約書の条項例と解説

雛形

※ 欄外の番号は条項解説の該当箇所を示す。

債権譲渡担保権設定契約書

○○（以下「甲」という）と○○（以下「乙」という）とは，乙が甲に対し負担する債務を担保するため，乙が有する債権につき譲渡担保権を設定するべく，以下のとおり契約（以下「本契約」という）を締結する。

第1条（被担保債権）
　本契約によって担保される甲の乙に対する債権は，極度額○円として，甲と乙との令和○年○月○日付取引基本契約に基づき甲が乙に対して有し又は将来有する一切の債権とする。

[1] **第2条（債権譲渡担保権の設定）**
　乙は甲に対し，前条に定める債権を担保するため，本日，乙が将来取得する下記の債権（以下総称して「本件譲渡債権」という）を甲に譲渡した。

記

　乙と販売先との間の家庭電化製品，AV機器，OA機器，パソコン，パソコン周辺機器等一切の在庫商品の売買契約に基づき令和○年○月○日から令和○年○月○日までに発生する売掛債権（債務者不特定の将来債権）

[2] **第3条（債権譲渡登記）**
　甲と乙は，乙の費用にて本契約締結後直ちに本件譲渡債権について，動産及び債権の譲渡の対抗要件に関する民法の特例等に関する法律に基づき，存続期間を10年とする債権譲渡登記を行うものとし，相互にその手続に協力する。登記の任意的記載事項その他の細目的事項については，甲が別途定めるものとする。

[3] **第4条（本件譲渡債権の取立て）**
　乙は，通常の営業の目的のために限り，直接債務者から本件譲渡債権を取り立てること，及び，当該取立金を自己又は第三者のための資金として使用することがで

きる。なお，取立てに要する費用は乙の負担とする。

第5条（表明・保証）
　乙は甲に対し，以下の事項が本契約締結日において真実に相違ないことを表明し，保証する。
　(1)　本件譲渡債権は，適法且つ有効に発生し又は発生しうるものであり，乙が唯一の債権者である。
　(2)　本件譲渡債権につき，担保物権その他甲の譲渡担保権を害するような第三者の権利関係は存在せず，また，差押え，仮差押え，滞納処分，その他の甲の譲渡担保権の行使を阻害する法的負担も存しない。
　(3)　本件譲渡債権につき，乙と債務者との間に債権譲渡禁止特約は存在しない。

> （債権法改正後の条項例）
> (3)　本件譲渡債権につき，乙と債務者との間で民法第466条第2項に定める債権譲渡禁止・制限特約は存在しない。

　(4)　本件譲渡債権につき，無効，取消し，相殺の抗弁その他債務者又は第三者より対抗されるべき事由又は法律上のいかなる瑕疵も存在しない。
　(5)　本件譲渡債権について，手形の発行又は電子記録債権の発生記録はされていない。
　(6)　本契約に基づく本件譲渡債権に対する譲渡担保権の設定及び対抗要件の具備は，乙の詐害の意図その他の不当な意図に基づくものではない。

第6条（資料の提出）
1　乙は甲に対し，毎月15日（甲の休業日の場合は翌営業日）までに，前月末日時点の売掛金の残高明細表を提出しなければならない。
2　乙は，前項に基づき提出する資料の内容について，提出時において真実且つ正確なものとしなければならない。

第7条（実査）
1　甲は，乙が保有する売掛債権（本件譲渡債権を含むが，これに限られない）の状況を把握するため，甲が別途定める時期に，乙の本店，支店若しくは事務所等において，売掛債権の存在を証する契約書，債権証書等の資料並びに乙の会計帳簿その他の経理システムを実査することができるものとし，乙はこれに協力する。
2　甲は，自ら必要と認めるときは，乙に予め通知の上，臨時に前項に定める実査を行うことができる。

第8条（遵守事項）

1　乙は甲に対し，以下の事項を遵守することを確約する。
　(1)　本件譲渡債権の全部又は一部について，甲以外の第三者に対する譲渡又は担保権の設定をしないこと
　(2)　本件譲渡債権について，債務者との間で債権譲渡禁止特約を締結しないこと

> **（債権法改正後の条項例）**
> 　(2)　本件譲渡債権について，債務者との間で民法第466条第2項に定める債権譲渡禁止・制限特約を締結しないこと

　(3)　本件譲渡債権について，相殺の抗弁その他債務者又は第三者より対抗されるべき事由又は法律上のいかなる瑕疵も付着させないこと
　(4)　本件譲渡債権について，手形の発行又は電子記録債権の発生記録の請求をしないこと
　(5)　本件譲渡債権につき第三者が所有権その他の権利主張をした場合又は第三者が仮差押え，仮処分，強制執行，滞納処分による差押えを行った場合に甲に対し直ちにその旨を通知すること

2　甲は，必要と認めるときは，本条に定める事項の遵守の有無について，乙の事務所等に立ち入り，帳簿その他の書類の閲覧，謄写などにより，本件譲渡債権の調査を行うことができ，乙はこれに協力しなければならない。

第9条（期限の利益の喪失）

次の各号のいずれかに該当する事由が発生した場合，乙は，甲の乙に対する何らの通知なくして，第1条に定める被担保債権について当然に期限の利益を喪失し，直ちに甲に弁済しなければならない。
　(1)　第5条各号に定める表明保証事項について違反があったことが判明したとき
　(2)　本契約に定める条項に違反し，乙に対する是正催告後14日間以内に当該違反が是正されないとき
　(3)　監督官庁より営業の許可取消し，停止等の処分を受けたとき
　(4)　支払停止若しくは支払不能の状態に陥ったとき，又は手形若しくは小切手が不渡りとなったとき
　(5)　その財産（本件譲渡債権を含むが，これに限られない）に対し第三者より差押え，仮差押え，仮処分若しくは競売の申立て，又は公租公課の滞納処分を受けたとき
　(6)　破産手続開始，民事再生手続開始，会社更生手続開始，特別清算開始の申立てを受け，又は自ら申立てを行ったとき
　(7)　解散，会社分割，事業譲渡又は合併の決議をしたとき

(8) 資産又は信用状態に重大な変化が生じ，本契約に基づく債務の履行が困難になるおそれがあると認められるとき
(9) その他，前各号に準じる事由が生じたとき

第10条（取立権限の喪失等）
　第1条に定める被担保債権につき期限が経過した場合又は乙が甲に対する期限の利益を喪失した場合には，甲は乙に対し，本件譲渡債権の全部又は一部について，第2条に定める譲渡担保権を実行する旨の通知を行うことができる。甲がかかる通知を行ったときは，乙はその通知に定められた範囲において第4条に定める本件譲渡債権の取立権限を失う。

第11条（甲による本件譲渡債権の取立て）
1　前条の定めにより乙が本件譲渡債権についての取立権限を失ったときは，甲は，自ら適当と認める方法，時期，価格，順序等により，本件譲渡債権を取り立て，又は第三者に売却することができる。
2　前項に定める取立て又は売却がなされたときは，甲は，その取立金又は売却代金から公租公課その他の諸経費を差し引いた残額を，法定の順序にかかわらず，自ら適当と認める順序，方法により乙の甲に対する債務の弁済の全部又は一部に充当することができるものとする。
3　前項に定める債務の弁済充当後に残余金を生じたときは，甲は乙に対し，これを清算金として返還するものとする。ただし，当該清算金には利息又は損害金を付さないものとする。
4　乙は，前条の定めにより本件譲渡債権の取立権限を失った後に債務者から本件譲渡債権についての弁済を受けた場合には，甲に対し，直ちに当該弁済金の全額を交付しなければならない。

第12条（地位の譲渡の禁止）
　乙は，甲による事前の書面の承諾がある場合を除き，本契約に基づく地位の全部又は一部につき，譲渡，質入れその他の処分をしてはならない。

第13条（契約の疑義）
　本契約の解釈について疑義を生じた場合又は本契約に定めのない事項については，甲乙協議の上，信義誠実の原則の下，その対応を決定するものとする。

第14条（合意管轄）
　本契約に関連する訴訟については，甲の本店所在地を管轄する裁判所を第一審の専属的合意管轄裁判所とする。

本契約の成立を証するため本書2通を作成し，各自記名捺印の上，各1通を保有する。

　　令和　年　月　日

　　　　　　甲

　　　　　　乙

📄 条項解説

1　将来債権の特定（第2条）

　将来債権を譲渡担保の目的とするためには，「譲渡の目的となるべき債権を譲渡人が有する他の債権から識別することができる程度に特定」する必要がある（最判平成12・4・21民集54巻4号1562頁）。2017年改正民法は，将来債権譲渡ができることを明文化しているが（民新466条の6第1項），目的債権の特定の問題は解釈に委ねられている。したがって，現行民法下でも2017年改正民法下でも，実務上は，契約書において，譲渡担保の対象となる債権を特定することとなろう。

　一般には，特定の債務者に対して生じる将来の債権を特定する場合には，当該債権の債権者（譲渡担保権者からみれば債務者），債務者（譲渡担保権者からみれば第三債務者），債権の発生原因，債権の発生期間（発生の始期と終期）により特定し，不特定の債務者に対して生じる将来の債権を特定する場合には，当該債権の債権者（譲渡担保権者からみれば債務者），債権の発生原因，債権の発生期間により特定する（担保の対象たる債権の債務者〔譲渡担保権者からみれば第三債務者〕が特定されていなくても差し支えない）。

　債権の発生期間については，将来8年3か月間に発生する診療報酬債権の譲渡を有効とした判例があるが（最判平成11・1・29民集53巻1号151頁），同判

例は，期間が不当に長期に及ぶ場合には，公序良俗に反するものとして債権譲渡担保の効力の全部または一部が否定される可能性があることを示唆しているため，注意が必要である。実務上は，取引基本契約の有効期間や更新の可能性等を考慮して定めることとなろう。

2　対抗要件——債権譲渡登記（第3条）

　債権譲渡担保の対抗要件は，債権譲渡の対抗要件に準じる。民法上，債権譲渡の譲受人が債権譲渡を第三者に対抗するためには，譲渡人から債務者への確定日付のある証書による譲渡通知または確定日付のある証書による債務者の承諾が必要とされる（民467条2項）。2017年改正民法では，将来債権譲渡の第三者対抗要件も譲渡人から債務者への確定日付のある証書による譲渡通知または確定日付のある証書による債務者の承諾によることが明文化されている（民新467条1項かっこ書参照）。

　したがって，債権譲渡担保の場合，現行民法および2017年改正民法の定めに従えば，譲渡担保権者が譲渡担保を第三者に対抗するためには，設定者から第三債務者への確定日付のある証書による譲渡通知または第三債務者の承諾が必要となる。しかし，これでは債権が譲渡担保に供されたことが債権の債務者（譲渡担保権者からみれば第三債務者）に伝わることとなるため，設定者の信用不安が生じかねないとして，設定者が債権譲渡担保の設定に及び腰となるおそれがある。

　そこで，1998年に「債権譲渡の対抗要件に関する民法の特例等に関する法律」（平成10年法律第104号）が成立し，債権譲渡登記による対抗要件制度が整えられた。しかし，同法においては，債権譲渡登記の登記事項の概要を債務者の商業登記ファイルに記録することとされていたため，債権譲渡登記の有無に関心がない者にも，商業登記の記録を通じて債権譲渡登記の事実が知られることになり，なお問題があると指摘されていた。そこで，2004年に改正されて「動産及び債権の譲渡の対抗要件に関する民法の特例等に関する法律」となり，登記事項の概要は，商業登記ファイルとは別のファイル（債権譲渡登記事項概要ファイル）に記録されることとなった。2017年改正民法においても債権譲渡登記の制度は維持される。

　債権譲渡登記がなされると，民法467条2項の確定日付のある証書による通

知があったものとみなされ（特例法4条1項），債権譲渡についての第三者対抗要件が具備される。この際には，登記の日付が確定日付となる。債権譲渡登記の存続期間は，債務者のすべてが特定されている場合は50年以内，債務者の一部でも特定していない場合は特別の事由がある場合を除き10年以内とされている。債権譲渡登記手続は，動産譲渡登記と同様に，債権の譲渡人（設定者）と譲受人（譲渡担保権者）の共同申請によって行う。このため，債権譲渡登記を利用すれば，譲渡担保権者は，譲渡債権の債務者に知られることなく，第三者対抗要件を具備することができることとなる。

債務者対抗要件は，債権の譲渡人（設定者）または譲受人（譲渡担保権者）が，債権の債務者（譲渡担保権者からみれば第三債務者）に，債権譲渡登記の登記事項証明書を交付して通知することにより具備する（特例法4条2項）。債権譲渡担保の場面では，譲渡担保権者が，担保権実行時に登記事項証明書を第三債務者に送付するのが通常である。

3 設定者による目的債権の取立て（第4条）

将来債権譲渡担保においては，設定者と譲渡担保権者の関係では，担保の目的である債権（以下「目的債権」という）は契約時に設定者から譲渡担保権者に確定的に譲渡され，設定者は譲渡担保権者から目的債権の取立権限を付与される。

4 譲渡禁止特約（譲渡制限特約）および債務者が有する抗弁等の調査（第5条第3号・第4号・第5号）

現行民法においては，債務者と第三債務者との間で債権譲渡禁止特約がなされている場合には，債権譲渡担保を設定することができない（民466条2項）。債権譲渡禁止特約に反した債権の譲渡は物権的無効である（最判昭和48・7・19民集27巻7号823頁）。また，債権譲渡は，債権の同一性を保ったまま，債権を第三者に移転する行為であるから，第三債務者が債務者に対して有する無効，取消し，相殺等の抗弁はそのまま存続し，第三債務者は債権の譲受人に対し抗弁事由を対抗することができる（民468条2項）。そのため，債権譲渡担保の設定を受ける場合には，担保権者は当該債権に譲渡禁止特約が付されていないか，無効，取消し，相殺等の抗弁が付着していないかを調査することになる。また，

債権について手形の発行や電子記録債権の発生記録がなされている場合には，その債権ではなく，手形や電子記録債権に基づく支払がなされることになるため，そのような債権を譲渡担保の対象とすることは適切でない。

そこで，譲渡担保権者としては，契約書において，債権譲渡禁止特約が付されていないこと，抗弁が付着していないこと等について設定者より表明保証を受けることを検討すべきである。

2017年改正民法においては，譲渡禁止特約に反した債権の譲渡の効力が改められ，債権の譲渡を禁止しまたは制限する特約があっても，債権譲渡は有効であるとされる（民新466条2項）。ただし，かかる特約について悪意・重過失の譲受人に対しては，債務者はその履行を拒むことができ，かつ，譲渡人に対する抗弁を主張することができる（民新466条3項）。かかる特約は，現行民法下における債権譲渡禁止特約と区別して，債権譲渡制限特約と呼ばれている（→第14章Ⅱ9（2）（ア）参照）。2017年改正民法下においても，債権譲渡担保の設定を受ける場合には，担保権者は当該債権に譲渡制限特約が付されていないか，無効，取消し，相殺等の抗弁が付着していないかを調査することになる。譲渡担保権者としては，契約書において，債権譲渡制限特約が付されていないこと，抗弁が付着していないこと等について設定者より表明保証を受けることを検討すべきである。

5　管理状況の報告，調査（実査）（第6条・第7条）

譲渡担保の対象とされた債権は，その債権の債務者（譲渡担保権者からみれば第三債務者）の信用悪化により価値が下落するおそれがある。また，将来債権の場合には，取引先の変更や取引の減少により，特定の第三債務者に対する債権が消滅したり，債権の総額が減少したりするおそれがある。そこで，契約書において，設定者が譲渡担保権者に対して目的債権の管理状況を定期的に報告する旨の条項が設けられることが少なくない。報告の頻度や基準日から報告までの日数は案件によって異なり，設定者の負担・能力を考慮して定めることとなる。

また，担保権者が定期的に設定者の事務所等に立ち入って債権の存在を証する契約書等を確認（実査）することができる条項が設けられることもある。なお，実査は，設定者への負担が大きいことから，設定者としては，頻度等を制

限することも考えられる（→Ⅱ13参照）。

6 譲渡禁止特約（譲渡制限特約）の禁止等
（第8条第1項第2号・第3号・第4号）

　現行民法下において，将来債権について譲渡担保設定後に目的債権の発生原因たる契約に譲渡禁止特約が付加された場合における，当該目的債権についての譲渡担保の取扱いについては解釈が分かれている。この点については，目的債権は，そもそも譲渡性がないものとして発生するため（民466条2項本文），当該債権については譲渡担保の効力が生じないという考え方と，譲渡時には将来付加される譲渡禁止特約を知ることができないので，譲渡禁止特約につき善意無重過失であって，譲渡担保は有効であるという考え方がある。担保権者としては，前者の考え方により譲渡担保が無効となるリスクがあることを踏まえ，譲渡禁止特約の禁止を設定者の遵守事項として設けることも検討すべきである。

　2017年改正民法においては，将来債権について譲渡担保設定後に目的債権の発生原因たる契約に譲渡制限特約が付加された場合における，当該目的債権についての譲渡担保の取扱いについては，明文が設けられ，債務者対抗要件具備時と譲渡制限特約付加時の先後によって決せられることとなる（民新466条の6第3項）。すなわち，将来債権譲渡担保の債務者対抗要件具備後に譲渡制限特約が付加された場合には，当該将来債権の債務者は担保権者に対して履行を拒むことができなくなる。もっとも，上記のとおり，債権譲渡登記による債務者対抗要件は，実行時に，登記事項証明書を債務者に送付することにより具備され（特例法4条2項），債務者対抗要件が具備されるまでに設定者に対して主張し得た抗弁事由は，譲渡担保権者に対して対抗することができる（同条3項）。そのため，2017年改正民法下においても，債権譲渡登記による対抗要件具備が行われる場合には，譲渡担保権設定後，債務者対抗要件具備前に，譲渡制限特約が付加されることがあり得ることから，担保権者としては，譲渡制限特約の禁止を設定者の遵守事項として設けることを検討すべきである。

　譲渡禁止特約および譲渡制限特約以外の債務者の抗弁事由については，上記のとおり（→2），債務者対抗要件は，実行時に，登記事項証明書を債務者に送付することにより具備され（特例法4条2項），債務者対抗要件が具備されるまでに設定者に対して主張し得た抗弁事由は，譲渡担保権者に対して対抗するこ

とができる（同条3項）。

そのため，将来債権の譲渡担保権設定契約においては，抗弁を発生させることの禁止についても設定者の遵守事項として設けることも検討すべきである。もっとも，業種，業態によっては，不良品が一定の割合で不可避的に生じるため返品や売掛代金の減額が恒常的に行われている場合もある。そのような場合に抗弁を発生させることを一切禁止するのは現実的ではないため，設定者の業種，業態に即して具体的な検討を行う必要がある。

7　期限の利益の喪失（第9条）

期限の利益の喪失については，本章II 14を参照。

8　債権譲渡担保の実行（第10条・第11条）

債権譲渡担保は，抵当権や質権のように民事執行法において担保権の実行手続が規定されておらず，その実行は，民事執行法によらない私的実行によることになる。

すなわち，被担保債権の期限の利益の喪失などの譲渡担保権の実行事由が生じると，譲渡担保権者は，設定者に対し，実行通知を行う。また，第三債務者が設定者に弁済しないよう，第三債務者にも設定者が取立権限を失ったことを通知する。債権譲渡登記により第三者対抗要件が具備されている場合には，債務者対抗要件を具備するため，この通知と併せて債権譲渡登記の登記事項証明書を送付することとなる（特例法4条2項）。

これらの通知をした後，譲渡担保権者は，目的債権を自ら取り立てるか，または目的債権を第三者に売却して，被担保債権に充当する。

譲渡担保権者は，設定者に対して清算義務を負っているから，被担保債権への充当後に残余金があれば，清算金として設定者に支払わなければならない。契約書では，清算金には利息または損害金を付さない旨を規定することが多い。

ところで，2017年改正民法下においては，譲渡制限特約のある債権が譲渡されたときは，債務者はその債権の全額に相当する金銭を供託することができる（民新466条の2第1項）。担保実行時に債務者が譲渡人の善意・無重過失について判断ができずに，供託することが予想される。供託された金銭は，譲受人たる担保権者に限り還付請求することができる（民新466条の2第3項）。

また，譲渡制限特約のある債権が譲渡された場合において，譲渡人たる設定者について破産手続開始の決定があったときは，譲受人たる担保権者は，譲渡制限特約につき悪意・重過失であっても，債務者に対してその債権の全額に相当する金銭を供託させることができる。供託された金銭は，譲受人たる担保権者に限り還付請求することができる（民新466条の3）。この担保権者の債務者に対する供託請求権は，破産手続開始決定があった場合に限られ，民事再生手続開始決定・会社更生手続開始決定があった場合には適用されない。もっとも，民事再生手続開始決定・会社更生手続開始決定があった場合には，設定者が債務者から履行を受けると，事務管理や不当利得に基づき担保権者は共益債権者として権利行使することができる（民再119条6号，会更127条6号）。

The business and the form of a contract
Chapter 7

第7章

M&A 契約

I 総論

1 M&A の意義と手法

　M&A は，Mergers and Acquisitions（合併と買収）の略であり，企業ないし事業の合併や買収を総称する表現である。M&A の手法として一般的に挙げられるものは，株式の取得，事業譲渡・譲受け，合併，会社分割，株式交換，株式移転である。

(1) 株式の取得

　株式の取得は，買収対象企業の株式を取得して，株主総会における議決権その他の株主権の行使を背景にして買収対象企業を支配下に収める手法である。取得する株式の割合に応じて，買収対象企業に対する支配権には強弱がある。例えば，発行済株式の3分の1超を取得すると，合併等の重要事項である株主総会特別決議事項を単独で否決することができる。過半数を取得すると，取締役の選任等の株主総会普通決議事項を単独で可決することができる。そして，3分の2以上を取得すると，株主総会特別決議事項を単独で可決することがで

図1 株式取得の模式図

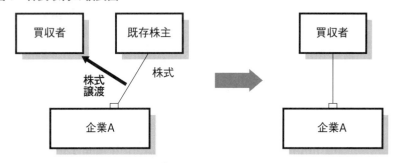

きる。
　株式を取得する方法としては，買収対象企業が発行する募集株式（または処分する自己株式）を引き受ける方法や，買収対象企業の発行済株式を既存の株主から買い受ける方法（相対売買，市場取引，公開買付け等）がある。

（2）事業譲渡・譲受け

　事業譲渡は，譲渡会社が営む事業を譲受会社に譲渡するものである。会社法には，事業の譲渡ないし譲受けについて定義をした規定は存在しない。旧商法の営業譲渡に関する最高裁判例では，「一定の営業目的のため組織化され，有機的一体として機能する財産（得意先関係等の経済的価値のある事実関係を含む。）の全部または重要な一部を譲渡し，これによって，譲渡会社がその財産によって営んでいた営業的活動の全部または重要な一部を譲受人に受け継がせ，譲渡会社がその譲渡の限度に応じ法律上当然に〔中略〕競業避止義務を負う結果を伴うものをいう」とされている（最大判昭和40・9・22民集19巻6号1600頁）。

　事業譲渡は，当事会社間で事業譲渡契約を締結し，譲渡会社が，譲受会社に対して，得意先・取引先・営業上のノウハウ等の事実関係，資産・負債・契約上の地位等の権利義務関係の譲渡を行い，譲受会社がその対価を支払うものである。事業譲渡の対価は，金銭が通例である。

図2　事業譲渡の模式図

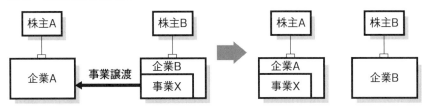

　他のM&Aの手法との比較における事業譲渡のメリットは、譲渡対象とする資産や承継対象とする負債・契約等を、当事者間の契約により自由に選択することができる（特に譲受会社側にとっては、譲渡会社から簿外債務や偶発債務等の潜在的な債務の承継を遮断することができる）点にある。他方でデメリットとしては、合併等の組織再編行為とは異なり、債務や契約の承継にあたり、相手方の個別の同意を取得することが必要となる（従業員を承継する際も、個々の従業員との関係で転籍等の手続を踏む必要がある）ため、承継する契約の数が膨大な場合にはその手続負担が加重になる可能性がある点や、事業譲渡に際して移転する資産について譲渡損益が認識されるため、譲渡益課税の問題が生じ得る点などが挙げられる。

(3) 合併

　合併には、新設合併と吸収合併の2種類がある。

　新設合併は、2社以上の会社がする合併であって、いずれの会社も合併により消滅し、会社の権利義務の全部を合併により設立する新たな会社（新設会社）に承継させるものをいう（会社2条28号）。新設合併では、消滅会社が許認可事業を営んでいた場合に新設会社において許認可を新たに取得し直す必要が生じたり、複数の消滅会社から資産や契約関係等が新設会社に承継されることとなり手続が煩瑣になったりする可能性があることから、M&Aに新設合併が用いられることは少ない。

　吸収合併は、当事会社の一方（消滅会社）の権利義務の全部を他方の会社（存続会社）に承継させるものである（会社2条27号）。消滅会社の資産、債務や、雇用関係を含む一切の契約関係が新設会社・存続会社に承継されることとなる。

図3 吸収合併の模式図

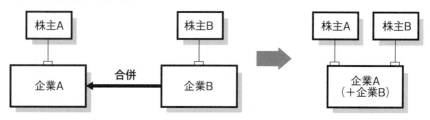

　合併に際しては，その対価として金銭を交付することが不要であり（合併比率の調整のために金銭を交付する場合もある），対価として金銭を用意する必要がある事業譲渡と異なるメリットがある（事業譲渡も，法的にはその対価が金銭に限定されるわけではないが，通常は金銭を対価としている）。また，合併では，当事会社の法人格が合一化することになるため，経営の一体化が早期に図られ，シナジー効果の迅速な発揮を期待することができる。他方で，合併に際しては，消滅会社の権利義務の一切を存続会社が承継することになるため，存続会社にとって不要な事業や簿外債務まで承継することとなる点をデメリットとして指摘することができる。

（4）会社分割

　会社分割には，新設分割と吸収分割の2種類がある。
　新設分割は，1または2以上の株式会社または合同会社（分割会社）がその事業に関して有する権利義務の全部または一部を分割により新たに設立する会社（新設会社）に承継させるものをいう（会社2条30号）。
　吸収分割は，株式会社または合同会社（分割会社）がその事業に関して有する権利義務の全部または一部を分割後他の会社（承継会社）に承継させるものをいう（会社2条29号）。
　買収対象企業が営む事業を買い手企業自体に組み込む場合には，売り手企業を分割会社とし，買い手企業を承継会社とする吸収分割が選択されることとなる。他方，M&Aでは，新設分割が用いられることも少なくない。例えば，買い手企業が，売り手企業の営む事業の一部を承継したいが，当該事業を買い手企業自体に組み込んでしまうのではなく，別法人（子会社）としておくこと

図4　吸収分割の模式図

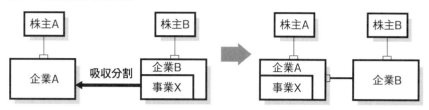

を望むケースにおいて，まず売り手企業が新設分割により当該事業を新設会社に承継し，続いて買い手企業が売り手企業から新設会社の株式を譲り受けるという方法が用いられることがある。

　事業譲渡との比較において，会社分割のメリットは，次の点にある。まず，事業譲渡では，前述のとおり，譲渡会社から譲受会社への資産の移転に伴い譲渡損益が認識されるため，譲渡会社に譲渡益課税の問題が生じ得る。これに対し，会社分割においては，税制適格要件を満たす場合には，簿価での資産の移転が許容され，課税を繰り延べることができる。また，事業譲渡においては，債務・契約の承継にあたり，相手方の個別の同意が必要とされるが，会社分割では，吸収分割契約ないし新設分割計画の定めに従って包括的に債務や契約が承継されるため，原則として債務や契約の相手方の個別の同意を取得することを要しない（そのために，会社分割においては債権者保護手続が必要とされる場合があるわけである）。加えて，従業員の承継との関係でも，前述のとおり事業譲渡においては個々の従業員との関係で転籍等の手続を経る必要があるが，会社分割においては，「会社分割に伴う労働契約の承継等に関する法律」（平成12年法律第103号）が整備され，同法に定める一定の手続を踏むことによって，従業員との雇用契約を包括的に承継させることが可能となっている。

（5）株式交換

　株式交換は，買収対象企業がその発行済株式の全部を買収会社に取得させ，買収対象企業の株主にはその対価として買収会社の株式を取得させるというものである（会社2条31号）。株式交換により，買収対象企業は，買収会社の完全子会社となる。

図5 株式交換の模式図

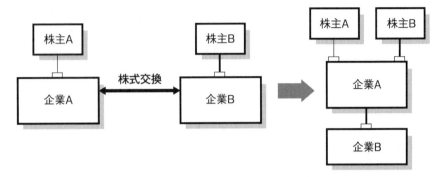

(6) 株式移転

1または2以上の株式会社がその発行済株式の全部を新たに設立する株式会社に取得させることをいう（会社2条32号）。2つの株式会社が株式移転を行うことにより，両社の上位に持株会社を新設することができる。

図6 株式移転の模式図

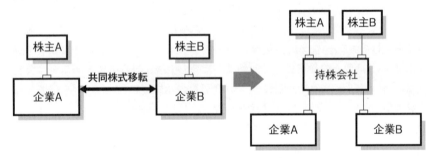

純粋持株会社のメリットとしては，傘下の事業会社の自主性を保ちつつグループ全体の経営を行うことができる，成長産業への新規参入・不採算分野からの撤退をスピーディーに行うことができる，事業会社の経営を専門家に委ねることによって，所有と経営の分離を図ることができるといった点が挙げられる。デメリットは，メリットと裏腹の関係に立つが，持株会社の下に個々の事

業会社をそのまま存続させることになるため，合併，会社分割，事業譲渡のように事業そのものを同一法人内に合一化する手法に比べて，シナジー効果の発揮が不十分であったり遅れたりする点が挙げられることがある。

2　M&Aの手続の流れ

M&Aは，大まかに次のような手順により行われる。

まず，当事会社間で秘密保持契約（→第12章）や基本合意書（→第13章）等が締結され，買収対象企業から買収企業に対して初期的な会社の基礎情報が開示される。買収対象企業から基礎的な情報の開示を受けて，現実的に買収の可能性があると見込んだときには，買収企業は，買収対象企業のデューデリジェンス（due diligence，買収監査）を行う。デューデリジェンスは，一般的には，ビジネス面，財務面および法務面といった複数の側面から実施され，買収の障害となる事項の有無や内容，買収対象企業の価格等が調査・検討される。

デューデリジェンスを経て，買収に向けた交渉が合意に達した場合には，法的拘束力のある最終契約が締結される。最終契約は，当事者が選択した買収手法によりその形式が異なる。事業譲渡が選択されれば事業譲渡契約となり，合併が選択されれば合併契約となり，株式譲渡が選択されれば株式譲渡契約となる。最終契約の締結とその実行との間には，一定の期間が置かれることが多く，この間に，独占禁止法（私的独占の禁止及び公正取引の確保に関する法律。以下，本章において同じ）その他の各国競争法に基づく当局の審査をクリアしたり，クロージング（M&Aの実行。株式譲渡契約であれば株式の譲渡，事業譲渡契約であれば事業譲渡など）に向けた条件整備をしたりする。

そして，クロージングの条件が整ったところで，晴れてクロージングを迎える。

3　M&Aに関する契約の概要

（1）株式譲渡契約

株式譲渡契約は，いわば株式を目的物とする売買契約であるが，株式を取得することはその株式が表章する発行体企業自体を取得することに繋がるから，単なる売買契約とは異なる固有の注意点がある。

株式譲渡契約である以上，対象となる株式の特定や対価に関する規定を置くことはもちろんであるが，このほかに特有の条項として，表明保証条項，ク

ロージング前後の遵守事項に関する条項,クロージングの前提条件に関する条項,補償条項がある。

　前記2のとおり,株式譲渡その他のM&A取引においては,企業や事業そのものを取得することになることから,取得対象となる企業や事業について事前にデューデリジェンスを行うのが通例であるが,それでも発見することのできない問題が残されることがある。そのため,株式譲渡契約では（他のM&A契約でも同様であるが）,売主側に対象となる株式やそれが表章する企業の内容（資産,負債,契約関係,雇用関係等）について一定の事項が真実かつ正確である旨の表明保証をさせ,後日それが誤りであることが判明した場合には,クロージングをしないこととする（契約を解除する）とか,売主から買主に対して金銭的補償をさせるなどの手当てをする。また,株式譲渡契約の締結からクロージングまでの間に,デューデリジェンスの結果判明した問題点や支障を売主側に解消させることとしたり,あるいは企業価値を毀損させないよう一定の禁止事項を設けたりし,このような遵守事項に違反した場合にはクロージングをしないことができるものとしたりする。

　後掲の株式譲渡契約書の雛形では,特にクロージングの前提条件や表明保証条項等について比較的詳細に規定をしている例を用いている（→Ⅱ）。

（2）事業譲渡契約

　事業譲渡は,当事会社間で事業譲渡契約を締結する方法により行い,一定の事業譲渡については株主総会の特別決議による承認を要する旨が会社法上規定されているが（会社467条1項1号・2号）,事業譲渡契約にどのような規定をするべきか（必要的記載事項）については,会社法にも定めはない。吸収合併契約等の組織再編行為について必要的記載事項が法定されているのと対照的である。

　もっとも,事業譲渡契約も,株式譲渡契約と同様に,多くの場合において規定される項目は共通化している（もちろん,具体的な規定の内容は,ケースごとに様々である）。事業譲渡の合意,譲渡対象となる事業・資産・債務・契約・従業員の特定や取扱い,譲渡対価,表明保証,クロージング前後の遵守事項,クロージングの前提条件,補償,解除,その他の条項（秘密保持条項,管轄条項等）などである。

後掲の事業譲渡契約書の雛形では，表明保証条項については株式譲渡契約書のそれと重複する面が多いことから紙幅の関係上割愛し，その他の条項についても株式譲渡契約書の雛形と比較してシンプルな内容の規定を用いている（→**Ⅲ**）。

(3) 組織再編行為に係る契約等

合併，会社分割，株式交換及び株式移転といった会社法上の組織再編行為は，吸収合併契約といった契約の締結や，新設分割計画といった計画の作成によりこれを行うものとされている。会社法では，これらの契約や計画に記載すべき事項（必要的記載事項）が法定されている（→**表**）。

本章では，紙幅の関係から，これらの組織再編行為に関する契約書のうち吸収分割契約書のみを取り上げ，その内容も必要的記載事項に若干の肉付けをした程度のものとしている（→**Ⅳ**）。

表　組織再編行為（合併・会社分割・株式交換・株式移転）の必要的記載事項の条番号

組織再編行為	締結すべき契約作成すべき計画	必要的記載事項の条番号
吸収合併	吸収合併契約	749条（株式会社が存続会社となる場合） 751条（持分会社が存続会社となる場合）
新設合併	新設合併契約	753条（株式会社が新設会社となる場合） 755条（持分会社が新設会社となる場合）
吸収分割	吸収分割契約	758条（株式会社が承継会社となる場合） 760条（持分会社が承継会社となる場合）
新設分割	新設分割計画	763条（株式会社が新設会社となる場合） 765条（持分会社が新設会社となる場合）
株式交換	株式交換契約	768条（株式会社が完全親会社となる場合） 770条（合同会社が完全親会社となる場合）
株式移転	株式移転計画	773条

Ⅱ 株式譲渡契約書の条項例と解説

📄 雛形

※ 欄外の番号は条項解説の該当箇所を示す。

株式譲渡契約書

　○○（以下「甲」という）及び○○（以下「乙」という）は，甲が所有する株式会社○○（以下「対象会社」という）の株式の乙に対する譲渡につき以下のとおり合意し，令和○年○月○日（以下「本契約締結日」という），本株式譲渡契約（以下「本契約」という）を締結する。

　　　　　　第1章　株式譲渡及び譲渡代金

[1] **第1条（本株式譲渡）**
　甲は，本契約に定める条件に従い，乙に対し，甲が所有する対象会社の発行済普通株式○○株（以下「本株式」という）を譲り渡し，乙は，甲より本株式を譲り受ける（以下「本株式譲渡」という）。

[1] **第2条（譲渡代金）**
　前条に基づく本株式の譲渡の対価は，金○○円（以下「本譲渡代金」という）とする。

[2] **第3条（クロージング）**
1　本株式譲渡の実行（以下「本クロージング」という）は，本契約の定めに従い，令和○年○月○日（以下「本クロージング日」という）に，甲及び乙が別途合意する時間及び場所で行われる。
2　本クロージングは，以下の手続に従い，行うものとする。
　(1) 乙は，本クロージング日において，甲から本株式を表章する全ての株券（以下「本株券」という）の引渡しを受けることと引き換えに，甲が別途指定する銀行口座に振り込む方法又は甲及び乙が別途合意するその他の方法により，本譲渡代金を甲に支払う。なお，当該振込みに係る手数料は，乙の負担とする。
　(2) 甲は，本クロージング日において，乙から本譲渡代金の支払を受けることと引き換えに，乙に対して，本株券を引き渡すものとする。

第2章 クロージングの前提条件

第4条（クロージングの前提条件）
1 乙は，本クロージング日において，以下の事項が全て充足されていることを条件として，第3条第2項第1号に定める義務を履行する。ただし，乙は，その任意の裁量により，以下の各号の前提条件の全部又は一部を放棄することができる。
  (1) 第5条に規定する甲による表明及び保証が真実かつ正確であること。
  (2) 甲が本クロージング日までに本契約に基づき履行又は遵守すべき義務を全て履行しかつ遵守していること。
  (3) 甲において，法令等（法律，政令，規則，通達，命令，条例，ガイドラインその他の規制（日本のものか，外国のものかを問わない）をいう。以下同じ）及び社内規程に基づき本株式譲渡の実行前に必要とされる手続を全て完了していること。
  (4) 対象会社の取締役会が本株式譲渡を承認していること。
  (5) 本クロージング日までに以下の書類が乙に対し提出されていること。
    ア 甲の印鑑証明書及び登記事項証明書
    イ 以下の事項を証明する甲の代表権限を有する者が署名又は記名押印した証明書
      (i) 甲による表明及び保証が重要な点において真実かつ正確であること。
      (ii) 甲が本クロージング日までに履行又は遵守すべき義務が全て履行されていること。
    ウ 本株式譲渡を承認する対象会社の取締役会の議事録の写し（対象会社の代表権限を有する者による原本証明付のものに限る）
    エ 本株式譲渡を甲が承認したことを証する甲の取締役会議事録の写し（甲の代表権限を有する者による原本証明書付のものに限る）
    オ 甲が第3号に定める手続を完了したことを証する書面
2 甲は，本クロージング日において，以下の事項が全て充足されていることを条件として，第3条第2項第2号に定める義務を履行する。ただし，甲は，その任意の裁量により，以下の各号の前提条件の全部又は一部を放棄することができる。
  (1) 第6条に規定する乙による表明及び保証が真実かつ正確であること。
  (2) 乙が本クロージング日までに本契約に基づき履行又は遵守すべき義務を全て履行しかつ遵守していること。
  (3) 乙において，法令等及び社内規程に基づき本株式譲渡の実行前に必要とされる手続を完了していること。
  (4) 対象会社の取締役会が本株式譲渡を承認していること。
  (5) 本クロージング日までに以下の書類が甲に対し提出されていること。
    ア 乙の印鑑証明書及び登記事項証明書
    イ 以下の事項を証明する乙の代表権限を有する者が署名又は記名押印した証

明書
(i) 乙による表明及び保証が真実かつ正確であること。
(ii) 乙が本クロージング日までに履行又は遵守すべき義務が全て履行されていること。
ウ 本株式譲渡を乙が承認したことを証する乙の取締役会議事録の写し（乙の代表権限を有する者による原本証明付のものに限る）

第3章　表明及び保証

第5条（甲の表明・保証）
　甲は，乙に対し，本契約締結日及び本クロージング日において（ただし，時点を明記しているものについては当該時点において），別紙1に記載される事項が真実かつ正確であることを表明し保証する。

第6条（乙の表明・保証）
　乙は，甲に対し，本契約締結日及び本クロージング日において（ただし，時点を明記しているものについては当該時点において），別紙2に記載される事項が真実かつ正確であることを表明し保証する。

第4章　誓約事項

第7条（甲のクロージング前の義務）
　甲は，本契約締結日から本クロージングまでの間，以下の事項を遵守しなければならない。
　(1) 対象会社の取締役会をして，本株式譲渡にかかる譲渡承認決議を行わせるのに必要な措置を執ること。
　(2) 法令等及び社内規程に基づき本株式譲渡の実行前に必要とされる手続を全て完了すること。
　(3) 本クロージングを行うための第4条第2項に規定する前提条件を乙が充足するよう，甲が乙に対し協力すること。
　(4) 乙の求めに応じて，本株式譲渡にとって必要な情報提供その他の措置を甲及び対象会社の通常の業務に支障を生じさせない合理的時間及び範囲において自ら講じ，又は対象会社をして講じさせること。

第8条（乙のクロージング前の義務）
　乙は，本契約締結日から本クロージングまでの間，乙が本クロージングを行うための第4条第1項に規定する前提条件を甲が充足するよう甲に対し協力する義務を負う。

第 9 条（甲のクロージング後の義務）

甲は，本クロージング日から○年間を経過するまでの間，以下の事項を遵守しなければならない。
(1) 対象会社がクロージング日において行っている事業と同一又は類似の事業を行わないこと。
(2) 甲及び対象会社間の令和○年○月○日付業務委託契約書の定めに従い，同契約に規定する条件で，対象会社に対して○○サービスを提供すること。
(3) 対象会社の役員又は従業員を勧誘せず，対象会社からの退職を促さないこと。

第 10 条（乙のクロージング後の義務）

乙は，クロージング後○年間，対象会社をして，その従業員の雇用を維持させ，クロージング日時点の雇用条件を維持させるものとする。

第 5 章 本契約の終了及び解除

第 11 条（本契約の終了）

1 本契約は以下に定める場合にのみ終了するものとする。
 (1) 甲及び乙が書面で本契約の終了につき合意した場合
 (2) 第 12 条に基づき本契約が解除された場合
2 甲及び乙は，本契約の終了により，終了時において既に本契約に基づき発生した責任又は終了前の作為若しくは不作為に基づき終了後に発生した本契約に基づく責任を免除されるものではなく，また，本契約の終了は，本契約終了後も継続することが本契約において意図されている当事者の権利，責任又は義務には一切影響を及ぼさない。
3 本契約の終了にかかわらず，本条，第 13 条（補償等），第 15 条（秘密保持），第 16 条（救済手段の限定）及び第 22 条（合意管轄裁判所）の規定は，引き続きその効力を有する。

第 12 条（解除）

甲及び乙は，以下の各号のいずれかの事由が発生した場合は，本クロージング前に限り，相手方に対し書面による通知を行うことにより，本契約を解除することができる。ただし，第 1 号の場合においては，本クロージング前に自ら履行又は遵守すべき義務を履行又は遵守しなかった当事者は，解除権を行使することができない。
(1) 相手方が本契約に規定された義務のいずれかに違反した場合において，1 週間以上の期間を定めて是正を求める催告を行ったにもかかわらず，相手方が当該期間内に是正を行わなかったとき。
(2) 相手方が本契約中行った表明及び保証が重要な点において真実かつ正確でなかったとき。

(3) 自らの責めに帰すべき事由によらずに，令和○年○月○日までに，本株式譲渡が実行されなかったとき。
(4) 相手方又は対象会社につき，破産手続開始，民事再生手続開始，会社更生手続開始，特別清算開始その他適用ある法令上の倒産手続の申立てがなされたとき。
(5) 相手方が解散の決議をしたとき。

第 6 章 補償

第 13 条（補償等）

1 甲及び乙は，本契約中で行った表明及び保証が真実かつ正確でなかったこと，又は本契約に規定された義務のいずれかに違反したことによって相手方に損害，損失，費用等（以下「損害等」という）が生じた場合は，相手方に対して，当該損害等を賠償，補填又は補償（以下「補償等」という）する。

2 甲及び乙は，相手方から，違反の事実と損害等の原因及び金額を明記した書面により，本クロージング日から○年○か月以内に請求を受けた場合に限り，当該相手方に対し，相当因果関係の範囲内にある損害等につき補償等の責任を負う。

第 7 章 雑則

第 14 条（公表）

甲及び乙は，事前に相手方の承諾を得ることなく，本契約及び本契約において企図される取引に関する事項を対外的に公表してはならない。ただし，法令等に基づき公表することが要求される場合はこの限りでないが，この場合でも，その内容を公表前に相手方に通知し，公表内容について相手方の意向に配慮する。

第 15 条（秘密保持）

1 甲及び乙は，本契約締結日から○年間，本契約の存在及び内容，交渉経緯並びに本契約に係る取引に関し相手方から開示を受けた一切の情報（文書，口頭その他媒体の如何を問わない。以下「秘密情報」という）について，厳に秘密を保持し，これを本契約の履行以外の目的に使用してはならず，また，相手方の事前の書面による承諾がない限り如何なる第三者にも開示又は漏洩してはならない。ただし，次の各号に掲げる情報は，秘密情報には含まれない。
(1) 開示を受けた際，既に自己が保有していた情報
(2) 開示を受けた際，既に公知となっている情報
(3) 開示を受けた後，自己の責めによらずに公知となった情報
(4) 正当な権限を有する第三者から適法に取得した情報
(5) 相手方から開示された情報によることなく独自に開発・取得していた情報

2　前項の規定にかかわらず，甲及び乙は，次の各号に掲げる場合には，秘密情報を開示することができる。
(1)　自己の役職員又は本契約のために契約した弁護士，公認会計士，フィナンシャルアドバイザーその他の秘密保持義務を負う専門家に対し，本契約の締結又は履行のために合理的に必要かつ最小限の範囲で開示する場合
(2)　司法機関，行政機関その他これに準じる公的機関・団体，金融商品取引所，日本証券業協会等の自主規制機関の求めに応じて必要な範囲で開示する場合

第16条（救済手段の限定）

甲及び乙が本契約に基づく義務に違反した場合又は本契約中で行った表明及び保証が真実かつ正確でなかった場合，相手方が有する権利は，第12条に規定する解除及び第13条に規定する補償等の請求に限られる。これらの権利を除き，本契約に関連して他の当事者に対して損害賠償，補償等の請求，又は本契約の解除その他の権利を行使することはできない。

第17条（譲渡禁止）

甲及び乙は，相手方の書面による事前の承諾がない限り，本契約により生じた契約上の地位を移転し，又は本契約により生じた自己の権利義務（債権債務も含む）の全部若しくは一部を，第三者に譲渡し，若しくは第三者の担保に供してはならない。

第18条（通知）

本契約に関連する全ての通知，同意，承諾，要求，催告その他の意思の伝達は書面，ファクシミリ又は電子メールにより，以下の宛先又は本条に従って他の当事者に通知がなされた他の宛先に対してなされる。
①　甲に対して
　　　所在地：
　　　電話番号：
　　　ファクシミリ番号：
　　　メールアドレス：
　　　担当：
②　乙に対して
　　　所在地：
　　　電話番号：
　　　ファクシミリ番号：
　　　メールアドレス：
　　　担当：

第 19 条（費用）
　本契約に別途定める場合を除いて，本契約の締結及び履行にかかる費用については，各自の負担とする。

第 20 条（完全合意）
　本契約は，本契約締結時における甲乙の合意の全てであり，本契約締結以前における甲乙間の明示又は黙示の合意，協議，申入れ，各種資料等は，本契約の内容と相違する場合には，効力を有しない。

第 21 条（協議事項）
　本契約に定めのない事項及び本契約の内容の解釈につき相違のある事項については，本契約の趣旨に従い，両当事者間で誠実に協議の上，これを解決するものとする。

第 22 条（合意管轄裁判所）
　本契約に関する一切の紛争については，〇〇地方裁判所を第一審の専属的合意管轄裁判所とする。

　本契約の成立を証するため本書 2 通を作成し，各自記名押印の上，各 1 通を保有する。

　　　令和　年　月　日

　　　　　　甲

　　　　　　乙

別紙 1　甲（売主）の表明及び保証
1　甲に関する表明及び保証
　①（設立及び存続）
　　　甲は，(i)日本法に基づき適法に設立され，有効に存続する株式会社であって，(ii)現在従事している事業を行い，かつ，本契約の締結及び履行のために必要な権利能力及び行為能力を有する。
　②（本契約の締結及び履行）

甲による本契約の締結及び履行は，甲の目的の範囲内の行為であり，甲は本契約の締結及び履行につき，法令等及び甲の内部規則において必要とされる一切の手続を履践している。
③（強制執行可能性）
本契約は，甲によって適法に締結されており，乙により本契約が適法かつ有効に締結された場合には，本契約に定めるところに従って，甲に対して執行可能な法的拘束力のある義務を構成する。
④（許認可等の取得）
本クロージング日において，甲は，本契約の締結及び履行のために行うことが必要な司法・行政機関その他の第三者の許認可，登録，承諾，同意，届出等（以下「許認可等」という）又はかかる司法・行政機関その他の第三者に対する通知その他法令等上の手続を，全て適法に履践済みである。
⑤（法令等との抵触の不存在）
甲による本契約の締結及び履行は，(i)甲に対して適用ある一切の法令等に反するものではなく，(ii)甲の定款その他の内部規則に違反するものではなく，(iii)甲を当事者とする契約，取決めその他の合意（書面によるか，口頭によるかを問わない）（以下総称して「契約等」という）の違反事由，債務不履行事由，解除事由又は期限の利益喪失事由（以下総称して「債務不履行事由等」という）を構成するものではなく，かつ(iv)司法・行政機関の判決，決定，命令，裁判上の和解，免許，認可，通達，行政指導その他の判断（以下「司法・行政機関の判断」という）に反するものではない。
⑥（株式に対する権利）
甲は，本株式の全てを有効に保有しており，本株式全てにつき，対象会社の実質的かつ株主名簿上の株主である。本株式に関して，本契約に基づくものを除き，いかなる担保権，請求権，オプション，担保類似の権利その他の負担（以下総称して「担保権等」という）は存在せず，また，売買予約も行われていない。甲は，本株式の帰属に関連して第三者から何らの請求及び主張も受けておらず，そのおそれもない。甲と第三者との間で，対象会社の株主としての権利（議決権の行使を含むが，それに限られない）に関する契約等は一切存在しない。甲は，本株式を担保権等及び売買予約が存しない状態で乙に譲渡する権利を有しており，本株券の引渡しがなされた時点で乙は本株式について担保権等が存在せず，かつ売買予約も行われていない権利を取得する。本株式は全額払込済みであり，本株券の全てが有効に発行され，甲は本株券を全て適法に所有している。
2　対象会社に関する表明及び保証
①（設立及び存続）
対象会社は，(i)適用ある法令等に基づき適法に設立され，有効に存続する株式会社であって，(ii)現在従事している事業を行うために必要な権利能力及び行

為能力を有する。
② （本契約の締結及び履行）
　　　対象会社は，甲による本契約の締結及び履行に関し，適用ある法令等，定款その他対象会社の内部規則において必要とされる手続を全て履践している。
③ （法令等との抵触の不存在）
　　　甲による本契約の締結及び履行は，(i)対象会社に対して適用ある一切の法令等に反するものではなく，(ii)対象会社の定款その他の内部規則に違反するものではなく，かつ(iii)司法・行政機関の判断に反するものではない。
④ （許認可等の取得）
　　　対象会社は，甲による本契約の締結及び履行のために必要とされる司法・行政機関その他の第三者の許認可等又はかかる司法・行政機関その他の第三者に対する通知その他法令等上の手続を，全て適法に履践済みである。
⑤ （発行済株式数）
　　　対象会社の発行可能株式総数は普通株式〇〇株であり，そのうち発行済株式の総数は〇〇株であり，その全てが適法かつ有効に発行され，全額払込み済みであり，その全てにつき株券が有効に発行されている。この株式を除き，対象会社の株式，新株予約権，新株予約権付社債，新株引受権付社債，転換社債，オプション，株式関連証券その他これらに類する証券若しくは権利又はこれらを取得する引受権その他の証券若しくは権利は存在せず，これらの証券若しくは権利を発行する旨の契約等若しくは対象会社の決議等は存在しない。
⑥ （財務諸表等）
　　　対象会社の令和〇年〇月末日現在の貸借対照表及び令和〇年〇月〇日を末日とする事業年度に係る損益計算書（以下総称して「本財務諸表」という）は，日本において一般に公正妥当と認められる企業会計の基準に従って作成されており，その対象とする日又は期間における対象会社の財政状態及び経営成績を正確かつ適正に表示している。対象会社は，本財務諸表に表示されている債務及び令和〇年〇月〇日以降通常の業務の範囲内において生じた債務以外には，いかなる債務も負担していない。令和〇年〇月〇日以降，対象会社は，その遂行する事業を従前遂行してきたところに従って通常の業務遂行の過程の範囲内で継続して行っており，対象会社の財政状態又は経営成績に重大な悪影響を及ぼす事象は発生しておらず，またそのおそれもない。
⑦ （公租公課）
　　　対象会社は，法人税，住民税，事業税その他適用ある法令等に基づき支払うべき一切の公租公課，租税等（以下「租税等」という）の適法かつ適正な申告を行っており，適時にその支払を完了している。対象会社は，納税申告書（修正申告を含む）及び現在行っている税務上の処理等に必要な税務届出書，申請書等を，適切な税務当局に対し全て適法かつ適時に提出しており，対象会社が法令等に従い支払うべき税金は，全て支払済みである。対象会社と税務当局と

の間で何ら紛争又は見解の相違は生じていない。
⑧（許認可等・法令等の遵守）
　対象会社は，適用ある全ての法令等に基づき，現在行っている事業を行うために必要な許認可等を全て適法かつ有効に取得しており，かかる許認可等に伴う条件及び要件を遵守してその業務を行っている。対象会社が保有している許認可等について，当該許認可等が無効になり，取消しを受け又は更新することができないこととなる事由は存在せず，そのおそれもない。また，対象会社が保有している許認可等は，本契約の締結及び履行によって，無効とされ，取り消され，その他制限を受けることはない。対象会社は，適用ある全ての法令等を遵守しており，過去に法令等の違反をしていない。
⑨（契約）
　対象会社がその事業に関して締結している契約等（以下「重要契約等」という）は，適法かつ有効に締結されており，かつ，その条項に従い各契約当事者に対して法的拘束力を有し，執行可能である。重要契約等について，対象会社又は相手方による債務不履行事由等は一切生じておらず，そのおそれもない。甲による本契約の締結及び履行は，対象会社を当事者とする（重要な）契約等の債務不履行事由等を構成するものではなく，かつ重要契約等に係る対象会社の債務不履行事由等に該当しない。重要契約等で，競業避止義務，事業領域制限その他対象会社がその事業の全部又は一部を遂行することを実質的に禁止又は制限する規定を含む契約等は存在しない。
⑩（所有不動産）
　対象会社は，別紙○（略）記載の不動産（以下「本所有不動産」という）を全て適法かつ有効に所有している。本所有不動産につき，第三者に対する担保権等又は利用権は設定されておらず，本所有不動産の価値に悪影響を及ぼす事由は生じておらず，そのおそれもない。
⑪（賃借不動産）
　対象会社がその事業に関して賃借している不動産（以下「本賃借不動産」という）に係る賃貸借契約（以下「本賃貸借契約」という）は，いずれも賃貸人及び対象会社によって適法かつ有効に締結され，履行されており，対象会社は，本賃借不動産につき，その所有者，担保権者その他の第三者に対抗し得る適法かつ有効な賃借権原を有する。本賃借不動産について，対象会社による現行の態様での使用を制限し又はその支障となる事由は一切存せず，そのおそれもない。甲による本契約の締結及び履行は，本賃貸借契約に係る対象会社の債務不履行事由等に該当せず，そのおそれもない。本賃貸借契約について，相手方から解除通知を受けているものは存在せず，解除通知を受けるおそれもない。対象会社は，本賃貸借契約に定める敷金を差し入れており，本賃貸借契約が終了した場合に対象会社が本賃借不動産を明け渡したときには当該敷金の返還請求権は有効に発生し，当該敷金の返還請求権にはいかなる担保権等も存在せず，

当該敷金の返還請求権に関して本賃貸借契約の貸主との間で紛争は存在しない。
⑫ （知的財産権）
　　対象会社は，その事業の遂行に必要な知的財産権（特許権，実用新案権，意匠権，商標権，著作権，営業秘密その他の知的財産権をいう。以下同じ）（以下「本知的財産権」という）を全て保有し，又はこれを適法に使用する権利を有している。本知的財産権につき，第三者に対する担保権等又は利用権は設定されていない。本知的財産権について，第三者からの権利侵害その他本知的財産権の対象会社による保有又は使用を妨げる事由は存在せず，またそのおそれもない。対象会社は，第三者の知的財産権を侵害しておらず，過去に侵害した事実もなく，また侵害しているとの主張を第三者から受けたこともない。
⑬ （その他資産）
　　対象会社は，その事業を行うために必要な資産（不動産を除く）（以下「本資産」という）を全て所有し，又はこれを適法に使用する権利を有している。本資産は，通常の使用による損耗を除き，通常の業務過程において支障なく稼働しているか，現行の態様での使用に適した状態にある。
⑭ （従業員）
　　対象会社は，その従業員に対し賃金，時間外，休日若しくは深夜の割増賃金，退職金その他の雇用条件に基づき従業員に対して支払うべき金銭の支払義務を全て履行している。対象会社は労働関連の法令等を遵守しており，労働基準監督署その他の労使関係に関する監督機関によって対象会社に対して勧告又は指導等が行われたことはない。また，対象会社は，労働関連の法令等に基づき要求される一切の手続を適法かつ有効に行っている。対象会社において，ストライキ，ピケッティング，業務停止，怠業その他従業員との間の労働紛争は存在せず，また，そのおそれもない。
⑮ （訴訟等）
　　対象会社に対し，訴訟，仲裁，調停，仮差押え，差押え，保全処分，保全差押え，滞納処分，強制執行，仮処分，その他裁判上又は行政上の手続（以下「訴訟等」という）は一切係属しておらず，かつ，訴訟等が対象会社に対して提起されるおそれもない。対象会社は，通常の業務内で発生するクレームを除き，第三者からのクレーム等を受けておらず，これらのおそれもない。
⑯ （全面開示）
　　本契約締結日前において，甲は，乙に対し，対象会社に関する全ての重要な情報並びに乙及びそのアドバイザーの要求に係る情報で甲又は対象会社が認識又は保有しているものを全て開示している。かかる開示された情報以外に，対象会社に重大な悪影響を及ぼし，又はそのおそれのある事実は存在しない。本契約の締結及び本契約において企図されている取引に関連して乙又はそのアドバイザーに，甲又は甲の関係者から提供された情報及び資料に含まれている全ての情報は，全て真実かつ正確なものであり，虚偽や重大な誤りは存在せず，

追加で開示が必要な情報で未開示のものは一切存在しない。

別紙2 乙（買主）の表明及び保証
① （設立及び存続）
　　乙は，(i)日本法に基づき適法に設立され，有効に存続する法人であって，(ii)現在従事している事業を行い，かつ，本契約の締結及び履行のために必要な権利能力及び行為能力を有する。
② （本契約の締結及び履行）
　　乙による本契約の締結及び履行は，乙の目的の範囲内の行為であり，乙は本契約の締結及び履行につき，法令等及び乙の内部規則において必要とされる一切の手続を履践している。
③ （強制執行可能性）
　　本契約は，乙によって適法に締結されており，甲により本契約が適法かつ有効に締結された場合には，本契約に定めるところに従って，乙に対して執行可能な法的拘束力のある義務を構成する。
④ （許認可等の取得）
　　本クロージング日において，乙は，本契約の締結及び履行のために行うことが必要な司法・行政機関その他の第三者の許認可等又はかかる司法・行政機関その他の第三者に対する通知その他法令等上の手続を，全て適法に履践済みである。
⑤ （法令等の抵触の不存在）
　　乙による本契約の締結及び履行は，(i)乙に対して適用ある一切の法令等に反するものではなく，(ii)乙の定款その他の内部規則に違反するものではなく，(iii)乙を当事者とする契約等の債務不履行事由等を構成するものではなく，かつ(iv)司法・行政機関の判断に反するものではない。

📄 条項解説

1　株式譲渡の合意

（1）譲渡の合意（第1条）

　株式譲渡契約においては，表明保証，誓約事項，クロージングなどに関する多くの条項が盛り込まれるが，株式譲渡契約も株式を目的物とする売買契約（民555条）の一つであるから，その中核的な条項は，①対象会社の株式の所有権の移転および②当該株式の代金の支払についての合意である。そのため，

株式譲渡契約を締結するに際しての中心的な交渉課題は，譲渡の対象となる株式の種類・数および当該株式の代金となる。

（2）譲渡の対象となる株式の特定

株式譲渡契約を締結する際にまず必要となるのが，譲渡の対象となる株式を明確に特定することである。この特定が不明確であると契約の骨格が定まらない。

譲渡対象株式を特定する方法としては，主に以下の3つの方法が見られる。

① 具体的な株式数で特定する方法

(条項例)
甲は，本契約に定める条件に従い，乙に対し，甲が所有する対象会社の発行済普通株式〇〇株を譲渡し，乙は，甲より同株式を譲り受ける。

② 株式数の割合によって特定する方法

(条項例)
甲は，本契約に定める条件に従い，乙に対し，甲が所有する対象会社の発行済株式総数のうち〇％に相当する株式を譲渡し，乙は，甲より同株式を譲り受ける。

③ 株券番号によって株券を特定する方法（対象会社が株券発行会社の場合）

(条項例)
甲は，本契約に定める条件に従い，乙に対し，甲が所有する対象会社の株券番号〇〇ないし株券番号〇〇にかかる株式を譲渡し，乙は，甲より同株式を譲り受ける。

このうち，①と③の方法は，譲渡対象となる株式の数を明確に特定しているが，②の方法は，発行済株式総数の変動により対象株式数にも変動が生じうるため，事後的に争いとなるケースがある。そのため，事後的に紛争が生じるリスクを小さくするためには，上記のうち①または③の方法が望ましいと考える。

(3) 譲渡価格（第 2 条）
(ア) 総論

譲渡価格は，株式譲渡契約において重要な要素であり，当事者における中心的な交渉事項となる。譲渡価格の算定方法は，対象会社の上場・非上場，事業内容や規模など対象会社の状況に応じて異なる。算定方法には様々な種類があるが，以下では，代表的なものとして 3 つの算定方法を紹介する。

① 市場株価平均法
上場会社において用いられる方法で，過去数か月間の市場における終値の平均を用いて算定する方法。
② ディスカウンテッド・キャッシュフロー法（DCF 法）
対象株式を持ち続けた場合に，将来発生しうるキャッシュフローを計算し，それを踏まえて，現在価値に引き直した金額を株式の価格とする方法。
③ 時価純資産価額法（簿価純資産価額法）
会社の保有資産の時価（あるいは簿価）から負債を控除した金額を企業価値とする方法。

以上のほかにも類似会社比較法などの様々な算定方法があり，また，複数の算定方法を組み合わせて算定を行うこともある。もっとも，株式譲渡契約書においては，算定方法は記載せず，当事者間の交渉の結果，最終的に合意した譲渡価格を記載するのが通常である。

(イ) 価格調整条項

株式譲渡契約締結からクロージングまでの期間が長い場合，契約締結時とクロージング時とで会社の価値が異なる場合がある。このような場合に，クロージングまでの対象会社の企業価値の変動を反映して，事後的に価格調整を行うための条項（価格調整条項）を設けることがある。

具体的に，クロージング時の対象会社の企業価値を反映させるための価格調整の方法として，次のような方法がある。

① 買主は，クロージング後に，クロージング日を基準日とする貸借対照表案および譲渡価格案（以下「譲渡価格案等」という）を作成し，売主に提出する。
② 売主は，買主から必要な情報の提供を受けて，譲渡価格案等を検証する。
③ 売主は，譲渡価格案等について，承認するか否かを書面で買主に通知する。
④ 売主が譲渡価格案等について承認をした場合には，当該譲渡価格案記載の価

格が譲渡価格となる。
⑤　売主が譲渡価格案等について承認をしない場合には，当事者間において再度交渉を行う。
⑥　再度の交渉が不調に終わった場合には，公認会計士など中立的な立場にある第三者が譲渡価格を決定する。

（ウ）アーンアウト条項

　譲渡対象となる株式の価値を評価するにあたって不確定な要素が多い場合には，当事者間において譲渡価格を合意するのが困難となる。例えば，開発段階の事業があり，当該事業がどの程度の売上・利益を計上するか予測することが困難である場合や，対象会社の事業を進めていく上で不可欠な従業員（いわゆる「キーパーソン」）が退社する可能性がある場合などである。こうした場合に，譲渡価格を決定できずに株式譲渡契約を締結できないというのは，当事者双方にとって好ましくない。このように譲渡価格を決定するのが難しい場合に有用な取り決め方法としてアーンアウト条項がある。

　アーンアウト条項とは，クロージング日において買主から売主に対して一定の譲渡価格を支払うことに加えて，クロージング日以降一定期間における対象会社の売上や利益等の財務指標を基準として，かかる財務指標の目標が達成された場合には，追加で譲渡価格の支払がなされることとする規定である。例えば，対象会社における開発段階のＡ事業の将来性について，売主は買主に対し「Ａ事業は今後２年間で１億円の収益を上げる見込みである」と説明しているものの，買主は売主の見通しに懐疑的であるような場合に，以下のような条項を設けることが考えられる。

（条項例）　※　甲は売主，乙は買主である。
1　乙は，甲に対し，クロージング日に譲渡価格の一部として，○○円を支払うこととする。
2　乙は，甲に対し，クロージング日の３年６か月後に，クロージング日から３年経過時までの対象会社におけるＡ事業の収益額の○％の金額を譲渡価格の残金として支払うこととする。

　こうした条項を設けることにより，早く対象会社を売却したい売主にとっては，譲渡価格の交渉に時間をかけずに取引を成立させることができるという利

点があるし，買主としては，A事業がうまくいかなかった場合に支払う譲渡価格を低く抑えることができるという利点がある。一方で，売主としては，A事業が買主の経営のせいでうまくいかなかった場合に，譲渡価格が低くなってしまうというデメリットがあるし，買主としては，買主の手腕によってA事業が成功した場合でも，その利益を独占できないというデメリットもある。アーンアウト条項を設けるか否か，設けるとしてどのような期間・指標を設定するかは，これらのメリット・デメリットを考慮して判断する必要があるだろう。

2 クロージング（第3条）

(1) クロージングの定義・日時・場所（第1項）

クロージングとは，取引の実行，すなわち，株式の譲渡と譲渡代金の支払を意味する。

株式譲渡契約においてクロージング日は，通常，株式譲渡契約書の中で明記される。当事者は，契約締結後クロージングまでの間に，クロージングのために必要な手続を行う。例えば，買主による譲渡代金の調達や，独占禁止法・競争法・外資規制法その他の法令に基づく届出その他の一定の手続，あるいは，取引条件として事前に第三者の同意を得ることが定められている場合には，その同意を得るなどの手続をしなければならない。

クロージングの場所については，クロージングが近づいた段階において当事者間で協議して決定することも多く，契約書には明記しないこともあるが，実務的には，株券の保管場所や，その他クロージング日において行われる手続に用いる資料が保管されている場所が，クロージング場所とされることが多い。また，クロージング日に急遽書類を作成する必要が生じる可能性もあり，それに対応する便宜から，当事者の代理人の法律事務所がクロージング場所とされることもある。

(2) クロージングにおける同時履行の確保（第2項）

株式譲渡契約においては，クロージングの場面でも①対象会社の株式の所有権の移転および②当該株式の代金の支払が重要な要素となる。民法の原則に照らせば，この2つの行為は同時履行の関係にある（民533条）が，株式譲渡契

約においては，クロージングに関する条項において，この両者が同時に行われる旨が明記されることが多い。

（3）株式譲渡に要する手続

　株式の譲渡に必要な手続は，対象会社が株券発行会社であるか否かによって異なる。

　対象会社が株券発行会社である場合は，株券の交付が株式譲渡の効力発生要件として必要となり（会社128条1項），かつ，株主名簿の書換えが会社に対する対抗要件として必要となる（会社130条1項・2項）。

　これに対し，対象会社が株券不発行会社である場合は，株券の交付は要しないが，会社その他の第三者に対する対抗要件として株主名簿の書換えが必要となる（会社130条1項）。対象会社が株券不発行会社の場合には，雛形3条2項を次のようにすることが考えられる。

> **（条項例）**　※ 甲は売主，乙は買主である。
> **第3条（クロージング）**
> 2　本クロージングは，以下の手続に従い，行うものとする。
> (1) 乙は，本クロージング日において，甲から本株式の株主名簿上の名義を甲から乙に書き換えるために必要な書類の交付と引き換えに，甲が別途指定する銀行口座に振り込む方法又は甲及び乙が別途合意するその他の方法により，本譲渡代金を甲に支払う。なお，当該振込みに係る手数料は，乙の負担とする。
> (2) 甲は，本クロージング日において，乙から本譲渡代金の支払を受けることと引き換えに，乙に対して，本株式の株主名簿上の名義を甲から乙に書き換えるために必要な書類を引き渡すものとする。

3　クロージングの前提条件（第4条）

（1）概要

　株主譲渡契約においては，多くの場合，一定の前提条件を満たした場合にのみ株式譲渡という取引が実行される旨の合意がなされる。前提条件が満たされるまでは，買主または売主は取引を実行する義務を負わない。

(2) 具体例
(ア) 表明保証の正確性（第1項第1号・第2項第1号）
　株式譲渡契約における各当事者は，相手方が行った表明保証が正確であることを前提として取引実行の意思決定を行っている。したがって，表明保証の正確性がクロージングの前提条件となる。
(イ) 義務の遵守（第1項第2号・第2項第2号）
　クロージング日までに各当事者が履行すべき義務を全て履行し，違反がないこともクロージングの前提となっており，かかる義務を前提条件として明記することが多い。
(ウ) 許認可の取得等（第1項第3号・第2項第3号）
　対象会社が行っている事業が許認可の対象となっており，株主の交代について届出や官公庁等の承認が必要となっているような場合には，速やかに届出等の手続を行わなければならない。
(エ) 株式譲渡の承認（第1項第4号・第2項第4号）
　対象株式が譲渡制限株式である場合，対象株式を譲渡するには対象会社（一般的にはその取締役会）による承認が必要となる（会社139条1項）。そのため，クロージングの前提条件として，対象会社における譲渡承認手続が必要となる。
(オ) 各種書類の提出（第1項第5号・第2項第5号）
　印鑑証明書や登記事項証明書などクロージングを行うのに必要な書類を提出しなければならない。

4　クロージング前の義務

(1) 概要
　クロージング前の誓約事項としては，主に以下のような事項が規定される。
　① 取引を実行するために必要な手続の履践
　② 取引の実行前に改善すべき問題点への対応
　③ 契約締結後・取引実行前の過渡的な状況への対応

(2) 売主の義務（第7条）
(ア) 株式譲渡承認（第1号）
　対象会社が譲渡制限会社である場合には，買主による株式の取得を対象会社

に対抗するために，当該株式取得について対象会社による承認を得なければならない。株式譲渡の実行前は，売主が対象会社をコントロールしているので，対象会社による承認は売主の義務ということになる。

(イ) 必要手続の実施（第2号）

売主は，株式譲渡を実施する上で，必要とされる手続を実施しなければならない。例えば，対象会社が行っている事業が許認可の対象となっており，株主の交代について届出や官公庁等の承認が必要となっているような場合には，速やかに届出等の手続を行わなければならない。

(ウ) 前提条件充足のための努力（第3号）

雛形4条2項に規定する売主によるクロージングの前提条件が充足するよう，売主が買主に対して協力することを目的とする努力義務規定である。

(エ) 対象会社の情報へのアクセス（第4号）

買主が，対象会社がどのような会社であるかを知ることができるよう，売主に対し，買主への対象会社の情報提供を義務づける規定である。

(3) 買主の義務（第8条）

4条1項に規定する買主によるクロージングの前提条件が充足するよう，買主が売主に対して協力することを目的とする努力義務規定である。

5 クロージング後の義務（第9条・第10条）

(1) 概要

株式譲渡契約は，株式の譲渡と譲渡代金の支払，すなわち，取引の実行（クロージング）を目的とするものであるため，クロージング後における当事者の義務は多くはないが，当事者双方が，株式譲渡契約の実行を前提とした行動を行うよう，義務を明記する場合がある。

(2) 売主の義務（第9条）

売主が対象会社株式を買主に売却した後に，対象会社と売主が競業事業者になり得る場合がある。こうした場合には，売主が，クロージング後一定期間，競業行為を行わないよう，競業禁止規定を設けることがある（雛形9条1号）。

他方で，対象会社が売主からシステムの提供を受けているなど，売主は対象

会社が事業を行う上で重要な存在である場合がある。こうした場合には、一定期間、売主が対象会社に対して従前の役務等を提供するよう定めておくことがある（雛形9条2号）。

(3) 買主の義務（第10条）

クロージング後の買主の義務として株式譲渡契約書に盛り込まれることがあるのが、対象会社の従業員の雇用を維持することである。本来、雇用条件等については、労働法令の範囲内で買主が自らの判断で決定できるが、道義的責任の観点から、売主より、現状に近い雇用条件で雇用を続けるよう、求められることがある。

6 表明保証（第5条・第6条）

(1) 表明保証の意義

表明保証とは、一般的に、契約当事者の一方が、他方当事者に対し、主として契約の対象物等の内容に関して、一定時点における一定の事項が真実かつ正確であることを表明し、保証することをいう。

(2) 表明保証の機能

表明保証の機能は、当事者間のリスクを分担することにある。すなわち、当事者が契約締結時において当事者が前提としていたものが崩れた場合に、そのリスクをどのように分担するかというものである。リスクの分担の方法としては、前提が崩れた場合には取引を実行しないこととする方法（→3 **(2)**(ア)）や当事者の一方が金銭的に塡補する方法（→9）がある。

(3) 表明保証の対象となる個別事項

(ア) 概要

表明保証の対象となる事項としては、大きく、①当事者に関する表明保証事項と②対象会社に関する表明保証事項とに分けられる。

当事者に関する表明保証事項としては、契約の締結および履行権限、契約の有効性および執行可能性、倒産手続の不存在等が挙げられる。

他方、対象会社に関する表明保証としては、株式、財務諸表、潜在債務、租

税など対象会社の価値を判断する上で重要な事項が含まれる。

　表明保証条項を定めるにあたり，売主は，極力責任を回避したいため，「……は重要な点において違反がない。」，「売主の知る限りにおいて保証する。」といった表明保証の範囲を限定する趣旨の文言を用いようとする。他方，買主は，できる限り広くかつ詳細な保証を望むため，「全ての法令等を遵守しており，過去の法令等の違反をしていない」といった包括的・網羅的な趣旨の規定を設けようとする。実際の交渉においては，両者の主張のせめぎあいの中で，規定ぶりを調整することになる。

　以下では，表明保証の対象となる個別事項のうち，対象会社に関する主要な事項について説明を加える。

(イ)　個別事項について
　　A　株式（別紙1の2⑤）
　対象会社の株式は，まさに株式譲渡契約の対象となるものであるから，その内容および状態は表明保証事項として最も重要なものの一つである。買主としては，対象会社が既に発行している株式とともに，発行可能な株式の種類・数を正確に把握する必要がある。買主は，対象会社の現在の株式の状況を認識するとともに，将来，対象会社が新株や新株予約権を発行するなどして，買主の持分が希釈化されるリスクを把握しておく必要があるからである。また，当然ではあるが，売買の対象となっている株式が有効に存在することを裏づけるため，発行済株式がすべて有効に発行され全額払込み済みであることが表明保証事項となる。

　　B　財務諸表等（別紙1の2⑥）
　対象会社の財務諸表等は，対象会社の企業価値を算定する上で最も基本的かつ重要な情報である。

　対象会社の財務諸表等の正確性を表明保証の対象とすることはもちろんであるが，対象会社に子会社や関連会社がある場合には，連結の財務諸表等の正確性を表明保証の対象とするかについて，当事者間で協議を行い，判断することになる。対象会社の規模によっては，連結計算書類が作成されていないことも多く，そうした場合には表明保証の対象から外すことになる。

　また，財務諸表等の正確性を表明保証の対象とする場合，直近の決算期のみならず，過去の財務諸表等をも対象とするか，対象とするとして何年分を対象

とするかについては，当事者間で協議を行う必要がある。

　C　不動産（別紙1の2⑩）

　不動産は，対象会社の資産の中でも一般に価値が高いことが多いことから，表明保証の対象とすることが多い。不動産を使用する上での物理的な瑕疵がないことはもちろん，担保権が設定されていないことや不動産の使用を巡って第三者との間で紛争が生じていないことなども表明保証の対象とされることがある。

　D　知的財産権（別紙1の2⑫）

　対象会社が保有する特許権，商標権，意匠権などの知的財産権について，その有効性について瑕疵がないことや利用に制限がないことは表明保証の対象となる。また，対象会社が第三者の特許権等の知的財産権を侵害していないことも表明保証の対象となる。なお，対象会社が，事業運営において重要な知的財産権について，第三者との間でクロスライセンス契約などを締結している場合には，その契約の内容も表明保証の対象となり得る。

　E　従業員（別紙1の2⑭）

　買主は，デューデリジェンスの段階で，対象会社と従業員との契約関係，債権債務関係を把握するが，買主としては，それ以上の債務（潜在債務）を回避したいと考える。そこで，買主は，雛形にあるように，「対象会社は，その従業員に対し賃金，時間外，休日若しくは深夜の割増賃金，退職金その他の雇用条件に基づき従業員に対して支払うべき金銭の支払義務を全て履行している」というような条項を設けて，潜在債務を回避しようとする。

　また，労使間の紛争は，対象会社の業務を円滑に行う上で，大きな障壁となることがあることから，労働紛争が存在しないこと，また，紛争が生じるおそれがないことを表明保証条項に盛り込むことがある。

7　終了（第11条）

　雛形11条は，本契約がどのような場合に終了するのかを規定している。本条1項では，本契約が終了するのは，当事者が合意解除する場合か，当事者の一方が解除権を行使する場合としている。解除権がどのような場合に発生するかについては，雛形12条が規定している。

　また，本契約が終了した場合の権利義務関係についても規定するとともに

(雛形11条2項)，本契約が終了した後も効力が存続する条項を明記している(同条3項)。

8　解除（第12条）

（1）解除可能期間

通常の契約の場合，契約を実行した後でも契約が解除されることがある。例えば，売買契約において，購入した物に瑕疵が見つかった場合，買主は契約を解除することができる（2017年改正民法の施行後は，瑕疵担保責任は，契約不適合責任とされる。第3章参照）。

しかし，株式譲渡契約においてはいったんクロージングをしてしまうと，その後，買主の下で対象会社の資本・役員・事業等が大幅に変更されるため，クロージング後に解除したとしても，解除前の状態（原状）に戻すことは現実的に極めて困難となってしまう。したがって，株式譲渡契約における解除はクロージング前に限定され，クロージング後の売主への責任追及は，補償責任（雛形13条）の追及によって担保されることが多い。

（2）解除事由

本条は，株式譲渡契約の存否が当事者に与える影響の大きさに鑑みて，解除権が発生する事由（解除事由）を規定している。

単に本契約の義務に違反したというだけでは，直ちに解除とはせず，相手方に対し1週間以上の期間を定めて是正を求め，それでも相手方が期間内に是正をしない場合に初めて解除権が発生するものとしている（雛形12条1号）。他方，重大な表明保証違反（同条2号）や一定の期限までに株式譲渡が実行されない（同条3号）といった契約の継続に重大な影響を与える事由が生じた場合には，直ちに解除権が発生するものとしている。また，当事者の存続に関わる事由（同条4号・5号）も解除事由としている。

9　補償（第13条）

（1）意義

補償とは，当事者の一方が本契約の義務に違反した場合に，相手方に生じた損害を填補することをいう。

（2）補償の内容

　補償の対象となるのは，主に，表明保証違反，または，誓約事項違反があった場合である。補償は，損害を担保する性質のものであることから，補償される損害の範囲は，一般に，上記違反と相当因果関係がある損害で，履行利益も含まれると解される。もっとも，当事者間で，損害が発生した場合に補償の対象となる範囲を制限することもある。雛形13条2項は，損害を被った者が補償を請求できる期間を制限している。このように補償請求の時的制限を設ける場合もあれば，「補償額の総額は，いかなる場合であっても，○円を超えないものとする。」というように金額的な制限を設けることもある。

（3）裁判例

　補償の免責に関する裁判例として大阪地判平成23年7月25日（判時2137号79頁）がある。

　【事案の概要】

　平成17年9月に被告ら（売主）との間でT社の全株式について株式譲渡契約を締結し，これを買い受けた原告（買主）が，平成19年4月になって，税務当局から，T社の平成16年12月期の事業年度にかかる法人税の申告漏れがあると指摘を受け，修正申告を余儀なくされて約2億3500万円の法人税等を追加納付するに至ったとして，被告らに対して，補償金の支払を求めた。株式譲渡契約には以下の免責条項があり，被告らの免責が認められるかが争点となった。

　　「売主が，クロージング日前に，買主に対し，明示的に表明および保証の違反を構成する事実を開示した上で，本件株式を譲渡した場合，売主は，買主に対し，表明保証責任を負わない。」

　【裁判所の判断】

　申告漏れの事実は，表明保証違反になるとした上で，売主の従業員が，デューデリジェンスの担当弁護士に対し，申告漏れの事実が記載された議事録を手渡していることから，「明示的に表明および保証の違反を構成する事実を開示した」ということができるとして，売主の責任を否定した。

Ⅲ 事業譲渡契約書の条項例と解説

📄 雛形

※ 欄外の番号は条項解説の該当箇所を示す。

事業譲渡契約書

[1] ○○（以下「甲」という）及び○○（以下「乙」という）は，次のとおり事業譲渡契約（以下「本契約」という）を締結する。

[2] 第1条（事業譲渡）
甲は，乙に対し，甲が営む○○事業（以下「本事業」という）を譲渡し，乙は，これを譲り受ける（以下この事業の譲渡を「本事業譲渡」という）。

[3] 第2条（譲渡日）
本事業譲渡は，令和○年○月○日（以下「本譲渡日」という）に行う。ただし，必要に応じて，甲及び乙が協議の上，本譲渡日を変更することができる。

[4] 第3条（譲渡資産等）
1 甲は，本事業譲渡に伴い，本譲渡日をもって，乙に対し，本譲渡日現在における別紙○に掲げる資産（以下「本譲渡資産」という）を譲り渡し，乙は，これを譲り受ける。
2 乙は，本事業譲渡に伴い，本譲渡日をもって，本譲渡日現在における甲の別紙○に掲げる債務（以下「本承継債務」という）を免責的に引き受ける。
3 甲は，本事業譲渡に伴い，本譲渡日をもって，乙に対し，本譲渡日現在において甲が当事者となっている本事業に関する別紙○に掲げる契約（以下「本承継契約」という）の契約上の地位及びこれに基づく権利義務を移転し，乙は，これを承継する。

[5] 第4条（譲渡対価）
1 本事業譲渡の対価は，金○○○円（消費税及び地方消費税別途）（以下「本譲渡代金」という）とする。
2 乙は，本譲渡日までに，甲に対し，本譲渡代金を，別途甲が指定する銀行口座に振り込む方法により支払う。

第5条（従業員の取扱い）
　乙は，本譲渡日をもって，別紙○に掲げる甲の従業員のうち乙への転籍を承諾した者との間で新たに雇用契約を締結する。

第6条（表明及び保証）
1　甲は，乙に対し，本契約締結日及び本譲渡日において（ただし，時点を明記しているものについては当該時点において），別紙○記載の事実が真実かつ正確であることを表明し，保証する。
2　乙は，甲に対し，本契約締結日及び本譲渡日において（ただし，時点を明記しているものについては当該時点において），別紙○記載の事実が真実かつ正確であることを表明し，保証する。

第7条（本事業譲渡の前提条件）
1　本契約に基づく甲による本譲渡資産の譲渡その他の本事業譲渡を実行する義務は，本譲渡日において次の各号に掲げる事項が満たされていることを前提条件とする。ただし，甲は，その任意の裁量により，当該各号の前提条件の全部又は一部を放棄することができる。
　(1)　第6条第2項に規定する乙による表明及び保証が，本譲渡日において全て真実かつ正確であること。
　(2)　乙が本契約に基づく乙の義務に違反していないこと。
2　本契約に基づく乙による本譲渡代金の支払，本譲渡資産の譲受け，本承継債務の引受けその他の本事業譲渡を実行する義務は，本譲渡日において次の各号に掲げる事項が満たされていることを前提条件とする。ただし，乙は，その任意の裁量により，当該各号の前提条件の全部又は一部を放棄することができる。
　(1)　第6条第1項に規定する甲による表明及び保証が，本譲渡日において全て真実かつ正確であること。
　(2)　甲が本契約に基づく甲の義務に違反していないこと。

第8条（本事業譲渡前の遵守事項）
　甲は，本契約締結日から本譲渡日までの間，次の各号に定める義務を遵守しなければならない。
　(1)　善良な管理者の注意をもって業務を執行し，資産及び負債を管理するものとし，その財産及び権利義務に重大な影響を及ぼす行為をするときは，事前に乙の同意を得なければならない。
　(2)　乙による本承継債務の免責的債務引受について，本承継債務に係る債権者から書面による承諾を取得するよう努めなければならない。
　(3)　乙による本承継契約の地位の承継について，本承継契約の相手方から書面による承諾を取得しなければならない。

第9条（競業避止義務）

甲は，乙の事前の書面による承諾を得た場合を除き，本譲渡日から○年間，自ら又はその子会社若しくは関連会社を通じて，本事業と同一又は類似の事業を行ってはならない。

第10条（秘密保持）

1 甲及び乙は，本契約締結日から○年間，本契約の存在及び内容，交渉経緯並びに本契約に係る取引に関し相手方から開示を受けた一切の情報（文書，口頭その他媒体の如何を問わない。以下「秘密情報」という）について，厳に秘密を保持し，これを本契約の履行以外の目的に使用してはならず，また，相手方の事前の書面による承諾がない限りいかなる第三者にも開示又は漏洩してはならない。ただし，次の各号に掲げる情報は，秘密情報には含まれない。
 (1) 開示を受けた際，既に自己が保有していた情報
 (2) 開示を受けた際，既に公知となっている情報
 (3) 開示を受けた後，自己の責めによらずに公知となった情報
 (4) 正当な権限を有する第三者から適法に取得した情報
 (5) 相手方から開示された情報によることなく独自に開発・取得していた情報
2 前項の規定にかかわらず，甲及び乙は，次の各号に掲げる場合には，秘密情報を開示することができる。
 (1) 自己の役職員，又は本契約のために契約した弁護士，公認会計士，フィナンシャルアドバイザーその他の秘密保持義務を負う専門家に対し，本契約の締結又は履行のために合理的に必要かつ最小限の範囲で開示する場合
 (2) 司法機関，行政機関その他これに準ずる公的機関・団体，金融商品取引所，日本証券業協会等の自主規制機関の求めに応じて必要な範囲で開示する場合

第11条（補償）

1 甲が本契約に基づく義務又は第6条第1項に定める表明及び保証に違反してこれにより乙が損害，損失又は費用等（以下「損害等」という）を被った場合，甲は，乙に対し，その損害等を補償する。
2 乙が本契約に基づく義務又は第6条第2項に定める表明及び保証に違反してこれにより甲が損害等を被った場合，乙は，甲に対し，その損害等を補償する。

第12条（本契約の解除）

甲及び乙は，本事業譲渡の実行までに次の各号に掲げる事由のいずれかが生じたときは，本事業譲渡の実行までの間に限り，本契約を解除することができる。
 (1) 相手方が本契約に規定された義務のいずれかに違反した場合において，1週間以上の期間を定めてその是正を求める催告を行ったにもかかわらず，相手方が当該期間内に是正を行わなかったとき。

(2) 相手方が本契約中行った表明及び保証が重要な点において真実かつ正確でなかったとき。
(3) 自らの責に帰すべき事由によらずに、令和○年○月○日までに、本事業譲渡が実行されなかったとき。
(4) 相手方につき、破産手続開始、民事再生手続開始、会社更生手続開始、特別清算開始その他のこれらに類する法的倒産手続の開始の申立てがなされたとき。

第13条（公租公課等の負担）
本譲渡資産に係る公租公課及び保険料は、日割計算により、本譲渡日の前日までは甲が、本譲渡日以後は乙が、それぞれ負担する。

第14条（協議）
本契約に定めのない事項及び本契約の内容の解釈につき相違のある事項については、本契約の趣旨に従い、甲及び乙が誠実に協議の上、これを解決する。

本契約の成立を証するため本書2通を作成し、各自記名押印の上、各1通を保有する。

　　　令和　年　月　日

　　　　　甲

　　　　　乙

（別紙略）

条項解説

1　当事者（前文）

事業譲渡契約書の当事者は、譲渡会社と譲受会社である。
また、後に触れる表明保証（→7）との関係で、これらの親会社等を当事者

に含ませることもあり得る。

2 事業譲渡の合意（第1条）

　事業譲渡契約は，譲渡会社が営む事業の全部または一部を譲渡することを内容とするものである。したがって，事業譲渡契約書においては，譲渡対象となる譲渡会社の事業を特定する必要がある。

　事業の全部を譲渡する場合には，「甲が営む事業の全部」と記載すれば足りる。事業の一部を譲渡する場合（雛形1条はこの場合を想定している）には，何らかの方法により対象となる事業を特定することが必要となる。特定の仕方としては，事業の名称による方法（「健康食品販売事業」等），地域等により限定する方法（「新潟県内における菓子卸売事業」，「大分工場における旋盤製造事業」等）など様々な方法が考えられる。譲渡対象となる具体的な資産や承継対象となる具体的な債務・契約等は，別の規定によりこれを特定することが少なくない（→4）。

3 譲渡日（第2条）

　事業の全部もしくは重要な一部の譲渡または事業の全部の譲受けにかかる事業譲渡契約については，いわゆる簡易事業譲渡（会社467条1項2号かっこ書・468条2項）または略式事業譲渡（会社468条1項）に該当しない限り，その効力発生日の前日までに，株主総会の特別決議によってその承認を受けなければならない（会社467条1項1号・2号・3号）。事業譲渡契約書には，この効力発生日（譲渡日）を規定するのが通例である。

　なお，事業譲渡契約の締結後の事情により，譲渡日を変更する必要が生じることもあるから，当事者の協議により譲渡日を変更することができる旨を規定しておくことも少なくない。もっとも，このように譲渡日を変更することができる旨の規定を置く場合であっても，上記のとおり，譲渡日の前日までに株主総会の特別決議により事業譲渡契約の承認を受けなければならないとされているときは，譲渡日を株主総会の会日より前に遡らせることは許されない。また，譲渡日を当初の予定日より大幅に後ろ倒しする場合には，いったん株主総会の特別決議による承認を得たとしても，承認の前提となった会社の基礎に大きな変動が生じている可能性があることから，変更後の譲渡日における事業譲渡に

ついて改めて株主総会の特別決議による承認が必要と解される余地がある。

4 譲渡財産（第3条）

(1) 総論

　事業譲渡において譲渡対象となる財産は，一定の事業目的のために組織化され，有機的一体として機能する財産である（旧商法の営業譲渡に関する最大判昭和40・9・22民集19巻6号1600頁）。この財産には，譲渡される事業にかかる土地建物，機械設備，商品等の有形資産，知的財産権等の無形資産といった法律上の権利のみならず，得意先関係，仕入先関係，営業上のノウハウといった事実関係も含まれる。

　事業譲渡契約においては，譲渡対象となる財産に関する規定を設けることが通常であるが，次のように包括的に譲渡される事業に属する一切の財産を譲渡する旨の定めを置く例も見られる。

> **(条項例)**　　※甲は事業譲渡人，乙は事業譲受人である。
> **第3条（譲渡財産）**
> 　甲は，本事業譲渡に伴い，本譲渡日をもって，乙に対し，本譲渡日現在における本事業に係る一切の財産（以下「本譲渡財産」という）を譲り渡し，乙は，これを譲り受ける。本譲渡財産の細目については，甲及び乙が協議の上これを決定する。

　他方で，後日の紛争を避ける目的から，譲渡対象となる財産（資産・債務・契約関係等）を事業譲渡契約書に予め明確に規定しておく例も少なくない。数あるM&Aの手法の中で譲受会社が事業譲渡を用いる理由の一つは，簿外債務や偶発債務の承継を防ぐという点にあるが，この目的を達するために，特に承継対象となる債務の範囲については明確に特定をしておくことが求められる。

　以下では，譲渡対象となる財産のうち，資産・債務・契約上の地位について，事業譲渡契約書における規定の仕方等に順次触れることとする。

(2) 譲渡資産（第1項）

　譲渡会社が譲受会社に対して譲渡する資産に関する規定の仕方としては，前記(1)に例を挙げたように，「譲渡日現在における本事業に係る一切の資産」

とした上で，その具体的な明細については当事会社間の協議に委ねる方法がある。譲渡対象となる資産について，当事会社間で争いがないと見込まれる場合には，このような抽象的・概括的な規定方法でも問題が生じない場合が多いであろう。

しかし，このような抽象的・概括的な規定方法では譲渡対象資産の範囲が必ずしも明らかとはならないケースもあり得る。例えば，ある資産が，譲渡対象事業に用いられるとともに，それ以外の事業でも用いられているような場合が考えられる。そのため，事業譲渡契約書において，譲渡対象となる資産の明細を予め規定しておくことも少なくない。雛形3条1項は，譲渡対象となる資産を別紙に掲記する方法により特定する場合の規定例である。

なお，事業譲渡に際して資産を全く譲渡しないこともあり得る。事業譲渡は，一定の営業目的のため組織化され，有機的一体として機能する財産の全部または重要な一部を譲渡するものであるが，この財産には，得意先関係等の経済的価値のある事実関係も含まれる（前掲最大判昭和40・9・22）。事業譲渡に際して，このような事実関係だけが引き継がれ，貸借対照表に計上されるような資産が全く引き継がれないこともあり得る。

また，譲渡対象資産に含まない資産であるものの，譲受会社にとっては承継する事業の運営に欠かすことができない資産も存在し得る。例えば，譲渡会社が保有している不動産や知的財産権であって，譲受会社が承継する事業の運営にとって必要であると同時に，譲渡会社も引き続き使用しなければならないものも存在し得る。このようなケースでは，事業譲渡後も不動産や知的財産権を引き続き譲渡会社が保有するものとしつつ，不動産については譲受会社に賃貸することとし，知的財産権については譲受会社にライセンスすることとするなどの手当てが必要となる（これとは逆に，事業譲渡に伴って不動産や知的財産権を譲受会社に移転しつつ，譲受会社から譲渡会社に対して賃貸ないしライセンスする方法もあり得る）。このような場合には，事業譲渡契約書において，対象となる不動産にかかる賃貸借契約を締結し，または知的財産権にかかるライセンス契約を締結する旨を規定しておくことが必要となる（事業譲渡契約の締結時点において既に賃貸借契約やライセンス契約の内容が当事者間で固まっているのであれば，事業譲渡契約書にこれらの契約書を別紙として添付することも一案である）。

(3) 承継債務（第2項）

　事業譲渡契約においては，譲受会社が譲渡会社から承継する債務を特定するのが一般的な例である。雛形においては，承継対象となる債務を別紙の形で特定する方法が採用されている。

　債務の承継には，併存的債務引受の方法と免責的債務引受の方法がある。前者は，債務の承継人が当該債務を負担するとともに，元の債務者も引き続き当該債務を負担し続けるというものである。後者は，債務の承継により元の債務者はその後債務を免れることとなるものである。後者の免責的債務引受をするには，債権者から個別の承諾を取得する必要がある。雛形3条2項では，免責的債務引受の方法により本承継債務を譲受会社が承継するものとしているが，事業譲渡日に自動的に債務引受の効果が生じるわけではなく，別途債権者の個別の承諾が必要となる。そのため，雛形8条2号には，事業譲渡前の遵守事項（→9）として，譲渡会社が債権者から書面による承諾を取得するよう努めなければならないという義務規定を入れている（このような努力義務ではなく，取得自体を義務づける例もある）。

　譲受会社がM&Aに際して事業譲渡を用いる理由の一つとして，事業譲渡契約の定めにより，譲渡会社の簿外債務や偶発債務といった潜在的な債務を承継しないようにすることが可能であることが挙げられる。このような潜在債務の遮断を明確にするために，次のような規定が置かれる例もある。

> **（条項例）**　※甲は事業譲渡人，乙は事業譲受人である。
> **第3条（譲渡資産等）**
> 1　（略）
> 2　乙は，本事業譲渡に伴い，本譲渡日をもって，本譲渡日現在における甲の別紙○に掲げる債務（以下「本承継債務」という）を免責的に引き受けるものとし，本承継債務を除いては，法律上の原因を問わず，本譲渡日において既に発生している債務及び本譲渡日前の原因に基づき本譲渡日後に発生する債務（簿外債務及び偶発債務を含む）を一切引き受けないものとする。

　事業譲渡に際して債務を全く移転しないこともあり得る。もっとも，事業譲渡における潜在債務の遮断や債務の非承継といっても，一定の限界があることに留意が必要である。

　近時，会社分割や事業譲渡を用いた事業再生の局面において，詐害的会社分

割・事業譲渡（濫用的会社分割・事業譲渡とも呼ばれることがある）の問題が取り上げられている。詐害的会社分割・事業譲渡とは，分割会社・譲渡会社が，承継会社・譲受会社に債務の履行の請求をすることができる債権者と当該請求をすることができない債権者（残存債権者）とを恣意的に選別した上で，承継会社・譲受会社に優良事業や資産を承継させるなどの残存債権者を害する会社分割・事業譲渡をいう。詐害的会社分割・事業譲渡に関しては，民法上の詐害行為取消権や破産法上の否認権，会社法の商号続用責任の類推適用，法人格否認の法理等により，裁判例において残存債権者の救済（債務承継遮断の否定）が図られたものがある（新設分割に対する詐害行為取消権の行使を認めたものとして最判平成 24・10・12 民集 66 巻 10 号 3311 頁，新設分割に対する否認権の行使を認めたものとして東京高判平成 24・6・20 判タ 1388 号 366 頁，会社分割後のゴルフクラブの名称の続用につき会社法の商号続用責任規定を類推適用したものとして最判平成 20・6・10 判時 2014 号 150 頁，会社分割が濫用であるとして法人格否認の法理を適用したものとして福岡地判平成 23・2・17 判タ 1349 号 177 頁など）。また，2014 年の会社法改正（平成 26 年法律第 90 号）により，詐害的会社分割・事業譲渡における残存債権者の保護に関する規定が新設された。具体的には，分割会社・譲渡会社が残存債権者を害することを知って会社分割・事業譲渡をした場合には，残存債権者は，原則として，承継会社・譲受会社に対して，承継した財産の価額を限度として，その債務の履行を請求することができることとされた（会社 23 条の 2・759 条 4 項・764 条 4 項等）。

　なお，事業譲渡に関しては，会社法上，商号続用責任（会社 22 条）と債務引受広告による責任（会社 23 条）の規定が存在することに留意が必要である。譲受会社が譲渡会社の商号を引き続き使用する場合には，譲受会社も譲渡会社の事業によって生じた債務を弁済する責任を負う（会社 22 条 1 項）。ただし，事業譲渡後に遅滞なく，譲受会社が，本店所在地において，譲渡会社の債務の弁済責任を負わない旨の登記をした場合には，商号続用責任を負わない（同条 2 項）。また，譲受会社が譲渡会社の商号を続用しない場合であっても，譲受会社が譲渡会社の事業により生じた債務を引き受ける旨の広告をしたときは，譲受会社は当該債務の弁済責任を負う（会社 23 条 1 項）。この債務引受広告による弁済責任は，広告後 2 年内に債権者から請求または請求の予告がない場合には消滅する（同条 2 項）。

(4) 承継する契約上の地位（第3項）

　譲渡対象となる事業の継続に必要となる契約は，譲受会社が事業譲渡に伴い新たに相手方と契約を締結するか，あるいは譲渡会社が締結していた契約上の地位を譲受会社が承継することになる。後者の契約上の地位の承継については，事業譲渡契約の中に対象となる契約を特定するのが通例である。雛形3条3項でも，別紙に記載する形で承継対象契約を特定することとしている。また，譲受会社が事業譲渡に伴い新たに相手方と契約を締結することとした場合に，新規契約に対応する旧契約については承継の対象から除外することが想定されるから，次のようにその旨を事業譲渡契約上も明記しておく例もある。

> **（条項例）**　　※ 甲は事業譲渡人，乙は事業譲受人である。
> **第3条（譲渡資産等）**
> 1　（略）
> 2　（略）
> 3　甲は，本事業譲渡に伴い，本譲渡日をもって，乙に対し，本譲渡日現在において甲が当事者となっている本事業に関する別紙○に掲げる契約（以下「本承継契約」という）の契約上の地位及びこれに基づく権利義務を移転し，乙は，これを承継する。ただし，乙が本承継契約の相手方との間で，同契約が規定する内容に関して新たな契約を締結する場合には，この限りでない。

　契約上の地位の承継には，前記（3）の債務の承継と同様に，相手方の個別の承諾が必要となる。雛形8条3号では，事業譲渡前の遵守事項（→9）として，譲渡会社が承継対象となる契約の相手方から書面による承諾を取得するよう義務付けている（承諾の取得自体を義務付けるのではなく，承諾の取得を努力義務とする例もある）。

5　譲渡対価（第4条）

　事業譲渡の対価は，金銭が通例であるが，会社法上特に制約があるわけではない。無償であっても構わない。もっとも，事業譲渡の対価として譲受会社が譲渡会社に株式を発行する場合や自己株式を交付する場合には，現物出資規制が適用される。

　事業譲渡の対価を金銭とする場合においても，事業譲渡契約書での対価の定め方には，次のように様々な方法がある。

① 確定額を規定する方法
　譲渡対価の最も一般的な規定方法は、雛形のように、確定金額を記載する方法である。
② 算定方法を規定する方法
　譲渡対価の規定方法としては、上記①のように確定金額を記載するのではなく、その算定方法を記載することもできる。

> **(条項例)**　※甲は事業譲渡人、乙は事業譲受人である。
> **第4条（譲渡対価）**
> 1　本事業譲渡の対価（以下「本譲渡代金」という）は、本譲渡日現在における本譲渡資産（第3条第1項に定義する）の帳簿価額の合計額から同日現在の本承継債務（同条第2項に定義する）の合計額を控除した額を基準とし、甲乙協議の上、決定する。
> 2　本譲渡代金の支払方法及び支払時期等については、甲乙協議の上、決定する。

③ 調整条項を設ける方法
　譲渡対価は、事業譲渡契約の締結日前の直近の計算書類をベースとしつつその額を決めるのが通例となろうが、事業譲渡契約の締結日からクロージングまでの間には一定の期間が挟まり、その間に譲渡対象資産や事業の価値に大きな変動が生じることもあり得る。そのため、事業譲渡契約において譲渡対価として一応の確定額を定めつつ、その後のクロージング時点の最新情報を踏まえて対価の額の調整を行うこととする旨の規定を設ける例もある。
　このような条項における調整の仕方として、以下のような規定を設けることがある。
・クロージング日現在の計算書類を作成したり、クロージング直後に譲渡対象資産の棚卸を行ったりして、契約締結時にベースとした計算書類や資産帳簿価額との差分について譲渡対価の額を調整する旨の規定
・事業譲渡契約の締結後に行われるデューデリジェンス（後記9のとおり、事業譲渡契約の締結前にデューデリジェンスが行われるのが一般的であるが、諸々の事情により締結後に追加的なデューデリジェンスが行われることもある）の結果を踏まえて当事者間の協議により譲渡対価を調整する旨の規定
・アーンアウト条項（→Ⅱ1(3)(ウ)）

> **(条項例)** ※甲は事業譲渡人，乙は事業譲受人である。
> **第4条（譲渡対価）**
> 1　本事業譲渡の対価は，金〇〇〇円（消費税及び地方消費税別途）（以下「本譲渡代金」という）とする。
> 2　乙は，本譲渡日後速やかに，甲の立会いの下，本譲渡資産の棚卸を行う。この棚卸の結果，滅失等により本譲渡資産が存在しないか，又は毀損その他の事由（減価償却によるものを除く）により本譲渡資産の帳簿価額が本契約締結日時点から減価したと認められる場合は，甲乙協議の上，前項の本譲渡代金を減額するものとする。

　以上のような譲渡対価の額または算定方法に関する定めのほか，対価の支払方法に関する定めも規定をしておく例がある。雛形4条2項では，譲渡対価を譲渡会社の指定する銀行口座に一括して振り込むこととしているが，分割払いも可能である（この場合，譲渡会社は，与信リスクを抱えることになる）。

6　従業員の取扱い（第5条）

　事業譲渡においては，合併のように消滅会社の従業員が存続会社に自動的に承継されるわけではなく，会社分割のように分割会社の従業員との雇用契約を包括的に承継会社に承継させる制度（会社分割に伴う労働契約の承継等に関する法律〔平成12年法律第103号〕）も設けられていない。したがって，譲渡会社の従業員を譲受会社において使用するためには，当該従業員との間で個別に契約関係の整理が必要となる。

　譲受会社は，譲り受ける事業の運営にとって欠かすことのできない従業員（いわゆるキーパーソン）については，確実に承継を受けることを望む。また，キーパーソン以外の従業員のうち誰を承継するかについてや，承継した従業員の雇用条件については，柔軟性を確保しておきたいと望む。他方で，譲渡会社は，できる限り多くの従業員の雇用が譲受会社に引き継がれ，かつ雇用条件も維持されることを望む。

　事業譲渡契約書における従業員の取扱いに関する規定には，当事会社間における協議の結果が反映されることになるが，異動させる従業員の有無（従業員の異動がない事業譲渡もあり得る），異動させる従業員の特定，異動の方法（転籍の方法をとるか，あるいは譲渡会社に籍を置いたまま譲受会社に出向させる方法

をとるかなど），異動対象従業員の労働条件（人事制度，給与制度，福利厚生制度等。譲渡会社の条件を譲受会社において引き継ぐか，それとも引き継がないか），転籍者に対する退職金支払債務の取扱い（転籍時に譲渡会社において支払い，譲受会社が退職金支払債務を承継しないものとするとか，あるいは転籍の前後を通じて勤続年数を通算した上で退職金支払債務を譲受会社が承継するものとし，当事会社間において事業譲渡時に負担の精算をするとか）といった事項について定めが置かれる例が多い。雛形5条においては，承継対象となる従業員を別紙で特定した上で，当該従業員との間で譲受会社が新たに雇用契約を締結するものとなっている。

譲受会社にとって譲り受ける事業の運営に欠かすことのできないキーパーソンの確保に関しては，事業譲渡前の遵守事項（→9）として，譲渡会社がキーパーソンから転籍承諾書を取得する努力義務を課すこととしたり，事業譲渡の前提条件（→8）として，キーパーソンからの転籍承諾が得られない限り事業譲受けを行わないこととしたりすることが考えられる。

7　表明保証（第6条）

事業譲渡契約の締結に先立っては，譲受会社が譲渡会社のデューデリジェンスを行い，譲渡対象事業の内容やその承継について問題や支障がないかどうかを入念に調査するのが一般的であるが，それでもすべての問題点を発見することには困難が伴う。そこで，事業譲渡契約の中に表明保証条項を設け，譲渡会社において，様々な事項について契約締結日時点でそれが真実であり正確である旨を表明させ，保証させることが多い。一般的な表明保証事項は，事業譲渡契約の締結に際して必要な権利能力・行為能力があること，社内手続・法定手続の履践や，譲渡対象となる事業・資産・債務・契約・従業員等に関する事項である（権利能力・行為能力があることや手続の履践については，譲受会社も表明保証をすることが多い）。

なお，表明保証条項における個別具体的な規定の内容については，株式譲渡契約における表明保証条項と重複する面があることから，前記の株式譲渡契約書に関する表明保証条項の解説（→Ⅱ6）を参照されたい。

表明保証条項に違反した場合の法的効果としては，後記11の金銭的補償や，同8のクロージングの前提条件を欠くものとして事業譲渡の実行をしないこと

とするのが一般的である。

　また，それほど例は多くないとみられるが，例えば，譲渡会社に親会社が存在して，譲渡会社の管理の多くが親会社に依存している場合や，譲渡会社が金銭的補償（→11）を行う資力に乏しいとみられる場合において，譲渡会社のみならず親会社にも表明保証をさせるケースもある。この場合には，事業譲渡契約の当事者に譲渡会社の親会社も含めることとなる。

8　事業譲渡の前提条件（第7条）

　独立当事者間における一定規模以上の事業譲渡契約においては，事業譲渡の前提条件（クロージング条件とも呼ばれる）を設定する規定が置かれることが少なくない。かかる条件が満たされない限り，譲渡会社・譲受会社は事業譲渡の実行をする義務を負わないとする規定である。

　譲渡会社と譲受会社それぞれにとっての前提条件を設けるのが通例であり，雛形7条1項は譲渡会社にとっての前提条件（当該条件が満たされない限り譲渡会社が事業譲渡の実行義務を負わないとするもの）を，同条2項は譲受会社にとっての前提条件（当該条件が満たされない限り譲受会社が事業譲受けの実行義務を負わないとするもの）を規定している。

　前提条件として規定するものとして，雛形では，一般によくみられる例として，表明保証事項が（クロージング日現在においても）真実かつ正確であることと，事業譲渡契約上の義務違反が存在しないことを掲げている。これらのほか，必要に応じて，譲受会社が譲渡対象事業を営むのに必要な許認可等を取得できていること，独占禁止法上の届出の効力が発生していること（待機期間を経過していること）や公正取引委員会による審査が終了していること（排除措置命令を行わない旨の通知書が交付されていること），異動の対象となる従業員（特にキーパーソン）から転籍の同意が得られていること，承継対象となる債務や契約について債権者や契約相手方からの承諾が得られていること，譲渡対象事業に係る資産，負債，財政状態または経営成績等に重大な悪影響が生じていないことなどを挙げることができる。要は，どのような事態が生じた場合（あるいは生じていない場合）に，事業譲渡・譲受けを行わないこととするかという定めであり，事業や当事者の特性に応じて様々な前提条件の設定が考えられる。

9　事業譲渡前の遵守事項（第8条）

　事業譲渡においては，事業譲渡契約の締結から事業譲渡の実行に至るまで，一定の期間を挟むことが多い。当事者間において，事業譲渡に関する基本的な事項について合意に達した段階で事業譲渡契約を締結した上で，その後事業譲渡の実行までの間に種々の条件整備を行うこととしたり（例えば，8で述べた前提条件の充足），あるいは，この間に譲渡対象事業のデューデリジェンスを行ったりする（事業譲渡契約の締結前にデューデリジェンスが行われるのが一般的であろうが，事業譲渡契約の締結前の段階ではまだ事業譲渡の存在が公になっていないために大々的なデューデリジェンスの実施ができず，そのために事業譲渡契約が締結されその旨が公表された後に，デューデリジェンスが追加で行われることもある）。

　このように事業譲渡契約の締結から事業譲渡の実行までの間に一定の期間を挟む場合，その間に当事者が遵守すべき事項を規定しておく例が少なくない。そして，この場合，当事者が遵守すべき事項を遵守していることが事業譲渡の実行の前提条件（→8）とされることが通例である。

　事業譲渡前の遵守事項として規定されるものとしては，事業譲渡・譲受けに必要となる手続（社内手続・株主総会承認・許認可の取得等）の履践，譲渡会社における事業の運営や財産管理における善管注意義務，譲渡会社の禁止行為（一定額を超える支出や借入等の対象事業の価値を毀損する可能性のある行為について，譲受会社の事前の書面による同意を要することにするなど。包括的な定め方であるが，雛形8条1号参照），承継債務の債権者や承継契約の相手方からの個別承諾の取得（雛形8条2号のように努力義務とする例もあれば，同条3号のように承諾の取得自体を義務づける例もある）などがその典型である。

10　事業譲渡後の遵守事項（第9条）

　クロージングを迎えて事業譲渡が実行されることにより，事業譲渡契約の一番大きな目的は達せられることになるが，事業譲渡後においても当事者間で一定の義務付けをする規定を設ける例がある。その最たるものが競業避止義務の規定である。

　事業譲渡に際しての競業避止義務については，会社法にも規定が置かれてい

る。譲渡会社は、同一の市町村（東京都特別区や政令指定都市にあっては、区）の区域内およびこれに隣接する市町村の区域内においては、事業譲渡日から20年間は、同一の事業を行ってはならない（会社21条1項）。事業譲渡契約において、競業避止義務に関する特段の規定を置かない場合には、この会社法の規定が適用されることになる。当事者が会社法の規定とは異なる合意（同項の「当事者の別段の意思表示」）をした場合には、その合意が優先するが、その場合でも、譲渡会社が同一の事業を行わない旨の特約は、事業譲渡日から30年の期間内に限りその効力を有するものとなる（同条2項）。

このほか、事業譲渡後の遵守事項としては、譲渡会社に負わせる義務として、承継債務の債権者、承継契約の相手方または異動対象従業員からの個別同意の取得への協力義務や、譲受会社に転籍した従業員を再度引き抜いたりしない義務を規定する例がある。また、譲受会社に負わせる義務として、承継した従業員の雇用を一定期間継続する義務や、雇用条件を維持する義務を規定する例がある。

11　補償（第11条）

当事者に表明保証違反や事業譲渡契約上の義務違反が認められた場合に、他方当事者が金銭的補償を受けることができる旨を定めた規定である。一方当事者が事業譲渡契約に違反した場合には、契約を解除する途もあるが、クロージング前しか契約の解除を認めないとすることも少なくなく（→12）、このようなケースではクロージング後に判明した契約違反や表明保証違反については、本条の金銭的補償により解決が図られることになる。

譲受会社の多くは補償に関して何らの制限も設けないことを望むが、譲渡会社は補償責任を負う範囲について一定の制限を設けることを望む。雛形11条では補償の額等について特段の制限を設けていないが、以下の規定例のように、補償請求をすることができる期間、累積上限額、1件当たりの請求下限額などの一定の制限を設ける例もある。

（条項例）　※甲は事業譲渡人、乙は事業譲受人である。
第11条（補償）
　甲及び乙は、本契約において相手方が行った表明及び保証が正確でなかったこ

と並びに相手方の義務の違反又は不履行に起因して自らに生じた損害に対する補償を相手方に対して請求することができる。ただし，この請求は，本譲渡日から起算して1年を経過する日までになされたものに限る。また，本条に基づく補償請求は，本譲渡代金の25％相当額をその累計額の上限額とし，1つの事由に基づく損害額が1000万円を超過した場合にのみ補償義務が生じるものとする。

12　解除（第12条）

　事業譲渡契約も契約である以上，債務不履行等の一定の事由が生じた場合にこれを解除することができる旨の規定を設けることができる。

　もっとも，事業譲渡契約の解除が許される時期については，これをクロージング前に限定することが少なくない。クロージングに伴って資産や債務，契約等が譲渡会社から譲受会社に移転した後に，その効力を失わせてクロージング前の状態に戻すことについては，当事者に多大な負担が生じる上，取引先等の第三者に対しても大きな混乱を生じさせることになりかねないからである。契約の解除をクロージング前に限定する場合，クロージング後に判明した債務不履行や表明保証違反の問題については，補償条項の適用（→11）により対応がされることになる。

　一般的に解除事由として掲げられるのは，事業譲渡契約の（重大な）違反があった場合（雛形12条1号のように是正を促すための一定の催告期間を設ける例もある），（重大な）表明保証違反があった場合，倒産手続開始の申立てがあった場合，相当の時日が経過してもなおクロージングに至らない場合である。相当の時日が経過してもなおクロージングに至らない場合を解除事由とするのは，このような場合には，事業譲渡契約の締結時に当事者が前提としていた事実関係とその後の当事者の状況や外部環境に大きな乖離が生じてしまっている可能性があるから，他の解除事由が生じていないときであっても，事業譲渡契約による拘束から当事者を解放することが合理的であると考えられるためである。

Ⅳ 吸収分割契約書の条項例と解説

📄 雛形

※　欄外の番号は条項解説の該当箇所を示す。

吸収分割契約書

　○○（以下「甲」という）及び○○（以下「乙」という）は，甲の事業に関する権利義務の一部を乙に承継させる吸収分割（以下「本吸収分割」という）に関し，次のとおり吸収分割契約（以下「本契約」という）を締結する。

第1条（吸収分割）　　　　　　　　　　　　　　　　　　　　　　　　1
　甲は，吸収分割の方法により，甲の○○事業（以下「本件事業」という）に関して甲が有する第4条に定める権利義務を乙に承継させ，乙は，これを承継する。

第2条（商号及び住所）　　　　　　　　　　　　　　　　　　　　　　2
　本吸収分割にかかる吸収分割会社及び吸収分割承継会社の商号及び住所は，次のとおりである。
　　①　吸収分割会社（甲）　　商号：○○
　　　　　　　　　　　　　　　住所：東京都○○区○○町○丁目○番○号
　　②　吸収分割承継会社（乙）商号：○○
　　　　　　　　　　　　　　　住所：東京都○○区○○町○丁目○番○号

第3条（効力発生日）　　　　　　　　　　　　　　　　　　　　　　　3
　本吸収分割がその効力を生ずる日（以下「効力発生日」という）は，令和○年○月○日とする。ただし，必要に応じて，甲及び乙が協議の上，これを変更することができる。

第4条（承継する権利義務等）　　　　　　　　　　　　　　　　　　　4
　1　乙は，本吸収分割により，甲から次に掲げる資産，債務，雇用契約その他の権利義務を承継する。
　　①　資産
　　　　本件事業に関する流動資産及び固定資産の全部
　　②　債務

　　　　本件事業に関する流動負債及び固定負債の全部
　　③　雇用契約その他の権利義務
　　　ア　本件事業に従事する甲の従業員の全員との雇用契約
　　　イ　本件事業に関して甲が取引先との間で締結している全ての契約上の地位及び権利義務
２　本吸収分割による甲から乙への債務及び義務の承継は，免責的債務引受の方法による。

第５条（吸収分割に際して交付する株式の数及び割当て）
　乙は，本吸収分割に際して，株式○○株を発行し，そのすべてを甲に割り当て，交付する。

第６条（乙の資本金及び準備金に関する事項）
　本吸収分割により増加する乙の資本金及び準備金の額は，次のとおりとする。
　①　資本金　　　　○○○円
　②　資本準備金　　○○○円
　③　利益準備金　　○○○円

第７条（株主総会の決議）
　甲及び乙は，効力発生日の前日までに，それぞれ株主総会を招集し，本契約の承認の決議を求める。

第８条（会社財産の管理）
　甲及び乙は，本契約の締結日から効力発生日までの間，それぞれ善良な管理者の注意をもって業務を執行し，資産及び負債を管理するものとし，その財産及び権利義務に重大な影響を及ぼす行為をするときは，事前に相手方の同意を得なければならない。

第９条（本契約の変更及び解除）
　本契約締結後効力発生日までの間，天災地変その他の事由により，甲又は乙の資産状態若しくは経営状態に重要な変更が生じたとき又は本契約の目的の達成が困難になったときは，甲及び乙が協議の上，本吸収分割の条件その他本契約の内容を変更し，又は本契約を解除することができる。

第10条（本契約の効力）
　本契約は，効力発生日の前日までに第７条に定める甲及び乙の株主総会の決議による本契約の承認又は法令の定める関係官庁の承認が得られないときは，その効力を失う。

第11条(協議)

本契約に定めるもののほか,本吸収分割に必要な事項は,本契約の趣旨に従い,甲及び乙が協議の上,これを定める。

本契約の成立を証するため本書2通を作成し,各自記名押印の上,各1通を保有する。

令和　年　月　日

甲

乙

条項解説

1　吸収分割の合意(第1条)

　吸収分割契約の最も基本的な規定として,当事会社が吸収分割を行う旨の定めを置く。吸収分割とは,株式会社または合同会社がその事業に関して有する権利義務の全部または一部を分割後他の会社に承継させることをいう(会社2条29号)。

　会社法上は,吸収分割においては,吸収分割会社は株式会社または合同会社である必要があるが,吸収分割承継会社は会社であれば足り,株式会社や合同会社以外の合名会社または合資会社でも許容されている。雛形では,当事会社の双方が株式会社であることを前提としている。

2　当事者の商号および住所(第2条)

　会社法では,吸収分割契約に盛り込まなければならない必要的記載事項が規定されているが(会社758条各号),吸収分割の当事会社となる吸収分割会社お

よび吸収分割承継会社の商号および住所も，必要的記載事項とされている（同条1号）。

当事会社の商号および住所は，契約書の前文に記載してもよいし，雛形2条のように個別の条を設けてもよいし，契約書末尾の記名押印欄にその記載があることでも足りる。

3　効力発生日（第3条）

吸収分割の効力が生じる日（効力発生日）は，吸収分割契約の必要的記載事項とされている（会社758条7号）。一般的な規定の仕方としては，雛形3条のように，確定日を置いた上で，必要に応じてこれを変更可能とするものが多い。

一度定めた効力発生日を変更するに際しては，会社法上その手続が法定されている。当事会社は，合意により効力発生日を変更することができるが（会社790条1項），変更前の効力発生日の前日までに変更後の効力発生日の公告を要する（同条2項）。

4　承継する資産負債等（第4条）

吸収分割に際して分割会社から承継会社が承継する資産，債務，雇用契約その他の権利義務に関する事項は，吸収分割契約の必要的記載事項である（会社758条2号）。

会社分割においては，事業譲渡とは異なり，事業自体が承継されることは要求されておらず，「その事業に関して有する権利義務の全部又は一部」（会社757条）だけを承継させることができると解されている。

また，会社分割においては，事業譲渡とは異なり，分割会社の債務や契約上の地位を承継会社に承継するに際して，債権者や契約相手方の個別の承諾を取得することを要しない。そのため，吸収分割契約に承継債務・承継契約を記載するに際しては，どの債務・契約が承継の対象となっているのかを判別することができる程度に特定されていなければならない。

雛形4条では，「本件事業に関する流動資産及び固定資産の全部」，「本件事業に関する流動負債及び固定負債の全部」，「本件事業に従事する甲の従業員の全員との雇用契約」，「本件事業に関して甲が取引先との間で締結しているすべての契約上の地位及び権利義務」といった具合に，承継対象となる事業に関す

る資産・負債等を包括的に記載する方法を採用している。グループ企業間の吸収分割においては，このような包括的な記載でも特段の問題が生じないことが多いであろうが，グループをまたぐ独立当事者間での吸収分割においては，後日の疑義や紛争を回避するためにも，別紙の形で列記するなど，承継する資産・負債・契約等をできる限り特定しておく方が望ましい。

> **（条項例）** ※ 甲は吸収分割会社，乙は吸収分割承継会社である。
> **第 4 条（承継する権利義務等）**
> 　乙は，本吸収分割により，甲から，別紙○に記載された資産，債務，契約及び従業員を承継する。

以下の条項例は，一定の基準日における資産債務等（別紙 A）を基礎としつつ，そこから一部の資産債務等（別紙 B）を承継対象から排除し，かつ基準日以降の通常業務による変動を加味させる例である。

> **（条項例）** ※ 甲は吸収分割会社，乙は吸収分割承継会社である。
> **第 4 条（承継する権利義務等）**
> 　乙は，本吸収分割により，別紙 A に記載された令和○年○月○日現在における本件事業に属する資産，債務，契約及び従業員を基礎とし，これから，別紙 B に記載する資産，債務，契約及び従業員を除いた上，同日後に本契約の規定に基づき行われる取引等及び通常の業務の範囲内で行われる本件事業の運営により生じた変更を反映した資産，債務，契約及び雇用契約を，甲から承継する。

　なお，承継会社にとって承継後の事業の運営に必要な資産であると同時に，分割会社にとっても引き続き使用することが必要な資産も存在し得る。このような資産が存在する場合には，事業譲渡契約書の条項解説において述べたところと同様に（→Ⅲ 4 (2)），賃貸借契約やライセンス契約の締結等の手当てが必要となる。

　また，雇用契約の承継（従業員の取扱い）については，「会社分割に伴う労働契約の承継等に関する法律」が設けられている。事業譲渡とは異なり，会社分割においては，吸収分割契約において承継する旨を規定した雇用契約を，個々の労働者の個別の同意を要することなく承継会社に承継することができるが，労働者保護の観点から，同法所定の手続（労働者との事前協議，労働者への所定事項の通知等）を踏むことが必要となる。

吸収分割に際して、分割会社の債務の一切を承継会社が承継しないこととすることも可能である。もっとも、これには一定の制約があり、会社分割がいわゆる詐害的会社分割に該当する場合には、債務を承継しないことが認められない可能性がある（→Ⅲ4(3)）。

5 会社分割の対価（第5条）

吸収分割に際して承継会社から分割会社に対して交付される対価に関する規定は、吸収分割契約の必要的記載事項とされている（会社758条4号）。

分割対価の種類は、承継会社の株式（同号イ）、社債（同号ロ）、新株予約権（同号ハ）、新株予約権付社債（同号ニ）またはこれら以外の財産（同号ホ）である。会社法上は、吸収分割に際して何らの対価も交付しない無対価分割も許容されている（同号柱書は、「吸収分割承継株式会社が吸収分割に際して吸収分割会社に対して……金銭等を交付するときは」と規定し、金銭等の分割対価を交付しないことも許容している）。

6 資本金および準備金（第6条）

吸収分割の対価が承継会社の株式であるときには、承継会社の資本金および準備金の額に関する事項を吸収分割契約に規定する必要がある（会社758条4号イ）。

記載の仕方としては、雛形6条のように、吸収分割により増加する承継会社の資本金および準備金（資本準備金と利益準備金）の確定額を記載する方法もあるし、「法令に従い」あるいは「会社計算規則に従い承継会社が定める」といった具合に抽象的な記載にとどめる方法もある。

吸収分割に際して、資本金または準備金の額を増加させないことも許容されるが、これらの額を減額するためには、承継会社において別途資本金または準備金の額の減少手続（会社447条〜449条）を踏む必要がある。

7 分割会社の新株予約権の取扱い

分割会社が発行していた新株予約権は、新株予約権者を債権者とし、分割会社を債務者とする債権（分割会社の株式の発行を求めることができる請求権）であるが、吸収分割に際して、この新株予約権にかかる債務を承継会社に承継さ

せることはできない（会社法758条2号かっこ書において，「吸収分割株式会社の新株予約権に係る義務を除く」と規定されている）。

分割会社の新株予約権者を保護するために，会社法では，次の2つの手当てがされている。

まず，吸収分割に際して，分割会社の新株予約権者に対し，その新株予約権に代えて，承継会社の新株予約権を交付することができる。この場合には，元の新株予約権や新たに交付される新株予約権に関する事項を吸収分割契約に規定する必要がある（会社758条5号）。

つぎに，一定の分割会社の新株予約権者には，新株予約権買取請求権が付与される。買取請求権が付与される新株予約権は，① 吸収分割契約において承継会社の新株予約権が交付される旨が規定されたもの，または② 分割会社の新株予約権の発行時に，分割会社が吸収分割をする際には承継会社の新株予約権が交付される旨を定めたにもかかわらず，吸収分割契約においてその旨の規定がないものであって，承継会社の新株予約権の交付条件が分割会社での新株予約権発行時の条件と合致していないものである（会社787条1項2号）。

8　株主総会の決議（第7条）

一定の吸収分割については，その効力発生日の前日までに，株主総会の特別決議により吸収分割契約の承認を得なければならない（会社783条1項・795条1項）。したがって，雛形7条の規定は，吸収分割の効力を発生させるために会社法上必要となる手続を確認的に定めたものにすぎないが，このような規定を設ける例が少なくない。

9　会社財産の管理等（第8条）

吸収分割の必要的記載事項ではないが，雛形8条のように，吸収分割契約の締結日から効力発生日までの間，当事者のそれぞれが善良な管理者の注意をもって業務を執行し，資産および負債を管理するものとし，その財産および権利義務に重大な影響を及ぼす行為をするときは，事前に相手方の同意を得なければならないとする旨の規定を設けることがある。クロージング前の遵守事項の1つとして整理することができる（企業グループをまたぐ独立当事者間での吸収分割においては，後記13のとおり，より詳細な遵守事項を吸収分割契約や法定外

契約に規定することもある）。吸収分割契約においては，契約締結後に事後的に対価の調整を行うこととする例が多くなく，契約締結日から効力発生までの間に承継事業（資産・債務・契約関係等）や対価となる承継会社株式の価値に大きな変動が生じることがないようにするための手当てである。

10 契約の変更・解除（第9条），契約の効力（第10条）

雛形9条の吸収分割契約の変更・解除事由や10条の効力消滅事由は，必要的記載事項ではないが，規定が置かれることが一般的である。特に，契約の変更・解除事由に関しては，このような規定を欠くと，後日吸収分割契約を（合意）解除するに際しても，改めて株主総会による承認が必要であると解される余地がある。

11 定款の変更・役員の選任

吸収分割に伴い，承継会社の定款や役員を変更することがあり（定款に承継対象となる事業目的を追加したり，分割会社の役員を承継会社の役員に据えるなど），吸収分割契約の中に，この定款変更の内容や新役員の氏名等を規定しておく例も見られる。

もっとも，吸収分割契約にこれらの規定を設けたとしても，吸収分割の効力発生とともに自動的に定款変更や役員の選任の効力が生じるものではないため，別途承継会社の株主総会により，定款変更や役員の選任を決議する必要がある。

12 人的分割

平成17年に成立した会社法では，改正前商法におけるいわゆる人的分割（吸収分割の対価となる承継会社株式を，分割会社の株主に対して直接交付する方法）は廃止された。会社法において人的分割と同様の効果をもたらすためには，分割会社が対価として交付を受けた承継会社株式を，分割に際して，剰余金の配当（現物分配）ないし全部取得条項付種類株式の取得対価の交付として分割会社株主に交付する方法を用いるものとされた。

図7　人的分割の模式図

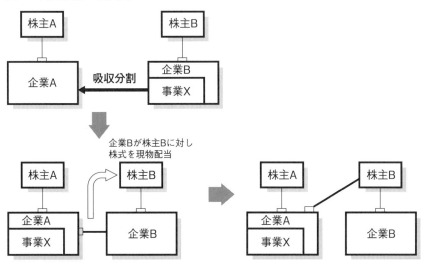

あまり例は多くないが，このような方法を用いる場合には，その旨を吸収分割契約に規定する必要がある（会社758条8号）。

13　その他

　以上の規定は，会社法上の吸収分割契約の必要的記載事項に若干の肉付けをした程度のものであるが，必要的記載事項以外の事項を規定することが禁じられるわけではなく，他のM&A取引（株式譲渡や事業譲渡等）にかかる契約と同様に，表明保証，クロージング前後の遵守事項，クロージングの前提条件，補償等の規定が吸収分割契約の中に置かれることがある。

　また，吸収分割契約書そのものには，雛形のように必要的記載事項プラスアルファ程度の簡単な規定のみを設け，上記の表明保証条項等の規定については，別途の覚書等の合意書（法定外契約と呼ばれることがある）に盛り込む例も少なくない。

The business and the form of a contract
Chapter 8

第8章

販売提携に関する契約
（販売店契約・代理店契約）

I 総論

　メーカーは製造した商品を自ら顧客に販売することも少なくないが，当該メーカーが商品販売の手段や販売ノウハウ等を有しない場合には，その販売ノウハウ等を有する者との間で「販売提携」を行い，商品を効率的に販売してもらうことがある。この結果，メーカーと顧客との間に販売ノウハウ等を有する者が介在することによって様々な形態のビジネスが発達する。

　この「販売提携」のうち，本章では，その典型例である「販売店契約」と「代理店契約」について解説する。それぞれの契約について，販売ノウハウ等を有する者（販売店，代理店）の視点から，その概要を述べると以下のとおりである。

　まず販売店契約とは，販売店がメーカーから自己の名前と計算で商品を仕入れると同時に販売権を得て，顧客に商品を再販売する契約をいう。販売店は，顧客への商品販売価格を自ら設定することができるため，高い転売利益を得る

表 販売店契約と代理店契約の主要な相違点

項　目	販売店契約	代理店契約
契約主体（顧客は誰と契約を締結するのか）	販売店	メーカー
販売価格の決定権者	販売店	メーカー
販売店・代理店の報酬	転売利益	販売手数料
在庫保有・代金回収リスク	販売店負担	メーカー負担

ことがある一方，メーカーから予め商品を購入することが原則となるため，顧客への販売が十分でなければ多くの在庫を抱えて多額の損失を負うこともある。

　これに対し，代理店契約とは，代理店がメーカーの代理人（法律上，委任契約に該当する）となり，代理店がメーカーの製造した商品を，メーカーのために，顧客に販売する契約をいう。顧客との商品売買契約の契約当事者は，代理店ではなく，メーカーであり，代理店はあくまでメーカーの代理人として商品を販売する。したがって，代理店契約における代理店は，販売店契約における販売店とは異なり，在庫リスクを負わない。代理店にとっては，顧客への商品の販売数量等に応じてメーカーより支払われる手数料が報酬となる。

　このように販売店契約と代理店契約は，メーカーと顧客との間に介在する者（販売店，代理店）の視点からいえば，他者（メーカー）が製造した商品を活用し，それを顧客に販売するという点で共通するため，両契約の契約書には共通する条項が多くみられるが，他方で，両契約は，在庫リスク等を誰が負担するのか，顧客との間で締結する商品売買契約の法律効果は誰に帰属するのかなどといった点で異なるため，これらの点で契約条項の内容が異なってくる。なお，両契約の主要な相違点は上記の**表**のとおりである。

　販売提携に関する契約を締結する際には，それぞれの契約の特徴を正しく理解した上で，個別具体的な事案に即していずれの契約類型が自らにとって望ましいかを慎重に判断することになる。

Ⅱ 販売店契約書の条項例と解説

雛形

※ 欄外の番号は条項解説の該当箇所を示す。

販売店契約書

　○○（以下「甲」という）と○○（以下「乙」という）とは，甲が乙に対して販売する別紙1（略）で定める商品（以下「本商品」という）の販売権を付与することについて，以下のとおり契約（以下「本契約」という）を締結する。

第1条（独占販売権）
　甲は，本契約の有効期間中，本商品の日本における独占販売権を乙に付与し，乙はこれを受諾する。甲は，乙以外の第三者に対し，本商品の日本における販売権を付与しない。また，甲は，本契約の有効期間中，乙の事前の承諾なくして本商品を自らも販売してはならない。

第2条（個別契約）
1　甲は乙に対し，独占販売権の対象となる本商品を販売する。甲から乙に売り渡される本商品の品名，仕様，種類，数量，価格，納期，納品場所，受渡条件等売買に必要な条件は，本契約に定めるものを除き，個別契約を締結の上，同契約にて別途定める。
2　個別契約は，乙が，商品の品名，仕様，種類，数量，価格，納期，納品場所，受渡条件等，甲が指定した事項を明示した所定の注文書により甲に発注し，甲が所定の注文請書を乙に送付して乙に到達した時に成立する。ただし，注文書送付後，○営業日以内に甲から諾否の回答がないときは，個別契約は成立したものとみなす。

第3条（商品の納品・検査・検収）
1　本契約に基づく本商品の納品は，個別契約の定めに従う。乙は，本商品受領後遅滞なく，甲乙別途協議した検査方法により，本商品の数量及び内容の検査を行い，合格したものを検収する。本商品に数量不足又は瑕疵があった場合は，乙は，本商品の受領後○営業日以内に，具体的な数量不足又は瑕疵の内容を示して，甲に通知する。

2 前項の通知を受けたときは、甲は、代品の納品、商品の修理又は部品の交換を行う。
3 乙が、本商品受領後〇営業日以内に第1項の通知を行わなかったときは、当該商品は、乙の検査に合格したものとみなす。
4 第1項の乙の検査の結果、不合格となった商品であっても、乙の使用目的に支障のない程度の瑕疵であると乙が認めたときは、甲乙の協議によりその対価を減額したうえ、乙はこれを引き取ることができる。なお、当該瑕疵により生じた損害については、乙の負担とする。

> **(債権法改正後の条項例)**
> 1 本契約に基づく商品の納品は、個別契約の定めに従う。乙は、商品受領後遅滞なく、甲乙別途協議した検査方法により、商品の数量及び内容の検査を行い、合格したものを検収する。商品に種類、品質又は数量に関して本契約の内容に適合しないもの(以下「不適合」という)があった場合は、乙は、商品の受領後〇営業日以内に、具体的な不適合の内容を示して、甲に通知する。
> 2 乙は、甲に対し、〇営業日以上の期間を定めて、商品の修補、代替品の引渡し又は不足分の引渡しによる履行の追完を催告し、甲は、乙の選択に従い、履行の追完をする。
> 3 前項の履行の追完を催告したにもかかわらず、乙が定めた期間内に甲が履行の追完をしないときは、乙は甲に対し、不適合に応じた商品の代金の減額を請求することができる。
> 4 乙が、商品受領後〇営業日以内に第1項の通知を行わなかったときは、当該商品は、乙の検査に合格したものとみなす。
> 5 第1項の乙の検査の結果、不合格となった商品であっても、乙の使用目的に支障のない程度の不適合であると甲が認めたときは、甲乙の協議によりその対価を減額した上、乙はこれを引き取ることができる。なお、当該不適合により生じた損害については、乙の負担とする。

第4条(所有権の移転・危険負担)

1 本商品にかかる所有権は、前条第1項に基づき乙が検収した時点をもって、甲から乙に移転する。ただし、乙が引き取った不合格品の所有権については、乙が引き取る旨の意思表示をした時に、甲から乙に移転する。
2 前条第1項に基づき乙が検収する前に生じた本商品の滅失、損傷、変質その他の損害は、乙の責めに帰すべきものを除き甲が負担し、検収後に生じた本商品の滅失、損傷、変質その他の損害は、甲の責めに帰すべきものを除き乙が負担する。

第5条(仕様基準・品質保証)
1 本商品の仕様基準は,次の各号に準拠していなければならない。
 (1) 図面及び仕様書で甲が作成し,乙が受領したもの
 (2) JIS等の公に定められた規格 ただし,公に定められた規格と(1)の書類との間に不一致がある場合は,(1)の書類が優先する。
 (3) 法令又は条例に定められた基準
 (4) 前各号のほか,甲乙が協議の上定めた基準
2 甲は,本商品が前項各号に定める仕様に合致しており,かつ乙の満足する品質及び性能を備えることを保証する。

第6条(瑕疵担保責任)
 本商品に第3条第1項に定める検査では発見できない瑕疵があったときは,検収後6か月以内に乙が瑕疵を発見し,この旨を甲に通知した場合に限り,甲は代品の納品,商品の修理又は部品の交換に応じる。この場合,乙は,瑕疵を発見した後1週間以内に乙に代品の納品,商品の修理又は部品の交換のいずれかを求める旨を書面により通知しなければならない。なお,本条の規定は,乙による損害賠償の請求を妨げない。

> (債権法改正後の条項例)
> 第6条(契約不適合責任)
> 1 本商品に第3条第1項に定める検査では発見できない不適合(数量不足を除く。以下本条において同じ)があったときは,納品後6か月以内に乙が不適合を発見し,甲に対し,○営業日以内に具体的な不適合の内容を示して通知し,その後,同条第2項に定める履行の追完を催告した場合に限り,甲は,乙の選択に従い,同条第2項に定める履行の追完をする。
> 2 前項の履行の追完を催告したにもかかわらず,乙が定めた期間内に甲が履行の追完をしないときは,乙は甲に対し,不適合に応じた商品の代金の減額を請求することができる。
> 3 本条の規定は,乙による損害賠償の請求を妨げない。

第7条(製造物責任)
 甲は,本商品の欠陥に起因して,第三者の生命,身体又は財産に損害を生じさせたときは,故意,過失の有無を問わず,その第三者及び乙が被った一切の損害(乙が第三者に支払った賠償額,甲が本商品を市場から回収するために要した費用,弁護士費用を含むがこれらに限らない)を賠償する。

第8条（改良品の販売権）
 1　甲は，本商品の改良品を開発した場合，乙に対して当該改良品の情報を速やかに書面により通知しなければならない。
 2　乙は，当該改良品を本商品に含めることを希望する場合，甲に対し，前項の書面を受領した日の翌日から〇営業日以内にその旨を書面により通知し，これにより，当該改良品を本商品に含めることができる。

第9条（競合品の取扱い）
　　乙は，本契約の有効期間中，自ら及び第三者をして日本国内において本商品と類似又は競合する一切の商品の販売を行ってはならない。

第10条（最低購入数量等）
 1　乙は，各年1月1日から同年12月末日までの間（以下「事業年度」という）において，本商品を〇個に達するまで購入しなければならない。なお，本契約が事業年度の途中で締結又は終了した場合は，当該数量は日割計算で算出する。
 2　各事業年度において，前項の最低購入数量に達しなかった場合，甲は，乙に対し書面で通知することにより，乙に付与した独占販売権を非独占販売権に変更することができる。ただし，この場合において，甲は乙に対し，当該最低購入数量に達しなかったことを理由とする損害賠償請求や解除権の行使はできない。
 3　甲は，乙に対し，各事業年度において，本商品を〇個供給する義務を負う。

第11条（商標の使用許諾）
 1　甲は，乙に対し，甲が保有する別紙2（略）記載の登録商標（以下「本商標」という）について，次の範囲の通常使用権を許諾し，乙は当該範囲で本商標を使用する義務を負う。
　(1)　許諾商品　本商品
　(2)　使用地域　日本国内
　(3)　使用範囲　本商品の販売のため，本商品及び販売促進のためのパンフレット，商品説明書その他の販売促進物（以下総称して「販売促進物」という）に付して使用すること
　(4)　使用料　無償
 2　甲は，乙に対し，本商標に係る商標権を甲単独で保有していることを保証する。
 3　乙は，本商品に関して本商標以外の商標を使用してはならない。
 4　乙は，本商標と類似する標章の商標登録出願をしてはならない。
 5　乙は，第三者が本商標を侵害していること又はそのおそれがあることを発見した場合，直ちに甲にその内容を報告する。この場合，甲は，自己の責任と費用で当該侵害又はそのおそれの排除若しくは予防のために必要な行為を行う。乙は，甲からの要請に基づき甲による費用負担を条件としてこれに協力する。

6 乙による本商標の使用に関して第三者から権利侵害の主張，損害賠償の請求その他の主張若しくは請求がなされた場合，又は本商標につき第三者から無効事由若しくは取消事由があると主張された場合（無効審判若しくは取消審判を請求された場合を含む），両当事者は協力してこれに対処する。ただし，いずれかの当事者の責めに帰すべき事由により当該主張又は請求がなされた場合は，当該当事者がその責任と費用でこれに対応し，相手方当事者に一切の損失，費用等の負担を及ぼさない。

7 乙は，本契約が終了した場合には，本商標の使用を直ちに停止する。ただし，乙は，第16条第4項に基づく本商品の販売に必要な範囲に限り，本契約終了後も本商標を使用できる。

第12条（販売促進等）

1 乙は，本商品の販売に最大限の努力を払わなければならない。

2 乙は，自己の費用で，本商品の宣伝，広告及びその他販売促進活動を行う。ただし，乙が甲からの指示に基づいて販売促進活動を行った場合の費用は甲の負担とする。

3 乙は，甲から販売促進活動の状況の報告を求められた場合，遅滞なく報告しなければならない。

4 甲は，本商品に関する販売促進物について，乙の要請があればこれを無償又は有償で乙に提供する。

5 甲は，甲が乙に対して提供する販売促進物等に付与された表示（ラベリング，警告，指示書を含むがこれらに限らない）の内容について，本商品の性質，特徴，品質などを著しく優良であると誤認されないような形態で正確に過不足なく表示し，かつ，瑕疵がないことを保証する。

第13条（報告）

乙は，甲に対し，事業年度の半期終了後○日以内に，当該事業年度半期（以下「対象期間」という）における次の各号に掲げる事項を，甲乙協議の上で定める書式により報告する。

(1) 対象期間末日の本商品の在庫数量
(2) 対象期間中の本商品の販売数量
(3) 対象期間の翌事業年度半期の本商品の販売数量見込
(4) 対象期間中に得た本商品についての評判・苦情の内容

第14条（権利義務の譲渡禁止）

甲又は乙は，予め相手方の書面による承諾がない限り，本契約により生じた契約上の地位を移転し，又は本契約により生じた自己の権利義務の全部若しくは一部を，第三者に譲渡し，若しくは第三者の担保に供してはならない。

第15条（秘密保持）
1　甲及び乙は，本契約の遂行により知り得た相手方の技術上又は営業上その他業務上の一切の情報を，相手方の事前の書面による承諾を得ないで第三者に開示又は漏洩してはならず，本契約の遂行のためにのみ使用するものとし，他の目的に使用してはならないものとする。ただし，情報を受領した者は，自己又は関係会社の役職員若しくは弁護士，会計士又は税理士等法律に基づき守秘義務を負う者に対して秘密情報を開示することが必要であると合理的に判断される場合には，同様の義務を負わせることを条件に，情報を受領した者の責任において必要最小限の範囲に限って秘密情報をそれらの者に対し開示することができる。
2　前項の規定は，次のいずれかに該当する情報については，適用しない。
 (1) 開示を受けた際，既に自己が保有していた情報
 (2) 開示を受けた際，既に公知となっている情報
 (3) 開示を受けた後，自己の責めによらずに公知となった情報
 (4) 正当な権限を有する第三者から適法に取得した情報
 (5) 相手方から開示された情報によることなく独自に開発・取得していた情報

第16条（有効期間等）
1　本契約の有効期間は，契約締結日から〇年間とする。
2　期間満了日の〇か月前までにいずれの当事者からも何らの意思表示なき場合，同じ条件でさらに〇年間更新されるものとし，その後も同様とする。
3　本契約の終了にかかわらず，本条，第6条（瑕疵担保責任），第7条（製造物責任），第15条（秘密保持），及び第20条（合意管轄裁判所）の規定は，引き続きその効力を有する。ただし，第15条（秘密保持）については終了日から5年間に限る。
4　乙は，本契約終了（ただし，本契約が甲による解除によって終了した場合を除く）後3か月間に限り，乙が在庫として保有する本商品を販売できる。なお，当該期間経過後，甲は，甲乙協議の上，乙の在庫を引き取る。

> （債権法改正後の条項例）
> 3　……第6条（契約不適合責任），……。

第17条（契約解除）
1　甲及び乙は，相手方が次の各号のいずれか一つに該当したときは，何らの通知，催告を要せず，直ちに本契約を解除することができる。
 (1) 本契約に定める条項に違反し，相手方に対し催告したにもかかわらず14日以内に当該違反が是正されないとき
 (2) 監督官庁より営業の許可取消し，停止等の処分を受けたとき

(3)　支払停止若しくは支払不能の状態に陥ったとき，又は手形若しくは小切手が不渡りとなったとき
　(4)　第三者より差押え，仮差押え，仮処分若しくは競売の申立て，又は公租公課の滞納処分を受けたとき
　(5)　破産手続開始，民事再生手続開始，会社更生手続開始，特別清算開始の申立てを受け，又は自ら申立てを行ったとき
　(6)　解散，会社分割，事業譲渡又は合併の決議をしたとき
　(7)　資産又は信用状態に重大な変化が生じ，本契約に基づく債務の履行が困難になるおそれがあると認められるとき
　(8)　その他，前各号に準じる事由が生じたとき
2　前項の場合，本契約を解除された当事者は，解除をした当事者が被った損害の一切を賠償するものとする。

第18条（期限の利益喪失）

1　当事者の一方が本契約に定める条項に違反した場合，相手方の書面による通知により，相手方に対する一切の債務について期限の利益を喪失し，直ちに相手方に弁済しなければならない。
2　当事者の一方に前条第1項各号のいずれかに該当する事由が発生した場合，相手方からの何らの通知催告がなくとも，相手方に対する一切の債務について当然に期限の利益を喪失し，直ちに相手方に弁済しなければならない。

第19条（反社会的勢力との取引排除）

1　甲及び乙は，それぞれ相手方に対し，次の各号の事項を確約する。
　(1)　自らが，暴力団，暴力団員，暴力団員でなくなった時から5年を経過しない者，暴力団準構成員，暴力団関係企業，総会屋，社会運動等標ぼうゴロ，特殊知能暴力集団その他これらに準ずる者（以下総称して「反社会的勢力」という）ではないこと。
　(2)　反社会的勢力と次の関係を有していないこと。
　　ア　自らもしくは第三者の不正の利益を図る目的，又は第三者に損害を与える目的をもって反社会的勢力を利用していると認められる関係
　　イ　反社会的勢力に対して資金等を提供し，又は便宜を供与するなど反社会的勢力の維持，運営に協力し，又は関与している関係
　(3)　自らの役員（取締役，執行役，執行役員，監査役，相談役，会長その他，名称の如何を問わず，経営に実質的に関与している者をいう）が反社会的勢力ではないこと，及び反社会的勢力と社会的に非難されるべき関係を有していないこと。
　(4)　反社会的勢力に自己の名義を利用させ，本契約を締結するものでないこと。
　(5)　自ら又は第三者を利用して本契約に関して次の行為をしないこと。

ア　暴力的な要求行為
　　　イ　法的な責任を超えた不当な要求行為
　　　ウ　取引に関して，脅迫的な言動をし，又は暴力を用いる行為
　　　エ　風説を流布し，偽計又は威力を用いて相手方の業務を妨害し，又は信用を毀損する行為
　　　オ　その他前各号に準ずる行為
　2　甲又は乙の一方について，次のいずれかに該当した場合には，その相手方は，何らの催告を要せずして，本契約を解除することができる。
　　　ア　前項(1)ないし(3)の確約に反する表明をしたことが判明した場合
　　　イ　前項(4)の確約に反し契約をしたことが判明した場合
　　　ウ　前項(5)の確約に反した行為をした場合
　3　前項の規定により本契約が解除された場合には，解除された者は，その相手方に対し，相手方の被った損害を賠償するものとする。
　4　第2項の規定により本契約が解除された場合には，解除された者は，解除により生じる損害について，その相手方に対し一切の請求を行わない。

第20条（管轄裁判所）
　本契約及び本契約に基づく個別契約に関する訴訟の専属的合意管轄裁判所は，訴額に応じ，甲の本店所在地を管轄する地方裁判所又は簡易裁判所とする。

第21条（誠実協議）
　本契約に定めのない事項及び本契約の内容の解釈につき相違のある事項については，本契約の趣旨に従い，両当事者間で誠実に協議の上，これを解決するものとする。

　本契約の成立を証するため本書2通を作成し，各自記名押印の上，各1通を保有する。

　　　令和　年　月　日
　　　　　　　　甲
　　　　　　　　乙

条項解説
1 独占販売権（第1条）
（1）独占販売権と非独占販売権
　販売店契約においては，メーカーが販売店に対して付与する販売権を，独占的な販売権とする場合と，非独占的な販売権とする場合とがある。

　まずメーカー側の思惑からすれば，以下のとおりである。メーカーとしては，自らが開発した商品をより多く販売するために，自らまたは自らが指定した複数の販売店を通じて商品販売をしたいと考えて，メーカーが販売店に対して付与する販売権を非独占的なものにしようとする場合がある。他方で，独占的な販売権を付与した上で販売店に対して商品を一定数量購入する義務を負わせ（最低購入数量）（→雛形10条，後記11），一販売店のみで予め想定した販売数量を売り切ることにしたいと考える場合もある。

　次に販売店側の思惑からすれば，以下のとおりである。販売店としては，商品の独占的な取扱いにより売上を大きく伸ばしたいと考える場合には，メーカーに対して独占的な販売権の付与を求めることになる。他方で，メーカーに対する一定数量の商品の購入義務等を負いたくないと考えて，非独占的な販売権の付与を求める場合もある。

　雛形1条は，メーカーが特定の販売店に独占的な販売権を付与する場合の条項例である。これに対し，非独占的な販売権を付与する場合の条項例は次のとおりである。

> **（条項例）**
> **第1条（非独占販売権）**
> 　甲は，本契約の有効期間中，本商品の日本における非独占販売権を乙に付与し，乙はこれを受諾する。

　なお，非独占販売権を付与した場合，後述のとおり，それに伴って，最低購入数量や競合品の取扱いに関する条項についても，独占販売権を与える場合とは異なってくる可能性がある。

（2）独占販売権とする場合の主な規定

　独占販売権というだけでは，メーカー自身が代理店を介さずに自ら商品を販売することが認められるか否かが明らかでない。そこで，メーカー自身の商品の販売を禁止する場合にはその旨を明記すべきであり，雛形1条3文はこの点を規定している。

　また，メーカーが販売店に対して独占的な販売権を付与する場合，前述した販売店が一定の数量以上の商品の買い取りを義務づけられること（最低購入数量）（→雛形10条，後記11）や，競合品の取扱いを制限されること（→雛形9条，後記10）を規定することが多く，非独占的な販売権を付与する場合に比して，販売店の義務が加重されることが一般的である。

（3）営業地域の制限

　独占販売権については，販売店が商品を独占的に販売できる地域（独占地域）を一定の区域（例えば都道府県単位）に限定する条項（営業地域制限条項）を設けることが多い。このような営業地域制限条項は，その内容によっては，私的独占の禁止及び公正取引の確保に関する法律（以下「独占禁止法」という）2条9項の「不公正な取引方法」に抵触する場合があり得るため，注意が必要である。具体的には，公正取引委員会の一般指定[1]12項で定める「拘束条件付取引」との関係で問題となり得る[2]。

> **一般指定第12項（拘束条件付取引）**
> 　相手方とその取引の相手方との取引その他相手方の事業活動を不当に拘束する条件をつけて，当該相手方と取引すること。

　営業地域制限条項がいかなる場合に拘束条件付取引に該当するのかについて，公正取引委員会が策定した独占禁止法や一般指定の解釈の指針となる「流通・取引慣行に関する独占禁止法上の指針」（1991年7月11日，最終改正：2017年6

1）　昭和57年6月18日公正取引委員会告示第15号（改正：平成21年10月28日公正取引委員会告示18号）
2）　販売地域制限のみで拘束条件付取引に該当するとして違法とされた事例はないが，再販売価格の拘束と併せて販売地域制限が違法とされた事例として富士フィルム事件（勧告審決昭和56・5・11 審決集28巻10頁）がある。

月16日。以下「流通・取引慣行ガイドライン」という）によれば，以下の4類型に分類して説明されている（第1部第2の3）。

① 事業者が流通業者に対して，一定の地域を主たる責任地域として定め，当該地域内において，積極的な販売活動を行うことを義務づけること（責任地域制）
② 事業者が流通業者に対して，店舗等の販売拠点の設置場所を一定地域内に限定したり，販売拠点の設置場所を指定すること（販売拠点制）
③ 事業者が流通業者に対して，一定の地域を割り当て，地域外での販売を制限すること（厳格な地域制限）
④ 事業者が流通業者に対して，一定の地域を割り当て，地域外の顧客からの求めに応じた販売を制限すること（地域外顧客への受動的販売の制限）
　※ なお，ここでいう「事業者」はメーカーを，「流通業者」は販売店を，それぞれ指す。

このうち，①の「責任地域制」と②の「販売拠点制」については，「事業者が商品の効率的な販売拠点の構築やアフターサービス体制の確保等のため，流通業者に対して責任地域制や販売拠点制を採ることは，厳格な地域制限又は地域外顧客への受動的販売の制限に該当しない限り，通常，これによって価格維持効果が生じることはなく，違法とはならない」とされている（同(2)）。

これに対し，③の「厳格な地域制限」については，「市場における有力な事業者が流通業者に対し厳格な地域制限を行い，これによって価格維持効果が生じる場合には，不公正な取引方法に該当し，違法となる」とされている（同(3)）。「市場における有力な事業者」に該当するかの判断基準は，「当該市場（制限の対象となる商品と機能・効用が同様であり，地理的条件，取引先との関係等から相互に競争関係にある商品の市場をいい，基本的には，需要者にとっての代替性という観点から判断されるが，必要に応じて供給者にとっての代替性という観点も考慮される。）におけるシェアが20％を超えることが一応の目安となる。ただし，この目安を超えたのみで，その事業者の行為が違法とされるものではなく，当該行為によって……『価格維持効果が生じる場合』に違法となる」とされている（第1部3(4)）。したがって，市場におけるシェアが20％以下である事業者が厳格な地域制限を行った場合には，通常は違法とはならない。

また,「価格維持効果が生じる場合」とは, 非価格制限行為により, 当該行為の相手方とその競争者間の競争が妨げられ, 当該行為の相手方がその意思で価格をある程度自由に左右し, 当該商品の価格を維持または引き上げることができるような状態をもたらすおそれが生じる場合をいう (第1部3(2)イ)。「価格維持効果が生じる場合」に該当するかの判断基準は, 具体的行為や取引の対象・地域・態様等に応じて, 当該行為に係る取引およびそれにより影響を受ける範囲を検討した上で, 対象商品をめぐるブランド間競争の状況, 対象商品のブランド内競争の状況, 制限行為を行う事業者の市場における地位, 制限行為の対象となる販売店の事業活動に及ぼす影響, 制限行為の対象となる販売店の数および市場における地位を総合的に考慮して判断することとされている (第1部3(1))。

　次に, ④の「地域外顧客への受動的販売の制限」については,「事業者が流通業者に対し地域外顧客への受動的販売の制限を行い, これによって価格維持効果が生じる場合には, 不公正な取引方法に該当し, 違法となる」とされている (第1部第2の3(4))。地域外顧客への受動的販売の制限は, 厳格な地域制限と比較して, 地域外の顧客からの求めに応じた販売をも制限している分, ブランド内競争を制限する効果が大きい。

　以上のとおり, 販売店契約において営業地域制限条項を定める場合, 当該条項が「責任地域制」や「販売拠点制」にとどまるものであれば原則として独占禁止法に抵触しないものの,「厳格な地域制限」や「地域外顧客への受動的販売の制限」に該当し, 上記各要件を満たす場合には, 独占禁止法に抵触し得るので注意が必要である。例えば, 営業地域制限条項として,「乙 (販売店) は, ○○県以外で本商品を販売してはならない」という条項を定めた場合, 当該条項は, 上記③, すなわち「厳格な地域制限」に該当するため, 当該市場における甲のシェアが20％を超え, かつ, 価格維持効果が生じる場合には独占禁止法に抵触することになる。

2　個別契約 (販売店の注文手続) (第2条)

　販売店のメーカーに対する商品の注文手続を定めた条項である。メーカーと販売店は, 基本契約である販売店契約を締結して取引の基本的要素を定めた後, 別途, 個々の商品に関する売買契約 (個別契約) を締結することが多い。

個別契約の解説については，第3章Ⅱ2を参照。

3　納品・検査・検収（第3条）

　メーカー（売主）の販売店（買主）に対する商品の納品，およびその際の販売店の受入検査・検収に関する条項である。

　納品・検査・検収の解説については，第3章Ⅱ3を参照。

4　所有権の移転（第4条）

　商品の所有権が，いつメーカー（売主）から販売店（買主）に移転するかについて定めた条項である。

　所有権の移転の解説については，第3章Ⅱ4を参照。

5　危険負担（第4条）

　当事者の責めによらない事由により商品が滅失ないし損傷してしまった場合に，販売店（買主）が代金支払義務を負うか，負うとして，目的物の滅失，損傷が取引のどの段階で生じたらそれを負うのか，について定めた条項である。

　なお，2017年民法改正により，危険負担に関する規定は全面的に改められており，その解説については，第3章Ⅱ5を参照。

6　仕様基準・品質保証（第5条）

　商品が，どのような仕様・品質を備えたものでなければならないかを定めた条項である。

　仕様基準・品質保証の解説については，第3章Ⅱ6を参照。なお，通常の売買契約と異なり，販売店契約の場合は販売店（買主）からメーカー（売主）に対して商品の仕様等を細かく求めることはあまり想定されず，メーカーが開発・製造した既存の商品の販売権を販売店に付与されるにとどまるため，一般的には売買契約における仕様基準や品質保証ほど厳格に規定されるものではない。

7　瑕疵担保責任／契約不適合責任（第6条）

　納品・検査・検収に関する規定（雛形3条）に従うことを前提として，個別契約に基づき納品され，検査・検収を経た商品について，後日，品質・性能が

基準を満たさない場合，キズや腐敗などがあった場合，数量不足の場合などに，販売店（買主）としてメーカー（売主）にどのような対応を求められるかを定めた条項である。

なお，2017年民法改正により，瑕疵担保責任に関する規定は全面的に整理されており，その解説は第3章Ⅱ10を参照。

8 製造物責任（第7条）

商品それ自体について瑕疵がある場合の販売店（買主）の救済策については，既に検査・検収の箇所で述べたとおりである。本条は，商品そのものの瑕疵が原因で，商品以外に損害が発生する場合（いわゆる拡大損害）について定めた条項である。

製造物責任の解説については，第3章Ⅱ11を参照。

9 改良品の販売権（第8条）

メーカーが，販売権付与の対象とした商品の改良品を開発・製造した場合，当該改良品が当該販売権の対象となるかどうかを定めた条項である。なお，ここでいう「改良品」とは，いわゆる当該商品のバージョンアップ版を想定している。

販売店としては，販売権付与の対象とした商品の改良品が他の販売店でも販売されるとなると，自らが取り扱う商品の売上が減少することが予想され，それにもかかわらず，最低購入数量義務などを負わされることは不良在庫の原因となり得ることから，当該改良品の販売権を得たいと考えることが多いと思われる。

雛形8条は，改良品の販売権を付与するかどうかについて，販売店に販売権付与の意思決定のイニシアティブを認める条項例であるが，これに対し，メーカーと販売店の協議により改良品の販売権を付与するかどうかを決する場合の条項例は次のとおりである。

（条項例）
第○条（改良品の販売権）
1　甲は，本商品の改良品を開発した場合，乙に対して当該改良品の情報を速や

> かに書面により通知しなければならない。
> 2　乙は，当該改良品を本商品に含めることを希望する場合，甲に対し，前項の書面を受領した日の翌日から〇営業日以内にその旨を書面により通知する。かかる通知を受け，甲及び乙は，協議の上，当該改良品を本商品に含めることができる。

10　競合品の取扱い（第9条）

　販売店による販売権付与の対象商品の競合品の取扱いについて定めた条項である。

　メーカーとしては，販売店には当該商品の販売に注力してほしいと考えることが多いため（特に独占販売権を付与した場合），販売店に競合品の取扱いを禁止させる場合がある。この場合，禁止する商品の範囲としては，「本商品と競合する商品」のみならず，「本商品と類似する商品」も含めることも多い（雛形3条はその例である）。販売店が商品の独占的な販売権の付与を受ける場合，競合品の取扱いを制限する内容の条項が定められることが一般的である。

　これに対し，販売店としては，販売権付与の対象商品と自らが販売する別の商品が競合するかどうかの判断基準が曖昧であることや，自己の事業を制限する内容の条項をあえて定めることは避けたいため，競合品の取扱いを制限する条項は不要と考えることが多く，ときには，販売店の強い意向を受けて，このような条項を入れない場合もある。

　ところで，メーカーが販売店に対して取扱商品の販売を制限する条項を定めた場合，一般指定11項で定める「排他条件付取引」等との関係で問題となる可能性があるため注意が必要である。

> **一般指定第11項（排他条件付取引）**
> 　不当に，相手方が競争者と取引しないことを条件として当該相手方と取引し，競争者の取引の機会を減少させるおそれがあること。

　流通・取引慣行ガイドラインでは，「市場における有力な事業者が，……取引先事業者に対し自己又は自己と密接な関係にある事業者の競争者と取引しないよう拘束する条件を付けて取引する行為，取引先事業者に自己又は自己と密

接な関係にある事業者の競争者との取引を拒絶させる行為，取引先事業者に対し自己又は自己と密接な関係にある事業者の商品と競争関係にある商品（以下「競争品」という。）の取扱いを制限するよう拘束する条件を付けて取引する行為を行うことにより，市場閉鎖効果が生じる場合には，当該行為は不公正な取引方法に該当し，違法となる（一般指定2項（その他の取引拒絶），11項（排他条件付取引）又は12項（拘束条件付取引））。」とされている（第1部第2の2(1)）。

「市場における有力な事業者」に該当するかの基準については，前記1**(3)**を参照。「市場閉鎖効果が生じる場合」とは，非価格制限行為により，新規参入者や既存の競争者にとって，代替的な取引先を容易に確保することができなくなり，事業活動に要する費用が引き上げられる，新規参入や新商品開発等の意欲が損なわれるといった，新規参入者や既存の競争者が排除されるまたはこれらの取引機会が減少するような状態をもたらすおそれが生じる場合をいう（第1部3(2)ア）。「市場閉鎖効果が生じる場合」かの判断基準は，具体的行為や取引の対象・地域・態様等に応じて，当該行為に係る取引およびそれにより影響を受ける範囲を検討した上で，対象商品をめぐるブランド間競争の状況，対象商品のブランド内競争の状況，制限行為を行うメーカーの市場における地位，制限行為の対象となる販売店の事業活動に及ぼす影響，制限行為の対象となる販売店の数および市場における地位を総合的に考慮して判断することとされている（第1部3(1)）。したがって，例えば，メーカーが販売店に対し，競合品の取扱いについて禁止する条項を設け，その結果，市場閉鎖効果が生ずる場合には独占禁止法に抵触することとなるため，この場合にはかかる条項は定めるべきではない。

なお，販売店契約の有効期間中だけでなく，終了後もその取扱いを禁止する条項を定める場合，他のメーカーの事業活動を不当に拘束して市場への参入を妨げるものとして独占禁止法に抵触する場合があるので，かかる条項も定めるべきではない。

11　最低購入数量等（第10条）

販売店がメーカーから購入すべき商品の最低購入数量とメーカーの販売店に対する商品の供給義務を定めた条項である。

前記1で述べたとおり，メーカーが販売店に対して独占的な販売権を付与した場合，メーカーとしては，商品の販売先が当該販売店のみに限定され，自らの利益を当該販売店の売上にのみ依存することになるため，当該販売店の売上如何によっては十分な利益を得られないことになる。そこで，メーカーとしては，販売店に対して独占販売権を付与する一方で，販売店の最低購入数量を定めることにより自らの安定的な利益を確保したいと考えることが多い。

これに対し，販売店としては，商品在庫を必要以上に抱えたくないため，一般的には最低購入数量に関する義務を負いたくなく，もし仮に負うとしてもできる限り少ない数量にとどめたいと考えることが多い。そこで，販売店としては，最低購入数量に関する条項を排除することを望むが，当該条項の排除に固執すれば，メーカーから販売店に対して販売権を与えてもらえなかったり，非独占的な販売権を付与されるにとどまることがあるため，最低購入数量に関する条項を入れることに応諾せざるを得ない場合がある。この場合，最低購入数量義務に違反した場合の効果をどのように定めるかが重要なポイントとなり，例えば次のような定め方が考えられる（雛形10条は次の③を定めたものである）。

① 最低購入数量を努力義務と定める（ペナルティなし）。
② 最低購入数量を法的義務と定め，当該義務違反の場合には販売店契約に定められた最低購入数量と実際の販売店の購入量の差に相当する代金相当額を損害賠償として支払う（その他のペナルティなし）。
③ 最低購入数量を法的義務と定め，当該義務違反の場合には独占販売権を非独占販売権に変更する権利をメーカーに与える（その他のペナルティなし）。

なお，上記③の定めにより，独占販売権が非独占販売権に変更された場合，前記1**(2)**で述べたとおり，最低購入数量に関する定めや競業品の取扱いの制限に関する定めを排除することが一般的である。

また，最低購入数量を定める場合，販売店の義務との均衡上，メーカーに最低購入数量を超える商品の供給義務を課し（雛形10条3項），販売店の安定的な商品販売を可能ならしめることが多い。

ところで，メーカーが，自己の取引上の地位が販売店に優越していることを利用して最低購入数量を定めた場合，正常な商慣習に照らして不当な不利益を販売店に対して与えるものであれば，優越的地位の濫用（独禁2条9項5号）に該当し独占禁止法に抵触する場合があるので，注意が必要である。そのため，

商品の最低購入数量を定める場合，販売店の販売能力等に鑑みて，その内容が正常な商慣習に照らし不当なものでないかどうかについて注意する必要がある。

12　商標の使用許諾（第11条）

　販売店が，メーカーの開発・製造した商品を販売するにあたり，メーカーが保有する商標を付すことにより，当該商品の価値を高めたり，当該商標そのものの価値を高めたりすることが期待できるため，実務上，メーカーが販売店に対して商標の使用許諾を認めることが多い。本条項は商標の使用許諾について定めたものである。

　メーカーとしては，販売店に対して商標権の使用許諾を認める場合，商標の価値や信用を維持すべく，次の点に注意する。

　　① 使用許諾の対象となる商標を特定すること
　　② 使用の対象となる商品の種類を特定すること
　　③ 使用の方法を明らかにするとともに，その方法を限定すること
　　④ 通常使用権とすること
　　⑤ 販売店に対して一定の場合には使用する義務（他の商標を使用させないこと）を課すこと
　　⑥ 販売店が第三者の侵害行為を発見したときは，直ちに商標権者（メーカー）に通知すること

　これに対し，販売店としては，メーカーの商標が著名であれば，当該商標を使用することにより商品の販売促進となるため，当該商標の使用を望むが，商標使用に起因する第三者からのクレーム等については商標権者であるメーカーに対応を求めるのが一般的である。

　そこで，販売店が商標の使用義務を負う一方，メーカーは当該商標に関する第三者からの侵害やクレームに対する責任を原則として負うこととし，両者の調整を図ることが多い（雛形11条）。なお，販売店契約が終了すれば，販売店に当該商標を使用させる理由はなくなるため，販売店契約終了に伴い，販売店に当該商標の使用を中止させるべきである。

13　販売促進に関する義務（第12条）

　商品の販売促進に関する販売店の義務を定めた条項である。

販売店に対して商品の販売権が付与されていることに鑑みれば，販売店が販売促進の努力義務を負うことは合理的であり，販売店としても，努力義務にとどまる限りはそれほどの負担とはならない。メーカーとしては，販売店が適切な方法により商品の販売促進を行っているかを確認するため，販売店による販売促進の内容を確認する条項を定めることもある。

また，販売店契約の場合，別途，販売店が売主として顧客との間で売買契約を締結する以上，顧客に販売する販促費については，一般に，当該売買契約の売主である販売店が負担する。もっとも，販売店がメーカーの具体的な指示に従って商品の販売促進を行った場合には，販売店が当該販売促進にかかる費用を負担させられることは合理的でないため，この場合にはメーカーに対して費用負担を求めることが考えられる。

さらに，メーカーが販売店に対して販促物等を提供することがあるが，その表示等に問題があって，それゆえ消費者等との関係で販売店が責任を負わされることのないよう，メーカーに表示等の適法性について保証させることも考えられる。なお，法改正（平成26年法律第118号）によって，不当な表示を規制する「不当景品類及び不当表示防止法」は，不当な表示について，措置命令のみならず，課徴金納付命令も課すことができるようになり，その摘発も厳しくなっていると言われているため，注意を要する。

ところで，メーカーが販売店に対し，取引に際して，リベートと言われる金銭を支払うことがある。これは販売促進を目的としたものに限らず，個々の販売価格の修正としての意味合いを有するものもあり，直ちに独占禁止法上問題となるものではないが，リベートの供与の仕方によっては，販売店の事業活動を制限することになりかねないため，メーカーが，リベートを提供するのであれば，その供与基準を明確な形で販売店に示しておくことが望ましい（リベートに関する考え方は，流通・取引慣行ガイドライン第1部第3参照）。

14　報告に関する義務（第13条）

商品の販売先や販売価格等に関する販売店のメーカーに対する報告義務を定めた条項である。

販売店契約とは異なり，後述する代理店契約では，代理店が商品を誰にいくらで売るかがメーカーの利益に直結するため，メーカーは代理店に対して，商

品の販売先や販売価格等について詳細な報告を求めることが一般的である。

これに対し，販売店契約では，メーカーの利益は販売店への商品の販売価格で決まるものであり，販売店が誰にいくらで売るかはメーカーの利益に直結するものではない。また，販売店としても，自らの事業活動の詳細がメーカーに把握されることを避けるため，当該報告義務を負いたくないと考えることがある。したがって，販売店契約では，代理店契約のように，必ずしもメーカーに対して報告義務を負う規定を設けるわけではない。

しかし，メーカーとしては，たとえ販売店への売買による利益とは無関係であっても，販売店の販売先や販売価格等の情報を得ることにより，商品のマーケティング戦略に生かしたい等と考えることがあるため，販売店契約であっても，報告義務の条項を設ける場合がある。

雛形13条は，最低限の報告義務を定めたものであるが，これに対し，より詳細な報告を求める場合の条項例は次のとおりである。

（条項例）
第○条（報告）
　乙は，甲に対し，各事業年度の半期終了後○日以内に，当該事業年度半期（以下「対象期間」という）における次の各号に掲げる事項を，甲乙協議の上で定める書式により報告する。
(1) 対象期間末日の本商品の在庫数量
(2) 本商品の顧客の氏名・名称及び住所
(3) 対象期間の本商品の顧客別販売数量
(4) 対象期間の翌事業年度半期の本商品の販売数量見込
(5) 対象期間中に得た本商品についての評判・苦情の内容
(6) 乙の認識している本商品の競合品の状況

ところで，前述のとおり，販売店契約では，メーカーは販売店に対して商品を売却し，その代金を受領することでビジネスとしては完結するため，その先の商品の流れ，すなわち，販売店の顧客に対する販売価格（再販売価格）について基本的に干渉することはない。もっとも，メーカーが開発・製造した商品を販売店が廉価で顧客に販売するなどした場合，当該商品の市場価値が下がってしまい，そのことがメーカーのブランド戦略などにそぐわなくなる可能性があるため，メーカーとしては再販売価格をコントロールしたいと考えることが

ある。しかし，このようにメーカーが販売店の再販売価格を拘束することは独占禁止法が定める「不公正な取引方法」（独禁2条9項4号）に該当するため，原則として違法となる。

なお，再販売価格の拘束は，従前，独占禁止法で直接規定された違反類型ではなく，一般指定に規定された違反行為の一類型にすぎなかった。しかし，再販売価格の拘束は，特に違法性が高い行為であるという理由から，2009年の独占禁止法改正（平成21年法律第51号）により，一般指定ではなく，独占禁止法に直接規定されることとなり，課徴金まで課され得ることになったので，特に注意が必要である。

> **独占禁止法第2条第9項第4号（再販売価格の拘束）**
> 自己の供給する商品を購入する相手方に，正当な理由がないのに，次のいずれかに掲げる拘束の条件を付けて，当該商品を供給すること。
> イ　相手方に対しその販売する当該商品の販売価格を定めてこれを維持させることその他相手方の当該商品の販売価格の自由な決定を拘束すること。
> ロ　相手方の販売する当該商品を購入する事業者の当該商品の販売価格を定めて相手方をして当該事業者にこれを維持させることその他相手方をして当該事業者の当該商品の販売価格の自由な決定を拘束させること。

流通・取引慣行ガイドライン（第1部第1の2）によれば，再販売価格の拘束に該当するかどうかは，販売店がメーカーの示した価格で販売することについて，メーカーが何らかの人為的手段により実効性を確保していると認められるかどうかで判断する。

例えば，メーカーと販売店との間の合意により，販売店がメーカーの示した価格で販売するようにさせている場合（メーカーの示した価格で販売し，売れ残った商品は値引販売せず，当該メーカーが買い戻すことを取引の条件としている等）はもちろんのこと，メーカーの示した価格で販売しない場合に経済上の利益・不利益を与えたり，または与えることを示唆するなどして，何らかの人為的手段を用いることによって当該価格で販売するように強制する場合（メーカーの示した販売価格で販売しない場合に出荷停止措置を課す，または課す旨を通知・示唆する，メーカーの示した販売価格で販売する場合にリベートなどの経済上の利益を供与する，または供与する旨を通知・示唆する，メーカーの示した価格で

販売しているかを確認するため販売価格を報告させたり，店頭でのパトロールを行ったり，派遣店員による価格監視，帳簿等の書類閲覧等）も再販売価格を維持していると判断される。また，再販売価格の拘束の手段として，取引拒絶やリベートの供与等についての差別取扱いが行われる場合には，その行為自体も不公正な取引方法に該当し，違法となる。なお，メーカーが間接の取引先である小売業者などに対し，販売店を通じて，あるいは自ら直接に，その販売価格を拘束する場合も同様のことがあてはまる。

　ちなみに，メーカーが販売店に示す再販売価格の拘束としての「価格」は，確定した価格のほか，例えば次のような価格も広く含まれることに留意する必要がある。

① 　希望小売価格の○％引き以内の価格
② 　一定の範囲内の価格（□円以上△円以下）
③ 　メーカーの事前の承認を得た価格
④ 　近隣店の価格を下回らない価格
⑤ 　一定の価格を下回って販売した場合には警告を行うなどにより，メーカーが販売店に対し暗に下限として示す価格

　以上から，メーカーが販売店に対し，確定額ではなくとも，メーカーの示した価格で販売することについて，何らかの人為的手段により実効性を確保していると認められるような条項を設けた場合には，独占禁止法上違法と判断される。

15　有効期間（第16条）

　販売店は，メーカーから仕入れた商品を販売するため，当該商品販売の担当者を特別に配置・採用するなど相応の人的資源を投入することがある。また，当該商品のパンフレットをメーカーから購入したり，商品販売のために新たに事務所を借りたりするなど，相応の物的資源を投入している場合も少なくない。

　したがって，販売店としては，販売店契約の契約期間を短期間とすることは非常に大きなリスクとなるため，投下した人的・物的資源の回収に見合った契約期間を確保しようとする。このため，販売店契約の契約期間は，ある程度長期間となっていることが一般的である。

　ところで，契約上，有効期間や契約解除事由が定められた場合，当事者は，

原則として，当該条項に従って当該契約を終了（解除）することができる。

　もっとも，販売店契約のような継続的な取引が前提となる契約を終了させるには，契約書で定められた契約終了（解除）要件を単に具備するだけでは足りず，契約を終了させるに足りるだけのやむを得ない事由（正当事由）が必要になる場合[3]や，契約終了までに一定の予告期間または金銭的な補償が必要になる場合[4]があることに注意が必要である。前者の場合，継続的な取引の解消を主張する側に当該事由の立証責任があると解されている。

---

3) メーカーが販売店契約を契約条項に従って終了できるか否かは，これまでの契約存続期間，販売店がメーカーに比べて弱い立場にあるか（販売店が零細か，販売店の当該メーカーへの依存度等），販売店の顧客獲得への貢献度の大小，販売店の投下資本の多寡などの要素に左右されると解した裁判例がある（東京高判平成6・9・14判時1507号43頁〔なお，本判決の後，最高裁判決（最判平成10・12・18民集52巻9号1866頁）が出されたが，それは独占禁止法に関する争点が判断されたものである〕，大阪高判平成8・10・25判時1595号70頁）。
4) 18年間継続された販売代理店契約の解約の有効性等が争われた事案において，「販売代理店契約を解約するには，1年の予告期間を設けるか，その期間に相当する損失を補償すべき義務を負う」と判示されている（東京地判平成22・7・30判時2118号45頁）。

Ⅲ 代理店契約書の条項例と解説

雛形

※ 欄外の番号は条項解説の該当箇所を示す。

代理店契約書

〇〇（以下「甲」という）と〇〇（以下「乙」という）とは，甲が乙を甲の代理店に指定し，乙が甲の別紙記載の商品（以下「本商品」という）を甲の代理人として販売することについて，以下のとおり契約（以下「本契約」という）を締結する。

第1条（代理権の授与）
　甲は，乙に対し，本商品を販売する権限を付与し，乙は甲の代理人として本商品を顧客へ販売する。

[1] 第2条（販売代理の方法）
　1　乙は，甲が指定する契約書を使用して，本契約に基づき本商品を顧客へ販売（以下「販売代理」という）する。
　2　乙は，前項に定めるほか，販売代理を行うにあたり，甲から販売方法等について指示があった場合には，これを遵守する。
　3　乙は，販売代理を行うにあたり，必要に応じ，顧客に対して甲の代理人であることを適宜な方法で明示する。

[2] 第3条（通知義務）
　1　乙は，本契約に基づき，販売代理を行った場合，甲が指定する書式によりその内容を直ちに甲へ通知するとともに，当該販売代理に係る売買契約書を送付する。
　2　乙は，前項に定める通知を遅滞したことにより甲に損害を与えた場合には，その損害を賠償する義務を負う。

[3] 第4条（販売手数料）
　1　甲は，乙に対し，販売代理に係る本商品の販売代金の〇％相当額を販売手数料として支払う。
　2　前項の販売手数料は，各月1日から当月末日までに乙が次条の定めに基づき顧客から受領した本商品の販売代金を基準に算出されるものとし，翌月末日までに

甲に引き渡される販売代金から控除する形で乙に支払う。
3　甲は，乙に対し，前項の販売手数料に加え，乙が販売代理に要した費用を証明して支払を求めてきた場合には，その内容が合理的である限り，速やかにその求めに応じる。なお，当該費用の支払方法は，前項と同様の方法による。
4　乙は，販売代理に係る売買契約が当該契約の定めに従い解除され，かつ，販売手数料を甲に引き渡した販売代金から控除する形で受領していた場合には，乙は当該契約に係る販売手数料を速やかに甲に返還する。ただし，当該解除が，甲の責めに帰すべき事由による場合には，乙は販売手数料の返還義務を負わない。

第5条（販売代金の取扱い）
1　乙は，甲の代理人として，販売代理に係る本商品の販売代金を顧客から受領する。
2　乙は，前項により顧客から受領した販売代金を，前条第2項により算出された販売手数料及び前項第3項の費用を控除した上で，翌月末日までに甲が指定する銀行口座に振り込んで支払う。なお，振込手数料は乙の負担とする。
3　乙は，各月〇日までに前月中に受領した販売代金及び前月分の販売手数料及び費用の明細を記載した計算書を甲に交付する。
4　甲は，乙に予め通知することにより，本契約上の義務の履行状況について監査又は検証する目的で，甲又は甲が指名した代理人によって，乙の通常の営業時間内に，乙の事業所等に立ち入り，本商品の販売代理に関する資料等を閲覧し，複製することができる。

第6条（販売努力義務）
　乙は，甲の代理店として積極的な営業活動を行い，甲乙協議の上で年間販売目標を定め，乙は当該目標達成のために最善の努力を払う。

第7条（顧客への販売価格）
　甲は，本商品の消費動向，本商品に関する業界の動向等の諸事情を考慮して，本商品の販売価格を設定する。なお，本商品の販売価格を変更する場合，甲は，乙に対し，販売価格の変更の1か月前までに書面により通知しなければならない。

第8条（資料等の提供）
1　甲は，乙が販売代理を行うにあたり，必要となる本商品の見本品，販売資料，パンフレット等を乙に対して無償で提供する。
2　甲は，乙に対し，乙が販売代理を行うにあたっての販売促進費を支払うものとし，その具体的な内容と金額については甲乙協議の上で定める。

第 9 条（営業地域）
乙は，○○県内を責任地域として積極的に販売活動を行う。

第 10 条（保証金）
1 乙は，本契約に係る乙の債務の担保として金○円を甲に支払い，本日，甲はこれを受領した。なお，保証金には利息は付さない。
2 甲は，乙に対し，本契約終了後○日以内に，前項の保証金から乙の一切の債務額を控除した残額を返還する。

第 11 条（競合品の取扱い）
乙は，本契約の有効期間中，自ら及び第三者をして日本国内において本商品と類似又は競合する一切の商品の販売を行ってはならない。

第 12 条（権利義務の譲渡禁止）
甲又は乙は，予め相手方の書面による承諾がない限り，本契約により生じた契約上の地位を移転し，又は本契約により生じた自己の権利義務の全部若しくは一部を，第三者に譲渡し，若しくは第三者の担保に供してはならない。

第 13 条（秘密保持）
1 甲及び乙は，本契約の遂行により知り得た相手方の技術上又は営業上その他業務上の一切の情報を，相手方の事前の書面による承諾を得ないで第三者に開示又は漏洩してはならず，本契約の遂行のためにのみ使用するものとし，他の目的に使用してはならないものとする。ただし，情報を受領した者は，自己又は関係会社の役職員若しくは弁護士，会計士又は税理士等法律に基づき守秘義務を負う者に対して秘密情報を開示することが必要であると合理的に判断される場合には，同様の義務を負わせることを条件に，情報を受領した者の責任において必要最小限の範囲に限って秘密情報をそれらの者に対し開示することができる。
2 前項の規定は，次のいずれかに該当する情報については，適用しない。
  (1) 開示を受けた際，既に自己が保有していた情報
  (2) 開示を受けた際，既に公知となっている情報
  (3) 開示を受けた後，自己の責めによらずに公知となった情報
  (4) 正当な権限を有する第三者から適法に取得した情報
  (5) 相手方から開示された情報によることなく独自に開発・取得していた情報

第 14 条（契約解除）
1 甲及び乙は，相手方が次の各号のいずれか一つに該当したときは，何らの通知，催告を要せず，直ちに本契約を解除することができる。
  (1) 本契約に定める条項に違反し，相手方に対し催告したにもかかわらず 14 日

以内に当該違反が是正されないとき
 (2)　監督官庁より営業の許可取消し，停止等の処分を受けたとき
 (3)　支払停止若しくは支払不能の状態に陥ったとき，又は手形若しくは小切手が不渡りとなったとき
 (4)　第三者より差押え，仮差押え，仮処分若しくは競売の申立て，又は公租公課の滞納処分を受けたとき
 (5)　破産手続開始，民事再生手続開始，会社更生手続開始，特別清算開始の申立てを受け，又は自ら申立てを行ったとき
 (6)　解散，会社分割，事業譲渡又は合併の決議をしたとき
 (7)　資産又は信用状態に重大な変化が生じ，本契約に基づく債務の履行が困難になるおそれがあると認められるとき
 (8)　その他，前各号に準じる事由が生じたとき
2　前項の場合，本契約を解除された当事者は，解除によって解除をした当事者が被った損害の一切を賠償するものとする。

第15条（期限の利益喪失）

1　当事者の一方が本契約に定める条項に違反した場合，相手方の書面による通知により，相手方に対する一切の債務について期限の利益を喪失し，直ちに相手方に弁済しなければならない。
2　当事者の一方に前条第1項各号のいずれかに該当する事由が発生した場合，相手方からの何らの通知，催告がなくとも，相手方に対する一切の債務について当然に期限の利益を喪失し，直ちに相手方に弁済しなければならない。

第16条（反社会的勢力との取引排除）

1　甲及び乙は，それぞれ相手方に対し，次の各号の事項を確約する。
 (1)　自らが，暴力団，暴力団員，暴力団員でなくなった時から5年を経過しない者，暴力団準構成員，暴力団関係企業，総会屋，社会運動等標ぼうゴロ，特殊知能暴力集団その他これらに準ずる者（以下総称して「反社会的勢力」という）ではないこと。
 (2)　反社会的勢力と次の関係を有していないこと。
　　ア　自ら若しくは第三者の不正の利益を図る目的，又は第三者に損害を与える目的をもって反社会的勢力を利用していると認められる関係。
　　イ　反社会的勢力に対して資金等を提供し，又は便宜を供与するなど反社会的勢力の維持，運営に協力し，又は関与している関係。
 (3)　自らの役員（取締役，執行役，執行役員，監査役，相談役，会長その他，名称の如何を問わず，経営に実質的に関与している者をいう）が反社会的勢力ではないこと，及び反社会的勢力と社会的に非難されるべき関係を有していないこと。

(4) 反社会的勢力に自己の名義を利用させ，本契約を締結するものでないこと。
　(5) 自ら又は第三者を利用して本契約に関して次の行為をしないこと。
　　ア　暴力的な要求行為
　　イ　法的な責任を超えた不当な要求行為
　　ウ　取引に関して，脅迫的な言動をし，又は暴力を用いる行為
　　エ　風説を流布し，偽計又は威力を用いて相手方の業務を妨害し，又は信用を毀損する行為
　　オ　その他前各号に準ずる行為
2　甲又は乙の一方について，次のいずれかに該当した場合には，その相手方は，何らの催告を要せずして，本契約を解除することができる。
　　ア　前項(1)ないし(3)の確約に反する表明をしたことが判明した場合
　　イ　前項(4)の確約に反し契約をしたことが判明した場合
　　ウ　前項(5)の確約に反した行為をした場合
3　前項の規定により本契約が解除された場合には，解除された者は，その相手方に対し，相手方の被った損害を賠償するものとする。
4　第2項の規定により本契約が解除された場合には，解除された者は，解除により生じる損害について，その相手方に対し一切の請求を行わない。

第17条（契約の有効期間）

1　本契約の有効期間は，契約締結日から〇年間とする。
2　期間満了日の〇か月前までにいずれの当事者からも何らの意思表示なき場合，同じ条件でさらに〇年間更新されるものとし，その後も同様とする。
3　本契約の終了にかかわらず，本条，第13条（秘密保持）及び第19条（管轄裁判所）の規定は，引き続きその効力を有する。ただし，第13条（秘密保持）については終了日から5年間に限る。

第18条（資料等の返還）

　本契約が終了した場合，乙は甲より引渡しを受けた本商品の見本品，売買契約書，販売資料，パンフレット等を速やかに甲へ返還する。

第19条（管轄裁判所）

　本契約に関する一切の紛争については，甲の本店所在地を管轄する地方裁判所を第一審の専属的合意管轄裁判所とする。

第20条（誠実協議）

　本契約に定めのない事項及び本契約の内容の解釈につき相違のある事項については，本契約の趣旨に従い，両当事者間で誠実に協議の上，これを解決するものとする。

本契約の成立を証するため本書2通を作成し，各自記名押印の上，各1通を保有する．

令和　年　月　日

　　　甲

　　　乙

📋 条項解説

1　販売代理の方法（第2条）

　代理店が顧客に対し，メーカーの代理人として商品を販売する方法について定めた条項である．

　代理店は，メーカーとの間で締結する代理店契約に基づき，メーカーの代理人として顧客との間で売買契約を締結する．一般的にはメーカーが指定する契約書に代理人である旨が明記されており，当該契約書を用いて販売代理を行う．

　また，代理店は，あくまでメーカーの代理人であることから，販売代理にあたりメーカーの指示を遵守すると定めることが多い．代理店は，メーカーの指示を受けて，メーカーのリスク回避のために，単なる契約締結だけではなく，顧客の資力の確認を行うこともある．

2　通知義務（第3条）

　代理店は，メーカーの代理人（商行為の代理人）として顧客との間で売買契約を締結するため，委任者であるメーカーに対して遅滞なく当該契約内容等を通知する義務を負う（商27条）．本条項は，代理店の当該通知義務を定めたものである．

　ところで，メーカーとしては，代理店契約に基づいて顧客と売買契約を締結

してもらった際は，その都度速やかにその内容の報告を受けたいと考えることが多く，雛形3条はそれを表したものである。

これに対し，代理店としては，販売代理を行うたびにメーカーに報告しなければならないとするのは煩雑であり，一定の期間ごとにまとめて報告したいと考えることが少なくない。その場合の条項例は次のとおりである。

> **（条項例）**
> **第3条（通知義務）**
> 1　乙は，本契約に基づき，販売代理を行った場合，甲が指定する書式により各月1日から末日までの販売代理の内容を遅滞なく甲へ通知するとともに，当該期間中の当該販売代理に係る全ての売買契約書を甲に送付する。

3　販売手数料（第4条）

代理店の販売手数料の算出方法について定めた条項である。

販売店契約の場合，販売店の報酬はメーカーからの仕入価格と顧客への販売価格の差額であるが，代理店契約の場合，代理店の報酬は代理店の販売総数量（販売代金総額）を基に算出するのが一般的であり，雛形4条はこの点を規定したものである。

販売手数料については，常に一定額ではなく，販売数量や販売時期等によって，一時金を与えたり，係数を変える等して，販売店のモチベーションアップを図ることもある。

なお，売買契約が解除された場合，代理店には当該契約に係る販売手数料をメーカーに返金する必要が生じる場合があるが，代理店が負担した販売代理に要する費用については，返金は一般に不要と思われる。

4　販売代金の取扱い（第5条）

商品の販売代金の取扱いを定めた条項である。

代理店契約の場合，メーカーの事務手続を軽減させるため，代理店がメーカーに代わって商品の販売代金を受領することが少なくなく，この場合，代理店は預かった販売代金から代理店の販売手数料を控除した残額をメーカーに返金することが一般的である。

また，代理店契約の場合，代理店はメーカーの代理人として販売代理することから，販売に際し要した費用はメーカーが負担することが一般的であり，代理店が負担した場合には販売手数料と同様に受領した商品の販売代金から控除することが多い。

これに対し，メーカーが商品の販売代金を顧客から直接受領する場合には，メーカーから代理店に対する販売手数料の支払時期を定めるべきであり，その場合の条項例（雛形の4条に相当）は次のとおりである。この場合には雛形5条は不要となる。

> **（条項例）**
> **第○条（販売手数料）**
> 1 甲は，乙に対し，販売代理に係る本商品の販売代金の○％相当額を販売手数料として支払う。
> 2 前項の販売手数料は，各月1日から当月末日までの乙の販売代理に係る本商品の販売代金を基準に算出されるものとし，翌月末日までに乙の指定する口座に振り込んで支払う。なお，振込手数料は甲の負担とする。
> 3 甲は，乙に対し，前項の販売手数料に加え，同期間に乙の販売代理に要した費用を支払う。なお，当該費用の支払方法は，前項と同様の方法による。

このようなとき，メーカーから支払われるべき販売手数料や販売代理に要した費用の保全を図るため，雛形10条の代理店からメーカーに差し入れる保証金に代えて，代理店がメーカーに対して保証金を差し入れるように求めることがある。

なお，メーカーとしては，代理店から適切な販売代金を引き渡してもらうためにも，また，販売手数料の算定が正しく行われていることを確認するためにも，代理店による販売代理が適正に行われているかを確認する必要がある。そこで，メーカーとして，代理店の監査規定を設けることが多い。また，代理店による販売代金の受領が適正に行われることを担保するために，代理店契約において，販売代理に関する専用の管理口座を設け，販売代金を当該口座で管理して，代理店固有の口座と混同しないように義務づけることも考えられる。

5 営業地域（第9条）

代理店の営業地域を定めた条項である。

代理店契約において，代理店の営業地域を限定する条項を定めることは，販売店契約と同様に独占禁止法との関係で問題となる場合がある。詳細については本章Ⅱ1(3)を参照。

6　保証金（第10条）

　代理店がメーカーに差し入れる保証金について定めた条項である。
　代理店は，前述のとおり商品代金をメーカーに代わって顧客から代理受領したり，メーカーに対して販売代理に関する報告義務を負うため，代理店が倒産したり当該報告義務に違反したことにより不測の損害が生じた場合などの事態に備えて，メーカーが代理店に対して保証金を差し入れることを求める場合が多い。なお，保証金の定めを規定せずにメーカーが顧客から商品代金を直接受領する場合の条項例については前記4のとおりである。

7　競合品の取扱い（第11条）

　代理店の販売代理にかかる商品の競合品の取扱いについて定めた条項である。
　代理店契約において，代理店に対して販売する商品を制限することは，販売店契約と同様に独占禁止法との関係で問題となる場合がある。詳細については本章Ⅱ10を参照。

The business and the form of a contract
Chapter 9

第9章

合弁契約

Ⅰ 総論

1 合弁契約とは

　合弁事業とは，各企業が単なる業務提携関係を通じて共同事業を営むにとどまらず，共同出資による事業体（合弁企業）を通して共同事業を営むことを意味する。そして，合弁契約とは，このような共同事業に関する契約を指す。

　各企業が単独で事業を遂行せず，他の企業とともに事業を営む理由は多種多様である。すなわち，新規の事業を立ち上げるにあたり，ある企業が単独で，十分な資金，設備，人員，技術，研究の開発力，販路，取引関係，情報，信用等のすべてを兼ね備えていれば，あえて他の企業と共同して事業を遂行する必要はない。しかし，新規の事業を立ち上げようと考えている企業が常にこうしたものを兼ね備えているわけではない。例えば，多大な利益を生み出す可能性がある技術を有しているものの十分な資金力や販路を有しない企業からすれば，資金力のある企業と組んで事業を遂行することが有力な選択肢の一つとなる。あるいは，海外企業がわが国の市場に参入しようとする場合，そもそも許認可等との関係で100％子会社を日本国内に設立するのが困難であったり，仮に設

立できたとしても円滑な事業展開が容易でないことが考えられる。このような場合には，日本国内の事業者と共同で事業を遂行することにより，上記のような問題を回避した上で，単独で事業展開する場合には有し得ない販路，情報，取引関係，信用等を獲得することができ，円滑な事業展開を期待できる。さらには，ある企業が単独で事業を遂行することが可能であるとしても，当該事業を営む際に生じるリスクを分散するために複数企業との共同事業とすることも考えられる。

　このようにみてみると，企業が共同事業を選択する意義は，各企業が，技術，ノウハウ，資金，信用，取引関係等のそれぞれの強みを持ち寄って提供しあう等により事業の遂行・発展・成功の可能性を高めるという点，および，事業展開に伴うリスクを単独で行う場合に比して分散することができる点にある。

　ところで，合弁事業は，複数の企業による合弁企業の経営を意味することから，何事につけ，各企業は自己の一存で合弁企業の帰趨を決することはできない。そこで，合弁事業を始めるにあたっては，合弁企業の設立，機関設計，経営・運営，解散等について，出資する各企業間で事前に協議し，合意しておく必要が生じる。例えば，合弁企業の運営上，追加資金が必要となった場合には，各企業が追加の出資義務を負うのか負わないのかといった点は各企業の将来の資金繰りに影響を及ぼす事項であるし，また，各企業が，融資に代えて，合弁企業の株式を引き受けることにより追加資金の要請を満たすこととする場合，株式の引受けは各企業の出資比率に影響を与えるため，このような事項については，前もって一定の方向性を決定しておく必要が生じる。

　例えば，合弁企業が株式会社の場合，別段のルールを設定することがなければ，会社法上，議決権の50％超を有する多数派株主はすべての取締役を選解任することができ，合弁企業の経営を支配することができる（会社329条1項・309条1項）。他方で，出資比率において少数派となる企業の立場からすれば，自らも出資しているにもかかわらず，多数派株主により合弁企業の経営が支配され，自らが経営に関与できないという事態に陥ることを避けたいとの要請が生じる。そこで，少数派株主は，往々にして，合弁企業の経営への実質的な参加・関与を確保するために，一定人数の取締役を派遣できる権利や，合弁企業の運営上重要な一定事項については自らの承認を必要とすることを多数派株主に対して事前に合意するよう求めることとなる。多数派株主としても，経

営への関与を望む少数派株主の要望を受け入れなければ，少数派株主が共同事業に参加するインセンティブを失い，合弁事業として成立しなくなるおそれもあるので，一定の範囲でこうした要請に応じていくことになる。

　以上述べてきたとおり，合弁事業を開始しようとする企業間においては，これから行おうとする合弁事業の仕組み・経営・運営の在り方等について，事前に協議・交渉が行われ，合意が形成される。こうした合意の集大成が合弁契約である。

2　合弁契約の特色

　通常，会社を設立して事業を開始する場合，その会社の仕組みをどのようなものとし，またどのように運営・経営するかを逐一取り決める必要はない。なぜなら，最低限自主的に定めなければならないものを除き，会社法には詳細な運営・経営ルールが規定されており，これに従って会社の仕組みが自動的に確定することから，会社を設立しようとする者（会社法上，「発起人」と呼ばれる）が別段の取決めをしなくとも，その運営・経営を支障なく行うことができるからである。

　これに対して合弁事業を開始しようとする企業が，会社法で規定されているものとは異なるルールを定めたい場合，合弁契約中で，合弁企業に適用されるルールを設計・設定する必要がある。したがって，合弁契約に盛り込まれる事項も個別の案件ごとに随分と差異が生じる。当事者が自らルールを設定・設計したいと考える領域は，当然案件ごとに異なるからである。契約書の分量一つをとってみても，2〜3頁のものから，海外企業との合弁契約の場合など，ときに100頁を超えるものまである。

　このように個々の最終的な合弁契約の内容はバラエティに富むが，合弁契約の内容に関する当初の検討・協議段階では，まず，一般的に検討すべき事項を把握しておく必要がある。実際に合弁契約を作成する際にも，はじめから契約書自体の作成作業に入るよりは，まずタームシートのような形で，検討事項をリストアップし，その骨子を考えることが多い。一定規模以上の合弁事業にかかる合弁契約または重要な合弁契約ともなると，合弁の相手方との協議・交渉も，まず骨子レベルで行い，このレベルでいったん基本合意し，基本合意書等を締結してから，さらに最終契約となる合弁契約書の内容につき協議・交渉を

開始することも少なくない。合弁契約の内容として一般的に検討対象となる事項については，後記Ⅱの雛形の条項例およびその解説を通して概観する。また，この段階において，会社法その他の法令との関係で，どの点は当事者間の合意により規定でき，どの点は当事者間の合意によっても規定できないかということも明確に認識しておく必要がある。すなわち，契約自由の原則が妥当するといっても，会社法その他の法令に規定されたうち，強行法規とされている点に違反する取決めはできないからである。

3 合弁企業の組織形態の選択

　わが国において合弁事業を営む主体としての利用が想定される組織形態は，株式会社，合同会社およびLLP（Limited Liability Partnership，有限責任事業組合）等の組合（以下，単に「組合」という）の3種類に大別することができる。

　組合を利用する場合のメリットとしては，原則として構成員課税（パス・スルー課税）であるため，各組合員（合弁企業への出資企業）は，合弁企業における設立当初の研究開発費，設備投資等による損失を自らの合弁事業以外の損益と通算でき，税務上のメリットを受けられる。他方，デメリットとしては，法人格を有しない組合を利用すると，合弁企業が権利義務の帰属主体となれないため，合弁事業に関する権利義務が各組合員（合弁企業への出資企業）に直接帰属することとなり，その結果として権利関係が複雑となる。

　他方で，株式会社または合同会社を利用する場合には，上に述べたような構成員課税という税務上のメリットを受けることはできない。もっとも，法人税法上は，一定の場合には法人が他の法人から受ける配当等を課税所得の計算上，益金に参入しないことが認められており（受取配当等の益金不参入制度，法税23条），その限度では税務上のメリットを受けることができる。そして，いずれの場合でも合弁事業に関する権利義務は合弁企業に帰属することとなるため，組合を利用する場合とは異なり，権利関係が複雑になることも回避することができるというメリットもある。

　最後に，株式会社と合同会社を選択する場合の違いとしては，合同会社の方が株式会社に比べ，より柔軟な組織設計や運営ができ，一般的に設立のコストが低い場合が多い。他方，株式会社のメリットとしては，社会的認知度が高いという点，経営の専門家としての取締役の設置が必要とされていることなど，

法律により機関設計上の手当てがなされており，ガバナンス面での信用も高いという点を挙げることができる。

株式会社，合同会社，組合の違いをまとめると，次の**表**のとおりである。

表 組織形態ごとの主な相違点

	株式会社	合同会社	LLP
法人格の有無／事業目的の制限	あり／事業目的によって法人の権利能力が制限される	同左／同左	なし／有限責任が適当でない業務や債権者に不当な損害を与える業務はできない
設立費用	設立費用が相対的に低くない場合がある（資本金の額は出資額の2分の1以上としなければならない）	低い（資本金の額は出資額の範囲で自由に定めることができる）	登録免許税6万円のみ
運営費用	①取締役の報酬，②株主総会開催費用（省略可），③大会社の場合は監査役会と会計監査人の報酬，④決算公告費用	自由に運営可能	同左
出資者の要件／責任	制限なし／間接有限責任	同左／同左	組合員は個人又は法人であること，また，組合員のうち最低1人は居住者又は内国法人であることを要する／直接有限責任

機関設計	株主総会と取締役の設置は必須。それ以外は一定の条件を満たす限り自由に設計可能	自由に設計可能。ただし，業務執行者は社員でなければならない	自由に設計可能。ただし，組合員全員が業務執行者となる義務がある
業務執行方法／業務執行者の責任	業務執行は取締役が行う。取締役は株主に限定されない。ただし，株式の譲渡制限会社では取締役を株主に限定することも可能／①会社に対して任務懈怠による損害賠償責任（責任の減免は会社法に規定あり），②第三者に対する責任として悪意又は重過失による損害賠償責任	業務執行者は社員に限定される。業務執行は社員が行う。ただし，定款に別段の定めもできる／①会社に対して任務懈怠による損害賠償責任（責任の減免は原則として定款自治），②第三者に対する責任として悪意又は重過失による損害賠償責任	組合員は必ず業務執行者でなければならない。業務執行は各組合員が行う／第三者に対する責任として悪意又は重過失による損害賠償責任がある。
分配規制	剰余金の配当と自己株式の取得について一体として規制。①種類株式の発行，②株式の譲渡制限会社については株主ごとに異なる取扱いが可能	資本の払戻しと利益配当に分けて規制。損益分配について定款で別段の定めが可能	組合財産の分配として規制。損益分配について契約で別段の定めが可能
定款・契約の変更	株主総会の特別決議	総社員の同意が原則。例外として定款で別段の定めが可能	組合員の同意が原則。一定の事項については組合契約で別段の定めが可能

出資持分の譲渡	①株式は譲渡自由が原則。もっとも定款に規定する形で譲渡制限を設けることも可能。②株式処分価格については最終的に裁判所が決定	①持分の譲渡は他の社員全員の承諾が原則。ただし，定款に別段の定めも可能。②脱退は自由	①持分の譲渡は組合員全員の同意が原則。②脱退はやむを得ない場合のみであるが，組合契約で別段の定めも可能
法形式の変更	組織再編成は多数決で可能。ただし，合同会社への組織変更は株主全員の同意が必要	一定の組織再編では社員全員の同意が必要。ただし，定款で別段の定めも可能	組織再編成は不可

Ⅱ 合弁契約書の条項例と解説

📄 雛形

※ 欄外の番号は条項解説の該当箇所を示す。

合弁契約書

○○（以下「甲」という）と○○（以下「乙」という）とは，甲と乙で○○（以下「対象会社」という）を設立し，共同でこれを運営するべく，以下のとおり契約（以下「本契約」という）を締結する。

[1] 第1条（対象会社の設立及び対象会社への出資比率）
1　甲及び乙は，各自出資することにより，資本提携を通じた両社の緊密な協力の下，○○についての技術を利用した液晶パネルα（以下「対象製品」という）の製造及び販売並びに当該技術を利用した新たな液晶パネル（以下「新製品」という）の開発，製造及び販売等の事業を行うことを目的とする対象会社を，令和○年○月○日，株式会社の形態で設立するものとする。
2　甲及び乙の出資比率（以下「各自出資比率」という）は甲が7,乙が3とし，各自，対象会社の設立に際し，下記のとおり対象会社の株式を引き受けるものとし，本契約に別途定める場合を除き，その後も保有株式数を維持するものとする。

記

① 引受株式数　甲：700株
　　　　　　　乙：300株
② 払込金額　　甲：○円（1株当たり○円）
　　　　　　　乙：○円（1株当たり○円）

3　本契約に基づき発生する対象会社の設立に関する費用（会社法施行規則（平成18年法務省令第12号）5条各号に定める費用を含むが，これらに限られない）は，甲及び乙が各自出資比率に従い負担するものとする。
4　対象会社の定款は別紙（略）のとおりとする。

[2] 第2条（取締役会の設置及び役員の選解任権）
1　対象会社には取締役会を設置することとし，対象会社の取締役は，甲が指名す

る者3名，乙が指名する者1名の計4名とする。
2 　甲及び乙が前項に基づき指名した取締役については，甲及び乙のみが，自らが指名した取締役の解任に関する決定を行うことができるものとする。
3 　甲及び乙が本条に基づく指名又は解任の決定を行った場合，甲及び乙は，対象会社をして，かかる取締役の選任又は解任を行うための株主総会を速やかに招集させるものとし，かつ，かかる対象会社の株主総会において，甲及び乙が指名又は解任を決定した取締役の選任又は解任に，賛成の議決権を行使するものとする。
4 　甲及び乙は，前項に違反して議決権を行使しなかった場合，相手方に対して違約金として金〇円を支払うものとする。

第3条（代表取締役の指名権）
　対象会社の代表取締役は1名とし，甲がこれを指名することができるものとする。甲及び乙は，自らが指名した取締役をして，対象会社の取締役会において，甲が指名した者が対象会社の代表取締役に選定されるために必要となる一切の行為を行わせるものとする。

第4条（従業員の確保・費用負担）
1 　甲及び乙は，対象会社に対して，設立日から〇年間，甲及び乙が協議の上策定した事業計画に基づく人数の従業員を，それぞれ出向させるものとする。
2 　対象会社における出向者の労働条件，勤務条件等は，甲及び乙が協議の上決定するものとし，対象会社は当該協議に基づく労働条件，勤務条件等に従って出向者の人件費その他の費用を負担する。
3 　本条に定めるほか，出向者の処遇に関する詳細は，甲及び乙のそれぞれと対象会社との間の出向契約において定めるものとする。
4 　甲及び乙は，本契約の有効期間中，また，本契約の有効期間終了後，相手方から対象会社に出向している従業員について，相手方の事前の書面による承諾を得ることなく，自己若しくは自己の関連会社への引き抜き，又は他の企業への推薦，紹介，斡旋その他これらに類する行為を行ってはならない。

第5条（重要事項の決定）
　対象会社における以下の各号に定める事項の決定は株主総会の決議によるものとし，当該決議は，議決権を行使することができる株主の議決権の過半数を有する株主が出席し，出席した株主の議決権の4分の3を超える多数をもって行うものとする。
(1) 定款の変更
(2) 株式の発行，新株予約権の発行（新株予約権付社債を含む），自己株式の買受け・取得・処分，株式併合その他総株主の議決権の数が変動する行為又は変動する可能性を生じさせる行為

(3) 資本金の減少及び準備金の減少
(4) 合併，会社分割，株式交換，株式移転及び事業譲渡その他組織再編行為
(5) 重要な業務提携及び重要な資本提携（その変更・解消を含む）
(6) 倒産手続開始の申立て又は解散
(7) 重要な人事（部長職以上）・重要な組織変更・人員の削減・人事労務関連諸規則及び人事制度の変更
(8) 剰余金の処分
(9) 重要な資産の譲渡
(10) 事業の全部又は一部の休止又は廃止

第6条（対象会社による情報提供）

1 甲及び乙は，対象会社をして，以下の各号に規定された書類を，それぞれにつき規定された時期までに，甲及び乙それぞれに対して提出させるものとする。
  (1) 各会計年度の末日から60日以内
      当該会計年度に関する監査済連結財務諸表（日本において一般に公正妥当と認められる会計基準に則り，甲及び乙が同意する監査法人によって監査されたものでなければならない）
  (2) 各月末日から20日以内
      月次報告書
  (3) 各年度末日から30日前まで
      年次予算計画
2 甲及び乙は，対象会社をして，対象会社の事業，業務，資産，負債，損益の状況又は事業の見込に重大な影響を与える事項が発生した場合における当該事項につき，甲及び乙それぞれに対して速やかに報告させるものとする。
3 甲及び乙は，自ら又は自らの会計士その他の代理人を通じて，対象会社の通常の営業時間中，事前に理由を付した通知を行った上で，対象会社を訪問し，対象会社の全ての会計帳簿，書類その他甲又は乙が合理的に要求する記録を閲覧，謄写し，若しくは施設を検査することができるものとする。甲及び乙は，対象会社をして，かかる閲覧等に必要な協力を行わせるものとする。

第7条（資金提供）

1 甲及び乙は，対象会社が新たに発行する株式を引き受けることにより，対象会社の事業の運営に必要な資金を提供することができる。
2 前項の場合，甲及び乙は，当該時点における対象会社への出資割合に応じて，新株を引き受ける権利を有する。
3 甲又は乙が前項に基づく新株の引受けの一部又は全部を行わず，かつ，次の各号に定める者の出資割合が次の各号に定める率を下回った場合には，甲及び乙は，それぞれの出資割合を考慮して，本契約を修正する協議を開始するものとする。

(1) 甲　○％
(2) 乙　○％

第8条（剰余金の配当）
1　甲及び乙は，対象会社の剰余金につき，対象会社の各事業年度の終了後3か月以内に金銭で配当を受け，その配当額は，甲及び乙の各対象会社株式の保有割合にかかわらず同額とすることを相互に確認する。
2　前項の規定にかかわらず，対象会社の剰余金配当は，対象会社設立後○年間は行わないものとする。

第9条（知的財産権の処理）
1　乙は，対象会社に対し，対象製品に関する知的財産権その他一切の権利を実施，使用又は利用し，日本国内において対象製品を独占的に開発，製造及び販売することを許諾する。許諾条件については，甲及び乙で別途協議の上決定するものとする。
2　対象会社が新製品を開発した場合，新製品に関する知的財産権その他一切の権利（以下「新製品知的財産権」という）は，対象会社に帰属するものとする。
3　甲は，対象会社が解散・清算した場合には，前項に基づき対象会社に帰属した新製品知的財産権を乙が対象会社から買い取ることに合意するものとする。この場合において，買取価格等の買取条件については，甲及び乙が別途協議の上で決定するものとする。

第10条（競業禁止）
甲及び乙は，本契約期間中及び本契約終了後2年間は，次の行為を行ってはならない。
(1) 自ら又は第三者をして，対象会社が行う対象製品の製造及び販売並びに新製品の開発，製造，販売等の事業と競合する事業（以下「競合事業」という）を行うこと
(2) 自ら又は関連会社をして，競合事業を営む事業者（以下「競合事業者」という）に出資し，又は経営に参画すること
(3) 自ら又は関連会社の役員又は従業員を競合事業者の役員又は従業員として従事させること

第11条（株式の譲渡制限）
1　甲及び乙は，対象会社設立後○年間は，その保有する対象会社株式につき，第三者に対する譲渡，担保の設定等の一切の処分をしてはならない。
2　対象会社設立後○年を経過した後，甲又は乙（以下本条において「譲渡申出者」という）は，第三者に対してその保有する対象会社の株式の全部又は一部

（以下「譲渡対象株式」という）を譲渡しようとする場合には，予め，譲渡予定先，譲渡対象株式の数，譲渡価格その他譲渡の主要条件を，相手方当事者に対して書面にて通知するものとする（以下「譲渡希望通知」という）。当該通知を受けた相手方当事者は，次の各号に掲げる価額のうち当該相手方当事者が選択した価額にて，譲渡対象株式を譲渡申出者から買い取ることができるものとし，かかる買取りを希望する場合には，譲渡希望通知受領後30日以内（以下「先買権行使期間」という）に，譲渡申出者に対し，その旨書面にて通知するものとする。かかる通知がなされた場合，譲渡申出者は本条に定めるところに従い，譲渡対象株式を売り渡さなければならないものとする。ただし，当該通知を受けた相手方当事者が先買権行使期間内に譲渡申出者に対して買取りの意思を表明しない場合には，譲渡申出者は，譲渡希望通知記載の譲渡条件で，かつ，本契約上の譲渡申出者の地位を譲渡予定先が承継することを条件に，譲渡対象株式を譲渡希望通知記載の譲渡予定先に譲渡することができるものとする。
 (1) 譲渡希望通知記載の譲渡価格
 (2) 譲渡希望通知がなされた日の直前の四半期末における対象会社の純資産額を，当該日における対象会社の発行済み株式総数で除することにより算定される額
3 甲及び乙は，前項の規定に従い対象会社株式の譲渡がなされる場合には，当該譲渡について承認がなされるよう，必要となる一切の行為を行うものとする。

第12条（コールオプション）

1 相手方（以下「違反当事者」といい，もう一方の当事者を「請求当事者」という）に以下の各号に規定する事由が発生した場合，請求当事者は，違反当事者が保有する対象会社株式の全部又は一部を買い取ることを書面にて請求することができるものとし（以下「買取希望請求」という），違反当事者は，当該請求に基づいて自己の保有する対象会社株式を請求当事者に売却するものとする。
 (1) 本契約のいずれかの条項に違反し，請求当事者が当該違反の是正を書面により求めたにもかかわらず，当該書面到達後○日以内にかかる違反が是正されない場合
 (2) 支払停止若しくは支払不能の状態に陥った場合又は銀行取引停止処分を受けた場合
 (3) 解散若しくは破産手続開始，会社更生手続開始，民事再生手続開始，特別清算開始，その他の倒産手続開始の申立てを行った場合若しくは第三者が当該申立てを行った場合又は経営が事実上破綻したものと請求当事者が合理的根拠に基づき判断した場合
2 前項の規定に基づき請求当事者が違反当事者の保有する対象会社株式を買い取る場合の1株当たりの買取価格は，買取希望請求がなされた日の直前の四半期末における対象会社の純資産額を，当該買取希望請求がなされた日における対象会社の発行済み株式総数で除することにより算定される額に0.8を乗じた額とする。

3 第1項に基づく請求は，第15条に基づく損害賠償の請求を妨げない。

第13条（プットオプション）

1 違反当事者に以下の各号に規定する事由が発生した場合，請求当事者は自己の保有する対象会社株式の全部又は一部を違反当事者が買い取ることを書面にて請求することができる（以下「売渡希望請求」という）ものとし，違反当事者は，当該請求に基づいて請求当事者が保有する対象会社株式を買い取るものとする。
   (1) 本契約のいずれかの条項に違反し，請求当事者が当該違反の是正を書面により求めたにもかかわらず，当該書面到達後〇日以内にかかる違反が是正されない場合
   (2) 支払停止若しくは支払不能の状態に陥った場合又は銀行取引停止処分を受けた場合
   (3) 解散若しくは破産手続開始，会社更生手続開始，民事再生手続開始，特別清算開始，その他の倒産手続開始の申立てを行った場合若しくは第三者が当該申立てを行った場合又は経営が事実上破綻したものと請求当事者が合理的根拠に基づき判断した場合
2 前項の規定に基づき違反当事者が請求当事者の保有する対象会社株式を買い取る場合の1株当たりの買取価格は，売渡希望請求がなされた日の直前の四半期末における対象会社の純資産額を，当該売渡希望請求がなされた日における対象会社の発行済み株式総数で除することにより算定される額に1.2を乗じた額とする。
3 第1項に基づく請求は，第15条に基づく損害賠償の請求を妨げない。

第14条（デッドロック）

1 甲及び乙は，対象会社に関する情報共有及び対象会社の運営方針の確認のため，対象会社に関する責任者をそれぞれ選任した上で，1か月に1回，協議の場を設け（以下「株主協議会」という），対象会社に関する責任者をして，株主協議会に出席させるものとする。
2 甲及び乙は，協議の上，対象会社の設立後，速やかに，次項に定めるデッドロックが生じた場合にその発生原因となった重要事項について判断をする者（以下「仲裁人」という）を1名ずつ指名するものとする。仲裁人は，甲又は乙（両者の子会社を含む。以下，本項において同じ）の役員又は使用人ではなく，過去に甲又は乙の役員又は使用人となったことがない者でなければならない。
3 第5条各号に規定する事項のいずれかについて，対象会社の株主総会における決議事項が否決された場合（以下「デッドロック」という）で，対象会社の運営が著しく困難であると認められるときは，甲及び乙は，速やかにデッドロックの発生原因となった事項につき仲裁人にこれを報告し，その決定を求めるものとし，乙は当該決定を十分考慮に容れ，重要事項について承認又は不承認をするものとする。

第15条（損害賠償）

1　甲は，本契約に基づく甲の義務違反又は不履行に起因又は関連して，乙又はその役員若しくは従業員が損害，損失又は費用（合理的範囲における弁護士費用も含むが，特別損害や逸失利益は含まない。以下「損害等」という）を被った場合，かかる一切の損害等を賠償するものとする。
2　乙は，本契約に基づく乙の義務違反又は不履行に起因又は関連して，甲又はその役員若しくは従業員が損害等を被った場合，かかる一切の損害等を賠償するものとする。
3　本項に基づく請求は，第12条第1項又は第13条第1項に基づく請求を妨げない。

第16条（解散）

対象会社は以下の各号の事由が生じた場合には解散するものとする。
(1)　第14条の規定に従い，甲及び乙がデッドロック状態の解決に努力したにもかかわらず，デッドロック状態が解決されなかった場合
(2)　対象会社の決算年度末日における純損失が〇円以上となることが判明し，対象会社の純損失の解消についての甲と乙との間の協議が調わなかった場合
(3)　対象会社の設立から〇年が経過したとき

第17条（解散時の処理）

対象会社を解散した場合の処理は以下のとおりとする。
(1)　対象会社の残余財産（設備，在庫等）の換価割合としては，各自出資比率に従い，甲又は乙に帰属するものとするが，具体的な財産の帰属については，両当事者の協議により決する。
(2)　対象会社の従業員の処遇については，甲及び乙の間で，予め決定した方針に基づいて，真摯に協議の上，決定するものとする。
(3)　対象会社と甲又は乙との契約であって，対象会社解散時に有効なものの処理については，対象会社解散時において真摯に協議の上，決定するものとする。

第18条（秘密保持）

1　甲及び乙は，本契約の遂行により知り得た相手方の技術上又は営業上その他業務上の一切の情報を，相手方の事前の書面による承諾を得ないで第三者に開示又は漏洩してはならず，本契約の遂行のためにのみ使用するものとし，他の目的に使用してはならないものとする。ただし，情報を受領した者は，自己又は関係会社の役職員若しくは弁護士，会計士又は税理士等法律に基づき守秘義務を負う者に対して秘密情報を開示することが必要であると合理的に判断される場合には，同様の義務を負わせることを条件に，情報を受領した者の責任において必要最小限の範囲に限って秘密情報をそれらの者に対し開示することができる。

2 前項の規定は，次のいずれかに該当する情報については，適用しない。
 (1) 開示を受けた際，既に自己が保有していた情報
 (2) 開示を受けた際，既に公知となっている情報
 (3) 開示を受けた後，自己の責めによらずに公知となった情報
 (4) 正当な権限を有する第三者から適法に取得した情報
 (5) 相手方から開示された情報によることなく独自に開発・取得していた情報
3 本条の規定は，本契約終了後も〇年間，引き続き効力を有する。

第19条（費用負担）

　本契約に別段の定めがある場合を除き，甲及び乙はそれぞれ，本契約の交渉，作成，署名捺印及び義務の履行に関連して自己が支払ったすべての費用（弁護士，公認会計士等の第三者に対する報酬及び費用を含む）を各自負担する。ただし，相手方の債務不履行を原因として損害の賠償，補償等を求める場合の費用についてはこの限りでない。

第20条（契約上の地位等の譲渡の禁止）

　甲又は乙は，予め相手方の書面による承諾がない限り，本契約により生じた契約上の地位を移転し，又は本契約により生じた自己の権利義務の全部若しくは一部を，第三者に譲渡，移転，担保の設定その他一切の処分（合併，会社分割その他の組織再編手続により，本契約上の地位，これに基づく権利義務又は対象会社株式の全部又は一部を第三者に移転し又は承継する場合を含む）をしてはならない。ただし，第11条第2項の場合はこの限りでない。

第21条（管轄）

　本契約に関する一切の紛争については，〇〇地方裁判所を第一審の専属的合意管轄裁判所とする。

第22条（誠実協議）

　本契約に定めのない事項及び本契約の内容の解釈につき相違のある事項については，本契約の趣旨に従い，甲乙間で誠実に協議の上，これを解決するものとする。

　本契約の成立を証するため本書2通を作成し，各自記名押印の上，各1通を保有する。

　　　令和　年　月　日

```
                    甲
                    乙
```

　以上の雛形は，甲（大手機器商社）と乙（零細液晶パネルメーカー）が，乙の主力商品である液晶パネル（以下「対象製品」という）の製造および販売ならびに対象製品に関連する技術を利用した新たな液晶パネル（以下「新製品」という）の開発，製造，販売等の事業を行うことを目的とする株式会社（出資比率は甲：乙＝7：3とする。以下「対象会社」という）を共同運営することに基本合意したと仮定した場合に，締結され得る契約の一例である。

　実務的には，株式会社が合弁企業の形態として選択されることが多い。その理由としては，取引先や金融機関との取引上，社会的認知度が高い株式会社を選択する必要性が高く，また，組合を利用しない場合でも上記のとおり一定程度税務上のメリットを受け得るという点が挙げられる。そのため，前記雛形においても，合弁企業を株式会社として設立することを念頭に置いている。

　以下では，かかる雛形の各条項につき，それぞれ，どのような意味を有するのか，当該条項に代替するものとしてはどのようなものが考えられるのか，条項を規定する際に注意すべき事項は何かといった点について解説する。

📄 条項解説

1　対象会社の設立および対象会社への出資比率（第1条）

（1）新会社を設立するか既存会社を利用するか

　上に述べたように，合弁企業の組織形態として株式会社が選択された場合，次に，どのようにしてかかる株式会社を用意するかが問題となる。株式会社を用意する方法としては，既に設立されている相手方の休眠子会社に資本参加する方法，既存の休眠会社を相手方と共同で買い取る方法，新たな株式会社を共同出資により設立する方法などがあり得る。

　会社の設立には一定の費用と時間がかかるため，新会社を設立するのではな

く，既存の会社を利用する方法によった方が合理的とも思える。

　しかしながら，既存の会社を利用する場合，当該会社が，第三者への保証債務であったり，係争中の損害賠償債務といった，必ずしも帳簿上には現れない，いわゆる偶発債務を抱えているリスクに留意する必要がある。そのため，既存の会社を利用する方法を選択し，相手方の子会社に資本参加することとした場合，かかるリスクを回避するため，弁護士や会計士などの専門家に依頼して当該休眠子会社に対するデューデリジェンス（資産・負債などの調査）を行うことが少なくない。合弁当事者以外が保有する既存の休眠会社を買い取るのであれば，通常，両当事者によるデューデリジェンスが必要になる。ところが，どれだけ厳密に調査するかにもよるが，デューデリジェンスには一定のコストがかかり，会社設立費用を上回る場合も少なくない。また，厳密な調査を実施しても発見できない偶発債務もあり得，偶発債務リスクを皆無とすることはできない。そのため，既存の会社を利用した方が経済的に合理的であるとは必ずしもいえない。

　したがって，一般に，株式会社の形態で合弁企業を立ち上げる際には，共同出資により新会社を設立する方法がとられる場合が多いようである。雛形1条1項の条項もかかる場合を想定したものである。

　もっとも，時間的要請などから，さしあたりは既存の株式会社を利用して合弁企業とし，その後に出資金額を増額して運営するということも十分考えられる。

　そこで，甲が休眠子会社の株式を100％保有しており，甲が乙に当該子会社株式の一部を譲渡する形で，乙が当該子会社に資本参加する場合を想定した，次の条項を示す。

（条項例） ※甲は多数派，乙は少数派である。
1　甲は，本契約の規定に従い，本契約締結日をもって，対象会社の発行済株式○株を乙に譲り渡し，乙は本契約の規定に従い，これを譲り受ける。
2　前項における対象会社の株式の譲渡代金は，1株当たり金○円，総額○円とする。
3　甲及び乙は，対象会社をして，株主名簿記載事項の書換えを行わせるものとする。

（2）出資比率について

　各当事者の合弁企業に対する出資比率の多寡は，合弁企業に対する影響力に直結する。そのため，合弁契約締結にあたり，出資比率に関する交渉がもっとも重要であるといっても過言ではない。

　日本では，「対等合併」の語がたびたび用いられることがあるように，合弁契約締結にあたっても，各当事者の取引先や従業員からの見え方への配慮から，出資比率を対等とすることが好まれがちであると指摘されることがある。しかし，株式会社においては，多くの事項は株主総会の過半数の賛成により決せられることから，出資比率を対等とした合弁契約において，各当事者の意向が相反するデッドロックの状態に陥ってしまった場合，（機関設計の仕組みにもよるが）意思決定が大幅に鈍化してしまう可能性を含んでいる。

　そのため，実際の合弁契約においては，雛形記載のように，一方の出資企業が合弁企業の株式の過半数を保有することとなるケースが多い。このようなケースでは，会社法の規定に従えば，多数派となる出資企業が合弁企業の主な意思決定を左右することができることになる。

　ところが，それでは少数派となる出資企業には合弁企業に出資するインセンティブが生まれない。それゆえ，合弁契約においては，一方の出資企業が合弁企業の意思決定を完全に握ってしまうことは通常想定されず，少数派株主も合弁企業の運営に対して一定の影響力を及ぼすことができるものとされるのが通常である。合弁契約の条項交渉の際には，出資比率だけではなく，少数派株主がどこまで合弁企業の運営や合弁企業株式の処分方法に影響力を及ぼすことができるのかが大きな交渉ポイントとなる。

　例えば，合弁契約交渉に臨むにあたっては，少数派株主は，合弁企業に対する自らの地位・役割を踏まえた上で，何を拒否権対象事項とするのか，また，合弁企業株式の処理方法をどう規定するのかを意識しておくべきである。他方で，多数派株主は，合弁企業を通じて達成しようとする自らの事業計画との関係で，どこまでであれば拒否権対象事項としてよいのか，また，合弁企業株式の処理方法として少数派株主の要求を許容できるのかを念頭に置いて交渉に臨むことが重要である。

2 取締役会の設置および役員の選解任権（第2条）

（1）取締役会の設置について

　合弁企業として株式会社を新設することとした場合，次に，対象会社に取締役会を設置するか否かについて検討する必要がある。

　利益配当にのみ関心のある多数の株主が存在し，各々の株主による経営判断を期待しがたい典型的な株式会社と異なり，少数の株主のみが関与する合弁企業では，業務に関心があり，判断する能力を持ち合わせた少数の株主しか存在しないことが通常であるため，取締役会を設置せずとも，株主限りで合理的な意思決定が可能な場合もあり得る。かかる場合，むしろ取締役会が形骸化してしまっていることも少なくない。また，取締役会設置会社では，取締役を3名，監査役（非公開会社の場合は会計参与でも可）を1名以上選任する必要がある（会社331条5項・327条2項）ところ，これだけの適切な人員を選任することが難しいということもあり得よう。そうであれば，取締役会を設置しないという選択もあり得てよい。なお，監査役を設置しないならば，取締役による業務執行のチェックは，取締役相互のチェックのほか，株主自身において行うこととなる。

　他方で，仮に取締役会を設置しない場合には，株主総会が合弁企業のあらゆる事項を決定できることとなるが（会社295条1項・2項），そうなると，対象会社の運営にあたり，逐一株主である甲および乙間での意思決定が必要となることから，対象会社における意思決定の迅速さが阻害される可能性もある。また，合弁契約当事者そのものである株主同士では，深刻な利害対立が生じ，議論がまとまらないような場面でも，取締役会における取締役同士の議論であれば，ある程度円滑に行われることも考えられ，デッドロック状態を防止することが期待できる。

　それゆえ，対象会社における迅速な意思決定を確保する観点等から，対象会社に取締役会を設置することを合意することが多い。

（2）取締役の指名権

　対象会社に取締役会を設置する場合，各当事者の取締役の指名権の有無および内容についての検討が必要となる。

この点，会社法の規定に従えば，取締役の選任は株主総会の普通決議により行うことができる（会社329条1項・309条1項）ため，合弁企業の株主総会の議決権の過半数を保有する多数派株主は，法律上，取締役全員を自社の指名する者とすることが可能である。しかし，少数派株主であっても合弁企業の経営に興味を持ち，とりわけ取締役の選任権を欲することが少なくないと思われるところ，会社法の規定どおりでは少数派株主の合弁事業へ投資するインセンティブを失わせることとなりかねない。それゆえ，通常の合弁契約では，各当事者から，その出資割合に応じた人数の取締役が派遣されることが多い。

　本件についてみると，甲と乙の出資比率が7：3であるため，おおよそ甲が3～4名，乙が1～2名の取締役の選任権を有するという形で合意に至るものと思われる。

　次に，取締役の解任についてであるが，会社法上，こちらも株主総会の普通決議によって行うことになっている（会社339条1項・309条1項）。

　そのため，仮に取締役の選任に関してのみ上記のような特別の合意をしても，解任に関する手当てを行わなければ，多数派株主は少数派株主が選任した取締役について自由に解任でき，やはり少数派株主の合弁事業へ投資するインセンティブは失われることとなる。

　そこで，取締役の選任権だけでなく，解任権についても取り決めておく必要性がある。

　このように，少数派株主に取締役の選解任権が付与されるとしても，かかる権利をどのように担保すべきかを次に協議する必要がある。かかる役員選解任権限を担保するための方法としては，まず，合弁契約上，少数派株主に一定人員の役員選解任権限を付与する旨の規定を設けることが考えられる。雛形2条1項ないし3項もかかる場合を想定している。

　もっとも，合弁契約上にかかる条項を置いたところで，かかる合弁契約はあくまで契約当事者を債権的に拘束するにすぎない。すなわち違反したら損害賠償の問題が生ずるというのみであり，契約に反して議決権を行使しても，取締役選解任の決議は有効に成立する（→**(3)**参照）。この点については，もし多数派株主が，株主総会にて合弁契約に違反する内容で議決権を行使し，契約に反して取締役を解任（選任）したような場合，少数派株主は，相手方の契約違反を理由に，当該株主総会決議の取消しの訴え（会社831条）を提起することが

考えられよう。ところが，上記のような場合が株主総会の決議取消事由に該当するかについては争いがあり，取消事由を列挙した同条1項各号にかかる場合の記載がないことを理由に，該当しないと解するのが多数説である。また，損害賠償を請求しようにも，損害額の算定には困難が伴う。

そこで，合弁契約に反した役員の選解任がなされてしまうことを防止するために，雛形2条4項のように，違反した場合の違約金を予め定めておくことが考えられる（とはいえ，実際には違約金の額をいくらにするかにつき合意ができず，違約金の定めを置かない場合も少なからず存在する）。

なお，雛形2条3項では，「甲及び乙は，……甲及び乙が指名又は解任を決定した取締役の選任又は解任に，賛成の議決権を行使するものとする」と規定している。甲が，雛形2条1項に反して，3名を超える4名を指名する決定をすることもあり得ないではない。その場合に，乙が4名全員について賛成の議決権を行使せねばならず，そうしない限り，雛形2条4項により違約金が生ずるとなると，不合理な帰結を招くため，かかる事態を避けるため，雛形2条3項の冒頭で「甲及び乙が本条に基づく指名……を行った場合」とあえて限定している。その結果，甲が4名を指名した場合，その指名は「本条に基づく指名」ではないため，乙は賛成の議決権を行使する義務を負わないこととなる。

合弁契約上で定められた取締役の選解任権を担保する方法として，ほかには，合弁契約上，取締役選解任の際の決議要件を加重する（会社309条1項参照）ことで，全当事者の合意がない限り取締役を選解任できないこととする方法も考え得る。甲と乙の出資比率が7：3である本件に即すると，例えば次のような条項が考えられる。

（条項例）
　取締役を選任し，又は解任する株主総会の決議は，議決権を行使することができる株主の議決権の過半数を有する株主が出席し，出席した当該株主の議決権の4分の3を超える多数をもって行わなければならない。

かかる条項を置き，合弁企業の定款にも同様の定めを置いたとき，多数派株主が合弁契約に違反して議決権を行使したとしても，そもそも法律上有効な株主総会決議が成立しなくなるため，合弁契約と異なる内容で，取締役が選任あるいは解任されることを防ぐことができる。

もっとも，この条項を置いた場合であっても，何らかの理由により，少数派株主が，招集通知を受領していたにもかかわらず，株主総会に出席できなかった場合には，甲単独であっても定足数を満たすため，甲のみによる決議が可能となってしまう。かかる場合をも手当てするならば，定足数も議決権の4分の3とすることも考えられる。

（3）議決権拘束条項（雛形2条3項）の効力に関する裁判例

　雛形2条3項のような議決権拘束条項について，かつては，議決権を人格権と捉えて処分できないとし，あるいは，株主総会の決議は各株主の各総会における自由な判断に基づいてなされなければならないとする無効説が存在した。
　この点，東京高判平成12年5月30日（判時1750号169頁）は，合弁企業の社員2名を合弁契約締結後4年以内に合弁企業の株主総会において取締役に選任するよう議決権を行使すべきことを合意する内容の議決権拘束合意について，当該合意を有効と認めた。今日では，株主間の議決権拘束合意については，契約自由の原則および株主総会における議決権行使は各株主の自由に委ねられていることを理由として，合意の目的・内容等が会社法等の法令の規定の趣旨または公序良俗（民90条）に反しない限り有効と解する有効説が通説である。

3　代表取締役の指名権（第3条）

　代表取締役は株式会社を代表し，株式会社の業務に関する一切の裁判上または裁判外の行為を行う広範な業務執行権限を有する（会社349条4項）。
　会社法の原則に従えば，代表取締役は，取締役会が取締役の中から選定することとされている（会社362条2項3号）ため，取締役会のうち多数の取締役を派遣する当事者が選定した取締役の中から選ばれることとなろう。
　もっとも，代表取締役にはこのように広範な業務執行権限があることからすれば，少数派株主としては，取締役の選解任権のみならず，合弁企業の業務執行に一定のコントロールを及ぼすべく代表取締役の選解任についても一定の権限を取得したいと考えることが少なくない。この場合に当該権限を担保する方法としては，2(2)で述べた少数派株主が取締役選解任権を担保するための方法と同様，合弁契約において，少数派株主に代表取締役の選解任権を認める旨を定める方法，代表取締役の選解任を株主総会の決議事項とし，その決議要件

を加重する旨を合弁企業の定款に定める方法が考えられる。

しかしながら実際には，代表取締役を1名とする場合には，出資比率との関係で多数派出資企業にその指名権が与えられることが通例である（雛形3条）。

もっとも，会社法上，代表取締役の数に限りはなく，代表取締役の選定に一定のコントロールを及ぼしたい少数派株主の強い意向により，代表取締役を複数名選任し，各当事者それぞれ1名ずつ選定するものとして，以下のような条項を提案することも考えられる。

> **（条項例）**
> 　対象会社の代表取締役は2名とし，甲及び乙は，それぞれ自らが指名した取締役のうちの1名を代表取締役に指名することができるものとし，甲及び乙は，自らが指名した取締役をして，対象会社の取締役会において対象会社の代表取締役が上記のとおり選定されるために必要となる一切の行為を行わせるものとする。

4　従業員の確保・費用負担（第4条）

（1）従業員の確保について

合弁企業の従業員を確保する方法としては，合弁企業自身で従業員を雇用する方法と，各当事者が従業員を派遣する方法とに大別される。もっとも，以下に述べるような理由から，後者の方法をとることが多い。

まず，合弁企業自身で従業員を雇用する場合，一度雇用すれば合弁企業側から雇用関係を終了させることは極めてハードルが高い。

また，企業提携においては，各当事者が出資するといった資本的な協力だけでなく，各当事者が自社の従業員あるいは役員を合弁企業に派遣する等による人事上の提携も重要である。たとえ詳細なマニュアルをやりとりしたとしても，最終的には現場に従事する人員を通じてしかノウハウは伝達されないとも考え得るためである。そのため，とりわけノウハウの提供や獲得が重要となる企業提携の際には，人事上の提携が行われることが多い。ノウハウ等を提供する側は，ノウハウが外部に流出することを防ぐべく，提供先の合弁企業の担当部署に自社の従業員を出向させて，同人にノウハウの取扱い・管理を一任するという対策を講じることもある。

各当事者が従業員を派遣する方法による場合，合弁契約には，出向社員に関

する人件費等の費用負担に関する規定が設けられることとなる。もっとも通常は，合弁契約書には，合弁企業が出向社員にかかる費用を負担する旨の規定のみが置かれ，詳細は出向元（合弁契約の当事者）と出向先（合弁企業）との間で別途合意することが実務上多い（雛形4条1項〜3項）。

なお，出向について当事者間で別途合意する場合には，主に，就業管理（服務規律，休暇，休業，給与または災害補償等に関して，出向先と出向元いずれの就業規則を適用するのか等），給与支払（給与，賞与，退職金の計算根拠およびその支給方法や，出向元，出向先のいずれが負担するのか等）ならびに社会保険（健康保険，厚生年金保険，介護保険，雇用保険につき，出向元，出向先のいずれにおいて加入するのか等）などについて留意した上で，出向条件を検討すべきである。特に，合弁の相手方が海外の企業である場合には，当該国の労働法制上，日本の労働基準法の強行規定のように，違反した場合に刑事罰や行政指導等が予定されている労働条件の最低基準などが定められていないかどうか，十分な注意が必要である。

（2）引抜き防止

他方で，人事的な提携の一環として従業員を派遣した後，これら従業員について，相手方やその関連会社等から好待遇の雇用条件が示され，これらに引き抜かれるという事態も想定できる。合弁企業の事例ではないが，かかる引抜き行為が不法行為となるのは，単なる勧誘の域を超え，社会的相当性を逸脱した場合に限られると判示した裁判例が存在し（東京地判平成3・2・25判時1399号69頁），これを前提とすると，従業員の引抜きについても合弁契約上で手当てをしておく必要性が高い。雛形4条4項は，かかる観点から置かれている条項である。

なお，引抜き行為がなされた場合であっても，これによる損害額の立証に困難を伴う場合が多いことから，引抜きがなされた場合の損害額の予定条項を設ける例もある。

5　重要事項に関する拒否権（第5条）

合弁企業を取締役会設置会社とし，合弁契約上，少数派株主の取締役選解任権を認める規定が置かれたとしても（雛形2条1項），少数派株主に半数以上の

取締役についての選解任権が認められることは少ないと思われ，その結果，過半数の取締役を派遣する多数派株主が，基本的に，合弁企業の業務執行を決定することとなる（取締役会では，定款で別段の定めをしない限り，議決に加わることができる取締役の過半数が出席し，その過半数により決議を行うこととされている。会社 369 条 1 項）。

また，特に多数派株主が議決権総数の 3 分の 2 以上の議決権を保有するような場合，かかる多数派株主は，株主総会の普通決議事項だけでなく特別決議事項についても，単独で決定することが可能となる（会社 309 条 2 項）。

このような場合，少数派株主としては，会社法の原則に従えば，合弁企業の重要な業務執行に直接関与できないこととなるが，自ら資本なり技術を拠出し合弁事業に参加している以上，業務執行への関与を望むことは大いにあり得る。また，多数派株主としても，少数派株主を一定程度業務に関与させなければ，少数派株主の合弁事業参加へのインセンティブを殺ぐこととなりかねない。

以上のような考慮から，多数派株主が議決権総数の過半数ないし 3 分の 2 以上を保有する場合であっても，合弁企業の業務のうち一定の重要事項については，少数派株主に拒否権を与える場合が多い。

このような拒否権を実効的なものとするためには，大きく 2 つの方法が考えられる。

第 1 は，一定の重要事項について，少数派株主の事前同意事項とする方法である。かかる方法による場合，本件に即するならば，次のような条項が考えられよう。

（条項例） ※乙は少数派である。
1　対象会社における以下の各号に定める事項の決定については，乙の事前の書面による承認を必要とするものとする。
 (1)　定款の変更
 (2)　株式の発行，新株予約権の発行（新株予約権付社債を含む），自己株式の取得・処分，株式併合その他総株主の議決権の数が変動する行為又は変動する可能性を生じさせる行為
 （以下略）

しかし，かかる規定に反して，事前に少数派株主の同意を得ずに，多数派株

主のみによって重要事項に関する決議がなされてしまった場合，2(2)で述べた損害賠償を請求する以外の措置をとることが難しいという問題がある。

そこで，第2の方法として，一定の重要事項については，多数派株主のみによっては可決しないよう，決議要件を加重することが考えられる。かかる方法によれば，少数派株主の同意なくしては，重要事項について決議がなされることはないため，拒否権の実効性をより担保することができる。雛形5条もこの考え方を取り入れたものである。なお，合弁契約に定めるだけでなく，合弁企業の定款にその旨定めておくことが必要である。

6　対象会社による情報提供（第6条）

会社法上，原則として総株主の議決権の3％以上の議決権を有する株主は，当該会社の会計帳簿につき閲覧および謄写を請求することができる（会社433条1項）。

もっとも，当該請求の対象は，会計帳簿（またはこれに関する書類）に限られている上，当該請求にあたっては，請求の理由を明らかにしなければならないとされており（同項柱書2文），場合によっては当該会社により閲覧または謄写を拒まれる可能性もある（同条2項）。また，当該株主の把握しない重要な事項が発生したような場合には，当該株主による自発的な権利行使を期待することはできないであろう。

このように，会社法上保障された会計帳簿の閲覧謄写請求権では，株主保護のための手段として足りないと考えられることから，合弁企業の財務諸表が作成された場合，あるいは，合弁企業の運営に影響を及ぼす重大な事実が生じた場合にはタイムリーにこれを把握したいというのが合弁企業への各出資者の共通認識である。したがって，合弁企業をしてこれらを適時に開示させる相互義務を定める条項が置かれることもある（雛形6条）。

7　資金調達（第7条）

合弁企業への出資企業は，合弁企業設立時に出資を行う。合弁企業は当該出資にかかる金員をもって事業を運営することとなるが，その後の運営状況如何によっては，合弁企業において追加の資金調達の必要性が生じることもあり得る。

かかる場合，出資者に追加の資金拠出義務を負わせるか，あるいは原則として合弁企業自身で資金調達を行うこととするかを，まず検討する必要がある。

簡易な追加資金拠出義務の条項としては，次のようなものが考えられる。

> **（条項例）**
> 1　対象会社の運営に必要な資金は，原則として対象会社自身にて調達する。
> 2　前項の規定にかかわらず，対象会社自身による調達では不足分が生じる場合には，甲及び乙が出資比率に応じて出資，貸付け，立替え，保証又はその他の方法により資金提供する義務を負う。この場合，資金提供の方法や金利及び保証料については，甲及び乙にて別途協議する。

追加資金拠出義務を定めるか否かは，各当事者の資金状況に応じて議論されるものと思われる。合弁契約締結の場面では，一方当事者は必ずしも潤沢に資金を有していないという場合も少なくないが，かかる場合，当該当事者は追加資金拠出義務を定めることを嫌うであろう。

また，追加資金拠出義務を定めたところで，かかる義務に違反して資金拠出がなされなかった場合，これまで見てきたところと同様に，損害賠償請求くらいの措置しかとり得ないという問題がある。したがって，追加資金拠出義務を定めた場合であっても，違反した場合のペナルティを別途規定しておく必要がある。

他方，追加資金拠出義務を定めない場合であっても，各当事者にて任意に対象会社に貸付を行うことは，これが対象会社において多額の借財に該当する場合には対象会社の取締役会決議が必要となるものの（会社362条4項2号），原則としては自由である。そのため，万一合弁企業自身での資金調達がうまくいかない場合には，各当事者から貸付を得ることにより，資金難を逃れることが想定され得る。

しかし，追加資金拠出義務を定めない場合，義務ではない以上，資金拠出への見返りがない限り，どの当事者も自ら進んで資金を拠出することはあまり期待できない。したがって，各当事者からの自発的な資金拠出を促すためには，追加での資金提供をした当事者に対して，何らかの見返りを用意しておく必要がある。

例えば，雛形7条1項のように，追加資金拠出の方法として，普通新株の引

受けを定めておけば，資金拠出をした者は，新株獲得により，合弁企業への影響力を強められるという見返りを得ることができる。このような条項を置く場合であっても，両当事者が資金を拠出している限りは，当初合意された両当事者間の出資比率が維持されるべきであるため，あわせて雛形7条2項のような条項を置くことが一般的である。

さらに両当事者の資金拠出へのインセンティブを強めるべく，雛形7条2項の条項例に続けて，次のような条項を設けることも検討し得る。

> **（条項例）**　※雛形7条2項の次に付加して規定。甲は多数派，乙は少数派である。
> 3　甲が前項に基づく新株の引受けの一部又は全部を行わず，かつ，甲の出資割合が過半数を下回った場合には，本契約は終了し，甲及び乙は，それぞれの出資割合を考慮して，新しい合弁契約締結に向けて協議を開始するものとする。
> 4　乙が本条に基づく株式の引受けの一部又は全部を行わなかった場合で，かつ，乙の出資割合が20％を下回った場合には，第5条に基づく乙の拒否権は消滅するものとする。

一方当事者のみが出資した結果，当初予定されていた出資比率が大きく変動し，契約の見直しが必要になる場合があり得る。例えば，少数派株主のみが出資した結果，多数派株主の出資比率が，当初想定されていたものより大幅に下回る可能性がある。合弁契約上，当初想定されていた出資比率に従って，両当事者が指名できる取締役の員数が定められている場合には，これを修正する必要もあろう。かかる場合を想定して，雛形7条3項のような条項を設けることもある。

なお，各当事者からの資金拠出が得られない場合，合弁企業自身で資金調達を行うことが必要となる。もしもデッドロックに陥る等により資金調達に関する意思決定がスムーズに行われない場合には，合弁企業の資金繰りが立ちいかなくなり破綻してしまうということもあり得なくはない。そのため，追加資金拠出義務を負わせない場合であっても，当該合弁企業の機動的な資金調達を阻害してしまわぬよう，何らかの手当てが必要になる場合があり得る（→13参照）。

8　剰余金の配当（第8条）

　合弁事業が軌道に乗り，利益を生み出すようになった場合，その利益の取扱いについては，大きく二つが考えられる。一つが剰余金の配当（会社453条以下）として合弁当事者に分配するものであり，もう一つが内部留保として合弁企業自身が保有し，その設備投資等に充てるというものである。

　剰余金の配当は，合弁当事者が出資を回収する主要な方法である。

　会社法の原則では，剰余金の配当は株主総会の普通決議事項とされている（会社454条1項）。そのため，剰余金の配当に関して何らの契約上の規定も設けない場合には，配当の有無および内容は，専ら，株主総会の議決権の過半数を保有している多数派株主によることとなり，その場合，少数派株主の意向は必ずしも反映されない。

　また，かかる少数派株主の懸念を受け容れて，配当する旨が合意されたとしても，会社法の原則（株主平等原則）に従えば，配当額は持株数に比例することとなり（会社109条1項），常に多数派株主が多額の配当を受け取ることとなる。ところが，合弁企業は，各当事者が資金だけでなく技術やノウハウを提供することにより成り立っているものである。そのため，合弁企業への貢献の見返りともいえる配当額を決定するにあたり，どれだけ資金を拠出したかという持株数だけでなく，それ以外の要素をも考慮したいという要請は当然にあり得よう。

　雛形8条1項は，少数派株主である乙が，以上のような考慮に基づき，合弁企業において毎年配当すること，およびその額を甲と同額とすることを要望し，甲もこれを受け容れたと仮定したものである。これは，上記の株主平等原則の例外を設ける定めであるが，合弁企業の定款に当該定めを置くことを条件として許容されるものである（会社109条2項）。

　他方，各当事者の選択として，合弁企業の生み出した利益を，剰余金として配当するのではなく，合弁企業にて内部留保するということも十分に考え得る。

　なぜならば，合弁当事者が合弁企業の上げた利益を自社の利益につなげる方法としては，合弁企業から剰余金の配当を受ける方法だけでなく，例えば，合弁企業の製造する優良な製品を優先的に仕入れて市場で販売する等，合弁企業との取引により利益を上げる方法もあり，後者の方法も各当事者が出資を回収

する方法として十分合理的だからである。その場合，むしろ，合弁企業が設立された当初よりすぐに軌道に乗り潤沢に利益を生み出すとも限らないことから，設立から一定期間については，利益を配当するのではなく，内部留保として積み立て，合弁企業の財務状態を強化するということも十分に考え得る。

　雛形8条2項は，このような考慮に基づき，一定期間は剰余金の配当を行わない旨を定めたものである。

　なお，雛形8条1項のような条項を設けた場合，持株比率が大きく変動し，上に述べた資金以外の貢献度を加味しても，各当事者で剰余金額を同等とすることが妥当でないような場合が生じることもあり得る。かかる場合を想定し，持株比率が大きく変動した場合には，配当額を見直す旨の規定を置くことも考えられないではない。しかしながら，それほど大きく持株比率が変動したような場合，そもそも合弁契約締結時に想定されていた合弁事業の前提が崩れている状況ともいえ，合弁契約を解消するか，かかる状況を是正する措置を施す等した方がよいであろう。例えば，出資比率が大きく変動したような場合には，雛形7条3項のように，合弁契約を解消した上で両当事者の力関係を大きく修正するよう新たな合弁契約締結交渉を行うことが考えられる。

　なお，会社法上，株主に剰余金配当請求権および残余財産分配請求権を全く与えない内容の定款は許容されていない（会社105条）。

9　知的財産権の処理（第9条）

　合弁企業にて製品の開発・製造をするにあたり，合弁当事者が有する知的財産権を合弁企業にライセンスすることが必要となる場合もあり得る。かかる場合には，当該知的財産権を合弁企業へライセンスする旨の条項や，合弁企業の下で当該知的財産権から派生して新たに生み出された知的財産権の帰属についての条項を置く必要が生じることとなる。

（1）既存知的財産権の帰属

　まず，合弁当事者が保有する知的財産権について，合弁企業が実施する場合の条項を定めるにあたり，当該合弁当事者が知的財産権を合弁企業に譲渡する方法と，あくまで当該合弁当事者が知的財産権を保有し続け，これを合弁企業にライセンスする方法とがあり得る。

後者の方法が採用された場合，知的財産権を保有しない合弁当事者からすると，相手方がその実施を合弁企業に許諾する一方で，相手方自身も実施し続け，さらに第三者にも実施を許諾する可能性も否定できない。その場合，合弁企業の競争力はそれだけ殺がれることとなってしまう。そのため，知的財産権を保有しない側の合弁当事者は，前者の方法，すなわち相手方が知的財産権を合弁企業に譲渡する方法を望むであろう。

以下に，本件において，甲からのかかる要望を，知的財産権を拠出する乙が受け容れたことを前提に，それを反映する条項例を示す。

> **（条項例）**　※ 雛形9条1項に代えて規定。乙は少数派である。
> 1　乙は，対象製品に関する知的財産権（以下「既存知的財産権」という）を，令和○年○月○日，対価金○円で，対象会社に譲渡する。

もっとも，このような条項を置いた場合，知的財産権を保有する側の合弁当事者には大きなリスクとなり得る。

例えば，合弁企業が破産し，破産管財人の関与の下，譲渡した知的財産権が換価され，換価代金が一般債権者への配当へ回される事態や，合弁契約終了時に知的財産権が戻ってこない事態などは，かかる合弁当事者にとって大きなリスクとなり得る。

そこで，かかるリスクを排除すべく，あくまで知的財産権は当事者が保有し，その実施を合弁企業に許諾する形態をとるが，その代わりに，合弁企業の競争力に配慮し，合弁企業に専用実施権（付与する当事者は，自身で当該知的財産権を実施できないことに加え，第三者にこれを許諾することもできない）や独占的通常実施権（付与する当事者は，自身で当該知的財産権を実施することはできるが，第三者にこれを許諾することはできない）を付与するということが考えられる。

雛形9条1項の条項は，以上の考慮を踏まえたものである。

（2）新規知的財産権の帰属

合弁企業の従業員が新たな発明をした場合，知的財産権の帰属については使用者の職務発明規程に従った処理がなされることになる。合弁当事者が合弁企業に従業員を出向させるような場合，どちらが「使用者」となるのかについては，当該発明をなすにあたり，主要な金銭的・物的援助を行った者が誰である

かを中心に判断がなされる。もっとも，かかる判断は常に一義的になされるものではなく，合弁当事者間で（かつ，合弁企業および従業員との間で），処理方針を明確にしておくことが望ましい。

新規知的財産権を誰に帰属させるのかについては，(1)で述べたのと同様な事項を考慮することとなる。

雛形9条2項および3項は，一例として，新規知的財産権については合弁企業にいったん帰属させ，合弁契約終了後は，乙がこれを買い取ることができるという内容の合意を前提としたものである。

10　競業禁止（第10条）

(1) 新たな競合事業の禁止

合弁当事者のうち，特に資金面というよりも技術面での拠出をする当事者についてみると，合弁事業と類似する内容の事業を行っているということが多いであろう。そうでない当事者についても，資金等を拠出している以上，もともと合弁事業の内容に興味を有していることが通常である。これらのことからすれば，合弁当事者が，将来，合弁企業の事業内容と競合する事業を行う可能性が十分にある。

しかし，無制限にかかる競合事業の実施を許すと，合弁企業の競争力を殺ぎ，合弁契約の趣旨に背く結果となる。そこで，合弁当事者に合弁事業との競業を禁止する条項が置かれることが多い。

もっとも，禁止する競業の内容や，禁止される期間については，慎重に考慮することが重要である。あまりに広範な内容の事業について，相当長期にわたり禁止するような内容の規定が設けられると，将来，合弁当事者が新しい事業を行おうとした場合，（その時点では合弁事業の競争力に及ぼす影響がそれほど大きくなかったとしても）競業禁止規定が障害となり，新たな事業を行えなくなってしまう場合があり得るためである。実際，競業禁止期間を，契約期間終了後2～3年までに限定するケースが比較的多いと思われる。

雛形10条1号ないし3号の条項は，以上のような考慮を踏まえ，禁止期間は合弁契約期間および契約期間終了後2年間とし，禁止する事業内容を対象製品および新製品に関するものに限ったものである。なお，合弁当事者自身による競業のみを禁じても，関連会社や役員を通じた競業がなされたのであれば，

やはり同様の帰結となるため，これらについても手当てしている。

（2）秘密保持等

合弁契約では，競業禁止の一内容として，当事者が拠出したノウハウ等の秘密情報につき，第三者への開示を禁止する旨の，次のような条項が設けられることもある。

> **（条項例）** ※ 雛形10条に付加して規定。甲は多数派，乙は少数派である。
> (4) 甲が，乙の書面による事前の承諾を得ずに，乙が対象会社に提供した対象製品及び新製品の開発・製造のための機密技術，ノウハウその他の機密情報を第三者に開示又は漏洩すること

もっとも，本雛形では，秘密保持条項を別途設けており（雛形18条），かかる条項によってノウハウ等の秘密情報についても保護を図ることができると考えられるので，本条項では記載していない（→ 17参照）。

11　株式の譲渡制限（第11条）

会社法上，株式は自由に譲渡できるのが原則であるから（会社127条），かかる原則に従えば，当事者は，それぞれ自らが保有する対象会社株式を譲渡することで相手方との合弁関係を解消し，投下資本を回収することが可能である。もっとも，会社は，株式譲渡について会社の承認を要する旨を定款に定めることができ，この場合，当該会社が取締役会設置会社であれば，株式を譲渡しようとする者は，取締役会の承認を得なければ株式を譲渡することができない（会社107条2項1号・108条2項4号・136条・139条1項）。かかる定めを置けば，相手方が任意に合弁関係から離脱し，新たに好ましくない者が合弁関係に参入することを防ぐことができる。

そこで，各当事者の保有する対象会社株式の譲渡について，譲渡制限を付すか，付すとすればいかなる制限とするかという問題について，合弁当事者間での協議が必要となる。

（1）譲渡制限の有無

合弁事業を行うにあたっては，合弁契約の当事者である出資企業が共同して

事業を営むことが想定されているから，合弁企業の株式譲渡には一定の制限が付され，合弁当事者が容易に合弁契約関係から離脱することができないように制約されることが通例である。もっとも，合弁企業株式の譲渡には，単に合弁関係からの離脱という意味合いだけでなく，合弁契約締結にあたり投下した資本の回収という意味合いもある。そのため，一切の株式譲渡を禁じるというのでは，合弁当事者による投下資本回収の可能性を大幅に制限するということに繋がり，合弁当事者の理解が得られない場合もあり得る。

以下には，まず，譲渡を原則として許容し（ただし，後述のような理由から，株式譲渡制限を制度として設ける），その旨を規定する条項例を示す。

（条項例①）
　甲及び乙は，いつでもその保有する対象会社株式を譲渡できるものとし，対象会社株式の譲渡がなされる場合には，当該譲渡について承認がなされるよう，必要となる一切の行為を行うものとする。

条項例①について，会社法の原則に従えば株式の譲渡は自由であるため，当事者間で株式の譲渡を自由とする旨合意に至ったならば，株式譲渡制限を制度として設ける必要もなく，かつ，あえて合弁契約上特段の規定を設ける必要はないように思われる。

しかしながら，定款上株式の譲渡についての制限を付さないと，会社法上の公開会社（会社2条1項5号）に該当し，取締役会の設置が必要になり（会社327条1項1号），したがって監査役の設置も必要になる（同条2項），あるいは株主総会招集期間を短縮できない（会社299条1項）など，合弁企業の組織設計にあたり一定の制約が課されることとなる。かかる会社法上の制約を避けるため，定款上はあくまで株式譲渡制限を設け，株式譲渡がなされる場合には，合弁両当事者はそのために必要な行動（株主総会または取締役会において譲渡承認決議に賛成する等が想定される）をとるべきことを規定している。

このような規定を置いたとしても，株式譲渡に必要な行動をとらなかった場合には，株式の譲渡は無効となる。

なお，三者間の合弁契約の場合で，そのうち二者については合弁事業にあたり必要不可欠な資金力ないし技術力を有する等の理由により合弁関係からの離脱が想定されていないが，残る一者については出資額がさほど多額でないなど

のため株式売却による合弁関係からの離脱が想定されるような場合があり得る。かかる者についてのみ譲渡制限を付さない種類株式を保有させるということも，一つの制度設計としてあり得ると思われるが，このような場合は，発行する株式に譲渡制限が付されていないものが含まれることとなり，会社法上は公開会社となり，上記の組織設計上の制約が及ぶため，留意が必要である。

逆に，相手方の同意がない限り，株式譲渡を一切認めない条項例を示すと次のようになる。

> **(条項例②)**
> 　甲及び乙は，相手方による事前の書面による同意がない限り，対象会社株式につき，第三者に対する譲渡，移転担保の設定等の一切の処分をしてはならない。

これらに対して，合弁会社を設立した後，合弁事業の運営が軌道に乗るであろう一定期間を経過するまでの間については，一方当事者が合弁関係から離脱するとたちまち合弁事業の運営が覚束なくなる可能性が高く，また，そのような間は投下資本の回収は現実的でないとの判断もあり得る。そのため，雛形11条1項のような規定であれば，当事者間で比較的合意に至りやすいように思われる。

(2) 株式の譲渡先について

(1)での検討により，一定期間経過後に，あるいは期間の限定なく，一方当事者が合弁企業の株式を譲渡し，その投下資本の回収を許すことにつき，合意に至ったとする。

かかる場合，次は株式譲渡の相手方に関して，およそ譲渡を希望する合弁当事者の裁量に委ねるのか，あるいは一定の合意をしておくのかにつき，検討する必要がある。

まず，譲渡の相手方に関する規定を何ら設けず，譲渡を望む合弁当事者の自由な裁量に委ねるということは，あまり考えられない。なぜならば，株式の譲渡先を譲渡当事者の全く自由な裁量に委ねるということは，相手方当事者にとって好ましくない者に合弁企業の株式が渡る可能性を意味する。合弁当事者のうち，完全に資金のみを拠出するような者は必ずしも多くはなく，多かれ少なかれ，合弁企業に対して技術やノウハウなどの機密情報を提供している場合

が少なくないと思われるが，このような機密情報を保有する合弁企業の株式が，かかる好ましくない第三者に渡ることなど，合弁当事者にとって到底許容できないと思われるためである。

そのため，合弁契約締結にあたって，株式の譲渡先につき，予め合意をしておく場合が多い。

まず考えられるのが，予め想定される譲渡先について，契約上明記するということである。合弁当事者のうち一方が，合弁事業への投資の回収方法として，合弁企業株式を特定の譲渡先に売却することを想定しており，相手方当事者としても，かかる譲渡先の素性をよく知っており，この譲渡先に株式が譲渡されることに異存がないというような場合である。

以下は，このような場合を想定した条項例である。

> **（条項例③）** ※雛形11条1項の次に付加して規定
> 2　対象会社設立後〇年を経過した後，甲又は乙は，次に掲げる者に対して，その保有する対象会社株式を譲渡することができる。この場合，甲及び乙は，当該譲渡について承認がなされるよう，必要となる一切の行為を行うものとする。
> （以下略）

このように，一方当事者の株式売却先が予め定まっている場合はよいが，実際にはそうでない場合の方が多い。かかる場合に株式譲渡先について相手方当事者が一定のコントロールを及ぼし，望ましくない者が合弁当事者となることを防ぐ方法としては，先買権を設定することが考えられる。

先買権とは，一方当事者が第三者に対して合弁企業の株式を譲渡しようとした際に，相手方当事者（または相手方当事者が指定した第三者）がこれを購入する権利である。先買権を設定する際の条項例を以下に示す。

> **（条項例④）** ※雛形11条1項の次に付加して規定
> 2　対象会社設立後〇年を経過した後，甲又は乙（以下本条において「譲渡申出者」という）は，第三者に対してその保有する対象会社の株式の全部又は一部（以下「譲渡対象株式」という）を譲渡しようとする場合には，予め，譲渡予定先，譲渡対象株式の数，譲渡価格その他譲渡の主要条件を，相手方当事者に対して書面にて通知するものとする（以下「譲渡希望通知」という）。当該通知を受けた相手方当事者は，譲渡希望通知記載の条件にて，譲渡対象株式を譲

> 渡申出者から買い取ることができるものとし，かかる買取りを希望する場合には，譲渡希望通知受領後30日以内（以下「先買権行使期間」という）に，譲渡申出者に対し，その旨書面にて通知するものとする。かかる通知がなされた場合，譲渡申出者は本条に定めるところに従い，譲渡対象株式を売り渡さなければならないものとする。ただし，当該通知を受けた相手方当事者が先買権行使期間内に譲渡申出者に対して買取りの意思を表明しない場合には，譲渡申出者は，譲渡希望通知記載の譲渡条件で，譲渡対象株式を譲渡希望通知記載の譲渡予定先に譲渡することができるものとする。

　条項例④は，譲渡申出者が第三者に譲渡しようとしたのと同じ条件で，相手方当事者がかかる株式を購入する権利を与えるものである。

　しかしながら，かかる条項を規定した場合で，譲渡申出者が第三者と共謀し，著しく高い価格を「譲渡価格」として譲渡希望通知を発した場合，相手方当事者が第三者への譲渡を阻止するためには，このような著しく高い価格で当該株式を買い取るほかなくなり，不当な帰結をもたらすこととなってしまう。

　そこで，かかる事態を避けるためには，雛形11条2項のように，譲渡の申出を受けた相手方は，譲渡申出者提案の「譲渡価格」と客観的価額とから購入価額を選択できるように規定することが考えられる。このような規定ぶりとすれば，合弁当事者による株式の譲渡を抑制し，合弁関係を強める効果も得られよう。

　なお，雛形11条3項の条項は，**条項例①**を設ける趣旨と同様の趣旨による（→**(1)**参照）。

12　コールオプションおよびプットオプション
（第12条・第13条）

(1) オプションとは

　コールオプションとは，相手方が保有する対象会社株式につき予め定めた金額で買い取ることを相手方に対して請求できる権利のことをいい，プットオプションとは，自己が保有する対象会社株式につき予め定めた金額で買い取ることを相手方に請求できる権利のことをいう。

　通常，相手方の有する株式を取得するには，合意によるか，全部取得条項付種類株式を発行する等の方法によることとなる。しかしながら，前者について

は相手方が応じなければ成立しない。後者についても，通常であれば株主総会の特別決議が必要であり，特に合弁契約上では，拒否権対象事項とされていたり，あるいは定款によって総会の決議要件が加重されたりと，一方当事者の任意では行えないようにされていることが多いであろうし，取得が可決された場合でもこれを取得するのは当事者ではなく，合弁企業である。つまり，相手方の意思によらず，こちらの請求により一方的に相手方保有株式の取得を可能とする権利が，コールオプションであり，反対に，相手方の意思によらず，こちらが保有する株式を相手方に買い取らせることを可能とする権利が，プットオプションであると言えよう。

雛形12条1項および13条1項は，コールオプションおよびプットオプションの規定の一例である。

（2）合弁契約にてオプション条項を設ける意義

合弁契約においては，相手方が契約上の義務に違反し，その是正も見込めないことにより，両当事者による合弁関係維持が難しくなった場合を想定して，コールオプションやプットオプションの条項が置かれることが多い。

このように合弁関係維持が難しい状況に陥った場合には，一方当事者の株式をすべて他方に譲渡することで一方当事者が合弁関係から離脱し，残る当事者単独で合弁事業を運営していくということが考えられる。しかし，一方当事者が譲渡に応じないような場合には，それもかなわず，合弁企業を解散するほかないこともある。合弁事業が思わしくなく，赤字続きの状態であれば，解散することもやむを得ないとも考え得るが，そうではなく，合弁事業自体は堅調に利益を生み出しているような場合には，これを安易に解散させることは双方にとっても，社会的にも得策ではない。そこで，合弁企業の解散を回避すべく，当事者の意思によらない株式の譲渡を可能にするコールオプションやプットオプションの条項を設ける意味が見出されるのである。そして，予め定める買取金額を，合弁契約に違反した当事者に不利になるように設定しておけば，合弁当事者による契約違反を抑止する効果も見込めるのである。

また，一方当事者が合弁契約に違反した場合だけでなく，一方当事者に信用不安が生じたような場合をも想定して，コールオプションの条項が置かれることがある。すなわち，一方当事者に信用不安が生じた場合，倒産や差押えなど

を見据え，他の債権者よりも早く合弁企業の株式を取得する必要がある。かかる場合に，株式譲渡に関する合意の成立を待っていたのでは，他の債権者に先を越されてしまう可能性がある。そこで，合意なくして株式を取得できる条項が必要とされるのである。

ただし，破産手続開始等の事由に基づきオプションを行使する場合には，そのような倒産を契機とする条項の有効性が問題視される可能性があるほか，破産法等上の否認権との関係でも注意が必要である。すなわち，オプションの行使はいわゆる予約完結権の行使であると考えられているが，支払停止など債務者の信用不安を発生事由とする予約完結権の行使が，抜け駆けして債務者の財産から回収を図る行為であるとみられ，破産管財人等により否認される可能性がある（破162条1項等，東京地判平成22・11・12判時2109号70頁参照）。

特に雛形の条項のように，違反当事者もしくは信用不安となった当事者に不利となる譲渡代金を定めておくと，抜駆け回収であると問題視され，契約どおりの代金で株式を取得ないし譲渡できない可能性がないではないことに留意すべきである。そのため，コミュニケーションを図る中で相手方当事者の財務状況について見極め，場合によっては任意的に適正な価格で売却をするよう勧めるなど，相手方が危機時期に至る前に一定の対策を施すことが重要である。

(3) オプションの行使価格

続いて，プットオプションおよびコールオプションを設けるとしても，その行使価格をどのように設定するかについての協議が必要となる。ほとんどの合弁企業は非上場会社であると思われるが，非上場会社の場合，株式の客観的な価格を設定することが難しい。非上場会社株式の価格の算定方法は，純資産方式（貸借対照表上の資産から負債を控除して求めた純資産価額に基づいて，株式の価額を評価する方式），DCF方式（Discounted Cash Flow，将来その企業が生み出すキャッシュフローの割引現在価値を基礎にした株価算定方法）等があり，どの算定方式を用いるべきかについて一般的な基準はないからである。

したがって，どのような算定方法を用いるかについては，合弁契約において予め明確に定めておくことが望ましい。この点を明確に定めておかなければ，コールオプションおよびプットオプションの条項を設けたとしても，株式譲渡価格についての意見が折り合わない限り，株式譲渡が実行できないこととなる

ため，条項の意味が減殺されてしまうことになる。

　(2) で述べたように，コールオプションやプットオプションに，契約違反に対する抑止効果を期待するのであれば，契約違反をした当事者にとって不利となる譲渡価格を定めるべきである。例えば，コールオプションであれば，違反当事者は安値で株式を譲り渡さねばならず，プットオプションであれば，違反当事者は高値での株式購入を余儀なくされるようにすることが考えられる。

　雛形12条2項および13条2項は，このような考え方を反映したものである。

　なお，雛形の条項では譲渡価格の基準として純資産額を採用している。譲渡価格の基準としては，上に掲げたように様々なものが考えられるが，一定の指標に基づき計算された額ではなく，第三者の評価を参考にするというものもあり得る。その一例として次の条項を示す。

> **（条項例）**　　※雛形12条1項および13条1項の次にそれぞれ付加して規定
> 2　前項の規定に基づき請求当事者が違反当事者の保有する対象会社株式を買い取る場合の1株当たりの買取価格は，甲，乙，並びに甲及び乙が協議により選出した評価人それぞれから提示された買取価格につき，その三者の平均から最も離れたものを除外した後，残る二者の平均金額とする。

13　デッドロック（第14条）

　少数派株主の承認が必要とされる事項（雛形5条1項各号所定の事項）について，少数派株主が承認せず，これについて多数派株主と少数派株主との間で折り合いがつかない状態をデッドロックという。デッドロックについては，双方の利害が対立する場面において問題となることが多く，合弁契約においては予めその予防法や対処法を明記しておくことが望ましい。

（1）デッドロックの予防

　デッドロックを未然に予防するための一つの方法として，平時より，定期的に，株主間で協議する場を設けるということが考えられる。

　もっとも，株主間での協議といっても，各当事者の実務担当者同士の協議ではなく，各当事者内部での，当該合弁事業における最終意思決定権限を有する責任者同士での協議が望ましいと思われる。かかる協議の場であれば，多人数

で行うものよりも膝を突き合わせた議論を行うことができる上，何らかの方針が確認された場合にはトップダウンでの判断を下すことができるためである。

このような協議の場を設ける規定の一例としては，雛形14条1項のような条項が考えられる。

（2）デッドロックへの対処

(1) のような予防策にもかかわらず，実際にデッドロックに陥った場合，**(1)** で見たように，各当事者から1名ずつ選出させ，デッドロック解消の方向性についての議論をさせることが考えられる。

誰を選出すべきかについては，**(1)** のごとく，協議後のトップダウンによる判断を期待して，各当事者内部の合弁事業における意思決定権者とすることが考え得る。

> **（条項例）** ※ 雛形14条1項の次に付加して規定
> 2　甲及び乙は，対象会社の株主総会において，第5条第1項に定める決議事項が否決された場合（以下「デッドロック状態」という），前項の株主協議会を設け，誠意をもって協議し，デッドロック状態を解消できるよう最善の努力を尽くすものとする。

もっとも，定期的な協議を行っていたにもかかわらずデッドロックに陥ってしまった以上，両当事者の合弁事業責任者同士が議論をしても埒があかないことも考えられる。かかる場合を想定し，両当事者協議の上，公平中立な第三者を仲裁人として選任し，両当事者は仲裁人の判断を十分考慮すべきこととすることも考えられる。

雛形14条2項および3項の条項も，かかる方法を取り入れたものである。

ただし，少数派株主の承認が必要な事項は，特に少数派株主にとって重要な事項であることが多く，かかる重要事項について，少数派株主が第三者の判断を受け容れることができるかどうかについてはなお定かではなく，この点に関する両当事者の要望を踏まえ，具体的な条項を作成していく必要があろう。本雛形でも，かかる第三者の判断に「従う」というのでは乙の合意を得がたいと思われることから，「十分考慮」するにとどめている。

以上のような措置によってもデッドロックが是正されない場合，最終的には

合弁契約解消を検討せざるを得ない（→ 15 参照）。

14　損害賠償（第 15 条）

　合弁契約の一方当事者が合弁契約に基づく義務に違反した場合，相手方は，義務に違反した当事者に対し，損害賠償を請求することができる（民 415 条・709 条）。なお，2017 年改正後の民法 415 条については，第 2 章 2 (3) および第 14 章 Ⅱ 5 の解説を参照されたい。

　このように，債務不履行ないし不法行為に基づく損害賠償請求は合弁契約中に条項を置かなくとも法律上当然になし得るものではある。もっとも，実務上は，損害を賠償すべき相手方および損害の範囲を予め明確化することにより合弁当事者の予測可能性を予め担保する観点から，雛形 15 条のように，これらを明記した損害賠償についての条項を規定しておくことが多い。

15　合弁契約の終了（第 16 条）

(1) 合弁契約終了に関する規定の意義

　当事者間にて新規合弁事業の立ち上げについて議論がなされ，合弁契約を締結するという段階では，合弁契約の終了あるいは合弁会社の解散といった，ある種後ろ向きの議論に消極的になることも仕方がない面がある。

　他方，合弁契約においては，通常，当事者の数が多くなく，合弁事業開始にあたり，その目的や譲れない部分が比較的明確となっていることが多い。そのため，目的が達成されないことが明らかとなった場合や，お互いに譲れない部分が拮抗してしまった場合など，合弁事業の遂行が不可能であり合弁契約を解消するほかない事態についても，立上げ当初から比較的容易かつ具体的に予想することができる。

　ひとたび，かかる事態に陥ってしまった場合，そこから合弁事業継続または終了の方向性について当事者間で議論をまとめることは難しい。比較的容易かつ具体的にかかる事態が予想できるのであれば，予めそのような事態に陥った場合の対処法を明記しておくことが，両当事者によるこれまでの投資を円滑に回収するという側面でも，望ましい。

　そこで，合弁契約においては，予めその終了事由や合弁会社の解散事由，その場合の手続等について規定しておく意義がある。

(2) 合弁契約終了事由

　合弁契約の終了事由として，まず考えられるのが，拒否権事項について両当事者の意見がまとまらないデッドロック状態に陥り，これが解消されないような場合である。雛形14条でも，デッドロック状態に陥った際には第三者の判断を仰ぐとするが，乙は必ずしもこの判断に拘束されるわけではないため，依然としてデッドロック状態が解消されない可能性がある。

　次に，合弁企業の業績が思わしくないような場合である。そのような場合であっても，一方当事者が合弁企業から撤退したいと考える反面，他方当事者は次年度以降は業績を回復すると信じ，意見がまとまらない可能性がある。予め一定額の純損失が生じた場合には合弁契約を終了させるなど，客観的な基準を定めておけば，かかる事態を回避できる。

　他には，合弁事業を立ち上げるにあたっては，一定の明確な目的が念頭に置かれる場合が多いことから，かかる目的を達成した，あるいは達成が不可能となった場合に，合弁契約を終了させることが考えられる。また，合弁企業設立から一定の期間の経過により，合弁契約を終了させるということも考えられる。

(3) 合弁契約終了の方法

　合弁契約の終了に関する規定を設けるにあたり，まずは合弁企業を存続させるのか，あるいは解散するのかを検討する必要がある。

　合弁契約終了にあたり，合弁企業を存続させる場合には，一方当事者が有する合弁企業株式を，すべて他方当事者に譲渡することとなる。その場合には，どちらの当事者が株式を保有し合弁企業を運営していくのか，譲渡代金はいくらとするのか，といったことを考慮する必要がある。

　例えば，一方当事者が専ら技術面での拠出をしており，他方当事者は専ら資金面での拠出をしているというような場合で，技術面での拠出をしている当事者が関与しない限り，合弁企業の運営が立ちいかなくなるような場合には，この当事者が株式を保有する，ということが考えられよう。譲渡代金についても，客観的指標から算出するのか，あるいは第三者の評価に委ねるのか，といった点の考慮が必要となる。このあたりの考慮は，オプションにおける行使価格をどうするのかという考慮と重なる部分もあるため，前記12を参照されたい。

　以下に合弁企業を存続させる場合の条項の一例を示す。

> **(条項例)** ※甲は多数派，乙は少数派である。
> 1　以下の各号の事由が生じた場合には，甲は乙に対して，甲が保有する対象会社株式の一部又は全部を乙が買い取ることを請求することができるものとし，乙は，当該請求に基づいて甲が保有する対象会社株式を買い取ることができるものとする。
> 　(1)　第14条の規定に従い，甲及び乙がデッドロック状態の解決に努力したにもかかわらず，デッドロック状態が解決されなかった場合
> 　(2)　対象会社の純損失が○円以上となった場合
> 　(3)　対象会社の設立から○年が経過したとき
> 2　前項の規定に従って乙が甲の保有する対象会社株式を買い取る場合の1株当たりの買取価格は，前項の請求がされた日の直前の四半期末における対象会社の純資産額を，当該請求がされた日における対象会社の発行済株式総数で除することにより算定される額に0.8を乗じた額とする。

　他方，一方当事者のみによる合弁企業の運営にそれほどメリットを見出せない場合には，合弁契約終了に伴い，合弁企業を解散するということも十分検討し得る。

　その場合，対象会社の定款および合弁契約に雛形16条のような条項を置き，合弁契約の終了原因を合弁企業の解散事由として明記することが考えられる。

16　解散時の処理（第17条）

（1）処理方法についての規定の仕方

　15(2)で検討したような事由に伴って合弁企業を解散する場合には，合弁企業の残余財産や損失の分担，第三者との契約関係，従業員との労務関係，知的財産権をどちらに帰属させるかなど，解決しなければならない問題が多い。合弁契約解消時の処理が必要となる項目については，それぞれの条文の中に条項を置くこともあるが，解消時の処理を独立した規定として設けることも考えられる。雛形では，それぞれの条項の中に置いた方が明快である場合を除き，基本的には解散時の処理を独立して規定している（雛形17条）。

（2）残余財産（設備や在庫）の分配と損失の負担について

　合弁企業の解散により合弁関係を解消する場合，会社法の規定に従えば，定

款に特別の規定のない限り，残余財産については，出資額に応じてこれを分配することとなる（会社666条）。雛形17条1号のように，この点を明確にすべく，あえて合弁契約上に明記することも考えられる。

　なお，会社法上，株主に剰余金配当請求権および残余財産分配請求権を全く与えない内容の定款は許容されていない（会社105条）。そのため，一方当事者より，残余財産に関心がないので，すべての残余財産を相手方当事者において引き取ることとしてほしい旨の申出があったからといって，そのまま条項に盛り込んでしまうと，定款設計の際に問題が生じ得る点に留意が必要である。

　また，損失の負担については，株式会社においては，株主は出資した財産が戻ってこないかもしれないというリスクを負うのみであるという株主有限責任の原則が妥当することから，何ら規定を置かないのが実務上通例と思われる。本件でも甲と乙は損失の負担については規定を置かないことで合意したものと仮定し，雛形17条には規定を設けていない。

　もっとも，合弁企業が債務超過のまま解散すると，合弁企業に対する債権者は自分の債権の全額を回収できず，これにより合弁当事者の信用に悪影響が及ぶ可能性もある。債務超過の結果，特別清算に至れば，裁判所の監督下に入るため，合弁当事者の意向のみで清算手続を遂行できなくなる。このような事態を懸念して，損失の分担について合弁契約中に次のような処理条項を置く例もある。

> **（条項例）**　※ 雛形17条1号の次に付加して規定
> (2) 損失が残存し，対象会社の総資産をもって甲又は乙による貸付に係る債務以外の債務（以下本号において「残存債務」という）を弁済するに不足する場合，甲及び乙は，その持分割合に応じ，損失を負担し，対象会社の残存債務を弁済できるようにするものとする。ただし，特定の損失について，その責任の所在が明らかな場合には，その責任を別途考慮するものとし，当事者が対象会社に対して行った貸付がある場合には，その事情ないし額を考慮するものとする。

（3）従業員の取扱い

　合弁企業の解散にあたって，合弁企業従業員の取扱いについては，慎重に行

う必要がある。

　従業員が合弁当事者からの出向社員の場合，雇用契約関係は合弁当事者と従業員との間にしかないため，合弁企業解散にあたり特段の問題はない。すなわち，雛形4条に基づく出向社員以外に，合弁企業自身が新規に雇用することがなければ，特に規定を設ける必要はないように思われる。

　他方で，合弁企業にて新規に雇用した場合は，雇用主は合弁企業であるから，その処遇について何らかの規定を設けることが考えられる。法的には，合弁当事者との間での雇用関係は存在しないものの，合弁企業の解散に伴いこれらの社員を単に解雇するだけとすれば，合弁当事者のレピュテーション（評価，評判）に影響が生じかねない。そのため，合弁企業の従業員の処遇に関する規定を置くことは，雇用関係の当事者ではない合弁当事者にとっても，意味のあることである。

　例えば，雛形17条2号のような条項を置くことで，これら社員の取扱いについては予め合意した方針に基づいて真摯に検討する旨を約束しておくこととすることが考えられる。

（4）合弁当事者との契約関係の処理

　合弁事業を営むにあたり，合弁企業と合弁当事者との間で契約を締結している場合がある。かかる契約関係は，合弁企業解散によって終了するものと思われるが，その後も残す必要があるものがあれば，別途手当てしておく必要がある。

　もっとも，合弁企業と合弁当事者との間でどのような契約が結ばれるのかについて，予め明確には予測できない場合も少なくないと思われる。そのような場合は，雛形17条3号のように，解散時に有効な契約の処理については両当事者にて真摯に協議するといった規定を設けることが考えられる。

　他方，契約内容が事前にある程度特定されているのであれば，その手当てを規定しておくことも有用である。例えば，合弁企業が，その保有する知的財産権を，合弁契約の一方当事者に許諾していたような場合，合弁企業解散にあたって，当該知的財産権をどちらに帰属させるのか，他方当事者に帰属させるとした場合，当該一方当事者に対して今後かかる知的財産権の実施を許すのか許さないのかを検討しておく要請があり得る。

雛形では，知的財産権の処理に関する条項を設けていることから，解散時の処理も同所に規定した（9条3項）。雛形9条に，解散時の知的財産権の帰属についての規定を置かない場合，次のような条項が考えられる。

> **（条項例）** ※ 雛形17条3号の次に付加して規定（9条3項の規定がない場合）
> (4) 前号の規定にかかわらず，第1号の協議の結果，対象会社の保有する知的財産権が甲（多数派）に帰属することとなった場合，甲は当該知的財産権の実施を乙（少数派）に許諾することに同意するものとする。乙は実施にあたり，相当額の対価を甲に支払うものとする。

（5）合弁契約当事者以外の第三者との契約関係の処理

合弁企業と合弁契約当事者以外の第三者との契約関係の解散後の処理（本件でいえば，対象会社が第三者と締結するであろう什器備品のリース契約や，原材料の仕入契約等）についても合弁契約の締結時にその処理方針を合意できるのであれば合意しておく方が望ましい（本件でいえば，契約を解除するのか，あるいは，甲または乙のどちらかが契約関係を承継するのか）。もっとも，合弁契約締結時においては，合弁企業の契約関係を網羅的に予想把握することは困難なことが通常であり，本件でも，甲と乙は，次のような条項を置くことで，対象会社と第三者との契約関係の取扱いについては，対象会社解散時に真摯に検討する旨を約束しておくこととすることも考えられる。

> **（条項例①）** ※ 雛形17条2号の次に付加して規定
> (3) 対象会社と甲又は乙以外の第三者との契約であって，対象会社解散時に有効なものの処理については，真摯に協議の上，決定するものとする。

また，特に第三者との間で問題となる契約関係が予め特定されている場合には，特定の契約についてのみ処理方法を定めることも考えられる。

例えば，合弁企業が新たに取得した知的財産権を第三者に許諾することが想定されている場合などは，許諾を望む第三者の安全のため，次のような条項を置くことも検討されてよい（当該第三者としては，合弁契約上，合弁企業が解散する場合でも安全に許諾を受けられる手当てがなされているのであれば，多少高額な実施料であっても，支払に応じることもあるであろう）。

> **(条項例②)** ※ **条項例①**の次に付加して規定
> (4) 前号の規定にかかわらず，対象会社が新製品知的財産権の実施を第三者に許諾していた場合，第1号の規定により当該新製品知的財産権を承継した当事者は，当該第三者に対して，従前と同じ条件により，当該製品知的財産権の実施を許諾するものとする。

 以上より，甲と乙は，対象会社解散時の処理について，雛形17条のような条項を置くことで合意する可能性がある。

17　秘密保持（第18条）

 合弁契約締結を検討する段階では，合弁関係を築くことにより双方がそれぞれ意図する利益を得ることができるのかを検討するべく，相互に相手の知的財産権等の機密情報の開示を行いあうのが実務上通例である。また，合弁契約締結後の合弁企業の運営段階に至れば，さらに，合弁当事者双方の知的財産権等の機密情報が合弁企業に提示されることとなる。それゆえ，合弁当事者の一方が，他方が提供した機密情報を合弁契約の運営以外の目的で使用すると（例えば，乙が合弁企業に開示した対象製品の製造方法を甲が利用して自ら対象製品を製造・販売する等），これを提供した出資者に多大な損害が生じる可能性がある。そこで，実務上は雛形18条のような条項を置いて，合弁契約当事者に秘密保持義務を課することがほとんどである。

18　費用負担（第19条）

 実務上，合弁契約の締結に至るまでに支出した費用については当事者が各自負担し，相手方には請求できない旨の条項を確認的に置いておくことが多い。

19　契約上の地位等の譲渡の禁止（第20条）

 合弁契約は，相手方が有する資金力や技術力を見込んで，合弁企業をともに運営すればシナジー効果が生まれ，自社に利益を生むと当事者が想定した上で締結されるものであるから，当初予定されていた以外の第三者が合弁契約に後から加わることは性質上想定されていない。それゆえ，合弁契約においては，契約上の地位等の譲渡を禁止する規定を置くことが実務上通例である。

なお，株式に譲渡制限を設けたとしても，当該株式が合併や会社分割などにより一般承継がなされた場合には，かかる譲渡制限は及ばない。そのため，合併や会社分割などにより第三者が合弁契約に加わることを防ぐべく，これら組織再編手続を行う場合には，事前の書面による相手方の合弁当事者の合意を求めることが考えられる（雛形20条）。
　ちなみに，一般承継による第三者の介入の阻止という観点からは，会社法上の，相続人等に対する株式売渡請求も利用し得るが，そのためには対象会社の定款にその旨を記載しておく必要がある点に留意が必要である（会社174条）。

第10章 ソフトウェア開発契約

I 総論

1 ソフトウェア開発契約とは

(1) 総論

ソフトウェア開発契約とは，一般には SI（System Integration）契約などと呼ばれているもので，ソフトウェア開発会社等（ベンダ，エス・アイアー[1]等と称される。以下では便宜的にすべて「ベンダ」と表記する）が顧客（ユーザ）の委託を受けて，その業務内容を分析し，業務上の問題に合わせた情報ソフトウェアの企画，構築，運用等を行い，顧客から報酬を得るという準委任契約や請負契約の一種である[2]。場合によっては，労働者派遣契約の一種として締結されることもあるが，本章では特に請負契約または準委任契約の場合に絞って検討することとしたい[3]。

まず，冒頭で述べておきたいのは，ソフトウェア開発とは，ユーザの事業，業務を IT（Information Technology）により実現していくための一つの解決策

---

1) SI に人を示す「er」をつけた造語。システムインテグレーターともいう。
2) 混合契約であると解する見解もある。

であって、ユーザの事業や業務をITにより実現するためには、まずユーザが希望の事業あるいは業務の内容を自ら明確にし、ソフトウェアに求める機能（＝開発対象であるソフトウェアの仕様）を明らかにしていくことが大前提であるということである。

「ソフトウェア」という文言自体、広義には、コンピュータプログラム、当該プログラムに使われるデータ、さらにプログラム製作過程で作成される文書、利用者のための取扱説明書等を含めた漠然としたものとして定義されており[4]、個別の事例においても、「どのようなソフトウェアを構築することが契約の目的になっているのか」という点が後に争われるケースも少なくない。

その点と関連して、何がソフトウェアの「（重大な）瑕疵」にあたるのかという点も、裁判において多く争われている。例えば、ユーザが「瑕疵があるので修補してほしい」と求めるのに対し、ベンダは「求められたソフトウェアは既に完成している。ユーザは修補といっているが、実質的には設計変更を求めているに等しいから、追加代金をもらわないと作業できない」と応じる。この場合、ユーザに納品されたソフトウェアに修補すべき「瑕疵」があるのか否か、つまり当初契約の目的とされていたソフトウェアが現に納品されたのか否かが争われることとなる。

全く同様のソフトウェア開発の先例は存在しないため、ソフトウェア開発は毎回が新規の試みになり、予測しづらいものとなる。また、ソフトウェア開発では、建物の建築における設計図面のように目的物の性状等を明確に表すものがないということも、契約当事者間に認識の齟齬を生じさせる一因である。一般に、ベンダが「ユーザの予算内で求められるソフトウェアの質としてはこの程度で十分である」と考えるのに対し、ユーザはベンダの想定よりも上質なソ

3）　なお、システム開発契約に類似または関連する契約としては、情報システム（カスタムソフトウェア）の受託開発契約、情報システムの運用サービス（SO：System Operation）契約、情報システムの保守サービス契約等が挙げられる。

4）　谷口功『図解入門よくわかる最新ソフトウェア開発の基本』（秀和システム、2011年）13頁。なお、類似の概念として「システム」という用語がある。ITの分野における「システム」とは、個々の電子部品や機器で構成され、全体として何らかの情報処理機能を持つ装置のことや、ハードウェアやソフトウェア、ネットワークなどの要素を組み合わせ、全体として何らかの機能を発揮するひとまとまりの仕組み（情報システム、ITシステム）のことを指し、ソフトウェアはその一部を構成すると考えられている。本章では、特にソフトウェアとシステムという用語を厳密に区別せずに論じている。

フトウェアの納品を期待していることが多いといわれる。

　加えて，ソフトウェア開発においては，開発作業がある程度進まないと正確な工数の見積りが不可能であるため，ユーザが初期に提示した予算に比して，実際にベンダが投下した費用が遥かに多額となってしまうという難点もある。ソフトウェア開発契約にあたっては，見積りや代金額の算定一つをとっても困難が伴う。

　また，そもそもユーザがソフトウェアに関して十分な知識を持っておらず，ベンダもまたユーザの業務上のニーズを十分把握できていないという背景事情に関する理解不足も，契約当事者間の認識の齟齬を来す根本的要因であろう。

　本章では，このようなソフトウェア開発契約の特殊性を踏まえ，ソフトウェア開発契約の流れをみた上で，モデル契約の文例を示し，近時の裁判例にみる実務上の留意点等も併せて紹介することとする。

(2) ソフトウェア開発の流れ
(ア) 総論

　ソフトウェア開発は，大まかにいうと，① 企画・要件定義段階，② 開発作業段階および③ テスト・検収段階の3つの段階に分けられる。これを図示したのが，次に掲げる図1である。これは，ソフトウェア開発の工程を時間軸に沿って示した概念図で，一般に「Vモデル」などと呼ばれる[5]。

　詳しくは(イ)以降で検討するが，まずその概括的な流れを説明する。ソフトウェア開発は，① 企画・要件定義に始まり，この段階でユーザの抽象的な要求に応じてこれから開発すべきソフトウェアの概要が確定される。②の開発作業段階が進むにつれ，徐々に詳細な設計工程に進み，最終的には設計に基づいたコーディング[6]（プログラミング言語を使用してソフトウェアの設計図にあたるソースコードを作成すること）が行われ，ソフトウェアの外形が完成する。②の開発作業段階が終わった後に，③ テスト・検収段階に入る[7]。

---

[5] Vカーブと称される場合もある。
[6] プログラミングとほぼ同義であり，特に仕様書などの抽象的な設計文書の内容をプログラミング言語により具体的な「コード」に変換していくという意味で使われることが多い。
[7] ソフトウェアの開発方法には様々なものがあるが，経済産業省の提示するモデル契約等に合わせ，本章ではウォーターフォールモデルによる開発を念頭に置くこととする。

図1にみるように，ソフトウェア開発は，ユーザの抽象的な要望をベンダが具体化・詳細化して実際にコーディングを行い，各モジュールやプログラムなどの部分的なテストの後，最終的に当該ソフトウェア全体がユーザの使用に耐えるか否かという検収段階を経て，完了する。

図1　Vモデルにより示されるソフトウェア開発の流れ[8]

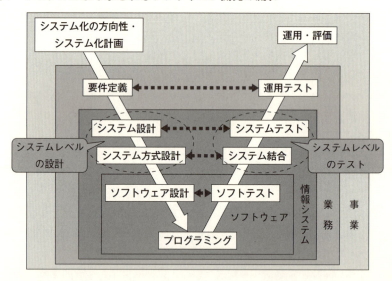

（イ）各論

　法律論に入る前に，以下で，ソフトウェア契約の各工程における具体的な作業内容をみていく（全体の流れについては，後掲の**図3**参照）。契約の局面ごとの作業内容は，一般的に，次のとおりである[9]。

---

8)　経済産業省商務情報政策局情報処理振興課「情報システムの信頼性向上のための取引慣行・契約に関する研究会〜情報システム・モデル取引・契約書〜（受託開発（一部企画を含む），保守運用）」〈第1版〉（2007年）31頁（以下，同報告書を「経産省モデル契約」という。なお，ここでは〈追補版〉を扱わない）。http://www.meti.go.jp/policy/it_policy/softseibi/index.html#05

9)　経産省モデル契約30頁，独立行政法人情報処理推進機構（IPA）技術本部ソフトウェア・エンジニアリング・センター（SEC）編『共通フレーム2013〜経営者，業務部門とともに取組む「使える」システムの実現〜』（2013年）参照。

A　企画・要件定義段階

　要件定義[10]とは，ソフトウェアの設計・開発行為に入る前に，ソフトウェア化のための要件を洗い出し，確定することである。具体的には，ユーザおよびベンダが，協議等により，開発するソフトウェアが満たすべき要件を決定し，ソフトウェアの目的，機能，コストパフォーマンス，開発のスケジュール等をまとめていく作業を指す。

　要件定義の際に，実務上用いられる定型の方式や書式はなく，様々な方法が用いられているようである。例えば，ソフトウェア要求仕様書をユーザが作成し，ベンダと認識を共有する方法もある。

　要件定義は，ユーザとベンダが，ユーザの必要とするソフトウェアの完成像についての認識をすり合わせる重要なものであり，この段階で両者の認識が食い違うと，ユーザは欲しくもないソフトウェアを納品され，ベンダは注文どおりのソフトウェアを完成させたのに文句を言われるという不都合な事態に発展する。したがって，要件定義の段階で，ユーザおよびベンダは，契約の目的となるソフトウェアに対する認識を共有しておくことが肝要である。

B　開発段階（基本設計からソフトウェア導入・受入れ支援まで[11]）

a　基本設計（外部設計）

　開発作業段階では，まずユーザや周辺の情報システムからみえる部分のソフトウェアの設計が行われる。ここでは，ソフトウェアの画面や周辺の情報システムとの間のインターフェースなどの設計，つまり入力と出力に関する設計が行われる。大規模なソフトウェア開発では，外部設計の段階で，システム全体をいくつかのサブシステムに分割し（図2参照），各サブシステムの機能の概要を定義し，サブシステム間のインターフェースを明確にする。

b　内部設計（機能設計）

　外部設計の次に行われるのは，内部設計である。内部設計では，ソフトウェアの機能をどのように実現するかというシステム内部での設計（ユーザからはみえないプログラミングの観点からの設計）が行われる。外部設計が，ユーザにとっての業務機能設計であるのに対し，内部設計は，外部設計で求められる機

---

10)　「要求定義」などとも呼ばれる。
11)　Mint（経営情報研究会）『図解でわかるソフトウェア開発のすべて——構造化手法からオブジェクト指向まで』（日本実業出版社，2000年）49頁～53頁も参照。

図2 ソフトウェアの階層構造

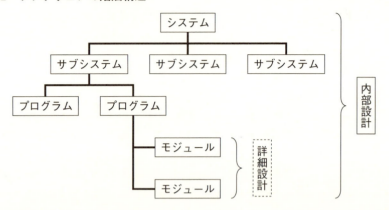

能を実現するためにベンダが主として設計する内部的な仕組みのことである。

  c コーディング（プログラミング）から導入・受入支援まで

　コーディングの過程では，ベンダが，個々のプログラムの単位であるモジュールの仕様を作成し，モジュール間のインターフェースを決めるモジュール設計等（詳細設計）を行う（**図2**参照）。その後，ベンダは，モジュールごとに単体テスト等を行い，ユーザが当該ソフトウェアを導入する体制を整えることを支援する（Ｖモデル(ii)開発作業段階および(iii)テスト・検収段階のうちシステムテストまでの作業工程に対応）。

  C 運用段階

　一通りのコーディングが終了すると，設計書や仕様書に沿って，実際にコンピュータを使ってプログラムコードを入力し，コンピュータ上で正しい動作がなされるかテストする。テストはモジュール単体でのテストに始まり，モジュールやサブシステム間の結合を確認する結合テスト，最終的には開発したソフトウェアの統合的なテスト（運用テスト）が行われる。

　運用テスト段階では，外部設計書や要求定義書に記載されているユーザの要望どおりにソフトウェアが機能するか否かを検証する。テストにより発見された問題点がすべて解決されれば，納品・検収完了ということになる。

図3 ソフトウェア開発契約の工程

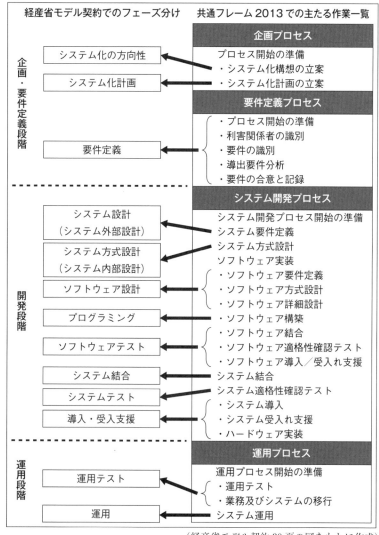

（経産省モデル契約30頁の図をもとに作成）

2 ソフトウェア開発契約の契約類型[12]

(1) 総論

　いわゆるソフトウェア開発契約には、ソフトウェア開発のすべての工程（→1(2)(ア)の①～③）を一括でベンダが請け負う一括請負方式と、開発工程ごとにユーザとベンダとの間で個別契約を締結する多段階契約方式がある[13]。

　一括請負方式では、すべての工程を請負契約として締結する。これに対し、多段階契約方式では、各作業工程に応じて、準委任契約や請負契約が締結される。

　一般的に、①企画・要件定義段階では、ユーザ側の業務要件が固まっていないことから、特定の成果物の完成を請け負う請負契約ではなく、いわゆる業務委託としての準委任契約が用いられる。②開発段階では、請負契約と準委任契約の両方が実務上用いられる。特にソフトウェアの内部設計やコーディング等、ベンダが業務に着手する前に成果物の内容を特定できる場面では、請負契約が適しているといわれる。また、ソフトウェア外部設計とソフトウェアテスト業務は、ユーザ側の業務要件に関わる部分が多いため準委任に馴染むとされるが、従来の実務では請負で行われている場合も多い[14]。

　ユーザまたはベンダからみた一括請負方式と多段階契約方式のメリット・デメリットは**表1**のとおりである[15]。実務上は、多段階契約方式が用いられるの

---

12) 経産省モデル契約13頁参照。
13) 松島淳也『システム担当者のための法律相談――受発注で泣かずにすむ本』（インプレスジャパン、2012年）46頁。
14) システムテストは、外部設計の仕様どおりに制作されたかを検証する工程である。外部設計書の作成をユーザが主体的に行い、ベンダはその支援業務を準委任で行う場合は、その決定内容を確認するシステムテストの主体もユーザとなることが適切であるとの意見が多くあった。すなわち、システムレベルでは、システム設計（システム外部設計）とシステムテストが、またシステム方式設計（システム内部設計）とシステム結合が対となる。ソフトウェアレベルではソフトウェア設計とソフトウェアテストが対応する（詳細は、経産省モデル契約29頁「2.(2) フェーズの区切りと各々の概要・ポイント」を参照のこと）。分業という意味で委託を行う場合、この品質保証の視点では設計とテストが対になることから、水平方向の対を委託範囲（準委任、請負）とした契約類型を考えると論理的である。なお、システムテストは、ユーザのビジネスプロセスを含めたテストにまで及ぶものであることから、請負契約とする場合には、ユーザは、ベンダが実施するテスト仕様（例えば、テスト項目、内容、方法、判断基準等）を明確に提示する必要がある。
15) 松島・前掲注13) 50頁～53頁参照。

表1　各契約方式のメリット・デメリット

契約方式	ベンダのメリット・デメリット	ユーザのメリット・デメリット
一括請負方式	《メリット》 ・まとまった金額の受注が入る 《デメリット》 ・目的物が完成できなければ膨大な作業をしても無報酬に終わる ・契約締結時に具体的な工数がわからず，見積りがしづらい	《メリット》 ・目的物が完成しなければ報酬を支払う必要がない 《デメリット》 ・契約時に目的物が具体的に定まっていないため，見積費用が高額になる可能性がある
多段階契約方式	《メリット》 ・各作業工程で委任契約と請負契約を使い分けることができる ・目的物が完成せずとも，個別の行程ごとに報酬が受け取れる 《デメリット》 ・次の工程を必ず受注できるとは限らない	《メリット》 ・工程ごとに契約終了を確認してベンダの作業の進捗状況を把握できる ・開発工程後のプロジェクトの頓挫についてベンダの責任を問いやすい 《デメリット》 ・要件定義や外部設計が完了しないと全体の開発コストがわからない ・目的物が納入されないリスク

が一般的とされる。

　従来，契約方式として一括請負方式をとると，ユーザ側の心理として「丸投げ」「ベンダにすべてお任せ」という意識が強くなる傾向があった。多段階契約方式は，このような「丸投げ」を防止し，開発当初に正確な見積りを求められるという困難を回避するためのものである。しかし，現状では，ベンダの損害賠償等のリスク回避の手段として専ら利用されているといわれる[16]。

　結局のところ，多段階契約方式は一括請負方式を分割したものにすぎない。

16）桶田大介「情報システム開発契約の多段階契約に関する新しいアプローチの必要性──スルガ銀行・日本IBM事件」NBL977号（2012年）4頁。

一括請負によると個別契約によるとを問わず，本来あるべき開発の分担モデルは，ユーザが企画段階において業務要件およびソフトウェア要件（外部設計に対するインプット）を主体的に決定・明確化し，開発段階において，ベンダが主体となって業務全体に対する利害関係者の要件のうち，ソフトウェアに関する部分（システム要件）についての仕様化を行うというものである。事後的な要件追加，仕様変更，未決事項等についても，予め変更手続を定めておき，当該手続に則り委託料・納期等の協議を実施することが望ましい。

（2）各契約類型の特徴

ソフトウェア開発契約における準委任契約または請負契約の主な相違点は，下の**表2**のとおりである[17]。

表2　準委任と請負の対比

	準委任契約	請負契約
ベンダの債務	委任された事務の遂行 （民656条による643条の準用）	ソフトウェア等（目的物）の完成 （民632条）
報酬	約定に従う[18] →ベンダは業務量に応じた報酬を受け取れる／ユーザはソフトウェア開発が最終的に失敗しても報酬を支払わなくてはならない	ベンダは，ソフトウェア等を完成し，納品しなければ報酬を支払ってもらえない／ユーザはソフトウェア等の完成・納品がなければ報酬の支払義務を負わない（民633条本文）
瑕疵担保責任	なし（ただし業務の遂行につき善管注意義務を負う）	あり（民634条）。2017年改正後の民法では，契約不適合責任を負う（民新559条による562条～572条の準用）

---

17) 表2は，民法の原則に従った場合の例であり，契約により別段の定めをした場合には，当該約定に従う。
18) 民法の原則によれば準委任契約は原則無償とされるが（民656条，648条1項），報酬の定めがあるのが通常である。なお，報酬の支払時期については，後払いが原則である（民656条，648条2項）。

請負契約とされた場合，ベンダは，開発対象であるソフトウェアの完成義務を負う。しかし，ベンダはユーザの業務内容やそのニーズに通じていないことがほとんどであるから，しばしば，ベンダとユーザとの間で開発対象たるソフトウェアに対する認識が食い違い，後に債務の内容が争われる（債務不履行責任や瑕疵担保責任等が追及される）ことになる。

　なお，仮に契約書上，「準委任契約」と題していても，当事者の合理的意思解釈の結果，実質的に請負を内容とするものと認められれば，請負契約であると性質決定される。裁判上では，請負であるか準委任であるかを区別するにあたっては，①ソフトウェア完成までの工程表の作成の有無，②代金支払時期，③完成物の具体的内容が決まっていたか否か等の点が間接事実として考慮されている[19]。他方で，ソフトウェア開発プロジェクトの流動性から，その法的性質も，固定的ではなく流動的に捉えるべきという見解も提唱されている[20]。同見解によれば，開発プロジェクト初期段階の契約は，契約内容が不確定であるため準委任契約として捉えるのが妥当としても，後述する協力義務およびプロジェクト・マネジメント義務の履行により目的物たるソフトウェアの内容が確定された後は，請負契約として捉えるべきであるという。現在の通説的見解ではないが，ソフトウェア開発契約が時間を経て発展するという特殊性を正面から捉えており，傾聴に値する。

　ベンダの債務の内容を確定するにあたって，重要なのは，契約書をはじめとする文書類である。契約書以外の文書類で債務の内容を特定する際に手がかりとされるのは，ソフトウェア開発に関する仕様書や議事録等である。しかし，実務上，ソフトウェア開発において，定型の文書が必ず作られるわけではなく，仕様書や議事録を作らずにベンダの作業が進められることも多い。後に債務の内容が争われることがないように，ユーザとしてもベンダとしても，ソフトウェア（請負の目的物）の内容を，契約書等の文書類により明確にしておくことが望ましい。

---

19) 田中俊次ほか「ソフトウェア開発関連訴訟の審理」判タ 1340 号（2011 年）8 頁。
20) 滝澤孝臣「システム開発契約の裁判実務からみた問題点」判タ 1317 号（2010 年）26 頁。

3 裁判例にみる実務上の問題点

（1）契約締結時の問題
（ア）契約の成立時期

　ソフトウェア開発に関する契約が成立するのは，ユーザとベンダが合意に達した時であるから，他の契約と同様に，正式な契約書の締結の有無を問わず，契約が成立したと認められる可能性がある。

　この点に関し，名古屋地判平成 16 年 1 月 28 日（判タ 1194 号 198 頁）では，基本契約書等が締結されていなくとも，ベンダがユーザとソフトウェアの仕様確認などを行い，ベンダが発行した見積書および仕様書をユーザが承認し発注した時点で，契約が成立すると判示されている[21]。

　この事件において，ベンダは，仕様確認の前に提出した提案書が契約の申込みとみなされるから，ユーザが同提案書を承諾した（採用通知の送付）時点で契約が成立していると主張したが，同判決は，提案書はユーザの業務内容等を十分に検討した上で作成されたものとは認められない上，同「提案書の内容は必ずしも具体的ではないのであるから，何について承諾をしたといえるのかが明確でなく，むしろ，〔提案書に対する〕本件採用通知の送付は，今後本件総合システムの導入を委託する業者として交渉していく相手方を……決定したことを意味するに止まる」旨を述べて，ベンダの主張を退けた。

　上記判決によれば，ある程度具体的な仕様が固まり，ベンダが見積りを提示し，これをユーザが承諾した時点で契約が成立するということになる。しかし，ベンダからみれば，これでは契約の成立時期が遅すぎるという懸念がある[22]。つまり，ベンダはユーザの要求に即した仕様書等を作成しても，ユーザが承諾しなければ，結局無報酬に終わることになってしまうからである。ベンダとしては，できるだけ多段階契約方式により，要件定義の段階等で，そこまでの作業に値する報酬を受け取れるようにしておくことが望ましい。

（イ）契約締結上の過失

　他の契約と同様，ソフトウェア開発契約の場面においても，「契約締結上の過失」を理由として，ベンダがユーザに対し損害賠償を請求できる場合がある。

---

21)　同裁判例は，先立つ基本合意等がない事案であった。
22)　松島・前掲注 13) 46 頁。

すなわち、ベンダが契約締結を信じて契約締結前に開発作業に着手したにもかかわらず、ユーザの一方的な事情により契約が締結されなかった場合、ユーザはベンダに対し、既に投じた開発費用（人件費等）を賠償しなければならない[23]。

（2）契約締結後の問題
（ア）仕様変更に伴う追加報酬の支払の要否

ソフトウェア開発がある程度進んだ段階で、ユーザがベンダに対し、「別の仕様にしてほしい」「別の機能も追加してほしい」等と要求することがある。この場合、ベンダがユーザの要求に応じて追加作業をしたときに、ユーザに追加報酬支払義務が生じるかという点が問題となる。

無論、基本契約等で追加報酬について定めがあればそれに従う。そのような事前の合意がない場合にはどうなるか。

裁判所は「仕様変更の申出は、法的には、委託者による当初の業務範囲を超える新たな業務委託契約の申込みと解され、追加代金額の合意がないまま追加委託に係る業務を完了した場合には、委託者と受託者の間で代金額の定めのない新たな業務委託契約が成立したものとみるのが相当である」旨を判示し、商法512条を根拠に委託者に相当額の追加開発費支払を命じた（大阪地判平成14・8・29〔平成11年（ワ）965号[24]〕）。

> **商法第512条**
> 商人がその営業の範囲内において他人のために行為をしたときは、相当な報酬を請求することができる。

なお、「相当」な報酬の計算方法について、前掲大阪地判平成14年8月29日では、追加開発工数を1人／日当たり作業可能ステップ数により除することで、追加開発作業が何日分の作業にあたるのかを算出し、相当な報酬金額を導いている。他にも、開発済みのプログラム1本当たりの単価を追加開発されたプログラム数に乗じて算出した例[25]や、3か月分の委託料が6000万円である

---

23) 実際にベンダの損害賠償請求が認められた例として、東京地判平成17・3・24（平成16年（ワ）8548号）が挙げられる。
24) 東京地判平成17・4・22（平成14年（ワ）2077号）も同様の結論を導いている。

ことから6か月を要した追加開発の報酬はその倍の1億2000万円であると認定した例もある[26]。

しかし、当初の仕様を変更するような追加発注であったとしても、追加報酬が認められないこともある。既に説明したように、ソフトウェア開発契約において開発対象のソフトウェアは最初から細部までその設計が決まっているわけではなく、開発工程が進むにつれある程度仕様変更することを予定しているといえる。裁判所は、そのような通常予定される仕様変更については、「仕様確定後でも、当事者間の打合せによりある程度修正が加えられるのが通常であることに鑑みると、このような仕様の詳細化[27]の要求までも仕様変更とすることは相当でない」として、ベンダによる追加報酬の請求を認めなかった（前掲大阪地判平成14・8・29）。

したがって、当初の業務委託の範囲を超えるような仕様変更等を発注した場合、ユーザは、事前に追加報酬支払合意を締結していなくとも、相当額の報酬支払義務を負う。

（イ）瑕疵担保責任（契約不適合責任）

ときに、納品したソフトウェアに対し、ユーザから「これでは業務に使えない」という苦情が出され、瑕疵担保責任による契約解除が主張されることもある。どのようなソフトウェアの不具合であれば、法律上の「瑕疵」と認定されてしまうのか。

裁判例（東京地判平成5・1・28判時1473号80頁）では、トレース作業処理等の関連システムのプログラム作成の請負契約につき、重大な瑕疵（解除原因）があるか否かという点について、これを認めた。すなわち、「通常予定された使用をする際に合意された機能に支障を生じさせるようなバグが残っていた場合には、プログラムは不完全なものと認めるのが相当である」と判示し、本件プログラムを不完全なものと認定した。また、他の裁判例では、「解除原因にあたるべき欠陥であるというためには、当該システムの一般利用者を基準として、使用に堪えられないほど不親切であることが必要と解するのが相当」とさ

---

[25] 松島・前掲注13) 46頁。
[26] 東京地判平成22・1・22（平成18年(ワ)6445号、平成18年(ワ)14701号）。
[27] 同裁判例では、画面に表示される文字の書体やボタンの配置の変更が「仕様変更」にあたるか否かが争われた。

れている（東京地判平成 6・1・28 判時 1515 号 101 頁[28]）。
　なお，一般にプログラムにはバグが存在することはあり得るから，バグの指摘を受けた後，納入者が遅滞なく補修を終え，または協議の上相当な代替措置を講じたときは，同バグをプログラムの欠陥（瑕疵）ということはできないとされる（東京地判平成 9・2・28 判タ 964 号 172 頁）。

(3) 著作権等の帰属に関する問題
　開発したソフトウェアが著作物として認められる場合，当該ソフトウェアの著作権は原則として実際に開発したベンダに帰属する。また，実務上，ベンダは，さらに別のベンダに業務を再委託することもあるため，その場合に，ユーザは，当該ソフトウェアの納品を受けたとしても，後にベンダや下請のベンダから著作権を行使されるリスクが残る。
　このようなリスクを解消するため，ユーザとしてはベンダとの間で完成したソフトウェアの著作権の譲渡を受けることおよび著作者人格権の不行使等の約定を事前に結んでおく必要がある。さらに，ベンダが再委託を行う場合には，再委託先とも同様に権利関係の処理を行うように，ユーザはベンダに義務づける必要がある。

4　ソフトウェア開発契約における 2 つのモデル

　以上のように，ソフトウェア開発では，契約をめぐって実務上様々な問題が生じ得る。そのため，契約締結段階では特に留意する必要がある。以下では，まず，ソフトウェア開発契約書式の作成にあたり参考となる 2 つのモデルを紹介し，次に本章Ⅱにおいて提案する雛形の基本方針を示すこととしたい。

---

[28] 本文に挙げたもののほか，システムの処理速度の不具合がシステムの瑕疵といえるかという点が争われた事案がある。裁判所は，当該システムが販売管理に関するシステムであり，販売管理システムには迅速化および合理化が必須の要素として求められていることから，処理速度の不具合を瑕疵と認めた（東京地判平成 14・4・22 判タ 1127 号 161 頁）。

5　経済産業省「情報システム・モデル取引・契約書」

　経済産業省は，2006年6月に「情報システムの信頼性向上に関するガイドライン」を公表した。同ガイドラインでは，情報システム利用者と情報システム供給者は，「本ガイドラインの遵守を前提とした契約を予め結び，当該契約を遵守しなければならない。特に，情報システム利用者及び情報システム供給者は，システムライフサイクルプロセスの円滑な実施及び管理のためには両者の協力が重要であるとの認識に立ち，役割及び責任について一方に偏った契約を避けるべきである」とされており，本ガイドラインの考え方を反映した標準的な契約のあり方を検討してモデル契約を作成しこれを活用することが推奨されている。

　これを受けて経済産業省に，「情報システムの信頼性向上のための取引慣行・契約に関する研究会」，情報システムの信頼性向上のための取引慣行・契約に関するタスクフォース，保守・運用プロセスに関するタスクフォースが設置された。これらの研究会およびタスクフォースの検討成果として2007年4月13日に最終報告として取りまとめられ公表されたのが経産省モデル契約である。

　経産省モデル契約は，開発の委託者であるユーザと受託者であるベンダが締結する基本契約のモデルであり，各開発のフェーズ（段階）ごとに個別契約を締結することを前提としている。経産省モデル契約は，①契約当事者として，対等な交渉力のあるユーザ・ベンダを想定しており，②開発手法としては，ウォーターフォールモデル（多段階モデル）を想定して作られている。また，③対象システムとしては，重要インフラ・企業基幹システムの受託開発，保守・運用を想定しており，④プロセスとしては，共通フレーム2007[29]による標準化したシステム企画・開発・運用・保守プロセスを想定している。さらに，⑤発注形態としては，一括発注の場合に加えて，マルチベンダ形態，工程分

---

[29]　「ソフトウェア，システム，サービスにかかる人々が"同じ言葉"を話すことができるよう共通の枠組みを提供し，ソフトウェアの構想から開発，運用，保守，廃棄に至るまでのライフサイクルを通して必要な作業内容を包括的に規定したガイドライン」であり，独立行政法人情報処理推進機構ソフトウェア・エンジニアリング・センターが2007年9月に公表したものである。なお，その後，同センターは，2009年9月に『共通フレーム2007〔第2版〕』を，2013年2月に『共通フレーム2013』を，それぞれ公表している。

割発注に対応し得るものとなっている[30]。

6　JEITA「ソフトウェア開発モデル契約」

　一般社団法人電子情報技術産業協会（以下「JEITA」という）は，経産省モデル契約をベースにした「ソフトウェア開発モデル契約」（以下「JEITAモデル契約」という）を2008年10月に公表した。JEITAモデル契約は，①JEITAの会員企業におけるソフトウェア開発プロジェクトの意見を踏まえ開発実体に即した工夫を行った点，②ベンダの立場から条文を選択・変更した点において特徴を有しているものとされている[31][32]。

7　本章で提案するソフトウェア開発契約書式

　本章で雛形として提案するソフトウェア開発契約書式も，経産省モデル契約をベースにしている。JEITAモデル契約では，JEITA会員であるベンダからの視点で，経産省モデル契約に適宜の修正等を加えているが，本章では，ユーザの視点から，ユーザ・ベンダに中立的な経産省モデル契約に修正を加えている。

　前述のとおり経産省モデル契約は，共通フレーム2007による標準化したシステム企画・開発・運用・保守プロセスを想定し作成されている。共通フレーム2007で標準化されたプロセスは，次の**図4**のとおりである。経産省モデル契約は，このうち③の要件定義から⑫の運用テストまでを対象とする基本契約であるが，雛形でも同様に③から⑫までのプロセスを対象としている。

---

[30]　経済産業省は，「情報システム・モデル取引・契約書（受託開発（一部企画を含む），保守運用）〈第1版〉」に引き続き，2008年4月に「情報システム・モデル取引・契約書（パッケージ，SaaS/ASP活用，保守・運用）〈追補版〉」を公表している。これは，ITの専門知識を有しないユーザを想定したものであり，パッケージソフトウェアをカスタマイズしたり，オプションを追加する方式によりシステムを開発することを想定したモデル契約である。

[31]　JEITAソリューションサービス事業委員会『ソフトウェア開発モデル契約の解説』（商事法務，2008年）（以下「JEITA解説」という）「はじめに」。

[32]　JEITAは，2019年3月に「ソフトウェア開発モデル契約の解説【2020年4月1日施行 改正民法対応版】」（https://home.jeita.or.jp/cgi-bin/page/detail.cgi?n=1124&ca=1〔以下，「2019年JEITAモデル契約解説」という〕）を公表した（本脚注中では2008年公表のモデル契約を「2008年JEITAモデル契約」といい，2019年3月公表のモデル契約を「2019年JEITAモデル契約」ということとする）。

　同解説によれば，2019年JEITAモデル契約は，債権法改正への対応という観点での改訂に加

図4 共通フレーム2007により標準化されたプロセス

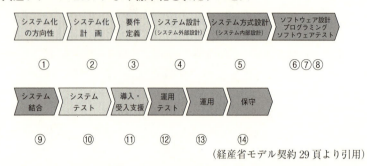

（経産省モデル契約29頁より引用）

Ⅱにおいては，本章で提案する雛形を示すとともに，その条項について解説を加える。ただし，すべての条項について個別に解説を加える紙面の余裕がないため，本章では，経産省モデル契約に対して特に修正した（あるいは選択した）条項あるいは特に説明を要する条項についてのみ解説を加えることとする。その他の条項については，経産省モデル契約およびJEITA解説の記載をご参照いただきたい。

えて，2008年JEITAモデル契約以降に契約書への採用が必須となった反社会的勢力の排除条項の追加や，近年の関連法令の改正，契約実務の蓄積およびソフトウェア開発関連の裁判例の動向等を踏まえた改訂のほかに，各種オプション条項の追記その他字句の修正を行ったとされている。また，2019年JEITAモデル契約では2008年JEITAモデル契約の構造を維持しつつも，開発プロセスについては「共通フレーム2007」ではなく「共通フレーム2013」をベースとしたとされている。

2019年JEITAモデル契約における債権法改正への対応の基本的スタンスについては，同解説1頁ないし6頁に記載のとおりである。なお，2019年JEITAモデル契約では「瑕疵担保責任」を「契約不適合責任」と呼び変えているのに対して，本章雛形では雛形29条の解説（本書432頁）に記載のとおり，従来の「瑕疵担保責任」との呼び方を維持している。しかしながら，2019年JEITAモデル契約29条の「契約不適合」の定義は，2008年JEITAモデル契約での「瑕疵」の定義と同じであり，この点では実質的な差異はない。

II ソフトウェア開発基本契約書の条項例と解説

雛形

※ 欄外の番号は条項解説の該当箇所を示す。
※ 本章において推奨する契約書の雛形は，以下のとおりである。なお，経産省モデル契約と実質的に異なる箇所にのみ下線を付した。

ソフトウェア開発基本契約書

委託者○○（以下「甲」という）と受託者○○（以下「乙」という）とは，コンピュータソフトウェアの開発に係る業務の委託について，次のとおり基本契約（以下「本契約」という）を締結する。

第1章　総則

第1条（契約の目的）
本契約は，甲が，甲の○○○システムのコンピュータソフトウェアの開発に係る業務（以下「本件業務」という）を乙に委託し，乙はこれを受託することに関する基本的な契約事項を定めることを目的とする。

第2条（定義）
本契約で用いる用語の定義は，次のとおりとする。
(1) 本件ソフトウェア　本契約及び個別契約に基づき開発されるソフトウェアであって，プログラム，コンテンツ，データベース類及び関連資料など個別契約（第3条第1項で定義する。）において定めるもの
(2) 要件定義書　本件ソフトウェアの機能要件（甲の要求を満たすために，ソフトウェアが実現しなければならない機能に係る要件。システム機能及びデータにより定義される）及び非機能要件（機能要件以外の全ての要素に係る要件。業務内容及びソフトウェアの機能と直接的な関連性を有さない品質要件，技術要件，移行要件，運用要件及び付帯作業等から成り，それぞれに対する目標値及び具体的事項により定義される）をとりまとめた文書
(3) 外部設計書　要件定義書に基づき，本件ソフトウェアの画面，帳票などのユーザインタフェース，他システムとの通信やデータ入出力等のインタフェースなど，本件ソフトウェアの入出力全般に関する仕様を定めた設計書

(4) システム仕様書　要件定義書及び外部設計書
(5) 中間資料　本件ソフトウェアの開発過程で生成したもので，本件ソフトウェア，システム仕様書及び検査仕様書に該当しない全てのもの
(6) 第三者ソフトウェア　第三者が権利を保有するソフトウェア（ただし，FOSS を除く）
(7) FOSS　フリーソフトウェア及びオープンソースソフトウェア
(8) 要件定義　独立行政法人情報処理推進機構ソフトウェア・エンジニアリング・センターが 2007 年 9 月に公表した「共通フレーム 2007」（以下「共通フレーム 2007」という）の利害関係者要件の定義，利害関係者要件の確認に相当するもの
(9) 外部設計　共通フレーム 2007 のシステム要件定義に相当するもの
(10) 内部設計　共通フレーム 2007 のシステム方式設計に相当するもの
(11) システム結合　共通フレーム 2007 のシステム結合に相当するもの
(12) システムテスト　共通フレーム 2007 のシステム適格性確認テストに相当するもの
(13) 導入・受入支援　共通フレーム 2007 のソフトウェア導入，ソフトウェア受入支援に相当するもの
(14) 運用テスト　共通フレーム 2007 の運用テスト，業務及びシステムの移行に相当するもの

第 3 条（適用範囲）

1　本件業務は，第 14 条の要件定義作成支援業務，第 19 条の外部設計書作成業務，第 24 条のソフトウェア開発業務，第 30 条のソフトウェア運用準備・移行支援業務の全部又は一部から構成され，本件業務の個々の業務（以下「個別業務」という）には本契約のほか，次条に基づき締結される当該個別業務に関する契約（以下「個別契約」という）が適用されるものとする。
2　甲及び乙は，個別契約において本契約の一部の適用を排除し，又は本契約と異なる事項を定めることができる。この場合，個別契約の条項が本契約に優先するものとする。また，本契約及び個別契約が当該個別業務の取引に関する合意事項の全てであり，かかる合意事項の変更は，第 33 条（本契約及び個別契約内容の変更）に従ってのみ行うことができるものとする。

第 4 条（個別契約）

1　甲及び乙は，個別業務に着手する前に，甲から乙に提示された提案依頼書（RFP）及び乙から甲に提案した提案書，見積書を基礎として，当該個別業務について以下の各号のうち必要となる取引条件を定め，個別契約を締結する。
(1) 具体的作業内容（範囲，仕様等）
(2) 契約類型（請負・準委任）

(3) 作業期間，作業工数（作業量）又は納期
   (4) 作業スケジュール
   (5) 甲・乙の役割分担（第8条で定める作業責任分担の詳細）
   (6) 連絡協議会の運営に関する事項
   (7) 甲が乙に提供する情報，資料，機器，設備等（以下「資料等」という）
   (8) 作業環境
   (9) 乙が甲の委託に基づき作成し納入すべき物件（以下「納入物」という）の明細及び納入場所
   (10) 委託料及びその支払方法
   (11) 検査又は確認に関する事項
   (12) その他個別業務遂行に必要な事項
2　甲及び乙は，作業スケジュールの進捗に支障を来すことのないように各個別契約の締結交渉に着手し，可能な限り早期に合意に至ることのできるよう双方誠実に協議するものとする。

第5条（委託料及びその支払方法）

　甲は乙に対し，本件業務の対価として，各個別契約で定めた委託料を当該個別契約で定めた方法で支払う。

第6条（作業期間又は納期）

　各個別業務の作業期間，作業工数（作業量）又は納期は，当該個別業務に係る当該個別契約で定める。

第7条（再委託）

1　乙は，事前に甲の承諾を書面で得た場合又は甲が指定した再委託先に再委託する場合，各個別業務の一部を第三者に再委託することができるものとする。なお，甲が上記の承諾を拒否するには，合理的な理由を要するものとする。
2　乙が，前項の承諾に関して，甲に対して再委託開始時期の○日前までに当該再委託先の名称及び住所等を記載した書面による再委託承諾申請を通知し，甲から当該通知受領後○日以内に具体的理由を明記した書面による承諾拒否の通知がない場合，甲は当該再委託を承諾したものとみなす。
3　乙は当該再委託先との間で，再委託に係る業務を遂行させることについて，本契約に基づいて乙が甲に対して負担するのと同様の義務を，再委託先に負わせる契約を締結するものとする。
4　乙は，再委託先の履行について甲に帰責事由がある場合を除き，自ら業務を遂行した場合と同様の責任を負うものとする。ただし，甲の指定した再委託先の履行については，乙に故意又は重過失がある場合を除き，責任を負わない。

第2章 本件業務の推進体制

第8条（協働と役割分担）

1 甲及び乙は、本件業務の円滑かつ適切な遂行のためには、甲乙双方による共同作業及び各自の分担作業が必要とされることを認識し、甲乙双方による共同作業及び各自の分担作業を誠実に実施するとともに、相手方の分担作業の実施に対して誠意をもって協力するものとする。

2 甲及び乙は、前項の共同作業及び分担作業の前提として、乙は甲に対して、納入期限までにソフトウェアを完成させるように、常に本件業務の進捗状況を管理しこれを阻害する要因の発見に努めこれに適切に対処すべき義務（プロジェクト・マネジメント義務）を負い、他方、甲は乙に対して、本件業務の遂行に必要な資料や情報の提供等の協力をする義務（協力義務）を負うことを、相互に確認する。

3 甲乙双方による共同作業及び各自の分担作業は、各個別契約においてその詳細を定めるものとする。

4 甲及び乙は、共同作業及び各自の実施すべき分担作業を遅延し又は実施しない場合、それにより相手方に生じた損害の賠償も含め、かかる遅延又は不実施について相手方に対して責任を負うものとする。

第9条（責任者）

1 甲及び乙は、各個別契約締結後速やかに、各個別契約における各自の責任者をそれぞれ選任し、互いに書面により、相手方に通知する。なお、当該個別契約において双方の体制図を定め、当該体制図に当該責任者を記載することをもって通知に代えることができるものとする。

2 甲及び乙は、事前に書面により相手方に通知することにより、責任者を変更できるものとする。

3 甲の責任者は、次の各号に定める権限及び責任を有するものとする。
  (1) 第17条所定の要件定義書の確定を行う権限及び責任
  (2) 第22条所定の外部設計書の確定を行う権限及び責任
  (3) 第27条所定の検査仕様書の確定を行う権限及び責任
  (4) 第26条及び第28条所定の納入物の検収を行う権限及び責任
  (5) 第35条所定の中間資料の承認に関する権限及び責任
  (6) 第36条所定の未確定事項の確定後、確定した要件定義書、外部設計書の追完、修正の業務を請求する権限及び責任
  (7) 第37条所定の変更管理書を相手方に交付する権限
  (8) 第48条及び第49条所定の第三者ソフトウェア及びFOSSの採否を行う権限及び責任
  (9) その他本契約及び個別契約の遂行に必要な権限及び責任

4 乙の責任者は，次の各号に定める権限及び責任を有するものとする。
 (1) 第14条の要件定義作成支援業務の実施に際し，甲から要請された事項の対応に関する権限及び責任
 (2) 第26条及び第28条所定の納入物の検収を求める権限
 (3) 第35条所定の中間資料の承認を求める権限
 (4) 第36条所定の未確定事項が確定したときは，追完，修正の業務の請求を直ちに書面で受ける権限
 (5) 第37条所定の変更管理書を相手方に交付する権限
 (6) その他本契約及び個別契約の遂行に必要な権限及び責任
5 甲及び乙が選任すべき責任者の人数は，各個別契約において定めるものとする。
6 責任者が複数の場合には，甲及び乙は協議の上，総括責任者をおくことができるものとする。

第10条（主任担当者）

1 甲及び乙は，各個別契約締結後速やかに，本件業務を円滑に遂行するため，責任者の下に連絡確認及び必要な調整を行う主任担当者を選任し，書面により，相手方に通知する。なお，当該個別契約において双方の体制図を定め，当該体制図に当該主任担当者を記載することをもって通知に代えることができるものとする。
2 甲及び乙は，事前に書面により相手方に通知することにより，主任担当者を変更できるものとする。
3 甲及び乙は，本契約に定めた事項のほか，本件業務遂行に関する相手方からの要請，指示等の受理及び相手方への依頼，その他日常的な相手方との連絡，確認等は原則として主任担当者を通じて行うものとする。
4 甲及び乙が選任すべき主任担当者の人数は，各個別契約において定めるものとする。

第11条（業務従事者）

1 本件業務に従事する乙の従業員（以下「業務従事者」という）の選定については，乙が行う。
2 乙は，労働法規その他関係法令に基づき業務従事者に対する雇用主としての一切の義務を負うものとし，業務従事者に対する本件業務遂行に関する指示，労務管理，安全衛生管理等に関する一切の指揮命令を行うものとする。
3 乙は，本件業務遂行上，業務従事者が甲の事務所等に立ち入る場合，甲の防犯，秩序維持等に関する諸規則を当該業務従事者に遵守させるものとする。

第12条（連絡協議会の設置）

1 甲及び乙は，本件業務が終了するまでの間，その進捗状況，リスクの管理及び報告，甲乙双方による共同作業及び各自の分担作業の実施状況，システム仕様書

に盛り込むべき内容の確認，問題点の協議及び解決その他本件業務が円滑に遂行できるよう必要な事項を協議するため，連絡協議会を開催するものとする。ただし，本契約及び個別契約の内容の変更は第33条（本契約及び個別契約内容の変更）に従ってのみ行うことができるものとする。
2 　連絡協議会は，原則として，個別契約で定める頻度で定期的に開催するものとし，それに加えて，甲又は乙が必要と認める場合に随時開催するものとする。
3 　連絡協議会には，甲乙双方の責任者，主任担当者及び責任者が適当と認める者が出席する。また，甲及び乙は，連絡協議会における協議に必要となる者の出席を相手方に求めることができ，相手方は合理的な理由がある場合を除き，これに応じるものとする。
4 　乙は，連絡協議会において，別途甲乙間にて取り決めた様式による進捗管理報告を作成して提出し，当該進捗管理報告に基づいて進捗状況を確認するとともに，遅延事項の有無，遅延事項があるときはその理由と対応策，本章で定める推進体制の変更（人員の交代，増減，再委託先の変更など）の要否，セキュリティ対策の履行状況，個別契約の変更を必要とする事由の有無，個別契約の変更を必要とする事由があるときはその内容などの事項を必要に応じて協議し，決定された事項，継続検討とされた事項並びに継続検討事項がある場合は検討スケジュール及び検討を行う当事者等を確認するものとする。
5 　甲及び乙は，本件業務の遂行に関し連絡協議会で決定された事項について，本契約及び個別契約に反しない限り，これに従わなければならない。
6 　乙は，連絡協議会の議事内容及び結果について，書面により議事録を作成し，これを甲に提出し，その承認を得た後に，甲乙双方の責任者がこれに記名押印の上，それぞれ1部保有するものとする。乙は，議事録の原案を原則として連絡協議会の開催日から○日以内に作成して，これを甲に提出し，甲は，これを受領した日から○日以内にその点検を行うこととし，当該期間内に書面により具体的な理由を明示して異議を述べない場合には，乙が作成した議事録を承認したものとみなすものとする。
7 　前項の議事録は，少なくとも当該連絡協議会において決定された事項，継続検討とされた事項並びに継続検討事項がある場合は検討スケジュール及び検討を行う当事者の記載を含むものとする。

第13条（プロジェクト・マネジメントの責任）
1 　甲が，本件ソフトウェアの開発等を全体のシステムの一部として乙に分割発注しており，本件ソフトウェアと連携する他のソフトウェアを第三者が開発している場合，第8条第2項の定めにかかわらず，当該他のソフトウェアと本件ソフトウェアの機能の整合性，当該第三者との間の開発スケジュールの調整並びに当該第三者と乙の開発進捗管理及び調整等のプロジェクト・マネジメントに係る事項については，甲がその責任を負うものとする。

2　甲が，前項のプロジェクト・マネジメントを円滑に遂行するために，本件業務に関する範囲で乙の協力を要請する場合，必要となる条件を個別契約で定めるものとし，乙は個別契約に従い，甲のプロジェクト・マネジメントに必要な協力を行うものとする。

第3章　本件業務

第1節　要件定義作成支援業務

第14条（要件定義作成支援業務の実施）
1　乙は，第15条所定の個別契約を締結の上，本件業務として甲が作成した情報システム構想書，システム化計画書等に基づいて，甲による要件定義書の作成作業を支援するサービス（以下「要件定義作成支援業務」という）を提供する。
2　乙は，情報処理技術に関する専門的な知識及び経験に基づき，甲の作業が円滑かつ適切に行われるよう，善良な管理者の注意をもって調査，分析，整理，提案及び助言などの支援業務を行うものとする。

第15条（要件定義作成支援業務に係る個別契約の締結）
　甲及び乙は，要件定義作成支援業務について，第4条第1項記載の取引条件を協議の上決定し，要件定義作成支援業務に係る個別契約を締結する。

第16条（要件定義検討会）
1　甲は，要件定義書作成のために必要となる事項の明確化又は内容の確認等を行うため，必要と認められる頻度で，要件定義書作成についての第12条所定の連絡協議会（以下本節において「要件定義検討会」という）を開催し，乙は，これに参加して要件定義作成支援業務を実施するものとする。
2　乙も，要件定義作成支援業務の実施のために必要と認めるときは，要件定義検討会を開催することができるものとし，甲は，これに参加するものとする。

第17条（要件定義書の確定）
1　甲が要件定義書の作成を完了した場合，甲及び乙は，個別契約において定める期間（以下「要件定義書の点検期間」という）内に要件定義書が前条所定の要件定義検討会での決定事項に適合するか点検を行うものとし，適合することを確認した証として甲乙双方の責任者が要件定義書に記名押印するものとする。ただし，点検の結果，要件定義書が要件定義検討会での決定事項に適合しないと判断された場合，甲は，協議の上定めた期限内に修正版を作成し，甲及び乙は再度上記の点検，確認手続を行うものとする。
2　前項による甲乙双方の確認をもって，要件定義書は確定したものとする。

3 第1項の修正に伴い作業期間，委託料等個別契約の条件を変更する必要が生じる場合は，第33条（本契約及び個別契約内容の変更）の手続によるものとする。

第18条（業務の終了・確認）
1 乙は，前条に定める要件定義書の確定又は個別契約に定める作業期間の満了若しくは個別契約に定める作業工数（作業量）分の作業実施完了のいずれか最も早く到来した時から○日以内に，業務終了報告書を作成し，甲に提出する。
2 甲は，個別契約に定める期間（以下「要件定義書作成支援業務終了の点検期間」という）内に，当該業務終了報告書の確認を行うものとする。
3 甲は，当該業務終了報告書の内容に疑義がない場合，業務終了確認書に記名押印の上，乙に交付し，要件定義書作成支援業務の終了を確認するものとする。
4 要件定義書作成支援業務終了の点検期間内に，甲が書面で具体的な理由を明示して異議を述べない場合には，甲は要件定義書作成支援業務終了の点検期間の満了をもって，業務の終了を確認したものとみなされる。
5 前条に基づく要件定義書の確定前に要件定義書作成支援業務が終了する場合で，甲が当該確定のためになお要件定義書作成支援業務を必要とするときは，甲及び乙は第33条に従い，追加の要件定義書作成支援業務に関して変更契約又は追加契約を締結するものとする。

第2節　外部設計書作成業務

第19条（外部設計書作成業務の実施）
1 乙は，第4条所定の個別契約を締結の上，本件業務として第17条の規定により確定された要件定義書に基づき，本件ソフトウェアの外部設計書作成業務を行う。
2 外部設計書作成業務の実施に際し，乙は甲に対して必要な協力を要請できるものとし，甲は乙から協力を要請された場合には適時に，これに応ずるものとする。

第20条（外部設計書作成業務に係る個別契約の締結）
甲及び乙は，外部設計書作成業務について，第4条第1項記載の取引条件を協議の上決定し，外部設計書作成業務に係る個別契約を締結する。

第21条（外部設計検討会）
1 乙は，外部設計書作成のために必要となる事項の明確化又は内容の確認等を行うため，必要と認められる頻度で，外部設計書作成について第12条所定の連絡協議会（以下本節において「外部設計検討会」という）を開催し，甲はこれに参加するものとする。
2 甲も，外部設計書作成のために必要と認めるときは，甲が外部設計検討会を開

催することができるものとし，乙はこれに参加するものとする。
3　外部設計検討会における検討等により，甲が要件定義書の内容を変更しようとする場合において，作業期間，委託料等個別契約の条件を変更する必要が生じる場合は，第33条（本契約及び個別契約内容の変更）の手続によるものとする。

第22条（外部設計書の納入，承認及び確定）
1　乙は個別契約に定める期日までに，外部設計書を外部設計書検収依頼書（兼納品書）とともに甲に納入する。
2　甲は，個別契約において定める期間（以下「外部設計書の点検期間」という）内に外部設計書が，第17条の規定により確定された要件定義書並びに第21条所定の外部設計検討会での決定事項に適合するか，及び論理的誤りがないか点検を行うものとし，適合すること及び論理的な誤りがないことを承認した証として甲乙双方の責任者が外部設計書承認書に記名押印するものとする。ただし，点検の結果，外部設計書が，第17条の規定により確定された要件定義書及び第21条所定の外部設計検討会での決定事項に適合しない部分又は論理的誤りが発見された場合，乙は，協議の上定めた期限内に修正版を作成して甲に提示し，甲は再度上記点検，承認手続を行うものとする。
3　外部設計書の点検期間内に甲が書面で具体的な理由を明示して異議を述べない場合には，甲は外部設計書の点検期間の満了をもって，外部設計書を承認したものとみなされる。
4　前2項による甲の承認をもって，外部設計書は確定したものとする。

第23条（瑕疵担保責任）
1　前条の確定後，外部設計書について要件定義書及び第21条所定の外部設計検討会での決定事項との不一致又は論理的誤り（以下本条において「瑕疵」という）が発見された場合，甲は乙に対して当該瑕疵の修正を請求することができ，乙は，当該瑕疵を修正するものとする。ただし，乙がかかる修正責任を負うのは，前条の確定後12か月以内に甲から請求がなされた場合に限るものとする。
2　<u>当該瑕疵により本契約又は個別契約の目的を達成できない場合，甲は，本契約又は個別契約を解除できるものとする。ただし，甲が解除しうるのは，前条の確定後12か月以内に限るものとする。</u>
3　第1項にかかわらず，瑕疵が軽微であって，外部設計書の修正に過分の費用を要する場合，乙は同項所定の修正責任を負わないものとする。<u>ただし，この場合であっても，第53条に基づく損害賠償の請求を妨げないものとする。</u>
4　第1項の規定は，瑕疵が甲の提供した資料等又は甲の与えた指示によって生じたときは適用しない。ただし，乙がその資料等又は指示が不適当であることを知りながら告げなかったときはこの限りでない。

(債権法改正後の条項例)
1 前条の確定後，外部設計書について第17条の規定により確定された要件定義書及び第21条所定の外部設計検討会での決定事項との不一致又は論理的誤り（以下本条において「瑕疵」という）が発見された場合，甲は乙に対して当該瑕疵の修正を請求することができ，乙は，当該瑕疵を修正するものとする。ただし，乙がかかる修正責任を負うのは，前条の確定後12か月以内に甲から乙に対して瑕疵について通知がなされた場合に限るものとする。
2 当該瑕疵により本契約又は個別契約の目的を達成できない場合，甲は，本契約又は個別契約を解除できるものとする。ただし，甲が解除しうるのは，前条の確定後12か月以内に甲から乙に対して瑕疵について通知がなされた場合に限るものとする。
3 第1項にかかわらず，外部設計書の修正に過分の費用を要する等の理由から履行不能と判断される場合，乙は同項所定の修正責任を負わないものとする。ただし，この場合であっても，報酬の減額請求又は第53条に基づく損害賠償の請求を妨げないものとする。
4 第1項の規定は，瑕疵が甲の提供した資料等又は甲の与えた指示によって生じたときは適用しない。ただし，乙がその資料等又は指示が不適当であることを知りながら告げなかったときはこの限りでない。

第3節　ソフトウェア開発業務

第24条（ソフトウェア開発業務の実施）
1 乙は，第25条所定の個別契約を締結の上，本件業務として前各節により確定したシステム仕様書に基づき，<u>内部設計からシステムテストまでのソフトウェア開発業務</u>を行う。
2 ソフトウェア開発業務の実施に際し，乙は甲に対して必要な協力を要請できるものとし，甲は乙から協力を要請された場合には適時に，これに応ずるものとする。

第25条（ソフトウェア開発業務に係る個別契約の締結）
甲及び乙は，当該ソフトウェア開発業務について，第4条第1項記載の取引条件を協議の上決定し，ソフトウェア開発業務に係る個別契約を締結する。

第26条（納入物の納入）
1 乙は甲に対し，個別契約で定める期日までに，個別契約所定の納入物を検収依頼書（兼納品書）とともに納入する。

2　甲は，納入があった場合，次条の検査仕様書に基づき，第28条（本件ソフトウェアの検収）の定めに従い検査を行う。
3　乙は，納入物の納入に際し，甲に対して必要な協力を要請できるものとし，甲は乙から協力を要請された場合には，速やかにこれに応じるものとする。
4　納入物の滅失，毀損等の危険負担は，納入前については乙が，納入後については甲が，それぞれこれを負担するものとする。

第27条（検査仕様書の作成及び承認）
1　甲は，乙と協議の上，システム仕様書に基づき前条の納入物のうち本件ソフトウェアの検査の基準となるテスト項目，テストデータ，テスト方法及びテスト期間等を定めた検査仕様書を作成し，乙に提出するものとし，乙の責任者はシステム仕様書に適合するかの点検を行い，適合することを承認する場合，検査仕様書に記名押印の上，甲に交付して承認するものとする。ただし，点検の結果，検査仕様書にシステム仕様書に適合しない部分が発見された場合，甲は，協議の上定めた期限内に修正版を作成して乙に提示するものとし，乙は再度上記点検，承認手続を行うものとする。
2　乙の責任者は，個別契約で定める期間（以下「検査仕様書点検期間」という）内に検査仕様書の点検を終えるものとし，乙の責任者が，検査仕様書点検期間内に書面による具体的な理由を明示した異議の申出をすることなく検査仕様書を承認しない場合，当該期間の満了をもって検査仕様書は承認されたものとする。

第28条（本件ソフトウェアの検収）
1　納入物のうち本件ソフトウェアについては，甲は，個別契約に定める期間（以下「検査期間」という）内に前条の検査仕様書に基づき検査し，システム仕様書と本件ソフトウェアが合致するか否かを点検しなければならない。
2　甲は，本件ソフトウェアが前項の検査に適合する場合，検査合格書に記名押印の上，乙に交付するものとする。また，甲は，本件ソフトウェアが前項の検査に合格しない場合，乙に対し不合格となった具体的な理由を明示した書面を速やかに交付し，修正又は追完を求めるものとし，不合格理由が認められるときには，乙は，協議の上定めた期限内に無償で修正して甲に納入し，甲は必要となる範囲で，前項所定の検査を再度行うものとする。
3　検査合格書が交付されない場合であっても，検査期間内に甲が書面で具体的な理由を明示して異議を述べない場合は，本件ソフトウェアは，本条所定の検査に合格したものとみなされる。
4　本条所定の検査合格をもって，本件ソフトウェアの検収完了とする。

第29条（瑕疵担保責任）
1　前条の検査完了後，納入物についてシステム仕様書との不一致（バグも含む。以下本条において「瑕疵」という）が発見された場合，甲は乙に対して当該瑕疵

の修正を請求することができ，乙は，当該瑕疵を修正するものとする。ただし，乙がかかる修正責任を負うのは，前条の検収完了後○か月以内に甲から請求された場合に限るものとする。
2　当該瑕疵により本契約又は個別契約の目的を達成できない場合，甲は，本契約又は個別契約を解除できるものとする。ただし，甲が解除しうるのは，検収完了後○か月以内に限るものとする。
3　第1項にかかわらず，瑕疵が軽微であって，納入物の修正に過分の費用を要する場合，乙は前項所定の修正責任を負わないものとする。ただし，この場合であっても，第53条に基づく損害賠償の請求を妨げないものとする。
4　第1項の規定は，瑕疵が甲の提供した資料等又は甲の与えた指示によって生じたときは適用しない。ただし，乙がその資料等又は指示が不適当であることを知りながら告げなかったときはこの限りでない。

（債権法改正後の条項例）
1　前条の検査完了後，納入物についてシステム仕様書との不一致（バグも含む。以下本条において「瑕疵」という）が発見された場合，甲は乙に対して当該瑕疵の修正を請求することができ，乙は，当該瑕疵を修正するものとする。ただし，乙がかかる修正責任を負うのは，前条の検収完了後12か月以内に甲から乙に対して瑕疵について通知がなされた場合に限るものとする。
2　当該瑕疵により本契約又は個別契約の目的を達成できない場合，甲は，本契約又は個別契約を解除できるものとする。ただし，甲が解除しうるのは，前条の検収完了後12か月以内に甲から乙に対して瑕疵について通知がなされた場合に限るものとする。
3　第1項にかかわらず，納入物の修正に過分の費用を要する等の理由から履行不能と判断される場合，乙は第1項所定の修正責任を負わないものとする。ただし，この場合であっても，報酬の減額請求又は第53条に基づく損害賠償の請求を妨げないものとする。
4　第1項の規定は，瑕疵が甲の提供した資料等又は甲の与えた指示によって生じたときは適用しない。ただし，乙がその資料等又は指示が不適当であることを知りながら告げなかったときはこの限りでない。

第4節　ソフトウェア運用準備・移行支援業務

第30条（ソフトウェア運用準備・移行支援業務の実施）

1　乙は，第31条所定の個別契約を締結の上，本件業務として甲が行う導入・受入支援及び本件ソフトウェアを現実に運用するために行う運用テスト業務につき，

甲のために必要な支援（以下「ソフトウェア運用準備・移行支援業務」という）を行う。
2 乙は，情報処理技術に関する専門的な知識及び経験に基づき，甲の作業が円滑かつ効果的に行われるよう，善良な管理者の注意をもって支援業務を行うものとする。

第31条（ソフトウェア運用準備・移行支援業務に係る個別契約の締結）
甲及び乙は，当該ソフトウェア運用準備・移行支援業務について，第4条第1項記載の取引条件を協議の上決定し，ソフトウェア運用準備・移行支援業務に係る個別契約を締結する。

第32条（業務の終了・確認）
1 乙は，ソフトウェア運用準備・移行支援業務の終了後又は個別契約に定める作業期間の満了若しくは個別契約に定める作業工数（作業量）分の作業実施完了のいずれか最も早く到来した時から○日以内に，業務終了報告書を作成し，甲に提出する。
2 甲は，個別契約に定める期間（以下「ソフトウェア運用準備・移行支援業務終了の確認期間」という）内に，当該業務終了報告書の点検を行うものとする。
3 甲は，当該業務終了報告書の内容に疑義がない場合，業務終了確認書に記名押印の上，乙に交付し，ソフトウェア運用準備・移行支援業務の終了を確認するものとする。
4 ソフトウェア運用準備・移行支援業務終了の点検期間内に甲が書面で具体的な理由を明示して異議を述べない場合には，ソフトウェア運用準備・移行支援業務終了の点検期間の満了をもって，業務の終了を確認したものとみなされる。
5 個別契約に定める作業期間の満了又は作業工数（作業量）分の作業実施終了後も，甲が引き続き当該支援業務を必要とするときは，甲及び乙は第33条に従い，追加のソフトウェア運用準備・移行支援業務に関して変更契約又は追加契約を締結するものとする。

第4章　契約内容等の変更

第33条（本契約及び個別契約内容の変更）
本契約及び個別契約の内容の変更は，当該変更内容につき事前に甲乙協議の上，別途，書面により変更契約を締結することよってのみこれを行うことができる。

第34条（システム仕様書等の変更）
1 甲又は乙は，システム仕様書，検査仕様書，第35条により甲に承認された中間資料（以下総称して「仕様書等」という）の内容についての変更（仕様書等の

記載から導かれる本件ソフトウェアが合理的に備えるべき仕様，機能等を超えた新たな仕様，機能等の追加のことを指し，仕様書等に記載された仕様，機能等の詳細化を含まない）が必要と認める場合，その変更の内容，理由等を明記した書面（以下「変更提案書」という）を相手方に交付して，変更の提案を行うことができる。
2　仕様書等の内容の変更は，第37条（変更管理手続）によってのみこれを行うことができるものとする。

第35条（中間資料のユーザによる承認）
1　乙は，中間資料のうち，乙が必要と認める部分を提示して，甲の承認を書面で求めることができる。
2　甲は，前項の承認請求を乙から受けた日から〇日以内（以下「中間資料の点検期間」という）に行い，内容を承認するか点検を行い，その結果を書面に記名押印の上，乙に交付するものとする。
3　甲は，中間資料の内容に不都合が認められる場合，又は次条で定める未確定事項の内容と関連性を有するため，当該時点では判断できない場合，その他これらに準ずる合理的な理由がある場合は，その具体的な理由を明示して乙に回答することにより，承認を拒否又は留保することができる。ただし，ソフトウェア開発作業を円滑に促進するため，甲は合理理由のない限り適時に第2項所定の点検結果を乙に交付するものとする。
4　甲は，中間資料の点検期間内に書面で具体的な理由を明示した異議を述べない場合，中間資料の承認を行ったものとみなされる。
5　甲又は乙は，前各項により中間資料の承認がなされた後に，中間資料の内容の変更の必要が生じた場合は，変更提案書を相手方に交付して，変更の提案を行うことができる。
6　甲から承認された中間資料の内容の変更は，第37条（変更管理手続）によってのみこれを行うことができるものとする。

第36条（未確定事項の取扱い）
1　第17条に基づく要件定義書又は第22条に基づく外部設計書の点検期間内において，甲が当該要件定義書又は外部設計書において確定すべき事項のうち甲のやむを得ない事情により確定して提示することができない事項（以下「未確定事項」という）がある場合，甲及び乙は，次の各号に定めることを条件として当該未確定事項を除き当該要件定義書又は外部設計書を第17条又は第22条に従い確定させることができるものとする。
(1)　甲が未確定事項の内容とその確定予定時期，未確定事項の確定により請求する追完，修正により委託料，作業期間，納期及びその他の契約条件の変更を要する場合に甲がこれを受け入れること，その他必要となる事項を記載した変更

提案書案を乙に速やかに提示する。
(2) 前号に従い乙に変更提案書が提示された後速やかに，甲及び乙はその内容について協議し，合意ができた場合には，甲乙双方の責任者が当該変更提案書に記名押印する。
2 甲は，未確定事項を確定したときは直ちに，その内容を変更提案書により乙に通知するとともに，確定した要件定義書，外部設計書の追完，修正を請求できるものとする。なお，甲による追完又は修正の請求は，第37条（変更管理手続）によってのみこれを行うことができるものとする。

第37条（変更管理手続）
1 甲又は乙は，相手方から第34条（システム仕様書等の変更），第35条（中間資料のユーザによる承認），第36条（未確定事項の取扱い）に基づく変更提案書を受領した場合，当該受領日から〇日以内に，次の事項を記載した書面（以下「変更管理書」という）を相手方に交付し，甲及び乙は，当該交付日から〇日以内に，第12条所定の連絡協議会において当該変更の可否につき協議するものとする。
 (1) 変更の名称
 (2) 提案の責任者
 (3) 年月日
 (4) 変更の理由
 (5) 変更に係る仕様を含む変更の詳細事項
 (6) 変更のために費用を要する場合はその額
 (7) 検討期間を含めた変更作業のスケジュール
 (8) その他変更が本契約及び個別契約の条件（作業期間又は納期，委託料，契約条項等）に与える影響
2 前項の協議の結果，甲及び乙が変更を可とする場合は，甲乙双方の責任者が，変更管理書の記載事項（なお，協議の結果，変更がある場合は変更後の記載事項とする。以下同じ）を承認の上，記名押印するものとする。
3 前項による甲乙双方の承認をもって，変更が確定するものとする。ただし，本契約及び個別契約の条件に影響を及ぼす場合は，甲及び乙は速やかに変更管理書に従い，第33条（本契約及び個別契約内容の変更）に基づき変更契約を締結するものとし，当該契約をもって変更が確定するものとする。
4 乙は，甲から中断要請があるなどその他特段の事情がある場合，第1項の協議が調わない間，本件業務を中断することができる。

第38条（変更の協議不調に伴う契約終了）
1 前条の協議の結果，変更の内容が作業期間又は納期，委託料及びその他の契約条件に影響を及ぼす等の理由により，甲が個別契約の続行を中止しようとすると

きは，甲は乙に対し，中止時点まで乙が遂行した個別業務についての委託料の支払及び次項の損害を賠償した上，個別業務の未了部分について個別契約を解約することができる。
2 甲は，前項により個別業務の未了部分について解約しようとする場合，解約により乙が出捐すべきこととなる費用その他乙に生じた損害を賠償しなければならない。

第5章　資料及び情報の取扱い

第39条（資料等の提供及び返還）
1 甲は乙に対し，本契約及び各個別契約に定める条件に従い，当該個別業務遂行に必要な資料等の開示，貸与等の提供を行う。
2 前項に定めるもののほか，乙から甲に対し，本件業務遂行に必要な資料等の提供の要請があった場合，甲乙協議の上，各個別契約に定める条件に従い，甲は乙に対しこれらの提供を行う。
3 本件業務遂行上，甲の事務所等で乙が作業を実施する必要がある場合，甲は当該作業実施場所（当該作業実施場所における必要な機器，設備等作業環境を含む）を，甲乙協議の上，各個別契約に定める条件に従い，乙に提供するものとする。
4 甲が前各項により乙に提供する資料等又は作業実施場所に関して，内容等の誤り又は甲の提供遅延によって生じた乙の本件業務の履行遅滞，納入物の瑕疵等の結果については，乙はその責めを免れるものとする。
5 甲から提供を受けた資料等（次条第2項による複製物及び改変物を含む）が本件業務遂行上不要となったときは，乙は遅滞なくこれらを甲に返還又は甲の指示に従った処置を行うものとする。
6 甲及び乙は，前各項における資料等の提供，返還その他処置等について，それぞれ第10条に定める主任担当者間で書面をもってこれを行うものとする。

第40条（資料等の管理）
1 乙は甲から提供された本件業務に関する資料等を善良な管理者の注意をもって管理，保管し，かつ，本件業務以外の用途に使用してはならない。
2 乙は甲から提供された本件業務に関する資料等を本件業務遂行上必要な範囲内で複製又は改変できる。

第41条（秘密情報の取扱い）
1 甲及び乙は，本件業務遂行のため相手方より提供を受けた技術上又は営業上その他業務上の情報のうち，相手方が書面により秘密である旨指定して開示した情報，又は口頭により秘密である旨を示して開示した情報で開示後○日以内に書面

により内容を特定した情報（以下併せて「秘密情報」という）を第三者に漏洩してはならない。ただし，次の各号のいずれか一つに該当する情報についてはこの限りではない。また，甲及び乙は秘密情報のうち法令の定めに基づき開示すべき情報を，当該法令の定めに基づく開示先に対し，開示することができるものとする。
(1) 秘密保持義務を負うことなく既に保有している情報
(2) 秘密保持義務を負うことなく第三者から正当に入手した情報
(3) 相手方から提供を受けた情報によらず，独自に開発した情報
(4) 本契約及び個別契約に違反することなく，かつ，受領の前後を問わず公知となった情報
2　秘密情報の提供を受けた当事者は，当該秘密情報の管理に必要な措置を講ずるものとする。
3　甲及び乙は，秘密情報について，本契約及び個別契約の目的の範囲内でのみ使用し，本契約及び個別契約の目的の範囲を超える複製，改変が必要なときは，事前に相手方から書面による承諾を受けるものとする。
4　甲及び乙は，秘密情報を，本契約及び個別契約の目的のために知る必要のある各自の役員及び従業員に限り開示するものとし，本契約及び個別契約に基づき甲及び乙が負担する秘密保持義務と同等の義務を，秘密情報の開示を受けた当該役員及び従業員に退職後も含め課すものとする。また，乙は第7条に基づく再委託先に対して秘密情報を開示できるものとし，乙が当該再委託先に対して本条と同等の義務を課すものとする。
5　秘密情報の提供及び返却等については，第39条（資料等の提供及び返還）を準用する。
6　秘密情報のうち，個人情報に該当する情報については，次条の規定が本条の規定に優先して適用されるものとする。
7　本条の規定は，本契約終了後，〇年間存続する。

第42条（個人情報）
1　乙は，個人情報の保護に関する法律（本条において，以下「法」という）に定める個人情報のうち，本件業務遂行に際して甲より取扱いを委託された個人データ（法第2条第6項に規定する個人データをいう。以下同じ）及び本件業務遂行のため，甲乙間で個人データと同等の安全管理措置（法第20条に規定する安全管理措置をいう）を講ずることについて，個別契約その他の契約により合意した個人情報（以下併せて「個人情報」という）を第三者に漏洩してはならない。なお，甲は，個人情報を乙に提示する際にはその旨明示するものとする。また，甲は，甲の有する個人情報を乙に提供する場合には，個人が特定できないよう加工した上で，乙に提供するよう努めるものとする。
2　乙は，個人情報の管理に必要な措置を講ずるものとする。

3 乙は、個人情報について、本契約及び個別契約の目的の範囲内でのみ使用し、本契約及び個別契約の目的の範囲を超える複製、改変が必要なときは、事前に甲から書面による承諾を受けるものとする。
4 個人情報の提供及び返却等については、第39条（資料等の提供及び返還）を準用する。
5 第1項の定めにかかわらず、乙は、第7条第1項に従い再委託する第三者に対して、第7条第3項の措置をとった上で、当該個人情報を開示できるものとする。

第6章 権利帰属

第43条（納入物の所有権）
乙が本契約及び個別契約に従い甲に納入する納入物の所有権は、当該個別契約に定める時期をもって、乙から甲へ移転する。

第44条（納入物の特許権等）
1 本件業務遂行の過程で生じた発明その他の知的財産又はノウハウ等（以下併せて「発明等」という）に係る特許その他の知的財産権（特許その他の知的財産権を受ける権利を含む。ただし、著作権は除く）、ノウハウ等に関する権利（以下、特許権その他の知的財産権、ノウハウ等に関する権利を総称して「特許権等」という）は、当該発明等を行った者が属する当事者に帰属するものとする。
2 甲及び乙が共同で行った発明等から生じた特許権等については、甲乙共有（持分は貢献度に応じて定める）とする。この場合、甲及び乙は、共有に係る特許権等につき、それぞれ相手方の同意及び相手方への対価の支払なしに自ら実施し、又は第三者に対し通常実施権を実施許諾することができるものとする。
3 乙は、第1項に基づき特許権等を保有することとなる場合、甲に対し、甲が本契約及び個別契約に基づき本件ソフトウェアを使用するのに必要な範囲について、当該特許権等の通常実施権を許諾するものとする。なお、本件ソフトウェアに、個別契約において一定の第三者に使用せしめる旨を個別契約の目的として特掲した上で開発されたソフトウェア（以下「特定ソフトウェア」という）が含まれている場合は、当該個別契約に従った第三者による当該ソフトウェアの使用についても同様とする。なお、かかる許諾の対価は、委託料に含まれるものとする。
4 甲及び乙は、第2項、第3項に基づき相手方と共有し、又は相手方に通常実施権を許諾する特許権等について、必要となる職務発明の承継手続（職務発明規定の整備等の職務発明制度の適切な運用、譲渡手続など）を履践するものとする。

第45条（納入物の著作権）
1 納入物に関する著作権（著作権法第27条及び第28条の権利を含む。以下同じ）は、乙又は第三者が従前から保有していた著作物の著作権及び汎用的な利用

が可能なプログラムの著作権を除き，甲より乙へ当該個別契約に係る委託料が完済された時に，乙から甲へ移転する。なお，かかる乙から甲への著作権移転の対価は，委託料に含まれるものとする。また，本項により著作権が移転した著作物に関する甲による著作権の行使に関して，乙は著作者人格権を行使しないものとする。
2　甲は，著作権法第 47 条の 3 に従って，前項により乙に著作権が留保された著作物につき，本件ソフトウェアを自己利用するために必要な範囲で，複製，翻案することができるものとし，乙は，かかる利用について著作者人格権を行使しないものとする。また，本件ソフトウェアに特定ソフトウェアが含まれている場合は，本契約及び個別契約に従い第三者に対し利用を許諾することができるものとし，かかる許諾の対価は，委託料に含まれるものとする。

第 46 条（乙による納入物の再利用）

1　乙は，第 41 条（秘密情報の取扱い）に反しない範囲において，乙が著作権を保有する本件ソフトウェアその他の納入物を利用することができる。
2　前条による利用には，有償無償を問わず乙が本件ソフトウェアの利用を第三者に許諾し，又はパッケージ化して複製物を販売する場合を含むものとする。

第 7 章　保証及び責任

第 47 条（知的財産権侵害の責任）

1　本契約及び個別契約に従った甲による納入物の利用が，第三者の特許権等を侵害したとき，乙は第 53 条（損害賠償）所定の金額を限度として，甲に対してかかる侵害によって甲に生じた損害（侵害を回避した代替プログラムへの移行を行う場合の費用を含む）を賠償する。ただし，知的財産権の侵害が乙の責めに帰すべからざる事由による場合（甲乙間で別段合意がない限り，第 48 条に定める第三者ソフトウェア又は第 49 条に定める FOSS に起因する場合を含む）はこの限りでなく，乙は一切責任を負わないものとする。
2　甲は，本契約及び個別契約に従った甲による納入物の利用に関して第三者から特許権等の侵害の申立てを受けた場合，速やかに書面でその旨を乙に通知するものとし，乙は，甲の要請に応じて甲の防御のために必要な援助を行うものとする。

第 48 条（第三者ソフトウェアの利用）

1　乙は，本件業務遂行の過程において，本件ソフトウェアを構成する一部として第三者ソフトウェアを利用しようとするときは，第三者ソフトウェアを利用する旨，利用の必要性，第三者ソフトウェア利用のメリット及びデメリット，並びにその利用方法等の情報を，書面により提供し，甲に第三者ソフトウェアの利用を提案するものとする。

2　前項の提案に基づいて，甲が第三者ソフトウェアの採用を決定する場合，甲は，甲の費用と責任において，甲と当該第三者との間で当該第三者ソフトウェアのライセンス契約及び保守契約の締結等，必要な措置を講じるものとする。ただし，乙は，第三者ソフトウェアに関して甲がライセンス契約及び保守契約等の必要な措置を講じることができるようアレンジする義務を負うものとする。また，当該第三者ソフトウェアを甲に利用許諾する権限を有する場合は，甲乙間においてライセンス契約等，必要な措置を講ずるものとする。

3　乙は，第三者ソフトウェアに関して，著作権その他の権利の侵害がないこと及び瑕疵のないことを保証するものではなく，乙は，第1項所定の第三者ソフトウェア利用の提案時に権利侵害又は瑕疵の存在を知りながら，若しくは重大な過失により知らずに告げなかった場合を除き，何らの責任を負わないものとする。ただし，前項但書の場合で，甲乙間においてライセンス契約が締結され，当該ライセンス契約に別段の定めがあるときには，当該定めによるものとする。

第49条（FOSSの利用）

1　乙は，本件業務遂行の過程において，本件ソフトウェアを構成する一部としてFOSS（フリーソフトウェア，オープンソフトウェア）を利用しようとするときは，当該FOSSの利用許諾条項，機能，開発管理コミュニティの名称・特徴などFOSSの性格に関する情報，当該FOSSの機能上の制限事項，品質レベル等に関して適切な情報を，書面により提供し，甲にFOSSの利用を提案するものとする。

2　乙は，FOSSに関して，著作権その他の権利の侵害がないこと及び瑕疵のないことを保証するものではなく，乙は，第1項所定のFOSS利用の提案時に権利侵害又は瑕疵の存在を知りながら，若しくは重大な過失により知らずに告げなかった場合を除き，何らの責任を負わないものとする。

第50条（セキュリティ）

乙が納入する本件ソフトウェアのセキュリティ対策について，甲及び乙は，その具体的な機能，遵守方法，管理体制及び費用負担等を協議の上，別途書面により定めるものとする。

第8章　一般条項

第51条（権利義務譲渡の禁止）

甲及び乙は，互いに相手方の事前の書面による同意なくして，本契約上の地位を第三者に承継させ，又は本契約から生じる権利義務の全部若しくは一部を第三者に譲渡し，引き受けさせ若しくは担保に供してはならない。

第52条（解除）
1　甲又は乙は，相手方に次の各号のいずれかに該当する事由が生じた場合には，何らの催告なしに直ちに本契約及び個別契約の全部又は一部を解除することができる。
　(1)　重大な過失又は背信行為があった場合
　(2)　支払の停止があった場合，又は仮差押え，差押え，競売，破産手続開始，民事再生手続開始，会社更生手続開始，特別清算開始の申立てがあった場合
　(3)　手形交換所の取引停止処分を受けた場合
　(4)　公租公課の滞納処分を受けた場合
　(5)　その他前各号に準ずるような本契約又は個別契約を継続し難い重大な事由が発生した場合
2　甲又は乙は，相手方が本契約又は個別契約のいずれかの条項に違反し，相当期間を定めてなした催告後も，相手方の債務不履行が是正されない場合は，本契約及び個別契約の全部又は一部を解除することができる。
3　甲又は乙は，第1項各号のいずれかに該当する場合又は前項に定める解除がなされた場合，相手方に対し負担する一切の金銭債務につき相手方から通知催告がなくとも当然に期限の利益を喪失し，直ちに弁済しなければならない。

第53条（損害賠償）
1　甲及び乙は，本契約及び個別契約の履行に関し，相手方の責めに帰すべき事由により損害を被った場合，相手方に対して，損害賠償を請求することができる。ただし，この請求は，当該損害賠償の請求原因となる当該個別契約に定める納品物の検収完了日又は業務の終了確認日から12か月間が経過した後は行うことができない。
2　前項の損害賠償の累計総額は，債務不履行，法律上の瑕疵担保責任，不当利得，不法行為その他請求原因の如何にかかわらず，本契約に基づき締結した各個別契約に定める委託料及び請負代金の合計額を限度とする。
3　前項は，損害賠償義務者の故意又は重大な過失に基づく場合には適用しないものとする。

> （債権法改正後の条項例）
> 1　甲及び乙は，本契約及び個別契約の履行に関し，相手方の責めに帰すべき事由により損害を被った場合，相手方に対して，損害賠償を請求することができる。ただし，この請求は，当該損害賠償の請求原因となる当該個別契約に定める納品物の検収完了日又は業務の終了確認日から12か月間が経過する前に相手方に対して不履行又は瑕疵についての通知がなされなかった場合は行うことができない。
> 2　前項の損害賠償の累計総額は，債務不履行，法律上の瑕疵担保責任，

> 不当利得，不法行為その他請求原因の如何にかかわらず，本契約に基づき締結した各個別契約に定める委託料及び請負代金の合計額を限度とする。
> 3　前項は，損害賠償義務者の故意又は重大な過失に基づく場合には適用しないものとする。

第54条（輸出関連法令の遵守）
　甲は，乙から納入された納入物を輸出する場合には，外国為替及び外国貿易法その他輸出関連法令を遵守し，所定の手続をとるものとする。なお，米国輸出関連法等外国の輸出関連法令の適用を受け，所定の手続が必要な場合も同様とする。

第55条（和解による紛争解決）
1　本契約に関し，甲乙間に紛争が生じた場合，甲及び乙は，第56条所定の紛争解決手続をとる前に，紛争解決のため第12条に定める連絡協議会を開催し協議を十分に行うとともに，次項以下の措置をとらなければならない。
2　前項所定の連絡協議会における協議で甲乙間の紛争を解決することができない場合，第56条に定める紛争解決手続をとろうとする当事者は，相手方に対し紛争解決のための権限を有する代表者又は代理権を有する役員その他の者との間の協議を申し入れ，相手方が当該通知を受領してから○日以内に（都市名）において，誠実に協議を行うことにより紛争解決を図るものとする。
3　前項所定の甲及び乙の紛争解決のための協議で当事者間の紛争等を解決することができない場合，甲及び乙は，裁判外紛争解決手続の利用の促進に関する法律（平成16年法律第151号）第2条第3項に定める認証紛争解決手続であって（都市名）において行われる認証紛争解決事業者を選択し，当該事業者による認証紛争解決手続を通した和解による解決を図るものとする。
4　前項に定める認証紛争解決手続によって和解が成立する見込みがないことを理由に当該認証紛争解決手続が終了した場合，甲及び乙は，第56条所定の紛争解決手続をとることができる。

第56条（合意管轄）
　本契約及び個別契約に関し，訴訟の必要が生じた場合には，○○地方裁判所を第一審の専属的合意管轄裁判所とする。

第57条（協議）
　本契約及び個別契約に定めのない事項又は疑義が生じた事項については，信義誠実の原則に従い甲乙協議し，円満に解決を図るものとする。

```
        令和  年  月  日
                甲
                乙
```

📋 条項解説

1 用語の定義（システム仕様書）（第2条第4号）

　雛形2条4号は「システム仕様書」の定義に関する規定であり，経産省モデル契約の定義をそのまま踏襲している。これに対して，JEITAモデル契約では，経産省モデル契約の定義に加えて「(但し，要件定義書及び外部設計書に齟齬がある場合は，外部設計書の定めが要件定義書に優先してシステム仕様書を構成するものとする。)」との文言が追加されている。JEITA解説では，ただし書を追加した趣旨として，外部設計書において具体化された要件定義書の要件については，具体化された外部設計書の内容が要件定義書に優先して，検査仕様書（雛形27条に規定されている）の前提となることが記載されている[33]。しかしながら，JEITAモデル契約によるただし書の追加は，要件定義書と外部設計書の記載に齟齬がある場合において生じ得る検査の際のベンダとしてのリスクを回避することを目的としているものといえる。後述のとおり，本章の雛形では，外部設計については請負方式の契約を選択することを推奨するものであるが，このような立場からすれば，要件定義書と外部設計書との記載の齟齬については外部設計書の作成を請け負うベンダが負担すべきであると考えられる。そこで，JEITAモデル契約における修正は採用せず，経産省モデル契約のままとした。

---

33) JEITA解説47頁。

2 用語の定義（第三者ソフトウェア）（第2条第6号）

　第三者ソフトウェアの定義として，経産省モデル契約では，「第三者が権利を保有するソフトウェア」という記載に引き続いて「(サーバ用OS,クライアント用OS,ケースツール，開発ツール，通信ツール，コンパイラ，RDBなどを含む。）であって，本件ソフトウェアを構成する一部として利用するため，第三者からライセンスを受けるもの（但し，FOSSを除く）」という記載がなされている。これに対して，JEITA案では，第三者ソフトウェアがどのように使われるかについては別の条項において記載することとしたため，これらの文言は削除しシンプルな形としているとのことである[34]。雛形でもこれにならって，第三者ソフトウェアの定義としてはシンプルな記載とした。

3 用語の定義（要件定義，外部設計，内部設計，システム結合，システムテスト，導入・受入支援，運用テスト）（第2条第8号〜第14号）

　経産省モデル契約では，要件定義，外部設計，内部設計，システム結合，システムテスト，導入・受入支援および運用テストの定義に関して，「共通フレーム2007」の記載が引用されている。2013年2月には「共通フレーム2013」が公表されているので（注29）参照)，雛形では，各用語の定義について，「共通フレーム2013」の記載に依拠することも考えられる。しかしながら，経産省モデル契約は，そもそも「共通フレーム2007」で規定された作業内容を前提として契約書が組み立てられており，その後に公表された「共通フレーム2013」で規定された作業内容を前提としていない。用語の定義を「共通フレーム2013」の記載に依拠したものとすることは，経産省モデル契約の骨組みを変更することを意味する。そこで，雛形でも，用語の定義については，経産省モデル契約と同様に「共通フレーム2007」の記載を引用することとした。

4 適用範囲（第3条第1項）

　経産省モデル契約では，19条に規定する外部設計書作成に関する業務につ

---

34) JEITA解説47頁。

いて，作成支援業務（準委任）と作成業務（請負）のいずれかの方式を選択し得るものとしている。外部設計書作成は，画面・帳票等，インターフェースにかかわる部分の仕様を策定する業務である。外部設計書はユーザ主体となって作成する要件定義を前提としそれを詳細化した内容を含むものであることから，外部設計についてもベンダが支援業務（準委任）をして受託するという考え方もある。しかしながら，支援業務（準委任）の場合にはベンダは完成義務を負わないことから最終的なリスクはユーザが負担することとなる。したがって，ユーザの立場からは外部設計書作成については請負の方式を採用することが望ましい。そこで，ユーザ視点の立場をとる雛形では，19条において外部設計作成業務を選択することを前提としており，これに伴って3条1項でもこの立場を前提に条項を選択している。

5　個別契約上の作業期間（第4条第1項第3号・第6条）

　経産省モデル契約4条1項3号では，個別契約で定めるべき取引条件の一つとして「作業期間又は納期」を挙げており，また，同モデル契約6条では，個別契約において作業期間または納期を定めるよう規定している。これに対してJEITAモデル契約では，その4条1項3号および6条において，経産省モデル契約で挙げている「作業期間又は納期」に加えて「作業工数（作業量）」についても個別契約に規定するよう修正を加えている。JEITA解説によれば，「要件定義作成支援業務，外部設計書作成支援業務，ソフトウェア運用準備・移行支援業務のように準委任型の場合には，作業工数（作業量）に当該業務の実施範囲を定めることがあるために追加した[35]」と記載されている。しかしながら，請負型の業務の場合には，仕事の完成が目的であるから，本来，作業工数（作業量）を定める必要はない。請負型の業務に関する個別契約で，作業工数（作業量）を記載した場合には，記載した作業工数（作業量）を超えてベンダが作業を行った場合には，請負代金を増額する合意があったものと解釈される可能性があるので留意を要する。このような留意点はあるものの，準委任型の業務において作業工数（作業量）を規定することによって業務の実施範囲を定める必要がある場合を想定した点においてJEITAモデル契約における修正

----

35)　JEITA解説57頁。

は意味のあるものと考えられるので，雛形4条1項3号および6条においても「作業期間又は納期」に加えて，「作業工数（作業量）」についても個別契約において定めるべき事項として追加することとした。

6　再委託（第7条）

　前述のとおり，経産省モデル契約は，重要インフラ・企業基幹システムの受託開発，保守・運用を想定して作られている（→Ⅰ5）。重要インフラや基幹システムの開発では，その開発期間やコストの観点から，ベンダのみで開発を行うのは非現実的であり，再委託先（下請業者）の協力を得ているのが実態である。特に，業務が請負型で遂行される場合には，ベンダは仕事の完成に責任を負っているから，ベンダの裁量で，再委託先を選定する必要がある。他方で，委託者であるユーザの立場からすれば，ソフトウェアの開発に際してはユーザが保有する個人情報をベンダが取り扱うことも想定されるゆえに，再委託先の選定および管理をベンダ任せにすることは，個人情報の保護に関する法律や情報サービス産業における適正な業務委託契約運用のためのガイドライン（2013年3月27日）（一般社団法人情報サービス産業協会〔JISA〕）に抵触するおそれがある。

　経産省モデル契約7条では，再委託の取扱いについて，再委託におけるユーザの事前承諾を設ける場合【A案】と，再委託先の選定について原則としてベンダの裁量（ただし，ユーザの中止請求が可能）とする場合【B案】の2つの案が提示されており，いずれでも選択可能となっている。

　他方，JEITAモデル契約では，再委託先の選定について原則としてベンダの裁量とする【B案】を採用している。JEITAモデル契約では，さらに，一部の再委託に留まらず作業の全部を再委託し得るように条項が修正されていることに加えて，ユーザの請求でベンダが再委託先との契約を解除した場合に発生する損害の賠償その他の解除に伴う費用について，ユーザ負担とする条項も追加されている。

　請負型におけるベンダの裁量や準委任型の場合の業務上の必要性の観点から，再委託先の選定をベンダの裁量としたいとのJEITAモデル契約の立場も理解できなくはないが，再委託に関してJEITAモデル契約の考え方を採用した場合には，ユーザによる再委託先の選定・管理が事実上不可能になるおそれがあ

る。そこで，雛形では，ユーザ視点の立場から，再委託についてユーザの事前承諾を必要とする経産省モデル契約【A案】を採用した。なお，経産省モデル契約【A案】では，3項として「甲〔ユーザ〕の承諾拒否により，乙〔ベンダ〕が他の再委託先を選定することが必要になった場合は，作業期間若しくは納期又は委託料等の個別契約の内容の変更について，第33条（本契約及び個別契約内容の変更）によるものとする」との条項も同時に盛り込まれており，承諾許否の場合のベンダ側の費用の増加は契約変更手続によって処理することを基本としている。しかしながら，ユーザが合理的な理由によって承諾を拒否した場合に発生する費用の増加に関して，常に契約変更手続によって処理することを強制するのは行き過ぎであるので，雛形では，経産省モデル契約【A案】3項は採用しなかった。

7　協働と役割分担（第8条第1項・第2項）

　ソフトウェアの開発は，ユーザの業務をコンピュータで処理することを目的として行われるものである。したがって，ユーザが処理すべき業務の内容を確定することが先決であり，業務の内容の確定はユーザの権限であり責務であるといえる。しかしながら，システム開発の初期の段階では，ユーザ自身，「コンピュータで処理すべきユーザの業務とはなにか」について明確なイメージを持っていないのが通常である。ソフトウェア開発において，ユーザの業務に関するイメージを具体化するよう助力することはベンダの責務であるといえる。このように考えれば，ソフトウェア開発においては，ユーザとベンダが意思の疎通を図りつつ共同作業および分担作業を適切に行うことが重要である[36]。

　雛形8条1項は，ソフトウェア開発が共同作業であるという基本認識を確認したものである。経産省モデル契約8条1項は，甲乙のそれぞれの役割の具体的内容に関して「乙の有するソフトウェア開発に関する技術及び知識の提供と甲によるシステム仕様書の早期かつ明確な確定が重要であり」と規定しているが，これは甲乙の役割の一例にすぎず，これのみにとどまるものではない。そこで，雛形では誤解を避けるために，当該部分の記載を削除した。また，本条2項では，後述するIBM対スルガ銀行の判決（→Column参照）の判示を踏ま

---

36) 経産省モデル契約63頁。

え，ベンダがプロジェクト・マネジメント義務を，ユーザが協力義務を負うことを明確化したものである。

8 プロジェクト・マネジメントの責任（第13条）

雛形13条は，ユーザがシステムの開発に関して複数のベンダ（マルチベンダ）を採用する場合のプロジェクト・マネジメント義務について定めたものである。前述のとおり，雛形では，8条2項でベンダにプロジェクト・マネジメント義務があることを明定しているが，マルチベンダとした場合には，他のベンダが行う開発業務との関係においては，プロジェクト・マネジメント義務がユーザに転嫁されることを明定したものである。マルチベンダかシングルベンダかは，「全体のシステム」の範囲の解釈如何にかかっている。雛形では，1条で「甲の○○○システムのコンピュータソフトウェアの開発に係る業務」と業務の範囲を特定しているが，マルチベンダとなる場合には，例えば「甲の○○○システムの一部である○○サブシステムの開発に係る業務」と記載することが望ましい。

なお，雛形8条2項において，ベンダがプロジェクト・マネジメント義務を負うことを明示的に定めたので，雛形13条1項では「第8条第2項の定めにかかわらず」という文言を一部追加し，趣旨を明確化した。

9 外部設計書作成業務（第19条〜第23条）

経産省モデル契約では，外部設計書作成業務に関して，支援（準委任）とする案【A案】と請負とする案【B案】の2つの案が提示されている。

外部設計とは，経産省モデル契約2条9号では，「共通フレーム2007のシステム要件定義に相当するもの」と定義されている。共通フレーム2007では，システム要件として，(a)システム化目標，対象範囲，(b)システムの機能および能力，ライフサイクル，(c)業務，組織および利用者の要件，(d)信頼性，安全性，セキュリティ，人間工学，インターフェース，操作および保守要件，(e)システム構成条件，(f)設計条件および適格性確認要件，(g)開発環境，(h)品質，コストと期待される効果，(i)システム移行に際しては移行要件，妥当性確認要件，(j)主要データベースの基本的な要件を挙げており，これらの各要件を文書化することを求めている。これらの要件のうち，ユーザの責任と判

断において確定し得るものもなくはないが、システム開発の専門知識を持たないユーザにとって、これらの要件のすべてについて自らの責任と判断で確定することは困難である。かかる観点から雛形では、外部設計書の作成は、システム開発の専門家であるベンダに請け負わせることとし、経産省モデル契約の【B案】を採用することとした。

また、経産省モデル契約【B案】では、瑕疵が発見された場合の甲（ユーザ）の解除権について明示的に記載されていないが、雛形では、瑕疵により契約の目的を達成することができない場合には、解除し得ることを明記した（23条2項）。

さらに、経産省モデル契約では、瑕疵が軽微である場合に乙（ベンダ）が修正責任を負わないこととされている。この場合に甲（ユーザ）の損害賠償請求権の行使については明示的な記載はない。雛形では、乙（ベンダ）が修正責任を負わない場合でも、甲（ユーザ）による損害賠償の請求を妨げないことを明記した（23条3項ただし書）。

なお、債権法改正に伴う第23条（瑕疵担保責任）の条項の修正については、後記11と同趣旨であるので、当該箇所をご参照いただきたい。

10　ソフトウェア開発業務（第24条～第29条）

雛形24条～29条は、ソフトウェア開発業務に関する条項である。本節における、ソフトウェア開発業務とは、システム仕様書（要件定義書および外部設計書）に基づきソフトウェアを開発する業務のことを意味し、システム方式設計（システム内部設計）、ソフトウェア設計、プログラミング、ソフトウェアテスト、システム結合およびシステムテストの各工程が含まれる。

経産省モデル契約では、システムテストを支援（準委任）で行う場合と請負で行う場合の2つのケースを想定し【選択案1：システムテスト・準委任型】と【選択案2：システムテスト・請負型】を、それぞれ設けている。準委任型を選択した場合には、システムテストは本節のソフトウェア開発業務には含まれず、第4節のソフトウェア運用準備・移行支援業務に含まれることとなる。

システムテストは、ソフトウェアが外部設計の仕様書どおりに作成されたか否かを検証するプロセスである。システムテスト工程を準委任型とするか請負型とするかは、システム外部設計書作成を準委任型とするか請負型とするかを

踏まえて決定することが望ましく，品質保証の視点ではシステムテスト工程と外部設計の契約類型は同じであることが論理的であるとされている[37]。そこで，外部設計書作成業務については請負型を選択した雛形では，システムテスト工程についても請負型を選択した。

なお，経産省モデル契約では，検査仕様書作成業務を支援業務（準委任）として行うことをも想定し，そのための条項（経産省モデル契約27条3項・4項）も設けている。しかしながら，雛形では，検査仕様書作成業務は請負型で行うこととしているので，経産省モデル契約27条3項および4項に相当する文言は入れていない。

11　瑕疵担保責任（第29条）

(1) 経産省モデル契約からの変更点

経産省モデル契約29条では，「納入物についてシステム仕様書との不一致（バグも含む。以下本条において「瑕疵」という。）」と規定し，瑕疵にはバグも含むことが明記されている。これに対してJEITAモデル契約では，バグという言葉が「コンピュータプログラムに含まれる誤りや不具合のこと」と説明されるように意味が曖昧であり，このため，たとえ当該業務処理に必要なプログラムの機能であっても，仕様書に記載されていないことを理由としてバグと扱われるという不都合が生じる点を指摘し，「バグも含む」という経産省モデル契約の文言を削除している[38]。JEITAの立場は，すべての機能について「システム仕様書との不一致」があるか否かで瑕疵の有無を決すればよいというものと思われるが，システムの機能のすべてがシステム仕様書に記載されるとは限らない。例えば，システム仕様書には記載がないが当該業務に用いるプログラムとして当然に備えている機能があるとすれば，そのような機能をプログラムが欠いているのであれば，それは「バグ」と評価し得る。そこで，ユーザ視点に立つ雛形では，経産省モデル契約のままとし，瑕疵にはバグも含むものとしている（29条1項）。

また，経産省モデル契約では，瑕疵が発見された場合の甲（ユーザ）の解除権について明示的に記載されていないが，雛形では，瑕疵により契約の目的を

---

[37]　経産省モデル契約78頁。
[38]　JEITA解説144頁。

達成することができない場合には，解除し得ることを明記した（29条2項）。

　さらに，経産省モデル契約では，瑕疵が軽微である場合に乙（ベンダ）が修正責任を負わないこととされている，この場合に甲（ユーザ）の損害賠償請求権の行使については明示的な記載はない。雛形では，乙（ベンダ）が修正責任を負わない場合でも，甲（ユーザ）による損害賠償の請求を妨げないことを明記した（29条3項ただし書）。

（2）債権法改正の概要

　債権法の改正に伴い，請負契約における請負人の担保責任の規律にも変更が加えられた。現行民法においても，売主の担保責任に関する規律がその他の有償契約にも適用されることが原則とされているが（民559条による561条～572条の準用），請負については特別の規定が設けられている（民634条～640条）。これに対して，債権法改正の結果，売買における売主の担保責任の規律の見直しが行われたこと（その詳細については，第3章Ⅱ10「瑕疵担保責任／契約不適合責任」の項をご参照いただきたい）に伴い，請負人の担保責任についても売主の担保責任と同様に契約に基づく債務不履行責任と同質なものとして扱うこととされた。

　具体的には，現行民法634条および635条は削除される一方で，2017年改正後の民法559条によって，売主の担保責任の規定が請負にも包括的に準用されることとなった（民新559条による562条～572条の準用）。改正の内容は以下のとおりである。まず，仕事の目的物に契約への不適合がある場合の請負人の担保責任追及方法としては，従来の履行追完請求（修補請求を含む。民新562条），損害賠償請求（民新564条・415条）および解除（民新564条・541条）に加えて，新たに報酬減額請求（民新563条）も認められることになった。これに対して，担保責任追及の制約としては，「瑕疵が重要でない場合において，その修補に過分の費用を要するとき」の修補請求の制限（民634条1項ただし書）は，撤廃された[39]。また，瑕疵担保責任の追及期間の起算点については，「仕事の目的物を引き渡した時」から，「注文者がその不適合を知った時」に改められた（民新637条1項）。さらに，瑕疵担保責任を追及する注文者がその権

---

[39] 仕事の目的物が「土地の工作物」であるときの解除の制限（民635条ただし書）も撤廃されたが，本章で扱うソフトウェア開発契約には関係がないので割愛する。

利を保存するために制限期間内にしなければならない行為を，修補の請求または損害賠償の請求（民634条）および契約の解除（民635条）から，不適合の事実の通知で足りるように改められた（民新637条1項）[40]。

（3）債権法改正を踏まえた雛形第29条の見直し

　債権法改正に伴う請負人の担保責任に関する規律の変更を踏まえ，請負人の瑕疵担保責任に関する雛形29条を全面的に見直すことも考えられるが，経産省モデル契約やJEITAモデル契約は，従来のベンダとユーザとの間の取引の慣行や利害得失を踏まえたバランスの上に制定されているものであることから，これを大幅に見直すことは現実的ではない。そこで，現行法下での契約書に必要最小限の変更を加えたものを，雛形では示してある。具体的には，まず，ユーザがベンダに対して一定期間内に瑕疵の存在を通知していれば，修補・解除・損害賠償のいずれの責任追及手段も行使し得るものとした（雛形29条1項・2項および53条1項）。また，「瑕疵が重要でなく，かつ修補に過分の費用を要するとき」には修補請求が制限されるとの現行民法634条1項が撤廃されるが，これは，瑕疵が重要であるか否かにかかわらず，修補に過分の費用を要するときは，修補は取引上の社会通念に照らして不能であると扱われ，2017年改正後の民法412条の2が定める履行不能の解釈に委ねることが適当と考えられたためであるとされている。そこで，雛形29条3項では，改正の趣旨を踏まえて「修正に過分の費用を要する」という事情を履行不能か否かの判断の一考慮要素として規定し，修補が履行不能と判断される場合には，修正責任を負わないものとした。なお，条項の表題については「契約不適合責任」ではなく，従来の「瑕疵担保責任」のままとしている。

12　ソフトウェア運用準備・移行支援業務（第30条）

　経産省モデル契約30条では，ソフトウェア運用準備・移行支援業務に関する条項を規定している。経産省モデル契約では，システムテストを支援型（準委任）で行う場合も想定し，この場合には，ソフトウェア運用準備にシステム

---

[40] 仕事の目的物が土地の工作物である場合における現行民法の権利行使期間の伸長に関する規定も撤廃されるが（民638条の削除），本章で扱うソフトウェア開発契約には関係がないので割愛する。

テストを含ませることができるよう，2つの選択案を提供している。しかし，雛形では，システムテストは，請負型で遂行することとしているので，ソフトウェア運用準備には，システムテストは含まない構成としている。

13　業務の終了・確認（第32条）

　経産省モデル契約32条1項では，「乙は，ソフトウェア運用準備・移行支援業務の終了後○日以内に，業務終了報告書を作成し，甲に提出する」と定めている。しかしながら，これらの業務は支援型（準委任）として実施されるものであるから，当初，契約で定めた作業工数を超過した場合や作業期間を経過した場合には，変更合意がなされない限り支援業務の履行は終了することとなるはずである。JEITAモデル契約では，この点を明確にするために，「乙は，ソフトウェア運用準備・移行支援業務の終了又は個別契約に定める作業期間の満了若しくは作業工数（作業量）分の作業実施完了のいずれか最も早く到来した時から○日以内に，業務終了報告書を作成し，甲に提出する」と修正している。雛形でも，上記のJEITAの修正理由には賛同できるので，JEITA案を採用している。なお，雛形32条5項は，当初合意した支援業務の作業期間もしくは工数を超えた場合には，変更合意・追加の手続に則って個別契約を変更することを明記したものであり，JEITAの修正案をそのまま採用したものである。

14　システム仕様書等の変更（第34条）

　雛形34条は仕様変更の場合の手続に関する規定である。仕様の変更に該当するか否か，それによる費用の増加を誰が負担するかは，ベンダ・ユーザ間で争いのあるところであるが，本章雛形では，大阪地判平成14年8月29日（平成11年(ワ)965号）を参考に，追加の仕様変更といえる場合を限定した。

15　未確定事項の取扱い（第36条）

　経産省モデル契約では，システム仕様書は，ユーザの承認により確定することを前提としている。しかしながら，やむを得ない事情によりシステム仕様書記載の一部の仕様についてユーザが確定することができないこともある。このような場合であっても，開発期間の制約等から次の工程に進まざるを得ない場合もあり得る。経産省モデル契約では，このような事態を想定し，36条で未

確定事項の取扱いについて定めた。

　JEITAモデル契約では，経産省モデル契約36条を前提としつつ，同条を拡張的に修正し，未確定事項の取扱いについてより詳細に規定している。雛形でも，JEITAの修正を採用した。ただし，JEITAモデル契約では，未確定事項が確定しなかった場合に，ベンダが基本契約または個別契約を解除し得る旨の規定をも置いている（JEITAモデル契約36条3項）。しかしながら，契約を解除し得るような原因となる未確定事項は積み残しにせず，これを解決してからソフトウェア開発業務に移行すべきであり，JEITAモデル契約の当該部分は，ベンダの負担軽減の観点を加味してもベンダにとって極めて有利な定めになっているものと考えられる。そこで，JEITAモデル契約36条3項は，雛形では採用しなかった。

16　変更の協議不調に伴う契約終了（第38条）

　変更に関して協議が調わなかった場合に，未了部分について契約を解約し得る旨定めた規定である。経産省モデル契約では，ユーザのみが解約し得るものとなっているが，JEITAモデル契約ではベンダにも解除権が与えられる構成となっている。しかしながら，ベンダは変更協議が調わない場合には，従前の合意の内容に従って業務を提供すればよいから，特別の解約権限を認める必要はない。そこで，雛形では経産省モデル契約の案文をそのまま採用した。

17　秘密情報の取扱い（第41条）

　雛形7条では，事前にユーザの承諾を得た場合またはユーザが指定した再委託先に委託する場合に，ベンダが個別業務を再委託することを認めている。これに伴いベンダがユーザより提供を受けた秘密情報を再委託先に対して開示する必要が生じる場合がある。経産省モデル契約の41条4項には，再委託先への秘密情報の開示に関する規定がないため，ベンダが再委託先に対して秘密情報を開示する際には，個別にユーザの同意を得る必要がある。これに対して，JEITAモデル契約では，41条4項2文に，ベンダが再委託先に対して41条と同様の秘密保持義務を課することを条件として，再委託先に秘密情報を開示することを認める条項を追加した。雛形でもこれを採用したものである。

18　個人情報（第42条）

　雛形7条では、事前にユーザの承諾を得た場合またはユーザが指定した再委託先に委託する場合に、ベンダが個別業務を再委託することを認めている。これに伴いベンダがユーザより提供を受けた個人情報を再委託先に対して開示する必要が生じる場合がある。経産省モデル契約の42条は再委託先への個人情報の開示に関して定めていないので、ベンダが再委託先に対して個人情報を開示する際には、個別にユーザの同意を得る必要がある。対するJEITAモデル契約では、その42条5項で、再委託先に同モデル契約7条3項に定めるのと同様の措置（すなわち、個人情報の取扱いについて同モデル契約42条に定めるのと同様の措置）をとることを条件として、再委託先に個人情報を開示することを認める条項を追加している。雛形でもこれを採用したものである。

19　納入物の著作権（第45条）

　ソフトウェア開発業務の結果作成されたプログラム等には著作権が生じる。
　経産省モデル契約45条では、成果物の著作権との取扱いについて、ベンダにすべての著作権を帰属させる場合【A案】、汎用的に利用が可能なプログラム等の著作権をベンダへ、それ以外をユーザに帰属させる場合【B案】、汎用的に利用が可能なプログラム等の著作権をベンダへ、それ以外を共有とする場合【C案】の3つの案を提示している。
　ソフトウェアの再利用を促進するという観点からは、ユーザは、開発されたソフトウェアを利用する限りにおいて利用権を与える一方で、著作権はベンダに帰属させ、ベンダにおいて当該ソフトウェアを他のユーザのソフトウェア開発において再利用できるようにすることが望ましい。経産省モデル契約の【A案】は、このような観点から作成されている。
　しかしながら、ユーザの費用負担で開発したプログラムのすべてについてベンダが自由に転用できるとすることは、ユーザにとって不利益でありバランスを欠く。他方で、開発業務の結果作成されたプログラムのすべてについて著作権をユーザに帰属させた場合、ベンダはユーザの許諾がない限り当該プログラムを一切再利用できない。同様の機能を発揮するプログラムであっても、一からコーディングする必要があり、社会経済上も無駄であるばかりか、再利用不

可であることを見据え，当該ユーザのソフトウェア開発業務の対価も高く設定せざるを得ないという不都合が生じる．

そこで，経産省モデル契約では，汎用的に利用が可能なプログラム等の著作権はベンダに帰属させた上で，それ以外のプログラム（ユーザ固有の仕様に基づいて作成したプログラム，例えばユーザ固有の仕様の帳票等をプリントアウトするようなプログラム）について，ユーザに著作権を帰属させる案【B案】とユーザとベンダの共有とする案【C案】も選択肢として提供している．

雛形では，ユーザの権利をより保護する観点から，汎用的な利用が可能な成果物の著作権をベンダに，それ以外の成果物の著作権をユーザに帰属させる案【B案】を採用している．なお，経産省モデル契約【B案】では，乙（ベンダ）に著作権が留保された著作物の甲（ユーザ）による利用に関して，乙が著作者人格権を行使しないことは明記されている（同モデル契約45条2項1文後段）が，甲に著作権が移転した著作物に関して乙が著作者人格権を行使しないことは明記されていない．そこで，雛形では，45条1項末尾にその旨明示した．

20　知的財産権侵害の責任（第47条）

納入物であるソフトウェア等が，第三者の著作権や特許権等を侵害した場合のベンダの責任に関する規定である．経産省モデル契約では，ユーザが当該第三者に支払った損害賠償等の全額をベンダが負担することを前提とする案【A案】と，ユーザが当該第三者に支払った損害賠償等について一定額を限度としてベンダが負担することを前提とする案【B案】の二案が提示されている．しかしながら，【A案】では，全額負担の前提として，ユーザにはベンダに対する情報提供義務が課されるばかりか，当該紛争解決の交渉や訴訟にベンダが参加し交渉や訴訟の進行に関する決定権限をベンダが有することが規定されており，ユーザは当該第三者との紛争を主体的に解決することができない．これに対して【B案】では，ベンダの負担は経産省モデル契約53条（損害賠償）で定める一定額を限度とするものの，解決にあたってはユーザ主導で紛争を解決することができるものとされており，また，ベンダに故意または重大な過失がある場合には限度にかかわらず全額について賠償請求できるものとされている．限度額の制限はあるものの，ユーザの主導で紛争解決を図ることができるとする方が望ましいと考えられるので，雛形では【B案】を採用した．

なお，経産省モデル契約47条1項では，第三者の著作権，特許権その他の産業財産権を総称して「知的財産権」と呼称している。しかしながら，他方で，同モデル契約44条1項では特許権その他の知的財産権，ノウハウ等に関する権利を総称して「特許権等」と呼称しており，両者の間に概念の齟齬が生じているばかりか，同モデル契約47条1項の書きぶりでは，第三者の「ノウハウ」を侵害した場合には，同条1項で規定する賠償責任の対象とならないのではないかとの疑問も生じる。そこで，雛形47条1項では，経産省モデル契約の「第三者の著作権，特許権等その他の産業財産権（以下本条において「知的財産権」という）」という記載を，「第三者の特許権等」と修正し，概念の統一を図るとともにノウハウ等の侵害についても賠償責任の対象となることを明らかにした。また，これに伴い経産省モデル契約47条2項中の「知的財産権の侵害」を雛形47条2項では，「特許権等の侵害」と修正した。

21　第三者ソフトウェアの利用（第48条）

　ソフトウェア開発にあたって，第三者が権利を有するソフトウェア（第三者ソフトウェア）を利用する場合の瑕疵やリスクに関する規定である。経産省モデル契約では，ベンダが主体となって第三者ソフトウェアを採用する場合の【A案】と，ユーザが主体となって採用する場合の【B案】の二案が提示されている。本雛形では，【A案】を採用した。ただし，【A案】では，第三者ソフトウェアの採否に関する検討・評価はユーザが自らの責任で行うことが明記されているほか，第三者ソフトウェアの使用に関して必要なライセンスや保守に必要な契約の締結についても，ユーザの責任で行わなければならないなど，過大な責任がユーザに課されている。そこで雛形では，ユーザの検討・評価義務を明記した条項（経産省モデル契約【A案】48条2項）を削除し，かつ，ベンダに第三者ソフトウェアのライセンスや保守の契約の締結に必要なアレンジをする義務があることを明記した（雛形48条2項）。

22　FOSSの利用（第49条）

　ソフトウェア開発にあたって，FOSS（フリーソフトウェアやオープンソースソフトウェア〔第三者ソフトウェア〕）を利用する場合の，瑕疵やリスクに関する規定である。経産省モデル契約では，ベンダが主体となってFOSSを採用

する場合の【A案】と，ユーザが主体となって採用する場合の【B案】の二案が提示されている。本雛形では，【A案】を採用した。ただし，【A案】では，FOSSの採否に関する検討・評価はユーザが自らの責任で行うことが明記されている。しかしながら，FOSSの採否の検討・評価をなし得るようなユーザは極めて限られているものと思われ，ユーザに過大な責任が課せられているものといえる。そこで雛形では，ユーザの検討・評価義務を明記した条項（経産省モデル契約【A案】49条2項）を削除した。

23　損害賠償（第53条）

　雛形では，瑕疵を修補する責任を無過失責任としている（29条）のに対して，損害賠償については帰責事由を要するもの（過失責任）としている。ソフトウェア開発に関連して生じる損害は多額に上る可能性があるので，本来，瑕疵担保責任として無過失で責任を負うこととなる損害賠償責任についても，帰責事由を要することとして，ベンダの責任の範囲を一定限度に留めたものである（雛形53条1項）。

　損害の範囲については，通常損害に限り特別損害や逸失利益は含まないとすることも考えられるが，本条では損害の範囲の限定は行っていない。

　他方，ソフトウェア開発に関連して生じる損害は多額に上る可能性があるので，賠償額については，一定の限度を設けるのが通例である。経産省モデル契約53条2項では，「帰責事由の原因となった個別契約に定める○○の金額を限度とする」と規定しており，個別契約ごとに賠償額を限定するという考え方に基づいている。しかしながら，多段階方式のソフトウェア開発では，各個別契約の成果が有機的に関連しており，1個の個別契約の成果物（委託業務の遂行）に瑕疵があった場合には，全体としての開発の目的を達することができない結果となることが予想される。そこで，雛形では，ユーザの立場から有利となるよう，本契約に基づき締結した各個別契約に定める委託料および請負代金の合計額を上限と定めた。

　なお，債権法改正に伴う雛形53条1項の修正については，前記11**（2）**および**（3）**をご参照いただきたい。

24　和解による紛争解決（第55条）

　雛形55条では，本契約に関して紛争が生じた場合には，まず，話合いで解決することおよびその手順について定めている（1項・2項）。その上で，当事者での任意の話合いでの解決ができない場合には，認証紛争解決手続（ADR）での解決を図る義務を課し（3項），それでもなお和解が成立しなかった場合においてのみ，裁判での紛争解決（56条）を図り得るものとしている（4項）。

25　合意管轄（第56条）

　紛争が生じた場合の紛争解決機関および管轄に関する規定である。経産省モデル契約56条では，仲裁による解決を図る案【A案】と訴訟による解決を図る案【B案】の2つの案が提示されている。それによれば，情報システム構築のような専門的で複雑な事案については，裁判所による審理より，より柔軟な制度である仲裁による解決になじみやすい面があるとして，【A案】を本則としている。しかしながら，仲裁による場合には判断は一度しか受けることができず審級の利益（不服がある場合に控訴・上告し得る利益）はない上に，必ずしも柔軟な審理が行われるという制度的保証があるわけでもない。そこで，雛形では訴訟による解決を図ることを採用した。ただし，この場合であっても，当事者が別途合意すれば仲裁による解決を図ることは可能である。紛争が生じた段階で，仲裁の方が望ましいと両当事者が判断した場合には，仲裁に服する旨の合意を別途交わせばよい。

Column

IBM対スルガ銀行訴訟〔第1審：東京地判平成24・3・29金法1952号111頁／控訴審：東京高判平成25・9・26金判1428号16頁／上告審：最決平成27・7・8〔平成26年（オ）200号，平成26年（受）260号〕〕

　スルガ銀行株式会社（以下「スルガ銀行」という）が，日本アイ・ビー・エム株式会社（以下「IBM」という）に対し，システム（ソフトウェア）開発契約をめぐって債務不履行による損害賠償等を請求したものである。本件訴訟の概要は次のとおりである。原告であるスルガ銀行は，スルガ銀行の業務全般をつかさどる次期情報システムである「新経営システム」（以下「本件システム」という）の構築を被告IBMに依頼し，その代金の一部を支払った。しかし，長期にわたる作業の結果，本件システム開発が頓挫したため，スルガ銀行は，開発が頓挫したのは，IBMに「プロジェクト・マネジメント義務違反[41]」があったことによるものであり，IBMには開発に関し説明義務違反があったなどと主張し，IBMに対し，不法行為または請負契約の債務不履行に基づく損害賠償を求めた。これに対し，IBMは，本件システム開発の代金の一部の未払等を理由として，反訴を提起した。

　第1審は，スルガ銀行の約115億円の請求に対し，IBMに74億円余りの損害賠償を命じた。控訴審は，賠償額を大幅に減額し約41億円としたものの，やはりIBMの損害賠償義務を肯定した。IBMからの反訴については、第1審，控訴審ともに請求を棄却した。なお，スルガ銀行，IBMのいずれも控訴審判決に対して上告および上告受理の申立てを行っていたが，上告棄却・不受理の決定がなされている。

　本件訴訟には種々の争点があるが，最大の争点は，本件開発の頓挫について，IBMのプロジェクト・マネジメント義務違反が認められるかということであった。

....

[41] ベンダのプロジェクト・マネジメント義務とは，「ソフトウェア（システム）開発業者において，納入期限までにソフトウェアを完成させるように，ユーザとの間で合意された開発手順等に従って開発作業を進めるとともに，常に進捗状況を管理し，開発作業を阻害する要因の発見に努め，これに適切に対処すべき義務」のことをいう（本件第1審判決参照）。このようなベンダの義務は，本件第1審判決以前の東京地八王子支判平成15・11・5判時1857号73頁や，東京地判平成16・3・10判タ1211号129頁において，すでに指摘されていた。

この点について，第1審は，「コンピューター・システムの開発において，①ベンダである IBM が，用いられるパッケージソフトウェアの機能や充足度，その適切な開発方法等についてあらかじめ十分に検証または検討したものとはいえず，② IBM が，上記パッケージソフトウェアの改変に関し，権利者との間で協議をするなどしてそのカスタマイズ作業を適切に実施できる体制を整えていたとはいえないこと，③ IBM が上記の改変権を有していないことが本件システム開発において作業の阻害要因になり得ること等について，IBM がユーザであるスルガ銀行に対してこれを説明してはいなかったことなどの事情のもとでは，IBM には，本件システム開発のベンダとして適切にシステム開発を管理することなどを内容とするプロジェクト・マネジメント義務の違反がある」旨述べて，IBM のプロジェクト・マネジメント義務違反を認め，IBM にスルガ銀行が本件システム開発のために IBM に支払った開発費用の約 74 億円を損害と認めた。

　これに対し，控訴審は，「ユーザの業務に精通しているわけでないベンダが，試行錯誤を要する新しいシステムを企画・提案するにあたり，そのリスクを漏れなく予測することは困難である」旨述べて，上記①や②の点についてのプロジェクト・マネジメント義務違反を認めず，本件システム開発に関する最終合意を締結する段階において，IBM が本件システム開発計画の中止の要否等についてスルガ銀行に説明する義務を怠ったことにつき，IBM のプロジェクト・マネジメント義務違反を肯定し，損害額を第1審から大幅に減額して約 41 億円と認定した。

　ベンダはシステム（ソフトウェア）開発に関する専門家であるから，一般論として，システム開発にあたり，ベンダがプロジェクト・マネジメント義務を負うことに異論はないだろう。しかし，ソフトウェア開発は，単にベンダの機械的な設計等により行われるのではなく，ユーザの業務上の要望をソフトウェアに落とし込むという作業を要する[42]。ベンダは，ユーザの協力なくして，ユーザの業務上の要望を知ることはできず，またそれに基づいた適

---

42) ソフトウェアが一般的なものではなく，特定のユーザ向けであればあるほど，ユーザの協力が必要となる。前掲東京地判平成 16・3・10 では，「オーダーメイドのシステムはベンダのみで完成させることはできないのであって，ユーザが開発過程において，内部の意見調整を的確に行って見解を統一した上，どのような機能を要望するのかを明確にベンダに伝え，ベンダとともに，要望する機能について検討して，最終的に機能を決定し，さらに，画面や帳票を決定し，成果物の検収をするなどの役割を分担することが必要である」として，ユーザの負う協力義務の内容が具体的に示唆されている。

切な開発手法等を提案することもできない。したがって，ベンダのプロジェクト・マネジメント義務は，ユーザの十分な協力義務と表裏一体のものであり，それぞれの義務がリスク配分原理として，また契約目的達成を促進する規範として機能する[43]。控訴審判決においても，企画・提案段階では，システム開発技術等とシステム開発対象の業務内容等について，「情報の非対称性，能力の非対称性」がユーザ・ベンダの双方に存すると述べられている。上記控訴審判決は，このような情報と能力の非対称性に鑑み，そのような非対称性から生じるリスクをベンダのみに負わせることのないように深慮したものと見られ，ユーザにも，業務に精通した立場からシステム開発に係るリスクを分析することが求められると付言しているのが興味深い。

　ソフトウェア開発においては，このような情報や能力についての非対称性が必然的に存するため，開発契約にあたっては，契約の形式や文言もさることながら，ユーザ・ベンダともに，従業員等にシステム又はユーザの業務に対する理解を深めるよう教育し，少しでも情報・能力のギャップを埋めるべく相互に努力することが，紛争を未然に回避する近道であるといえよう。

---

[43] 生田敏康「注文者の協力義務——コンピュータソフト開発契約をめぐる最近の判例を中心に」福岡大学法学論叢52巻4号（2008年）400頁。

The business and the form of a contract
Chapter 11

第11章

知的財産に関する契約

I 総論

1 知的財産の意義

　例えば，A氏が書店である本を購入したとしよう。A氏は，代金を支払うことにより，その本の「所有権」を取得し，本の所有者となる。したがって，その本を他人に譲り渡すことも，あるいは，読み終えた後に捨ててしまうことも自由に行うことができる。では，その本をまるごとコピーして，他人に販売することも自由に行えるであろうか。それは「否」である。なぜなら，本を購入することによって，本という「物（有体物）」にかかる所有権を取得することができても，本に含まれた「情報」にかかる知的財産権（具体的には著作権）までは取得しておらず，そして，知的財産法（このケースでは著作権法）により，著作権者の許諾なくコピーを取ることは，知的財産権（著作権）の侵害となるからである。

　この例が示すように，知的財産法によって，有体物たる財産（「物」）とは異なる，無体物としての財産的価値（「知的財産」）が保護されている。すなわち，知的財産とは，知的財産法によって保護を受ける情報を指し[1]，知的財産権と

443

は，知的財産法によって知的財産に付与される権利を指す[2]。財産的価値を有する知的財産ないし知的財産権を対象とする契約が，本章で取り扱う「知的財産に関する契約」である。

知的財産法には，特許法，実用新案法，種苗法，意匠法，著作権法，商標法，不正競争防止法等がある（以下これらを総称して「知的財産法」という）。例えば，特許法が規定する知的財産は「発明」，知的財産権は「特許権」であり，著作権法が規定する知的財産は「著作物」，知的財産権は「著作権」および「著作者人格権」である[3]。

2　知的財産に関する契約の種類

知的財産に関する契約には，大別して，知的財産（ないし知的財産権）の成立や帰属に関わる条項を含む契約と，その利用や処分に関わる条項を含む契約がある。前者の例として，共同研究開発契約があり，後者の例として，ライセンス（実施許諾）契約や譲渡契約，担保権設定契約がある。本書においては，共同研究開発契約と特許ライセンス契約の雛形を取り上げる。

(1) 知的財産（ないし知的財産権）の成立や帰属に関わる条項を含む契約

今日の経済社会においては，複数の企業間，企業と大学間において，共同研究開発が広く行われている。そして，共同研究開発は一定の成果を生み出すために行われるものであることから，成果の帰属や利用方法は，契約当事者の最

---

1) 知的財産基本法上，「知的財産」とは，発明，考案，植物の新品種，意匠，著作物その他の人間の創造的活動により生み出されるもの（発見または解明がされた自然の法則または現象であって，産業上の利用可能性があるものを含む），商標，商号その他事業活動に用いられる商品または役務を表示するものおよび営業秘密その他の事業活動に有用な技術上または営業上の情報をいう（知財基2条1項）。
2) 知的財産基本法上，「知的財産権」とは，特許権，実用新案権，育成者権，意匠権，著作権，商標権その他の知的財産に関して法令により定められた権利または法律上保護される利益にかかる権利をいう（知財基2条2項）。
3) 従来，知的財産法は，創作法と標識法の2つからなると説明されている。創作法とは，人間の精神的活動による創作物を保護の対象とする法律であり，その代表例が特許法，著作権法，ノウハウを保護する不正競争防止法である。他方，標識法は，ブランドなどの営業上の標識（目印）を保護するものであり，その代表例が商標法である。

大の関心事の一つである。

　ここで，どのような場合に知的財産が成立するのか，また，どのような手続をとれば知的財産権を取得できるのか，また，（契約に定めがない場合に）誰に知的財産権が帰属することになるのかは，知的財産法の規定や解釈に委ねられている。例えば，発明が生まれなければ特許出願することはできないが，発明の定義は特許法に定められており，どのような創作をなせば発明が成立したことになるのか，また，発明についてどのような関わりを持てば発明者となれるのかは，関係する裁判例を理解することにより初めて知ることができる。さらに，ある発明について特許権を取得するためには，発明にかかる特許を受ける権利を譲り受けた出願人が特許出願を行い，特許庁による審査を受ける必要がある。そのため，共同研究開発の成果として発明が生まれた場合には，誰が発明にかかる特許を受ける権利を譲り受け，どのような場合に特許出願をするのかといった事項を定めておく必要がある。

　このように，適切な共同研究開発契約のドラフティングのためには，研究開発の成果としてどのような知的財産が生じることになり，それを誰がどのように活用するのかを見極め，関係する知的財産法の規定や裁判例を理解した上で，（法律，裁判例による帰結を確認するため，あるいは逆に，それを回避するために，）どのような契約条項を置けばよいのかを判断していくことになる。

（2）知的財産（ないし知的財産権）の利用や処分に関わる条項を含む契約

　知的財産権を取得した企業は，次に，それをどのように活用するかを考えていくことになる。具体的な活用方法としては，自社が単独で実施することや，他社にライセンス（実施許諾）を与えたり，権利そのものを譲渡して対価を得ること，あるいは，知的財産を担保として信用取引を行うといったことが考えられる。

　ライセンス契約とは，当事者の一方である知的財産権の保有者（ライセンサー）が，相手方（ライセンシー）に対し，ライセンスの対象となる知的財産の利用（実施権，使用権，利用権[4]）を許諾し，一定の対価（実施料，使用料，利用料）を得る契約をいう。

　一口にライセンス契約といっても，どのような権利（例えば，特許権である

445

として，専用実施権か通常実施権か，通常実施権であるとして，独占的なものか，それとも非独占的なものか）について，どのような地理的範囲において（例えば，全世界か日本か），どのような態様（例えば，製造か販売か）を許諾するかは，契約によりまちまちである。ここで，権利の内容や実施態様は，法律に規定されているため，前提知識としてそれら法律の内容を知っておくことが不可欠である。また，例えば，第三者がライセンスの対象となる権利を侵害している場合に，ライセンシーがどのように保護されるのかといった事項は，実務上重要な問題の一つであるが，契約で定めを置かない場合にどこまで保護が受けられるのかを把握するためには，関連する裁判例を理解しておくことが肝要である。

3　知的財産に関する契約の特殊性
　　——ドラフティングの際の留意点

　契約の対象となるべき知的財産や知的財産権の成立要件，第三者対抗要件，権利の移転のための要件などは，すべてそれぞれの知的財産法に定められている。また，法律上明確でない部分については，裁判例が解釈論を示していることも多い。したがって，知的財産に関する契約をドラフティングする際には，関係する知的財産法の規定や裁判例を理解しておくことが極めて重要になる。

　特に，知的財産法は，国の産業政策とも絡んでいることもあって，頻繁に法改正がなされる分野である。したがって，最新の法改正の動向を把握しておくことも必須である。

　また，知的財産に関する契約では，外国の知的財産権について規定することがある。そのような場合には，国によって権利の内容が異なり得ることに注意を要する。例えば，共有特許について，一方の特許権者が単独でなし得ること，他の特許権者の同意がなければなし得ないことは，各国の特許法によってまちまちである。したがって，それぞれの国の知的財産法の内容を理解しておくことが望ましい。

　さらに，「私的独占の禁止及び公正取引の確保に関する法律」（昭和22年法律

4）　特許権者が第三者に対し，特許発明の実施権を認めることを「実施許諾」，商標権者が第三者に対し，登録商標の使用権を認めることを「使用許諾」，著作権者が第三者に対し，著作物の利用を認めることを「利用許諾」と呼ぶことがある。また，これらを単に「ライセンス契約」と呼ぶこともある。

第 54 号。以下「独占禁止法」という）との抵触関係が問題となることが多いのも，知的財産に関する契約の特徴の一つである。独占禁止法 21 条は，「この法律の規定は，著作権法，特許法，実用新案法，意匠法又は商標法による権利の行使と認められる行為にはこれを適用しない」と規定する。これは，知的財産権の正当な権利行使には独占禁止法を適用せず，他方，知的財産権の不当な権利行使に対しては独占禁止法の規制を及ぼすべきことを意味する。ライセンサーとライセンシーが，ある知的財産権のライセンス契約を締結するかどうか，締結するとしていかなる条件で締結するかは，原則として当事者間の私的自治に属する事柄である。しかし，ライセンス契約締結に伴い，ライセンサーはライセンシーに対して知的財産権の実施許諾の条件以外の事項についても制限を課そうとすることがあり，そのような制限は，形態によっては，もはや知的財産権の正当な行使とはいえず，独占禁止法の規制が及ぶことになる。したがって，知的財産に関する契約をドラフティングする際には，独占禁止法と抵触しないかどうか，具体的には，公正取引委員会作成にかかる「共同研究開発に関する独占禁止法上の指針」（→Ⅱ 8 参照）や「知的財産の利用に関する独占禁止法上の指針」（→Ⅲ 5 参照）を念頭に置き，それに反しないように心掛けることが必要となる。

Ⅱ 共同研究開発契約書の条項例と解説

雛形

※ 欄外の番号は条項解説の該当箇所を示す。

共同研究開発契約書

　○○（以下「甲」という）と○○（以下「乙」という）とは，甲が○○について，乙が○○について，それぞれ独自の技術を有していることを考慮し，○○について第1条に定める研究開発（以下「本研究開発」という）を共同で行うこととし，以下のとおり本契約を締結する。

[1] **第1条（研究開発）**
　甲及び乙は，本契約の規定に従い，次の研究開発を共同で実施する。
　(1) 研究開発の目的：○○○○○○
　(2) 研究開発の対象：
　　イ　○○○○○○
　　ロ　○○○○○○
　　ハ　その他甲乙協議の上決定した技術

[2] **第2条（研究開発の期間）**
　1　研究開発の期間は，令和○年○月○日から令和○年○月○日までとする。ただし，上記期間は甲乙の書面による合意により延長することができる。
　2　前項にかかわらず，第18条により本契約が解除された場合は，本研究開発の期間は当該解除の日をもって終了するものとする。

[3] **第3条（研究開発の場所）**
　甲及び乙は，本研究開発をそれぞれ自ら管理する施設内にて実施する。ただし，○○の作業は，乙の施設内において甲の従業員が行うことができるものとし，その場合の取扱いについては甲乙別途協議の上定める。

[4] **第4条（業務の分担）**
　甲及び乙は，本研究開発に係る業務を以下のとおり分担する。
　(1) 甲の業務：○○○○○○

(2) 乙の業務：○○○○○○
　(3) 甲及び乙共同で行う業務：○○○○○○

第5条（参加者の特定）
　甲及び乙は，それぞれ別紙に掲げる者を本研究開発に参加させるものとし，参加者に変更が生じた場合は，速やかにその旨を相手方に通知する。

第6条（第三者への委託）
1　甲及び乙は，本研究開発に係る業務の全部又は一部を第三者に委託してはならない。ただし，その委託する業務の内容及び当該第三者について相手方の書面による事前の同意を得た場合は，この限りでない。
2　前項ただし書に基づき第三者に業務を委託する当事者は，当該業務の委託に際して，第10条と同等の秘密保持義務を当該第三者に課すものとする。
3　本条1項ただし書に基づき業務委託を受けた第三者が当該業務委託に基づきなした全ての行為は，当該業務を委託した当事者の行為とみなす。

第7条（費用の分担）
　甲及び乙は，第4条に基づいて自己の分担した業務の費用をそれぞれ負担し，両者が共同で行う業務の費用は，甲乙別途協議してその分担を決定する。

第8条（情報の提供）
　甲及び乙は，本研究開発の実施のために必要な技術上又は営業上の情報（資材，資料を含む）を相互に無償で提供する。ただし，第三者との契約により秘密保持義務を負っている情報についてはこの限りでない。

第9条（進捗状況の報告）
　甲及び乙は，本研究開発の期間中，本研究開発の過程で得られた技術的情報を速やかに相手方に開示するとともに，甲乙別途定める要領に従って連絡会議を開催し，本研究開発の進捗状況を相手方に報告する。

第10条（秘密保持・目的外利用の禁止）
1　甲及び乙は，本契約に基づき相手方から開示された一切の情報を第三者に開示・漏洩してはならず，本研究開発以外の目的に利用してはならない。ただし，相手方の書面による事前の同意を得た場合は，この限りでない。
2　前項の規定は，次のいずれかに該当する情報については適用しない。
　(1) 開示を受け又は知得した際，既に自己が保有していた情報
　(2) 開示を受け又は知得した際，既に公知となっている情報
　(3) 開示を受け又は知得した後，自己の責めによらずに公知となった情報

(4) 正当な権限を有する第三者から適法に取得した情報

第11条（競業禁止）
甲及び乙は，本研究開発の期間中，本研究開発と同一又は極めて密接に関連するテーマの研究開発を単独又は第三者と共同で行い，若しくは第三者から受託してはならない。ただし，相手方から書面による事前の同意を得た場合はこの限りでない。

第12条（成果の帰属）
甲又は乙が本研究開発の期間中に本研究開発の実施により取得した発明，考案及び創作並びに技術上及び営業上のノウハウ（以下「本成果」という）は，甲乙の共有とし，その持分は均等とする。

第13条（知的財産権の取扱い）
1　本成果に含まれる発明，考案又は創作について，特許権，実用新案権，意匠権，商標権，回路配置利用権等の知的財産権を受ける権利及び当該権利に基づき取得される知的財産権（以下「本知的財産権」という）は，甲乙の共有とし，その持分は均等とする。
2　甲及び乙が本知的財産権について出願をする場合は，当該出願の内容及び出願国について協議し，共同で当該出願を行う。出願手続及び権利保全手続は甲が行うものとし，乙はこれに協力する。
3　前項に基づく出願手続及び権利保全手続に係る費用は，甲及び乙が持分に応じて負担する。
4　本知的財産権に関し，その取得又は維持のために審判請求，訴訟等を提起する場合，第三者から審判請求，訴訟等が提起された場合，若しくは，本知的財産権を第三者が侵害した場合は，甲及び乙は相互に協力してその解決を図るものとする。

第14条（成果の利用）
1　甲及び乙は，本成果及び本知的財産権を，それぞれ無償で実施することができる。
2　甲又は乙が，自己の持分に係る本成果又は本知的財産権を第三者に譲渡し，又は第三者に実施を許諾することを希望する場合は，甲乙予め協議し，その可否及び条件を定めるものとする。

第15条（成果の公表等）
甲及び乙は，相手方の書面による事前の同意を得ることなく，本成果を第三者に開示・漏洩してはならない。甲又は乙が本成果を公表することを希望する場合は，その内容及び方法につき，甲乙予め協議するものとする。

第 16 条（改良発明等）

1 本研究開発の期間の終了後○年以内に，甲又は乙が本成果に基づき新たな発明，考案又は創作（以下「改良発明等」という）をなし，当該改良発明等につき知的財産権の出願をしようとするときは，その内容を相手方に事前に書面により通知しなければならない。
2 前項による通知があったとき，甲及び乙は，その都度協議し，当該改良発明等の取扱いについて決定する。

第 17 条（譲渡の禁止）

甲及び乙は，相手方の書面による事前の同意を得ることなく，本契約上の権利及び義務の全部又は一部を第三者に譲渡してはならない。

第 18 条（契約の解除）

1 甲及び乙は，相手方が本契約に定める条項のいずれかに違反し，催告後○日以内にこれを是正しないときは，相手方に書面で通知することにより，本契約を解除することができる。
2 甲及び乙は，相手方に次の各号のいずれかに該当する事由が生じたときは，直ちに本契約を解除することができる。
(1) 支払の停止があったとき，又は仮差押え，仮処分，差押え，競売，破産手続開始，民事再生手続開始，会社更生手続開始，特別清算開始の申立てを受け，あるいはその申立てを行ったとき
(2) 手形交換所の取引停止処分を受けたとき
(3) 公租公課の滞納処分を受けたとき
(4) 解散又は本研究開発に係る事業を譲渡する決議をなしたとき
(5) 本研究開発に係る事業を廃止したとき
(6) 第三者と合併をしたとき
(7) 会社分割，株式交換，株式移転又は株主構成の変動により従前の会社との同一性が失われたとき
(8) その他前各号に準ずるような本契約を継続し難い重大な事由が発生した場合

第 19 条（有効期間）

1 本契約の有効期間は，第 2 条に定める本研究開発の期間と同一とする。
2 前項の規定にかかわらず，第 12 条（成果の帰属），第 13 条（知的財産権の取扱い），第 14 条（成果の利用），第 16 条（改良発明等）及び第 17 条（譲渡の禁止）の規定は，本契約終了後においても有効に存続し，第 10 条（秘密保持・目的外利用の禁止）及び第 15 条（成果の公表等）の規定は，本契約終了後○年間有効に存続する。

第 20 条（協議）
　本契約に定めのない事項及び本契約の内容の解釈につき相違のある事項については，本契約の趣旨に従い，両当事者間で誠実に協議の上，これを解決する。

第 21 条（管轄）
　本契約に関連する一切の紛争については，相手方の本店所在地を管轄する地方裁判所を第一審の専属的合意管轄裁判所とする。

　本契約の成立を証するため，本書 2 通を作成し，各自記名押印の上，各 1 通を保有する。

　　　令和　年　月　日
　　　　　　　　甲
　　　　　　　　乙

📄 条項解説

1　研究開発の目的および対象（第1条）

　研究開発の目的と対象は，成果や業務分担・費用負担等について，共同研究開発契約の適用範囲を画する重要な概念である。したがって，その特定には慎重な検討を要する。

　一般に，共同研究開発契約の対象を具体化することは困難であることが多い。対象となる技術は契約時には存在せず，想定された技術が結果的に開発されなかったり，研究開発の過程で想定外の技術が取得されたりすることがあるからである。しかし，研究開発の対象を広く定めると，成果の取扱いをめぐって紛争が生じやすく，また他の研究開発の妨げになるおそれがある。

そこで，研究開発の目的と対象は，可能な限り具体的に特定すべきであり，また，場合によっては，研究開発の進捗に応じて変更することも検討すべきである。雛形では，研究開発の対象となる技術に「その他甲乙協議の上決定した技術」を含め，研究開発の対象が修正され得ることを明確にしている（雛形1条。御船昭監修『共同研究開発ガイドブック』〔R&Dプランニング，1993年〕〔以下，「ガイドブック」という〕224頁）。このような規定がなくても，契約で定めた研究開発の対象と研究開発の実態との間に乖離が生じた場合には，覚書等により，研究開発の進捗に応じて適時に修正することが望ましい。

また，研究開発の対象や目的の定めのほかに，契約の前文において，共同研究開発契約の締結に至った背景を記載することも考えられる。前文は，和文契約では簡潔に記載されることが多いが，業務分担や成果の取扱い等をめぐって紛争が生じた場合に，その判断のための前提事実となり得るので，記載しておくことが有効である（大阪弁護士会知的財産法実務研究会編『知的財産契約の理論と実務』〔商事法務，2007年〕179頁）。

なお，共同研究開発契約の対象を確定し，開発に伴うリスクやコストを把握するため，共同研究開発契約締結前に，秘密保持契約を締結して技術情報を相互に開示し，当該技術の実現可能性や採算性等を確かめるテスト（feasibility study）が行われることがある。その場合も，研究開発が頓挫した場合の紛争を防ぐため，各過程において，覚書や協定書等を作成しておくことが望ましい（大阪弁護士会知的財産法実務研究会・前掲書174頁）。

2　研究開発の期間（第2条）

共同研究開発においては，研究開発をいつまで進めるかについて，当事者間で利害が対立することがあるため，客観的な終了原因を定めておくことが望ましい。最も簡便な方法は，雛形のように，研究開発期間の終期を具体的な日時をもって定めておくことである（雛形2条1項）。そのほか，研究開発の具体的な目標を定め，目標不達成の場合に研究開発が終了する旨を定めることなども考えられる。

無用な研究開発が継続されることを防ぐという観点からは，研究開発の期間は短めに定めることが望ましい。研究開発のために必要となる期間は予測が困難であることから，研究開発の期間を自動更新する旨の規定が定められること

もあるが，研究開発が不成功に終わっているにもかかわらず，自動更新が繰り返されるおそれがあることに留意すべきである（関東経済産業局「特許・ノウハウに関する共同研究開発契約の手引き」〔2003年4月〕9頁）。雛形では，当事者間で明示的な合意があった場合に限り，研究開発の期間の延長を認めることとしている（雛形2条1項ただし書）。

3　研究開発の場所（第3条）

共同研究開発の実施場所は，各当事者の研究実施場所であることが通常であるが，施設・設備との関係などで，一方当事者が他方当事者の研究実施場所に立ち入って研究開発を行う場合がある。その場合は，事故が発生した場合の取扱いや遵守事項を定めておく必要がある。

4　業務の分担（第4条）

共同研究開発においては，当事者間の業務の分担および費用負担が，成果の帰属や利用との関係で均衡が取れていることが必要である。そこで，契約締結時に業務の分担を明確に定めておくことが重要である。特に，同業種間での共同研究開発においては業務の分担が曖昧になりがちであるので，注意しなければならない（ガイドブック225頁）。

また，研究開発を遂行する上で相手方の施設設備を使用することが重要である場合には，その旨を契約書に記載しておくことも考えられる。

なお，業務分担の定めは，成果の帰属にも影響することがあり得る（→13参照）。

5　参加者の特定（第5条）

雛形では，共同研究開発に参加する者を特定し，変更があった場合にはその旨を相手方に通知することとしている（雛形5条）。このような仕組みは，複数の研究開発が並行して行われる場合に成果が混同することを防ぐ手段の一つとなり得る（中島憲三『理系研究者のための知的財産・契約・ベンチャー設立ガイド』〔民事法研究会，2010年〕94頁）。

また，共同研究開発においては，相手方当事者に属する研究開発者のうち，特定の人物が参加することが重要である場合もある。そのような場合は，当該

人物が共同研究開発から離脱した場合に共同研究開発を中止し得る旨を契約で定めておくことも考えられる。

6　第三者への委託（第6条）

　共同研究開発においては，業務の一部を第三者に委託する方が効率的である場合がある。しかし，一般に，共同研究開発においては誰が研究開発に携わるかが重要であるから，一方当事者が無断で第三者に委託することは禁止されることが多い（雛形6条1項）。

　第三者への委託について当事者双方の合意を要求する場合には，必要となる合意の範囲（委託内容，委託先）や，条件（事前か事後か，書面か口頭か）も明確に定めておく（雛形6条1項ただし書）。第三者への委託は，費用にも大きなインパクトを与えることがあるので，費用負担との関係にも注意が必要である。

　また，委託先に適切な秘密保持義務を課すことも重要である（雛形6条2項）。

7　費用の負担（第7条）

　共同研究開発にかかる費用の負担は，業務の分担，成果の帰属・利用との関係で，衡平に定められなければならない。分担の方法には，例えば以下のものがある。

　　（A）費用の精算を行う方法
　　　① 実際に要した費用を，当事者が一定の割合に応じて負担する。
　　　② 一方当事者が，実際に要した費用の全額を負担する。
　　（B）費用の精算を行わない方法
　　　① 各当事者が，自ら分担した業務に要した費用を負担する。
　　　② 一方当事者が，実際に要した費用とは無関係に，予め定められた金額を支払う。

　（A）には，各当事者が要した費用をいかなる範囲で把握し，いついかなる方法で計算するかについて当事者間で合意しなければならず，また煩雑な費用計算が必要になるという問題がある（中島憲三『共同研究・開発の契約と実務〔第3版〕』〔民事法研究会，2015年〕44頁）。(B)は，そのような煩雑な精算作業を必要としない点で優れているが，費用の負担が必ずしも均等にはならないことに注意しなければならない。雛形では，(B)①を基本としつつ，当事者が共同で

行う業務にかかる費用の負担については，別途協議することとしている（雛形7条）。

共同研究開発においては，必要な費用を契約締結時に把握することは困難であることが多い。そこで，「特別の費用が発生した場合には，甲乙協議の上，その負担方法を定める」などの規定が設けられることもある。ただし，契約締結時には予測できなかった多額の費用が発生する場合には，共同研究開発の維持自体を検討すべき場合もあることに注意が必要である（ガイドブック229頁）。

8　情報等の提供（第8条）

当事者が自ら有する情報を相手方に提供することは，共同研究開発の根幹をなす。公正取引委員会の1993年4月20日付け（最終改正：2017年6月16日）の「共同研究開発に関する独占禁止法上の指針」（以下「共同研究開発ガイドライン」という）は，共同研究開発のために必要な技術等（知見，データ等を含む）の情報（共同研究開発の過程で得られたものを含む）を参加者間で開示する義務を課すことは，原則として不公正な取引方法に該当しないとしている（第2-2-(1)-ア）。

提供される情報には，契約締結前から各当事者が保有していた情報と，契約締結後，共同研究開発期間中に各当事者が取得した情報の2種類がある。

（1）契約締結前から保有していた情報

当事者が契約締結前から保有していた情報については，契約において，提供する情報の種類および範囲ならびに提供の時期を明確にしておくことが望ましい。また，実際にどのような情報が提供されたのかを事後的に記録しておくことも極めて重要である。

提供した情報を特定することは，情報管理の観点から必要とされるのみならず，成果の取扱いとの関係でも重要な意味を有する。提供した情報が十分に特定されていないと，情報を提供した当事者の成果に対する貢献が正当に評価されないおそれがあるからである。

当事者が保有する情報のうち，第三者との契約により秘密保持義務や不開示義務を負っている情報は，提供の対象から除くことが一般的である（雛形8条ただし書）。

(2) 共同研究開発期間中に取得した情報

当事者が共同研究開発期間中に取得した情報は，研究開発の進行に応じて速やかに交換されることが望ましい。雛形では，研究開発の進捗状況の報告義務を当事者に課している（雛形9条）。

9　進捗状況の報告（第9条）

共同研究開発においては，各当事者が進捗状況等の情報を円滑に交換することが重要である。そこで，雛形においては，研究開発の過程で得られた情報を速やかに開示する義務を定めるとともに，情報交換のための連絡会議を開催することとしている（雛形9条）。

連絡会議においては，議事録を作成し，発言者および発言内容を記録に留めた上で，交換された情報を秘密保持義務の対象とすることが望ましい。連絡会議で交換される情報や議事録は，成果の帰属や費用負担をめぐる紛争が生じた場合（発明者は誰か，各当事者の成果に対する貢献度はどうか，など），これを解決するための重要な資料にもなり得る。

なお，共同研究開発ガイドラインは，分担した研究の進捗状況を参加者間で報告する義務を課すことは，原則として不公正な取引方法に該当しないとしている（第2-2-(1)-ア）。

10　秘密保持義務（第10条）

共同研究開発においては，当事者が契約前から保有している情報を相互に提供しあうが，このような情報について秘密保持義務を定めることによって初めて，秘密性の高い情報の交換が可能となる。

(1) 秘密保持の対象

秘密保持義務を定めるためには，秘密保持の対象となる情報を特定する必要がある。秘密情報の特定は，自らの秘密情報を守るためだけでなく，相手方の秘密情報（特に，不正競争防止法上の営業秘密）を意図せずして漏洩することを防ぐためにも，極めて重要である。

雛形では，相手方から開示された一切の情報を秘密保持の対象としている（雛形10条）。なお，研究開発の成果そのものの秘密保持については，別途の

定めを置いている（雛形15条）。

　雛形では，情報が提供される方法を問わず，一切を秘密保持の対象としているが，秘密保持の対象をより明確にするため，秘密の旨が表示された情報のみを対象とする例も多い。また，共同研究開発においては，重要な情報が口頭で提供されることも多い。そこで，口頭で開示された情報については，開示した側が，情報の開示後一定期間内に当該情報の内容を文書化し，当該文書を秘密保持義務の対象とするなどの措置も考えられる。

> **（条項例）**
> 　甲又は乙が口頭により相手方から開示を受けた情報については，開示後30日以内に相手方から当該事項について記載した書面の交付を受けた場合に限り，相手方に対し本条各項に定める義務を負うものとする。

　相手方から提供された情報のうち，公知の情報は，秘密保持義務の対象から除かれるのが通常である（雛形10条2項2号）。もっとも，公知の情報を収集，選択，加工した情報が，財産的価値を有することもある。また，一般に流通している物から測定等により容易に得られる情報は「公知」であると考えられているが，そのような情報であっても，秘密保持義務の対象とすることが望ましい場合もある。

　そこで，例えば，次のように，相手方から秘密として提供されたすべての情報を秘密保持義務の対象とすることも考えられる。

> **（条項例）**
> 　甲又は乙は，本研究開発の実施にあたり，相手方より提供若しくは開示を受け，又は知り得た技術上若しくは営業上の一切の情報のうち，相手方が秘密である旨明示したものについて，第三者に開示又は漏洩してはならない。

　なお，開示される情報が営業秘密として不正競争防止法による保護を受けるためには，「秘密として管理されている」（不正競争2条6項）ことを要する（秘密管理性要件）。そして，かかる秘密管理性要件が満たされるためには，営業秘密保有企業の秘密管理意思が秘密管理措置によって従業員等に対して明確に示され，当該秘密管理意思に対する従業員等の認識可能性が確保される必要がある（経済産業省「営業秘密管理指針」〔2003年1月30日，最終改訂：2019年1

月23日〕6頁)。そこで，例えば次のように，開示される情報の取扱いについて定めることも考えられる。

> **(条項例)**
> 「極秘」と表示された文書により開示された情報は，本研究開発に直接携わる従業員に限り，開示することができ，被開示当事者は，当該情報の開示を受けた従業員の所属及び氏名を開示当事者に書面により通知しなければならない。被開示当事者が当該文書を複製する場合は，被開示当事者において「極秘」の表示を付すものとする。また，被開示当事者は，開示当事者から要請があった場合は，その指示に従い，当該文書及びその複製物を速やかに返却するか，破棄の上，開示当事者指定の形式にて当該返却又は廃棄を行った旨の証明書を開示者に対して提出する。

(2) 秘密保持の期間

　秘密保持の期間は，対象技術の内容および性質，関連する研究開発の状況，研究開発が不成功に終わる可能性等を考慮して決定するが，一般に，研究開発の期間より長く設定されることが多い（雛形19条2項）。共同研究開発の過程で得られた技術的情報は，仮にそれがネガティブな情報であっても価値を持つ場合があるから，基本的には半永久的に秘密として保持されるべきものであるとの考え方もある（中島・前掲『共同研究・開発の契約と実務』147頁）。

11　目的外利用の禁止（第10条）

　情報を共同研究開発の目的以外の目的で利用することを禁止する条項である。雛形では，秘密保持義務と目的外利用を同じ条項で定めているが，両者は別の事項である（例えば，ある商品Aの開発を目的とする共同研究開発のために相手方から提供された情報を別の商品Bの開発のために利用することは，秘密保持義務には違反しないが，目的外利用には該当する）。

　雛形では，秘密保持義務の対象となる情報について，研究開発期間の終了後一定の期間が経過するまで，目的外の利用を禁止している（雛形10条1項・19条2項）。もっとも，共同研究開発ガイドライン（第2-2-(1)ア[6]，同イ）は，「他の参加者から開示された技術等を共同研究開発のテーマ以外に流用することを制限すること」は原則として不公正な取引方法に該当しない，としながら，

以下の事項は不公正な取引方法に該当するおそれがあるとしていることに注意する必要がある。

(ⅰ) 技術等の流用防止のために必要な範囲を超えて，共同研究開発に際して他の参加者から開示された技術等を共同研究開発以外のテーマに使用することを制限すること

(ⅱ) 共同研究開発の実施のために必要な範囲を超えて，共同研究開発の目的とする技術と同種の技術を他から導入することを制限すること

12 競業禁止（第11条）

共同研究開発は当事者が情報を交換しながら共同で行うものであるから，一方当事者が，単独で，あるいは第三者と共同で，同一または類似するテーマについて研究開発を行うと，成果の帰属や情報の流出をめぐって紛争が生じることが容易に予想される。また，相手方当事者を共同研究開発に専念させる，という観点からも，同様の研究開発が並行して行われることは望ましくない。そこで，共同研究開発契約において，このような競合する研究開発を禁止することが考えられる（雛形11条）。

また，全面的な禁止ではなく，以下のような制限を定めた上で，競合する研究開発を認めることも考えられる。

(ⅰ) 競合する研究開発に関与することのできる者の限定と，関与者同士の情報交換の制限（人的制限）
(ⅱ) 競合する研究開発を行うことのできる場所の限定（場所的制限）
(ⅲ) 競合する研究開発を開始できる時期の限定（時間的制限）

さらに，共同研究開発を始める際に，相手方当事者がすでに類似する研究開発を行っていることもあり得るので，事前に相手方に確認した上，必要な措置を講じることも大切である。

共同研究開発ガイドライン（第2-2-(1)-ア[7]，同[8]）は，以下の制限は，原則として不公正な取引方法に該当しないとしている。

(ⅰ) 共同研究開発のテーマと同一のテーマの独自のまたは第三者との研究開発を共同研究開発実施期間中について制限すること
(ⅱ) 共同研究開発の成果について争いが生じることを防止するためまたは参加者を共同研究開発に専念させるために必要と認められる場合に，共同研究開発

のテーマと極めて密接に関連するテーマの第三者との研究開発を共同研究開発実施期間中について制限すること

他方，以下の制限は，「不公正な取引方法に該当するおそれが強い事項」にあたるとしている（第2-2-(1)-ウ）。

(i) 共同研究開発のテーマ以外のテーマの研究開発を制限すること
(ii) 共同研究開発のテーマと同一のテーマの研究開発を共同研究開発終了後について制限すること

したがって，共同研究開発終了後まで競業を禁止することは原則として許されず，成果や独自のノウハウの流出等の防止は秘密保持義務等によって図ることになる[5]。

13 成果の帰属（第12条）

共同研究開発の目的は，研究開発の成果を共同で利用しあうことにあるから，成果をどのように配分するかは極めて重要な事項である。成果の帰属を，後日，当事者の協議で定めるとすることもあるが，成果がなされた後に当該成果について合意を形成することは（それが重要な成果であればあるほど）困難であることが多い。したがって，成果の帰属は契約で事前に定め，業務分担や費用負担等との関係を考慮した枠組みを定めることが望ましい。

（1）成果の定義

共同研究開発の「成果」は，それ自体，確立された定義のある用語ではないため，契約において適切に定義する必要がある。一般に，財産的価値のある「成果」は，必ずしも特許法上の発明のようなポジティブな情報に限られるものではなく，ネガティブな情報（物質Aを用いた○○剤は，従来品よりも品質が劣る，など）にも価値があることに留意すべきである。雛形では，知的財産権の対象となる「発明，考案及び創作」のほか，「技術上及び営業上のノウハウ」を成果の定義に含めている（雛形12条）。

---

[5] もっとも，共同研究開発が一方当事者の責めに帰すべき事由により中止された場合に，当該当事者が同一の技術について研究開発を行うことを禁止することについては合理性があり，不公正な取引方法に該当しないと解すべきであるとの見解もある（永野周志『技術開発の管理と契約の法務』〔ぎょうせい，2011年〕270頁）。

また，成果をめぐる紛争は研究開発の目的・対象や業務分担の定義に起因して生じることが多いことから，次のように，成果の帰属に関する条項に加えて，別途「本成果」に関して定義条項を設け，成果を研究開発の役割分担と関連づけて定義することも考えられる（ガイドブック 226 頁）。

> **（条項例）**
> 　本成果とは，第〇条に定める甲又は乙の本研究開発の役割分担に従って，甲又は乙が本研究開発の実施に基づき取得した発明，考案，意匠の創作等について産業財産権を受ける権利及びこれに基づく産業財産権並びに技術上及び営業上のノウハウをいう。

　このように定義することにより，甲または乙の役割分担に含まれない行為に基づく成果は，本研究開発の成果には該当しないことが明確になる。

（2）帰属の形態

　成果の帰属のあり方としては，①一方当事者の単独保有，②当事者全員の共有，③第三者の単独保有，④当事者と第三者との共有などが考えられる。共同研究開発契約では，①〜④のいずれか，またはこれらの組合せによって，成果の帰属を定めることになる。

（3）共有

　共同研究開発は当事者双方の貢献によりなされるものであるため，共同研究開発の成果は当事者間の共有に帰属させることが多い。雛形では，すべての成果を当事者双方の共有としている（雛形 12 条）。
　共有関係については様々な規律があり，安易に成果を共有化すると思わぬ制約を受けることがあるので，注意が必要である。
　日本法における共有関係に関する主な規律は，以下のとおりである。
（ア）持分割合
　共有持分の割合は，特に定めがなければ，均等と推定される（民 250 条）。
（イ）特許出願
　発明が共同でなされたときは，特許を受ける権利は共同発明者の共有に帰属する。特許を受ける権利が共有にかかるときは，各共有者は，他の共有者と共

同でなければ，特許出願をすることができない（特許38条）。共同出願違反は，拒絶理由（同49条2号），無効理由（同123条1項2号）にあたる。実用新案，意匠についても同様である（新案11条1項・37条1項2号，意匠15条1項・17条1号）。

　もっとも，外国においては必ずしも上記と同様の規律が採用されているわけではないから，成果を共有とする場合であっても，共同出願義務を契約上明文で定めておくことが望ましい（雛形13条2項）。

　なお，2012年の特許法改正により，共同出願違反・冒認出願にかかる特許権について，真の権利者が特許権移転請求をすることができることとなった（特許74条）。特許権移転請求は，特許権の登録後になし得るものであるが，特許登録前においては，特許を受ける権利（の持分権）を確認する確定判決を得て，出願人の名義変更手続を行うことができる。実用新案，意匠についても同様である（新案17条の2，意匠26条の2）。

（ウ）特許権の実施，実施許諾，処分

　特許権が共有にかかるとき，共有者はそれぞれ特許権の全部を実施することができるが，第三者に対する実施の許諾や持分権の譲渡，質権の設定は他の当事者の同意がなければすることができない（特許73条）。実用新案，意匠についても同様である（新案26条，意匠36条）。共有者による実施と第三者に対する実施許諾の区別は，必ずしも容易でない。

　もっとも，特許法73条は任意規定であり，また，外国においては，必ずしも同条と同様の規律が採用されているわけではない。したがって，第三者への実施許諾や持分権譲渡について，契約上明文で定めておくことが望ましい（雛形14条2項）。

（エ）審判，訴訟

　特許権または特許を受ける権利の共有者がその共有にかかる権利について審判を請求するときは，共有者の全員が共同して請求しなければならない（特許132条3項）。また，拒絶査定不服審判不成立に対する審決取消訴訟は共有者全員で提起しなければならない（最判平成7・3・7民集49巻3号944頁）。他方，無効審決の取消訴訟は共有者の1人が単独で提起し得る（最判平成14・2・22民集56巻2号348頁）。

　特許権侵害にかかる損害賠償・不当利得返還請求権は，各共有者が自己の持

分につき単独で行使し得る。侵害行為に対する差止請求も，共有者が単独でなし得る。

　もっとも，共有者が単独でなし得る審判請求や訴訟であっても，他の共有者の権利・利益に重大な影響を及ぼし得るから，審判や訴訟への対応について，契約で定めておくことが考えられる（雛形13条3項）。

(オ) 分割請求

　一方当事者が共有関係の解消を望んだ場合，民法上，共有物の分割請求をすることができる（民256条1項本文）。共有物の分割について共有者間に協議が調わないときは，その分割を裁判所に請求することができ，現物分割ができないときは，裁判所はその競売を命ずることができる（民258条）。特許権は，発明の実施の独占権という性格上，現物分割を行うことは考えにくいが，競売による換価分割または価格賠償による分割は認められると解されている（中山信弘『特許法〔第3版〕』〔弘文堂，2016年〕314頁以下）。5年以内の不分割特約を定めることも可能であり（民256条1項ただし書），制度上，その旨の登録もできることとされている（特許登33条2項）。

　そこで，契約において，5年以内の不分割特約を定めておくことも考えられる。

(4) 成果の区別

　共同研究開発契約においては，成果の内容・性質によって成果の帰属を区別して定めることも多い。例えば，次のような例がある。

(条項例①)
　本研究開発の成果は，原則として甲乙の共有とする。ただし，甲又は乙が相手方から提供された資料，情報又は，相手方の助言，援助，協力によることなく単独でなしたものは，当該甲又は乙の単独に帰属するものとする。

(条項例②)
　甲に属する者又は乙に属する者によってなされた発明は，その発明をなした者が属する甲又は乙に帰属する。甲に属する者及び乙に属する者によって共同でなされた発明は，甲及び乙の共有とし，その持分は均等とする。

条項例①のように、一方当事者が「単独で」なした成果であるか否かによって成果の帰属を区別する場合には、争いを避けるため、研究開発の過程において相手方から提供を受けた情報等を特定しておくことが重要である。

条項例②のように、「発明をなした者」（発明者）を基準とする場合は、発明者をどのように認定するかが問題となる。次に述べるように、学説・裁判例が採用する発明者の認定基準は、必ずしも当事者の経済的貢献と相関しないことに留意すべきである。

(5) 発明者の認定

共同研究開発においては、発明者の認定が問題となることが多い。例えば、特許出願の際には、発明者の氏名等を願書に記載しなければならない（特許36条1項2号）。記載を誤っても無効理由にはならないが、発明者名誉権の侵害として不法行為が成立する可能性がある（大阪地判平成22・2・18判時2078号148頁）。また、共同研究開発契約において、発明者を基準として成果の帰属を定めていた場合や、共同研究開発契約が締結されていなかった場合（あるいは、ある発明が共同研究開発の対象外とされた場合）において、成果の帰属を判断する場合に、発明者の認定が必要となる。

学説・裁判例は、発明者とは、発明の特徴的部分の完成に創作的に寄与した者をいい（知財高判平成20・9・30〔平成19年（行ケ）10278号〕）、一般的な管理をした者、一般的な助言・指導を与えた者、補助者として、データのとりまとめや実験を行った者、資金を提供したり設備利用の便宜を与えた者などは発明者にあたらないと解している（知財高判平成20・5・29判時2018号146頁）。また、共同発明者となるためには、課題を解決するための着想およびその具体化の過程において、一体的・連続的な協力関係の下に、それぞれが重要な貢献をなすことを要すると解されている（前掲知財高判平成20・5・29）。例えば、Aが着想してこれを公表し、Bが当該着想を具体化して発明を完成させたとしても、AB間に一体的連続的な協力関係がなければABが共同発明者であるとはいえず、その場合は、公知の着想を具体化して発明を完成させたBのみが発明者となる（吉藤幸朔＝熊谷健一『特許法概説〔第13版〕』〔有斐閣、1998年〕188頁）。

このように、発明者の認定基準は、あくまで発明という技術的思想の創作に

実質的に関与したか否かという観点からなされるため，当該発明に対する当事者の経済的な貢献度とは，必ずしも相関しない場合がある（永野・前掲注5）276頁以下）。

発明者の認定をめぐる争いを避けるためには，認定の基礎となる資料（発明の提案書，研究ノート，成果報告等の記録，公知技術を明らかにするための資料等）を予め収集し，あるいは相手方に提供させ，連絡会議等において協議をすることが重要である。

14　知的財産権の取扱い（第13条）

研究開発の成果について，知的財産権を取得することが予定される場合には，その出願手続や登録手続についての取決めが必要となる。

（1）出願
（ア）成果が共有である場合

日本法の下では，特許を受ける権利が共有にかかる場合，出願は共有者全員が共同で行わなければならず（特許38条），共同出願違反は，拒絶理由（同49条2号），無効理由（同123条1項2号）にあたる。雛形では，外国出願を含め，すべての出願について共同出願義務を課している（雛形13条2項）。

また，次のとおり，一部の共有者が出願や出願審査請求を望まない場合の取扱いを定めておくことも考えられる。

> **（条項例）**
> いずれかの当事者が特定の発明について又は特定の国について特許出願を希望しない場合，他方当事者が自らの名前と費用で当該発明について又は当該国について当該特許出願をなすことができる。

雛形においては，すべての成果について共同出願をすべきことを定め，上記のような例外を定めていないため，いずれか一方の当事者が出願を望まない場合は，出願ができないこととなる。

（イ）成果が単独保有である場合

成果が一方当事者（または第三者）の単独に帰属する場合には，当該成果を保有する者が単独で出願を行う。ただし，この場合においても，成果が帰属し

ない他方当事者の利益に配慮すべき場合もある。例えば，成果が帰属する当事者に対し，出願書類を事前または事後に相手方当事者に提示することを義務づけることや，出願の放棄または取下げ，出願審査請求またはその取下げ，特許査定，拒絶査定，審判請求，審決等がなされたときに，その旨を相手方に通知することを義務づけることが考えられる。

(2) 権利の維持，保全
(ア) 権利が共有である場合

共有の権利にかかる維持費用は，当事者が持分に応じて負担するのが一般的であるが（雛形13条3項），これに限られない。権利の維持費用は必ずしも小さいものではないため，いずれか一方の当事者が権利を維持する必要性を認めないときの取扱いを契約で定めておくことも有用である。

また，前記13で述べたとおり，日本では，無効審決の取消訴訟は共有者の1人が単独で提起することができ，特許権侵害にかかる差止請求，損害賠償，不当利得返還請求も，共有者の1人が単独でなし得ると解されているが，これらは他の共有者の権利・利益に重大な影響を及ぼし得るから，他の共有者に通知の上，対応を協議する旨を契約で定めておくことが有用である（雛形13条4項）。

(イ) 権利が単独の保有である場合

権利が一方当事者（または第三者）の単独に帰属する場合は，権利の維持費用は当該権利者が負担するのが一般的であるが，これに限られない。また，権利が単独に帰属する場合であっても，無効審判や侵害訴訟に対する対応については，他方当事者と協議をすることが望ましい。そこで，上記(ア)と同様の通知・協議義務を定めておくことが有用である。

15　成果の利用（第14条）

共同研究開発の目的は，研究開発の成果を利用することにあるから，成果の利用に関する取決めも，成果の帰属に関する取決めと同様に重要である。

成果の利用に関して定めるべき事項としては，各当事者が自ら成果を実施することの可否およびその態様，第三者に対する譲渡や実施許諾の可否およびその条件，第三者から支払われる実施料の分配等がある。共同研究開発契約締結

時には成果は存在せず、どのような成果が得られるのかも不確実であるため、「成果の実施については、甲乙別途協議して定める」などと定められることもあるが、成果が得られてから当事者間で合意を形成することは困難であることが多いため、可能な限り、事前に枠組みを取り決めておくことが望ましい。

成果の実施の態様としては、①一方当事者のみが実施する、②各当事者がそれぞれ実施する、③共同で事業化する、④第三者に実施させる、などが考えられる。

（1）一方当事者のみが実施する場合

当事者の一方が大学や研究機関等である場合や、異なる業種の事業を行っている場合などにみられる態様である。

この場合、実施をしない当事者に対しては、いわゆる「不実施補償」が行われることがある。

> **(条項例)**
> 甲が本発明を実施するときは、甲は、乙が自ら本発明を実施しないことを条件に、乙に対して、甲乙別途協議して定める不実施補償料を支払うものとする。

大阪地判平成16年3月25日（平成12年(ワ)5238号）は、不実施補償について「甲が本発明を実施するときは、甲は乙に、別途協議して定める対価を支払うものとする」との条項が定められていたが、当事者間で協議が調わなかったケースにおいて、乙が甲に対して不実施補償の支払を求めたものである。裁判所は、発明の実施につき第三者に実施権を設定する際の実施料を基礎としつつ、乙が純然たる第三者ではなく共有者であること、製品の製造販売に伴うリスクを乙のみが負担すること等の諸事情を勘案して、不実施補償の額を定めた。不実施補償の額の算定方法の例を示したものとして参考になる。

事業者間の共同研究開発においては、実施をしない当事者が、実施をする当事者に対して、実施に必要な原材料や部材等を供給する、といった取決めも考えられる。ただし、原材料等の購入先を制限することは、独占禁止法上の問題を生じるおそれがあることに留意すべきである（共同研究開発ガイドラインは、成果に基づく製品の原材料または部品の購入先を制限することは、成果であるノウハウの秘密性を保持するために必要な場合または成果に基づく製品の品質を確保す

ることが必要な場合に，合理的な期間に限って，成果に基づく製品の原材料または部品の購入先について他の参加者またはその指定する事業者に制限するときを除き，不公正な取引方法に該当するおそれがあるとしている〔第2-2-(3)-イ[4]〕)。

(2) 各当事者がそれぞれ実施する場合

同業種間での共同研究開発においてみられる態様である。雛形は，この態様を採用している（雛形14条1項）。

この場合，市場での優位性を確保するために，第三者に対する実施許諾を制限することが考えられるが，当事者の市場におけるシェア，地位等によっては，独占禁止法上の問題を生じることに留意すべきである（共同研究開発ガイドライン〔第2-2-(2)-ア〕は，成果の第三者への実施許諾を制限すること自体は，原則として問題とはならないが，第三者への実施許諾を制限する行為が，例外的に，不公正な取引方法〔独占禁止法2条9項1号（共同の取引拒絶），一般指定2項（その他の取引拒絶）等〕，私的独占等の問題となることがある，としている）。

雛形では，成果を第三者に譲渡または実施許諾をする場合には，当事者間で予め協議するものとしている（雛形14条2項）。

(3) 共同で事業化する場合

同業種間での共同研究開発においてみられる態様である。例えば，次のような条項が考えられる。

> **（条項例）**
> 甲及び乙は，本研究開発の成果に基づき〇〇の事業化をしようとするときは，両者共同でするものとし，甲乙別途協議の上その詳細を決定する。

(4) 第三者に実施させる場合

当事者双方が研究機関等である場合に想定される態様である。例えば，次のような条項が考えられる。

> **（条項例）**
> 甲又は乙は，相手方から事前に同意を得た場合に限り，本研究開発の成果につ

> いて第三者に非独占的通常実施権を許諾することができる。当該第三者から取得する対価は，甲乙均等に配分する。

　なお，共同研究開発ガイドライン（第2-2-(2)-ア[3]）は，成果の第三者への実施許諾にかかる実施料の分配等を取り決めることは，原則として不公正な取引方法に該当しないとしている。

16　成果の公表等（第15条）

　共同研究開発の成果の散逸を防ぐためには，成果の開示・漏洩を制限することが重要である。また，当事者が学会や論文等において成果を公表することが想定される場合には，その取扱いについて予め定めておくことも有用である。
　雛形では，成果が当事者の共有財産であること（雛形12条参照）を踏まえて，相手方当事者の同意なくして成果を開示することを禁止し，成果を公表する前に相手方と協議する義務を定めている（雛形15条）。さらに進んで，公表は原則として当事者双方が共同で行うこととするなど，公表の方法について一定の枠組みを定める例もある。

17　改良発明等（第16条）

　共同研究開発の成果に基づいて，一方当事者により新たな成果が創出された場合，当該成果をどのように扱うかについて，争いが生じることがある。研究開発期間中は，研究開発の遂行自体が改良技術の積み重ねであるから，問題が生じることは少ないが，研究開発終了後，特に，共同研究開発が不成功に終わった後に，一方当事者が新たな成果をなした場合，当該成果の取扱いが問題となる。
　共同研究開発ガイドライン（第2-2-(2)）は，成果を利用した研究開発を制限すること，改良発明等を他の参加者へ譲渡する義務を課すこと，改良発明等を他の参加者へ独占的に実施許諾する義務を課すことは，不公正な取引方法に該当するおそれが強いとし，他方で，改良発明等を他の参加者へ開示する義務を課すこと，改良発明等を他の参加者へ非独占的に実施許諾する義務を課すことは，原則として不公正な取引方法に該当しないとしている。
　そこで，雛形では，一方当事者がなした改良発明等を他方当事者に通知・開

示する義務を課した上，その取扱いについて協議することとしている（雛形16条）。

なお，改良発明について，一方当事者が無断で特許出願をした場合，他方当事者が，共同出願違反または冒認出願を理由として，特許権の移転請求（特許74条）をすることも考えられる。もっとも，特許権の移転請求が常に可能であるとは限らない。例えば，甲乙の共同研究開発の成果としての発明Aに，乙が構成aを付加して，改良発明A'をなした場合，構成aに技術的な特徴がなければ，AとA'は実質的に同一とみて，甲をA'の共同発明者とみることが可能であるが，構成aがA'の特徴的部分であるときは，A'はYの単独発明と評価せざるを得ず，甲が特許権の移転請求をすることはできないと考えられる（飯田圭「冒認——共同出願違反を中心に」ジュリ1441号〔2012年〕97頁）。

18　譲渡の禁止（第17条）

共同研究開発は，誰と共同で行うかが重要であることが多い。そこで，雛形では，契約上の権利義務を第三者に譲渡することを禁止している（雛形17条）。

19　契約の解除（第18条）

共同研究開発は，当事者双方の信頼関係の上に成り立つものであるから，一方当事者が契約に定める義務に違反した場合や，一方当事者に研究開発を遂行することができない事由が生じた場合には，他方当事者に解除権を認める必要がある。

雛形では，一方当事者の義務違反および倒産等を解除事由と定め（雛形20条），研究開発の期間は解除の日をもって終了することとしている（雛形2条2項）。

20　契約の有効期間と契約終了後の措置（第19条）

共同研究開発契約においては，契約の有効期間を定めるとともに，契約終了後の効果として，成果の取扱い，相互に提供した秘密情報の取扱い，秘密保持義務や競業禁止義務の帰趨などについて定める必要がある。このとき，共同研究開発が円満に終了した場合と，解除等により終了した場合では，当事者の利益状況が異なることを十分に考慮しなければならない。

大阪地判平成 20 年 8 月 28 日（平成 18 年（ワ）8248 号）は，共同研究開発契約終了後の効果が問題となった例である。この事案では，契約において「本開発品についての特許は，甲乙の共同出願とする」との条項（共同出願条項）が定められ，当該条項の効力は契約終了後も維持するとされていたところ，甲が契約を債務不履行解除し，その後，独自に開発を継続して「本開発品」について単独で特許出願をしたため，乙が共同出願違反を主張した。裁判所は，上記共同出願条項は，開発委託業務が完了するなどその目的を達して委託業務が終了した場合を想定したものであって，完了前に解除・解約により契約が終了した場合に共同出願条項の効力を無条件に維持することは相当でなく，共同出願条項に違反してされたものとして特許無効の主張をしたとしても，権利濫用として排斥される場合があるというべき，と判示した。この事例は，契約終了後の効果を定める場合に，終了原因との関係に十分に注意しなければならないことを示している。
　雛形では，研究開発期間中になされた成果についてのみ共同出願義務を課している（雛形 12 条・13 条 2 項）。

21　管轄（第 21 条）

　共同研究開発の成果の帰属に関し争いが生じた場合などに備えて，本契約に関連して紛争が生じた場合の専属的合意管轄を定めておくことが有用である。共同研究開発契約に関する紛争は，訴額が少額（140 万円以下）になる場合もあり得ることから，本雛形においては，相手方の本店所在地を管轄する地方裁判所を第一審の専属的合意管轄裁判所としている。

Ⅲ 実施許諾契約書の条項例と解説

雛形

※ 欄外の番号は条項解説の該当箇所を示す。

特許実施許諾契約書

　○○（以下「甲」という）と○○（以下「乙」という）とは，甲が有する特許権について乙に実施権を許諾することに関し，以下のとおり本契約を締結する。

第1条（定義）
　本契約において使用する次の用語の意味は，以下のとおりとする。
(1) 「本件特許権」とは，甲が保有する特許第○○号，発明の名称「○○」の特許権をいう。
(2) 「本件発明」とは，本件特許権の特許請求の範囲に記載された特許発明をいう。
(3) 「本件製品」とは，本件発明を実施して製造される製品をいう。
(4) 「正味販売価格」とは，乙が乙の直接の顧客（以下「販売先」という）に販売した本件製品の1個あたりの販売価格に販売数量を掛け合わせることにより算出された本件製品の総販売価格から梱包費，輸送費及び保険料（以下総称して「控除費用」という）を控除したものをいう。

第2条（実施許諾）
1　甲は，本契約の期間中，本件特許権について乙に非独占的通常実施権（以下「本通常実施権」という）を許諾する。乙は，本通常実施権に基づき，日本国内において本件製品の製造，販売をすることができる。
2　乙は，本通常実施権に基づき第三者に再実施権を与える権利を有しない。ただし，乙は，委託製造先事業者の名称，所在地及び委託製造させる品目を甲に書面にて開示し，甲の書面による事前の承諾を得た場合に限り，本件製品を当該事業者に委託製造させることができる。

第3条（対価及び支払方法）
　甲は，本通常実施権の許諾の対価として，乙から，以下の各号に規定する実施料の支払を受ける。なお，乙による実施料の支払は，甲が別途指定する銀行口座に振

り込む方法によるものとし、振込手数料は乙の負担とする。
　(1) イニシャル・ペイメント
　　　　乙は、甲に対し、本契約の締結日から30日以内に金〇〇万円（消費税別）を支払う。
　(2) ランニング・ロイヤルティ
　　　　乙は、甲に対し、毎年4月1日から同年9月30日までに販売した本件製品の正味販売価格の〇〇％に相当する金額（消費税別）を、同年10月31日までに、毎年10月1日から翌年3月31日までに販売した本件製品の正味販売価格の〇〇％に相当する金額（消費税別）を、翌年4月30日に、それぞれ支払う。ただし、支払日が甲の非営業日又は銀行休業日である場合には、その翌日を支払日とする。

第4条（実施報告）

1　乙は甲に対し、本契約締結後、毎年4月1日から同年9月30日までの6か月間に販売した本件製品の品目、1個あたりの販売価格、販売数量、総販売価格、控除費用、支払が予定されている実施料を記載した実施報告書（以下「実施報告書」という）を、同年10月14日までに送付するものとする。毎年10月1日から翌年3月31日までの6か月間に販売した製品についても、同様に実施報告書を作成の上、翌年4月14日までに送付するものとする。
2　乙は、当該期間に本件製品の販売実績がない場合も、その旨を記載した実施報告書を甲に送付するものとする。
3　乙は、本契約期間中及び終了後〇年間、実施報告書、会計帳簿、その他の関係書類を保管する。甲又は甲の指定する監査法人は、これらの関係書類について閲覧・検査（複写を含む）できるものとする。
4　実施報告書の内容に誤りがあり、既払いの実施料に不足があった場合、甲は、乙に対し、既払いの実施料と正しく算定された実施料の差額の1.5倍に相当する金額を既払いの実施料に加算して支払うよう請求することができる。

第5条（対価の不返還）

本契約に基づき、乙から甲に支払われた実施料は、本件特許権の無効審決が確定した場合を含むいかなる事由による場合でも乙に返還しない。ただし、誤計算により乙が実施料を過剰に支払っていたときは、甲は乙に対し、その差額を返還する。この場合、差額に利息は付さない。

第6条（特許保証）

甲は、乙に対し、本件製品の製造、販売が第三者の権利を侵害しないことを保証しない。甲は、本件製品から生ずる乙その他第三者のいかなる損害についても法律上及び契約上一切責任を負わない。

第7条（第三者による特許権侵害）

　甲及び乙は，第三者が本件特許権を侵害し又は侵害しようとしていることを知ったときは，直ちにその旨を相手方に通知し，当該侵害を排除するための対応策について，協議するものとする。

第8条（不争義務）

　乙が，本件特許権について自ら又は第三者をして特許無効審判を請求した場合には，甲は催告の上本契約を解除することができる。

第9条（改良発明等）

1　乙が，本契約期間中に，本件特許権に基づき新たな発明，考案又は意匠の創作（以下「改良発明等」という）をしたときは，甲に対し，直ちにその旨を通知するものとする。
2　前項の場合において，甲から当該改良発明等の実施の要求があったときは，乙は甲に対し，甲が相応の実施料を支払うことを条件に，当該改良発明等に係る権利について非独占的通常実施権を許諾するものとする。

第10条（表示）

　乙は，乙が販売する本件製品に本件特許権の実施許諾を受けている旨の表示を付す場合には，甲の書面による事前の承諾を得なければならない。

第11条（秘密保持義務）

1　甲及び乙は，本契約を遂行するにあたり相手方から受領した一切の情報（以下「秘密情報」という）を，相手方の事前の同意なくして第三者に開示してはならず，また，本契約を遂行する目的以外に使用してはならない。なお，甲及び乙が，第三者に対して秘密情報を開示する場合には，本条に定める秘密保持義務と同等の義務を課さなければならない。
2　前項の規定は，次のいずれかに該当する情報については，適用しない。
　(1)　開示を受け又は知得した際，既に自己が保有していた情報
　(2)　開示を受け又は知得した際，既に公知となっている情報
　(3)　開示を受け又は知得した後，自己の責めによらずに公知となった情報
　(4)　正当な権限を有する第三者から適法に取得した情報
　(5)　相手方から開示された情報によることなく独自に開発した情報

第12条（譲渡禁止）

　甲及び乙は，本契約上の地位，及び，本契約から生じる権利又は義務の全部又は一部を相手方の承諾なしに第三者に譲渡してはならない。

第13条（解除）

1 甲及び乙は，相手方が本契約上の義務を怠った場合，催告後30日以内に相手方が当該義務を履行しないときは，本契約を解除することができる。
2 甲及び乙は，相手方が次の各号の一に該当する場合には，相手方に対して何らの催告を要せず，直ちに本契約を解除することができる。
   (1) 支払の停止があったとき，又は仮差押え，仮処分，差押え，競売，破産手続開始，民事再生手続開始，会社更生手続開始，特別清算開始の申立てを受け，あるいはその申立てを行ったとき
   (2) 手形交換所の取引停止処分を受けたとき
   (3) 公租公課の滞納処分を受けたとき
   (4) 解散又は本件製品に係る事業を譲渡する決議をなしたとき
   (5) 本件製品に係る事業を廃止したとき
   (6) 合併，株式交換若しくは株式移転を行った場合又は株主が33％を超えて変動した場合等，支配権に実質的な変動があったとき
   (7) 乙の信用が著しく悪化したと甲が判断したとき
   (8) その他前各号に準ずるような本契約を継続し難い重大な事由が発生したとき

第14条（契約有効期間）

本契約の有効期間は，本契約の締結日から○年間とする。ただし，期間満了の○か月前までに一方の当事者から終結の申出がない場合には，自動的に○年間延長され，その後も同様とする。

第15条（契約終了後の措置）

乙は，本契約期間の満了，解約，その他理由の如何を問わず本契約が終了したときは，本件製品の製造・販売を直ちに中止する。ただし，本契約期間満了の場合及び乙が第13条の規定に基づき本契約を解除した場合には，乙は本契約満了後○か月間に限り，本契約満了日において保管中の本件製品を販売し，又は製造中の本件製品を完成して販売することができる。この場合，乙は，第3条の実施料の支払及び第4条の報告を本契約満了○か月以内に行うものとする。

第16条（存続条項）

本契約の終了後も，第5条，第6条，第9条，第11条，第12条，第15条の規定は効力を有する。

第17条（協議）

本契約に定めのない事項及び本契約の内容の解釈につき相違のある事項については，本契約の趣旨に従い，両当事者間で誠実に協議の上，これを解決する。

第18条（管轄）
　本契約に関連する一切の紛争については，○○地方裁判所を第一審の専属的合意管轄裁判所とする。

　本契約の成立を証するため本書2通を作成し，各自記名押印の上，各1通を保有する。

　　　令和　年　月　日

　　　　　　甲

　　　　　　乙

条項解説

　本章Ⅰ2(2)で述べたように，ライセンス契約とは，当事者の一方である知的財産権の保有者（ライセンサー）が，相手方（ライセンシー）に対し，ライセンスの対象となる知的財産の実施（実施権，使用権，利用権）を許諾し，一定の対価（実施料，使用料，利用料）を得る契約をいう。本項では，このうち主として特許権を許諾対象とするライセンス契約を念頭に置いて解説を加える。

1　実施権の内容

　ライセンシーは，実施権の許諾を受けた範囲において特許権者から権利行使されないことを約され，他方，ライセンサーは，実施権を許諾した範囲内においてライセンシーに対して特許権に基づく権利を行使しない旨の消極的義務を負う。そのため，ライセンス契約においては，実施権の許諾の範囲がどこまでか，実施権の内容を明確に定めておくことが当事者双方にとって重要である。明示しておくべき事項としては，①対象権利，②実施料，③許諾期間，④ラ

イセンスの種類，⑤許諾対象行為，⑥許諾地域，⑦再実施または第三者に対する委託の可否などが考えられる。

(1) 対象権利の特定（第1条）

　雛形1条では，対象権利を定義し，その内容を特定している。以下では，特許，ノウハウについて対象となる権利内容に応じた特定の方法について解説する。

(ア) 特許権の場合

　特許権を対象とするのであればその特許番号で特定し，「本件特許権」などと定義する。許諾される権利の数が多い場合には，別紙に列挙し，「別紙記載の特許権（以下「本件特許権」という）」などと定義する。

(イ) 出願段階におけるライセンス

　成立した特許権とともに一括してライセンス契約を締結したい，出願段階であっても早期に紛争解決を図りたい，あるいは早期に技術導入を行いたいといった実務上の要請から，出願段階の特許を受ける権利についてもライセンスの対象とされることがあった。しかし，従来は，特許を受ける権利について特許法上のライセンスをすることができず，当該発明が秘密である限りはノウハウのライセンスは可能であるが，それは特許法に定める通常実施権としての効力を持つものではなかった。

　そこで，2008年の特許法の改正により，このように実務上行われていた出願段階のライセンスについて，特許法上の保護と根拠を与えるための制度として，「仮通常実施権」が新設された（特許34条の3）。仮通常実施権を設定すると，特許権の設定登録があったときに通常実施権が設定されたものとみなされる（特許34条の3第2項）。仮通常実施権は，いわば特許権の成立を停止条件とするライセンス許諾の合意であると解されている（中山信弘＝小泉直樹編『新・注解特許法〔第2版〕(上巻)』〔青林書院，2017年〕538頁）。

　特許出願中の権利について仮通常実施権を設定する場合には，「特願2013－〇〇〇号」といった出願番号で権利を特定する。ただし，仮通常実施権の設定により付与される通常実施権の内容は，出願係属中に，優先権の主張や，分割出願等がなされることにより変容し得る（特許34条の3第5項〜9項）。そこで，かかる法律の定めによる変容を望まない場合には，契約で明確にこれを除外しておくべきである。

（ウ）ノウハウの場合

　ノウハウとは，非公知の技術的知識と経験またはそれらの集積であって，その経済価値を事業者自らが保護・管理するものを指し，概ね，不正競争防止法にいう「営業秘密」に該当するものがこれにあたる[6]。

　ノウハウの使用を許諾する場合には，その内容を特定する必要がある。しかし，ノウハウは特許公報に掲載された特許請求の範囲のように独占排他権の範囲が明確に公示されるものではないため，特許権等によって保護されるものと比べ，保護される技術の範囲が不確定であることが多い。また，詳細に特定しようとすれば，契約締結前にノウハウの内容が相手方に開示されることになってしまう。そこで，実務的には，ノウハウの概要や効果，当該ノウハウの内容を具体的に記載する技術文書の名称等を記載することにより可能な限りノウハウを特定することが行われている。また，現にノウハウを使用してライセンシーが製品を製造している場合には，ノウハウを当該製品と同等の製品を製造するために必要となる技術情報とした上で，当該製品と同等の製品の製造ができることを保証する条項を設けることも考えられる（→4(2)(ア)参照）。

（2）ライセンスの種類（第2条）

　特許権の実施権の種類としては，以下のものが考えられる。まず，大きく2つに分けて，通常実施権，専用実施権がある（→図）。専用実施権は，設定行為で定めた範囲内で，特許発明を独占的に実施し得る権原である（特許77条）。これに対し，通常実施権は，独占性・排他性が制度上保障されていない権原である。ただ，通常実施権についても，当事者の合意によって，独占性を付与することも可能であり，独占性を付与された通常実施権を独占的通常実施権という。独占的通常実施権には，当事者間の約定により，特許権者の実施を認めない完全な独占的通常実施権のほか，特許権者の実施を認める不完全な独占的通常実施権がある。また，特許を受ける権利についても，仮通常実施権・仮専用実施権として，特許権登録を停止条件とする通常実施権・専用実施権を設定することができる。

---

6) 不正競争防止法2条6項は，秘密として管理されている生産方法，販売方法その他の事業活動に有用な技術上または営業上の情報であって，公然と知られていないものを営業秘密として規定する。

図　実施権の種類

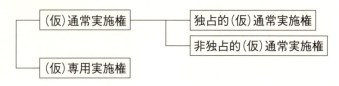

　ライセンス契約においては，上記のうちいずれの種類の実施権を付与するものか明示する。
　なお，専用実施権，仮専用実施権については，登録が効力発生要件となるため（特許98条1項2号・34条の4），これらのライセンスを受ける場合には，ライセンシーとしては，ライセンサーに対し登録のための協力義務を定めておくことが必要である。

（3）許諾対象行為（第2条）

　さらに，特許法2条3項各号に定める実施行為のうち，どの行為について許諾するかについても明示する。この点，2007年の特許法の改正により，特許法2条3項が定める実施行為に「輸出」が追加された。輸出が許諾対象行為として明示されていない場合には，輸出を除外する趣旨と解されるおそれがあるため注意を要する。

（4）再実施権の有無（第2条）

　加えて，再実施または第三者に対する委託の可否について契約で明記しておくことが望ましい。専用実施権者ですら特許権者の承諾を得ない限り第三者に通常実施権の許諾をすることはできない（特許77条4項）ことからすると，再実施権に特段の定めがない場合には，原則として通常実施権者に再実施権は認められないものと考えられる。
　なお，ライセンシーが自己の手足として第三者（履行補助者）に委託した場合における当該第三者による特許発明の実施行為は，ライセンシーに許諾された通常実施権の行使であると判示する裁判例がある（最判平成9・10・28集民185号421頁は，特許権の通常実施権者との契約に基づき特許発明にかかる製造機器を使用して製品を製造しその全部を納入する者が右製造機器を使用する行為は，通

常実施権者の実施権の行使としてされたものというべきであり、特許権を侵害しないとしている)。しかし、そのような裁判例の射程に入るものとして、ライセンシーが(ライセンサーの明示的な許諾なく)第三者に特許発明の実施を再許諾し得るかどうかは必ずしも明確ではない場合が多いと思われる。再実施権の有無ないし第三者への委託の可否については、ライセンス契約で明確に定めておくことが望ましい。

2 実施料（第3条）

実施料（ライセンス料、ロイヤルティ）の定め方は、契約により様々であるが、大きく分けると以下の3つのパターンが用いられるのが一般的である。

① 固定額（ランプサム・ペイメント）

一定額の実施料を契約締結時など決められた時期に一括で支払う方法である。これについては、ライセンスの対価が固定額であることにより、ライセンサーにとっては実施料収入額の予測が容易であるとともに、ライセンシーにとっては実施料支出額の予測が容易であるというメリットがある。

もっとも、その反面、当事者の予想が外れた場合には、実際の発明の実施状況にそぐわない実施料が支払われることになるというデメリットがある。

② ランニング・ロイヤルティ

一定期間における実施状況に応じて実施料を一定期間ごとに支払う方法である。実施品の販売数量など実際の対象権利の実施状況に基づき実施料を支払うことができるので、ライセンサーおよびライセンシー双方にとって合理的に実施料を算定できるというメリットがある。

他方、ライセンサーおよびライセンシー双方にとって実施料総額を予測することが困難な場合があるというデメリットがある。

③ 頭金(イニシャル・ペイメント)およびランニング・ロイヤルティの組合せ

頭金として一定額を支払い、さらに実際の実施状況に応じてランニング・ロイヤルティを一定期間ごとに支払う方法である。①と②を組み合わせた方法であるため、①と②の双方のメリットを享受できる。

3 ロイヤルティ監査（第4条）

ランニング・ロイヤルティが支払われる場合には、ライセンシーの実施状況

を明らかにするため，ライセンサーはライセンシーから実施報告を受けられるようにすることが望ましい。また，その報告が適正なものであるか監査し得るように，ライセンシーがライセンサーに提出した報告書の根拠資料（帳簿類等）の保管義務，同資料の開示および監査請求権，虚偽報告があった場合の措置を定めておくことが望ましい。雛形においては，虚偽報告により，既払いの実施料に不足があった場合には，ライセンシーは，ライセンサーに対し，不足分の1.5倍に相当する額を追加で支払う義務を負う旨定めた（雛形4条4項。他方，既払いの実施料が過剰に支払われていたことが判明した場合には，5条において，ライセンサーは，ライセンシーに対し，過剰に支払われていた部分を返還することを定めた）。

ロイヤルティ監査のその他の条項例としては，以下のようなものが考えられる。

> **（条項例）**　※ 甲はライセンサー，乙はライセンシーである。
> 1　乙は，甲に対し，四半期ごとに本件製品の販売数量，総販売価格，総販売価格から控除すべき梱包費・輸送費などの経費（以下「経費」という）項目とその額を記載した報告書を提出するものとする。
> 2　乙は，前項に定める報告書の根拠資料（帳簿類等）を報告書の作成日から5年間保存するものとし，甲が求めた時はいつでも，甲に対して開示するものとする。
> 3　前1項の報告書の記載に虚偽があったことが判明した場合には，甲は，乙に対し，報告書記載の価格により算定されたロイヤルティと，実際の価格に基づき算定したロイヤルティ額との差額の1.5倍に相当する額を追加で請求できるものとする。

4　ライセンサーの義務

（1）部品提供・技術指導

雛形はライセンシーが権利侵害対策として締結するライセンス契約を想定しているため，条項を設けていないが，ライセンス契約においては，ライセンサーの義務として，実施権の許諾とは別に，原材料の供給義務，機材・部品の貸与・供給義務，技術指導義務等を規定することがある。かかるライセンサーの義務は，当該技術の機能・効用の保証，安全性の確保，秘密漏洩の防止の観

点等から必要である場合に規定が置かれる。なお，後述するとおり（→5
(4)），独占禁止法に違反する可能性が生じる場合があるため，注意を要する。

(2) ライセンサーの保証義務（第6条）

契約締結後，特許が無効であったこと，対象製品が特許発明の技術的範囲に属しないこと，特許権の実施により第三者の権利を侵害することになること等が判明した場合に，ライセンサーが負担すべき責任をライセンス契約に規定することがある。

仮に，契約に特別の定めがない場合に，契約締結後，特許が無効であったこと，対象製品が特許の技術的範囲に属しないこと，特許が第三者の権利を侵害していたこと，特許・ノウハウが実施可能でなかったこと等が判明した場合，ライセンシーが，ライセンサーに対して，錯誤による契約の無効（債権法改正後は契約の取消し）を主張して既払いの実施料の不当利得返還請求を行ったり（民95条・703条〔債権法改正後も同じ〕），瑕疵担保責任による損害賠償請求（民570条，566条。債権法改正後は契約不適合責任による損害賠償請求等〔民新562条～565条〕）を行うことができるかについては争いがある。この点に関し，知財高裁判決平成21年1月28日（判時2044号130頁）は，ライセンシーに特許の有効性・技術的範囲につき錯誤があった場合につき，「本件実施契約は，営利を目的とする事業を遂行する当事者同士により締結されたものであり，その対象は，本件特許権（専用実施権）であるから，契約の当事者としては，取引の通念として，契約を締結する際に，契約の内容である特許権がどのようなものであるかを検討することは，必要不可欠であるといえる」として，ライセンシーにはかかる調査・検討を怠った重大な過失がある（したがって，錯誤の主張は認められない[7]）と判断した。このことに鑑みると，ライセンサーの瑕疵担保責任（債権法改正後は契約不適合責任）についても，ライセンシーに調査・検討における重大な過失があるとされる結果，特許の瑕疵は「隠れたる」瑕疵（債権法改正後は「契約不適合」）にはあたらないと判断され[8]，認められない可能性があり得る。そこで，ライセンシーとしては，以下のライセンサーの保証

---

[7] 民法95条ただし書は，表意者に重大な過失があったときは，表意者は，自らその無効を主張することができないと規定する（債権法改正後は，錯誤が重大な過失によるものであった場合，表意者は，意思表示の取消しを主張することができない〔民新95条3項〕）。

責任について契約において明記しておくべきである。
　　（ア）技術的効果の保証（性能保証・技術保証）
　　（イ）特許有効性の保証
　　（ウ）特許存続の保証（特許維持・管理の保証）
　　（エ）第三者の権利非侵害の保証
　　（オ）第三者による権利侵害の場合の措置
　他方，ライセンサーとしては，これらについて免責条項や責任の範囲を限定する条項を設けておくことが考えられる。以下で具体的に検討する。

（ア）技術的効果の保証

　雛形では設けていないが，特にノウハウについてライセンスを受けるような場合には，後から許諾対象技術の内容や効果について問題が生じることがある。例えば，ノウハウのライセンスを受ける場合には，ライセンス契約の締結前に，秘密保持契約を締結して事前にノウハウの技術的効果について調査・検討する機会が与えられることが一般的であると思われるが，そのような事前の調査・検討の機会が十分に与えられない場合も想定される。そのような場合，ライセンシーとしては，ライセンサーに対し，可能な限り，ノウハウの技術的効果について保証するよう求めるべきである。具体的には，以下のような条項を設けることが考えられる。

> **（条項例）**　　※甲はライセンサー，乙はライセンシーである。
> 　甲は，乙に対し，本契約で許諾するノウハウにより○○製品と同等の製品が製造できることを保証する。

（イ）特許の有効性に関する保証（第5条）

　雛形においては，特許の有効性に関する保証条項はなく，特許が無効とされた場合であっても対価を返還しないことを定めた条項が設けられている（雛形5条）。かかる条項は，本契約締結後に特許が無効とされた場合に備え，そのような場合にも受領した実施料は返還しないことを予め明らかにするものであ

8）　買主に当該瑕疵が発見できなかったことについて重大な過失がある場合は，当該瑕疵は，「隠れたる」瑕疵にはあたらないと解釈されている（内田貴『民法Ⅱ債権各論〔第3版〕』〔東京大学出版会，2005年〕134頁，柚木馨＝高木多喜男編『新版注釈民法⑭債権⑺』〔有斐閣，1993年〕360頁以下）。

る。

　これに対して，ライセンシーとしては，特許が無効とされた場合には，既払いの実施料を返還請求できるような規定を設けるよう主張することが考えられる。もっとも，特許が無効とされるまでは当該特許権にかかる技術の排他的な利用権を享受していたのであるから，返還すべき額を定めるにあたっては，その点も考慮すると，以下のような規定を置くことが考えられる。

> **（条項例）**　※甲はライセンサー，乙はライセンシーである。
> 　本件特許権を無効にすべき審決が確定したときは，乙は，甲に対し，既に支払った実施料の○％の返還を請求することができる。

（ウ）特許存続に関する保証

　また，ライセンシーとしては，特許を維持管理させる義務をライセンサーに課す条項を設けることが望ましい場合もある。条項としては，以下のような例が考えられる。

> **（条項例）**　※甲はライセンサーである。
> 　甲は，自己の費用で，本特許を維持・管理するものとする。

　なお，東京高判昭和52年7月20日（判時868号46頁）は，出願中の権利についてのライセンスにおいて，特許権が成立しなかった場合につき契約に何らの定めがなかった場合，特許権が成立しなくとも，ライセンシーは要素の錯誤による契約の無効を主張し得ないとしている。そこで，特許権が成立しない場合に実施料の返還を期待する場合は，ライセンシーはその旨を契約に規定しておくことが望ましい。

　他方，ライセンサーにとって，特許の維持・管理を行うにあたり定めておくことが有益なのは，ライセンシーの訂正承諾義務である。すなわち，特許権者は，通常実施権者の承諾なくして，明細書，特許請求の範囲または図面の訂正を求める訂正審判ないし訂正の請求をすることができないとされていることから（特許134条の2第9項，127条），訂正が必要になった場合に，訂正審判・訂正請求を行えるよう予めライセンシーに承諾させる，あるいは事前に包括的な承諾義務を課しておくことが有用である。具体的には，次のような条項が考えられる。

> **(条項例)** ※甲はライセンサー，乙はライセンシーである。
> 乙は，甲が本件特許権につき訂正審判請求又は訂正請求することにつき，予め承諾する。

　他方，ライセンシーとしては，訂正審判を承諾しなければ，訂正が認められず特許が無効になり自由技術となる可能性もあるため，このような規定を設けることには慎重であるべきである。ライセンシーとしては，対抗手段として，承諾権を放棄する代わりに訂正審判請求後は（訂正後の特許発明を実施している場合であっても）実施料の減額を求めることができる旨定めるよう求めること等が考えられる。

(エ) 許諾特許の実施が第三者の権利を侵害する場合の措置
(第6条)

　許諾特許の実施が第三者の権利を侵害する場合，特許に隠れたる瑕疵があることを理由にライセンシーがライセンサーに対して瑕疵担保請求ができるか否かについては，前述のとおり争いがある（ライセンサーの瑕疵担保責任を認めた事案もあるが〔大阪地判平成元・8・30（昭和60年(ワ)10708号）〕，瑕疵担保責任が認められるかどうかは，事案ごとの判断になると思われる）。そこで，許諾特許の実施が第三者の権利を侵害する場合に，特許権者と実施権者との間で紛争を生じないよう，実施による責任の所在を予め契約上明らかにしておくことが考えられる。条項のパターンとしては以下のものが考えられる。

① 侵害していないことの保証は一切しない
② 過去・契約締結時に侵害請求を受けた事実がないことを保証する
③ ライセンサーが知り得る限り侵害していないことを保証する
④ 将来にわたり侵害しないことを保証する

　雛形においては，発明の実施により第三者の権利を侵害しないことについては一切保証しないものとしている。仮に，ライセンサーが何らかの責任を負うことになった場合には，ライセンサーとしては，許諾特許が第三者の権利を侵害していた場合に生じる損害・費用については，ライセンサーが受領した既払いの実施料相当額を上限とするなど，責任の範囲を限定するよう努力するべきである。そのほか，第三者からの請求に対する解決義務・対応義務についても，各自が負担するのか，原則ライセンサーに解決義務・対応義務を負わせ，ライ

センシーには協力義務を課すのか等規定しておくことが望ましい。

> **（条項例）**　※甲はライセンサー，乙はライセンシーである。
> 1　甲は，乙に対し，本件特許権に係る発明の実施により第三者の権利を侵害しないことを保証する。ただし，本件特許権が第三者の権利を侵害することにより，乙が損害を被った場合，甲が乙に対して支払う補償額は，乙が甲に対し既に支払った実施料の総額を上限とする。
> 2　甲及び乙は，第三者から本件発明の実施につき，第三者の権利を侵害するとの通知又は警告を受けたときは，直ちに相手方当事者にその旨を通知し，当該第三者との紛争を解決するよう相互に協力するものとする。

（オ）第三者による特許権侵害に対する措置（第7条）

　第三者がライセンサーの特許権を侵害していることが判明した場合，ライセンシーとしては，許諾製品の売上が減少する可能性があることから，第三者の権利侵害を排除しておきたい。そこで，ライセンシーとしては，ライセンサーに対し，第三者の侵害行為をライセンサーの費用と責任において排除する義務を課すことが考えられる。例えば，次のような条項例が考えられる。

> **（条項例）**　※甲はライセンサー，乙はライセンシーである。
> 　甲は，乙から本件特許権が第三者により侵害された旨の報告を受けたとき，又は，自ら本件特許権が第三者により侵害された事実を発見したときは，速やかに当該侵害を排除するための措置を講じなければならない。

　他方，ライセンサーとしては，上記のような義務を負担しないことが望ましい場合が多いであろう。仮に何らかの義務を負担せざるを得ない場合には，第三者の侵害行為に対する排除義務はあくまでも努力義務とすることが考えられる。しかし，努力義務といっても，具体的に何をどこまですべきかについて，ライセンサーとライセンシーとの間で争いが生じることが予想される。雛形7条においては，当事者双方に相手方への通知義務を課すとともに，具体的な対応策については，両当事者の協議により定めることとしている。

5　ライセンシーの義務（第8条・第9条）

（1）独占禁止法との関係

　公正取引委員会の2007年9月28日付け「知的財産の利用に関する独占禁止

法上の指針」（最終改正：2016年1月21日。以下「知財ガイドライン」という）は，特許法，実用新案法，半導体集積回路の回路配置に関する法律，種苗法，著作権法および意匠法によって保護される技術ならびにノウハウとして保護される技術の利用にかかる制限行為について，独占禁止法の適用に関する考え方を包括的に示した指針である。

　独占禁止法21条は，「この法律の規定は，著作権法，特許法，実用新案法，意匠法又は商標法による権利の行使と認められる行為にはこれを適用しない」と定める。したがって，技術の利用にかかる制限行為のうち，そもそも権利の行使とはみられない行為には独占禁止法が適用される。また，技術に権利を有する者が，他の者にその技術を利用させないようにする行為および利用できる範囲を限定する行為は，外形上，権利の行使とみられるが，これら権利の行使とみられる行為であっても，行為の目的，態様，競争に与える影響の大きさも勘案した上で，事業者に創意工夫を発揮させ，技術の活用を図るという，知的財産制度の趣旨を逸脱し，または同制度の目的に反すると認められる場合は，上記21条に規定される「権利の行使と認められる行為」とは評価できず，独占禁止法が適用される。

　ライセンス契約の作成にあたっては，このガイドラインに照らして独占禁止法に違反する条項が存在しないかどうか確認すべきである。以下で制限内容ごとに検討する。

（2）販売価格・再販売価格の制限

　知財ガイドラインは，ライセンサーがライセンシーに対し，ライセンス技術を用いた製品に関し，販売価格または再販売価格を制限する行為は，ライセンシーまたは当該製品を買い受けた流通業者の事業活動の最も基本となる競争手段に制約を加えるものであり，競争を減殺することが明らかであるから，原則として不公正な取引方法に該当するとする（第4-4-(3)）。

（3）研究開発活動の制限

　知財ガイドラインは，ライセンサーがライセンシーに対し，ライセンス技術またはその競争技術に関し，ライセンシーが自らまたは第三者と共同して研究開発を行うことを禁止するなど，ライセンシーの自由な研究開発活動を制限す

る行為は，一般に研究開発をめぐる競争への影響を通じて将来の技術市場または製品市場における競争を減殺するおそれがあり，公正競争阻害性[9]を有するから，原則として不公正な取引方法に該当するとする（第4-5-(7)）。

ただし，当該技術がノウハウとして保護・管理される場合に，ノウハウの漏洩・流用の防止に必要な範囲でライセンシーが第三者と共同して研究開発を行うことを制限する行為は，一般には公正競争阻害性が認められず，不公正な取引方法に該当しないとされている（同上）。

(4) 原材料・部品の制限

知財ガイドラインは，ライセンサーがライセンシーに対し，原材料・部品その他ライセンス技術を用いて製品を供給する際に必要なもの（役務や他の技術を含む。以下「原材料・部品」という）の品質または購入先を制限する行為は，当該技術の機能・効用の保証，安全性の確保，秘密漏洩の防止の観点から必要であるなど一定の合理性が認められる場合があるものの，原材料・部品にかかる制限はライセンシーの競争手段（原材料・部品の品質・購入先の選択の自由）を制約し，また，代替的な原材料・部品を供給する事業者の取引の機会を排除する効果を持つから，上記の観点から必要な限度を超えてこのような制限を課す行為は，公正競争阻害性を有する場合には，不公正な取引方法に該当すると

---

[9] 知財ガイドラインは，不公正な取引方法における公正競争阻害性については，競争減殺効果の分析方法に従い判断されるものを中心に述べるとする。そして具体的には，①制限行為の影響を受ける事業者の数，これら事業者と行為者との間の競争の状況等，競争に及ぼす影響について個別に判断した結果，行為者（行為者と密接な関係を有する事業者を含む）の競争者等の取引機会を排除し，または当該競争者等の競争機能を直接的に低下させるおそれがあるか否か（競争者排除効果），②価格，顧客獲得等の競争そのものを減殺するおそれがあるか否か（競争回避効果），を判断要素として示している（第4-1-(2)。ただし，技術の利用にかかる制限行為については，その内容が当該技術を用いた製品の販売価格，販売数量，販売シェア，販売地域もしくは販売先にかかる制限，研究開発活動の制限または改良技術の譲渡義務・独占的ライセンス義務を課す場合を除き，制限行為の対象となる技術を用いて事業活動を行っている事業者の製品市場におけるシェアの合計が20%以下である場合には，原則として競争減殺効果は軽微であると考えられるとしている〔第2-5。セーフハーバー〕）。

また，知財ガイドラインは，不公正な取引方法における公正競争阻害性については，上記のような競争減殺効果があるかとは別に，競争手段として不当かどうか，また，自由競争基盤の侵害となるかどうかを検討すべき場合があり，その際は，ライセンシーの事業活動に及ぼす影響の内容および程度，当該行為の相手方の数，継続性・反復性等を総合的に勘案し判断するとしている（第4-1-(3)）。この場合は，上記セーフハーバーの考え方は当てはまらない。

する（第4-4-(1)）。

(5) 競業避止義務

　知財ガイドラインは，ライセンサーがライセンシーに対し，ライセンサーの競争品を製造・販売することまたはライセンサーの競争者から競争技術のライセンスを受けることを制限する行為は，ライセンシーによる技術の効率的な利用や円滑な技術取引を妨げ，競争者の取引の機会を排除する効果を持つから，これらの行為が公正競争阻害性を有する場合には，不公正な取引方法に該当するとする（第4-4-(4)）。具体的には，競争品の製造等を全面的に禁止する場合，競争品を製造する会社と資本提携や人的なつながりを持つことを制限した場合には，公正競争を阻害し，不公正な取引方法に該当する可能性が高いのではないかと思われる（山上和則＝藤川義人編『知財ライセンス契約の法律相談〔改訂版〕』〔青林書院，2011年〕699頁〔小高壽一〕）。

　なお，知財ガイドラインは，当該技術がノウハウにかかるものであるため，当該制限以外に当該技術の漏洩または流用を防止するための手段がない場合には，秘密性を保持するために必要な範囲でこのような制限を課すことは公正競争阻害性を有さないと認められることが多いと考えられ，このことは，契約終了後の制限であっても短期間であれば同様であるとする（第4-4-(4)）。

(6) 不争義務（第8条）

　知財ガイドラインは，不争義務，すなわちライセンサーがライセンシーに対して，ライセンス技術にかかる権利の有効性について争わない義務を課す行為は，円滑な技術取引を通じ競争の促進に資する面が認められ，かつ，直接的には競争を減殺するおそれは小さいものの，本来無効にされるべき権利が存続し，当該権利にかかる技術の利用が制限されることとなるため，不公正な取引方法に該当する場合があるとする（第4-4-(7)）。もっとも，同ガイドラインは，ライセンシーが権利の有効性を争った場合に当該権利の対象となっている技術についてライセンス契約を解除する旨を定めることは，原則として不公正な取引方法に該当しないとする（同前）。そこで，雛形8条においては，その例に倣い，ライセンシーにより権利の有効性が争われた場合には，ライセンサーに契約の解除権を認めている。

（7）非係争義務

不争義務と似て非なる概念に，非係争義務がある。これは，ライセンサーがライセンシーに対し，ライセンシーが所有し，または取得することとなる全部または一部の権利をライセンサーまたはライセンサーの指定する事業者に対して行使しない義務（ライセンシーが自己の保有する特許権等をライセンスする義務も含む）を指す。知財ガイドラインは，非係争義務を課す行為は，ライセンサーの技術市場もしくは製品市場における有力な地位を強化することにつながること，またはライセンシーの権利行使が制限されることによってライセンシーの研究開発意欲を損ない，新たな技術の開発を阻害することにより，公正競争阻害性を有する場合には，不公正な取引方法に該当するとしつつ，実質的にみて，ライセンシーが開発した改良技術についてライセンサーに非独占的にライセンスをする義務が課されているにすぎない場合は，後記**(9)** の改良技術の非独占的ライセンス義務と同様，原則として不公正な取引方法に該当しないとする（第4-5-(6)）。そこで，以下のような条項例を設けることが考えられる。

(条項例)　※甲はライセンサー，乙はライセンシーである。
　乙が本契約期間中に，許諾特許等の改良技術を開発したときは，甲に対し，当該改良技術に係る特許権を行使しないものとする。

（8）一括ライセンス

知財ガイドラインは，ライセンサーがライセンシーに対してライセンシーの求める技術以外の技術についても，一括してライセンスを受ける義務を課す行為は，ライセンシーが求める技術の効用を保証するために必要であるなど，一定の合理性が認められる場合には，必要な限度を超えて制限を課すものでなければ，不公正な取引方法に該当しないとする（第4-5-(4)）。

（9）改良技術の取扱い（第9条）

特許権の実施許諾を受け，研究開発を行う場合などには，ライセンシーにより新たな発明，考案または創作が生じることがあり得る。そこで，雛形9条においては，本件特許権に基づき生じた新たな発明，考案といった改良技術のほか，意匠の創作が生じ得ることを考慮して，本件特許権に基づき生じた新たな

発明，考案，意匠の創作を改良発明等と定義し，その取扱いについて定めることとしている。

　改良により生じた発明，考案および創作は，ライセンシーが改良したことにより生じたものであるから，改良部分にかかる権利はライセンシーに帰属するのが原則である。知財ガイドラインにおいては，改良技術についてライセンサーに非独占的な通常実施権を許諾したり（グラントバック），相当な対価で譲渡すること（アサインバック）を予め定めておくことは，直ちに公正競争を阻害するとはいえないものの，独占的実施権を許諾させたり，無償で権利を帰属させたりすることは，ライセンシーによる研究開発活動を不当に制約する可能性があるため，原則として不公正な取引方法に該当するとされている（第4-5-(8)(9)）。そこで，雛形9条2項においては，改良発明等について相応の対価により非独占的な通常実施権を許諾するものとしている。

　なお，ライセンス技術またはその競争技術に関し，ライセンシーの自由な研究開発活動を制限する条項を定めることも考えられるが，このような条項は，ライセンシーによる研究開発活動を不当に制約するものとして，ノウハウの漏洩・流出を防ぐ観点から必要性が認められる場合を除き，原則として不公正な取引方法に該当するとされている（第4-5-(7)）。

6　特許の表示（第10条）

　許諾製品に特許権の許諾を受けた製品であることを表示できるようにしておくことは，許諾製品の信頼性を高めたり，模倣品を抑止したりする効果があり，ライセンシーにとってメリットがある場合がある。他方，ライセンサーにとっては，許諾製品についてライセンシーに対しライセンスを与えていることを第三者に知られたくない場合があり得る。そこで，雛形においては，ライセンシーが許諾製品に特許の表示を付すことは，原則的に禁止することとし，ライセンシーがライセンサーの書面による事前の承諾を得た場合に限り，ライセンシーは許諾製品に特許の表示をできるようにしている。

　なお，例えば，ライセンス契約の対象特許が米国特許であるなど，ライセンサーにとっても，許諾製品に特許の表示をさせておいた方がよい場合が考えられる。米国特許法の下では，特許権者またはライセンシーが特許製品を販売している場合には，その製品に特許番号を表示していなければ，被疑侵害者がそ

の他の方法により侵害の通知を受けていない限り，訴訟提起以前の侵害に対する損害の賠償請求をすることができないとされている（米国特許法287条(a)項，阿部・井窪・片山法律事務所編『米国特許訴訟Q&A 150問』〔日本国際知的財産保護協会，2011年〕216頁）。したがって，米国特許がライセンス契約の対象特許に含まれており，米国で特許権行使することが見込まれる場合には，当該特許権に基づき第三者に対して権利行使できるように，ライセンサーは，ライセンシーに対して，ライセンス契約において特許の表示を義務づけておくことが考えられる。

7 秘密保持義務（第11条）

ライセンス契約においては，ライセンスの事実を非公開とするため，秘密保持条項を設けているのが一般的である。また，ノウハウについてライセンスする場合または特許ライセンスに伴い技術指導をする場合等には，ライセンシーに当該ライセンスないし技術指導により知り得た情報につき秘密保持義務を課しておくべきであろう。

なお，知財ガイドラインにおいても，ライセンサーがライセンシーに対して，契約期間中および契約終了後において，契約対象ノウハウの秘密性を保持する義務を課す行為は，公正競争阻害性を有するものではなく，原則として不公正な取引方法に該当しないとされている（第4-4-(6)）。

8 譲渡禁止（第12条）

（1）当然対抗制度の導入

2012年改正前特許法99条1項は，通常実施権が特許庁に登録された場合には，「その特許権若しくは専用実施権又はその特許権についての専用実施権をその後に取得した者」（以下「特許譲受人」という）に対抗することができると定めており，登録を備えていない通常実施権は，特許権の譲受人等に対してその存在を主張することができないとされていた（登録対抗制度）。

しかし，ライセンスは当事者間の秘密情報を含むためそもそも登録制度になじまず，実際の利用者も少なくならざるを得なかった。そうであるにもかかわらず，登録しないと特許譲受人から差止請求や損害賠償請求を受けるおそれがあり，ライセンシーの保護が不十分であると批判されていた。

そこで、2012年改正により、通常実施権の登録制度が廃止され、通常実施権の発生後、特許を譲り受けた第三者等に通常実施権を当然に対抗できるようになった（当然対抗制度）。この法律は、同年4月1日から施行されたため、同日以降の特許権譲渡について適用がある。すなわち、2014年4月1日以降特許権を譲り受けた第三者に対して、譲渡以前にライセンスを受けていたライセンシーは、当該譲受人に対して自己の有する通常実施権を対抗できることとなる。

（2）特許譲受人とライセンシーとの関係

もっとも、2012年改正法は、ライセンシーが特許譲受人に対し、通常実施権を対抗できる場合に、特許譲受人との間の契約関係がどのようになるかについては、何ら明らかにしていない。この点については、いまだ裁判例はなく、学説上も、ライセンシーは特許譲受人に対し実施権を対抗できるにとどまり、特許譲受人は従前のライセンサーとの間の契約関係を承継しないと考える見解がある一方、従前のライセンサーとの間のライセンス契約を承継すると考える見解も有力である。

（3）契約ドラフティング時の留意点

2012年改正により、ライセンシーは自己の通常実施権を実施許諾時より後に特許権を譲り受けた者に対して当然に対抗できることとなった。そこで、特許権を譲り受ける際には、特許譲受人は、当該特許権につきライセンス契約が締結されていないか特許権に関するデューデリジェンスを行うとともに、特許権譲渡契約において、特許譲渡人に対して、（ライセンス契約が存在しない場合には）ライセンス契約が存在していないことの表明保証ないし（ライセンス契約が存在している場合には）ライセンス契約の内容および履行状況についての表明保証を求めることが望ましい。そして、かかる表明保証に違反があった場合の補償条項や違約金条項も設けておくことが望ましいであろう。

また、ライセンシーとしては、特許権の譲渡に関与して、特許譲受人との間でライセンス契約の新たな締結の機会を得るべく、ライセンス契約において、特許権の譲渡についてライセンシーの事前同意を得ることを要件とし、これについて違反があった場合の違約条項等を定めておくことが考えられる。そのほ

かにも，特許権の譲渡を可能としつつ，特許権者に譲受人へのライセンス契約の承継義務を負わせるよう定めた条項を設けることもあり得よう。他方，ライセンサーの立場からは，ライセンス契約の対象となる特許が複数あり，その特許権のうち一部を譲渡したにすぎない場合にもライセンス契約全体が特許譲受人に承継されないよう，特許権の譲渡は自由とし，譲渡された特許権についてはライセンス契約の対象から外れることとする旨を予めライセンス契約に盛り込んでおくことも考えられる。

9 解除（第13条）

相手方の契約違反や信頼関係を破壊するような一定の事由が生じたときに，契約を解除できるように規定を設けている。

10 契約期間（第14条）

（1）契約期間の定め

契約期間は，前記1(1)で述べたとおり，実施権の内容を画する事項の一つであるから，明確に記載すべきである。契約期間は，雛形のように，「契約締結日から○年間」と定められる場合もあるし，「本件特許権の存続期間満了まで」などと定められることもある。

（2）特許権存続期間満了後もライセンス契約が存続する場合

知財ガイドラインは，対象特許の存続期間が満了しているにもかかわらず，ライセンサーがライセンシーに対し，契約条項に基づき実施料の支払義務を負わせることまたは当該技術の利用を制限することは，一般に技術の自由な利用を阻害するものであり，公正競争阻害性を有する場合には，不公正な取引方法に該当するとしており（第4-5-(3)），注意が必要である。ただし，知財ガイドラインは，実施料の分割払いまたは延べ払いと認められる範囲内での実施料の支払義務であれば，ライセンシーの事業活動を不当に拘束するものではないとしており，このような場合には，対象特許の存続期間の満了後に実施料の支払義務を課すことも認められている。したがって，特許権の存続期間満了後も実施料の支払義務を存続させる場合には，実施料が特許権存続期間中に発生する実施許諾の対価の分割払いまたは延べ払いである旨がわかるよう算定根拠等を

示すべきであろう。

(3) 更新拒絶について

雛形においては，契約期間満了の○か月前までに一方の当事者からの申出がない限り，契約が自動的に○年間更新される旨定めた自動更新条項を規定している（雛形14条ただし書）。

このように更新期間の定めのあるライセンス契約において，当事者の一方が更新を拒絶することは認められるか。継続的供給契約については，多くの裁判例において，正当事由のない限り，契約の解除は認められないとされている（福岡高判平成19・6・19判タ1265号253頁，東京地判平成20・9・18判時2042号20頁等）。そこで，ライセンス契約も正当事由がない限り更新拒絶が認められないかについては争いがある。

これについては，契約で更新拒絶に関し制限しない限り，ライセンス契約の更新拒絶も有効とする裁判例がある（大阪地判昭和54・10・16判タ398号154頁）。他方，当初の契約が1年であり，契約解除事由または契約を継続しがたい特段の事由のない限り更新拒絶できないと定められたパチスロ機に関する実施許諾契約の更新拒絶につき，当該契約がパチスロ機製造・販売のために設備・人員を備えることを予定していることからすれば，1年で終了することが想定された契約ではなく，重大な契約違反または契約を継続しがたい特段の事情がない限り，原則として継続されることを前提とした契約であるとして，更新拒絶を認めなかった裁判例がある（東京地判平成14・6・25判時1819号137頁）。

11 契約終了後の措置（第15条）

契約が終了すれば，実施権も消滅するのが原則である。しかし，在庫品を抱えているライセンシーとしては，それを可能な限り売り切りたいと思うであろう。これに対して，ライセンサーとしては，ライセンシーが契約終了後も在庫品を販売することを認めるとしても，① 販売期間・販売数量を限定すること，② 実施料を定める規定につき契約終了後も存続させ，ライセンシーに販売数量の報告義務を課した上で，実施料を支払わせること，③ ライセンシーの債務不履行により契約が終了した場合にはかかる販売権を認めないようにするこ

と等を主張することが考えられる。

　そこで，雛形においては，契約が期間満了ないしライセンシーによる解除権の行使により終了した場合に限り，契約終了時にライセンシーが保有している在庫品について，契約終了後一定期間内であれば，それを販売しまたは製造途中の製品を完成させて販売する権利をライセンシーに付与することとしている。

　そのほかに，契約終了後の措置としては，ライセンシーにつき，許諾製品の保守サービス等に必要な再実施権を存続させたり，秘密情報を含む媒体の破棄または返還義務を定めたりすることも考えられる。

The business and the form of a contract
Chapter 12

第12章

秘密保持契約

I 総論

　秘密保持契約とは，一般に公開されていない情報を開示するにあたり，相手方に対し，開示した情報を第三者へ開示することなどを禁止する契約をいう。CA（Confidential Agreement），NDA（Non-Disclosure Agreement）と呼称されることも多い。

　秘密保持契約が利用される具体的な場面としては，例えば，①業務提携を検討するため，双方が自社の情報を相手方に開示する場合，②製品の共同開発を行うにあたり，双方が共同開発の対象となる技術に関する自社の情報を相手方に開示する場合，③M&Aのデューデリジェンス（Due Diligence, DD）を受ける際に自社の情報を相手方（買主候補者）に開示する場合，④システム開発をベンダに委託するにあたり，自社の情報をベンダに開示する場合など，様々な場面が挙げられる。

　上述のような場面において，仮に，秘密保持契約を締結することなく，自社の情報を開示したとすると，相手方によって，その情報が第三者に提供されたり，また，開示した目的以外の目的で使用されたりするおそれを生じかねない。

499

しかしながら，情報開示者は，業務上の必要性などから，やむを得ず情報を開示するのであって，その情報が第三者へ開示されたり，開示した目的以外の目的で相手方に使用されたりすることは想定していないはずである。

　秘密保持契約は，情報の開示を受けた相手方に，①当該情報の第三者への開示や目的外の利用を行わない義務を負わせること，これにより，②相手方がその義務に違反し，情報の開示者に損害が生じた場合には，契約上の義務違反を理由に，相手方に損害の賠償を請求できることなどを可能にするものである。

　なお，①秘密保持契約には，当事者双方からの情報の開示が想定されるため，両当事者が秘密保持義務を負う場合と，②当事者一方のみからの情報の開示が想定されるため，情報の開示を受ける他方当事者のみが秘密保持義務を負う場合がある（→Ⅱ2(1)）。そして，後者の場合には，両当事者の合意（契約）による場合のほか，情報の開示を受ける当事者が情報を開示する当事者に対し，開示を受けた情報を第三者へ開示しないことなどを約する誓約書や差入書を差し入れる方式（誓約書・差入書差入方式）が用いられる場合がある。

Ⅱ 秘密保持契約書の条項例と解説

雛形

※　欄外の番号は条項解説の該当箇所を示す。

秘密保持契約書

　株式会社〇〇（以下「甲」という）と株式会社〇〇（以下「乙」という）は，甲乙間の〇〇の分野における業務提携の可能性を検討することを目的（以下「本目的」という）として，相互に開示する秘密情報の取扱いに関し，次のとおり秘密保持契約（以下「本契約」という）を締結する。　　　　　　　　　　　　1

第1条（秘密情報）　　　　　　　　　　　　　　　　　　　　　　　　　　　　2
　本契約において，「秘密情報」とは，文書，口頭，電磁的記録媒体その他有形無形を問わず，本目的のために，甲及び乙のうち情報を開示する側（以下「情報開示者」という）から甲及び乙のうちその開示された情報を受領する側（以下「情報受領者」という）に対して開示された一切の情報をいう。ただし，次のいずれかに該当するものは，秘密情報から除外されるものとする。
　(1)　情報開示者から開示を受けた時点において情報受領者が既に保有していた情報
　(2)　情報開示者から開示を受けた時点において既に公知であった情報
　(3)　情報開示者から開示を受けた後に情報受領者の責めに帰すべき事由によらないで公知となった情報
　(4)　情報開示者に対して秘密保持義務を負わない正当な権限を有する第三者から秘密保持義務を負うことなく適法に取得した情報
　(5)　情報受領者が情報開示者から開示された情報に拠ることなく独自に開発した情報

第2条（秘密保持）　　　　　　　　　　　　　　　　　　　　　　　　　　　　3
　1　情報受領者は，秘密情報について厳に秘密を保持するものとし，第三者に対し，秘密情報を一切開示または漏洩してはならないものとする。ただし，次のいずれかに該当する場合を除くものとする。
　(1)　本目的に関連して秘密情報を必要とする情報受領者の役員，従業員，情報受領者の依頼する弁護士，公認会計士，税理士，フィナンシャルアドバイザー等

の外部専門家(以下「受領権者」という)に対し,合理的に必要な範囲で開示する場合
　(2) 情報開示者が事前に書面により承諾をした場合
　(3) 法令又は裁判所,政府機関,金融商品取引所その他情報受領者に対して権限を有する機関の裁判,命令,規則等により秘密情報の開示を要求され,合理的に必要な範囲で開示する場合
2　前項第1号の規定に基づき,情報受領者が法律上の守秘義務を負う者ではない受領権者に秘密情報を開示する場合,情報受領者は受領権者に対し,本契約によって情報受領者が負う義務と同等の義務を課してその義務を遵守させるものとし,受領権者に義務違反が認められた場合には,情報開示者に対して直接責任を負うものとする。
3　第1項第3号の規定に基づき,情報受領者が秘密情報を開示する場合,情報受領者は,情報開示者に対し,情報開示後速やかにその旨を通知するものとする。

第3条(目的外使用の禁止)
　情報受領者は,秘密情報を本目的以外の目的で使用してはならないものとする。

第4条(秘密情報の管理)
　情報受領者は,善良な管理者の注意をもって,秘密情報を管理しなければならないものとする。

第5条(複製の禁止)
1　情報受領者は,情報開示者の書面による事前の承諾を得ることなく,秘密情報を複製してはならないものとする。
2　前項の規定に基づき,情報受領者が情報開示者の書面による事前の承諾を得て,秘密情報を複製した場合,複製した情報も秘密情報に含まれるものとする。

第6条(秘密情報の返還・破棄)
1　情報受領者は,本契約が終了したとき,又は情報開示者が要求したときは,情報開示者の指示に従い,保有する秘密情報を情報開示者に返還又は破棄するものとする。
2　前項の規定に基づき,情報受領者が,秘密情報を返還又は破棄した場合において,情報開示者からの請求があったときは,情報受領者は情報開示者に対し,秘密情報を返還又は破棄したことを証する書面を速やかに提出するものとする。

第7条(損害賠償)
　情報受領者が,本契約上の義務に違反し,これにより,情報開示者に損害が生じた場合,情報受領者は,情報開示者に生じた損害(合理的な範囲の弁護士費用を含

む）の賠償をしなければならないものとする。

第 8 条（差止め）
　情報開示者は，情報受領者が本契約に違反し，又は違反するおそれがある場合には，その差止めを求め，又はその差止めを求める仮処分の申立てを行うことができるものとする。

第 9 条（有効期間）
　本契約の有効期間は○年間とする。ただし，甲乙間の書面による合意により延長することができるものとする。

第 10 条（合意管轄）
　本契約に関連する一切の紛争に関しては，甲の本店所在地を管轄する裁判所を第一審の専属的合意管轄裁判所とするものとする。

第 11 条（協議）
　本契約に定めのない事項又は本契約に関して疑義が生じたときは，甲及び乙は協議の上，誠意をもって円満な解決を図るものとする。

　本契約の成立を証するため，本書 2 通を作成し，甲乙記名捺印の上，各 1 通を保有するものとする。

　　　令和　年　月　日

　　　　　甲

　　　　　乙

条項解説

1 目的（柱書）

　秘密保持契約において，契約の目的を記載することは必須ではないが，冒頭の柱書に目的が記載されていれば，両当事者間で何のために情報が開示されるのかが一目瞭然となり，便宜であるし，契約を解釈する際の指針にもなり得る。また，秘密情報について，第三者への開示を禁止するのみならず，予め定められた目的以外での使用を禁止する場合には，該当する条項（目的外使用の禁止）において，柱書で明記した目的を引用することができるため，その点でも便宜である（雛形3条）。

　ただし，記載された目的が広範に過ぎたり，抽象的に過ぎると，情報開示者にとって意図しない形で情報が利用されるおそれがある。また，他方で，記載された目的が狭すぎると，情報受領者としてはその範囲でしか情報を利用できないため，本来の目的を達成できなくなるおそれがある。そのため，目的を記載するにあたっては，秘密情報の使用が許容される場面を具体的に想定しつつ，その場面が適切に条文に反映されるよう留意する必要がある。

2 秘密情報の定義（第1条）

（1）秘密情報の開示主体の確認（いずれの当事者から開示される情報を秘密情報とするか）

　情報の開示には，当事者双方が情報を開示する場合と，一方当事者のみが情報を開示するケースがある。そして，前者の場合には，両当事者が開示する情報のいずれもを，後者の場合には，一方当事者から開示される情報のみを，秘密情報とする秘密保持契約を締結するのが適当である。

　したがって，秘密保持契約の締結にあたっては，まず，情報が当事者の双方でやりとりされることが予想されるのか，一方当事者から他方当事者への情報開示のみが予想されるのか（双方向か一方向か）を予め確認する必要がある。この際，主に一方当事者からの情報開示が予想される場合でも，他方当事者からの情報開示の可能性が否定できないのであれば，両当事者から開示される情報のいずれをも秘密情報として，双方が秘密保持義務を負う内容の秘密保持契約を締結することも考えられる。このように，秘密保持契約の締結にあたって

は，情報の流通方向について，予め慎重に確認することが肝要である。

　雛形1条は，当事者双方が情報を開示する場合を想定したものであるが，一方当事者のみが情報を開示することが想定される場合には，雛形1条の本文に代えて，例えば，以下のような条項を置くことが考えられる。

> **（条項例）**
> 　本契約において，「秘密情報」とは，文書，口頭，電磁的記録媒体その他有形無形を問わず，本目的に関連して，甲（以下「情報開示者」という）から乙（以下「情報受領者」という）に対し開示された一切の情報をいう。

（2）秘密情報の範囲

　上述のように，いずれの当事者から開示される情報が，秘密保持契約において保護されるべき情報かを確認した後は，さらに，開示される情報のうち，秘密情報として保護すべき範囲を特定するため，秘密情報を定義する必要がある。

　秘密保持契約における「秘密情報」としては，開示される一切の情報が秘密情報として定義される場合（→(ア)）と，開示される情報のうち一定の情報のみが秘密情報として定義される場合（→(イ)），の2通りがある。一般的には，前者は情報開示者に有利な，後者は秘密保持義務を負う情報受領者の利益にも配慮した定義ということができる。

（ア）開示する一切の情報を秘密情報とする場合

　秘密保持契約を締結する場合，情報開示者としては，開示する一切の情報を秘密情報として定義し，情報受領者に広く秘密保持義務を課すことが有益である。もっとも，情報開示者にとっては，秘密である旨が明示された情報を秘密情報とすること（→(イ)）にも，開示の都度，情報受領者に秘密保持義務への注意喚起を期待できるという有益な側面がある。したがって，そのような効果を期待したい場合には，次の(イ)で述べる方法を選択することが考えられる。

　雛形1条は，開示する一切の情報を秘密情報として定義するものである。

（イ）開示される情報のうち一定の情報のみを秘密情報とする場合

　開示される一切の情報が秘密情報とされる(ア)の場合，情報受領者は，本来，秘密情報として保護される必要のない情報についてまで秘密保持義務を負うことになりかねない。そこで，情報受領者としては，一定の範囲の情報のみが秘

密情報に該当するような定義を置くことによって、自らが負う秘密保持義務の範囲を限定することが望ましい。

以下の**条項例①②**は、開示された情報のうち一定のもののみを秘密情報とすることによって秘密情報の範囲を限定すると同時に、情報受領者の負う秘密保持義務の範囲の限定を図るものである。

> **（条項例①）　両当事者が相互に情報の開示を受ける場合**
>
> 　本契約において「秘密情報」とは、本目的に関連して、甲及び乙のうち情報を開示する側（以下「情報開示者」という）から甲及び乙のうちその開示された情報を受領する側（以下「情報受領者」という）に対し、書面で開示された情報のうち秘密である旨が明示された情報、口頭で開示された情報であって開示後〇日以内に書面で秘密である旨を明示された情報、電磁的記録媒体で開示された情報のうちパスワードが付された情報をいう。ただし、次のいずれかに該当するものは、秘密情報から除外されるものとする。

> **（条項例②）　一方当事者のみが情報の開示を受ける場合**
>
> 　本契約において「秘密情報」とは、本目的に関連して、甲（以下「情報開示者」という）から乙（以下「情報受領者」という）に対し、書面で開示された情報のうち秘密である旨が明示された情報、口頭で開示された情報であって開示後〇日以内に書面で秘密である旨を明示された情報、電磁的記録媒体で開示された情報のうちパスワードが付された情報をいう。ただし、次のいずれかに該当するものは、秘密情報から除外されるものとする。

もっとも、この場合、秘密である旨が明示されるなどした情報のみが秘密情報となり、それ以外の情報は秘密保持義務の対象外となる。そのため、本来、秘密である旨が表示されるべきであったにもかかわらず、その旨が表示されなかった情報については、情報受領者が、第三者に開示したり、秘密保持契約で定められた目的以外の目的に使用したとしても、情報開示者は情報受領者の義務違反を主張することができないこととなる。

そのため、**条項例①②**のような規定を置く場合には、特に、情報開示者は、①情報を開示する際に、秘密情報とそれ以外の情報を適切に区分できる体制を整えることができるか否か、その上で、②媒体（書面、口頭、電磁的記録媒体）ごとに定められた秘密である旨の明示を行う体制を整えることができるか

否かを実際に即して検討すべきである。実際に情報開示者がそのような体制を整備できない場合には、情報受領者に対する秘密保持義務違反を問えなくなるおそれがあることに留意する必要がある。

なお、**条項例**①②のように、「口頭で開示された情報であって開示後〇日以内に書面で秘密である旨を明示された情報」という規定を設けた場合、開示後、書面で秘密である旨を明示されるまでの間について、当該情報が「秘密情報」として扱われるかという点が問題となり得る。このような懸念を払拭するためには、「口頭で開示された情報であって開示後遅滞なく書面で秘密である旨を明示された情報（ただし、口頭で開示された情報は開示後〇日間は秘密情報として取り扱われるものとする。）」などの規定を置くことが考えられる。

（3）秘密情報の例外
（ア）例外事由の具体例

秘密保持契約では、秘密情報が、上述の**(2)(ア)**または**(イ)**で述べたいずれの方法で定義されるかを問わず、雛形1条の1号ないし5号に規定する情報が例外とされる場合が多い。

1号に規定する情報（情報開示者から開示を受けた時点において情報受領者が既に保有していた情報）や5号に規定する情報（情報受領者が情報開示者から開示された情報に拠ることなく独自に開発した情報）に関しては、これらの情報について、情報を受領した当事者が秘密保持義務を課されるのは不当であること、2号に規定する情報（情報開示者から開示を受けた時点において既に公知であった情報）、3号に規定する情報（情報開示者から開示を受けた後に情報受領者の責めに帰すべき事由によらないで公知となった情報）および4号に規定する情報（情報開示者に対して秘密保持義務を負わない正当な権限を有する第三者から秘密保持義務を負うことなく適法に取得した情報）は、いずれも秘密情報としての要保護性に欠けるといえることから、秘密情報の例外として規定されるものである。

なお、秘密保持契約の中には、1号ないし5号に規定する情報に加えて、①情報開示者が本契約に基づく秘密保持義務の対象としないことを書面により承諾した情報や、②法令等により開示を要求された情報についても、秘密情報に該当しないものとして規定する例もある。1号ないし5号に規定する情報は、いずれもそれ自体が定性的に要保護性に欠けるといえるものであるが、②の情

報は，それ自体は保護されるべき内容を持つものであるし，①の情報の中にも，秘密情報として保護すべきものではあるが，例外的に，情報開示者の承諾によって秘密保持義務が解除されるものが含まれ得ることから，1号ないし5号に規定する情報と①および②の情報は必ずしも性格を一にするものとはいえない。そこで，本雛形では，このような視点から，①および②の情報は秘密情報には該当するものの，例外的に秘密保持義務が解除されるものとして整理している（雛形2条1項2号・3号参照）。

（イ）例外に該当することの立証責任

　1号ないし5号に規定する秘密情報の例外に該当すれば，情報受領者は，秘密保持義務違反を免れるという自己に有利な効果を得ることができることから，1号ないし5号に規定する情報に該当することの立証責任は，その有利な効果を享受できる情報受領者にあると考えられる。しかしながら，立証責任の帰属に関する争いを避けるため，本条項や前記**条項例**①②のただし書を次のように規定することが考えられる。

> **（条項例）**
> 　……。ただし，情報受領者が次のいずれかに該当する情報であることを立証したものは，秘密情報から除外されるものとする。

3　秘密保持義務（第2条）

　雛形2条1項は，情報受領者に対し，第三者に秘密情報を開示することを禁止するとともに，ただし書によって，一定の場合には，秘密保持義務が解除されることを規定するものである。

　すなわち，秘密情報は，一定の目的（本雛形では業務提携の可能性の検討）のために開示を受けるものであるから，その目的のために開示が必要と思われる者に対しては，秘密情報を開示できるようにしておく必要がある。1項1号は，そのような場合に，例外的に秘密保持義務を解除するものである。ただし，秘密情報が無限定に開示されることのないよう，情報受領者に対して開示できる情報を「合理的に必要な範囲」に限定している。

　本雛形では，「情報受領者の役員，従業員，情報受領者の依頼する弁護士，公認会計士，税理士，フィナンシャルアドバイザー等の外部専門家」に対する

開示を秘密保持の例外として規定しているが，情報受領者の親会社や子会社の役職員など，そのほかにも開示が必要となる者が予め想定される場合には，以下の条項例のように，その者を列挙することも検討されるべきである。なお，関連会社や関係会社について規定する場合など，その範囲について両当事者の認識が一致しないおそれがある場合には，会社計算規則などの規定を用いてより明確な定義を置くことも考えられる（会社計算2条3項18号・22号，4項参照）。

> **（条項例）**
> (1) 本目的に関連して秘密情報を必要とする情報受領者の役員，従業員並びに本目的に関連して秘密情報を必要とする情報受領者の親会社及び子会社の役員，従業員，情報受領者の依頼する弁護士，公認会計士，税理士，フィナンシャルアドバイザー等の外部専門家（以下「受領権者」という）に対し，合理的に必要な範囲で開示する場合

1項1号により，秘密情報の開示が例外的に許される場合でも，情報受領者は，自らが情報開示者に対して負う義務と同等の義務を当該第三者に課し，その義務を遵守させることを求められるのが一般である。2項はその旨の規定である。ただし，弁護士や公認会計士等は，法律上の守秘義務を負っていることから，本条項では，その対象から除外することとしている。

1項2号は，情報開示者の書面による承諾がある場合について，秘密保持義務を解除するものである（→2(3)(ア)）。

法令等により秘密情報の開示を要求された場合については，秘密保持義務の例外として規定されることが一般である。1項3号はその旨を規定するものである。また，その場合でも，秘密情報が無限定に開示されることのないよう，開示の範囲を「合理的に必要な範囲」に限定している。

また，情報が外部に開示された場合には，情報開示者がその事実を知ることができるよう，3項において，情報受領者は，秘密情報の開示後，情報開示者に対し，「速やかに」通知しなければならない旨を規定している。

通知に関しては，事前の通知を要求することも考えられるが，事前の通知が困難な場合も想定されることから，本雛形では，情報受領者に対し，事後の通知を求めるものとしている。

4 目的外使用の禁止（第3条）

　秘密保持契約において，情報開示者の承諾なく，第三者に秘密情報を開示することのみを禁止し，雛形3条のような目的外での使用を禁止する規定を置かない場合，例えば，情報受領者が，情報開示者と競業する事業を行うために秘密情報を使用するおそれも生じかねない。

　当該秘密情報が，不正競争防止法2条6項で「秘密として管理されている生産方法，販売方法その他の事業活動に有用な技術上又は営業上の情報であって，公然と知られていないもの」として定義される「営業秘密」（いわゆる有用性，非公知性および秘密管理性の3要件を満たすもの）に該当するものであれば，競業目的での使用は，「不正の利益を図る目的」ないし「保有者に損害を加える目的」（図利加害目的）での使用として不正競争にあたるため，情報開示者は，情報受領者に対し，使用の差止めや損害賠償を請求することが可能である（不正競争2条1項7号・3条・4条）。

　しかしながら，営業秘密に該当するためには上述の3要件を満たす必要があり，必ずしも秘密情報が営業秘密に該当するとは限らないし，情報受領者が図利加害目的で使用したことを情報開示者側で立証する必要もある。

　そのため，情報開示者が，秘密情報について，情報受領者による開示した目的以外の目的での使用を禁止するには，本条のような規定を置くべきである。

5 秘密情報の管理（第4条）

　雛形4条は，情報受領者に対し，秘密情報に関する善管注意義務を課すものである。

6 複製の禁止（第5条）

　雛形5条1項は，情報受領者に対し，情報開示者の書面による事前の承諾を得ることなく，秘密情報を複製することを禁止するものである。また，2項では，複製物も秘密情報に含まれ，秘密保持や目的外使用の禁止の対象となることを明確にしている。

　本条のような規定を置かない場合には，秘密保持契約によって情報受領者に課された他の義務に違反しない限り，情報受領者が秘密情報を複製することは

制限されない。そのため，複製を禁止する必要がない場合には，本条のような規定を置く必要はない。ただし，複製を禁止しない場合でも，不必要な複製（例えば，利用予定数をはるかに超える大量の複製を作成するなど）がされることを防ぐためには，本条に代えて，例えば，以下のような条項を置くことが考えられる。

> **（条項例）**
> 　情報受領者は，本目的のために合理的に必要な範囲に限り，秘密情報を複製することができるものとする。この場合，複製した情報も秘密情報に含まれるものとする。

7　秘密情報の返還・破棄（第6条）

　情報受領者に必要な期間を超えて秘密情報の保有を認めることは適切ではない。情報開示者としては，一定の時期に，秘密情報の返還または破棄を求めるべきである。

　雛形6条1項のように，「情報開示者が要求したときは」と規定した場合，情報受領者からすると，自らの意図しないタイミングで秘密情報の返還や破棄を余儀なくされる懸念もあることから，その場合には，以下のような条項を置くことも考えられる。もっとも，情報開示者が情報受領者に対し，目的（雛形では業務提携の可能性の検討）達成の障害となるような要求をすることは，情報開示者にとっても利益にならないから，情報開示者からの不合理な返還や破棄の要求は通常は想定されないはずである。そのため，以下の条項例に代えることなく，本条1項の規定をそのまま置くことも十分に考えられる。

> **（条項例）**
> 　1　情報受領者は，本契約が終了したとき，あるいは，本目的が達成され，または不達成が明らかになったときは，保有する秘密情報を情報開示者に返還または破棄するものとする。

　2項は，秘密情報を返還または破棄した情報受領者に対し，その証明を文書で求めるものである。このような規定を置くことは必須ではないが，証明書の提出を求めることにより，返還や破棄に向けた情報受領者の確実な対応を期待

できる効果が見込まれる。

8 損害賠償（第7条）

　情報受領者が秘密保持契約に違反し、情報開示者に損害が生じた場合、情報受領者は損害賠償の責任を負うこととなる（民415条）。雛形7条は、債務不履行に基づく損害賠償の範囲（民416条）に含まれるか否かが必ずしも明らかでない弁護士費用が、本契約上の義務違反に起因する損害賠償の範囲に含まれることを、「(合理的な範囲の弁護士費用を含む)」として、明らかにしている点に意味がある（→第14章Ⅱ5(**3**)(イ)）。

　なお、秘密保持契約の中には、情報受領者の損害賠償責任に関し、情報開示者に「直接」生じた損害に限り賠償する責任を負う、と規定する例もある。この規定は、情報開示者に間接的に生じた損害を損害賠償の範囲から除く趣旨のものであるが、このような規定を置く場合であっても、「直接損害」、「間接損害」の範囲は必ずしも明確でないこと、かかる規定を置くことによって、一義的に情報受領者の損害賠償責任の範囲が画されるものではないことには留意する必要がある。

9 差止め（第8条）

　雛形において、情報受領者は情報開示者に対して、秘密保持義務（2条）、目的外使用の禁止（3条）などの不作為義務を負っている（裏返していえば、情報開示者は情報受領者に対し、契約上の不作為請求権を有している）。

　このような契約に定められた不作為義務について違反があった場合、契約締結自由の原則の下では、その義務が公序良俗等の強行法規に反するものでない限り、情報開示者は情報受領者に対し、裁判上の差止めを求めることができるものと解される。このような理解からは、本条は必須の規定ではなく、あくまで確認的な規定といえる。

10 有効期間（第9条）

　情報開示者としては、少なくとも、情報が陳腐化せず、なお有用であり、秘密として保持する必要があると想定される期間は、秘密保持契約の効力を維持することにより、情報受領者による秘密情報の開示や目的外使用などを禁止し

ておきたいところである。

　そこで，有効期間を定めるにあたっては，開示を予定する情報について，上述のような有用性が見込まれる期間を個別具体的に検討し，その上で，当該期間を設定するのが適切である。

　なお，有効期間を定めた場合，有効期間満了後も，損害賠償や合意管轄などに関する規定の効力を残すため，例えば、以下のような条項を雛形9条の2項として規定することが考えられる。

(条項例)
2　本項，第6条ないし第8条，第10条及び第11条の規定は，本契約終了後も引き続き効力を有するものとする。

　有効期間を定める秘密保持契約には，1年から5年といった範囲の有効期間を定める例が多く見受けられるが，それよりも長期の有効期間を定めるものや，一定の目的（雛形では業務提携の可能性の検討）のために情報が開示される期間のみを規定し，有効期間を定めないもの（例えば，「本契約に基づき，秘密情報が開示される期間は，本契約締結後〇年間とする」など）も見受けられる。

The business and the form of a contract
Chapter 13

第13章

基本合意書

I 総論

1 基本合意書の活用

　企業間の取引においては，例えば，M&A（→第7章），業務提携（→第8章），共同研究開発（→第11章Ⅱ），知的財産権のライセンス（→第11章Ⅲ）などの比較的比較的大規模な取引の場合，最終的な合意に至るまでの準備に相応の時間や労力がかかる場合がある。

　そうした場合に，最終合意に至る前のある一定の時点において，取引当事者間の共通認識，例えば，取引の対象，手法，スケジュール等を確認し，その後のデューデリジェンス（due diligence）や交渉を円滑に進めるため，基本合意書[1]という書面を作成することがある[2]。

　通常，基本合意書は売買や賃貸借といった民法上の典型契約には該当せず，

---

1) LOI（Letter of Intent）あるいは，MOU（Memorandum of Understanding）と呼ばれることもある。
2) なお，こうした取引では，基本合意書の締結に先立って，秘密保持契約（→第12章）を締結していることも多い。

また，取引の種類を問わず，基本合意書の定めがないからといって，最終的な取引の目的を達することが不可能となるわけでもない。

しかし，最終合意に至るまでに相応の時間や労力を要する大規模な取引の準備を進めるにあたり，基本合意書を締結することによって，取引当事者間の共通認識を文書で確認し，双方了解済みの事項や協議すべき事項を明確にするとともに，デューデリジェンスやスケジュールについても共通認識が醸成されることで，最終的な合意の形成が効率化されることも多い。大規模な取引の準備を円滑かつ迅速に進めるためにも，基本合意書を活用することは有益であるといえる。他方で，基本合意書は最終的な合意ではないのであるから，基本合意書締結時点で取引当事者が合意に至っていない点については，その後の協議事項であることを明らかにしておけば十分であることも多く，基本合意書の内容を過度に精緻化する必要はないことにも留意しておきたい。

基本合意書の内容についていえば，まさに多種多様である。これは，後に締結される予定の主たる契約の種別が多様であることに加え，基本合意書を作成するタイミング，協議や交渉の進捗や取引当事者の共通認識の醸成具合によって様々な段階があり得ることによる。

本章では，このような基本合意書の多様性を踏まえつつ，M&Aを典型例として，基本合意書の概要を説明する。

2　M&Aにおける基本合意書の役割と内容

M&Aの手順については第7章Ⅰ2記載のとおりである。M&Aにおいては，買収側企業が買収対象企業から必要な情報開示を受けて買収可能性があるかを検討することが多く，その場合，買収側企業は，買収対象企業についての財務・会計，法務，税務等のデューデリジェンスを実施する。M&A実務では，こうしたデューデリジェンスの実施に先立って，基本合意書が締結される事例が多い。

（1）法的拘束力

最終契約を締結する義務を負わない，すなわちM&Aの実行をする義務を負わないという意味において，基本合意書は法的拘束力を持たないとされることが一般的である。他方，後述するとおり，秘密保持義務や独占交渉権などの

条項については，その性質上，法的拘束力を持たせることになる（→Ⅱ6）。
　このように，基本合意書には法的拘束力を有する条項とそうではない条項が混在することが多いため，基本合意書を作成するにあたっては，どの条項が法的拘束力を持ち，どの条項が持たないかを，明確にしておく必要がある。

（2）最終的な取引の概要

　多くの場合，最終的な取引の対象を明確にするため，買収の対象となる事業が明記される。また，基本合意書締結に先立つ協議の進行度合いによっては，買収にあたってのストラクチャーや買収金額まで明記されることもある。ただし，ストラクチャーや金額を明記する場合でも，買収企業によるデューデリジェンスが実施されていない場合には，基本合意書締結後の協議・交渉の目安として規定されるにとどまり，法的拘束力を持たない旨が明記されることが多い。また，その他の重要な契約条件として，従業員の処遇や重要な契約の承継などが定められることもある。

（3）秘密保持義務

　両当事者間でやり取りされる資料や情報のみならず，基本合意書の存在や内容，最終契約に向けた協議・交渉の事実そのものも秘密保持義務の対象とされることが通常である。

（4）デューデリジェンスへの協力義務

　一般に，基本合意書は買収企業によるデューデリジェンスの実施前に締結されることが多いため，買収対象企業のデューデリジェンスへの協力義務が明記されることもある。

（5）独占交渉権（独占交渉義務）

　基本合意書には，独占交渉権[3]が規定されることが多い。基本合意書が締結されるようなタイプの取引にあたっては，両当事者とも最終的な合意に至るまでに多くの時間と労力をかけることになるが，特に，M&Aにあたって買収側

3）　優先交渉権と呼ばれることもある。

企業がデューデリジェンスを実施する場合には，財務・会計，法務，税務などの外部専門家の助力を得て進めることが多く，その場合には，必然的に相当の費用が生じることになる。そのため，買収側企業は，デューデリジェンスによって特段の問題が生じない限り，最終的な契約について，買収対象企業との間で独占的に協議・交渉・契約締結を行うことができるようにするため，買収対象企業に対し，他の買主候補との交渉を一定期間禁止することを望む場合が非常に多い。反面，買収対象企業にしてみれば，独占交渉期間中は他の買主候補との協議・交渉が禁止される（独占交渉義務）結果，より有利な取引の実現が阻害されることもあり得るため，独占交渉権の付与には消極的であることが一般的である。

以上のような買収側企業と買収対象企業との思惑の違いから，日本国内における一般的な M&A の実務においては，独占交渉期間を 2～6 か月程度とする例が多いようである。

(6) その他

以上のほか，最終契約締結の目安となるスケジュール，費用負担，基本合意書の有効期間，契約上の地位譲渡の禁止，準拠法・管轄などの一般条項が規定されることが多い。

3 その他の考慮要素

(1) 独占交渉義務の法的拘束力およびその義務違反の効果

独占交渉義務の法的拘束力やその義務違反の効果について問題となった事案としては，住友信託銀行対 UFJ ホールディングス事件[4]が著名である。

当該事案は，平成 16 年 5 月 21 日，住友信託銀行と UFJ ホールディングスとの間で，UFJ 信託銀行の業務の一部売却および業務提携に関する基本合意書が締結されたが，約 2 か月後に UFJ ホールディングスが当該基本合意書の解約を通知し，三菱東京フィナンシャルグループとの統合交渉を開始したため，住友信託銀行が仮処分を申し立て，さらに訴訟を提起したというものである。

---

[4] 第三者との間で営業移転等に関する情報提供または協議を行うことを禁止する仮処分命令申立事件について，最決平成 16・8・30 民集 58 巻 6 号 1763 頁。独占交渉義務違反の債務不履行責任等に基づく損害賠償請求事件について，東京地判平成 18・2・13 判時 1928 号 3 頁。

当該基本合意書には、「各当事者は、直接又は間接を問わず、第三者に対し又は第三者との間で本基本合意書の目的と抵触しうる取引等にかかる情報提供・協議を行わないものとする。」として、2年間の独占交渉義務が相互に定められていた。

まず、住友信託銀行がUFJホールディングスに対して独占交渉義務違反についての差止め仮処分を求めた事件では、第一審である東京地裁が仮処分の申立てを認め、異議申立てに対しても仮処分の認可をした。しかし、東京高裁は、当事者間の信頼関係は既に破壊されており、かつ、最終的な合意に向けた協議を誠実に継続することが不可能であるとして、独占交渉義務の効力は失われたとして、仮処分の申立てを却下した。

これに対し、最高裁は、最終的な合意が成立する可能性が存しないと判断されるに至った場合には独占交渉義務は消滅すると判示しつつ、当該事案における独占交渉義務は消滅していないとして、法的拘束力を認めたものの、独占交渉義務を定めた条項の違反によって被る損害は「最終的な合意が成立するとの期待が侵害されることによる損害」であり、かかる損害は事後の損害賠償請求によって償えないほどのものではないこと、当事者間で最終的な合意が成立する可能性が相当低いこと、仮処分が認められた場合に相手方が被る損害が相当大きなものと解されること等を総合的に考慮し、民事保全法23条2項にいう保全の必要性を欠くものとして、抗告を棄却した。

その後、住友信託銀行がUFJホールディングスほか2者に対して独占交渉義務違反等の債務不履行責任または不法行為責任に基づいて損害賠償を請求した事件において、第一審である東京地裁は、独占交渉義務および誠実交渉義務の存在ならびに当該義務違反による債務不履行責任があることを認めたものの、独占交渉義務および誠実交渉義務違反と相当因果関係にある損害は、最終契約が締結されていれば住友信託銀行が得られた利益（履行利益）ではないとし、住友信託銀行の請求を棄却した（住友信託銀行は、信頼利益に関する主張をしていなかったようである）。

以上のように、独占交渉義務を定めた条項は法的拘束力を持つものとして取り扱われる可能性が十分にある一方で、その義務違反の効果（損害賠償義務の範囲）については必ずしも明らかとはいえず、いまだ確定的な判例がないことには留意が必要である[5]。

(2) 開示義務

　上場会社等が当事者となっている場合には，基本合意書の締結または締結に関する事実上の決定を行う時点で，適時開示の要否が問題となる場合がある。適時開示が必要か否かは，基本合意書の規定内容が考慮されるが，とりわけ法的拘束力の有無は重要な考慮要素となる。

5）　なお，当該事案においては，基本合意書中に独占交渉義務に違反した場合の制裁や違約罰についての定めがなかった。

Ⅱ 基本合意書の条項例と解説

雛形

※ 欄外の番号は条項解説の該当箇所を示す。

基本合意書

　株式会社○○（以下「甲」という）と株式会社○○（以下「乙」という）とは，甲が行う○○事業（以下「本件事業」という）を乙に譲渡（以下「本件事業譲渡」という）することについて，甲と乙との間で協議を開始するにあたり，次のとおり基本合意（以下「本基本合意書」という）を締結する。

第1条（目的）
　本基本合意書は，本件事業譲渡について，甲と乙との間の協議の前提となる基本事項を定めることを目的とする。

第2条（本件事業譲渡の概要）
1　本件事業の概要は以下を基本として甲乙協議を行う。
　(1)　事業範囲：○○
　(2)　事業内容：○○
2　本件事業譲渡のストラクチャーについては，第4条に基づいて乙が行うデューデリジェンスの結果を踏まえ，甲乙協議の上，決定するものとする。
3　本件事業譲渡の対価については，甲乙協議の上，決定するものとする。

第3条（最終契約の締結）
　甲と乙とは，本件事業譲渡について，法的拘束力のある最終契約を本基本合意書の有効期間の満了までに締結するよう相互に協力するものとする。

第4条（デューデリジェンス）
1　乙は，本基本合意書締結後，自ら又は自らが選任する弁護士，公認会計士，税理士その他の専門家をして，本件事業の内容，法務，財務・会計，税務，労務，環境等に関するデューデリジェンスを実施することができるものとする。
2　甲は，事業運営に支障のない限度で，前項によるデューデリジェンスの実施のために必要又は有用な情報，資料等の提供その他の事項について協力するものと

する。

第5条（独占交渉権）

甲は，本基本合意書の有効期間において，乙が本件事業譲渡に関する交渉を行う権利を独占的に有することに同意するものとし，乙との交渉が継続している限り，直接又は間接を問わず，本件事業譲渡と抵触し又はその実現に支障となるおそれがある一切の行為に関する乙以外の第三者との協議若しくは交渉，又は，第三者に対する勧誘，情報提供若しくは提案等を一切行わないものとし，また，第三者をしてこれらの行為を行わせないものとする。

第6条（秘密保持義務）

1　甲及び乙は，本基本合意書の存在及び内容，本基本合意書に基づく交渉の存在及び内容，並びに本件事業に関して知り得た相手方の技術上又は営業上その他業務上の一切の情報を，相手方の事前の書面による承諾を得ないで第三者に開示又は漏洩してはならず，かつ，本基本合意書の遂行のためにのみ使用するものとし，他の目的に使用してはならない。ただし，本基本合意書の目的のために必要かつ最小限の範囲で，自己又は関係会社の役職員，弁護士，公認会計士，税理士，フィナンシャルアドバイザー等の外部専門家に対して開示する場合は，自己と同等の義務を負わせることを条件に，情報を受領した者の責任において，これらの者に対して情報を開示することができる。

2　前項の規定は，次のいずれかに該当する情報については適用しない。
　(1)　開示を受けた際，既に自己が保有していた情報
　(2)　開示を受けた際，既に公知となっている情報
　(3)　開示を受けた後，自己の責めによらずに公知となった情報
　(4)　正当な権限を有する第三者から適法に取得した情報
　(5)　相手方から開示された情報によることなく独自に開発・取得していた情報

第7条（費用負担）

甲及び乙は，それぞれ，本基本合意書の交渉，作成，締結及び履行に関連する費用については，各自負担する。

第8条（地位の譲渡の禁止）

甲又は乙は，予め相手方の書面による承諾がない限り，本基本合意書により生じた契約上の地位を移転し，又は本基本合意書により生じた自己の権利義務の全部若しくは一部を，第三者に譲渡し，若しくは第三者の担保に供してはならない。

第9条（法的拘束力）

本基本合意書の定めは，第5条乃至第12条を除き，本件事業譲渡に関する基本

的了解事項として，甲乙間において今後の協議で考慮すべき事項を記載したものであって，何らの法的拘束力を有しないものとする。

第10条（解除）

甲及び乙は，以下の各号のいずれかの事由が発生した場合は，相手方に対して書面による通知を行うことにより，本基本合意書を解除することができる。
(1) 相手方が本基本合意書における重大な義務に違反したとき
(2) 相手方について，破産手続開始，民事再生手続開始，会社更生手続開始，特別清算開始その他適用のある法令上の倒産手続の申立てがなされたとき，又は解散の決議がなされたとき

第11条（有効期間）

1　本基本合意書の有効期間は，本基本合意書締結日から同締結日の○か月後の応答日又は最終契約の締結日のいずれか早い日までとする。ただし，両当事者の書面による合意により延長することができる。
2　本基本合意書の終了後も，第6条に基づく秘密保持義務は本基本合意書終了後○年間，第7条，本項及び第12条の規定は有効に存続するものとする。

第12条（準拠法・合意管轄）

1　本基本合意書は，日本法に準拠し，日本法に従って解釈される。
2　本基本合意書に関する一切の紛争については，○○地方裁判所をもって第一審の専属的合意管轄裁判所とする。

本契約の成立を証するため，本書2通を作成し，各自記名押印の上，各1通を保有する。

　　　令和　年　月　日

　　　　　　甲

　　　　　　乙

条項解説

1 取引の概要（第2条）

　最終的に想定される取引の態様，それまでの協議・交渉の進捗，両当事者間における認識の相違等により，基本合意書に明記されることになる取引の概要は多種多様である。例えば，事業譲渡の場合であれば，事業譲渡の検討対象となる事業のみを記載する最小限の場合から，譲渡対象資産，譲渡対象契約，および承継対象債務等ならびにストラクチャーの明記，譲渡対価またはその特定方法，承継される従業員の処遇，譲渡対象事業に係る知的財産権のライセンスなど事業譲渡実行後の両当事者の協力体制などを詳細に明記する例もある。ただし，いずれの場合であっても，デューデリジェンスの実施前に取引の概要を記載した条項に法的拘束力を持たせることは極めて稀である。なお，詳細を明記する場合には，当該取引の概要が協議中であること，今後の交渉の目安にすぎないこと，法的拘束力がないこと等を明記し，最終契約の締結義務があるものと解釈されないよう慎重を期す必要がある。

　また，基本合意書において詳細に取引の内容を記載する場合には，ビジネス上の協議事項と法的な協議事項とを区別する上でも，以下に示すように，取引内容の要約をタームシートとして別紙に括り出すことも検討されてよい。

> **（条項例）**
> 　甲及び乙は，本件事業譲渡について，別紙タームシート記載の条件を基本として協議を行う。なお，甲及び乙は，本件事業譲渡の協議・交渉にあたって当該条件に拘束されるものではないことを相互に確認する。

2 デューデリジェンス（第4条）

　法的拘束力を持たせないことが一般的であるが，3で述べる独占交渉権の期間を限定することとの均衡から，取引当事者の協議の結果，デューデリジェンスへの協力義務に法的拘束力を持たせることもあり得る。その場合には，デューデリジェンスにおいて提出を求める資料等について，可能な限り特定しておくことが望ましい。

3　独占交渉権（第5条）

　相手方取引当事者以外の者との間で，直接であると間接であるとを問わず，また，自ら行うと第三者をして行わしめるとを問わず，最終契約の対象と抵触またはその実現に支障となるおそれがある行為の一切を禁止する条項である。

　デューデリジェンス実施前の基本合意書において，最重要といってよい条項であるが，独占交渉権を付与する期間を除き，独占交渉権を付与する条項の内容が協議の対象となることは多くはない。

4　秘密保持義務（第6条）

　最終的な取引についての協議・交渉の途上で締結される基本合意書においては，一般的な秘密保持義務に加え（→第12章），基本合意書の存在・内容およびこれに基づく協議・交渉の存在・内容も秘密保持義務の対象とすることが通常である。

5　地位の譲渡の禁止（第8条）

　最終契約に向けた協議・交渉について定める基本合意書は，その性質上，当初想定されていた以外の第三者が後に加わることは想定されていないから，契約上の地位の譲渡禁止を定めることが多い。

6　法的拘束力（第9条）

　独占交渉権および秘密保持義務，ならびに，一般条項としての，費用負担，地位の譲渡の禁止，解除，有効期間，準拠法・合意管轄等の条項については法的拘束力を持たせることが一般的である。他方，取引の概要（雛形2条），最終契約の締結（雛形3条），あるいはスケジュールなど，その後の協議によって変更される可能性のある条項については，法的拘束力を持たせないことが一般的である。

　なお，上述2のとおり，デューデリジェンスの協力義務については，いずれの規定の仕方もあり得る。

7　有効期間（第11条）

　独占交渉期間を限定することに意味のある条項であり，日本のM&A実務においては，2～6か月程度とされることが一般的である。

　他方，例えば，最終契約として特許権のライセンス契約を想定するような基本合意書を締結する場合には，当該特許権の実施や商業化の可能性を検討するのに相応の期間が必要となることがあるため，数年程度といった長期間の有効期間を設けることもある。

8　準拠法・合意管轄（第12条）

　一般条項として合意管轄を定める。さらに，秘密情報の在外所在地，譲渡対象事業における在外事業所，あるいは知的財産権のライセンス契約における日本以外の実施許諾国など，基本合意書に関連する事項が日本国外に及ぶ場合や最終契約の対象が日本にとどまらない可能性が予見される場合には，基本合意書にも準拠法について定めておくことが望ましい。

9　その他の条項

(1) 公表

　上述4のとおり基本合意書の存在・内容およびこれに基づく協議・交渉の存在・内容も秘密保持義務の対象としつつ，対外的な公表の内容，時期，または方法について取引当事者間で別途協議しなければならない旨の条項を置くことがある。この場合，当該条項には法的拘束力を持たせるのが通常である。

> **(条項例)**
> **第○条（公表）**
> 　甲及び乙は，相手方当事者から事前に書面による同意を得た場合，法令若しくは金融商品取引所の規則に基づく場合，官公庁若しくは金融商品取引所の要請に基づく場合を除き，本基本合意書の存在若しくは内容又は本件事業譲渡について公表しないものとする。本件事業譲渡についてのプレスリリース等の公表及び対外的な発表については，その時期，内容及び方法について当事者間で別途協議の上，合意しない限り，実施しないものとする。

（2）損害賠償

Ⅰ3（1）で見た判例・裁判例（前掲最決平成16・8・30、東京地判平成18・2・13）を踏まえ、法的拘束力のある条項違反について損害賠償義務の範囲を定めることもある。なお、M&Aの契約において見られることのある、いわゆるbreak-up fee[6]に関する条項については、基本合意書でこれを定めることは極めて稀である。

> **（条項例）**
> **第○条（損害賠償）**
> 　甲及び乙は、それぞれ、本基本合意書に基づく法的義務（法的拘束力のある第5条及び第6条に基づく義務をいう）の違反に起因して相手方当事者に損害等が発生した場合、相手方当事者に対し、かかる損害等について賠償する責めを負う。なお、かかる損害等には、第7条（費用負担）の定めにかかわらず、本基本合意書の締結及び最終契約の締結のための協議、交渉及び検討に関して要した費用（外部専門家の費用を含むがこれに限られない）を含むものとする。

---

[6] M&A取引において買主の責めに帰さずに契約の目的が達成できない場合等に、売主が買主に一定額を支払う旨の条項である。買主によるデューデリジェンスの費用を売主側が補填することを目的とする場合が多い。

The business and the form of a contract
Chapter 14

第14章

各契約に共通する条項

I 総論

　本章では，これまでにみたそれぞれの類型の契約書にほぼ共通して含まれる条項について，項目ごとに解説する。各項目においては，条項として記載すべき事項等の解説を中心に，必要に応じて具体的な条項例を紹介する。

　これらの条項は，各契約の中核的な規定（売買契約であれば目的物，引渡し，代金支払等の規定）ではないことから，契約書においては，通常，後の方に位置づけられ，契約書の作成，検討に際しても「後回し」となりがちである。また，規定内容もそれぞれの契約書に共通した内容や言い回しであることが多いため，往々にして詳細な確認や検討を怠りがちでもある。

　しかし，中核的ではないからといって，取引の過程において出番がないというわけではない。むしろ，契約締結当時には想定していなかった事態が生じ，契約上の義務の履行に問題が生じたり，当事者間に紛争が起きたりした場面において適用すべき重要な条項ばかりである。この規定の仕方が不十分であったり欠落したりしていたがゆえに，トラブルに対処できず不利益を被るという可能性は大いにある。

もっとも，こうしたトラブル時のルールに関しても，多くは民商法の原則が設けられ，契約条項がない場合にはこの原則が適用される。しかし，原則のみでは不都合なことも多いため，契約書で取引の実情に応じて原則と異なる内容を規定することが多い。各契約に共通する条項は，内容や表現が定型的になりがちであるが，それぞれ背景や根拠があるのであり，単に雛形をそのまま写して利用するのではなく，今回の取引において雛形や書式の各条項例が必要・適切なのか，追加・修正すべき点はないかを十分に検討すべきである。また，結果として定型的な表現に落ち着くことが多いとはいえ，相手方から提示された契約書案において，自分たちに不利益となる条件が含まれていることは大いに考えられるので，定型的な条項・表現だからといって検討を省略することは適切ではない。

　各条項においては，それぞれ検討・確認すべき要素，チェックポイントがあり，以下の項目ではこの点について解説を施している。これらを理解した上で，併せて掲載している条項例を活用していただきたい。

II 解説と条項例

1 契約期間

(1) 総論

通常の売買契約など一回の給付をもって終了する契約の場合には，契約書に履行期日などの規定があれば足り，契約の有効期間を特に定める必要はない。しかしながら，売買契約であっても取引基本契約であれば契約の有効期間を定める必要が生じるし，賃貸借に代表されるような契約関係が継続することを前提とする契約類型においては，契約の有効期間の定めが必須となる。

本項では，まず，契約の有効期間における基本的知識を確認した上で，ビジネス契約において一般的に規定される自動更新条項や，中途解約条項について説明する。

(2) 契約期間に関する基本知識
(ア) 始期と終期

当然のことであるが，契約期間に関する争いを防ぐためには，契約の有効期間の始期と終期を一義的に明確に定めることが必要である。

> **(条項例①)**
> 本契約の有効期間は，令和5年4月1日から同年5月31日までとする。

> **(条項例②)**
> 本契約の有効期間は，令和5年4月1日から2か月間とする。

条項例①のように始期・終期ともに日付で特定するのが最も明確な方法であろう。年表示については，西暦でも和暦でもいずれでもかまわない。

条項例②のように始期を日付で特定し，始期からの期間を定める方法もある。この方法の場合，契約の有効期間の長さを認識しやすい反面，次の**(イ)**で説明するように期間の計算方法に注意する必要がある。

(イ) 期間の計算方法

A 日単位によるとき

a 起算日

原則として初日を算入せず翌日から起算する（初日不算入の原則，民140条本文）。ただし，初日の起算点が午前零時から始まるときは初日を算入する（同条ただし書）（→図1の**(例1)(例2)**参照）。

b 満了日

期間はその末日の終了をもって満了する（民141条）。ただし，期間の末日が休日にあたりその日に取引をしない慣習がある場合に限り，翌日で満了する（民142条）。

B 週・月・年単位によるとき

a 起算日

日単位の場合と同様である。

b 期間の計算

週・月・年の単位で表示されるときは暦に従って計算する（民143条1項）。したがって，月単位の場合にも31日まである月と30日で終わる月を区別せず，年単位の場合にも平年と閏年を区別しない。ただし，週単位の場合には7日単位で換算する。

c 満了日

週，月または年の初めから期間を起算しないときは，その期間は最後の週・月・年においてその起算日に応当する日の前日に満了する。ただし，月または年によって期間を定めた場合において，最後の月に応当する日がないときは，その月の末日に満了する（民143条2項）。なお，期間の末日が休日にあたりその日に取引をしない慣習がある場合に限り，翌日で満了する（民142条）。

(3) 自動更新条項

(ア) 意義

契約期間が満了すれば原則として自動的に契約は終了するが，企業間で締結される継続的契約においては，いずれかの当事者から意思表示なき限り自動的に契約が更新されていくという，いわゆる自動更新条項が規定されることが多い。

図1　日単位による期間の計算方法

(例1)
本契約の有効期間は，契約締結日から10日間とする。
→　契約を締結したのは4月1日のビジネスタイム。4月1日午前0時を起算点とできないので初日不算入。4月11日が末日。

(例2)
本契約の有効期間は，令和5年4月1日から10日間とする。
→　4月1日の午前0時を起算点とすることができるので初日算入。4月10日が末日。

図2　月・年単位による期間の計算方法

(例1)
本契約の有効期間は，令和5年4月1日から2か月間とする。
→　2か月後の日の前日にあたる5月31日が末日。

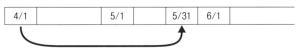

(例2)
本契約の有効期間は，令和5年4月1日から2年間とする。
→　2年後の日の前日にあたる令和7年3月31日が末日。

> **(条項例)**
> 本契約の有効期間は，令和5年9月1日から2年間とする。ただし，期間満了日の3か月前までにいずれの当事者からも何らの意思表示なき場合，同一の条件でさらに2年間更新されるものとし，その後も同様とする。

　自動更新条項は，長期間に亘って契約関係を維持していきたい当事者にとっては，契約期間が満了するたびに契約更新の合意をしたり，再契約をしたりする手間が省けるというメリットがあるため，様々な契約類型において広く用いられている。

(イ) 留意点

　他方で，契約の更新を希望しない場合には，契約期間満了日の一定期間前までにその旨の意思表示をしなければならないため，更新の時期について失念しないよう，複数の契約がある場合などには，全ての契約の契約期間を一元管理するなどの配慮が必要である。

　また，相手方当事者のみが更新拒絶権を有する形になっていたり，更新拒絶の意思表示をする期限が満了日の相当前に設定されていたりすることもあるので，契約締結交渉の際には，自己の契約更新拒絶権が不当に制約されていないかに注意が必要である。

(4) 中途解約条項
(ア) 意義

　契約は，一度成立したら，一方当事者から契約解除がなされたり，両当事者間で解約の合意が成立したりしない限り，契約期間が満了するまで有効に存続し，契約当事者は契約内容に拘束されるのが原則である。

　しかしながら，そうすると，企業は契約期間を長期間とする契約を締結することを躊躇するようになり，かえって安定的な契約関係を築くことが困難になってしまう。そのため，契約期間が比較的長期間となる契約においては，契約期間の途中であっても，一方当事者からの意思表示のみで契約を中途解約できるとする，中途解約条項が規定されることが多い。

　ただし，一方当事者がいつでも自由に契約を中途解約できるとすると，契約の拘束力が弱まり，相手方の契約上の地位が極めて不安定になるので，一定期

間前の事前通知を求めるのが通常であり，さらには，安易な中途解約を抑止するために一定額の違約金などのペナルティを課すことにする場合もある。

> **（条項例）**
> 　甲又は乙は，本契約の有効期間中であっても，相手方に対して3か月前までに書面をもって通知することにより，本契約を解約することができる。

（イ）留意点

　中途解約条項を規定するか，規定するとしてどのような内容にするかは，契約の類型，契約期間の長短，安定した契約関係維持に対する期待の大小，両当事者間の力関係など，様々な要素を考慮して検討・交渉することになろう。

　すなわち，契約関係をできる限り長期間継続したいという場合には，相手方から中途解約できないようにする，あるいは，中途解約する当事者に一定のペナルティが発生するようにすることが考えられる。

　例えば，事業用建物賃貸借契約において，金融機関から対象建物の建設資金の融資を受けた賃貸人が，その返済資金に充てるために契約期間中の賃料は確実に確保したいと考えるような場合には，上記のような観点から，賃借人からの中途解約を禁止する条項を規定したり，賃借人側から中途解約する場合には残存期間の賃料相当額を違約金として支払うような条項を規定したりすることなどが考えられる。

> **（条項例）**
> 　甲又は乙は，本契約の有効期間中であっても，相手方に対して3か月前までに書面をもって通知することにより，本契約を解約することができる。ただし，乙から解約する場合は，残存期間の賃料相当額を違約金として甲に支払う。

　他方で，契約関係をいつでも解消できるようにしておきたいのであれば，なるべくペナルティを受けずに，直ちに中途解約できるような規定にすることが考えられよう。

　上記の事業用建物賃貸借契約の例で言えば，賃借人としては，少なくとも中途解約禁止条項が規定されないようにするべきであるし，また，中途解約が可能だとしても違約金が相当大きな金額になる可能性があるので，賃借人としてはそのリスクを避けるため，違約金条項の削除を求めたり，あるいは違約金の

減額交渉をしたりすることになろう。
　両当事者の利害が衝突することが多く，交渉のポイントになることの多い条項である。

2　期限の利益喪失条項

　期限の利益とは，例えば，金銭消費貸借契約の場合であれば借主が貸金を契約で定められた期限まで返済しなくてよいことや，売買契約の場合であれば買主が契約で定められた期限まで代金を支払わなくてよいことなど，期限が到来していないことにより債務者が受ける利益をいう。契約では，一般的に貸金の返済時期や代金の支払時期が定められており，これによって債務者には期限の利益が与えられている。
　しかしながら，債権者からすれば，債務者の経済状態が急激に悪化したり，倒産状態に至る危険が生じたりした場合にまで，契約書で定めた期限が到来した後でないと債務者による債務の履行が受けられないとしたのでは，債権回収の機会を失いかねない。この点，民法137条では，債務者が期限の利益を主張できない場合を規定しているが，「債務者が破産手続開始の決定を受けたとき」「債務者が担保を滅失させ，損傷させ，又は減少させたとき」若しくは「債務者が担保を供する義務を負う場合において，これを供しないとき」に限られ，十分とは言いがたい。
　そこで，契約においては，債務者による現実の債務の履行を確保することを目的として，一定の事由が発生した場合に債務の履行期限を繰り上げることを可能とする期限の利益喪失条項を定めることが望ましい。
　期限の利益喪失条項には，債権者の通知があって初めて期限の利益を喪失させるものと，債権者の通知がなくとも当然に期限の利益を喪失するものがある。債務者に喪失事由の解消の機会を与えることができる事由の場合は前者，影響が重大であったり債務の履行がおよそ期待できないような事由の場合は後者とすることが一般的である。よくみられる喪失事由としては，契約違反のほか，下記の条項例のように，営業の許可取消しや営業停止等の処分を受けたこと，支払停止，手形等の不渡り，差押え，倒産手続の申立て等の債務不履行に直結する危険性の高い事由，解散，会社分割，合併等の組織の大きな変更等が挙げられる。その他，包括的な事由として，財産状態や信用状態の悪化や「その他

これらに準じる事由」といった条項を設けることも多い。

> **(条項例)**
> 1 甲又は乙は，当事者の一方が本契約に定める条項に違反した場合，相手方の書面による通知により，相手方に対する一切の債務について期限の利益を喪失し，直ちに相手方に弁済しなければならない。
> 2 甲又は乙について，次の各号のいずれかに該当する事由が生じた場合，相手方からの何らの通知催告がなくとも，相手方に対する一切の債務について当然に期限の利益を喪失し，直ちに相手方に弁済しなければならない。
>   (1) 監督官庁より営業の許可取消し，停止等の処分を受けたとき
>   (2) 支払停止若しくは支払不能の状態に陥ったとき，又は手形若しくは小切手が不渡りとなったとき
>   (3) 第三者より差押え，仮差押え，仮処分若しくは競売の申立て，又は公租公課の滞納処分を受けたとき
>   (4) 破産手続開始，民事再生手続開始，会社更生手続開始，特別清算開始の申立てを受け，又は自ら申立てを行ったとき
>   (5) 解散，会社分割，営業譲渡又は合併の決議をしたとき
>   (6) 資産又は信用状態に重大な変化が生じ，本契約に基づく債務の履行が困難になるおそれがあると認められるとき
>   (7) その他，前各号に準じる事態が生じたとき

なお，期限の利益喪失事由は後述する任意解除事由と重複する場合が少なくないため，任意解除事由を準用する形で期限の利益喪失事由が規定されることが一般的である。任意解除事由を準用した期限の利益喪失条項の例を次にあげる。

> **(条項例)**
> 第○条（解除）
>   （略）
> 第○条（期限の利益喪失）
> 1 当事者の一方が本契約に定める条項に違反した場合，相手方の書面による通知により，相手方に対する一切の債務について期限の利益を喪失し，直ちに相手方に弁済しなければならない。
> 2 当事者の一方に前条各号のいずれかに該当する事由が発生した場合，相手方からの何らの通知催告がなくとも，相手方に対する一切の債務について当然に期限の利益を喪失し，直ちに相手方に弁済しなければならない。

3　解除条項

　契約の「解除」とは，一般に，有効に成立した契約の効力を解消させ，その契約が始めから存在しなかったと同様の法律効果を生じさせることをいう。これに対して，継続的な契約関係を将来に向かって終了させて，その契約の効力を消滅させる効果を生じさせることがあり，これを「解除」と区別して「解約」と称することがある。もっとも，契約書上，「解除」と「解約」をこのように明確に区別して使用していない場合も多く，取引の内容に応じて，契約の効力が遡及して失われるか将来に向かってのみ失われるかを解釈することとなる。

　現行民法では，解除ができる場合として，「履行遅滞等による解除権」（民541条），「定期行為の履行遅滞による解除権」（民542条）および「履行不能による解除権」（民543条）が定められている（これら法律の定めに基づく解除を「法定解除」という）。なお，2017年改正民法では，「催告による解除」（民新541条）および「催告によらない解除」（民新542条）が定められ，「履行遅滞等による解除権」は「催告による解除」に，「定期行為の履行遅滞による解除権」および「履行不能による解除権」は「催告によらない解除」に整理されている。

　したがって，契約書上，解除条項がなくとも法定解除が可能である。しかし，法定解除のみでは解除をしたい当事者にとって不十分な場合がある。例えば，履行遅滞等による解除（民541条）の場合，債権者は相当の期間を定めて履行の催告をし，その期間内に債務者がなお履行しないときに初めて解除することができる。さらに，解除は相手方に対する意思表示を要するので（民540条1項），債権者は，催告と，相当期間が経過した後の解除の意思表示という二度の通知が必要となる。債権者としては，こうした手間をかけず速やかに解除権を行使したいと考える場合もあろう。また，解除することができる事由としても，前記2で解説したとおり，債務者の履行期限を待たずして債務の履行を期待できないような事由が生じる場合があり，こうした事由が生じたときにも債権者は解除権を行使して自らの債務の履行を免れたいと考えることがある。なお，2017年改正民法では，債務者が確定的な履行拒絶をした場合，債権者は催告なくして解除できることが明文化されている（民新542条1項2号）。

　そこで，法定解除の適用のみならず，解除事由や解除の手続を契約書に規定

して，契約の継続が困難となるような事由が発生した場合に契約を速やかに解除することができるような任意解除条項を定めることが一般的である。解除事由としては，期限の利益喪失条項（→2）と同様，契約違反のほか，次の条項例のように，営業の許可取消しや営業停止等の処分，支払停止，手形等の不渡り，差押え，倒産手続の申立て等の債務不履行に直結する危険性の高い事由，解散，会社分割，合併等の組織の大きな変更等や，包括的な事由として，財産状態や信用状態の悪化，「その他これらに準じる事由」といった条項を設けることが多い。また，解除の手続としては，次の条項例のように，解除事由に該当する場合に，催告なくして直ちに解除権を行使し得る旨の条項（無催告解除特約）を設けることも多い（なお，無催告解除特約を適用する場合でも，解除の意思表示〔つまり解除通知の送付〕は必要である）。

（条項例）
1　甲及び乙は，相手方が次の各号のいずれか一つに該当したときは，何らの通知，催告を要せず，直ちに本契約を解除することができる。
(1)　本契約に定める条項に違反し，相手方に対し催告したにもかかわらず14日以内に当該違反が是正されないとき
(2)　監督官庁より営業の許可取消し，停止等の処分を受けたとき
(3)　支払停止若しくは支払不能の状態に陥ったとき，又は手形若しくは小切手が不渡りとなったとき
(4)　第三者より差押え，仮差押え，仮処分若しくは競売の申立て，又は公租公課の滞納処分を受けたとき
(5)　破産手続開始，民事再生手続開始，会社更生手続開始，特別清算開始の申立てを受け，又は自ら申立てを行ったとき
(6)　解散，会社分割，事業譲渡又は合併の決議をしたとき
(7)　資産又は信用状態に重大な変化が生じ，本契約に基づく債務の履行が困難になるおそれがあると認められるとき
(8)　その他，前各号に準じる事由が生じたとき
2　前項の場合，本契約を解除された当事者は，解除によって解除をした当事者が被った損害の一切を賠償するものとする。

4　暴力団排除条項

(1) 暴力団排除条項とは

　暴力団排除条項とは，暴力団等の反社会的勢力を取引から排除するための条項である。近年，反社会的勢力との関係遮断の取組が推進され，2007年6月19日には，政府により「企業が反社会的勢力による被害を防止するための指針について」（以下「政府指針」という）が公表された。ここでは，反社会的勢力との「取引を含めた一切の関係遮断」が基本原則として掲げられ，平素からの対応として，「反社会的勢力が取引先や株主となって，不当要求を行う場合の被害を防止するため，契約書や取引約款に暴力団排除条項を導入する」ことが記載されている。そして，この条項の内容について，政府指針では，「①暴力団を始めとする反社会的勢力が，当該取引の相手方となることを拒絶する旨や，②当該取引が開始された後に，相手方が暴力団を始めとする反社会的勢力であると判明した場合や相手方が不当要求を行った場合に，契約を解除してその相手方を取引から排除できる旨を盛り込んでおくことが有効である」とされている。

　かかる政府指針を受け，2011年にはすべての都道府県で，契約に暴力団排除に関する特約条項を定める努力義務等を規定した暴力団排除条例が施行され，業界団体，地方自治体，警察等により暴力団排除条項のモデル案が公表されるなど，今やかかる条項の導入は企業にとって必須ともいえる。2018年10月に，全国暴力追放運動推進センター等が行った「企業を対象とした反社会的勢力との関係遮断に関するアンケート」の調査結果によれば，回答のあった企業1598社のうち，「契約書・取引約款等に暴力団排除条項を盛り込んでいる（又は盛り込む予定）」と答えた企業は523社であり，暴力団排除条項の導入が進んでいる実態が窺える。

(2) 暴力団排除条項に定める事項
(ア) 反社会的勢力の定義

　次の条項例に記載の定義は，警察庁の「組織犯罪対策要綱」に列挙されているもの（暴力団，暴力団員，暴力団準構成員，暴力団関係企業，総会屋等，社会運動等標ぼうゴロ，特殊知能暴力集団等）に準じた記載例である。また，東京都の

暴力団排除条例では、暴力団関係者の定義として、「暴力団員又は暴力団若しくは暴力団員と密接な関係を有する者」とされており、密接な関係を有する者とは、例えば、暴力団または暴力団員が実質的に経営を支配する法人等に所属する者、暴力団員を雇用している者、暴力団または暴力団員を不当に利用していると認められる者、暴力団の維持、運営に協力し、または関与していると認められる者、暴力団または暴力団員と社会的に非難されるべき関係を有していると認められる者をいうため（警視庁ウェブサイト「東京都暴力団排除条例Q&A」）、これらを列挙するという方法もある。なお、「暴力団又は暴力団員と社会的に非難されるべき関係を有している」とは、例えば、相手方が暴力団員であることを分かっていながら、その主催するゴルフ・コンペに参加している場合、相手方が暴力団員であることを分かっていながら、頻繁に飲食を共にしている場合、誕生会、結婚式、還暦祝いなどの名目で多数の暴力団員が集まる行事に出席している場合、暴力団員が関与する賭博等に参加している場合をいうとされている（同ウェブサイト）。条例によって内容が異なることから、自社および相手方の本店所在地の条例を確認した上で、定義を定めることが望ましい。

(イ) 取締役等に関する表明

会社法上の取締役や委員会設置会社の執行役は、会社から委任されて会社の業務執行を担う者であり、監査役は、取締役の職務執行を監査する立場にあることから、これらについては、反社会的勢力でないことの確認を行う対象とされるのが一般的である。このほかに、執行役員制度を導入している場合の執行役員や、相談役、顧問といった業務執行の一端を担っている者についても対象とするかが問題となるが、これらの者と会社との間の委任契約等で反社会的勢力でないことの誓約を求めることを前提に、これらについても対象として列挙することが政府方針の趣旨に沿うものと考えられる。

他方、従業員についても表明保証を求められることがある。しかし、従業員については、総数が少なく、全社員から誓約書を取得するなどの方法により反社会的勢力でないことを確認できるような場合を除き、一般的には、全従業員を対象とすることは適切でない場合が多いと思われる。例えば、要職に就いている従業員に限るなど、遵守可能な範囲に限定することが望ましい。また、株主についても表明を求められることがあるが、譲渡制限会社でかつ株主数が少数であるなど、限定的な場合に限るべきであるものと思われる。

（ウ）名義貸しでないことの表明
　反社会的勢力に名義を貸して契約をすることは政府方針等の趣旨に反する。また，条例でも，暴力団員等に自己の名義を利用させないことが明記されている例がある（東京都暴力団排除条例25条2項等）。そこで，これらに対応するため，名義貸しでないことの表明を求める。
（エ）禁止行為
　反社会的勢力でないことの表明のほか，禁止される不当要求行為を列挙することが考えられる。内容としては，犯罪にも該当し得る脅迫，業務妨害，信用毀損等に限定して記載する例が比較的多い。
（オ）禁止行為等に該当する場合の効果
　政府方針や条例にも明記されているとおり，即時に契約を解除して当該相手方を取引から排除できるようにしておく必要がある。また，解除した側からの損害賠償請求を認めるとともに，理由の如何を問わず解除された側からの損害賠償請求を認めないものとすべきである。

（条項例）　※ 警察庁・国交省等が公表した不動産売買契約のモデル条項案をベースにアレンジ

1　甲及び乙は，それぞれ相手方に対し，次の各号の事項を確約する。
　(1) 自らが，暴力団，暴力団員，暴力団員でなくなった時から5年を経過しない者，暴力団準構成員，暴力団関係企業，総会屋，社会運動等標ぼうゴロ，特殊知能暴力集団その他これらに準ずる者（以下総称して「反社会的勢力」という）ではないこと
　(2) 反社会的勢力と次の関係を有していないこと
　　ア　自らもしくは第三者の不正の利益を図る目的，又は第三者に損害を与える目的をもって反社会的勢力を利用していると認められる関係
　　イ　反社会的勢力に対して資金等を提供し，又は便宜を供与するなど反社会的勢力の維持，運営に協力し，又は関与している関係
　(3) 自らの役員（取締役，執行役，執行役員，監査役，相談役，会長その他，名称の如何を問わず，経営に実質的に関与している者をいう）が反社会的勢力ではないこと，及び反社会的勢力と社会的に非難されるべき関係を有していないこと
　(4) 反社会的勢力に自己の名義を利用させ，本契約を締結するものでないこと
　(5) 自ら又は第三者を利用して本契約に関して次の行為をしないこと

ア　暴力的な要求行為
　　　イ　法的な責任を超えた不当な要求行為
　　　ウ　取引に関して，脅迫的な言動をし，又は暴力を用いる行為
　　　エ　風説を流布し，偽計又は威力を用いて相手方の業務を妨害し，又は信用を毀損する行為
　　　オ　その他前各号に準ずる行為
　2　甲又は乙の一方について，次のいずれかに該当した場合には，その相手方は，何らの催告を要せずして，本契約を解除することができる。
　　　ア　前項(1)ないし(3)の確約に反する表明をしたことが判明した場合
　　　イ　前項(4)の確約に反し契約をしたことが判明した場合
　　　ウ　前項(5)の確約に反した行為をした場合
　3　前項の規定により本契約が解除された場合には，解除された者は，その相手方に対し，相手方の被った損害を賠償するものとする。
　4　第2項の規定により本契約が解除された場合には，解除された者は，解除により生じる損害について，その相手方に対し一切の請求を行わない。

5　損害賠償

　一方当事者が，契約の履行に関し，他方当事者に対して損害を負わせた場合，契約上特段の定めがなくても，一方当事者は他方当事者に対し，①債務不履行責任，②瑕疵担保責任，③不法行為責任，または④（不法行為責任の特則としての）製造物責任としての損害賠償責任を負うことがある。契約では，このような損害賠償責任について，法律上の任意規定を確認し，または修正することが多い。ここでは，債務不履行または不法行為に基づく損害賠償に関する条項について取り上げる。なお，2017年改正民法において，現行民法における瑕疵担保責任は，契約不適合による債務不履行責任として債務不履行責任に一元化されている（いわゆる法定責任説の否定）。

（1）民法上の原則

　契約条項を検討する前に，債務不履行責任と不法行為責任に関する民法上の原則を確認する。

（ア）債務不履行責任

　債務不履行による損害賠償請求権（民415条）が発生する要件は，①債務不

履行の事実があること，②債務者に帰責事由があること（この点に関し，現行民法下では，債務者が帰責事由のないことの主張立証責任を負うものと解されている[1]。2017年改正民法415条は，1項ただし書において「ただし，その債務の不履行が契約その他の債務の発生原因及び取引上の社会通念に照らして債務者の責めに帰することができない事由によるものであるときは，この限りでない。」として，帰責事由については，債務者がその不存在を主張立証すべきことを明らかにしている），③債務不履行と因果関係のある損害が発生していることと解されている。

②の帰責事由について，伝統的通説は，これを過失責任主義と結びつけ，「債務者の故意過失または信義則上これと同視すべき事由」と解してきた。しかしながら，2017年改正民法は，上述のとおり，債務者の免責事由の有無を「契約その他の債務の発生原因及び取引上の社会通念に照らして」判断するとの枠組みを明らかにしている。これは，債務の発生原因が契約である場合には，契約の趣旨に照らして免責の可否を判断するというものであるから，2017年改正民法の下では，「帰責事由＝過失」を意味しない点に留意が必要である（過失責任主義の否定）。

損害賠償は金銭に評価して賠償するのが原則である（民417条）。また，損害賠償の範囲について，現行民法416条は通常損害と特別損害を区別し，前者はその賠償を請求することができることが原則であるが（1項），後者は，「当事者がその事情を予見し，又は予見することができたとき」に限り，その賠償を請求することができるとしている（2項。2017年改正民法416条2項では，特別損害について，「当事者がその事情を予見すべきであったとき」はその賠償を請求することができるとして，表現が規範的概念に改められている）。特別損害について予見する主体である「当事者」とは債務者を指し，予見可能性を判断する時期は履行期ないし不履行時と解するのが一般的な理解である。もっとも，何が通常損害で，何が特別損害であるかについて，学説・判例上，一般的な基準は存在せず，契約類型ごとに個別具体的に判断するほかない[2]。

金銭債務の不履行については，現行民法419条が特則を定めており，当事者間の合意がない限り，損害賠償の額は法定利率（民404条，商514条）によって定められる（民419条1項）。この損害賠償については，債権者は損害の証明

1） 大判大正14・2・27民集4巻97頁。
2） 内田貴『民法Ⅲ〔第3版〕』（東京大学出版会，2005年）160頁。

をすることを要せず（同条2項），法定利率以上の損害は，たとえ立証しても請求できない[3]（ただし，例外として民647条，647条を準用する665条・671条，669条）。また，債務者は不可抗力をもって抗弁とすることができない（民419条3項）。なお，2017年改正民法では，法定利率の変動制が採用されており（民新404条。商事法定利率〔6％〕を定めた商法514条は削除される），これに伴い，2017年改正民法419条は，当事者間の合意がない限り，損害賠償の額は「債務者が遅滞の責任を負った最初の時点における」法定利率によって定めるとして規定が改められている（民新419条1項）。

以上の原則により求められる損害額を調整する法理として，過失相殺（民418条）と損益相殺（明文の規定はないが，民536条2項2文参照）がある。また，当事者は，予め損害賠償の額を約定することができる（損害賠償額の予定[4]，民420条1項）。違約金の定めは，違約罰ではなく，損害賠償額の予定と推定される（民420条3項）。

契約に基づく債務の不履行があった場合，当事者は契約の解除をすることが可能であるが（民541条・543条。民新541条・542条），解除権の行使は損害賠償の請求を妨げない（民545条3項，民新同条4項）。

（イ）不法行為責任

契約の履行に関し，契約の当事者に損害が発生した場合は，不法行為責任ではなく，債務不履行責任が問題になることが通常であるが，第三者に対する不法行為責任について契約で定めることは多い。また，債務不履行責任の免責条項が不法行為責任に適用されることもある[5]。

不法行為による損害賠償請求権の発生要件は，①故意または過失，②権利または法律上保護される利益の侵害，③損害の発生とその額，④①と②および②と③の因果関係，と解されている（民709条）。不法行為に基づく損害賠償についても，債務不履行と同様に，過失相殺がなされる（民722条2項）。

---

3) 最判昭和48・10・11判時723号44頁。
4) 損害賠償額の予定がなされていても，過失相殺による減額はあり得る（最判平成6・4・21集民172号379頁）。
5) 最判平成10・4・30判時1646号162頁は，一定額以上の高価な品物についての運送人の責任を免除する約款の規定が，運送人の荷受人に対する債務不履行責任だけではなく，荷受人に対する不法行為責任についても適用されるとした。

（２）損害賠償条項に関する法律上の規制

損害賠償責任については基本的には契約自由の原則が妥当し，当事者間の合意により損害賠償責任を減免したり，損害賠償額を予定したりすることが可能であるが，合意の内容について一定の規制がなされている。以下に，その例を挙げる。

（ア）公序良俗，信義則

公序良俗（民90条）や信義則（民1条2項）に基づいて，損害賠償責任の過度な免責や過大な損害賠償額の予定等が無効とされることがある。

（イ）消費者契約法

消費者契約法は，消費者契約（消費契約2条3項）において，事業者の損害賠償の責任を免除する条項（同8条），消費者が支払う損害賠償の額を予定する条項等（同9条）のうち一定の要件を満たす類型の条項を無効と定め，また，消費者の利益を一方的に害する条項を無効とする原則を定めている（同10条）。

（ウ）利息制限法

利息制限法4条・7条は，金銭消費貸借上の債務の不履行による賠償額の予定の利率の上限を定めている。

（エ）割賦販売法・特定商取引に関する法律

割賦販売法は，割賦販売契約（割賦2条1項），包括信用購入あっせん契約（同2条3項），個別信用購入あっせん契約（同2条4項）について，それぞれ，損害賠償額の予定または違約金の定めを制限している（同6条・30条の3・35条の3の18）。

また，特定商取引に関する法律は，訪問販売（特定商取引2条1項），電話勧誘販売（同2条3項），連鎖販売（同33条1項），特定継続的役務提供（同41条1項）および業務提供誘引販売取引（同51条1項）について，それぞれ，損害賠償額の予定または違約金の定めを制限している（同10条・25条・40条の2・49条・58条の3）。

（オ）独占禁止法・下請法

損害賠償責任の制限や損害賠償額の予定・違約金に関する定めが著しく合理性を欠く場合は，独占禁止法（私的独占の禁止及び公正取引の確保に関する法律。以下同じ）の禁止する優越的地位の濫用に該当したり，下請法（下請代金支払遅延等防止法。以下同じ）に抵触したりする可能性がある[6]。

（3）損害賠償条項に定める事項

損害賠償に関する契約条項は，民法415条，同法416条等の規定を確認する条項のほか，以下のような例がみられる。いずれの条項例も，当該契約の性質・内容，当事者の属性等に応じて，前記**（2）**で述べた規制に服することに注意する必要がある。

（ア）債務者の帰責事由に関する条項

債務不履行による損害賠償義務は，債務者に故意または過失があった場合に発生するが（なお，2017年改正民法において，過失責任主義が否定されたことは前述のとおりである），これを故意または重過失があった場合のみに限定し，軽過失により発生した損害については免責する条項がある。

（条項例）
　甲が第○条に定める義務に違反して乙に損害を与えた場合，故意又は重過失のある場合に限り，その損害を賠償する責任を負う。

債務者の故意・重過失を免責する条項は，不当であり無効とする見解が支配的であるが[7]，軽過失を免責する条項は，実務上，多くみられるところである[8]。もっとも，軽過失を免責する条項も，個別具体的な事情によっては無効とされる場合もあり得る[9]。

なお，重過失の意義について，「ほとんど故意に近い著しい注意欠如の状

---

[6] 公正取引委員会「優越的地位の濫用に関する独占禁止法上の考え方」（2010年11月30日，2017年6月16日改正）は，「取引上の地位が相手方に優越している事業者が，正当な理由がないのに，……経済上の利益の無償提供を要請する場合であって，当該取引の相手方が今後の取引に与える影響を懸念してそれを受け入れざるを得ない場合には，正常な商慣習に照らして不当に不利益を与えることとなり，優越的地位の濫用として問題となる」とし，想定例として，「自己が支給した部品・原材料の不具合，自己が行った設計の不備等自己に責任があるにもかかわらず，最終ユーザーからクレームがあった際，自己は一切責任を負わず，取引の相手方に最終ユーザーに対する損害賠償を含むクレーム対応を無償ですべて行わせること」を挙げている（第4-2-(3)）。また，中小企業庁「中小企業向けQ&A集（下請110番）」（Q54）は，製造委託取引において，検査を省略し，下請が納品する商品の瑕疵の有無にかかわらず，下請代金から一定割合を損害賠償として差し引くとする条項は，下請法4条1項3号に抵触するおそれがあるとしている（http://www.chusho.meti.go.jp/keiei/torihiki/shitauke/110/1_5.htm#q54）。
[7] 奥田昌道編『新版注釈民法(10)II債権(1)債権の目的・効力(2)』（有斐閣，2011年）225頁。
[8] 東京高判平成25・7・24判時2198号27頁（証券取引所の取引参加者契約の免責規定）等。
[9] 大阪高判昭和38・10・30下民集14巻10号2155頁（運送品焼失の場合における運送人の軽過失免責）等。

態」と表現する判例があるが（最判昭和32・7・9民集11巻7号1203頁），多くの裁判例は，重過失を「著しい注意義務違反」と捉えている[10]。

　上述のとおり，2017年改正民法は，債務不履行による損害賠償責任に関し，過失責任の原則を否定しているが，2017年改正民法415条の下でも，同条項が任意規定であることからすれば，上に示した条項例のような規定もなお有効であると解される。

（イ）損害賠償の範囲を限定する規定

　損害賠償の範囲は，通常損害および予見可能性のある特別損害のすべてとするのが民法上の原則であるが（民416条），これを修正して，損害賠償の範囲を限定する条項がある。

> **（条項例①）**
> 　甲又は乙が，本契約に違反して相手方に損害を与えたときは，相手方に対し，直接かつ現実に生じた通常の損害につき賠償する責任を負う。

　条項例①のように損害の範囲を抽象的に定めるのではなく，損害の項目を具体的に例示する，あるいは限定列挙する条項もある。例えば，債務不履行訴訟に要した弁護士費用は損害として認められにくい傾向があるため[11]，契約で弁護士費用の賠償義務を定めることがある。

> **（条項例②）**
> 　甲又は乙は，本契約の履行又は不履行に関して相手方又は第三者に損害（弁護士費用を含む）を与えたときは，これを賠償する責任を負うものとする。

　逆に，特定の損害項目について，責任を免除ないし制限する旨を定める例もある。もっとも，ある種の損害項目について責任を減免することが不当とされる場合もあり得る（例えば，人身損害について責任を減免する条項など）。

---

10) 奥田編・前掲注7）240頁，前掲注8）東京高判平成25・7・24。
11) 岡本詔治『叢書民法総合判例研究 損害賠償の範囲Ⅰ（総論・売買）』（一粒社，1999年）214頁。金銭債務の不履行については，最高裁は，民法419条を理由に，債務不履行による損害賠償として弁護士費用その他の取立費用を請求することはできないとしている（前掲注3）最判昭和48・10・11）。これに対し不法行為に基づく損害賠償請求については，弁護士費用の賠償も認められている（最判昭和44・2・27民集23巻2号441頁）。

（ウ）損害賠償の額に関する条項

　損害賠償額を予め一定の額に定めたり（損害賠償額の予定，民420条1項），賠償額の上限を定めたりする条項がある。損害賠償額の予定は，債権者にとっては損害額を立証するコストを省くことができるというメリットがあり，債務者にとってはリスクの把握を容易にすることができるというメリットがあるため，実務上，多用されている。債務者の履行を確保する目的で高額な賠償額を予定する例や，債務者の責任を減免するために低額な賠償額を予定する例も多い。賠償額の上限設定も，債務者の責任制限のために頻繁に用いられている（損害賠償額の予定との違いは，実損額が上限より低い場合に，債務者は実損額を賠償すれば足りる点である）。もっとも，実際の損害額から極端にかけ離れた賠償額の予定や上限を設定すると，その効力が否定されることがある[12]。

> **（条項例）**
> 　甲が本契約に関して乙に対して負う損害賠償の額は，第○条に基づき甲が乙より受領した金額を超えないものとする。

（エ）金銭債務の不履行による損害賠償に関する条項

　金銭債務の不履行による損害賠償に関し，法定利率とは異なる利率を定めるなどの条項がある（民419条1項ただし書参照）。

> **（条項例）**
> 　甲が第○条に定める金員の支払を怠ったときは，甲は乙に対し，支払期日の翌日から支払済みに至るまで，年○％の割合による損害金を支払う。

（オ）債権者側の事情等を考慮して損害賠償責任を制限する条項

　債権者による義務違反があるなど，一定の要件が満たされた場合に，債務者の損害賠償責任を制限する条項がある。

> **（条項例）**
> 　乙が，第○条に違反して価格が○円を超える物品を甲に寄託した場合，甲は，当該商品の滅失又は毀損につき，一切の責任を負わない。

---

12) 東京高判平成元・5・9判時1308号28頁（航空機墜落事故に関する航空事業者の責任制限）等。

（カ）損害賠償請求をなし得る期間を限定する条項

損害賠償請求をなし得る期間を，一定の期間（消滅時効期間よりも短い期間）に限定する条項がある。もっとも，このような条項も不当として効力を否定される場合があり得る（例えば，消費者の事業者に対する損害賠償請求権について権利行使期間を限定する条項など）。

> **（条項例）**
> 甲又は乙が第○条の義務に違反した場合，相手方は，本契約の締結日から○年以内に限り，当該違反により被った損害の賠償を請求することができる。

なお，時効の利益を予め放棄することはできないとされているから（民 146 条），時効期間を延長したり，援用権を放棄させたりする条項は無効である。

6 不可抗力条項

(1) 総論

企業間の契約においては，リスク管理の一環として，天災や戦争といった当事者が予見不可能な外部的事情が発生した場合に債務不履行責任を負わない旨の規定を設けることがあり，かかる規定は不可抗力条項（英米法では Force Majeure）と呼ばれている。

民法を始めとする各種法律において「不可抗力」という言葉はたびたび登場するものの，「不可抗力」の具体的内容を定義する規定はない。この点，一般的な学説においては，「不可抗力」とは「外部からくる事実であって，取引上要求できる注意や予防方法を講じても防止できないもの」と説明されており[13]，元来人の力による支配・統制を観念することのできない自然現象や社会現象，例えば，洪水，台風，地震，津波，地滑り，火災，伝染病，海難，戦争，大規模騒乱等を意味するものとされている[14]。しかしながら，「不可抗力」についてはこれまで判例・学説で十分な議論がし尽くされたとはいいがたい面があり，

---

13) 我妻栄＝有泉亨＝清水誠＝田山輝明『我妻・有泉コンメンタール民法——総則・物権・債権〔第 5 版〕』（日本評論社，2018 年）782 頁参照。
14) 法制審議会民法(債権)部会「民法(債権関係)の改正に関する検討事項(1)詳細版」(2010 年) 31 頁参照。これによれば，最近では政府による拘禁・拘束も含まれるとするのが通説であり，さらには全面的交通封鎖，ストライキ，ロックアウト，サボタージュも含むとする見解も少なくないとされている。

その外縁が必ずしも明らかでないことから，不可抗力条項として予め「不可抗力」に該当する場合の要件効果を規定するニーズが生じる（→**(3)**参照）。

（2）法律に基づく原則

　不可抗力条項の意義を検討する前提として，不可抗力により債務の履行が不能になった場合（代表的な売買契約でいえば，買主の金銭債務についてはその高度な流通性により不可抗力による免責を認めることは通常想定されないので，売主の目的物引渡債務が履行不能となった場合が念頭に置かれている），民法上の原則によれば，その後の契約関係がいかに処理されるかを確認する必要がある。

（ア）過失責任主義

　現行民法においては，債務者に「責めに帰すべき事由（帰責事由）」，すなわち「債務者の故意・過失または信義則上これと同視すべき事由」が存在しない場合には，債務不履行責任を問われないとするのが原則である。したがって，債務不履行が発生したとしても，それが不可抗力に起因するものであれば，債務者に帰責事由が認められず，債務不履行責任を負うことはないという帰結になる。

　これに対し，2017年改正後の民法においては過失責任主義は否定され，「契約その他の債務の発生原因及び取引上の社会通念に照らして債務者の責めに帰することができない事由」（民新415条1項）がある場合に免責されることになる。

　なお，現行法上も2017年改正民法上も，その例外として金銭債務については不可抗力をもって抗弁とすることはできないとされる（いずれも419条3項）。

（イ）危険負担

　不可抗力による場合は，当事者に帰責事由が存在しないにもかかわらず，一方の債務が履行不能となった場合であり，危険負担が機能する場面でもある。この場合，現行民法の危険負担の規定によれば，一方の債務が履行不能となった場合，他方の債務も消滅するのが原則である（債務者主義，民536条1項）。したがって，売主の目的物引渡債務が履行不能となった場合，買主の反対債務も消滅し，代金支払債務を履行する必要はない。

　もっとも，特定物に関する物権の設定・移転を双務契約の目的とした場合には，例外的に，一方の債務が履行不能となったとしても，その相手方は反対債

務を履行しなければならないとされる（債権者主義，民534条）。したがって，特定物の売買の場合，売主の目的物引渡債務が履行不能となった場合でも，買主の代金支払債務は消滅しないこととなるが，学説上ではかかる結論に対しては合理性に欠けるとの批判も多く，目的物に対する支配の移転があって初めて債権者主義を適用するべきとして，債権者主義の適用範囲を限定的に解する立場が通説である。契約実務においても，例えば契約時ではなく目的物の引渡時を危険移転時と定めるなど債権者主義の適用を制限する規定を置くことが多い。

なお，第3章Ⅱ5の危険負担に関する解説でも述べたとおり，2017年改正後の民法下においては，危険負担の規律が全面的に改められ，特定物に関する債権者負担の原則を定める現行民法534条等は削除された。売買契約における危険負担については新たな民法567条が適用され，債権者主義の適用を契約書により制限・変容させていた契約実務に近づくことになった。

（ウ）事情変更の原則

契約締結時に当事者が予想することができなかった社会的事情の変更が生じ，契約内容の実現をそのまま強制することが不合理と認められる場合には，その内容を適切なものに変更したり，その法的効果を否定したりすることができるとする，事情変更の原則[15]という法原理が認められている。

したがって，不可抗力により売主の目的物引渡債務の履行が不能となった場合には，売主としては事情変更の原則に基づき，契約内容の改定（例えば，引渡期限の延長や調達コストが上昇したことに伴う増加相当額の上乗せ等）や契約解除を検討する余地があるが，判例において事情変更の原則が適用される場面は極めて限定的であることには十分留意する必要がある。

（3）契約による修正
（ア）不可抗力条項
　A 意義について

（2）で述べたとおり，不可抗力条項を規定しなかったとしても，過失責任主義によれば不可抗力である限り売主は債務不履行責任を負うことはなく，また，危険負担によれば原則として買主は反対債務である代金支払債務を免れること

---

15) 我妻＝有泉＝清水＝田山・前掲注13) 23頁参照。

表 不可抗力事由の例示

類型	具体例
天災	地震，津波，落雷，洪水，竜巻，地滑り，台風，サイクロン，ハリケーン，火山噴火，SARS・鳥インフルエンザ等の感染症・伝染病
人災	火災，爆発事故，放射能汚染，難破，封鎖，テロ
政治的事象	①戦争・戦闘行為・侵略行為，革命・反乱・内乱，騒乱・暴動・デモ ②法令・規則の制定・改廃，政府機関による処分・命令・通達，許認可の拒否，輸出入の禁止，隔離，拘束・拘禁
経済的事象	国有化措置，為替市場等の閉鎖
労働関係事象	ストライキ，ロックアウト，ボイコット，サボタージュ
インフラ関係事象	電力，石油，ガスおよび水道の供給不足，公共交通，輸送施設および港湾設備の使用不能，通信設備等の使用不能

が可能であり，民法の規定上一定の解決を図ることも可能である。もっとも，上述したとおり民法では「不可抗力」の定義が規定されておらず，かつ，履行の障害となり得る事情は多種多様であることも踏まえると（→**表**参照），民法の原則により処理をする場合，不可抗力により免責されるための要件が必ずしも明確でなく，債務者（売主）には将来「不可抗力」該当性をめぐり紛争化するリスクは依然として存在する。したがって，要件面における不可抗力条項の意義としては，当該契約において不可抗力により免責される場面がより明確になり，当事者の予見可能性が確保されるとともに，将来の紛争リスクを低減することが可能となる点を挙げることができる[16]。また，不可抗力により免責されることの効果についても同様のことがいえる。すなわち，不可抗力事由が発生した場合，不可抗力により影響を受けた当事者（売買契約であれば通常は売主）としては，債務不履行責任が免責されるだけでなく，直ちに契約関係から解消・離脱を望むこともあろう。また，危険負担の適用場面においても，債権

---

16) 特に英米法の場合，契約責任は厳格責任（無過失責任）と考えられているため，契約責任を免責する不可抗力条項の規定が重要となる。

者主義か債務者主義かといった極端な解決ではなく，双方のリスクに応じた折衷的な解決が妥当な場面もあろう。したがって，効果面における不可抗力条項の意義としては，不可抗力により免責された場合の効果がより明確になり機動的な事後対応が可能となるとともに，当事者間の取引形態や状況に応じた柔軟な解決を図ることが可能となる点を挙げることができる。

B 不可抗力条項に定める事項

a 不可抗力条項を適用するための要件

要件を規定するにあたっては，具体的事象を列挙する手法，不可抗力を一般的に定義する手法が考えられる。当然ではあるが，発生した事象が不可抗力条項において具体的に列挙されている場合には，不可抗力条項の発動を求める側の立証負担は相当軽減されることは明らかである。また，**表**記載のとおり，履行の障害となり得る事象は多数存在する上に，台風，サイクロン，ハリケーンなどのように近似した事象を表現する用語が複数存在し，それぞれの射程・包摂関係が法的に明瞭でない場合も少なくはない。したがって，不可抗力条項を規定する場合には，可能な限り具体的事象を列挙することが重要な作業となる。次の条項例は具体的事象を列挙しつつ，適宜一般的・包括的文言（例えば，「天変地異」，「政府行為」，「その他不可抗力」）を挿入することにより，明示的に列挙されていない事象についても包摂されるよう工夫がされている。

b 不可抗力が発生した場合の効果

通常不可抗力条項に該当するような事象が発生した場合には，発生地域の経済情勢や当該企業の事業環境に急激な変化をもたらすことが多く，直ちに契約関係を解消するオプションを望む場合が多いと考えられるため，下記の条項例は履行不能と評価するに至る前であっても，契約目的の達成が困難な場合には，事象により影響を受けた当事者（売買契約であれば，通常は売主）の解除を認めている。このほかに一定の猶予期間内に当該事象による影響が解消されない場合に限り解除権の行使を認める旨の規定も考えられる。

（条項例）

1 　地震，台風，津波その他の天変地異，戦争，暴動，内乱，テロ行為，重大な疾病，法令・規則の制定・改廃，公権力による命令・処分その他の政府による行為，争議行為，輸送機関・通信回線等の事故，その他不可抗力による本契約

の全部又は一部（金銭債務を除く）の履行遅滞又は履行不能については，いずれの当事者もその責任を負わない。ただし，当該事由により影響を受けた当事者は，当該事由の発生を速やかに相手方に通知するとともに，回復するための最善の努力をする。
2　前項に定める事由が生じ，本契約の目的を達成することが困難であると認めるに足りる合理的な理由がある場合には，甲乙協議の上，本契約の全部又は一部を解除できる。

（イ）ウィーン売買条約

　国際的な売買取引に関するルールとして「国際物品売買契約に関する国際連合条約」（平成20年条約第8号。「ウィーン売買条約」と呼ばれている）があり，日本も締約国となっている。同条約においては不可抗力が生じた場合の取扱いに関する規定が置かれている。
　ウィーン売買条約が適用対象としている契約については，同条約の適用を除外する明示的な合意がない限り，同条約の定めが適用されることとなる。ウィーン売買条約は，原則として，営業所が異なる国に所在する当事者間の物品売買契約について，①当事者の国がいずれも締約国である場合または②国際私法の準則によれば締約国の法律が準拠法とされる場合に適用される[17]。日本は締約国であるため，①相手方の国が締約国である場合または②日本法を含む締約国の法律が準拠法とされる場合には，明示的にその適用を排除しない限り，以下の不可抗力条項が適用になる可能性がある。

ウィーン売買条約第79条
(1)　当事者は，自己の義務の不履行が自己の支配を超える障害によって生じたこと及び契約の締結時に当該障害を考慮することも，当該障害又はその結果を回避し，又は克服することも自己に合理的に期待することができなかったことを証明する場合には，その不履行について責任を負わない。
(2)　（略）
(3)　この条に規定する免責は，(1)に規定する障害が存在する間，その効力を有する。
(4)　履行をすることができない当事者は，相手方に対し，(1)に規定する障害及びそれが自己の履行をする能力に及ぼす影響について通知しなければならない。当該当事者は，自己がその障害を知り，又は知るべきであった時から合理的な

> 期間内に相手方がその通知を受けなかった場合には，それを受けなかったことによって生じた損害を賠償する責任を負う。

　ウィーン売買条約79条が適用となるケースにおいて不可抗力による免責を得るためには，①「自己の義務の不履行が自己の支配を超える障害によって生じたこと」（不可抗力事由の存在と債務不履行の因果関係）に加えて，②ア「契約の締結時に障害を考慮することが自己に合理的に期待することができなかったこと」（予見可能性の不存在），またはイ「障害又はその結果を回避し，又は克服することが自己に合理的に期待することができなかったこと」（回避・克服可能性の不存在）を主張・立証する必要があるとされている[18]。したがって，上記の条項例の場合には，すでに不可抗力として合意した事由が存在するので，発生した事象が当該事由に該当するか否かが主たる争点となることが予想されるが，他方でウィーン売買条約に基づく不可抗力による免責の主張をする場合には，発生した事象の存在のみならず，因果関係および予見可能性または回避・克服可能性の不存在を個別に主張・立証しなければならないため，その立証負担は容易ではなく，不可抗力条項による救済を重要なオプションとしたい当事者は予めウィーン売買条約の適用の有無も踏まえて検討する必要がある。

　また，ウィーン売買条約の適用範囲に関する合意としては，①締約国の法律を準拠法とするが，ウィーン売買条約は適用しないと定める方法，②準拠法を明示せず，単にウィーン売買条約は適用しないと定める方法，③単に非締約国の法律を準拠法として定める方法，④単に締約国の法律を準拠法とすると定める方法が想定されるが，④についてはウィーン売買条約の適用排除とは解されないものとされている[19]。したがって，単に「日本法を準拠法とする」と定めるのみでは，ウィーン売買条約の適用を排除することはできないので注意が必要である。

---

17) 矢倉信介「不可抗力条項と企業の契約責任——日本法及びウィーン売買条約の観点から」JCAジャーナル58巻11号（2011年）6頁参照。
18) 矢倉・前掲注17) 6頁〜7頁参照。
19) 曽根裕夫「ウィーン売買条約（CISG）の意義と特徴」ジュリ1375号（2009年）7頁〜8頁。

7　秘密保持

（1）総論

　契約書において，秘密保持条項が設けられる例は少なくない。本書においても，「株式譲渡契約書」（→第7章Ⅱ雛形），「合弁契約書」（→第9章Ⅱ雛形），「共同研究開発契約書」（→第11章Ⅱ雛形）等において，秘密保持条項が定められている。

　このような契約では，契約の遂行等にあたり，契約当事者が互いに相手方に対し，秘密として管理している情報を開示することが予定されている。秘密保持条項は，秘密情報の開示を受けた相手方から当該秘密情報が開示または漏洩等されることにより，秘密情報を開示した契約当事者の競争力や信用が低下することを防ぐ目的で規定される。

　また，不正競争防止法の営業秘密として保護されるためには，有用性，非公然性のほか，秘密管理性が必要とされている（不正競争2条6項）。この秘密管理性の要件を充足するため，ノウハウ等の営業秘密が開示される場合には，秘密保持条項が設けられる。

（2）秘密保持条項に定める事項

> **（条項例）**
> 1　甲及び乙は，本契約の遂行により知り得た相手方の技術上又は営業上その他業務上の一切の情報を，相手方の事前の書面による承諾を得ないで第三者に開示又は漏洩してはならず，本契約の遂行のためにのみ使用するものとし，他の目的に使用してはならないものとする。ただし，情報を受領した者は，自己又は関係会社の役職員若しくは弁護士，会計士又は税理士等法律に基づき守秘義務を負う者に対して秘密情報を開示することが必要であると合理的に判断される場合には，同様の義務を負わせることを条件に，情報を受領した者の責任において必要最小限の範囲に限って秘密情報をそれらの者に対し開示することができる。
> 2　前項の規定は，次のいずれかに該当する情報については，適用しない。
> 　(1)　開示を受けた際，既に自己が保有していた情報
> 　(2)　開示を受けた際，既に公知となっている情報
> 　(3)　開示を受けた後，自己の責めによらずに公知となった情報

> (4) 正当な権限を有する第三者から適法に取得した情報
> (5) 相手方から開示された情報によることなく独自に開発・取得していた情報
> 3　本条の規定は，本契約終了後も○年間，引き続き効力を有する。

（ア）秘密情報の範囲

　秘密保持条項においては，秘密保持義務の対象にいかなる情報が含まれるかを明確にする必要がある。上記の条項例では，情報開示者の立場から，秘密保持義務の対象となる情報に漏れが生じないよう包括的な定めとしている。

　これに対し，秘密保持義務の対象となる情報に制限がなければ，情報受領者は，情報開示者から開示された情報のすべてについて厳重に管理しなければならないこととなる。そこで，情報受領者の立場から，例えば「本契約の遂行により知り得た相手方の技術上又は営業上その他業務上の情報で，相手方から秘密である旨の文書による指定がなされた情報」というように，秘密保持義務の対象となる情報に一定の制限を加えることも考えられる。

　また，ノウハウ等の営業秘密が開示される場合には，当該ノウハウ等の営業秘密を具体的に特定し，その後に「その他，甲及び乙は，本契約の遂行により知り得た相手方の技術上又は営業上その他業務上の一切の情報」等の包括的な条項を定めることも考えられる。営業秘密の具体的な特定方法については，2015年1月28日付けで全部改訂がなされる前の経済産業省の「営業秘密管理指針」[20]（2003年1月30日，2015年全部改訂前の最終改訂：2013年8月16日。以下「2015年全部改訂前営業秘密管理指針」という）において，①概括的な概念による特定（「……に関するデータ」「……についての手順」というように，情報カテゴリーを示すことにより，その外延を規定する方法），②媒体による特定（営業秘密が記録された媒体の名称や番号等により，情報を特定する方法），③詳細な（クレーム[21]類似の）特定（情報の内容そのものを記載する方法。特に技術的情報の場

---

[20]　2015年1月28日付全部改訂前の「営業秘密管理指針」は営業秘密に関する不正競争防止法の解釈および情報管理に関するベストプラクティス等を含むものであったが，全部改訂後の「営業秘密管理指針」は不正競争防止法によって差止め等の法的保護を受けるために必要となる最低限の水準の対策を示すものとなった。なお，漏洩防止策および漏洩時に推奨される包括的対策は経済産業省「秘密情報の保護ハンドブック〜企業価値向上に向けて〜」（2016年2月）に取りまとめられている。

[21]　「クレーム」とは，特許公報等に掲載の「特許請求の範囲」に記載された事項をいう。

合，特許のクレームに類似した形で規定する方法）が掲げられており，参考になろう。2015 年全部改訂前営業秘密管理指針において記載の条項例は，それぞれ以下のとおりである（同指針第 3 章 2.(3)②(イ)）。

① 概括的な概念による特定
「新技術 A を利用して製造した試作品 B の強度に関する検査データ」「B の製造における C 工程で使用される添加剤及び調合の手順」「（他社である）D 社からの業務委託の際に提供を受けた 5 社以上からの借入を有する多重債務者のデータ」
② 媒体による特定
「ラボノート X に記載された情報」「Y 社から提供されたファイル Z のうち〇〇ページに記載された情報」
③ 詳細な（クレーム類似の）特定
「構成脂肪酸において炭素数〇〇以下の飽和脂肪酸含量が〇〇～〇〇重量％であり，炭素数〇〇以上の飽和脂肪酸含有量が〇〇～〇〇重量％である油脂配合物を，〇〇交換してなることを特徴とするクリーミング性改良油脂を，油相中に〇〇～〇〇重量％含有することを特徴とするバタークリーム」

(イ) 秘密情報から除外される情報

　秘密保持条項においては，秘密保持義務の対象となる秘密情報から除外される情報として，①開示を受けた際，既に自己が保有していた情報，②開示を受けた際，既に公知となっている情報，③開示を受けた後，自己の責めによらずに公知となった情報，④正当な権限を有する第三者から適法に取得した情報，⑤相手方から開示された情報によることなく独自に開発・取得していた情報が列挙されることが一般的である。なお，①④⑤の除外事由については，例えば，①開示を受けた際，既に自己が保有していたことを「証明できる情報」，というように，除外事由への該当性を主張する者に，除外事由があることについての立証責任を負わすことを明確にする記載も多く見られる。

(ウ) 秘密保持義務の内容

　秘密保持条項においては，秘密保持義務の内容として，①第三者への開示等の禁止，②目的外使用の禁止が定められることが一般的である。また，現実には，一定の範囲の役員や従業員に秘密情報を開示するであろうから，上記①に関して，役員，従業員等を開示等の禁止の対象から除外することもある。

このほか、法令に基づき監督官庁等から開示を要求された場合を秘密保持義務の除外事由として定めることがある。

> **(条項例)**
> 法令に基づき行政官庁、裁判所から開示を求められた秘密情報については、必要最小限の範囲内で開示することができるものとする。

(エ) 秘密保持義務の期間

秘密保持条項においては、契約が終了した後も秘密保持条項が有効に存続することが定められることが少なくない。この場合、存続期間を無制限とする場合もあるが、一定の期間に限定することが多い。また、存続期間について、「秘密情報を受領後○年間」というように秘密情報の受領時点を起点とする場合もある。無制限とするか、一定の期間に制限するとしてどの程度の期間とするかは、開示される情報の重要性や陳腐化のスピードとの関係で定められることになろう。

8 個人情報の取扱い

(1) 総論

「個人情報の保護に関する法律」(平成15年法律第57号。以下「個人情報保護法」という)22条は「個人情報取扱事業者は、個人データの取扱いの全部又は一部を委託する場合は、その取扱いを委託された個人データの安全管理が図られるよう、委託を受けた者に対する必要かつ適切な監督を行わなければならない」と定める。個人情報保護委員会作成「個人情報の保護に関する法律についてのガイドライン(通則編)」(2016年11月〔2017年3月一部改正〕。以下「個人情報保護法ガイドライン(通則編)」という)では、取扱いを委託する個人データの内容を踏まえ、個人データが漏洩等をした場合に本人が被る権利利益の侵害の大きさを考慮し、委託する事業の規模および性質、個人データの取扱状況(取り扱う個人データの性質および量を含む)等に起因するリスクに応じて、次の①から③に掲げる必要かつ適切な措置を講じなければならないとされている(個人情報保護法ガイドライン(通則編) 3-3-4)。

① 適切な委託先の選定
② 委託契約の締結

③ 委託先における個人データ取扱状況の把握

そのため、「ソフトウェア開発基本契約」(→第10章Ⅱ雛形) 等、個人データの取扱いの全部または一部の委託が予定される契約においては、個人情報の取扱いに関する条項が設けられることが多い (個人情報の取扱いに関して別途書面を取り交わすこともある)。

(2) 個人情報の取扱いに関する条項に定める事項
(ア) 個人情報の取扱いに関する義務の対象

個人情報の取扱いに関する条項においては、委託先の個人情報の取扱いに関する義務の対象を明確にする必要がある。

個人情報保護法22条で「必要かつ適切な監督」が求められるのは、一切の個人情報ではなく、「個人データ」である。「個人データ」とは、「個人情報データベース等」を構成する個人情報をいい、「個人情報データベース等」とは、個人情報を含む情報の集合物であって、特定の個人情報を電子計算機を用いて検索することができるように体系的に構成したもの、または、特定の個人情報を容易に検索することができるように体系的に構成したものとして政令で定めるものをいう (ただし、利用方法からみて個人の権利利益を害するおそれが少ないものとして政令に定めるものを除く)。

後記の条項例では、受託者の立場から、義務の対象を「個人データ」に限定しているが、委託者の立場から、一切の個人情報に広げることも考えられる。

(イ) 個人情報の取扱いに関する義務の内容

上記のとおり、「個人情報保護法ガイドライン (通則編)」では、個人情報保護法22条の「必要かつ適切な監督」には委託契約の締結が含まれるものとされ、委託契約には、当該個人データの取扱いに関する、必要かつ適切な安全管理措置として、委託元、委託先双方が同意した内容とともに、委託先における委託された個人データの取扱状況を委託元が合理的に把握することを盛り込むことが望ましいとされている。この点については、個人情報保護法22条の文言に2015年の同法改正の前後で変更がないことから、改正前に厚生労働省と経済産業省が公表していた「個人情報の保護に関する法律についての経済産業分野を対象とするガイドライン」(2004年10月。2017年5月30日に廃止) が参考になろう。そこでは、個人データの取扱いを委託する場合に契約に盛り込む

ことが望まれる事項として，以下の事項が掲げられていた。

【個人データの取扱いを委託する場合に契約に盛り込むことが望まれる事項】
- 委託元および委託先の責任の明確化
- 個人データの安全管理に関する事項
    - ・個人データの漏えい防止，盗用禁止に関する事項
    - ・委託契約範囲外の加工，利用の禁止
    - ・委託契約範囲外の複写，複製の禁止
    - ・委託契約期間
    - ・委託契約終了後の個人データの返還・消去・廃棄に関する事項
- 再委託に関する事項
    - ・再委託を行うにあたっての委託元への文書による事前報告または承認
- 個人データの取扱状況に関する委託元への報告の内容および頻度
- 契約内容が遵守されていることの確認（例えば，情報セキュリティ監査なども含まれる）
- 契約内容が遵守されなかった場合の措置
- セキュリティ事件・事故が発生した場合の報告・連絡に関する事項

　次の条項例では，個人データの安全管理に関する事項，委託契約範囲外の加工，利用等の禁止，契約内容が遵守されていることの確認，セキュリティ事件・事故が発生した場合の報告・連絡に関する事項を定めている。

　第1項では，個人データの安全管理に関する事項として「個人情報保護法20条に基づく安全管理措置」というように包括的な定めとしているが，事案によっては，取扱いを委託する個人データの内容，本人の個人データが漏洩等した場合に本人が被る不利益の大きさ等を考慮し，「業務委託契約書」（→第5章Ⅱ雛形）のように，安全管理措置の内容を具体的に定めることも考えられる。その場合，組織的，人的，物理的および技術的な面から安全管理措置の内容を具体的に定めることが望ましい（個人情報保護法ガイドライン（通則編）3-3-2，別添8参照）。

> **(条項例)**
> 1　乙は、本契約の遂行に際して、甲から取扱いを委託された個人データ（個人情報の保護に関する法律（以下「個人情報保護法」という）2条6項で定義される個人データをいう）（以下「本件個人データ」という）について、個人情報保護法20条に基づく安全管理措置を遵守し、第三者に開示又は漏洩してはならない。
> 2　乙は、本件個人データを、本契約の遂行のためにのみ使用、加工、複写等するものとし、他の目的に使用、加工、複写等してはならない。
> 3　乙は甲に対して、毎年6月末日及び12月末日限り、個人情報の管理状況について報告する。また、甲は乙に対し、年1回以上、必要に応じて、立ち入り検査ができる。
> 4　乙において、万一、個人情報の漏洩等の事故が発生した場合には、乙は甲に対し、直ちに当該事故の発生の日時・内容その他詳細事項について報告する。また、乙は、自己の費用において、直ちに漏洩等の原因の調査に着手し、速やかに甲に対し調査の結果を報告するとともに、甲が満足する内容の再発防止措置を講じ、甲に対しその内容を報告しなければならない。

9　譲渡禁止条項

（1）譲渡禁止条項とは

　契約上の権利ないし義務を第三者に譲渡することを禁止する条項のことをいう（以下、かかる条項による特約を「譲渡禁止特約」という）。契約上の権利義務を自由に第三者に譲渡することができるとすれば、自己の与り知らないところで契約の相手方が変更されることになり、契約の他方当事者に重大な影響を及ぼすこととなる。また、債権譲渡による過誤払いのリスクや反対債権による相殺の機会が失われる可能性、譲渡に伴う事務手続の煩雑さ等を免れるため、債務者には、弁済先を固定する必要性がある。そのため、契約においては、契約上の権利義務を第三者に自由に譲渡することを禁止する条項を設けることが多い。

（2）法律に基づく原則

　契約上の権利義務の移転は、契約上発生する権利ないし義務につき債権譲渡や債務引受がなされた場合、および、契約上の地位が移転したときに生じる。

(ア) 債権譲渡

A 現行民法の規定

現行の民法上，債権の譲渡は，原則として債務者の承諾なくして自由に行えることになっており（民466条1項），債権の譲渡を第三者に対抗するためには，債務者への通知または債務者の承諾が必要とされているにすぎない（民467条1項）。ただし，当事者間で債権譲渡を禁止する旨の条項を設けることは可能である（民466条2項本文）。

B 2017年改正後の民法の規定

近時，中小企業の資金調達方法として債権譲渡担保が脚光を浴びているが，現行民法下で譲渡禁止特約が付された債権を担保にしようとする場合には，上述のように債務者の承諾を得る必要がある。しかし，この承諾を得ることができない場合が少なくない等の問題があったため，2017年の民法改正により，譲渡制限特約[22]は債権譲渡の有効性を妨げないこととされた（民新466条2項。債権的効力説。ただし，預貯金債権は除く〔民新466条の5〕）。この改正により，譲受人が譲渡制限特約の存在について悪意・重過失であっても，第三者対抗要件を具備したときには，当該譲受人に確定的に債権が帰属することになる。

もっとも，弁済先を固定するという債務者の利益も一定程度保護されており，債務者は，譲渡制限特約の存在について悪意・重過失の譲受人に対して債務の履行を拒むことができ，かつ，弁済等の債権消滅事由をもって対抗することができる（民新466条3項。ただし，債務者が譲渡人に弁済せず，履行遅滞に陥ったときは，これら譲渡制限特約に基づく抗弁権を主張することができない〔民新466条4項〕）。なお，譲渡制限特約に違反した譲渡がされた際には譲受人の善意・悪意を問わず確定的に譲渡債権が譲受人に帰属するため，債権者不確知による供託ができなくなることが懸念されたことから，新たな供託原因が規定された（民新466条の2）。

以上の2017年改正民法施行後に，譲渡制限特約に違反して債権が譲渡さ

---

[22] 現行民法下では「譲渡禁止特約」と呼ばれているが，第三者への譲渡を一切禁止する特約のみならず，特定の属性の第三者への譲渡を禁止する特約（例：金融機関以外への譲渡を禁止する特約）や特定の条件の下でしか譲渡してはならないとする特約（例：債権の一部のみを譲渡してはならないとする特約）なども含まれることから，2017年改正後の民法では「譲渡制限特約」と呼称している（筒井健夫＝村松秀樹編著『一問一答 民法（債権関係）改正』〔商事法務，2018年〕162頁注1〔以下，本章において同書を「一問一答」と略す〕）。

たときに，債務者として採りうる対策としては，以下①ないし③のいずれかである[23]。

① 譲渡制限特約の抗弁権を放棄して譲受人に弁済する。
② 悪意・重過失の譲受人に対して債務履行の拒絶等の譲渡制限特約の抗弁権を対抗し，譲渡人に弁済する。
③ 譲渡債権額全額を供託する。

(イ) 債務引受

A 現行民法の規定

他方，債務の譲渡つまり債務引受については，現行民法上明文の定めはない。しかし，これを禁止する理由はないため債務引受も当事者の合意により可能と考えられている。もっとも，債務引受は，債務者の変更にほかならず，債権者に重大な影響を及ぼす事項であることから，少なくとも，債務者が契約関係から離脱することになる免責的債務引受の場合には，債務者と引受人との間の合意のみならず，債権者の承諾が必要と考えられている。他方，引受人が債務者と併存的に債務を負担する併存的債務引受は，債権者にとって有利であるから，債権者の同意がなくとも債務者と引受人との合意のみで行うことができる（大判大正6・11・1民録23輯1715頁）。また，保証契約と同様（民462条参照），債務者の意思に反しても，債権者と引受人との契約によって行うことも可能である（大判大正15・3・25民集5巻219頁）。

B 2017年改正後の民法の規定

以上のとおり，現行民法下で，債務引受が判例上認められ，実務上も事業譲渡の際などに広く行われていたことから，2017年改正民法において，併存的債務引受および免責的債務引受のそれぞれについて，基本的な要件と効果および引受人の抗弁等に関する規定が新設された（民新470条～472条の4）。

---

23) ①ないし③の方策のほかに，譲渡人に対する譲渡制限特約違反を理由とする契約解除や損害賠償請求の可否が問題となるが，特段の事情のない限り，譲渡制限特約違反とはならないと評価されている。また，債務者にとって具体的な損害を観念することができないため，譲渡人が損害賠償責任を負うことには直ちにつながらないとされる。特段の不利益がないにもかかわらず，債権譲渡を行ったことをもって契約解除や取引関係の打ち切り等を行うことは，極めて合理性に乏しい行動といえ，権利濫用等に当たり得るものと考えられる（一問一答164頁～165頁）。

（ウ）契約上の地位の移転
A 現行民法の規定
契約上の権利義務を契約上の地位ごと他者に移転させる行為[24]には，債務引受の側面も含まれるため，免責的債務引受同様，契約の相手方の承諾が必要とされる（大判大正14・12・15民集4巻710頁）。ただし，不動産賃貸借契約の賃貸人の地位の移転は，賃貸人の債務は使用収益させるという消極的なものであり，誰が賃貸人であるかは賃借人にそれほど影響しない上，賃貸人の地位の移転を制限するとかえって賃借人の保護に欠けることから，かかる賃貸人の地位の移転は，対象不動産の旧所有者と新所有者との合意で足り，賃借人の承諾を要しないとされている（最判昭和46・4・23民集25巻3号388頁）。

B 2017年改正後の民法の規定
以上のとおり，現行民法下で，契約上の地位の承継が判例上認められ，実務上も広く行われていたことから，2017年の民法改正において，契約上の地位の移転に関する基本的な規律が新設された（民新539条の2）。なお，改正法の605条の2第1項と605条の3は，539条の2の特則であり，賃貸不動産の譲渡に伴う賃貸人の地位の移転について，賃借人の承諾がなくとも賃貸人の地位が移転するという上記判例の理解を明文化したものである。

（エ）将来債権譲渡
従前，明文の規定はないものの，判例上，将来発生する債権（将来債権）の譲渡の有効性が認められていたところ，2017年改正民法において将来債権譲渡の有効性が明文化された（民新466条の6第1項）。ただし，将来債権の譲渡後に当該債権発生の基礎となる契約上の地位が移転した場合における債権の帰属や，将来発生する債権が譲渡人・譲受人いずれの下で発生するのか等の具体的論点について改正法の定めはなく，解釈に委ねられたため[25]，債権譲渡契約

---

24) 債権譲渡，債務引受によっては，債権債務を生じさせた契約の取消権や解除権は移転しないが，契約上の地位の移転によると，債権債務のほか取消権や解除権も含めて移転することとなる（内田・前掲注2）244頁）。
　　また，契約上の地位が譲渡人から譲受人に移転する結果，譲渡人は契約関係から離脱することになる。

25) 将来発生する売掛債権が譲渡された後に，当該売掛債権が発生する事業が譲渡された場合に，債権譲渡先と事業譲渡先のいずれに売掛債権が帰属することになるかという論点や，将来発生する賃料債権が譲渡された後に，賃貸不動産が譲渡された場合に，債権譲渡先と賃貸不動産の新所有者のいずれに賃料債権が帰属することになるかといった論点が挙げられる。

では、これらの論点について疑義が生じないような規定を設ける必要がある。

(3) 契約による修正
(ア) 譲渡禁止条項の必要性
　(2)でみたとおり、現行民法の規定からすると、契約上の権利ないし義務の譲渡、特に債権譲渡については、契約の相手方の同意なく行うことができるのが原則である。しかし、契約は相手方当事者の資力、信用、技術力等に着目して締結し履行していることが多く、その相手方が一方的に変更され得るのでは、契約を締結した意義が失われるおそれがある。また、契約の一方当事者の与り知らないところで、契約の相手方が変更できるとすれば、二重払いや債権の二重譲渡が生じるおそれもある。そこで、実務上、多くの契約書に譲渡禁止条項が設けられている[26]。

(イ) 譲渡禁止条項に違反した譲渡の効力
　このような譲渡禁止条項が契約に設けられている場合、現行民法下では、契約の当事者は原則としてかかる条項に拘束される。債権譲渡については、現行民法 466 条 2 項において、当事者が反対の意思を表示した場合には、債権譲渡の自由を定める同条 1 項が適用されない旨規定されている。これは、債権譲渡禁止条項に違反して債権譲渡がなされた場合、契約当事者間のみならず、債権を譲り受けた第三者との関係においても、当該債権譲渡は無効である、との意味であるとされる（物権的効力説[27]）。ただし、同条 2 項ただし書において、その意思表示（債権譲渡禁止条項）は善意の第三者に対抗できないと規定されている。この「善意」については、「善意かつ重過失がないこと」と解されている（最判昭和 48・7・19 民集 27 巻 7 号 823 頁）。したがって、債権譲渡禁止条項は、この条項を知らず、かつ知らないことについて重過失がない第三者に対しては対抗できないこととなる[28]。

---

26) 譲渡禁止特約が設けられていても、契約当事者につき民事再生手続が開始され、民事再生手続中に営業譲渡がなされた場合には、民事再生法の趣旨に照らして、特約違反にはあたらないとされた裁判例がある（東京地判平成 15・12・5 金法 1711 号 43 頁）。
　また、ライセンス契約において、譲渡禁止特約を定めていたとしても、特許法 2012 年改正後に特許権が譲渡された場合には、ライセンシーは自己のライセンスを特許譲受人に対して対抗できる（特許 99 条。→第 11 章参照）。
27) 我妻栄『〔新訂〕債権総論（民法講義Ⅳ）』（岩波書店、1964 年）524 頁。

また、契約に基づく債務の譲渡に関しても、**(2)(イ)** で述べたとおり、免責的債務引受については債権者の承諾を要するため、譲渡禁止条項に違反した免責的債務引受は無効と考えられる。

さらに、将来債権が譲渡された後に譲渡禁止特約が付された場合であっても、東京地判平成24年10月4日（判時2180号63頁）は、譲渡禁止特約を有効と解し、譲受人は将来債権を取得したと認められないと判断している[29]。

もっとも、2017年改正民法により、債権譲渡に関しては、譲渡制限条項に違反する譲渡も有効とされたことから、債権譲渡自体を制限することはできなくなった。

ただし、譲渡制限条項を設けておれば、債務者は悪意・重過失の譲受人に対して債務の履行拒絶権の抗弁権等を対抗することができるため、2017年民法改正後においても、譲渡制限条項を設けておく実益はある。

(ウ) 譲渡禁止条項に定める事項

A 禁止する行為

譲渡禁止条項においては、まず契約上の地位や権利義務の「譲渡」を禁止することが考えられる。この「譲渡」には債務引受も含むと解してよい。また、譲渡のみならず、第三者の担保に供することについても禁止の対象として規定することがある。担保権が実行されれば、権利等が譲渡されたと同様の効果が生じるからである。

B 譲渡禁止の除外事由

譲渡禁止条項において権利義務等の譲渡を原則として禁止するとしても、契

---

[28] 譲受人が譲渡禁止特約について悪意または重過失であっても、その後、債務者が債権の譲渡について承諾を与えたときは、債権譲渡は譲渡時に遡って有効となる。ただし、民法116条の法意に照らし、第三者の権利を害することはできないとされる（最判平成9・6・5民集51巻5号2053頁）。

[29] かかる場合の譲渡禁止特約は、将来債権の譲渡の後に付されている以上、当該譲渡禁止特約の存在について譲受人は債権の譲受時において知る由もない。そこで、かかる債権譲渡は、有効と解さざるを得ないようにも思われる。しかし、将来債権について譲渡された後に、国が同債権について滞納処分により差し押さえた事案において、前掲東京地判平成24・10・4は、将来債権の譲渡後に譲渡禁止特約が付された場合、民法466条2項ただし書の適用はないと判示し、債権の譲受人の善意悪意にかかわらず、将来債権に付された譲渡禁止特約を有効と解し、譲受人は将来債権を取得したと認められないと判断した。かかる判断に関しては、集合債権譲渡担保が設定された後に、その債権について譲渡禁止特約がなされれば、担保の実行を免れることができることになって不都合との批判がなされている。

約の相手方が承諾した場合には譲渡を認めて差し支えはなく，いわば当然のことではあるが，譲渡禁止条項にその旨を規定することが多い。

この場合，承諾は譲渡の前に得るようにすべきか事後承諾でもよいか，承諾の形式として書面によることとするか口頭でもかまわないか，といった点を検討する。一般には，譲渡がなされた後の争いを避けるために，「事前」の「書面による」承諾を要する旨定めておくことが多いであろう。

なお，契約内容によっては，基本的には譲渡の可能性が十分にある取引でありながら，相手方が濫用的に承諾を拒絶するリスクがある，というケースも考えられる。こうした場合に，譲渡禁止条項において，「承諾がない限り譲渡できない」と規定しつつ，「ただし相手方は正当な理由がない限り承諾を拒むことができない」とか「不合理に承諾を拒絶しないものとする」といった文言を加え，濫用的な承諾の拒絶を防止する例もある。

> **(条項例)**
> 　甲又は乙は，予め相手方の書面による承諾がない限り，本契約により生じた契約上の地位を移転し，又は本契約により生じた自己の権利義務の全部若しくは一部を，第三者に譲渡し，若しくは第三者の担保に供してはならない。

(4) Change of Control 条項
(ア) Change of Control 条項とは

契約の当事者が法人である場合，株式の譲渡等により法人の支配権が第三者に移ったとしても，契約の当事者には変更がないのであるから，これによって権利義務に変動は生じない。しかし，法人が形式的には同一でも，法人の支配権に変動が生じることにより，実質的には当事者の変更があったと評価される場合があり得る。そのような場合に備え，契約当事者の支配権の変動を契機として当事者に権利を付与したり義務を課したりする条項を，契約書中に設けることがある。この条項を Change of Control 条項という。

このような条項は，契約の相手方がライバル社と提携した場合や敵対的な支配権の変動がなされた場合など，相手方契約当事者の支配者次第で契約関係を見直す必要がある場合を想定して，実務上多くの契約書で設けられている。

(イ) Change of Control 条項に定める事項

A 支配権の変動

どのような場合に「会社の支配権に変動があった場合」といえるかは，解釈に争いが生じる可能性があるため，「会社の支配権に変動があった場合」について例示を設けておくとよい。次の条項例では，合併，株式交換，株式移転といった典型的な株主の変更のほか，会社の重要な意思決定に関する特別決議事項について拒否権を持ち得るシェアである3分の1を超える議決権の変動を例に挙げた。他方，株主が少数しかおらず株主が頻繁に変動することが想定されていない場合には，株主の一人でも変動があった場合をもって，支配権に変動があったとすることも考えられる。

また，孫会社の親会社（支配権者の支配権者）に変動があったなど，実質的な支配権の変動について規定することも検討されるべきであろう。

B 解除権の行使

支配権の変動があった場合には，解除権を認める，通知義務を課す，契約を当然に終了させる，あるいは期限の利益を喪失させ弁済期を到来させる，などの効果を規定することが考えられる。実際には，支配権が変動する場合には，友好的なものや契約の相手方に異存がない場合も多くあり，当事者がかかる効果の発生を望まない場合も多い。そこで，次の条項例では，このような実態に鑑みて，支配権の変動により契約を当然に終了させるのではなく，状況に応じ，解除権を行使できるように定めている。

> **（条項例）**
> 甲が，合併，株式交換若しくは株式移転を行った場合又は甲の株主が全議決権の3分の1を超えて変動した場合等，甲の支配権に実質的な変動があった場合には，乙は本契約を解除することができる。

10 通知に関する条項

賃貸借契約等の一定期間の継続的な関係を前提とする契約においては，将来の債権を保全し，取引による損害を発生・拡大させないために，契約の相手方の信用状態を契約締結後も常に把握しておく必要がある。そのため，このような契約においては，契約の相手方の組織，事業内容，経営等の重要な変更によ

り、その信用状態に変化が生じ得る場合、相手方に対し当該変更を速やかに通知するよう義務づける条項を設けることがある。これが、いわゆる通知義務を定めた条項である。

実務上、通知義務の対象とされる事項としては、以下の①～④が挙げられ、次の条項例もこれを踏まえたものとしている。ただし、これらはあくまで例示であるから、個別の契約締結の場面で、そのほかに契約の相手方の信用状態を測るために有用と思われる指標があれば、その事項に関する変更も加えておくのが望ましい。例えば、特許権を主たる資産とし、ライセンスを業とする相手方であれば、無効審判等により保有特許権数が大幅に減少した場合を通知事項とすることが考えられる。

① 組織変更　　　　合併、会社分割
② 事業内容の変更　事業譲渡
③ 資本構成の変更　大株主の異動、株式の過半数または相当割合の第三者への譲渡、大口出資持分社員の異動、資本構成の重大な変更、実質的な経営主体の変更
④ 登記事項の変更　本店所在地、商号、代表者の変更

（条項例）
甲又は乙は、次の各号に定める事項を行う場合、事前に書面をもって相手方に通知しなければならない。
(1) 合併、会社分割、株式交換、株式移転等の組織に関する重大な変更
(2) 事業の全部又は一部の譲渡
(3) 株主を全議決権の3分の1を超えて変動させる等、支配権に実質的な変動を生じさせる行為
(4) 本店所在地、商号、代表者等の変更

11　分離（可能性）条項

　分離（可能性）条項とは、締結した契約書の内容の一部が、強行法規に抵触し、または判決で無効と判断された場合でも、ほかの条項は無効とせず、当該契約自体は有効とする規定のことを指す。つまり、仮に契約中に無効の条項が含まれていたとしても、無効となった規定を契約本体から切り離し、契約本体は有効のまま存続させるとの当事者の合意である。契約の一部に無効事由があって

も，当該契約の大枠は存続させたいと考える場合には，有用な条項である。

ただし，この条項を盛り込んでいたとしても，契約の成立要件である要素（中核的事項）に無効事由があった場合には，契約全体が無効と判断される可能性があることには注意すべきである。

> (条項例)
> 本契約の条項の一部が，管轄権を有する裁判所によって違法又は無効と判断されたとしても，残部の条項は，その後も有効に存続する。

12 完全合意条項

完全合意条項とは，英米法上の口頭証拠排除原則（パロール・エヴィデンス・ルール）を明文化したものであり，契約書に記載されていない約定に一切効力を認めないという取決めである。日本の民法からすると，仮に口頭の約定であっても，後にその約定を証明できさえすれば契約またはその一部と認められるが，完全合意条項はこのような民法の原則を排したものである[30]。

完全合意条項は，もともと英米法圏との取引で用いられることが多かったが，近時では日本の国内企業同士の契約においても用いられている[31]。

同条項を規定することによって，債権債務は，契約書またはその修正書面に記載されているものに限定されることになるので，契約当事者にとっては，予測できない債務の発生がなくなるというメリットがある。反面として，契約書の記載が絶対となるので，契約書を取り交わすにあたっては慎重になるべきである[32]。

> (条項例)
> 本契約は，本契約締結時における甲乙の合意の全てであり，本契約締結以前における甲乙間の明示又は黙示の合意，協議，申入れ，各種資料等は，本契約の内容と相違する場合には，効力を有しない。

---

[30] 準拠法を日本法とする契約中の完全合意条項の効力を認めた事例として東京地判平成7・12・13判タ938号160頁がある。

[31] 一般社団法人情報サービス産業協会（JISA）「ソフトウェア開発委託モデル契約」（2008年5月）3条2項，35条（http://www.jisa.or.jp/legal/download/contract_model2008.pdf）。

13　契約の終了時の取扱い

(1) 概要
　当事者間で契約を締結するにあたり，契約が終了した際に，当該契約に基づいて発生した当事者間の権利義務関係をどのように扱うのか，あるいは，契約が終了した後も効力を有する条項を設けるのかといった点について，協議を行い，必要に応じて契約書に明記することがある。

(2) 契約終了後の効力の存続
　契約書記載の条項は原則として契約終了後には効力を持たないが，契約の終了後にも適用される場面が想定される条項がある場合，契約終了後もその効力を存続させる条項（残存条項）を設けることがある。
　残存条項の対象として，主に秘密保持に関する条項，知的財産権の取扱いに関する条項，瑕疵担保責任（契約不適合責任）の範囲に関する条項，競業避止義務に関する条項等が考えられる。
　例えば，システム開発の契約において，当事者が当該契約の履行に際して取得した相手方の機密情報は，契約後も保持する義務を負うこととしないと当事者は安心して契約を締結することができない。また，研究開発契約を締結し，当該契約において開発した発明の特許権は当事者間で共有するという条項を設ける場合，契約終了後も当該条項の効力が存続することを明記しておかないと，契約終了後に特許権の取扱いをめぐって混乱が生じる危険がある。
　このほか，当事者間において契約終了後に紛争が発生する場合に備えて，損害賠償に関する条項や準拠法に関する条項，管轄裁判所に関する条項の効力も存続させることが多い。また，条項ごとに効力を存続させる期間を限定することもある。例えば，次のような条項例が考えられる。

---

32) 完全合意条項を理由に，契約締結前の書簡に記載されたのみで，契約書には明記されなかった最恵待遇条項が契約の内容と認められなかった事例として，東京地判平成18・12・25判時1964号106頁がある。

> **(条項例)** ※ 2017年改正民法施行後は，（瑕疵担保責任）は（契約不適合責任）となる。
>
> 　本契約の終了にかかわらず，本条，第○条（秘密保持），第○条（知的財産権），第○条（瑕疵担保責任），第○条（競業避止義務），第○条（損害賠償），第○条（準拠法）及び第○条（合意管轄裁判所）の規定は，引き続きその効力を有する。ただし，第○条（秘密保持）については終了日から5年間に限る。

14　紛争解決条項

(1) 総論

　ほとんどの契約書には，多かれ少なかれ，当該契約に関連して生じた紛争の処理方法に関する定めが設けられている。もっとも，一口に紛争の処理方法に関する定めといっても，実質的に何も定めていないものから，相当詳細に規定されているものまで，多種多様である。

　契約交渉が行われるのは，これから新たに新規事業ないし取引を始めようとする局面であることが多いと思われるが，このような局面では，いわば「前向き」な交渉ばかりが先行してしまう傾向があるように思われる。確かに，このような局面において，新たな事業ないし取引がうまくいかなかったような場合など，契約当事者の関係が悪化してしまい，紛争に至るような，「後ろ向き」な場面を見据えて積極的な交渉を進めるということは想定しがたいかもしれない。

　しかしながら，紛争に至った場合には膨大なコストがかかる。紛争処理に関する条項についての交渉を誤ることで，そのコストがさらに膨れあがることも十分にあり得ることである（遠方の契約相手方の住所地を管轄する裁判所を第一審の専属合意管轄裁判所とする合意をしてしまった場合を想起されたい）。

　紛争解決に関する条項を契約書に設けること自体は，もはや一般的となりつつある。その際に，「万が一」紛争に至ってしまう場合のリスクを検討し，戦略的に条項案に盛り込むよう，契約交渉に臨むことが望まれる。

　以下では，紛争処理に関する条項案のうち，契約書一般について汎用性の高いものを取り上げることとする。

（2）誠実協議条項

紛争解決に関する条項のうち，一般的なものとして，「誠実協議条項」が挙げられる。以下に「誠実協議条項」の一例を示す。

> **（条項例）**
> 本契約に定めのない事項及び本契約の内容の解釈につき相違のある事項については，本契約の趣旨に従い，両当事者間で誠実に協議の上，これを解決するものとする。

契約交渉時に，具体的な紛争解決方法について両当事者間で折り合いがつかなかった場合などに，このような条項が置かれることがある。しかし，このような条項は，当事者に何らかの具体的な義務を課するものではなく，現実に紛争が生じた場合に意味を持つものであるとは言いがたい。

このような条項のみが設けられ，ほかに紛争解決に関する条項が設けられなかった場合には，民事訴訟法等，紛争解決について定めた法律の規定に従うこととなる。一般的には，被告の普通裁判籍の所在地もしくは民事訴訟法所定の地を管轄する裁判所に訴訟を提起することとなることが多いであろう（民訴4条以下）。仲裁手続による場合，当事者間の書面による合意が必要とされている（仲裁13条2項）ところ，事前に合意がなされていない場合，紛争の段になって紛争解決手続に関する合意がまとまるとは考えがたいことから，仲裁手続によることは現実問題として難しいであろう。

（3）管轄条項

契約に関連して紛争が生じ，両当事者の話合いによっては解決しない場合，紛争解決の手段として訴訟手続を利用することが考えられる。この場合，いずれの裁判所に訴訟を提起することができるかという，管轄に関する定めが置かれることがごく一般的である。

当事者間で管轄について特段の合意をしなかった場合には，前記のとおり，民事訴訟法の規定に従うことになるため，被告の普通裁判籍の所在地もしくは民事訴訟法所定の地を管轄する裁判所に訴訟を提起することとなる（民訴4条以下）。これに対し，当事者は，第一審に限り，合意により管轄裁判所を定めることができる（民訴11条1項）。したがって，法定の管轄裁判所では不都合

と考える当事者は，契約条項で自らが望む地の裁判所を訴訟を提起する裁判所として定めることができる。

管轄の合意は，一定の法律関係に基づく訴えに関し，かつ，書面でしなければ効力を生じないが（民訴11条2項），「一定の法律関係に基づく訴え」とは，「当事者間の」一切の紛争に関する合意管轄を定めることを排除するとの意味にとどまるものであり，例えば「本契約に関する」一切の紛争という法律関係の特定がなされれば足る。

また，合意管轄という場合，法定の管轄を排除して特定の裁判所に専属的に管轄権を生じさせる「専属的合意」と，法定の管轄に加えて特定の裁判所にも管轄権を生じさせるという「付加的（選択的）合意」とがある。いずれの意味の管轄合意であるかが不明瞭な場合もあるので，専属的合意の意味で合意管轄を定めるのであれば，「○○地方裁判所を専属的合意管轄裁判所とする」というように「専属的合意」との語を明確に用いるべきであろう。

以下に，一般的な管轄条項の例を示す。

> **(条項例①)**
> 本契約に関する一切の紛争については，○○地方裁判所を第一審の専属的合意管轄裁判所とする。

> **(条項例②)**
> 本契約に関する一切の紛争については，甲の本店所在地を管轄する地方裁判所を第一審の専属的合意管轄裁判所とする。

> **(条項例③)　取引基本契約と個別契約を締結する場合**
> 本契約および本契約に基づく個別売買契約に関する訴訟の専属的合意管轄裁判所は，訴額に応じ，甲の本店所在地を管轄する地方裁判所又は簡易裁判所とする。

（4）仲裁条項
（ア）仲裁とは

仲裁は，当事者が，紛争の解決を第三者（仲裁人）の判断に委ね，その判断に従うという合意（仲裁合意）に基づき紛争を解決する手続である[33]。

紛争を仲裁手続に付すためには，原則として書面による仲裁合意がなされていることが必要であり（仲裁13条2項），契約書上，仲裁合意を定めた条項が記載されている場合には，書面による仲裁合意があったものとされる（同条3項）。そこで，紛争の解決手続として，仲裁を用いようと考える場合には，予め契約書にて仲裁条項を定める必要がある。そして，仲裁合意があるにもかかわらず，当該合意の対象となる紛争について訴えが提起された場合には，受訴裁判所は被告の申立てにより，原則として当該訴えを却下することとされている（同法14条1項）。したがって，紛争解決手続として訴訟，仲裁いずれを選択するかを契約時点で判断しておく必要がある（何の手続も定めない場合には，法定の管轄裁判所で訴訟により解決することとなる）。

　そこで，訴訟と仲裁のいずれが適切かを判断することとなる。訴訟は三審制を採用するため時間を要し，それに伴い相応の費用負担が避けられないのに対し，仲裁手続は仲裁判断が最終的な判断であり上訴することができず，その意味で時間や費用は限られるが，逆に，一回限りの判断で上訴ができないという点は不利な判断を受けた場合のリスクでもある。仲裁の場合でも，仲裁人の費用を当事者が負担するため（仲裁47条），費用が高額となる場合はあろう。また，訴訟は審理が基本的に公開されるのに対し，仲裁の審理は原則として非公開とされており，企業秘密に関わる紛争の場合には利点を有する。さらに，専門的，技術的な分野に関する紛争の場合，訴訟では裁判官が当該分野に精通しているかどうかは不明である（むしろそうでない場合の方が多いと思われる[34]）が，仲裁では当事者が合意した手続により仲裁人を選定する（仲裁16条1項・17条1項）ので，当該専門技術分野に明るい第三者が仲裁人となることが期待できる。仲裁判断は，オール・オア・ナッシングとなることの多い判決と異なり，柔軟な解決内容を定めることができるという点も特長である。

　仲裁は上記のような利点を有するものの，日本国内の取引においては専門性

---

33) 訴訟手続以外の紛争解決手続としては，仲裁のほかに調停がある。調停の場合，その成立は当事者の自由意思に委ねられている。対して，仲裁の場合，ひとたび仲裁手続に入れば，当事者の意思によらず，仲裁人により，当事者に対し拘束力のある判断がなされる。仲裁手続において，裁判所を利用した手続でないにもかかわらず，当事者の意思によらず拘束力のある判断がなされるのは，専ら，当事者が事前に事件を仲裁に付する旨の仲裁合意をしていたことに求められる。
34) もっとも，専門委員の関与（民訴92条の2以下）など，訴訟手続にあたり専門家を関与させる制度も設けられている。

の高い分野に関する取引を除いては契約書で仲裁手続を選択するケースは多くはないようである。他方，仲裁判断には確定判決と同一の効力が認められている（仲裁45条1項）ところ，ある国における仲裁判断を外国で執行することは，判決に基づく執行の場合と異なり，一定の条約を締結している国の間では比較的容易に認められる。したがって，国際取引においては，紛争解決後の執行の実現可能性まで踏まえ，仲裁を選択する場合が多い。

(イ) 仲裁条項の内容

仲裁条項を設けるにあたっては，「本契約に関する紛争は仲裁により解決する」といった仲裁合意のほか，仲裁地，仲裁機関，仲裁人の人数やその決め方，仲裁の手続内容等について，併せて規定を設けることが考えられる。これらの規定を設けない場合には，仲裁法の定めに従うことになる（仲裁16条・17条・26条・28条参照）。

もっとも，仲裁条項を設ける場合，仲裁機関を定め，手続は当該仲裁機関が設ける規則等によることとする場合が多い。仲裁機関を用いない仲裁をアドホック仲裁ということがあるが，アドホック仲裁を予定する場合には，事前に，仲裁手続の内容についてある程度詳細に合意をしておく必要がある。反面，仲裁機関の設ける規則はごく一般的なものであり，かつ詳細に整備されているため，仲裁機関が規則を設けていないような特殊な手続に従って仲裁手続を進めたい場合を除き，あえてアドホック仲裁によることはあまり賢明ではないように思われる。

以下では，仲裁機関による仲裁条項の一般的な例をいくつか示す。

(条項例①)　仲裁地に関する定めを置く場合
　本契約に関して甲乙間に紛争が生じた場合には，東京都において，一般社団法人日本商事仲裁協会の商事仲裁規則に従って，仲裁により解決するものとする。

(条項例②)　特許権に関する紛争に限定し，仲裁人の選定方法に関する定めを置く場合
　本契約及び本契約に基づく個別売買契約に関する紛争のうち，特許権に関する紛争については，日本知的財産仲裁センターの調停手続規則に従って，仲裁により解決するものとする。ただし，仲裁人は1名とし，仲裁人の選定にあたっては，甲乙それぞれ任意に1名の仲裁人選定役を選任し，仲裁人選定役による協議によ

り決するものとする。

(条項例③)　仲裁に至る前に一定の協議期間を設ける場合
1　本契約及び本契約に基づく個別売買契約に関する紛争が生じた場合には，甲及び乙は，誠実に協議を行い当該紛争の解決に努めるものとする。
2　前項の協議を開始した後30日を経過しても当該紛争が解決しない場合には，当該紛争は，東京都にて，○○仲裁センターの○○仲裁センター規則に従って，仲裁により解決するものとする。

The business and the form of a contract
Chapter 15

第15章

定型約款

I 総論

1 定型約款に関する規律が設けられた理由

　企業活動において，銀行の普通預金規定やスポーツクラブの利用規約など，企業が不特定多数の者との間で行う定型的な取引に関して，多種多様な約款が作成され活用されてきた。

　民法の原則では，契約の当事者が契約の条項に拘束される根拠は，当事者間の合意に求められている。ところが，約款を用いた取引においては，当事者間での交渉が予定されておらず，約款の個別の条項について相手方（顧客）がその内容を認識しているとは必ずしも認められないケースが少なくなく，このような約款に法的拘束力が認められるのか，またどのような要件を満たせば当事者が約款に拘束されるのかについて，古くから議論がなされてきた。

　そこで，2017年民法改正により，定型約款に関する条項が新設され，定型約款に法的拘束力を認めるための要件等についての規律が設けられた。すなわち，2017年改正後の民法においては，一定の要件（組入要件）を満たした場合には，「定型取引」を行うことの合意をした者は「定型約款」の個別の条項に

ついても合意をしたものとみなされることとなった（みなし合意。民新548条の2。→**2**）。また、定型約款の変更についても、定型約款を準備した者（定型約款準備者）が一定の要件を満たして定型約款の変更をしたときは、変更後の条項について合意をしたものとみなすこととされた（民新548条の4。→**4**）。

　加えて、2017年改正後の民法では、定型約款を用いた取引の相手方を保護するため、定型約款準備者に、相手方の請求に応じて定型約款の内容を表示する義務を課している（民新548条の3。→**3**）。

　なお、従前から用いられてきた約款のうち「定型約款」に該当しないものについて、2017年改正民法の施行により直ちにその法的拘束力や事業者による一方的な内容の変更が否定されるわけではない。かような約款については、従前と同様に、約款法理や民法の意思表示、契約に関する一般規定が適用される（場合によっては、定型約款に関する規律が類推適用される余地もあると思われる）。

2　定型約款の合意

（1）概要

　2017年改正後の民法548条の2は、「定型取引」と「定型約款」の定義を設け（→**(2)**）、定型取引を行うことの合意（定型取引合意）をすれば、一定の組入要件（→**(3)**）を満たすことを条件に、定型約款の個別の条項について合意したものとみなすこととしている（1項）。

　また、定型約款に含まれる条項のうち、相手方の権利を制限し、または相手方の義務を加重する条項であって、その定型取引の態様およびその実情ならびに取引上の社会通念に照らして信義則に反して相手方の利益を一方的に害すると認められるものについては、みなし合意の効果が生じないとしている（2項。→**(4)**）。

（2）「定型取引」と「定型約款」の意義

　「定型取引」とは、①ある特定の者が不特定多数の者を相手方とする取引であって（不特定多数者要件）、②その内容の全部または一部が画一的であることがその双方にとって合理的なもの（合理的画一性要件）をいう。「定型約款」とは、③定型取引において、契約内容とすることを目的としてその特定の者により準備された条項の総体（目的要件）をいう（民新548条の2第1項柱書）。

2017年改正後の民法の定型約款に関する規律の適用を受けるためには、①〜③の3要件を満たす必要がある。

①の不特定多数者要件は、相手方の個性に着目した取引を含まないとする趣旨である。例えば、労働契約は、相手方の個性に着目して締結されるものであるから、①の不特定多数者要件を満たさず、労働契約に用いられる雛形も定型約款に該当しないとされる（村松秀樹＝松尾博憲『定型約款の実務Q&A』〔商事法務、2018〕61頁。以下、本章においては同書を「Q&A」と略す）。また、事業者の中には各種の取引契約の雛形を準備している例も少なくないが、事業者間取引の多くは相手方の個性に着目したものである上、一方当事者が準備した雛形により取引を画一的に行うことが相手方にとっても合理的であるとは必ずしもいえないため（次に述べる②の合理的画一性要件の不充足）、このような雛形が定型約款に該当する例は限られると思われる（Q&A 46頁）。

②の合理的画一性要件は、多数の相手方に対して同一の内容で契約を締結することが通常であって、かつ、相手方が交渉を行わずに一方当事者が準備した契約条項の総体をそのまま受け入れて契約の締結に至ることが取引通念に照らして合理的である場合を指す。つまり交渉による修正や変更の余地がないものをいう。

③の目的要件は、定型約款の内容を契約に組み込むことを目的とするという意味である。

(3) 組入要件

定型約款の個別の条項についてみなし合意の効果が生じるためには、次のいずれかの要件を満たす必要がある。この要件は「組入要件」とも呼ばれる。

① 定型約款を契約の内容とする旨の合意をしたとき（民新548条の2第1項1号）
② 定型約款準備者が予め（定型取引合意の前に）定型約款を契約の内容とする旨を相手方に表示していたとき（同2号）

①には黙示の合意も含まれ、②と異なり定型取引合意後の合意でもかまわない。

②において表示が求められるのは、定型約款そのものではなく、定型約款を契約の内容とする旨である。②の「表示」は、相手方が自ら契約内容の詳細を

確認したいと考える場合には，その表示を踏まえて定型約款準備者に内容の開示を請求し，その内容を確認した上で，不満な点があれば契約を締結しないことが可能となるようなものでなければならない。また，取引を実際に行おうとする際に顧客である相手方に対して個別に示されていると評価できるものでなければならず，定型約款準備者のウェブサイトなどで一般的にその旨を公表していることだけでは「表示」とはいえず，インターネットを介した取引などであれば契約締結画面までの間に画面上で認識可能な状態に置くことが必要とされる（Q&A 70頁）。

なお，鉄道やバスの旅客運送取引など，定型約款を契約の内容とする旨の表示が困難な取引のうち一定のものについては，各取引を規制する民法以外の個別の法律において，定型約款を契約の内容とする旨の「公表」をもってみなし合意の効果を認める特例規定が設けられている（鉄道営業法18条ノ2，軌道法27条ノ2，海上運送法32条の2，道路運送法87条，道路整備特別措置法55条の2，航空法134条の3，電気通信事業法167条の2）。

（4）不当条項規制

定型約款に含まれる条項のうち，相手方の権利を制限し，または相手方の義務を加重する条項であって，その定型取引の態様およびその実情ならびに取引上の社会通念に照らして信義則に反して相手方の利益を一方的に害すると認められるものについては，みなし合意の効果が生じないとされている（民新548条の2第2項）。これは「不当条項規制」などと呼ばれる。

消費者契約法10条にも「消費者の権利を制限し又は消費者の義務を加重する消費者契約の条項であって，民法第1条第2項に規定する基本原則〔信義則〕に反して消費者の利益を一方的に害するものは，無効とする」との規定があり，定型約款の不当条項規制はこの消費者契約法10条の規定に類するものであるが，消費者契約法10条では消費者保護という同法の趣旨を踏まえた判断がされるのに対し，定型約款の不当条項規制では，「定型取引の態様」が考慮要素としてあげられているように，契約の内容を具体的に認識しなくとも定型約款の個別の条項につき合意したものとみなされるという定型約款の特殊性を踏まえた判断がされることになるから，結論に差異が生じ得るとされる。

また，相手方である顧客が約款の具体的な内容を認識しようとまではしない

のが通常であるという定型取引の特質に鑑みれば，定型約款中に相手方にとって客観的にみて予測しがたい内容の条項が置かれ，かつ，その条項が相手方に重大な不利益を課すものであるときは，相手方がその内容を知り得る措置を講じなければ，信義則に反することとなる蓋然性が高いとされる（Q&A 96～97頁）。

そのほか，不当条項規制によりみなし合意の効力が否定される条項の例としては，相手方である顧客に対して過大な違約罰を定める条項，定型約款準備者の故意または重過失による損害賠償責任を免責する旨の条項，想定外の別の商品の購入を義務づける不当な抱き合わせ販売条項などがあげられている（Q&A 91頁）。

(5) 契約実務への影響
(ア) 定型約款該当性の確認

約款を用いて取引をしている事業者は，その約款が前述の3要件（→**(2)**）を満たし「定型約款」に該当するかどうかを確認する必要がある。先に述べたように事業者間のみの取引に利用される契約書の雛形は，不特定多数者要件や合理的画一性要件を満たさず基本的には定型約款に該当しないとされているが，事業者間の契約であることのみをもって定型約款に該当しないとはいえないので，3要件の該当性を慎重に検討することが求められる。

なお，使用している契約条項の総体に「約款」という名称を付けていなくとも（「会員規則」「利用規約」「ガイドライン」など），3要件に該当するときは2017年改正後の民法の定型約款に関する規律の適用を受けることになる。

(イ) 組入要件充足のための体制整備

定型約款の条項を契約の内容に組み入れるためには，①相手方との間で定型約款を契約内容とする旨の合意をするか，②定型約款を契約内容とする旨を相手方に事前に表示することが必要となる（民新548条の2第1項）。

これらの組入要件を充足するために，例えば，定型約款を契約の内容とする旨やそれに同意する旨が記載された書面を取引開始時に相手方から取得したり（相手方から提出してもらう申込書にその旨を印字しておくなど。→Ⅱ2），ウェブサイト上で定型約款を契約の内容とすることに同意する旨のボタンをクリックしてもらうなどの措置を講じることが考えられる。

(ウ) 不当条項規制への対応

　定型約款についてみなし合意の要件（民新548条の2第1項）を満たすとしても，相手方の権利を制限し，または相手方の義務を加重する条項であって，信義則に反して相手方の利益を一方的に害すると認められる不当条項については，みなし合意の効果が生じないこととなる（同2項）。事業者としては，使用している約款にこのような不当条項が含まれていないかを検討し，もし問題のある規定が含まれている場合にはこれを信義則に反しない内容に変更することが求められる。

3　定型約款の内容の表示

(1) 概要

　2017年改正後の民法548条の3は，定型取引を行う定型約款準備者に，定型取引合意の前または定型取引合意の後相当の期間内に相手方から請求があった場合に，遅滞なく相当な方法でその相手方に対して定型約款の内容を表示する義務を負わせている（同条1項本文）。定型約款準備者が既に相手方に対して定型約款を記載した書面を交付し，またはこれを記録した電磁的記録を提供していたときは，表示義務を免れる（同項ただし書）。

　定型約款準備者が定型取引合意の前に相手方の請求を拒んだときは，一時的な通信障害が発生した場合その他の正当な事由がある場合を除いて，みなし合意の効果を得ることができない（民新548条の3第2項）。

　「定型取引合意の後相当の期間内」にいう期間の起算点や長さは，個別の事案の具体的な状況に応じて判断されることとなるが，一般的な消滅時効期間を踏まえても最終の取引時から5年程度は顧客からの表示請求に対応する必要があるとされる（Q&A113頁）。また，契約が継続的なものである場合には，その終了から相当の期間を指す趣旨であるとされる。

　また，「相当な方法」とは，相手方である顧客に対し定型約款を面前で示す方法，定型約款を書面または電子メール等で送付する方法や，定型約款が掲載されているウェブサイトを案内する方法等を指す（Q&A110頁）。顧客がインターネットでは閲覧できないと述べているのに，ウェブサイトに掲載しているとだけ答えて具体的な案内をしないような場合には，表示義務の不履行と評価される可能性がある（Q&A同頁）。

（2）契約実務への影響

　定型約款準備者は，相手方から請求があった場合には，既に定型約款を記載した書面を相手方に交付していたり，定型約款を記録したPDFファイルを相手方にメールで送信していたりしない限り，遅滞なく相当な方法で定型約款の内容を表示しなければならない。この義務は契約上の義務であり，開示を拒むと定型約款準備者は債務不履行責任を負う。加えて，定型取引合意の前に正当な事由がないのに表示を拒むと，定型約款の個別の条項についてのみなし合意の効果が得られなくなる。

　相手方から定型約款の内容の表示請求があった場合に，担当者がこれを放置してしまい，みなし合意の効果が得られないという事態に陥らないよう，定型約款準備者としては，相手方から請求があり次第遅滞なく定型約款を記載した書面や記録した媒体を相手方に交付したり，電子メールで定型約款を記録したPDFを送信したりすることができるような体制を整えておくことが求められる。取引の開始時に相手方との接触があるような取引においては，2017年改正後の民法548条の3第1項ただし書の適用を受けることができるように，定型約款を記載した書面を相手方に対して一律に交付する運用とすることも考えられる。

　また，一時的な通信障害等の正当事由により表示ができなかったときは，みなし合意の効果は否定されないが，正当事由の主張立証責任はみなし合意の効果を求める側（通常は定型約款準備者側）が負うこととなる。よって，定型約款準備者としては，一時的な通信障害等の正当事由について証拠を残しておいた方がよい。

4　定型約款の変更

（1）概要

　2017年改正後の民法548条の4は，定型約款の変更に関する規律を設けている。

　次に掲げる場合には，定型約款準備者が個別に相手方と合意をしなくても，定型約款を変更することにより変更後の定型約款の条項について合意があったものとみなされる（同条1項）。

　　① 定型約款の変更が，相手方の一般の利益に適合するとき（利益変更。1号）

② 定型約款の変更が，契約をした目的に反せず，かつ，変更の必要性，変更後の内容の相当性，本条の規定により定型約款の変更をすることがある旨の定めの有無およびその内容その他の変更に係る事情に照らして合理的なものであるとき（合理的非利益変更。2号）

定型約款の変更に際して，定型約款準備者は，(i)定型約款を変更する旨，(ii)変更後の定型約款の内容，(iii)効力発生時期を周知しなければならない（同条2項）。上記②の合理的非利益変更については，効力発生時期前にこの周知をすることが，変更後の定型約款の条項についてみなし合意の効果を得るための要件とされている（同条3項）。これに対し，上記①の利益変更については，相手方の一般の利益に適合する変更であることから，周知義務は課されていない。

定型約款の変更については，2017年改正民法548条の2第2項の不当条項規制より厳格であって考慮要素も異なる2017年改正民法548条の4第1項各号の規律が適用されるから，同条4項では，定型約款の変更については不当条項規制を適用しないことを確認的に規定している。

(2) 合理性基準

上記**(1)** ②のように，定型約款準備者による定型約款の変更が相手方の一般の利益に適合するものでなくとも，契約をした目的に反せず，かつ，変更の必要性，変更後の内容の相当性，2017年改正民法548条の4の規定により定型約款の変更をすることがある旨の定めの有無およびその内容その他の変更に係る事情に照らして合理的なものであるときは，変更後の条項により相手方を拘束することができる。

同条2号前段の「契約をした目的」とは，相手方の主観的な目的を意味するのではなく，両当事者で共有された当該契約の目的を意味するとされるので（Q&A 128頁），契約条件の重大な部分を変更すると「契約をした目的に反せず」の要件に抵触する可能性がある。

同号後段の合理性要件については，変更によって相手方が受ける不利益の程度や性質，このような不利益を軽減させる措置がとられているかなどが考慮される。例えば，変更後の契約内容に拘束されることを望まない相手方に契約を解除する権利を付与したり，変更の効力発生までに猶予期間を設けたりするこ

となどは，変更の合理性を肯定する方向の事情となり得る（Q&A 129 頁）。

　また，定型約款中に「この条〔民新 548 条の 4〕の規定により定型約款の変更をすることがある旨の定め」（変更条項）があることは，定型約款の非利益変更が合理的として認められるための必須の要件とはされていないが，定型約款の変更を将来行うことがあることや，変更を実施する際の条件や手続などを具体的に定型約款中に定めておき，実際にその内容に沿って定型約款の変更が行われた場合には，変更の合理性を肯定する方向の事情として考慮される（Q&A 134 頁）。

（3）契約実務への影響

　上に見たように，定型約款の変更に関する 2017 年改正後の民法 548 条の 4 の規律の適用を受けるためには，定型約款中に変更条項を置くことは必須の要件とされていない。もっとも，変更条項の有無およびその内容は，定型約款の非利益変更が認められるための合理性の判断要素とされており，変更の対象や条件・手続等を定めた変更条項を定型約款に設けてその変更条項に従った変更をするならば，合理性の判断にあたり有利な事情として考慮されるから，定型約款準備者は定型約款中に変更条項を設けておいた方がよいだろう。

5　経過措置

　2017 年改正後の民法の定型約款に関する規定（民新 548 条の 2～548 条の 4）は，施行日（2020 年 4 月 1 日）の前に締結された定型取引に係る契約にも原則として適用されることとなるが，例外的に，2018 年 4 月 1 日から 2020 年 3 月 31 日までの間に，解除権を現に行使することができない当事者から書面または電磁的記録によって反対の意思表示がされた場合には，2017 年改正後の民法の規定の適用が排除される（附則 33 条）。

　事業者が 2017 年民法改正後に定型約款に該当することとなる約款を用いて取引をしている場合，この反対の意思表示をした相手方との関係では 2017 年改正民法が適用されず，反対の意思表示をしない相手方との関係では同改正法が適用されることとなるが，同じ定型約款について 2017 年改正民法が適用される顧客と適用されない顧客が混在してしまうと顧客管理が煩雑になる可能性もある。そこで，2017 年民法改正の施行前の段階から，顧客からの反対の意

思表示を封じるため，相手方に解約権を認める規定を約款に入れておくことも考えられる。

Ⅱ 定型約款の条項例と解説

📄 雛形

※ 欄外の番号は条項解説の該当箇所を示す。

○○利用規約

第1条（本規約の目的）
　本規約は，○○（以下「当社」といいます）が提供する別紙のサービス（以下「本サービス」といいます）を利用するにあたり必要な条件を定めることを目的とします。

第2条（本サービスの利用契約）
1　本サービスの利用を希望する者（以下「申込者」といいます）は，本規約の内容を承諾の上，当社所定の申込書を当社に提出する方法その他の当社所定の方法により，本サービスの利用登録の申込みをするものとします。
2　次の各号に掲げる者は，本サービスの利用登録をすることができません。
　(1)　過去に本規約又は本サービスの利用契約に違反したこと又は解除されたことがある者
　(2)　暴力団，暴力団員，暴力団員でなくなった時から5年を経過しない者，暴力団準構成員，暴力団関係企業，総会屋，社会運動等標ぼうゴロ，特殊知能暴力集団その他これらに準ずる者（以下総称して「反社会的勢力」といいます）
　(3)　次の関係を有する者
　　ア　反社会的勢力がその経営を支配していると認められる関係
　　イ　反社会的勢力がその経営に実質的に関与していると認められる関係
　　ウ　自ら若しくは第三者の不正の利益を図る目的，又は第三者に損害を与える目的をもって反社会的勢力を利用していると認められる関係
　　エ　反社会的勢力に対して資金等を提供し，又は便宜を供与するなど反社会的勢力の維持，運営に協力し，又は関与している関係
　　オ　反社会的勢力との社会的に非難されるべき関係
　(4)　前各号のほか当社が不適当と認める者
3　当社が第1項の申込みの審査をするために必要な資料の提供を申込者に求めたときは，申込者はこれに応じるものとします。
4　第1項の申込みを受けて当社が本サービスの利用登録をした時に，申込者と当

社の間で本サービスの利用契約が成立するものとします。
5 本サービスの利用契約が成立したときは，当社は，速やかに契約者（前項の規定により当社との間で本サービスの利用契約が成立した者をいいます。以下同じです）に対して登録証及び本サービスの利用のために必要なアカウント（ID及びパスワード）を付与します。

第3条（届出内容の変更）
1 前条第1項に規定する申込書に契約者が記載した事項その他の契約者が当社に届け出た事項に変更が生じたときは，契約者は，速やかに当社所定の方法により変更内容を届け出るものとします。
2 契約者が前項の届出を怠ったことにより当社から契約者への連絡，通知等が契約者に到達せず，又は遅延したために契約者に損害が生じた場合であっても，当社はその責任を負いません。

第4条（委託）
　当社は，契約者に対して提供する本サービスの全部又は一部を第三者に委託することができるものとします。

第5条（利用料金）
　契約者は，別紙の定めに従い，利用する本サービスの区分に応じた本サービスの利用料金を当社に支払うものとします。

第6条（禁止事項）
　契約者は，次の各号に掲げる行為を行わないものとします。
(1) 本規約に違反する行為
(2) 当社又は他の契約者の権利又は利益を侵害する行為
(3) 当社に対して虚偽の届出をする行為
(4) 登録証，ID又はパスワードの第三者への譲渡又は貸与
(5) 他の契約者のID及びパスワードを使用して本サービスにかかるウェブサイトにアクセスする行為その他第三者になりすまして本サービスを利用する行為
(6) 当社による本サービスの提供を妨害する行為
(7) 自ら又は第三者を利用した次の行為
　ア　暴力的な要求行為
　イ　法的な責任を超えた不当な要求行為
　ウ　脅迫的な言動をし，又は暴力を用いる行為
　エ　風説を流布し，偽計又は威力を用いて当社の業務を妨害し，又は信用を毀損する行為
　オ　その他前各号に準ずる行為

第 7 条（契約者の個人情報の取扱い）

当社は，当社が保有する契約者の個人情報を，当社が定める個人情報保護方針に従って管理します。

第 8 条（本サービスの一時停止）

1　当社は，本サービスの稼働状態を良好に保つため，本サービスの全部又は一部の提供を一時停止して保守点検を行うことができるものとします。
2　前項の場合，当社は，契約者に対し，事前に本サービスの提供を一時停止する旨及びその期間を通知するものとします。ただし，緊急を要する場合にはこの限りではありません。
3　本条に基づく本サービスの一時停止により契約者に生じた損害については，当社はその責任を負いません。

第 9 条（本サービスの利用の禁止及び利用契約の解除）

1　契約者が次の各号のいずれかに該当した場合には，当社は，何らの催告を要することなく直ちに契約者による本サービスの利用を禁止し，又は本サービスの利用契約の全部又は一部を解除することができるものとします。この場合，当社の契約者に対する損害賠償の請求を妨げないこととします。
(1)　本規約に違反する行為をしたとき（第 3 号に掲げる場合を除く）
(2)　第 2 条第 2 項各号に該当したとき
(3)　第 5 条に規定する利用料金の支払を 2 か月分以上怠ったとき
(4)　営業停止又は営業の免許，許可等の取消処分を受けたとき
(5)　支払停止若しくは支払不能の状態に陥ったとき，又は手形若しくは小切手が不渡りとなったとき
(6)　第三者より差押え，仮差押え，仮処分若しくは競売の申立て，又は公租公課の滞納処分を受けたとき
(7)　破産手続開始，民事再生手続開始，会社更生手続開始，特別清算開始の申立てを受け，又は自ら申立てを行ったとき
(8)　解散したとき
(9)　資産又は信用状態に重大な変化が生じ，本規約及び本サービスの利用契約に基づく債務の履行が困難になるおそれがあると認められるとき
2　前項に規定する場合，契約者が当社に対して負担する一切の債務についてその期限の利益を喪失するものとします。

第 10 条（契約者による解約）

1　契約者は，1 か月前までに当社所定の解約申込書を当社に提出する方法その他の当社所定の方法により，本サービスの利用契約を解約することができます。
2　前項に基づき本サービスの利用契約が解約された場合，解約日が属する月の本

サービスの利用料金は，その月の日数の日割計算によるものとします。

第11条（本サービスの終了）
　当社は，本サービスの提供を終了することがあります。この場合，当社は，その6か月前までに契約者にその旨及び終了日を通知するものとします。

第12条（当社の損害賠償責任）
　当社は，故意又は重大な過失がある場合を除き，本サービスの利用に起因又は関連して契約者が被った損害を賠償する責任を負いません。

第13条（契約者の損害賠償責任）
　契約者は，その責めに帰すべき事由により本サービスの利用に起因又は関連して当社又は他の契約者その他の第三者に損害を与えたときは，その損害を賠償するものとします。

第14条（譲渡禁止）
　契約者は，本規約及び本サービスの利用契約に基づく権利義務を第三者に譲渡することができません。

第15条（通知）
　当社から契約者への通知は，契約者が本サービスの利用契約の申込時に当社に届け出た電子メールアドレスその他の連絡先に宛てて発し，その通知が通常到達すべきであった時に到達したものとみなします。

第16条（準拠法）
　本規約は，日本法に基づき解釈されるものとします。

第17条（合意管轄裁判所）
　本規約及び本サービスに関する一切の紛争については，○○地方裁判所を第一審の専属的合意管轄裁判所とします。

第18条（本規約の変更）
　当社は，本規約を変更することができます。本規約を変更する場合，当社は，当社の本店及び支店並びに当社のウェブサイトにて本規約を変更する旨及び変更後の本規約の内容並びにその効力発生時期を告知します。

　　　　　　　　　　　　　　　　　　　　令和○年○月○日制定
　　　　　　　　　　　　　　　　　　　　令和○年○月○日改定

（別紙略）

条項解説

1　約款の名称および目的（第1条）

　雛形の名称は「○○利用規約」であり，「約款」という文字が用いられていないが，前述のとおり，2017年改正後の民法の定型約款の要件を満たす契約条項の総体は，その名称にかかわらず定型約款として2017年改正後の民法の適用を受けることとなる（→前記Ⅰ2(5)(ア)）。

　雛形は，事業者が不特定多数の者を相手方としてサービスを提供し，その不特定多数の相手方と本規約の内容を変更せずに画一的に取引をすることが当事者双方にとって合理的であり，本規約を相手方との契約の内容にすることを目的として事業者が準備をしたという定型約款の要件を満たしたものであることを前提としている。

2　契約の成立（第2条）

　雛形2条は，本規約をその内容として組み入れる契約がどのようにして成立するかを規定している。定型約款は，契約の内容に組み入れられる条項の総体であるから，約款自体にその契約の成立要件を規定する必要はなく，雛形2条も定型約款として必須の規定ではないが，契約の成立要件を規定する約款も少なくないので雛形にもその規定を設けた。

　雛形2条では，事業者が提供するサービスの利用を希望する申込者が所定の方法により利用登録の申込みをし（1項），事業者が利用登録をすることにより本規約を内容とするサービス利用契約が成立するものとしている（4項）。雛形2条2項にはサービスの利用登録ができない（事業者が契約を拒絶できる）者を列挙し，5項には契約が成立した後のアカウント付与等について規定しているが，これらの規定の仕方は，事業者が提供するサービスの内容や想定される相手方の属性等によってさまざまなものとなる。雛形6条の禁止事項や9条1項

の解除事由の規定の仕方についても同様である。

　前述（→Ⅰ2(3)）のとおり，本規約を定型約款として契約に組み入れるためには，本規約を契約の内容とする旨の合意をするか，事業者が予め本規約を契約の内容とする旨を相手方に表示する必要がある。そのため，例えば申込書（雛形2条1項参照）の中に次のような文言を入れておくことが考えられる。

> **(申込書の文言例①)**
> 　私は，本サービスの利用について○○利用規約の規定を契約の内容とすることを承認の上，申し込みます。

> **(申込書の文言例②)**
> 　本サービスのご利用については，○○利用規約の規定が適用されます。

3　サービスの一時停止（第8条）

　雛形8条は，メンテナンス等のためにサービスの提供を一時停止することができる旨の規定である。事業者が提供するサービスの内容や想定される相手方の属性等によってさまざまな規定の仕方が考えられる。次の条項例のように，一時停止の期間が一定の長さを超えた場合には，その間にサービスを利用することができなかった顧客の不利益を補償するため，一時停止期間に応じた利用料金の減額措置を行うこともあり得る。

> **(条項例)**
> 　本サービスの提供の一時停止により契約者が本サービスを全く利用することができない期間が連続して○日〔○時間〕を超えたときは，その期間に応じて日割計算〔時間割計算〕により算出される利用料金を，月額の利用料金から減額するものとします。

4　相手方の解約権（第10条）

　雛形10条は，相手方に契約の解約権を付与する規定である。

　前述（→Ⅰ5）のとおり，事業者が2017年民法改正後に定型約款に該当することとなる約款を用いて取引をしている場合において，施行日（2020年4月1

日）後に同じ定型約款について 2017 年改正民法が適用される顧客と適用されない顧客が混在してしまい顧客管理が煩雑になるのを避けるため，雛形 10 条のように，相手方に解約権を認める規定を約款に入れておくことが考えられる。

なお，本規約が組み込まれる契約が消費者契約である場合には，消費者契約法が適用される。消費者契約法 8 条の 2 は，事業者の債務不履行により生じた消費者の解除権を放棄させる条項（同 1 号）や，消費者契約が有償契約である場合においてその目的物に隠れた瑕疵があることにより生じた消費者の解除権を放棄させる条項（同 2 号）を無効としている（なお，2017 年民法改正において瑕疵担保責任が契約不適合の債務不履行責任として整理されることとなったため〔民新 562 条以下〕，2017 年改正民法の施行時に消費者契約法 8 条の 2 第 2 号は削除される）。よって，事業者の準備する約款の適用対象が消費者である場合において，事業者の債務不履行や瑕疵担保責任により生ずる解除権を消費者から剥奪する条項は，約款に入れても無効となる。

5　約款準備者の損害賠償責任（第 12 条）

雛形 12 条は，事業者に故意または重過失がある場合を除いて，事業者は契約者が被った損害の賠償責任を負わないとする規定である。

消費者契約法 8 条 1 項は，事業者の債務不履行，債務履行時の不法行為および目的物の瑕疵により消費者に生じた損害の賠償責任の全部を免除する条項等を無効としている（同項 1 号・3 号・5 号。なお，2017 年民法改正において瑕疵担保責任が契約不適合の債務不履行責任として整理されることとなったため〔民新 562 条以下〕，2017 年民法改正の施行時に消費者契約法 8 条 1 項 5 号は削除される）。また同項は，事業者側の故意または重過失による債務不履行や不法行為によって消費者に生じた損害の賠償責任の一部を免除する条項も無効としている（同項 2 号・4 号）。よって，事業者の準備する約款の適用対象が消費者である場合においては，事業者が債務不履行，不法行為または目的物の瑕疵による損害賠償責任を一切負わないとする次のような規定は，無効とされる。

> **(条項例①)**　※消費者契約法上，問題とされる
> 　事業者は，故意又は重大な過失がある場合であっても，本サービスの利用により契約者が被った一切の損害について賠償責任を負いません。

> **(条項例②)**　※消費者契約法上，問題とされる
> 　契約者は，事業者の責めに帰すべき事由の有無を問わず，本サービスの利用により被った損害について事業者に対し損害賠償請求をすることはできません。

　また，前述のとおり，2017年改正後の民法にも消費者契約法10条に類した不当条項規制が設けられている（民新548条の2第2項）。定型約款における不当性と消費者契約法上の不当性については，法の趣旨が異なり結論も異なり得るとされるところであるが（→Ⅰ2(4)），上記の消費者契約法上問題とされる条項例は，相手が消費者でない定型約款においてもその効力が否定される（合意擬制されない）可能性があるので，留意が必要である。

6　通知（第15条）

　雛形15条は，事業者が把握している相手方の住所や電子メールアドレス等に宛てて連絡や通知を発しさえすれば，それが通常到達すべき時に到達したものとみなす旨の規定であり，会社が株主に対して行う通知に関する会社法126条1項および2項の規定になぞらえたものである。隔地者間の意思表示についての到達主義を規定する現行民法97条1項は任意規定であるから，雛形15条のような規定も有効である。この点は，規定の整備がなされたものの，2017年民法改正後も同様である。

　顧客管理コストを低減する観点から，相手方に対して一定期間にわたり通知が届かなかった場合にはサービスの利用禁止事由や解除事由とすること（雛形9条に盛り込む）も考えられる。

7　本規約の変更（第18条）

　雛形18条は，事業者が一方的に本規約を変更することができる旨と変更の際の手続を規定している。

　前述（→Ⅰ4）のとおり，定型約款の変更は，①相手方の一般の利益に適合するとき（利益変更），または，②契約をした目的に反せず，かつ，変更の必要性，変更後の内容の相当性，2017年改正民法548条の4の規定により定型約款の変更をすることがある旨の定めの有無およびその内容その他の変更に係る事情に照らして合理的なものであるとき（合理的非利益変更）に許容される

（民新548条の4第1項)。②の非利益変更が合理的なものとして許容されるか否かについては，下線を引いた箇所のように，定型約款中に定型約款の変更があり得る旨の定めがあるかどうかが一つの判断要素になるとされているから，雛形18条の前段にも事業者が本規約を変更することができる旨を規定している。なお，2017年改正後の民法548条の4第1項2号は「この条の規定により定型約款の変更をすることがある旨」と規定しているので，雛形18条の前段はこの条文に忠実に次のような文言にすることも考えられる。

> **（条項例）**
> 　当社は，民法第548条の4の規定により本規約の変更をすることができます。

　また，上記②の非利益変更については，変更の効力発生前に定型約款を変更する旨および変更後の定型約款の内容ならびにその効力発生時期をインターネットの利用その他の適切な方法により周知することが効力発生要件とされている（民新548条の4第3項)。そこで，雛形18条の後段には，本規約の変更手続として2017年改正後の民法の規定を意識した定めを入れている。上記②の非利益変更の許容性の判断要素には定型約款中の変更条項の「有無」だけでなく「内容」も含まれているから，雛形18条の後段のような定めを入れておくことは，定型約款の変更の有効性について事業者に有利に判断される可能性を高めるだろう。定型約款の変更手続については，より有効性を高めるために次のような一定の周知期間を置く旨を明記することも考えられる（なお，料金の値上げのような顧客にとって不利益な定型約款の変更については，変更の開始時期までに一定の猶予期間が設けられ，かつその猶予期間内に特段の不利益なく取引を解消する権利が顧客に認められるといった配慮がされることが必須であるとされる。Q&A132頁)。

> **（条項例）**
> 　本規約を変更する場合，当社は，その2か月以上前に，当社の本店及び支店並びに当社のウェブサイトにて本規約を変更する旨及び変更後の本規約の内容並びにその効力発生時期を告知します。

The business and the form of a contract
Chapter 16

第16章
協議を行う旨の合意による時効の完成猶予

I 総論

1 2017年改正民法における消滅時効の枠組み

2017年改正民法により消滅時効制度は大幅に再構成される。時効の期間と，時効完成を妨げる事由（時効障害事由）に分けると，次のとおりである。

(1) 消滅時効の期間

2017年改正民法により，原則として債権は，①債権者が権利を行使することができることを知った時から5年間行使しないとき，または②権利を行使することができる時から10年間行使しないときに，時効によって消滅する（民新166条1項）。人の生命・身体の侵害による損害賠償請求権については，例外的に，②の期間が10年間ではなく20年間に伸長される（民新167条）。

またこの改正に伴い，商事消滅時効（商522条）と職業別の短期消滅時効（民170条〜174条）の制度は廃止される。

601

契約によって生じる債権の場合，売掛債権にせよ貸金債権にせよ，債権者が行使できる時点が契約上明らかであるのが通常である。よって，2017年改正民法の下では，当事者が企業であれ個人であれ，契約に基づく債権については，上記①に基づき原則として5年で時効にかかる場面が増えることになる。

（2）時効の完成を妨げる事由（時効障害事由）

2017年改正民法の下では，時効の中断（時効期間の進行がリセットされて新たに時効期間の進行が始まること）は，時効の「更新」と呼ばれるようになり，時効の停止（時効が本来の時効期間を経過しても完成しないこと）は，時効の「完成猶予」と呼ばれるようになる。現行民法における「中断」との用語は，時効期間の進行が一時的に止まることを意味するとの誤解を招きやすく，「停止」との違いもわかりにくいとの指摘を踏まえて用語変更を行ったものである。

また，現行民法の条文に対しては，いかなる場合に時効の中断があり，いかなる場合に時効の停止があるのかが条文上わかりにくいとの批判があった。そこで2017年改正後の民法では，債権者または債務者の行為ごとに条文が再編成され，何をすれば時効の「完成猶予」が生じ，どうなれば時効の「更新」が生じるのかが明文化された。

このように，時効障害事由は，用語と条文構造が大きく変わるものの，中身については，基本的には改正前の枠組みがそのまま維持される。すなわち2017年民法改正前に時効の中断事由とされていたものについては，改正後は時効の更新事由となるし，改正前に時効の停止事由とされていたものについては，改正後は時効の完成猶予事由となる。ただし例外的に，仮差押え・仮処分については，改正前は時効の中断事由とされていたのが，改正後は時効完成猶予事由となり，更新の効力を有しないこととなる（民新149条）。また天災等があったときの時効の完成猶予の期間は2週間から3か月に伸長される（民新161条）。

加えて，2017年改正後の民法は，債権者と債務者が権利についての協議を行う旨の合意を書面で行った場合の時効の完成猶予の制度を新設した（→3）。

2　時効の完成猶予・更新事由

そもそもなぜ，一定の事由が生じると時効の完成が一時的に止まったり，時

効の進行がリセットされたりするのか。現行民法においてその理由として挙げられているのは，①その事由が生じると，権利者による権利行使の意思が明らかになるから，あるいは②その事由が生じると，権利の存在について確証が得られたと評価できるからという点であった。

2017年改正後の民法は，①の場合を時効の完成猶予事由とし，②の場合を時効の更新事由とするとの基本方針をとっている。

時効の完成猶予・更新事由は，2017年改正後の民法147条から152条，158条から161条に列挙されており，まとめると次の**表**のとおりである。

表 時効の完成猶予・更新事由

事　由	完成猶予	更　新
民新147条1項・2項 ① 裁判上の請求 ② 支払督促 ③ 裁判上の和解・民事調停・家事調停 ④ 破産・再生・更生手続への参加	終了するまでの間は時効の完成猶予（※1）	確定判決または確定判決と同一の効力を有するものによって権利が確定したときは，時効の更新
民新148条1項・2項 ⑤ 強制執行 ⑥ 担保権の実行 ⑦ 民事執行法195条に定める競売（留置権による競売等） ⑧ 民事執行法196条に定める財産開示手続	終了するまでの間は時効の完成猶予（※2）	終了時に時効の更新。ただし申立ての取下げまたは法律の規定に従わないことによる取消しによってその事由が終了した場合を除く。
民新149条 ⑨ 仮差押え ⑩ 仮処分	終了した時から6か月を経過するまでの間は時効の完成猶予	時効の更新にならない
民新150条1項 ⑪ 催告	催告した時から6か月を経過するまでの間は時効の完成猶予	時効の更新にならない

民新151条 ⑫ 協議を行う旨の書面による合意	合意があった時は時効の完成猶予（猶予期間は3参照）	時効の更新にならない
民新152条1項 ⑬ 承認	—	承認時に時効の更新
民新158条〜161条 ⑭ 未成年者・成年被後見人の場合 ⑮ 夫婦間の権利の場合 ⑯ 相続財産の場合 ⑰ 天災等があった場合	⑭ 行為能力者となった時・法定代理人が就いた時，⑮ 婚姻解消の時，⑯ 相続人確定時・管理人選任時・破産手続開始決定時から6か月を経過するまでは時効完成猶予。⑰ 天災等による障害が消滅した時から3か月を経過するまでの間は時効完成猶予	—

※1　確定判決または確定判決と同一の効力を有するものによって権利が確定することなくその事由が終了した場合は，その終了の時から6か月を経過するまでは時効の完成が猶予される。判例法理（最判昭和45・9・10民集24巻10号1389頁ほか）によれば，裁判手続でされた権利主張には催告としての効力しか認められないものの，その権利主張が裁判手続においてされたことを考慮し，裁判手続中は催告が継続して行われているものと捉え，裁判終結後6か月を経過するまでは時効が完成しないとされている。2017年改正後の民法は，このことを明文化した。

※2　申立ての取下げまたは法律の規定に従わないことによる取消しによってその事由が終了した場合には，その終了の時から6か月を経過するまでは時効の完成を猶予する。その趣旨は上記※1と同様である。

3　協議を行う旨の合意による時効の完成猶予

(1) 立法された経緯

　現行民法の下では，契約当事者間の協議によって時効の完成を阻止する方法が存在しないため，時効完成の間際まで当事者間で協議を継続している場合に，時効の完成を阻止するだけのために訴訟を提起する，もしくは便宜的に民事調停を申し立てざるを得ない事態が生じ得る。

例えば，あるメーカーのプラントにおいて，プラント工事を請け負った業者の不手際によりプラントの製造設備に不備を生じ，その不備が放置されたまま，メーカーによって瑕疵ある製品が製造され，製品を使用したエンドユーザーが損害を被ったとする。

このような事故の場合，プラント工事を請け負った業者に一定の責任があることを否定できないものの，損害の額や過失割合をめぐり，メーカーと工事業者の間に争いが生じ得る。そして，メーカーとエンドユーザーの間の損害額や過失割合をめぐる争いが，メーカーと工事業者との間の損害額や過失割合をめぐる争いにも波及するため，全体的な解決に時間を要することが少なくない。このような中で，当事者が，ビジネス上の関係悪化を嫌って訴訟の提起をしないままに協議を続けていると，時効完成までの時間がなくなることがある。

協議の途中で訴訟を提起することは当事者間で行ってきたそれまでの協議の成果を覆滅させるおそれがあるし，民事調停を利用するにしても裁判所に赴かねばならない手間を要し，不便である。

そこで，2017年改正民法により，当事者のみの合意で時効の完成猶予を認める実務上のニーズがあるとして，協議を行う旨の合意による時効の完成猶予の制度が新設された（民新151条）。

（2）時効の完成猶予が認められるための要件

契約取引に基づく債権について，この制度により時効の完成猶予を受けるためには，契約当事者（債権者と債務者）が，①協議を行う旨の合意を，②書面または電磁的記録で交わす必要がある（民新151条1項・4項）。ただし，③催告によって時効の完成が猶予されている場合には，時効完成猶予の効果は認められない（同条3項）。

（ア）協議を行う旨の合意

当事者間で，権利についての協議を行う旨の合意をする必要がある。立法過程では，協議の事実があれば，協議を行う旨の合意がなくとも時効完成猶予を認めてもよいのではないかとの意見もあった。しかし，何をもって協議の事実があるといえるのかが不明確であるから合意を要求するべきとの意見が多数を占め，結局，合意が必要とされた。

合意は「協議を行う旨」についてあれば足り，「時効の完成を猶予する旨」

についての合意は不要である。

　また，協議を行う旨の合意は，権利の存在を前提とする合意（権利の承認に当たり得るような合意）である必要はなく，権利の存否を含む協議の合意であってもよいと解される。ただし権利の存否にも争いがある状況では，事実上，協議を行う旨の合意自体に至らないこともあろう。この場合には訴えの提起などを考える必要がある。

（イ）書面または電磁的記録による合意

　合意は書面または電磁的記録によって行う必要がある（民新151条1項・4項）。立法過程では，書面を要求しなくてもよいのではないかとの意見もあった。しかし，時効完成猶予の効果を与える以上は一定の明確性を要件とすべきとの意見や，書面を要求しないと合意の存否があいまいになり単に話合いをしただけで協議を行う旨の合意があったと後から言われかねないこととなるのは妥当でないとの意見があり，書面によることが要求された。

　ここでいう書面としては，当事者が調印する一通の合意書を作成するのが典型である（→Ⅱ雛形）。もっとも，合意のあったことが書面を通じて分かればよいので，一方当事者が他方当事者に協議を行いたい旨の書面を差し入れ，他方当事者が一方当事者に協議を行うことに異存がない旨の別の返信書面を差し入れることでも合意たり得る。書面には当事者の署名や記名押印は必須でない。また，電磁的記録でもよいので，一方当事者が電子メールで協議の申入れを行い，他方当事者がそれに対する返信メールで協議を受諾すると表示することでも足りる。

（ウ）催告による時効完成猶予期間中でないこと

　催告（民新150条1項）によって時効の完成が猶予されている間に，さらに協議を行う旨の合意を行ったとしても，この合意に時効完成猶予の効力は認められない。逆に，協議を行う旨の合意によって時効の完成が猶予されている間に，さらに催告を行ったとしても，その催告に時効の完成猶予の効力は認められない（民新151条3項）。

　例えば，時効完成まで残り4か月となったときに債権者が催告を行うと，催告の時から6か月間時効の完成が猶予されるが（民新150条1項。つまり本来の時効完成時から時効完成が2か月間延びることになるが），延びた2か月の期間中に協議を行う旨の合意を行っても，時効完成猶予の効力を生じない。本来の時

効完成時までの4か月のうちに，協議を行う旨の合意を行う必要がある。
　立法過程では，上記の延びた2か月の期間中に行われた協議を行う旨の合意による時効完成猶予を認めるべきではないか（時効完成間際に駆け込みで催告がなされ，次いで協議を行う旨の合意がなされることがあるのではないか）との意見もあった。しかし，協議を行う旨の合意による時効完成猶予の制度は，当事者間での自主的な紛争解決を図るための期間であると同時に，権利者が時効の更新に向けた措置を講ずるための期間であり，催告と同様の趣旨に基づくものといえる。そして，催告による時効完成猶予期間中にされた再度の催告には時効完成猶予の効果が生じない（民新150条2項）ことからすると，協議を行う旨の合意による時効完成猶予と催告による時効完成猶予を重複して認める必要がないと考えられる。こうして，延長期間中の協議を行う旨の合意による時効完成猶予は見送られた。

(3) 時効の完成猶予の効果

　協議を行う旨の合意があったときは，次に掲げる時のいずれか早い時までの間は，時効は完成しない（民新151条1項）。

① 合意があった時から1年を経過した時
② その合意において当事者が協議を行う期間（1年に満たないものに限る）を定めたときは，その期間を経過した時
③ 当事者の一方から相手方に対して協議の続行を拒絶する旨の通知が書面でされたときは，その通知の時から6か月を経過した時

①は，協議を行う旨の合意をしたのみで協議が行われないまま，時効の完成が阻止された状態が長期間継続することを認めない趣旨である。合意のあった時から1年間，時効の完成を猶予するということは，時効完成まで1年を切ってから合意しないと，時効完成猶予の実益がないことになる。よって，当初の契約書に時効完成猶予の合意条項を入れても意味がないこととなるであろう。②は，当事者が1年未満の期間を定めた合意をしたときは，その合意された期間を完成猶予の期間としても弊害がないことから，猶予期間の短縮を認める趣旨である。逆に，当事者間で協議期間を2年以上とする合意をしても，上記①から完成猶予期間は1年に限られる（ただし後記**(4)**の再度の合意は可能である）。
③は，協議の終了後，債権者が時効の更新に向けた措置を講ずるための期間を

確保する必要があることから，6か月間の猶予を認める趣旨である。

(4) 再度の合意による期間延長

協議を行う旨の合意によって時効の完成猶予がある間に，再度協議を行う旨の合意をしたときは，その合意の時点から上記(3)で示した期間，時効完成猶予の効力を生じる（民新151条2項本文）。協議を継続することによる時効の完成猶予期間の延長を認める趣旨である。

もっとも，その延長期間は，本来の時効期間満了時点から最長5年間が限度である（同項ただし書）。消滅時効制度には，証拠の散逸による立証の困難から当事者を救済するという公益的な側面があり，当事者の合意によって無制限に時効完成の効力を認めるのは妥当でないと考えられたことによる。

4　施行日前後の合意の効力

2017年改正民法の施行日（2020年4月1日）前に，協議を行う旨の合意をしても，時効の完成猶予の効力は生じない（附則10条3項）。

逆に，施行日前に生じた債権であっても，改正民法の施行日後に協議を行う旨の合意をした場合には，時効の完成猶予の効力が生じる。

Ⅱ 協議を行う旨の合意書の条項例と解説

雛形

※ 欄外の番号は条項解説の該当箇所を示す。
※ 網掛けはしていないが，本雛形はすべて 2017 年改正民法下における条項例である。

合意書

○○（以下「甲」という）と○○（以下「乙」という）は，○年○月○日付○○契約（以下「原契約」という）に関連し，次のとおり合意する。

第1条（協議を行う旨の合意）

　甲と乙は，乙が原契約に基づく乙の義務を履行中，次の日時場所において甲所有の設備が破損する事故が生じた結果，甲の製造する○○，○○等の製品に瑕疵を生じたことに関し，原契約に基づく甲の乙に対する損害賠償請求権その他の権利の有無，内容，金額，過失割合等についての協議を行うことに合意する。
　①日時　○年○月○日　○時○分頃
　②場所　○○県○○市○○　○○工場内第○プラント

第2条（協議を行う期間）

　前条の協議を行う期間は，本合意の成立日より6か月間とする。但し，甲と乙が別途合意することにより，当該期間を延長することを妨げない。

第3条（協議の終了）

　甲または乙は，協議を続行できないと判断したときは，相手方に対し書面で通知することにより，第1条の協議を終了させることができる。

第4条（時効の完成猶予）

　甲と乙は，第2条に定める協議を行う期間を経過した時または前条に定める協議終了の通知から6か月を経過した時まで，第1条の権利についての時効が完成しないことを確認する。

　本合意の成立を証するため，本書2通を作成し，甲乙各自が記名捺印の上，各自1通を保有する。

5　　　年　月　日
　　　　　　　　甲
　　　　　　　　乙

📄 条項解説

1　協議を行う旨の合意（第1条）

　雛形1条は，2017年改正後の民法151条1項に基づく権利についての協議を行う旨の合意を定めた条項である。

　雛形では，協議を行う権利を「原契約に基づく甲の乙に対する損害賠償請求権その他の権利」と表現している。この特定の程度をどうするかが実務上問題である。一方において，権利の表示があまりに漠然としていると，どの範囲で時効完成猶予の効果を生じたのかが分からなくなり，時効の完成猶予がなされる権利の範囲をめぐって後日当事者間で見解の相違を生じかねない。この観点からはなるべく権利の特定がなされていることが望ましいことになる。他方において，権利を厳密に特定しすぎると，債権者が時効の完成を止めたいと考えていた関連する権利が特定から漏れて，時効の完成猶予の対象から外れてしまうことになりかねない。また，この特定の厳密性をめぐって当事者間に見解の相違を生じて合意がまとまらないのでは意味がない。そこで権利の特定の程度については，事案に応じてバランスを考える必要があるものと思われる。特定の要素としては，雛形のように，権利の発生する元となる契約（原契約），権利の発生する直接のきっかけとなった原因（事故），権利の性質（損害賠償請求権）などが考えられる。

　雛形では一通の合意書を作成することを想定しているが，書面に協議を行う旨の合意が表示されていれば，一通の合意書でなくとも差し支えない。例えば，債権者たる企業が債務者たる企業に対し，協議を行いたい旨のビジネスレターを出し，それに対して債務者たる企業が，協議を行うことに異存はない（ただ

し貴社の請求を認めるものではない）旨のビジネスレターを返送することでもよい。協議を行う旨の合意は書面に代えて電磁的記録で行うこともできるから，電子メールのやりとりによっても合意による時効完成猶予の効力は生じ得る。ただし，ビジネスレターやメールによる場合，両者の発信する文面から，協議を行う旨の合意があったと読み取れるか（文面が抽象的あるいは曖昧に過ぎて協議を行う旨の合意とはいえないのではないか等）について注意する必要がある。

2 協議を行う期間（第2条）

雛形2条は，協議を行う期間を定めた条項である。この条項は定めなくてもかまわない。

2017年改正後の民法151条1項に基づく権利についての協議を行う旨の合意は，協議を行う期間を1年未満と定めたときは，その期間を経過する時まで時効完成猶予の効力を生じる（同2号）。協議を行う期間を特に定めなかったときは，合意のあった時から1年を経過した時まで時効完成猶予の効力を生じる（同1号）。

また，合意によって時効完成が猶予されている間に，再度協議の合意を行ったときは，その合意の時点から時効完成猶予の効力が生じる（民新151条2項）。雛形2条のただし書は，このような再度の合意ができる旨を確認的に規定したものである。なお，協議期間延長後の協議期間を予め定めておいてもよいと思われるが，雛形では，協議期間も含めて再度の合意時に決める想定とし，協議期間を明示していない。再度の合意によって時効の完成を引き延ばせるのは，本来の時効期間満了時点から最長5年間である（同項ただし書）。

3 協議の終了（第3条）

雛形3条は，協議を終了するときは，書面で行うべきことを定めたものである。2017年改正後の民法151条1項3号が「当事者の一方から相手方に対して協議の続行を拒絶する旨の通知が書面でされたときは，その通知の時から6箇月を経過した時」に時効完成が生じるとしていることを踏まえたものである。

このような規定を特に設けなくとも，実際に書面で協議終了の通知を送付すれば，そこから6か月の経過をもって時効完成猶予の効力が失われる。よって雛形3条は確認規定である。

通知書の例は次のとおりである。通知の日付を明らかにすべく内容証明郵便や配達証明郵便で送付することも考えられる。

協議終了通知

年　月　日

〇〇〇〇
代表取締役社長　〇〇　様

〇〇〇〇
代表取締役社長　〇〇

拝啓　時下ますますご清祥のこととお慶び申し上げます。
　さて，〇年〇月〇日に発生した貴社〇〇工場内の事故に関しては，これまで貴社と当社との間で〇年〇月〇日付合意書に基づき鋭意協議を行って参りましたが，貴社と弊社の考えには相当の隔たりがあり，今後協議がまとまる見込みは低いように思われます。
　よって，弊社はこれ以上の協議を続行できないと判断しましたので，上記合意書第3条に基づきご通知申し上げます。

敬具

4　時効の完成猶予の確認（第4条）

　雛形4条は，この合意書が2017年改正後の民法151条1項に基づく時効完成猶予の効力を生じることを確認したものである。
　時効完成猶予の効力を生じる「合意」は，「協議を行う旨」についての合意であれば足り，「時効の完成猶予を行う旨」についての合意である必要はない。したがって，この条項は定めなくてもかまわない。
　もっとも，当事者間では，時効期間の満了間際になって協議を行う旨の合意

書を交わす以上は，時効の完成が迫っていることが意識されているのが通常であると思われる。そして債務者としても，協議が終了するまでは時効の援用をしないことに異存はないからこそこのような合意書を交わすのであって，最初から時効の援用を狙っているのならば合意書そのものが交わされないであろう。

そこで，雛形では，時効完成猶予について言及した規定を入れ，この合意が2017年改正民法151条1項に基づく時効完成猶予の効力を有することを確認している。

5　日付

時効の完成猶予の起算点は，合意の時である。この起算点を明らかにするため，合意書には日付を入れておくべきである。確定日付を取得すればなおよい。

判例索引

大審院・最高裁判所

大判大正 4・12・11 民録 21 輯 2058 頁 ……………………………………… 106
大判大正 5・1・29 民録 22 輯 200 頁 …………………………………………… 54
大判大正 6・11・1 民録 23 輯 1715 頁 ………………………………………… 565
大判大正 11・4・1 民集 1 巻 155 頁 …………………………………………… 49
大判大正 14・2・27 民集 4 巻 97 頁 …………………………………………… 544
大判大正 14・12・15 民集 4 巻 710 頁 ………………………………………… 566
大判大正 15・3・25 民集 5 巻 219 頁 …………………………………………… 565
大判大正 15・7・12 民集 5 巻 616 頁 …………………………………………… 130
大判昭和 2・12・27 民集 6 巻 743 頁 …………………………………………… 62
大判昭和 5・3・10 民集 9 巻 253 頁 …………………………………………… 130
大判昭和 7・7・19 民集 11 巻 1552 頁 ………………………………………… 94
大判昭和 9・11・20 大審院裁判例 8 民 275 頁 ………………………………… 106
大判昭和 11・3・11 民集 15 巻 320 頁 ………………………………………… 64
大判昭和 11・11・2 民集 15 巻 1939 頁 ………………………………………… 101
最判昭和 24・10・4 民集 3 巻 437 頁 …………………………………………… 94
最判昭和 27・4・25 民集 6 巻 4 号 451 頁 ……………………………………… 148
最判昭和 28・9・25 民集 7 巻 9 号 979 頁 ……………………………… 145, 148
最判昭和 29・1・22 民集 8 巻 1 号 198 頁 ……………………………………… 44
最判昭和 29・3・11 民集 8 巻 3 号 672 頁 ……………………………………… 154
最判昭和 31・6・26 民集 10 巻 6 号 730 頁 …………………………………… 148
最判昭和 32・7・9 民集 11 巻 7 号 1203 頁 …………………………… 54, 548
最判昭和 33・6・20 民集 12 巻 10 号 1585 頁 ………………………………… 57
最判昭和 35・6・24 民集 14 巻 8 号 1528 頁 ………………………………… 58
最判昭和 35・12・2 民集 14 巻 13 号 2893 頁 ………………………………… 46
最判昭和 36・12・15 民集 15 巻 11 号 2852 頁 ……………………………… 44
最判昭和 39・6・30 民集 18 巻 5 号 991 頁 …………………………………… 145
最判昭和 39・7・28 民集 18 巻 6 号 1220 頁 ………………………………… 147
最大判昭和 40・9・22 民集 19 巻 6 号 1600 頁 ……………………… 240, 277, 278
最判昭和 40・11・19 民集 19 巻 8 号 2003 頁 ………………………………… 58
最判昭和 40・11・24 民集 19 巻 8 号 2019 頁 ………………………………… 95
最判昭和 40・12・3 民集 19 巻 9 号 2090 頁 ………………………………… 40
最判昭和 41・4・28 民集 20 巻 4 号 900 頁 …………………………………… 201
最判昭和 42・6・2 民集 21 巻 6 号 1433 頁 …………………………………… 121

615

最判昭和 42・6・29 集民 87 号 1279 頁	56
最判昭和 43・2・23 民集 22 巻 2 号 281 頁	142
最判昭和 43・11・21 民集 22 巻 12 号 2741 頁	147, 148
最判昭和 44・2・27 民集 23 巻 2 号 441 頁	548
最判昭和 44・7・17 民集 23 巻 8 号 1610 頁	101, 131
最大判昭和 45・6・24 民集 24 巻 6 号 587 頁	131
最判昭和 45・9・10 民集 24 巻 10 号 1389 頁	604
最判昭和 46・3・25 民集 25 巻 2 号 208 頁	217
最判昭和 46・4・23 民集 25 巻 3 号 388 頁	566
最判昭和 46・12・16 民集 25 巻 9 号 1472 頁	40
最判昭和 47・1・25 集民 105 号 19 頁	46, 68
最判昭和 48・2・2 民集 27 巻 1 号 80 頁	130
最判昭和 48・7・19 民集 27 巻 7 号 823 頁	234, 567
最判昭和 48・10・11 判時 723 号 44 頁	545, 548
最判昭和 49・9・2 民集 28 巻 6 号 1152 頁	130
最判昭和 50・2・25 民集 29 巻 2 号 168 頁	44
最判昭和 51・3・4 民集 30 巻 2 号 25 頁	132
最判昭和 51・12・17 民集 30 巻 11 号 1036 頁	148
最判昭和 53・12・22 民集 32 巻 9 号 1768 頁	131
最判昭和 54・2・15 民集 33 巻 1 号 51 頁	202, 223
最判昭和 56・4・20 民集 35 巻 3 号 656 頁	128
最判昭和 57・10・14 判時 1060 号 78 頁	223
最判昭和 62・2・12 民集 41 巻 1 号 67 頁	201, 202
最判昭和 62・3・24 判時 1258 号 61 頁	146
最判昭和 62・11・10 民集 41 巻 8 号 1559 頁	200, 202, 223, 224
最判平成 4・10・20 民集 46 巻 7 号 1129 頁	51, 52
最判平成 6・2・22 民集 48 巻 2 号 414 頁	202
最判平成 6・4・21 集民 172 号 379 頁	545
最判平成 6・9・8 判時 1511 号 71 頁	202
最判平成 7・3・7 民集 49 巻 3 号 944 頁	463
最判平成 8・11・22 民集 50 巻 10 号 2702 頁	202
最判平成 9・2・25 民集 51 巻 2 号 398 頁	146
最判平成 9・6・5 民集 51 巻 5 号 2053 頁	568
最判平成 9・7・1 民集 51 巻 6 号 2299 頁	73
最判平成 9・10・28 集民 185 号 421 頁	480
最判平成 10・4・30 判時 1646 号 162 頁	545

最判平成 10・9・3 民集 52 巻 6 号 1467 頁 ………………………………… 131
最判平成 10・12・18 民集 52 巻 9 号 1866 頁 ……………………………… 323
最判平成 11・1・29 民集 53 巻 1 号 151 頁………………………………… 202, 232
最判平成 11・5・17 民集 53 巻 5 号 863 頁 ………………………………… 227
最判平成 12・4・21 民集 54 巻 4 号 1562 頁 ……………………………… 232
最判平成 13・11・27 民集 55 巻 6 号 1311 頁 ……………………………… 51
最判平成 14・2・22 民集 56 巻 2 号 348 頁 ………………………………… 463
最判平成 14・3・28 民集 56 巻 3 号 689 頁 ………………………………… 131, 132
最大判平成 14・9・11 民集 56 巻 7 号 1439 頁 …………………………… 54
最判平成 15・2・28 判時 1829 号 151 頁 …………………………………… 54
最判平成 15・6・12 民集 57 巻 6 号 595 頁 ………………………………… 128
最判平成 16・6・29 判時 1868 号 52 頁 ……………………………………… 128
最決平成 16・8・30 民集 58 巻 6 号 1763 頁 ……………………………… 518, 527
最判平成 17・12・16 判時 1921 号 61 頁 …………………………………… 150, 151
最判平成 18・7・20 民集 60 巻 6 号 2499 頁 ……………………………… 213, 225
最判平成 18・10・20 民集 60 巻 8 号 3098 頁 ……………………………… 202
最判平成 20・6・10 判時 2014 号 150 頁 …………………………………… 280
最判平成 21・12・18 民集 63 巻 10 号 2754 頁 …………………………… 175
最判平成 22・6・1 民集 64 巻 4 号 953 頁 ………………………………… 99
最判平成 22・12・2 民集 64 巻 8 号 1990 頁 ……………………………… 227
最判平成 23・3・24 民集 65 巻 2 号 903 頁 ………………………………… 108, 131
最判平成 23・7・12 判時 2128 号 43 頁 ……………………………………… 108
最判平成 23・7・15 民集 65 巻 5 号 2269 頁 ……………………………… 108, 120
最判平成 23・7・21 判時 2129 号 36 頁 ……………………………………… 100
最判平成 24・9・13 民集 66 巻 9 号 3263 頁 ……………………………… 165, 166
最判平成 24・10・12 民集 66 巻 10 号 3311 頁 …………………………… 280
最決平成 27・7・8 判例集未登載 …………………………………………… 440

高等裁判所

大阪高判昭和 38・10・30 下民集 14 巻 10 号 2155 頁 ……………………… 547
東京高判昭和 52・7・20 判時 868 号 46 頁 ………………………………… 485
東京高判昭和 56・10・7 判タ 462 号 151 頁 ……………………………… 49
東京高判平成元・5・9 判時 1308 号 28 頁 ………………………………… 549
東京高判平成 6・9・14 判時 1507 号 43 頁 ………………………………… 323
大阪高判平成 8・10・25 判時 1595 号 70 頁 ……………………………… 323
東京高判平成 11・8・9 判時 1692 号 136 頁 ……………………………… 51

東京高判平成 12・5・30 判時 1750 号 169 頁	354
東京高判平成 12・12・27 判タ 1095 号 176 頁	151
名古屋高判平成 13・3・29 判時 1767 号 48 頁	95
福岡高判平成 19・6・19 判タ 1265 号 253 頁	496
大阪高判平成 20・4・16 判時 2018 号 19 頁	102
東京高判平成 20・5・29 判時 2033 号 15 頁	101
知財高判平成 20・5・29 判時 2018 号 146 頁	465
知財高判平成 20・9・30 判例集未登載	465
知財高判平成 21・1・28 判時 2044 号 130 頁	483
東京高判平成 24・6・20 判タ 1388 号 366 頁	280
東京高判平成 25・7・24 判時 2198 号 27 頁	54, 55, 547, 548
東京高判平成 25・9・26 金判 1428 号 16 頁	440
東京高判平成 29・3・9 金法 2091 号 71 頁	214

地方裁判所

大阪地判昭和 54・10・16 判タ 398 号 154 頁	496
東京地判昭和 55・2・12 判時 965 号 85 頁	118
東京地判昭和 55・9・16 判タ 437 号 143 頁	34
東京地判昭和 56・1・30 判時 1007 号 67 頁	57
東京地判昭和 58・3・3 判時 1087 号 101 頁	57
東京地判昭和 58・12・19 判時 1128 号 64 頁	34
名古屋地判昭和 59・2・21 判時 1132 号 152 頁	57
神戸地判昭和 60・8・8 判時 1168 号 127 頁	57
大阪地判平成元・8・30 判例集未登載	486
東京地判平成 2・4・25 判時 1368 号 123 頁	46
東京地判平成 2・12・20 判時 1389 号 79 頁	56
東京地判平成 3・2・25 判時 1399 号 69 頁	356
東京地判平成 5・1・28 判時 1473 号 80 頁	396
東京地判平成 6・1・28 判時 1515 号 101 頁	397
東京地判平成 7・12・13 判タ 938 号 160 頁	572
東京地判平成 8・7・15 判時 1596 号 81 頁	122
東京地判平成 8・8・22 判タ 933 号 155 頁	143
東京地判平成 9・2・28 判タ 964 号 172 頁	397
東京地判平成 12・8・28 判時 1737 号 41 頁	34
東京地判平成 14・4・22 判タ 1127 号 161 頁	397
東京地判平成 14・6・25 判時 1819 号 137 頁	496

大阪地判平成14・8・29 判例集未登載 ･･ 395, 396, 433
東京地判平成14・11・28 判例集未登載 ･･･ 148
東京地八王子支判平成15・11・5 判時1857号73頁 ･･ 440
東京地判平成15・12・5 金法1711号43頁 ･･ 567
名古屋地判平成16・1・28 判タ1194号198頁 ･･･ 394
東京地判平成16・3・10 判タ1211号129頁 ･･･ 440, 441
大阪地判平成16・3・25 判例集未登載 ･･･ 468
東京地判平成17・3・24 判例集未登載 ･･･ 395
東京地判平成17・4・22 判例集未登載 ･･･ 395
神戸地判平成17・7・14 判時1901号87頁 ･･･ 131
東京地判平成18・2・13 判時1928号3頁 ･･･ 518, 527
東京地判平成18・9・29 判例集未登載 ･･･ 148
東京地判平成18・12・25 判時1964号106頁 ･･･ 573
大阪地判平成19・3・30 判タ1273号221頁 ･･ 131
東京地判平成20・4・28 判タ1275号329頁 ･･ 100
東京地判平成20・6・30 判時2020号86頁 ･･･ 122
大阪地判平成20・8・28 判例集未登載 ･･･ 472
東京地判平成20・9・18 判時2042号20頁 ･･ 34, 496
東京地判平成20・11・19 判タ1296号217頁 ･･ 55
東京地判平成21・3・19 判例集未登載 ･･･ 100
東京地判平成21・3・19 判時2054号98頁 ･･･ 167
東京地判平成22・1・22 判例集未登載 ･･･ 396
横浜地判平成22・1・28 判タ1336号183頁 ･･ 101
大阪地判平成22・2・18 判時2078号148頁 ･･ 465
東京地判平成22・3・26 判例集未登載 ･･･ 100
東京地判平成22・7・30 判時2118号45頁 ･･･ 323
東京地判平成22・11・12 判時2109号70頁 ･･ 371
福岡地判平成23・2・17 判タ1349号177頁 ･･ 280
大阪地判平成23・7・25 判時2137号79頁 ･･･ 271
東京地判平成24・3・29 金法1952号111頁 ･･ 440
東京地判平成24・10・4 判時2180号63頁 ･･･ 568

公正取引委員会
勧告審決昭和56・5・11 審決集28巻10頁 ･･･ 310

事項索引

あ行

アーンアウト条項 ……………… 262, 282
意 匠 …………………………………… 71
一括請負方式 …………………………… 390
イニシャル・ペイメント ……………… 481
委任契約 ……………………………… 171
違約金の定め ………………………… 545
　　中途解約の場合の── ………… 143
違約手付 ……………………………… 94
印 紙 …………………………………… 6
ウィーン売買条約 …………………… 555
請負契約 ………………………… 171, 392
受戻権 ………………………………… 201
売 主 …………………………………… 20
運営費用 ……………………………… 337
運 用 ………………………………… 388
　　──テスト ……………………… 388
営業地域 ……………………………… 331
　　──制限条項 …………………… 310
営業秘密 …………………………… 510, 557
営業秘密管理指針 …………………… 558

か行

会 社
　　株券発行── …………………… 264
　　株券不発行── ………………… 264
　　株式── ………………………… 336
　　既存の── ……………………… 349
　　休眠子── ……………………… 348
　　合同── ………………………… 336
　　純粋持株── …………………… 244
　　譲渡制限── …………………… 265
　　持株── ………………………… 244
会社分割 ……………………………… 242
会社分割に伴う労働契約の承継等に関する
　法律 ……………………………… 243, 293
解 除 …………………………………… 7
　　──可能期間 …………………… 270
　　──条項 ………………………… 538
　　──に伴う損害賠償 …………… 96
　　──手付 ………………………… 95
買 主 …………………………………… 20
　　──の義務 ……………………… 55
　　──の権利行使の時期 ………… 50
　　──の信用不安 ………………… 56
外部設計 ……………………………… 387
外部設計書作成業務 ………………… 428
解約手付 ……………………………… 94
解約の申入れ ………………………… 117
改良発明 ……………………………… 470
回路配置 ……………………………… 72
価格調整条項 ………………………… 261
確定判決 ……………………………… 578
瑕 疵 …………………………………… 44
　　──の通知 ……………………… 48
　　環境的── ……………………… 100
　　心理的── ……………………… 100
　　ソフトウェアの── …………… 384
　　物理的── ……………………… 99
瑕疵担保責任 … 44, 67, 97, 313, 396, 430, 543
過 失 ………………………………… 547
　　契約締結上の── ……………… 394
過失責任主義 ………………………… 551
　　──の否定 ……………………… 547
過失相殺 ……………………………… 545
割賦販売法 …………………………… 546
合 併 ………………………………… 241
　　吸収── ………………………… 241

新設―― …… 241	基本合意書 …… 335, 515
対等―― …… 350	基本設計 …… 387
株券発行会社 …… 264	義務履行の前提条件 …… 93
株券不発行会社 …… 264	記名（署名）捺印 …… 8
株　式 …… 268	吸収分割 …… 242, 291
――移転 …… 244	――の合意 …… 291
――交換 …… 243	――の効力が生じる日 …… 292
――の取得 …… 239	休眠子会社 …… 348
――の譲渡制限 …… 365, 366	共益費 …… 125
株式会社 …… 336	境　界 …… 88
株式譲渡 …… 245	――確定 …… 88
――承認 …… 265	――の明示 …… 88
――制限 …… 366	供給義務 …… 34
株式譲渡契約 …… 245	競業禁止 …… 364, 460
株主総会決議の取消しの訴え …… 352	――規定 …… 266
簡易事業譲渡 …… 276	競業行為 …… 266
簡易の引渡し …… 209	競業避止義務 …… 286, 490
管　轄 …… 575	強行規定 …… 108
――条項 …… 575	――違反 …… 2
――の合意 …… 8, 576	競合品の取扱い …… 315, 332
間接損害 …… 512	共通フレーム 2007 …… 398, 399
完全合意条項 …… 572	共通フレーム 2013 …… 424
完全履行請求 …… 44	共同研究開発 …… 445, 452
機関設計 …… 338	共同研究開発契約 …… 445, 452
期間の計算方法 …… 532	共同研究開発に関する独占禁止法上の指針 …… 447
議決権拘束条項 …… 354	共同事業 …… 333
期　限 …… 7	共同出願 …… 466
期限の利益喪失条項 …… 536	――違反 …… 471
危険負担 …… 58, 95, 313, 551	――義務 …… 466
技術指導義務 …… 482	協働と役割分担 …… 427
帰責事由 …… 53	業務委託契約 …… 171
偽装請負 …… 173, 174	業務執行者の責任 …… 338
帰属清算型 …… 201, 217	業務執行方法 …… 338
規定外事項 …… 8	業務遂行上の義務 …… 190
機能設計 …… 387	極度額 …… 156
基本合意 …… 335	

拒否権対象事項 … 350	建設協力金 … 132
金銭債務の不履行 … 544	現物出資規制 … 281
偶発債務 … 279	権利関係の調査 … 212
区分所有建物の管理費 … 102	権利義務の内容 … 7
組入要件 … 583, 585	権利行使の制限 … 53
クロージング … 245, 263	故 意 … 547
──条件 … 285	──重過失 … 54
経過措置 … 16	合意管轄 … 8
経済的価値のある事実関係 … 278	行使価格 … 371
経産省モデル契約 … 398	公序良俗 … 546
契 約	──違反 … 2
──の終了時の取扱い … 573	更新拒絶 … 123
──の成立時期 … 394	更新条項 … 118, 123
──の変更 … 338	更新料 … 119, 124
契約期間 … 123, 531	──の有効性 … 108
更新後の── … 123	構成員課税 … 336
契約自由の原則 … 2, 546	拘束条件付取引 … 310
契約上の地位 … 566	公租公課 … 93
──の承継 … 281	──等の負担 … 93
契約書作成日 … 8	公知の情報 … 458
契約書の作成の過程 … 2	合同会社 … 336
契約締結上の過失 … 394	口頭証拠排除原則 … 572
契約不適合 … 44	公 表 … 526
研究開発の期間 … 453	後 文 … 8
検 査 … 42	合弁企業 … 333
──基準 … 47	──従業員の取扱い … 377
──義務 … 46	──の解散事由 … 376
──の時期 … 47	合弁契約 … 333
──方法 … 47	合弁契約の終了 … 374
現実の引渡し … 209	──事由 … 375
検 収 … 42	──の方法 … 375
原 状	合弁事業 … 333
──回復義務 … 150	公簿売買 … 90
──の変更 … 140	合理的画一性要件 … 582, 583
原状回復をめぐるトラブルとガイドライン … 108, 152	合理的非利益変更 … 588, 598
	コーディング … 388

コールオプション ……………… 369, 370
個人情報 ……………… 178, 179, 561
　——の取扱い ……………… 560
　——漏洩 ……………… 195
個人情報データベース等 ……………… 561
個人情報取扱事業者 ……………… 179
個人情報の保護に関する法律 ……………… 178
個人情報の保護に関する法律についてのガイドライン（通則編） ……………… 560
個人データ ……………… 561
　——の安全管理 ……………… 562
個別契約 ……………… 20, 31, 35
　——の成立 ……………… 35
　——の成立時期 ……………… 37
　——の変更 ……………… 37
雇用契約の承継 ……………… 293

さ行

再委託 ……………… 74, 192, 426
債　権
　——の発生期間 ……………… 232
　——の発生原因 ……………… 232
債権者主義 ……………… 552
債権譲渡 ……………… 564
債権譲渡担保の対抗要件 ……………… 233
債権譲渡登記 ……………… 233
　——の登記事項証明書 ……………… 234, 237
債権譲渡登記事項概要ファイル ……………… 233
債権法改正 ……………… 9
在庫リスク ……………… 300
再実施権 ……………… 480
最終契約 ……………… 524
最低購入数量 ……………… 316
再販売価格 ……………… 320
債務者主義 ……………… 551
財務諸表 ……………… 268

債務引受 ……………… 565
　併存的—— ……………… 279
　免責的—— ……………… 279
債務引受広告による責任 ……………… 280
債務不履行責任 ……………… 543
詐害行為 ……………… 214
詐害的会社分割・事業譲渡 ……………… 279
作成業務 ……………… 425
作成支援業務 ……………… 425
指図による占有移転 ……………… 224
　——による引渡し ……………… 209
37条書面 ……………… 22
残存債権者の保護 ……………… 280
残余財産の分配 ……………… 376
時価純資産価額法 ……………… 261
始　期 ……………… 531
敷　金 ……………… 129
　——関係の承継 ……………… 131
敷引特約の有効性 ……………… 108
支給品 ……………… 65
事業譲渡 ……………… 240
　——後の遵守事項 ……………… 286
　——において譲渡対象となる財産 ……… 277
　——の合意 ……………… 276
　——の前提条件 ……………… 285
　——の対価 ……………… 281
　——前の遵守事項 ……………… 286
事業譲渡契約 ……………… 246
事業目的の制限 ……………… 337
事業用賃貸 ……………… 151
資金調達 ……………… 358
時効の完成猶予 ……………… 602
　協議を行う旨の合意による—— ……………… 601
時効の更新 ……………… 602
市場株価平均法 ……………… 261
事情変更の原則 ……………… 36, 552

下請事業者	177
下請法（下請代金支払遅延等防止法）	176
質権	199
実施	467
——許諾	445, 463, 467
——料	481
実測売買	89
実用新案	71
私的実行	200, 201, 216, 237
自動更新条項	532
支払時期	62
支払場所	62
支払方法	61, 63, 87
借地借家法	107
収益物件の売買	101
重過失	54, 55, 547
——の場合の免責	54
終期	531
従業員	269
——の確保	355
——の取扱い	283
集合動産	223
——の特定	223
集合動産譲渡担保	202, 224
修繕義務	106, 136, 136
住宅賃貸	151
重要事項説明書	22
重要事項に関する拒否権	356
受託業務の成果物	194
受注義務	34
出願	466
——審査請求	466
——段階のライセンス	478
出向	355
——先	356
——条件	356

——元	356
出資者の責任	337
出資者の要件	337
出資比率	350
——に関する交渉	350
出資持分の譲渡	339
準委任契約	171, 392
準拠法	8
純資産方式	371
純粋持株会社	244
仕様	60
——基準	60, 313
承継債務	279
条件	7
商号続用責任	280
詳細設計	388
使用収益させる義務	106
少数派株主	334, 350
譲渡価格	261
譲渡禁止条項	563
譲渡禁止特約（譲渡制限特約）	
	234, 236, 564
——の禁止	236
譲渡資産	277
譲渡制限会社	265
譲渡担保	199
後順位の——	213
個別動産	224
集合動産	202, 224
将来債権	202
先行する——	213
根——	208
譲渡担保設定者	200
譲渡の合意	259
譲渡の対象となる株式の特定	260
消費者契約法	108, 546

消費税 …………………………………… 126
商標の使用許諾 ………………………… 318
商品売買契約の法律効果 ……………… 300
仕様変更 ………………………………… 395
情報システムの信頼性向上に関するガイド
　ライン ………………………………… 398
消滅時効
　商事―― ……………………………… 601
　職業別の短期―― …………………… 601
使用目的 ………………………………… 124
剰余金の配当 …………………………… 361
将来債権 ………………………………… 232
将来債権譲渡担保 ……………………… 202
処分清算型 ………………………… 201, 216
所有権 ……………………………………… 57
　――移転登記 ………………………… 92
　――の移転 ……………………………… 57
　――の移転時期 …………………… 58, 91
所有権的構成 …………………………… 200
新株予約権
　――買取請求権 ……………………… 295
　分割会社が発行していた―― ……… 294
信義則 …………………………………… 546
新設分割 ………………………………… 242
人的分割 ………………………………… 296
信頼関係法理 …………………… 147, 148
数量不足 ………………………………… 44
　――の通知 …………………………… 48
成果 ……………………………………… 461
　――の帰属 …………………………… 461
　――の公表 …………………………… 470
　――の利用 …………………………… 467
清算金の支払 …………………………… 201
誠実協議条項 …………………………… 575
製造物責任 ……………………… 69, 314, 543
正当事由 ………………………………… 121

設立費用 ………………………………… 337
責めに帰すべき事由 ……………………… 54
善管注意義務 …………………………… 510
専属的合意 ……………………………… 576
専属的合意管轄裁判所 ………………… 576
先買権 …………………………………… 368
前文 ………………………………………… 6
占有改定 …………………………… 210, 223
　――による引渡し …………………… 209
専用実施権 ……………………………… 479
専用実施権者 …………………………… 480
造作 ……………………………………… 154
　――買取請求権 ………………… 154, 155
相殺予約 ………………………………… 63
双務契約 ………………………………… 105
即時取得 ………………………………… 211
組織再編行為 …………………………… 247
　――に係る契約 ……………………… 247
ソフトウェア …………………………… 384
　――運用準備・移行支援業務 ……… 432
　第三者―― ……………………… 424, 437
ソフトウェア開発 ……………………… 383
　――の瑕疵 …………………………… 384
　――の完成義務 ……………………… 393
　――の著作権 ………………………… 397
　――の流れ …………………………… 385
ソフトウェア開発業務 ………………… 429
ソフトウェア開発契約 ………………… 383
損益相殺 ………………………………… 545
損害
　間接―― ……………………………… 512
　直接―― ……………………………… 512
　通常―― ………………………… 544, 548
　特別―― ………………………… 544, 548
損害賠償 …………………………………… 7, 543
損失の負担 ……………………………… 376

存続期間 ……………………………… 7

た行

タームシート ………………………… 335
代金減額請求 ………………………… 45
代金の額および算定方法 …………… 62
代金の定め …………………………… 61
対象権利の特定 ……………………… 478
代替物の補充 ………………………… 227
代担保 ………………………………… 215
代表取締役の指名権 ………………… 354
貸与品 …………………………… 65, 66
代理店 ………………………………… 329
代理店契約 …………………………… 300
多数派株主 ……………………… 334, 350
多段階契約方式 ……………………… 390
宅建業者 …………………………… 94, 98
担保的構成 …………………………… 200
担保物権
　——の負担 ………………………… 92
　法定—— …………………………… 213
　約定—— …………………………… 199
遅延損害金 …………………………… 63
知財ガイドライン …………………… 488
知的財産 ……………………………… 443
知的財産権 ……………………… 269, 443
　——侵害 …………………………… 436
　——の帰属 ………………… 71, 362, 363
　——の処理 ………………………… 362
　外国の—— ………………………… 446
知的財産の利用に関する独占禁止法上の指
　針 …………………………… 447, 487
知的財産法 …………………………… 444
仲　裁 ………………………………… 576
　——合意 …………………………… 576
　——条項 …………………………… 576

　——判断 …………………………… 578
　アドホック—— …………………… 578
仲裁機関 ……………………………… 578
仲裁人 …………………………… 576, 577
中途解約
　——禁止条項 ………………… 110, 142
　——権 ……………………………… 118
　——条項 ……………………… 109, 534
調整条項 ……………………………… 282
直接損害 ……………………………… 512
著作権 ………………………………… 444
　——の譲渡 ………………………… 397
　ソフトウェアの—— ……………… 397
　納入物の—— ……………………… 435
著作者人格権 ………………………… 444
　——の不行使 ……………………… 397
著作物 …………………………… 71, 444
賃借権の無断譲渡 …………………… 145
賃借人 ………………………………… 106
　——からの解約申入れ …………… 117
　——からの更新拒絶 ……………… 119
　——の義務 ………………………… 107
賃貸借 ………………………………… 105
　——期間 ……………………… 117, 167
賃貸借契約 …………………………… 107
賃貸住宅トラブル防止ガイドライン … 152
賃貸住宅標準契約書 ………………… 108
賃貸人 ………………………………… 106
　——からの解約申入れ …………… 117
　——側からの更新拒絶 …………… 119
　——の義務 ………………………… 106
賃　料 …………………………… 105, 125
　——改定特約 ……………………… 168
　——自動改定特約 ………………… 128
　——増減額請求権 ………………… 168
　——増減額に関する特約 ………… 127

——不減額特約 …………………… 128	デッドロック ………………… 350, 372
追加資金拠出義務 ……………………… 359	——の予防 ………………………… 372
追加資金拠出の方法 …………………… 359	——への対処 ……………………… 373
追加報酬 ………………………………… 395	デューデリジェンス ………… 245, 499
——支払義務 ……………………… 394	——への協力義務 ………………… 517
追完請求権 ………………………………… 45	典型契約 …………………………………… 1
通常実施権 ……………………………… 479	電子記録債権 …………………………… 235
仮—— ……………………………… 478	電子承諾通知 ……………………………… 36
独占的—— ………………………… 479	電子消費者契約及び電子承諾通知に関する
非独占的—— ……………………… 480	民法の特例に関する法律 ……………… 36
通常実施権者 …………………………… 480	投下資本回収 …………………………… 366
通常損害 ………………………… 544, 548	動産譲渡登記 ………… 210, 211, 244
通常損耗 ………………………………… 150	——の存続期間 …………………… 212
——に関する特約 ………………… 150	動産の譲渡の対抗要件 ………………… 209
通知義務 ……………………… 46, 48, 571	当然対抗制度 …………………………… 493
——の対象 ………………………… 571	独占交渉義務 ………………… 517, 518
通知に関する条項 ……………………… 570	独占交渉権 ……………… 516, 517, 525
定款の変更 ……………………………… 338	特定商取引に関する法律 ……………… 546
定期建物賃貸借 ………………………… 108	特定物 ……………………………… 44, 58
定期建物賃貸借契約 …………………… 164	特別損害 ………………………… 544, 548
——成立の要件 …………………… 164	独立性 …………………………………… 122
定型取引 ………………………… 582, 582	構造上の—— ……………………… 122
——合意 …………………………… 582	使用上の—— ……………………… 122
定型約款 ………………………………… 582	土壌汚染 ………………………………… 101
——の内容の表示 ………………… 586	特　許 …………………………………… 71
——の変更 ……………………… 587, 598	——出願 …………………………… 445
——を契約の内容とする旨の表示 … 583	——を受ける権利 ………………… 445
定型約款準備者 ………………………… 582	特許権 …………………………………… 444
抵当権 …………………………………… 199	——の実施 ………………………… 463
手　形 …………………………………… 235	取締役
適時開示 ………………………………… 520	——の指名権 ……………………… 351
手　付 …………………………………… 94	——の選解任権 ………… 352, 353
——解除 …………………………… 95	取締役会の設置 ………………………… 351
違約—— …………………………… 94	取引基本契約 ………………… 19, 20, 31
解約—— …………………………… 94	
手付金 …………………………………… 94	

な行

内部設計	387
任意解除条項	539
認定個人情報保護団体	180
根譲渡担保	208
──包括──	208
根保証契約	156
ノウハウ	479
──の使用許諾	479
納品	38
──拒絶	40, 56
──の時期	38
──の場所	39
──費用	40

は行

買収監査	245
排他条件付取引	315
売買契約	19
継続的──	20
売買代金	86
売買対象面積	88
バグ	397
パス・スルー課税	336
発注義務	34
発明	444
発明者	465
──の認定	465
反社会的勢力	540
販売権	309
改良品の──	314
独占──	309
非独占──	309
販売代金の取扱い	330
販売手数料	330
販売店契約	299

引抜き防止	356
引渡し	91, 209
簡易の──	209
現実の──	209
指図による占有移転による──	209
占有改定による──	209
非係争義務	491
被担保債権	208
非通常状態	21
必要費償還請求権	136, 155
否認	214
秘密情報	504
秘密保持	557
──条項	557
秘密保持義務	457, 508, 516, 517, 525
──の対象	457, 558
──の内容	559
秘密保持契約	453, 499
費用償還義務	106
表題	6
費用負担	7
表明保証	87, 267
対象会社に関する──事項	267
当事者に関する──事項	267
品質	60
品質保証	60, 313
──体制	61
不可抗力	550
──事由	553
──条項	550, 552
付加的（選択的）合意	576
不完全履行	44
不合格品	50
不実施補償	468
不争義務	490
負担の消除	91

普通裁判籍	575
普通建物賃貸借契約	108, 164
物上代位	227
プットオプション	369, 370
不動産	269
不動産売買契約	22
不当条項規制	584, 598
不特定多数者要件	582, 583
不特定物	44, 58
不法行為責任	543, 545
プログラミング	388
プログラムの欠陥	397
プロジェクト・マネジメントの責任	428
分割対価	294
紛争解決	8
——条項	574
分配規制	338
分離（可能性）条項	571
変更条項	589, 599
弁護士費用	548
包括根譲渡担保	208
法形式の変更	339
法人格の有無	337
法定解除	538
法定利率	544, 549
法的拘束力	516, 516, 525
冒認出願	471
暴力団排除条項	540
暴力団排除条例	540
簿外債務	279
簿価純資産価額法	261
保管状況	226
保管場所	225
補償	270
保証金	132

ま行

丸投げ（ベンダへの）	391
無催告解除特約	148
無断転貸借	145
明認方法	212, 244
メーカーの代理人	329
免責	547
免責的債務引受	279
目的	6
——外利用の禁止	459
目的債権の取立権限	234
目的物	86
——の使用・管理	212
——の特定	209
——の保管場所の変更	215
目的要件	582, 583
持株会社	244

や行

役員選解任権限	352
約款	581
有益費	136
——償還請求権	155
優越的地位の濫用	317
有限責任事業組合	336
有償契約	105
優先交渉権	517
用益物権の負担	92
要件定義	387

ら行

ライセンサー	477
ライセンシー	477
——の訂正承諾義務	485
ライセンス	445
——料	481

ライセンス契約 ……………… 445, 477
ランプサム・ペイメント ……………… 481
濫用的会社分割・事業譲渡 ……………… 280
利益変更 ……………………………… 587, 598
履行の着手 …………………………… 95
利息制限法 …………………………… 546
略式事業譲渡 ………………………… 276
ロイヤルティ ………………………… 481
　──監査 ……………………………… 481
　　ランニング・── ………………… 481
労働者派遣 …………………………… 173
ローン条項 …………………………… 97

A-Z
CA（Confidential Agreement） ………… 499
Change of Control 条項 ……………… 569
DCF（Discounted Cash Flow）法
　………………………………………… 261, 371
FOSS（Free and Open Source Software）
　………………………………………… 437
FRK 標準書式 ………………………… 22
JEITA モデル契約 …………………… 399
LLP（Limited Liability Partnership）… 336
LOI（Letter of intent） ……………… 515
M&A（Mergers and Acquisitions） …… 239
MOU（Memorandum of Understanding）
　………………………………………… 515
NDA（Non-Disclosure Agreement）…… 499
OEM（Original Equipment Manufacturer）
　………………………………………… 172
SI（System Integration）契約 ………… 383
V モデル ……………………………… 385

編者紹介

阿部・井窪・片山法律事務所
（あべ・いくぼ・かたやまほうりつじむしょ）

1959年に阿部昭吾弁護士が銀座法律事務所として開設。爾来，企業法務，訴訟・紛争処理，事業再生・倒産法，知的財産権法，渉外法務，M＆A，金融法等に関連する民事事件を中心に様々な法律問題を手がける。1991年に事務所名称を阿部・井窪・片山法律事務所として業容を拡大。2000年には知的財産部門を設け，特許・商標出願業務を拡充した。現在，弁護士，弁理士，および事務局スタッフをあわせ150名を超える体制で，多様な法的ニーズに対応している。
事務所ウェブサイト　https://www.aiklaw.co.jp/

契約書作成の実務と書式──企業実務家視点の雛形とその解説
第2版
The business and the form of a contract, 2nd ed.

2014年 6月30日　初　版第1刷発行
2019年 9月30日　第2版第1刷発行
2021年 2月20日　第2版第5刷発行（補訂）
2024年 9月30日　第2版第11刷発行

| 編　者 | 阿部・井窪・片山法律事務所 | 印　刷 | 大日本法令印刷株式会社 |

発行者　江草貞治

発行所　株式会社 有斐閣

製　本　牧製本印刷株式会社

© 2019, Abe, Ikubo & Katayama.
Printed in Japan
落丁・乱丁本はお取替えいたします。
★定価はカバーに表示してあります。
ISBN 978-4-641-13814-8

郵便番号 101-0051
東京都千代田区神田神保町 2-17
https://www.yuhikaku.co.jp/

JCOPY　本書の無断複写（コピー）は，著作権法上での例外を除き，禁じられています。複写される場合は，そのつど事前に，(一社)出版者著作権管理機構（電話03-5244-5088, FAX03-5244-5089, e-mail:info@jcopy.or.jp）の許諾を得てください。

本書のコピー，スキャン，デジタル化等の無断複製は著作権法上での例外を除き禁じられています。本書を代行業者等の第三者に依頼してスキャンやデジタル化することは，たとえ個人や家庭内での利用でも著作権法違反です。